Facebook für Dummies – Schummelseite

Was man sich nach der Anmeldung auf Facebook ansehen sollte

Auf Facebook geht es in erste Linie darum, mit Freunden in Kontakt zu bleiben. Direkt nach Ihrer Anmeldung auf der Website sollten Sie daher nachsehen, welcher Freund als Nächstes Geburtstag hat, was für Anfragen Sie erhalten haben und was es bei Ihren Freunden Neues gibt.

Sehen Sie sich … an.	Um was geht es?	Wie mache ich das?
Anfragen	Freunde senden Ihnen Freundschaftsanfragen, laden Sie zu Veranstaltungen oder Gruppen ein oder empfehlen Ihnen Anwendungen.	Klicken Sie rechts auf der Startseite auf die entsprechende ANFRAGE. Haben Sie keine Anfrage erhalten, erscheint das ANFRAGEN-Feld auch nicht.
Bevorstehende Geburtstage	Eine Liste mit Namen von Freunden, die innerhalb der nächsten paar Tage Geburtstag haben.	Sehen Sie nach, ob in der rechten Spalte Ihrer Startseite Geburtstage gelistet sind. Freunde, die ihr Geburtsdatum nicht anzeigen lassen, erscheinen dort auch nicht.
Postfach	Nachrichten von Freunden, von Gruppen oder Veranstaltungen, bei denen Sie Mitglied oder Teilnehmer sind, von Unternehmen, bei denen Sie Abonnent sind.	Klicken Sie oben in der blauen Leiste auf das NACHRICHTEN-Symbol. Erscheint dort eine Zahl, liegt eben diese Anzahl an neuen oder ungelesenen Nachrichten vor.
Neuigkeiten	Ein stetiger Datenstrom mit Statusmeldungen über die Aktivitäten Ihrer Freunde auf Facebook und außerhalb der Website.	Sehen Sie sich die Startseite an – der stetige Datenstrom erscheint in der Hauptspalte.
Chat	Eine Liste mit Freunden, die online sind und mit denen Sie chatten können.	Klicken Sie unten auf jeder beliebigen Facebook-Seite in der CHAT-Leiste auf die CHAT-Schaltfläche.

Personen, die man kennt, auf Facebook finden

Facebook wird gerne verwendet, um frühere Bekannte aufzustöbern oder um Freunde von Freunden kennenzulernen. Um Personen, die Sie kennen, auf Facebook zu finden und um Ihre komplette Freundesliste zu erweitern, sollten Sie sich die folgende Tabelle ansehen. Dort finden Sie ein paar einfache Methoden, um genau dies zu tun:

Was soll ich tun?	Wie mache ich das?
Sehen Sie nach, welche Personen aus Ihrem E-Mail-Adressbuch oder der Kontaktliste Ihres Instant Messengers auf Facebook sind.	Klicken Sie oben in der blauen Leiste auf das FREUNDSCHAFTSANFRAGEN-Symbol und dann auf FREUNDE FINDEN. Auf Facebook können Sie Namen aus einer Vielzahl beliebter E-Mail- und Instant Messenger-Programme importieren.

Facebook für Dummies – Schummelseite

Was soll ich tun?	Wie mache ich das?
Suchen Sie nach Klassenkameraden, Kommilitonen und Kollegen.	Klicken Sie oben in der blauen Leiste auf das FREUNDSCHAFTSANFRAGEN-Symbol, dann auf FREUNDE FINDEN und danach unten neben dem Schriftzug »Andere Funktionen« auf FREUNDE FINDEN. Klicken Sie im Anschluss auf den FINDE FREUNDE, KLASSENKAMERADEN UND ARBEITSKOLLEGEN-Link.
Sehen Sie sich die Freunde Ihrer Freunde an.	Höchstwahrscheinlich kennen Sie diejenigen, mit denen Ihre Freunde befreundet sind. Um sich diese Personen anzusehen, besuchen Sie die Profile Ihrer Freunde und klicken auf den ALLE ANZEIGEN-Link im FREUNDE-Feld.
Sehen Sie sich die Vorschläge an.	Ausgehend von den Personen, mit denen Sie bereits befreundet sind, hat Facebook eine Vorstellung davon, wen Sie auch noch kennen könnten. Klicken Sie auf Ihrer Startseite in der linken Spalte auf den FREUNDE-Link und sehen Sie sich im PERSONEN, DIE DU VIELLEICHT KENNST-Feld die Vorschläge von Facebook an.
Behalten Sie Ihre Neuigkeiten im Auge.	Jedes Mal, wenn Ihre Freunde Freundschaften schließen, erscheint darüber eine Meldung in ihren Profilen und eventuell auch in Ihren Neuigkeiten. Da Sie wahrscheinlich oftmals viele dieser neuen Freunde kennen, sollten Sie Ihre Augen nach solchen Meldungen offen halten.

Auf Facebook mit Freunden kommunizieren

Treffen Sie sich mit Ihren Freunden auf Facebook. Auf der Website gibt es eine Menge Methoden, über die Sie mit Ihren Freunden kommunizieren können: chatten, an ihre Pinnwand schreiben, Nachrichten senden und vieles mehr.

Was soll ich tun?	Was ist das?	Von wo aus und wie mache ich das?
Senden Sie eine Nachricht.	Sie ähnelt einer E-Mail, ist aber kurz und bündig, und Sie müssen sich keine E-Mail-Adressen merken.	Klicken Sie erst in der Leiste oben auf das NACHRICHTEN-Symbol und danach auf NEUE NACHRICHT VERSCHICKEN. Tippen Sie den Namen Ihres Freundes/Ihrer Freunde in das AN-Feld ein und geben Sie im BETREFF- und im NACHRICHT-Feld Text ein. Klicken Sie auf SENDEN, wenn Sie fertig sind.
Chatten Sie.	Sprechen Sie gleich hier und jetzt mit jemandem … vorausgesetzt, derjenige ist online. Wenn es für Sie überschaubar ist, können Sie zeitgleich so viele Gespräche im Chat führen wie Sie möchten.	Klicken Sie auf jeder beliebigen Facebook-Seite auf die CHAT-Leiste unten rechts. Sehen Sie nach, welche Freunde einen grünen Punkt neben dem Namen haben und klicken Sie dann auf den Namen der Person, mit der Sie chatten möchten.
Schreiben Sie an Pinnwände.	Um mit Freunden öffentlich zu kommunizieren, sie auf den Arm zu nehmen oder ihnen zu etwas, was deren Freunde eventuell wissen möchten, zu gratulieren, schreiben Sie an ihre Pinnwände.	Besuchen Sie das Profil eines beliebigen Freundes und geben Sie oben im Herausgeber Text ein. Alle Freunde dieses Freundes, die sein Profil besuchen, können sehen, was Sie geschrieben haben.
Schicken Sie eine SMS.	Wenn Sie unterwegs sind und einem Freund, der nicht dabei ist, etwas mitteilen möchten, können Sie ihm mithilfe Ihres Handys über Facebook eine Nachricht senden.	Aktivieren Sie FACEBOOK-HANDY. Senden Sie danach eine SMS an BOOK, die das Wort *Nachricht*, den Namen der Person und den gewünschten Nachrichtentext enthält.

Facebook
für Dummies

Leah Pearlman und Carolyn Abram

Facebook
für Dummies

Übersetzung aus dem Amerikanischen von
Barbara Mistol

WILEY-VCH Verlag GmbH & Co. KGaA

**Bibliografische Information
der Deutschen Nationalbibliothek**
Die Deutsche Nationalbibliothek verzeichnet diese
Publikation in der Deutschen Nationalbibliografie;
detaillierte bibliografische Daten sind im Internet
über http://dnb.d-nb.de abrufbar.

1. Auflage 2011

© 2011 WILEY-VCH Verlag GmbH & Co. KGaA, Weinheim

Das vorliegende Werk wurde sorgfältig erarbeitet. Dennoch übernehmen Autoren und Verlag
für die Richtigkeit von Angaben, Hinweisen und Ratschlägen sowie eventuelle Druckfehler
keine Haftung.

Printed in Germany

Gedruckt auf säurefreiem Papier

Korrektur: Geesche Kieckbusch, Hamburg
Satz: Mitterweger und Partner, Plankstadt
Druck und Bindung: Media-Print Informationstechnologie GmbH, Paderborn

ISBN: 978-3-527-70680-8

Über die Autorinnen

Carolyn Abram war eine der ersten Nutzerinnen von Facebook an der Westküste der USA. Sie machte 2006 ihren Abschluss in Anglistik an der Stanford University und beschloss, sie könne am besten Karriere machen, wenn sie sich dafür bezahlen ließe, den lieben langen Tag lang auf Facebook aktiv zu sein. Sie war von 2006 bis 2009 bei Facebook beschäftigt und studiert momentan Fiction Writing am California College of the Arts in San Francisco. Carolyn Abram, die ursprünglich aus Ardsley im Bundesstaat New York stammt, wohnt zurzeit in Kalifornien. In ihrer Freizeit wandert sie gerne, schreibt Texte, genießt die Sonne, veralbert ihre Freunde und spielt Ultimate Frisbee.

Leah Pearlman machte ihren Abschluss in Informatik an der Brown University. Dort hat sie sich auch zum ersten Mal bei Facebook registriert, um den Namen eines Kommilitonen herauszufinden. So geht es vielen. Sie arbeitete zwei Jahre lang bei Microsoft und machte sich dort mit den Grundlagen des Produktmanagements vertraut (ja, die gibt es wirklich), bevor sie schließlich Produktmanagerin bei Facebook wurde. Seit ihrer Einstellung dort hat Leah Pearlman an den unterschiedlichsten Projekten mitgewirkt. Dazu zählen unter anderem die Bereiche Nachrichten, Postfach, Neuigkeiten, Seiten und Anzeigen. Momentan ist sie bei Facebook in der Arbeitsgruppe »Interne Kommunikation« tätig. In ihrer Freizeit geht sie solch anspruchsvoll klingenden Tätigkeiten wie Yoga, Snowboard fahren, dem Schreiben von Texten und Ultimate Frisbee nach.

Über die Übersetzerin

Barbara Mistol, 1974 am Niederrhein geboren, lebt und arbeitet in Meerbusch bei Düsseldorf. Schon zu Schulzeiten entdeckte sie ihre Liebe zu Sprachen. Sie studierte »Übersetzen und Dolmetschen« in den Sprachen Englisch und Spanisch an der Fachhochschule Köln und hat dort ihr Diplom erworben. Wenn sie gerade nicht übersetzt, verreist sie gerne und lernt neue Fremdsprachen. Seit ihrem Studium ist sie als freiberufliche Übersetzerin tätig.

Cartoons im Überblick

von Ed McLachlan

»Und das ist der Teil unseres Lebens, der nicht auf Facebook zu finden ist.«

Seite 27

»Ich weiß, dass Facebook super ist und du dabei sein möchtest. Aber du bist meine Mutter – Du kannst nicht mein ›Freund‹ sein«.

Seite 113

»Ralf und ich wickeln über Facebook viel Geschäftliches ab. Ach übrigens Ralf, hast du die Verkaufskalkulation und das kleine, blaue Pony, das ich dir geschickt habe, erhalten?«

Seite 201

»Ach, jetzt vergiss doch mal die Finanzdaten des Unternehmens und sieh dir lieber an, was auf der Facebook-Seite vom Chef unter ›25 Dinge, die das Finanzamt nicht von mir weiß‹ steht.«

Seite 277

»Mr President, der nordkoreanische Staatsführer Kim Jong-il hat Ihnen soeben einen SuperPoke gesendet.«

Seite 319

Fax: 001-978-546-7747
Internet: www.the5thwave.com
E-Mail: richtennantthe5thwave.com

Inhaltsverzeichnis

Kapitel 2
Sie selbst auf Facebook   53

Kapitel 3
Auf Facebook zurechtfinden   65

Kapitel 4
Auf Facebook Freunde finden

Kapitel 5
Privatsphäre und Sicherheit auf Facebook

Teil II
Das eigene Leben auf Facebook teilen 113

Kapitel 6
Das Profil aufbauen 115

Kapitel 7
Soziale Meldungen 139

Kapitel 8
Facebook mit Fotos, Videos und Notizen füllen — *151*

Kapitel 9
Mit Freunden in Kontakt bleiben — *177*

Teil III
Sich organisieren

Teil IV
Sich noch intensiver mit Facebook beschäftigen   277

Kapitel 13
Facebook und das Internet   279

Einleitung

Über Facebook können Sie sich mit Personen vernetzen, die Sie kennen und die Ihnen wichtig sind. Sie können Facebook nutzen, um mit ihnen zu kommunizieren, auf dem Laufenden zu bleiben und mit Freunden und Familienmitgliedern, egal wo sie sich gerade aufhalten, den Kontakt zu halten. Facebook ermöglicht Ihnen die Beziehungspflege im Internet, um die persönliche Ebene später zu vertiefen. Insbesondere können Sie sich hier aufgrund von *Inhalten*, die Ihnen wichtig sind, mit denjenigen *Menschen* in Verbindung setzen, die Sie kennen. Egal, ob Sie nun zu jenen gehören, die gerne fotografieren oder Fotos betrachten oder über Ihr Leben schreiben oder vom Leben Ihrer Freunde lesen – mit Facebook wird es Ihnen gelingen. Vielleicht machen Sie ja auch gerne auf Websites und Neuigkeiten aufmerksam, spielen Spiele, planen Veranstaltungen, rufen Gruppen ins Leben oder werben für Ihr Unternehmen – auf Facebook ist all das möglich.

Bei Facebook können Sie individuelle Einstellungen vornehmen. Kommunikation und Informationsaustausch sind nur dann wirklich sinnvoll, wenn man in seiner vertrauten Umgebung tun und lassen kann, was man möchte. Deshalb stehen Ihnen umfangreiche Privatsphäre-Einstellungen zur Verfügung, über die Sie genau angeben können, auf welche Weise Sie kommunizieren und wem Sie etwas mitteilen.

Facebook heißt jeden willkommen: Studenten und Berufstätige, Enkel (solange sie mindestens 13 Jahre alt sind), Eltern und Großeltern, schwer beschäftigte Leute, Schickeriatypen, Prominente, weit voneinander entfernt wohnende Freunde und Mitbewohner. Ganz egal, zu welcher Gruppe Sie zählen: Facebook kann Ihr Leben aufwerten. Die Ergebnisse sprechen für sich.

Über dieses Buch

In Teil I dieses Buches lernen Sie alle Grundlagen, die Sie benötigen, um auf Facebook erstmals durchzustarten. Die dortigen Angaben sind mehr als ausreichend, um zu entdecken, wie wertvoll Facebook ist. Teil II und III gehen genauer auf all die beeindruckenden Methoden ein, durch die man Personen, die man mag, alle möglichen Informationen zukommen lassen kann. Teil IV befasst sich eingehend mit einigen der Nutzungsmethoden für Fortgeschrittene, die – je nachdem, wie die eigenen Bedürfnisse aussehen – einen tollen Zusatznutzen darstellen können. Und zu guter Letzt zeigen wir Ihnen in Teil V unsere Lieblingsanwendungen und beantworten zehn wichtige Fragen, die Ihnen bestimmt auch auf den Nägeln brennen.

Sie können die folgenden Dinge mit diesem Buch anstellen:

✔ **Herausfinden, wie Sie sich selbst im Internet präsentieren und zwar auf eine Weise, die auf jeden einzelnen Ihrer Kontakte im Netz zugeschnitten ist.** Ihre

Freunde mögen eine Seite von Ihnen sehen, Familienmitglieder oder Kollegen eine andere und Freunde von Freunden vielleicht eine ganz andere (oder auch gar keine).

✔ **Sich mit Personen, die Sie kennen, vernetzen und mit ihnen kommunizieren.** Ob Sie nun nach engen oder längst verloren geglaubten Freunden, Familienmitgliedern, Geschäftskontakten, Arbeitskollegen, Unternehmen oder Prominenten suchen, über Facebook können Sie den Kontakt halten. Sagen Sie niemals vorschnell »Und tschüß!« ... außer Sie möchten es so.

✔ **Entdecken, wie Sie mit einer Fülle von Werkzeugen im Internet auch Ihre Beziehungen im wahren Leben vertiefen können.** Werkzeuge zur Erstellung von Veranstaltungen und Gruppen, Fotoalben sowie direkte und passive Kommunikationsmöglichkeiten – all das ermöglicht es Ihnen, da draußen ein aktives Privatleben zu führen.

✔ **Übertragen Sie Ihren Freundeskreis von Facebook auch auf andere Stellen im Netz.** Anhand von Facebook-Plattform und Facebook-Connect können Sie feststellen, wie viele der von Ihnen bereits genutzten Dienste noch leistungsstärker werden, wenn man sie in Verbindung mit den eigenen Facebook-Freunden verwendet.

✔ **Machen Sie Ihr Unternehmen bei Verbrauchern bekannt, die Ihnen zum Erfolg verhelfen können.** Wenn Sie Ihre Kontakte nutzen und sehr zielgerichtet Ihre Werbemaßnahmen streuen, können Sie sicher sein, dass Ihre Werbebotschaft ankommen wird.

Törichte Annahmen über den Leser

In diesem Buch gehen wir von Folgendem aus:

✔ Sie sind mindestens 13 Jahre alt.

✔ Sie haben einen Internetzugang und eine E-Mail-Adresse.

✔ Es gibt Personen in Ihrem Leben, mit denen Sie kommunizieren.

✔ Sie verstehen die Sprache, in der dieser Satz hier geschrieben ist.

Konventionen in diesem Buch

Um die Lesequalität zu erhöhen, halten wir uns in diesem Buch an einige Konventionen. Wenn Sie Text schreiben sollen, zeigen wir ihn in **Fettdruck** an. So ist er leicht zu erkennen. `Nichtproportionalschrift` zeigt Web- oder E-Mail-Adressen an. Sobald Sie ein Wort in *Kursivschrift* entdecken, halten Sie nach der in der Nähe aufgeführten Definition Ausschau. Seiten und Features von Facebook – wie etwa das Freunde-Feld oder die Übersichtsseite über die Privatsphäre-Einstellungen – werden in GROSSBUCHSTABEN genannt. Nummerierungen führen Sie durch Aufgaben, die von oben nach unten abgearbeitet werden müssen. Aufzählungen hingegen können Sie aus jeder beliebigen Richtung bearbeiten (von oben nach unten oder von unten nach oben).

Und auch wir, die Autoren, teilen Ihnen im ganzen Buch häufig unsere Ansichten mit. Obwohl wir für Facebook gearbeitet haben oder es immer noch tun, spiegeln die hier vorliegenden Beurteilungen lediglich unsere Sichtweise wider und nicht die von Facebook. Wir sind begeisterte Nutzer und waren es schon, bevor wir diesem Unternehmen beigetreten sind. Beim Schreiben dieses Buches haben wir mal nicht durch die »Brille eines Angestellten«, sondern durch die »eines Nutzers« geschaut, um Ihnen sozusagen eine seriöse Fremdenführung bieten und Ihnen unsere Leidenschaft für diese Website objektiv vermitteln zu können.

Was Sie nicht lesen müssen

Dieses Buch ist für Neulinge auf Facebook gedacht. Einige der enthaltenen Informationen sind für Leser bestimmt, die Facebook für die Gründung oder die Erweiterung eines Unternehmens nutzen möchten. Falls Sie dieses Netzwerk hauptsächlich verwenden möchten, um mit Familienmitgliedern und Freunden in Kontakt zu bleiben, können Sie diese Abschnitte ruhig überspringen. Im ganzen Buch verstreut finden Sie Kästen, die viele zusätzliche Informationen beinhalten. Dabei handelt es sich einfach um zusätzliche, interessante Details, die man ruhig auslassen kann, ohne dabei – auf das Facebook-Erlebnis bezogen – etwas zu verpassen.

Wie dieses Buch aufgebaut ist

Die erste Auflage von *Facebook für Dummies* besteht aus fünf Teilen. Sie müssen das Buch nicht von vorn bis hinten lesen und ebenso wenig all die Abschnitte in jedem einzelnen Kapitel durchgehen. Wir erklären die ganz allgemeinen Funktionen – also die, die für fast jeden gedacht sind – gleich zu Beginn. Im ersten Kapitel von jedem Teil finden Sie einen Überblick über die Anwendung und Funktion, um die es in dem entsprechenden Teil geht, sowie eine Beschreibung des Lesers, für den dieser Buchteil nützlich ist. Falls Sie sich nicht sicher sind, ob ein bestimmter Teil des Buches für Sie gedacht ist, lesen Sie am besten das jeweilige erste Kapitel. Und falls Sie bei einem bestimmten Kapitel verunsichert sind, entscheiden Sie sich am besten, nachdem Sie die dortige Einleitung überflogen haben.

Die Themen dieses Buches werden meist in der Reihenfolge behandelt, in der die meisten Nutzer die einzelnen Features verwenden. Wir empfehlen Ihnen, sich erst einmal mit den Informationen in Teil I vertraut zu machen, bevor Sie sich an Teil II und so weiter machen. Im Laufe des Buches gehen wir immer intensiver auf spezielle Funktionen ein, die möglicherweise nur für bestimmte Lesergruppen interessant sind.

Beachten Sie auch das Inhaltsverzeichnis und den Index. Diese Abschnitte können Sie nutzen, um schnell an die gesuchten Informationen zu kommen. Folgendes finden Sie in den einzelnen Teilen:

Teil I: Erste Schritte auf Facebook

In Kapitel 1 finden Sie eine Einführung in Facebook und gewinnen einen Überblick über die beliebtesten und sinnvollsten Methoden, wie unterschiedliche Leute Facebook zum Teil ihres Lebens machen. In den darauffolgenden Kapiteln helfen wir Ihnen dabei, Ihr Profil zu erstellen und sich auf der Website zu orientieren, damit Sie dort nicht verloren gehen. Und zu guter Letzt gehen wir auf all die Privatsphäre-Einstellungen und Tipps zur Sicherheit ein, die Sie kennen müssen, um sich bei Ihren eigenen Aktivitäten auf Facebook nie das Heft aus der Hand nehmen zu lassen. Wenn sich jeder Einzelne sicher fühlt, haben schließlich alle Nutzer von Facebook etwas davon.

Teil II: Das eigene Leben auf Facebook teilen

Sobald Sie die Grundlagen verstanden haben, lernen Sie mithilfe von Teil II, eine offene, interaktive Webpräsenz zu erstellen, die Sie mit allen Ihnen bekannten Nutzern von Facebook verbindet. Und es werden jeden Tag mehr Nutzer. Wir zeigen Ihnen einige der beliebtesten Anwendungen von Facebook, zum Beispiel den Bereich Fotos, und erklären Ihnen, wie Sie das System auf Ihren speziellen Bedarf anpassen können.

Teil III: Sich organisieren

In Teil III erfahren Sie, wie Sie mithilfe von Facebook mit Personen, die Sie kennen, in Verbindung bleiben. Wir erklären die Unterschiede zwischen privater und öffentlicher Kommunikation sowie zwischen aktiven und passiven Interaktionen – alles Dinge, die, je nachdem in welchem Umfeld man sich bewegt, die unterschiedlichsten Bedürfnisse erfüllen. Sie werden in diesem Teil auch entdecken, wie man über die Facebook-Anwendungen Gruppen und Veranstaltungen mit anderen in Kontakt bleibt.

Teil IV: Sich noch intensiver mit Facebook beschäftigen

Facebook kann einem nicht nur im Privatleben weiterhelfen, sondern auch dazu beitragen, dass Unternehmen mit ihren Kunden auf besondere Weise in Verbindung bleiben. Ob über die Facebook-Plattform oder das spamfreie Werbeanzeigensystem von Facebook, die Werbebotschaft Ihres Unternehmens kann die Verbraucher auf fesselnde und ungemein zielgerichtete Weise erreichen.

Teil V: Der Top-Ten-Teil

Hier machen wir Sie mit zehn sehr unterschiedlichen Anwendungen bekannt, die Fremdunternehmen auf Facebook eingebracht haben, um zum Beispiel Musikliebhaber auf der ganzen Welt miteinander ins Gespräch zu bringen. Danach erhalten Sie die Antworten auf die zehn am häufigsten gestellten Fragen zur Nutzung von Facebook.

Symbole, die in diesem Buch verwendet werden

Was wäre ein »…für Dummies«-Buch ohne Symbole, die Sie auf wertvolle Informationen aufmerksam machen, die Ihnen auf jeden Fall weiterhelfen werden? Unten beschreiben wir kurz die einzelnen in diesem Buch verwendeten Symbole.

 Das Tipp-Symbol weist auf hilfreiche Informationen hin, mit deren Hilfe Sie wahrscheinlich noch bessere Erfahrungen machen werden.

 Das Erinnerung-Symbol finden Sie bei interessanten und hilfreichen Dingen vor, die Sie vielleicht später angehen möchten.

 Das Warnung-Symbol macht auf eine lauernde Gefahr aufmerksam. Mithilfe dieses Symbols bitten wir Sie, genau aufzupassen und Vorsicht walten zu lassen.

Wie es weitergeht

Ob Sie Facebook nun schon seit Jahren nutzen oder ganz neu dabei sind, wir empfehlen Ihnen, bei Kapitel 1 anzufangen, da es eine Vorstellung von allem liefert, was wir im Rest des Buches detailliert beschreiben. Nachdem Sie das erste Kapitel gelesen haben, werden Sie möglicherweise ein besseres Gefühl dafür haben, welche Themen im Buch eher für Sie geeignet sind und können gleich an die entsprechenden Stellen blättern. Wir raten auf jeden Fall *jedem* dazu, sich ausreichend Zeit für Kapitel 5 zu nehmen, das sich mit den Privatsphäre-Einstellungen befasst. Da Facebook eine Online-Community repräsentiert, ist es wichtig, dass jeder Einzelne versteht, wie man sich innerhalb dieser Gemeinschaft bewegt, um eine sichere, amüsante und zweckmäßige Umgebung für alle zu schaffen.

Falls Sie Facebook-Neuling sind und das Netzwerk nutzen möchten, um ihre eigenen, persönlichen Beziehungen zu vertiefen, empfehlen wir Ihnen, das Buch vollständig von Teil I bis Teil III durchzulesen. Und falls Sie solch ein *kompletter Anfänger* beim Thema Facebook sind, dass Sie noch nicht einmal wissen, ob es überhaupt das Richtige für Sie ist, werden Sie die Antwort darauf in Kapitel 1 finden. (Wir greifen jetzt mal vor und verderben Ihnen die Überraschung: Facebook *ist* das Richtige für Sie – egal, wer Sie sind.)

Vielleicht kennen Sie sich mit Facebook schon ziemlich gut aus, wenn Sie dieses Buch zur Hand nehmen. Doch da diese Website ständig wächst und es Änderungen gibt, gibt es immer etwas zu entdecken. Durch Teil IV dieses Buches werden Sie anderen etwas voraushaben.

Ganz egal, zu welcher Gruppe Sie gehören, jetzt wird es Zeit, loszulegen: Blättern Sie mit einer Hand die Buchseiten um, bedienen Sie mit der anderen die Maus Ihres Computers und seien Sie offen für eine revolutionäre Methode, Ihre Beziehungen aus dem Alltag zu erleben und zu vertiefen.

Eine kleine Anmerkung noch vorweg, bevor es dann aber wirklich losgeht. Auf Facebook gibt es häufig Neuerungen. Da zwischen dem Schreiben dieses Buches und der Veröffentlichung einige Zeit vergeht, kann es sein, dass Sie nicht alle hier angesprochenen Stellen auf Anhieb finden. Oft werden Funktionen aber mit der Zeit für den Nutzer optimiert und die Anwendung erklärt sich von selbst.

Teil I

Erste Schritte auf Facebook

The 5th Wave

By Rich Tennant

»Und das ist der Teil unseres Lebens, der nicht auf Facebook
zu finden ist.«

In diesem Teil ...

Wir haben Sie also überreden können, nach der Einleitung noch weiter zu lesen. Prima! Da Sie das Buch von Anfang an lesen, nehmen wir an, dass Sie ein paar ziemlich einfache Fragen haben. Zum Beispiel:

✔ Was ist Facebook?

✔ Bin ich zu alt für Facebook?

✔ Wie kann ich Facebook sinnvoll nutzen?

✔ Ich möchte Facebook unbedingt nutzen, doch wie fange ich an?

All diese Fragen eignen sich hervorragend, um sich auf die Reise in die Welt von Facebook zu begeben. Wir geben Ihnen in diesem Teil alle Antworten und sogar noch weitere Informationen. Zunächst einmal erklären wir, wer Facebook im Allgemeinen auf welche Weise nutzt. Danach geht es ans Eingemachte: sich registrieren, ein Profil erstellen und ein paar Freunde finden. Wir zeigen Ihnen außerdem, wie Sie sich auf der Website bewegen und Ihre Daten schützen.

Die vielen Gesichter von Facebook

In diesem Kapitel

▶ Facebook entdecken

▶ Was man auf Facebook tun kann und was nicht

▶ Wie sich Facebook von anderen sozialen Netzwerken unterscheidet

▶ Wie andere Leute Facebook nutzen

Stellen Sie sich mal vor, Sie würden versuchen, von Berlin nach Mallorca zu kommen, ohne dabei ein Flugzeug zu besteigen, oder einen Kuchen (mit Äpfeln, bitte) zu backen, ohne einen Ofen zu benutzen, oder in den siebzehnten Stock zu gelangen, ohne den Aufzug zu benutzen. Es gibt natürlich Möglichkeiten, diese Aufgaben zu meistern, doch ohne das passende Werkzeug könnte es länger dauern, nicht ganz optimal gelingen und Sie *wirklich* ins Schwitzen bringen.

Genau wie ein Flugzeug, ein Ofen oder ein Aufzug ist Facebook ein Werkzeug, das die alltäglichen *Aufgaben* zum reinsten Vergnügen machen kann. Mit Facebook können Sie Ihren Freundes- und Bekanntenkreis verwalten, pflegen und erweitern. Überlegen Sie mal, wie Sie die folgenden Aufgaben erledigen:

✔ Die Telefonnummer eines alten Freundes herausbekommen

✔ Herausfinden, was Ihre Freunde heute noch vorhaben

✔ In einer Stadt, in die Sie ziehen werden, oder in einem Büro, in dem Sie sich beworben haben, jemanden kontaktieren

✔ Eine Veranstaltung planen, die Gästeliste im Auge behalten und alle auf dem Laufenden halten, wenn es eine zeitliche Änderung gibt

✔ Um Unterstützung für eine Sache bitten

✔ Sich Filme, Bücher und Restaurants empfehlen lassen

✔ Stolz die allerneuesten Urlaubsfotos vorzeigen

✔ Freunden und Familienmitgliedern von Ihren neuesten Erfolgen berichten, ihnen Fotos zeigen oder sie wissen lassen, dass Sie an sie denken

✔ An alle Geburtstage denken

Die oben stehende Liste stellt lediglich eine Auswahl der kniffligen, alltäglichen Aufgaben dar, deren Erledigung durch Facebook einfacher und angenehmer werden kann.

Wir könnten die Liste auch noch fortführen, doch schließlich müssen wir ja wenigstens *etwas* Platz im Buch lassen, um Ihnen zu erklären, wie man diese Dinge in den Griff bekommt.

Facebook fördert und verbessert all Ihre sozialen Beziehungen – wir sind uns bewusst, dass diese Aussage erst mal starker Tobak ist. Fast ebenso unerhört wie die Aussage, es gäbe einen Mixer, der innerhalb von sechs Minuten ein 3-Gänge-Menü zaubern kann; die Pille, die Ihnen Bauchmuskeln wie Arnold Schwarzenegger und Beine wie Heidi Klum verschaffen kann oder die sechs einfachen Schritte, die es braucht, um Millionär zu werden. Facebook unterscheidet sich davon allerdings in mindestens drei Punkten. Erstens behaupten wir nicht, dass es so einfach sei, dass auch Ihr Dackel es könnte. Sich mit Facebook vertraut machen und sich einrichten, erfordert etwas Arbeit. (Was Sie ja bereits wissen, denn sonst hätten Sie sich nicht dieses 360-seitige Buch vorgenommen.) Zweitens kostet Sie Facebook nur drei geringe Beträge à null Euro. Doch wenn Sie nicht völlig zufrieden damit sind, bekommen Sie den kompletten Kaufpreis zurück. Und schließlich wird Facebook – anders als der Mixer und die Pille – Ihr Leben *wirklich* verändern, es noch besser machen, mehr Spaß hineinbringen, es vereinfachen und – haben wir es schon erwähnt ... mehr Spaß hineinbringen?

Um was geht es bei Facebook eigentlich genau?

Denken Sie mal an all die Personen, mit denen Sie während des gestrigen Tages zu tun hatten. Morgens sind Sie vielleicht die Zeitung holen gegangen und haben dabei mit dem Nachbar geplaudert. Möglicherweise haben Sie Ihre Kinder gefragt, wann sie abends eintrudeln werden, oder mit Ihrem Partner ausgemacht, wer mit dem Abendessenmachen dran ist. Eventuell haben Sie den Arbeitstag mit Kollegen verbracht und sich über Mittag ein bisschen Zeit genommen, um mit einem Freund, der gerade geschäftlich in der Stadt ist, essen zu gehen. Abends haben Sie vielleicht eine E-Mail an einen langjährigen Mitbewohner aus Unizeiten losgelassen, Ihre Mutter angerufen (es ist schließlich ihr Geburtstag!) und mit Ihren Kumpels verabredet, sich am Wochenende zu treffen. Am Ende des Tages haben Sie sich vor dem Fernseher entspannt und sich vom Nachrichtensprecher von verschiedenen Politikern, Sportlern, Geschäftsleuten und Prominenten berichten lassen, deren Leben Sie eventuell (oder auch nicht) interessiert. Sie haben tagtäglich auf einzigartige Weise mit so vielen verschiedenen Leuten zu tun. Sie tauschen Informationen aus: »Hast Du heute morgen die Nachrichten gesehen?« Sie genießen die Anwesenheit der anderen: »Wer hat einen guten Witz auf Lager?« Sie bereichern das Leben von anderen Menschen: »Ich habe heute in der Schule etwas für dich gebastelt.« Während des ganzen Tages werden die meisten Ihrer Entscheidungen und Ihrer Handlungen aufgrund von oder im Interesse von jemandem, den Sie kennen, getroffen oder ausgeführt.

Dies stellt sozusagen einen kleinen Kameraausschnitt der Welt dar, in der Sie der Mittelpunkt sind. Schwenken Sie die Kamera aus dieser altgewohnten Position zurück (und noch weiter … noch weiter … und noch ein bisschen weiter), und Sie werden sehen, dass alle Personen, mit denen Sie zu tun haben – Ihre Familienmitglieder, Ihre Freunde, der Zeitungsbote, die Mitarbeiterin aus der Kantine, Ihr Lieblingsmusiker und sogar diejenigen, die dieses Buch schreiben – der Mittelpunkt ihrer eigenen Realität sind. Und ebenso verhält es sich mit allen Personen, die sie wiederum kennen. Die Verbindungen zwischen jeder einzelnen Person auf der Welt sind verknüpft, stehen in Wechselwirkung und greifen ineinander und bilden auf diese Weise den sogenannten *Social Graph*. Eine kühne Behauptung: Dieses lebendige, pulsierende, sich wandelnde, wachsende Netz an menschlichen Beziehungen ist eine der tollsten und beeindruckendsten Erfindungen des Lebens.

Die Stärke des Social Graph besteht darin, wie schnell und (einigermaßen) zuverlässig Informationen unter Leuten, die miteinander in Verbindung stehen, verbreitet werden. Die Aufgabe von Facebook ist es, den Social Graph zugänglich zu machen, also dabei zu helfen, dass man Bekannte im Auge behalten und kontaktieren kann, sowie den Einzelnen dabei zu unterstützen, sich die Stärke des Graph zunutze zu machen, um mit jeder beliebigen ihm vertrauenswürdig erscheinenden Person zu kommunizieren und Informationen auszutauschen.

Eine weitere beeindruckende Tatsache des Social Graph auf Facebook ist diese: Er bildet sich von alleine und hält sich selbst instand. Jedes Mitglied trägt dazu bei, seinen Platz im Graph zu definieren. Wenn Sie sich bei Facebook registrieren, fangen Sie erst mal damit an, die Profile von Ihren Bekannten zu suchen und bauen eine virtuelle Freundschaft zu ihnen auf. Als Nutzer von Facebook liegt es in Ihrem eigenen Interesse, Ihren Anteil am Graph immer möglichst genau einzutragen – so schaffen Sie einen kompletten Satz an Beziehungen zu den Personen, die Sie kennen. Facebook kann zum einzigen Zugang zu den Ihnen bekannten Personen werden. Daher ist es auch sinnvoller, dass Sie darauf vertrauen können, genau die Person zu finden, nach der Sie suchen. Aufgrund des Aufbaus von Facebook sind Sie nicht als Einziger dafür zuständig, sich mit jedem Ihrer Bekannten zu verbinden. (Stellen Sie sich mal vor: Das wäre ja das längste Versteckspiel, das es je gegeben hätte.) Nachdem Sie ein paar Freundschaften geschlossen haben, werden gemeinsame Freunde automatisch über Ihre Anwesenheit auf der Website informiert, und diese suchen dann nach *Ihnen*, um eine Freundschaft zu schließen. *Vergessen Sie nicht:* Es liegt ebenso im Interesse Ihrer Freunde die eigene Liste mit Kontaktpersonen immer auf dem neuesten Stand zu halten.

Was man auf Facebook alles tun kann

Da Sie ja nun wissen, dass Facebook eine Möglichkeit darstellt, mit Personen, die Ihnen wichtig sind, in Verbindung zu bleiben, wird Ihre nächste Frage wohl lauten: »Und wie geht das?« Das ist eine gute Frage. Und zwar eine so gute, dass wir fast den Rest des Buches damit zubringen werden, sie zu beantworten. Doch hier kommt zunächst ein Überblick.

Ein Profil erstellen

Wenn Sie sich bei Facebook registrieren, gehört das Erstellen Ihres _Profils_ zu den ersten Dingen, die Sie tun. Ein Profil auf Facebook ist sozusagen ein Lebenslauf für ein soziales Netzwerk – eine Seite über Sie selbst, die Sie mit all jenen Daten, die andere von Ihnen wissen sollten, stets auf dem neuesten Stand halten.

Bei Facebook weiß man, dass Sie im wahren Leben verschiedenen Leuten wohl auch jeweils verschiedene Versionen Ihres Lebenslaufs geben würden. Ihr Lebenslauf für das soziale Netzwerk enthält vielleicht Ihre Telefonnummer, Ihre Lieblingszitate und Fotos von diesem ganz verrückten Abend in Du-weiß-schon-wo mit Du-weißt-schon-wem. In Ihrem Lebenslauf für Ihren potenziellen Arbeitgeber würden Sie wahrscheinlich Ihren Bildungsweg und Ihre Berufserfahrung auflisten. Ein Lebenslauf für Ihre Familie könnte Ihre Anschrift enthalten, und Sie könnten dort mit Ihren neuesten Urlaubsfotos prahlen und Neuigkeiten über die Veränderungen in Ihrem Leben bekanntgeben.

Sie zeigen unterschiedlichen Personen unterschiedliche Teile Ihres Lebens und Ihrer Persönlichkeit, und bei einem Facebook-Profil, wie in Abbildung 1.1 zu sehen, dürfen Sie (nein, Sie werden geradezu _ermutigt!_) dasselbe tun. Zu diesem Zweck gibt es bei Ihrem Profil alle möglichen Privatsphäre-Einstellungen, mit denen Sie angeben können, _wer welche_ Daten sehen soll. Viele Leute sind sehr dankbar dafür, dass sie ihr Profil mit so vielen Informationen wie möglich ergänzen und dann jede einzelne davon mit Bedacht freigeben können. Zu Ihrer Sicherheit sollten Sie in Ihrem Profil die Daten angeben, die Sie auch jemandem im wahren Leben mitteilen würden. Und folglich gilt auch: Geben Sie auf Ihrem Profil keinerlei Daten an, die Sie auch im wahren Leben niemandem mitteilen würden. Genaueres über das Profil erfahren Sie in Kapitel 2. Stellen Sie es sich fürs Erste wie eine eigene Webseite vor, auf der es Privatsphäre-Einstellungen für bestimmte Teilinformationen gibt. Eine solche Seite zeigt ein genaues Bild von Ihnen, sodass Sie damit den richtigen Lebenslauf an die richtige Person abgeben würden.

Es gibt zwei verschiedene Gründe, weshalb man sich ein Profil auf Facebook anlegt. Erstens hilft es den Personen, die man auch im wahren Leben kennt, einen über Facebook zu finden und darüber in Verbindung zu bleiben. Jeder von uns ist doch eifrig dabei, den Überblick über die Personen zu behalten, die er kennt (oder versucht zumindest eifrig, dabei zu sein). Falls Sie einen Allerweltsnamen wie etwa Hans Müller oder Sabine Schmidt haben, wird es für andere schwierig werden, Sie ohne zusätzliche Identifizierungsmerkmale aufzuspüren. Informationen über Sie wie etwa Ihre Heimatstadt, Ihr Bildungsweg oder Ihre Fotos können helfen, den richtigen Hans oder die richtige Sabine zu finden.

Der zweite (und viel coolere) Grund, sich ein genaues Profil bei Facebook zu erstellen, ist: Es erspart Ihnen Arbeit. Wenn Sie Ihr Profil stets mit relevanten Details füllen, erhalten Ihre Freunde und Familienmitglieder immer die neuesten Informationen

Abbildung 1.1: Barbara Mistols Facebook-Profil

darüber, wo Sie wohnen, wen Sie kennen und was Sie so treiben. Sie müssen Ihrem Gesprächspartner dann nicht mehr Ihre Telefonnummer vorlesen, während er hektisch nach einem Stift kramt. Sagen Sie ihm einfach: »Steht alles auf Facebook.« Falls ein Cousin Ihnen ein Geburtstagsgeschenk schicken möchte, muss er Ihnen nicht mehr die Überraschung verderben, indem er Sie nach Ihrer Adresse fragt. Falls Ihr Profil auf dem neuesten Stand ist, können Gespräche, die sonst immer mit der offenen Frage: »Und was hast Du so in letzter Zeit gemacht?« begonnen haben, gleich zum interessanten Teil übergehen: »Ich habe letzte Woche deine Fotos vom Österreichurlaub gesehen. Erzähl doch mal, wie es dazu kam, dass Du diese Kuhglocke umhattest?«

Den Kontakt zu Freunden herstellen

Nachdem Sie sich registriert haben, werden Sie beim Aufstöbern einiger Ihrer Bekannten feststellen, wie nützlich Facebook ist. Um Ihnen dabei zu helfen, gibt es dort die folgenden Werkzeuge:

✔ **Freundefinder:** Damit können Sie die E-Mail-Adressen in Ihrem E-Mail-Adressbuch durchsuchen, um herauszufinden, ob die betreffende Person bereits auf Facebook präsent ist. Sie können sich dann diejenigen heraussuchen, mit denen Sie einen Kontakt herstellen möchten.

✔ **Vorschläge:** Hier werden Ihnen die Namen und Fotos von Personen, die Sie wahrscheinlich kennen, oder von Prominenten, über deren Neuigkeiten Sie möglicherweise gerne auf dem Laufenden bleiben würden, angezeigt. Diese Auswahl wird für Sie anhand verschiedener Faktoren wie etwa Ihrem Wohn- oder Arbeitsort oder der Anzahl der gemeinsamen Freunde getroffen.

✔ **Suche:** Diese Funktion hilft Ihnen dabei, Personen zu finden, die sich schon bei Facebook registriert haben.

Nachdem Sie ein paar Freundschaften geschlossen haben, sollten Sie diese nutzen, um weitere Bekannte aufzuspüren. Durchsuchen Sie dazu den Freundeskreis Ihrer Freunde nach bekannten Namen. In Kapitel 4 erklären wir Ihnen, wie man auf Facebook Bekannte findet.

Sich mit Freunden auf Facebook austauschen

Da Facebook immer umfangreicher wird, steigt auch die Wahrscheinlichkeit, dass Sie jeden, mit dem Sie sich gerne in Verbindung setzen möchten, erreichen können. Heute können Sie ziemlich sicher davon ausgehen, dass Sie denjenigen, den Sie gerade erst beim Abendessen bei Freunden kennengelernt haben, Ihren damaligen Prof von der Uni oder den Sandkastenfreund, mit dem Sie sich schon lange treffen wollten, finden können. Um die Kontaktdaten von jemandem herauszubekommen, müssten Sie eventuell gemeinsame Freunde anrufen, im Telefonbuch nachsehen (mal angenommen, Sie wissen genug über denjenigen, um auch die richtigen Daten zu finden) oder eine E-Mail an eine eventuell veraltete E-Mail-Adresse schicken. Je nachdem, wie Sie die Betreffenden kennengelernt haben oder wie wenig Sie über sie wissen, werden Sie wahrscheinlich verschiedene Methoden verwenden, um sie zu kontaktieren.

Bei Facebook hat man das Finden und Kontaktieren von Personen durch ein verlässliches Medium rationalisiert. Falls der Betreffende, den Sie erreichen möchten, auf Facebook aktiv ist, können Sie zueinanderfinden – ganz egal, an welchem Ort er wohnt oder wie häufig er seine E-Mail-Adresse geändert hat.

Gedanken mitteilen

Sie haben Interessantes zu berichten. Das sehen wir Ihnen geradezu an der Nasenspitze an. Vielleicht sind Sie ja stolz auf Ihre örtliche Fußballmannschaft oder freuen sich aufs Wochenende oder können immer noch nicht glauben, was Sie heute Morgen auf dem Weg zur Arbeit gesehen haben. Den ganzen Tag über passieren uns allen Dinge, bei denen wir am liebsten gleich zu unseren Freunden sagen würden: »Hast du schon gehört?« ... »Ja, ganz genau ...« Bei Facebook schenkt man Ihnen sozusagen Gehör und Sie finden ein dankbares Publikum vor. Wir erklären Ihnen in Kapitel 6, wie Sie kurze oder längere Beiträge über Dinge verfassen, die sich bei Ihnen ereignen, und wie diese Ihren Freunden auf bequeme und unaufdringliche Weise zugänglich gemacht werden.

Fotos vorzeigen

Seit der Erfindung der modernen Kamera ist man nur allzu gern bereit »Cheese!« zu rufen. Fotos können sich hervorragend als Reiseführer eignen, um in Erinnerungen zu schwelgen. Doch nur, wenn wir daran denken, sie auch zu entwickeln, hochzuladen oder ins Fotoalbum zu kleben. Viele der Erinnerungen verblassen, wenn die Bilder mit lächelnden Gesichtern in alte Schuhkartons verfrachtet, die Filme niemals entwickelt oder die Fotos in irgendeinem Ordner auf der Festplatte vergessen werden.

Bei Facebook finden Sie drei starke Anreize, Ihre Fotos hochzuladen, zu verwalten und zu bearbeiten:

✔ **Facebook bietet Ihnen einen leicht zugänglichen Ort für all Ihre Bilder.** Es ist viel einfacher, jemanden, der sich dafür interessiert, auf Ihr Facebook-Profil zu verweisen als einzelne Fotos per E-Mail zu versenden, einen komplizierten Link zu einer Foto-Sharing-Website zu verschicken oder auf das Familientreffen zu warten, um dort stolz die Ach-sind-die-Kinder-groß-geworden-Schnappschüsse vorzuzeigen.

✔ **Jedes von Ihnen hochgeladene Foto kann mit den Profilen der abgebildeten Personen verlinkt werden.** Sie stellen beispielsweise Bilder von Ihnen und Ihrer Schwester online und verlinken sie mit ihrem Profil. Jedes Mal, wenn jemand dieses Profil besucht, sieht er die Bilder. Dazu muss er Sie noch nicht mal kennen. Eine tolle Sache, denn es verschafft den Fotos eine bisher nie dagewesene Langlebigkeit. So lange andere das Profil Ihrer Schwester aufsuchen, können sie auch diese Bilder sehen. Ein Fotoalbum muss nicht mehr etwas sein, das man sich gleich nach einer Veranstaltung ansieht, sondern vielleicht erst wieder Jahre später.

✔ **Bei Facebook liegt es ganz in Ihrer Hand, festzulegen, wer Zugriff auf Ihre Bilder hat.** Jedes Mal, wenn Sie dort ein Foto hochladen oder ein neues Fotoalbum erstellen, können Sie – ganz nach eigenem Belieben – bestimmen, ob es jeder auf Facebook sehen soll, lediglich Ihre Freunde oder sogar nur eine Untergruppe Ihrer Freunde. Sie können entscheiden, dass all Ihre Freunde Ihre Hochzeitsfotos sehen dürfen, doch vielleicht nur einige von ihnen die Bilder von den Flitterwochen. Mithilfe dieser Einstellung können Sie den Leserkreis auf genau diejenigen

Freunde beschränken, die wahrscheinlich am meisten interessiert sind. Vielleicht gefallen ja all Ihren Freunden Ihre Baby-Fotos, doch nur Ihre Kollegen werden sich auch etwas aus den Bildern vom letzten Betriebsfest machen.

Veranstaltungen planen, Gruppen beitreten

Fast alles, was Sie mit anderen unternehmen, ist einfacher über Facebook ... außer kuscheln. Facebook soll kein Ersatz für persönliche Gespräche sein, sondern soll Interaktionen ermöglichen, wenn Gespräche nicht möglich sind oder die Planung derselben erleichtern. Zu diesem Zweck eignen sich die Facebook-Anwendungen »Veranstaltungen« und »Gruppen« am besten.

Gruppen stellen im Grunde Webseiten dar, die man abonnieren oder denen man *beitreten* kann. Die eine Gruppe kann aus einer ganz kleinen Runde zum Beispiel aus den fünf besten Freunden bestehen, die einige gemeinsame Unternehmungen planen. Eine andere könnte einen praktischen Nutzen erfüllen und zum Beispiel »Elternvereinigung der hessischen Grundschulen« heißen. Mit einigen Gruppen wie beispielsweise »AIDS kann jeden treffen« möchte man um Unterstützung für etwas werben. Andere wiederum sollen das Gemeinschaftsgefühl stärken. Mitglieder einer Gruppe wie etwa »When I Was Your Age, Pluto Was a Planet« können sich aufgrund eines gemeinsamen Interesses oder Ziels austauschen. Je nachdem, welche Einstellungen für die jeweilige Gruppe vorgenommen wurden, können Mitglieder dort Fotos oder Videos hochladen, andere zur Gruppe einladen, Nachrichten erhalten und sich über Neuigkeiten und Statusmeldungen informieren.

Veranstaltungen sind etwas Ähnliches wie Gruppen mit dem Unterschied, dass es hier um einen Termin geht. Anstatt beizutreten, antworten die Nutzer auf die Einladung, wodurch dem Veranstaltungsadministrator eine entsprechende Planung ermöglicht wird und den Eingeladenen Erinnerungen zugeschickt werden können. Dieser Bereich wird auf Facebook häufig für kleinere Veranstaltungen wie etwa ein gemeinsames Mittagessen oder auch für größere Veranstaltungen wie Demonstrationen in der Bundeshauptstadt genutzt. Manchmal sind die Themen auch eher theoretischer denn praktischer Natur. Jemand könnte beispielsweise eine Veranstaltung mit dem Titel »Fahr heute mit dem Rad statt mit dem Auto zur Arbeit« erstellen und hoffen, dass die Einladung (durch Freunde und Freunde von Freunden) weit und breit bekannt wird und so die Sache selbst ins öffentliche Bewusstsein rückt. In der Firmenzentrale der Firma Facebook werden Veranstaltungen erstellt, um Gesellschafterversammlungen, Barbesuche nach Feierabend, Skireisen und vieles mehr zu planen. In Kapitel 10 erfahren Sie mehr über die Facebook-Anwendungen »Gruppen« und »Veranstaltungen«.

Facebook und das Internet

Die Anwendungen Fotos, Gruppen und Veranstaltungen stellen bloß einen kleinen Teil der Möglichkeiten dar, wie Sie sich auf Facebook mit Bekannten in Verbindung setzen können. In Kapitel 13 erfahren Sie mehr Einzelheiten über Facebook und das Internet. Kurz gesagt ist Facebook ein Dienst, über den Sie leichter mit Freunden in Verbindung bleiben können, doch jedes Unternehmen kann Werkzeuge wie Websites oder *Anwendungen*, die den Informationsaustausch ermöglichen, entwickeln. Fotos, Gruppen und Veranstaltungen sind Werkzeuge, die zusätzlich zur Facebook-Plattform erstellt wurden. Über diese Medien kann man über seinen Freundes- und Bekanntenkreis Informationen austauschen.

Zu den Websites und Anwendungen, die von Fremdunternehmen erfunden worden sind, gehören beispielsweise Werkzeuge, mit denen Sie Fotos bearbeiten, Bildschirmpräsentationen erstellen, mit Freunden, die auf der ganzen Welt verstreut wohnen, Spiele spielen, bei einer gemeinsamen Wohnung oder Unternehmungen die Rechnungen aufteilen oder sich über gute Filme, Musik, Bücher oder Restaurants austauschen können. Sobald Sie sich ein bisschen besser mit den wesentlichen Dingen bei Facebook auskennen, können Sie sich an einigen der Tausenden von Anwendungen und Websites versuchen, mit deren Hilfe Sie sich über die Dienste Ihrer Facebook-Freunde mit ihnen austauschen können.

Für ein Unternehmen werben

Nehmen wir mal an, Sie möchten etwas verkaufen. Vielleicht diesen tollen Mixer. Wie erregen Sie die Aufmerksamkeit der Leute? Sie stellen sich nicht auf einen verlassenen Parkplatz und rufen:»Los, kauft meinen Mixer!«, oder? Natürlich nicht. Sie gehen dorthin, wo die Allgemeinheit sich aufhält und das ist eben Facebook. Obwohl jeder Facebook nutzen kann (und es auch tun sollte), um den Kontakt zu Freunden und Familienmitgliedern herzustellen, verwenden es immer mehr Leute, um ihre Kunden oder Fans zu kontaktieren. Sie erstellen sich nicht nur eigene Profile, sondern richten weitere ein, um ihre Bands, Unternehmen, Marken, Produkte, Dienstleistungen oder – falls es sich um Prominente oder Politiker handelt – sich selbst zu bewerben. Diese besondere Art von Profilen wird auf Facebook »Seiten« genannt. Seiten ähneln den Profilen der Nutzer, da sie dort eine Webseite darstellen, die Folgendes erreichen soll:

✔ Sie repräsentiert ein bestimmtes Objekt aus dem wahren Leben.

✔ Sie enthält wahre, notwendige Angaben, die es braucht, um sich mit diesem Objekt beschäftigen zu können.

Seiten unterscheiden sich von Profilen dahingehend, dass die Beziehungen im Grunde einseitig sind. Wir mögen ja einen Bezug zu Starbucks haben, doch Starbucks hat eigentlich keinen besonderen Bezug zu uns. Daher gibt es eine Reihe von Unterschieden in der Funktion der Seiten.

Facebook bietet außerdem eine weitere Möglichkeit, die Zielgruppe zu definieren: das sogenannte *Social Targeting*. Bei vielen Produkten ist es häufig sehr viel wahrscheinlicher, dass wir etwas kaufen, wenn wir andere kennen, die genau damit schon positive Erfahrungen gemacht haben oder wenn uns der Anbieter bekannt ist. Wenn man bei Facebook eine Anzeige zu sehen bekommt, wird man darüber informiert, ob einer der eigenen Freunde bereits mit diesem Produkt, dieser Dienstleistung oder diesem Unternehmen zu tun hatte. Es ist sogar so, dass die Wahrscheinlichkeit, die gleiche Anzeige gezeigt zu bekommen, sehr viel höher ist, wenn man einen Freund hat, der bereits darauf reagiert hat. Bei Personen ohne solche Freunde sinkt die Wahrscheinlichkeit. Diese Art der kontextbezogenen Werbung ist sowohl für Unternehmer als auch für Verbraucher von Vorteil. Die Unternehmer müssen nicht unnötig Geld ausgeben oder ihre Werbebotschaft für Leute abschwächen, denen das Produkt egal ist. Die Verbraucher werden eher auf Anzeigen für Produkte stoßen, die sie wirklich interessieren oder die ihnen zumindest einen Hinweis auf die Verbrauchsgewohnheiten ihrer Freunde liefern.

Wissen, was auf Facebook nicht geht

Auf Facebook sollen sich echte Personen und echte Vereinigungen vorstellen. Außerdem soll man sich dort sicher fühlen. Viele der dortigen Teilnahmebedingungen sind aus diesen beiden Gründen eingeführt worden.

Beachten Sie: Außer denen von uns hier aufgelisteten, gibt es auch noch andere Dinge, die Sie auf Facebook nicht tun können. Sie können zum Beispiel keine Nachrichten an mehrere Personen versenden, wenn Sie nicht mit jedem Einzelnen befreundet sind. Sie können auch nicht dem Schulnetzwerk einer Schule beitreten, wenn Sie die betreffende Schule nie besucht haben (oder dem Arbeitsnetzwerk eines Unternehmens, für das Sie nicht tätig sind). Und genauso wenig heißen Sie Rumpelstilzchen und können Stroh zu Gold spinnen. Diese Regeln könnten beeinflussen, wie Sie Facebook benutzen, doch sie werden *wohl kaum* etwas daran ändern, ob Sie es benutzen. Wir listen diese fünf Regeln in diesem Abschnitt auf, denn sollte irgendeine davon ein Problem für Sie darstellen, werden Sie den Rest des Buches wahrscheinlich gar nicht lesen.

Sie dürfen nicht lügen

Na gut, können Sie schon, sollten Sie aber nicht. Und schon gar nicht in Bezug auf die grundlegenden Angaben. Wenn Sie bei Ihrer Identität schwindeln, gilt dies als Verstoß gegen die Nutzungsbedingungen von Facebook und führt zu einer Deaktivierung Ihres Profils. Mit anderen Worten: »Vielen Dank. Das war's. Und tschüss.« Obwohl viele es versuchen, lässt die Firma Facebook nicht zu, dass sich jemand unter einem eindeutig falschen Namen wie etwa Nina Hagen oder Max Mustermann registriert. Diejenigen, die noch nicht bei der Überprüfung des Namens auffallen, werden höchstwahrscheinlich feststellen, dass ihr Konto ausfindig gemacht und deaktiviert wurde.

Einige der erfundenen Konten bleiben sehr, sehr lange unentdeckt, da sich die Abteilung bei Facebook, die sich um die Nutzeroperationen kümmert, zunächst mit denjenigen befasst, die sich schwerer und die Sicherheit gefährdender Vergehen schuldig machen. Sie denken darüber nach, ein erfundenes Profil einzurichten, um unsere Behauptung zu überprüfen? Gehen Sie lieber ein wenig spazieren und nehmen Sie sich einen Fußball mit.

Sie dürfen nicht zwölf sein

Oder sogar noch jünger. Ernsthaft. Facebook nimmt die Regel, dass man mindestens 13 Jahre alt sein muss, um für sich selbst im Internet ein Profil einzurichten, sehr ernst. Mit dieser Vorschrift soll die Sicherheit von Minderjährigen gewährleistet werden. Dies ist eine Sicherheitsvorschrift, die von Facebook ganz und gar nicht auf die leichte Schulter genommen wird. Falls Du selbst oder jemand auf Facebook, den Du kennst, jünger als 13 ist, solltest Du das Konto umgehend deaktivieren (oder es denjenigen deaktivieren lassen). Falls man Dich bei der Facebook-Abteilung, die sich um die Nutzeroperationen kümmert, meldet, wird Dein Konto sofort gelöscht und die Firma Facebook (sowie Carolyn Abram and Leah Pearlman) werden sich nicht gerade darüber freuen. Bei Facebook wird darauf geachtet, dass keine Minderjährigen die Website nutzen. Falls Du also noch nicht 13 Jahre alt bist, solltest Du wissen, dass andere, mit denen Du etwas unternimmst, auch nicht auf Facebook zu finden sein werden. Solltest Du zufälligerweise älter als 13 sein und nach Personen unter 13 suchen, dann sieh Dir mal den folgenden Abschnitt an. Dort stehen noch andere Dinge, die Du nicht tun darfst.

Sie dürfen keine unerwünschten Beiträge verschicken

Wir können es gar nicht oft genug betonen. Und selbst wenn wir dafür Fettdruck verwenden, reicht es noch nicht. Vielleicht sollten wir es auch noch unterstreichen und Großbuchstaben verwenden. Versuchen wir es mal:

✔ SIE DÜRFEN KEINE UNERWÜNSCHTEN BEITRÄGE VERSCHICKEN.

Bei Facebook geht es um echte Personen und echte Verbindungen. Man kann einem gemeinsamen Freund oder auch mal einem Fremden, in dessen Profil steht, dass er gerne neue Leute mit gemeinsamen Interessen kennenlernt, eine Nachricht schicken. Sobald die von Ihnen angeschriebenen Personen aber ein Problem damit haben, dass Sie sie unaufgefordert kontaktieren, hat man Sie im Visier. Hören Sie damit nicht auf, wird Ihr Konto deaktiviert.

Stellen Sie sich mal vor, Sie gingen in ein Café und stellten sich dort bei jedem Einzelnen, der lieber für sich sein möchte, vor. Genau so wird bei Facebook das Versenden von unerwünschten Nachrichten aufgefasst. Die Abteilung, die sich um die Nutzeroperationen kümmert, wird sich dann wie ein verärgerter Café-Besitzer aufführen und Sie achtkantig rausschmeißen.

Sie dürfen keine illegalen Inhalte hochladen

Ganz unabhängig von den eigenen Ansichten der Firma Facebook über Pornografie (dort, wo Minderjährige sie sehen können), urheberrechtlich geschütztes Material, Volksverhetzung, Gewaltdarstellung und andere anstößige Inhalte, muss sie das Gesetz befolgen. Die Beachtung dieser Bestimmungen stimmt allerdings auch mit Facebooks Wertvorstellung überein, einen sicheren und amüsanten Ort für jedermann (der älter als 12 ist) zu bieten. Verwechseln Sie das bitte nicht mit Zensur. Bei Facebook geht es in erster Linie um Meinungsfreiheit und Selbstdarstellung. Doch sobald diese die Sicherheit anderer beeinträchtigt oder gegen ein Gesetz verstößt, werden rechtliche Schritte eingeleitet.

Wie unterscheidet sich Facebook von anderen sozialen Netzwerken?

Neben Facebook gibt es mehrere soziale Netzwerke, über die man mit anderen in Verbindung bleiben kann. Zu den beliebtesten zählen Twitter, MySpace, Friendster, Orkut, LinkedIn, Windows Live Spaces, Bebo, Meebo, Match.com und QQ.

Manche dieser Websites dienen einem etwas anderen Zweck als Facebook. LinkedIn ist beispielsweise ein Werkzeug, das beim Kontakteknüpfen vor allem als Karrierenetzwerk genutzt wird. MySpace bot zu Beginn kleinen, örtlich bekannten Bands eine Möglichkeit, außerhalb der komplizierten Politik der Musikindustrie bekannt zu werden, indem man einen Platz schuf, an dem musikalisch Gleichgesinnte miteinander in Verbindung treten konnten. Bei Match.com handelt es sich um ein soziales Netzwerk, das sich besonders auf Personen auf Partnersuche spezialisiert hat. Andererseits gibt es auch Websites, die das gleiche Ziel wie Facebook verfolgen, dies jedoch mit anderen Strategien angehen. Bei MySpace können Nutzer das Erscheinungsbild ihres Profils ganz nach Belieben gestalten. Bei Facebook wird dagegen ein ziemlich einheitliches Aussehen beibehalten und von den Nutzern wird erwartet, dass sie ihre Profile durch das Hochladen von einzigartigen Inhalten hervorheben. Und dann gibt es noch das andere Extrem: Bei Twitter können Mitglieder lediglich sehr kurze Texte bekanntgeben. Auf diese Weise wird ein sehr einfacher und konstanter Informationsaustausch ermöglicht. Bei Facebook hingegen kann man im Hinblick auf die Veröffentlichung von Fotos, Videos und anderen Dingen flexibler vorgehen. Das soll nicht heißen, dass das eine Netzwerk besser ist als das andere. Die unterschiedlichen Modelle sprechen einfach unterschiedliche Leute an.

Wer ist eigentlich auf Facebook?

Facebook wurde ursprünglich erfunden, um Studenten einer bestimmten Hochschule beziehungsweise einer bestimmten Universität die Möglichkeit zu geben, sich gegenseitig auffinden und in Kontakt bleiben zu können. Bei Veröffentlichung des Netzwerks durften sich zu Beginn tatsächlich nur Personen registrieren, die nachweislich über eine E-Mail-Adresse einer Hochschule verfügten.

Nachdem sich das allein den Universitätsstudenten zur Verfügung stehende Modell als Erfolg erwiesen hatte, wurde Facebook auch für Oberstufenschüler in den USA freigegeben. Oberstufenschüler besitzen keine E-Mail-Adressen, mit denen sie beweisen können, auf welche weiterführende Schule sie gehen. Daher gibt es auf Facebook ein ziemlich kompliziertes System, bei dem sich die Schüler untereinander bestätigen müssen, bevor sie Zugriff auf ein bestimmtes Schulnetzwerk erhalten.

Da Facebook an weiterführenden Schulen ein so großer Erfolg war, hat man danach Arbeitsnetzwerken die Mitgliedschaft gestattet. Bei Arbeitsnetzwerken ging man nach dem gleichen Prinzip wie bei Hochschulnetzwerken vor: Um dabei zu sein, musste man sich mit einer bestätigten E-Mail-Adresse – in diesem Fall der eines bestimmten Unternehmens – registrieren. Aus diesem Grund existierten Arbeitsnetzwerke lediglich für Konzerne wie etwa Microsoft, Apple, Amazon und andere, die groß genug waren, ihren Mitarbeitern eigene Adressen bieten zu können.

 Auf Facebook ist es immer noch möglich, jegliche Teile des eigenen Profils für andere unsichtbar zu schalten oder Teile davon für jedermann freizugeben. Heute wird das Netzwerk von mehr als 500 Millionen Menschen genutzt. Da dreht sich alles um die Benutzerkontrolle und die Auswahlmöglichkeiten. Sie können ganz vielen oder ganz wenigen Personen ganz viele oder ganz wenige Informationen mitteilen – Sie allein entscheiden. Halten Sie die Teile Ihres Profils unter Verschluss, von denen Sie *nicht* möchten, dass jeder sie sieht. In Kapitel 5 erklären wir Ihnen noch detaillierter, wie Sie sich und Ihre Daten schützen.

Anstatt sich dann für weitere einzelne Gruppen zu öffnen, hat Facebook schließlich im Jahr 2004 sämtliche Beschränkungen im Hinblick auf die Mitgliedschaft aufgehoben. Heute kann sich jeder mit jeder beliebigen E-Mail-Adresse registrieren und Teil der Facebook-Gemeinde werden.

Aus den folgenden zwei Gründen hat Facebook den Sprung von *verifizierten Netzwerken* (also denen, bei denen Sie zur Registrierung irgendeinen Identitätsnachweis wie etwa eine E-Mail-Adresse erbringen müssen) zur Datenfreigabe für jede beliebige Person gemacht:

✔ **Facebook war für diejenigen, die darauf Zugriff hatten, von unglaublich großem Nutzen.** Bevor alles der Allgemeinheit zugänglich gemacht wurde, meldeten sich 85 % der registrierten Nutzer mindestens einmal im Monat an und aus dieser Gruppe taten 75 % es sogar täglich. Diese Zahlen zeigten den Erfindern von Facebook, dass sie etwas ganz Besonderes ins Leben gerufen hatten und dass auch andere neben den Studenten und Angestellten von Großkonzernen von einem Zugriff auf das Netzwerk profitieren könnten.

✔ **Facebook funktioniert umso besser, je mehr unterschiedliche Personen dort aktiv teilnehmen.** Da dieser Grund für die Entscheidung, wirklich jedem die Registrierung auf Facebook zu gestatten, weniger einleuchtend ist, geben wir Ihnen zur Erklärung ein Beispiel:

Ein Absolvent der Uni Köln möchte zu seiner Geburtstagsfeier einladen. Während er noch Student war, hat er immer Facebook verwendet, um seine Veranstaltungen zu planen und die Gästeliste zu verwalten. Doch jetzt sind einige seiner Freunde älter geworden und waren schon nicht mehr an der Hochschule eingeschrieben, als Facebook aufkam. Wenn er die Veranstaltung über Facebook plant, könnte es sein, dass seine Gästeliste nicht jeden einschließt. Falls er sich gegen die Verwendung dieser Website entscheidet, muss er vielleicht auf ein weniger effizientes Kommunikationsmittel wie etwa E-Mails zurückgreifen. Dabei müsste er die E-Mail-Adressen aller Personen, die er einladen möchte, heraussuchen und sich dann um sämtliche Zu- oder Absagen kümmern, wenn sie massenweise in seinem Posteingang eingehen. Möglicherweise beschließt er auch, dass es die ganze Mühe nicht wert ist und lädt nur Leute ein, die auf Facebook sind. Dort kann er tatsächlich eine Veranstaltung und besondere Einladungen an jene erstellen, die nicht registriert sind, muss dazu aber noch die E-Mail-Adressen dieser Freunde herausbekommen und auf Facebook eingeben.

 Auf Facebook finden Sie hervorragende Werkzeuge für eine Übersicht über Personen, Informationen und Kommunikation. Deren Nützlichkeit hängt allerdings davon ab, ob Sie Ihre Freunde damit erreichen können. Je größer Ihr Freundes- und Bekanntenkreis auf Facebook ist, desto wertvoller wird jedes einzelne dieser Werkzeuge für Sie.

Entscheidend für die Nützlichkeit des Social Graph ist seine Verlässlichkeit. Eine einzige Anlaufstelle, um darüber Freunde, gemeinsame Bekannte, Familienmitglieder oder Personen mit gleichen Interessen und Meinungen aufzuspüren und mit ihnen zu kommunizieren, wäre doch eine der tollsten Lösungen für viele der komplizierten Aufgaben im Leben. Facebook versucht eben diesen Dienst – die Verwaltung unserer Beziehungen zu jedem, den wir kennen oder kennen möchten – anzubieten. Wenn Facebook für jemanden zur hauptsächlichen Informationsquelle und zum vorrangigen Kommunikationsmittel geworden ist, wird der komplette Dienst – sobald eine bestimmte Person dort nicht vertreten ist – weniger leistungsstark, da die Verlässlichkeit im Auffinden der gesuchten Person abnimmt. Daher stellte die Freigabe von Facebook für jedermann eine Möglichkeit dar, das Ganze für die bisherigen Nutzer noch nützlicher zu machen.

Die Mehrheit der Nutzer von Facebook ist nicht und war auch nie Mitglied eines Schulnetzwerks und die Website verzeichnet das größte Wachstum in anderen Bevölkerungsschichten als Oberstufenschülern und Studenten. Wir beschreiben in den folgenden Abschnitten, wie Personen aus unterschiedlichen Bevölkerungsschichten Facebook nutzen. Beachten Sie, dass die genannten Fälle nicht ausschließlich in genau die Kategorie fallen, unter der sie aufgeführt werden. Ein Mitglied eines Arbeitsnetzwerks könnte ebenso gut viele ähnliche Features und Funktionen wie ein Schüler verwenden und die rund um den Erdball verstreuten Nutzer umfassen eindeutig alle drei genannten Bevölkerungsschichten. In den Abschnitten machen wir lediglich deutlich, welche allgemeinen Trends es in bestimmten Bevölkerungsgruppen gibt und stellen einige der Unterschiede zwischen ihnen vor.

Studenten wie sie im Buche stehen

Studenten leben sozusagen in einer einzigartigen Umgebung, da die gemeinsame Zugehörigkeit zu derselben Hochschule schon ein gewisses Maß an Vertrauen schafft. Dieses Vertrauen sorgt dafür, dass die Studenten sich eigene Profile einrichten und ihre Daten, wenn sie es möchten, nur für Kommilitonen (und Personen, die sie manuell bestätigen) freigeben. Da sie eng mit ihren Altersgenossen zusammenarbeiten und von ihnen zur Rechenschaft gezogen werden können, kann man Studenten wahrscheinlich als die Gruppe bezeichnen, die auf Facebook am unbefangensten mit den Informationen umgeht, die sie austauschen. Solange wie für sie Sicherheit bei den von ihnen veröffentlichten Daten besteht (mehr dazu in Kapitel 5), ist dieser ausgiebige Informationsfluss wirklich eine tolle Sache, der ihr Leben und ihre Beziehungen enorm bereichern kann.

Studenten spannen Facebook für alle möglichen amüsanten und praktischen Zwecke ein:

✔ **An Informationen kommen:** Studenten können ganz leicht den Kontakt zu Kommilitonen herstellen, die im gleichen Wohnheim wohnen oder dieselben Vorlesungen besuchen. Der Kontakt zu Altersgenossen kann sich bei Folgendem als sehr nützlich erweisen: bei der (erlaubten) Zusammenarbeit bei Referaten, dem Herausfinden des Abgabetermins für schriftliche Arbeiten oder der Ausleihe eines Buchs zu Recherchezwecken.

✔ **Veranstaltungen planen:** Bei der Veranstaltungsplanung sind Studenten sehr engagiert. Nehmen wir mal an, das Studentenwohnheim Mühlenstraße möchte eine solche auf die Beine stellen. Die Wohnheimleitung kann die Seite zur Veranstaltung auf Facebook erstellen und durch das Anklicken einiger weniger Schaltflächen jeden dazu einladen, den sie möchte. Sie kann angeben, ob die Einladung nur an die ursprünglich Eingeladenen wie etwa die Bewohner des ersten Stocks verschickt werden soll oder ob jeder dazugebeten werden kann (was für eine größere Wohnheimparty – äh, eine *Wohltätigkeitsveranstaltung* meinen wir natürlich – ein Muss ist). Dies ist nur ein Beispiel, doch überall an Universitäten gibt es unglaublich viele Veranstaltungen. Jeder Studentenverband, jedes Wohnheim, jede Hochschulsportgruppe und jede Clique stellt ihre Veranstaltungen mithilfe von Facebook auf die Beine.

✔ **Jemanden auf Fotos markieren:** »Fotos« ist eines der beliebtesten Features auf Facebook. Studenten beteiligen sich regelmäßig an allerhand unvergesslichen Aktivitäten wie etwa Discoabenden oder Spielen. Meist sind bei solchen Veranstaltungen viele Studenten und fast ebenso viele Kameras dabei. Wie wir gehört haben, geben viele von ihnen zu, dass in der Zeit, die sie brauchen, um den Bus nach Hause zu nehmen oder in ihr Wohnheim zu wanken, bereits irgendjemand die Fotos der Veranstaltung bei Facebook hochgeladen hat. Kaum haben die Studenten den magischen Moment erlebt, da werden sie auch schon wieder daran erinnert.

Einer der originellsten Aspekte an der Facebook-Anwendung Fotos ist dieser: Jedes Foto kann mit einem Link versehen werden, der zu den Profilen der darauf abgebildeten Personen führt. Alle Bilder, auf denen eine bestimmte Person markiert ist, werden in einem Album zusammengefasst. Wenn man sich also das Profil von jemandem ansieht, entdeckt man alle Fotos, auf denen derjenige jemals markiert wurde. Nach einer größeren Party an der Uni können sich Studenten also alle Schnappschüsse, die ihre Freunde gemacht haben, anschauen oder sich direkt die Fotos, die sie zeigen, ansehen. Es mag selbstverliebt scheinen, doch es ist auch menschlich.

✔ **Mit Freunden aus der Heimat in Kontakt bleiben:** Eine Hochschule kann – gerade für Studenten mit weiter Anreise – wie eine Welt für sich wirken. Durch eine Facebook-Freundschaft mit jenen, die sie *nicht* jeden Tag sehen, können sie leichter den Kontakt halten. Wenn Sie Fotos vom Universitätsball hochladen, können Freunde von daheim ihnen daraufhin eine Nachricht wie etwa »Tolles Kleid!« oder »Wer ist denn dein Begleiter?« schicken. Durch eine Bitte um Zu- oder Absage zu einer Veranstaltung, zum Beispiel der Ehrung des besten Absolventen, sind die Freunde aus der Heimatstadt über die jüngsten Erfolge ihres Freundes im Bilde. Und obwohl Studenten häufig ganz in den Sog des lebhaften Unilebens geraten, hören sie doch manchmal ein Lied oder lesen einen kurzen Text, der sie an einen Freund von zuhause erinnert. Anstatt dann nach der E-Mail-Adresse zu suchen oder sich Zeit für einen Anruf zu nehmen, können sie einfach Facebook nutzen, um demjenigen einen *Denk an dich*-Pinnwandeintrag zu senden, ihn anzustupsen oder ihm eine Nachricht zu schicken. (In Kapitel 9 erfahren Sie mehr über diese Dinge.)

✔ **Flirten und lästern:** Diesen Punkt hätten wir wahrscheinlich als Erstes anführen sollen, weil er wahrscheinlich den größten Anteil an der lustigen, auf Facebook verbrachten Zeit einnimmt. Genau, lustige Zeiten auf Facebook. Im ganzen Buch lesen Sie von Nachrichten, Anstupsen, Chatten und Geschenken – also von Dingen, mit denen sich Studenten gegenseitig virtuell zuzwinkern ... und so um die Lernerei drumrumkommen.

Auf Facebook kann jeder in seinem Profil für andere angeben, wen er (Frauen, Männer oder beides) und zu welchem Zweck (Freundschaft, Verabredungen, feste Beziehung und so weiter) kennenlernen möchte. Wer sich bereits in einer Beziehung befindet, kann dies der Welt kundtun und einen Link zu seinem Lebensgefährten einfügen. Provokante *Pinnwandeinträge* (ein Freund kann auf der *Pinnwand* eines anderen Freundes eine für alle erkennbare Nachricht hinterlassen), das Hochladen faszinierender Fotos und ein geänderter Beziehungsstatus – all dies gibt Anlass für einen interessanten Tratsch, ohne den eine weiterführende Schule oder eine Hochschule doch einfach nicht auskommt.

Die Schule des Lebens

Wenn man es mal zeitlich betrachtet, gibt es zwischen jemandem, der sich dem Ende seiner Schul- oder Hochschullaufbahn nähert (ob nun weiterführende Schule, Hochschule oder Graduiertenkolleg) und jemandem, der diese gerade beendet hat, keinen großen Unterschied. Doch in beiden Phasen gibt es einige andere Gemeinsamkeiten. Zu Schul- oder Hochschulzeiten haben die meisten mit einer festen Clique zu tun. Sie kennen sich sehr gut in der Stadt, in der sie leben, und mit ihrem Tagesablauf (Unterricht, Sport, büffeln), der seit Jahren der gleiche ist, aus. Danach ändern sich die Dinge. Viele ziehen in eine andere Stadt, finden einen neuen Arbeitsplatz und machen Bekanntschaften. Ihre Cliquen lösen sich (sowohl räumlich als auch gefühlsmäßig gesehen) auf, und wenn bei den Leuten die Mittagspause, Freistunden oder die Freitagabende im Foyer der Uni wegfallen, wird es schwieriger, Raum für ein geselliges Beisammensein zu schaffen. Da es auf Facebook vor allem darum geht, Beziehungen zu pflegen, verändert sich mit den sich wandelnden Beziehungen der Nutzer auch deren Verwendung von Facebook. Nach der Schul- oder Hochschulzeit nutzt man den Social Graph für andere Dinge:

✔ **In eine neue Stadt ziehen:** Es kann schon ganz schön Furcht erregend sein, wenn man mit all seinem Hab und Gut und einer Landkarte, auf der plötzlich alles anders aussieht, in einer neuen Stadt ankommt. Wenn man dann mit offenen Armen empfangen wird oder zumindest ein paar Telefonnummern für Anrufe nach der Ankunft hat, kann das den Übergang ungemein erleichtern. Selbst wenn Sie vielleicht schon einige Leute kennen, die an Ihrem neuen Wohnort leben, kann Facebook Ihnen dabei helfen, all die alten Freunde oder Bekannten zu kontaktieren, bei denen Sie entweder vergessen hatten, dass sie dort wohnen oder die dorthin gezogen sind, nachdem Sie zum letzten Mal von ihnen gehört haben.

Als Leah Pearlman in die San Francisco Bay Area gezogen ist, hat sie aus ihrer kompletten Freundesliste alle Personen herausgefiltert, die Mitglieder der San-Francisco- und Silicon-Valley-Netzwerke sind. Die Ergebnisliste enthielt später viermal so viele Leute mit diesem Wohnort, als sie sich ursprünglich gedacht hatte. Sie verschickte Nachrichten und kündigte ihre baldige Ankunft an und kontaktierte dann ihre verschiedenen Freunde, um eine Wohnung anzumieten, andere zu treffen und Ärzte, Radwanderwege, Frisbee-Ligen und Restaurants zu finden. Auch wenn Sie selbst keine Freunde oder Bekannten am neuen Wohnort haben, wird dies wahrscheinlich bei jemandem, den Sie kennen, der Fall sein. Ihre Freunde können Ihnen einige Personen nennen, die Sie nach Ihrem Umzug aufsuchen sollten. Dafür sollten Sie Facebook verwenden.

✔ **Einen Arbeitsplatz finden:** In letzter Zeit haben immer mehr Leute damit angefangen, Facebook nicht nur als Werkzeug für ihr Privatleben, sondern auch für ihre Karriere zu verwenden. Wenn Sie nach einem bestimmten Unternehmen suchen, sollten Sie bereits dort angestellte Personen aufspüren, um als Erster die Firmenneuigkeiten zu erfahren oder ein Vorstellungsgespräch zu ergattern. Falls Sie in Erwägung ziehen, in eine bestimmte Branche zu wechseln, dann sehen Sie am besten die früheren Arbeitsstellen und Interessen Ihrer Freunde durch, um an einen Kontakt zu gelangen.

✔ **Freizeitpartner finden:** Viele werden zustimmen, dass es, nachdem man die Schule oder Hochschule beendet hat, tatsächlich schwerer ist, neue Bekanntschaften zu schließen. Facebook eignet sich hervorragend, um neue Freunde mit ähnlichen Interessen, Freizeitpartner oder sogar mögliche Lebenspartner zu finden. Sie können die Profile von Personen aus Ihrem Netzwerk anhand von verschiedenen Informationen wie etwa dem Alter, der politischen Einstellung oder dem beruflichen Werdegang durchgehen. Das können Sie zwar auch auf einer Menge anderer Websites tun, doch bei Facebook klappt es besonders gut, weil der von Ihnen hergestellte Kontakt meist auf gemeinsamen Bekannten beruht und das Ganze so weniger plump, mit mehr Informationen und sicherer über die Bühne geht.

Facebook am Arbeitsplatz nutzen

In Arbeitsnetzwerken hat sich Facebook noch nicht komplett durchgesetzt. Es ist daher ein bisschen schwierig zu beschreiben, wie diese Website in Arbeitsnetzwerken genutzt wird. Es kommt wirklich ganz auf den jeweiligen Arbeitsplatz an. Dies sind aber einige Dinge, die uns zu Ohren gekommen sind:

✔ Kollegen kennenlernen, damit man weiß, wer wer ist.

✔ Firmeninterne Veranstaltungen ausrichten. In der Firma Facebook wird die Anwendung Veranstaltungen verwendet, um Betriebsfeste zu planen und Barbesuche nach Feierabend zu organisieren.

✔ Die Anwendung Gruppen für andere Angestellte mit ähnlichen Interessen oder Bedürfnissen wie etwa sportlichen Aktivitäten, der Suche nach Fahrgemeinschaften oder künstlerischen Neigungen nutzen.

✔ Mit seinem Unternehmen auf Facebook vertreten sein. Eine Möglichkeit, Facebook am Arbeitsplatz zu nutzen, besteht darin, dort zu werben. Wenn zwei Firmen kooperieren, werden die Angestellten außerdem manchmal auf Facebook Fans des anderen Unternehmens, um ihre Unterstützung zu demonstrieren.

✔ Unternehmensmeldungen, die wichtig fürs Geschäft sind, veröffentlichen und weiterleiten.

Facebook ist erwachsen geworden

Facebook ist nicht nur für Schüler und Studenten geeignet. Falls Sie etwas Gegenteiliges gehört haben, ist das überholt. Wie wir bereits erwähnt haben, besteht die am schnellsten wachsende Gruppe an Facebook-Nutzern aus Personen, für die Schule und Hochschule längst passé sind. Trotzdem ist Facebook für sie genauso wertvoll wie für andere Nutzer. Allerdings nutzen sie Facebook zusätzlich für einige andere Kommunikationsarten.

Den Kontakt zur Familie halten

Heute sind Familienmitglieder häufig quer über das ganze Land verstreut. Die Kinder gehen auf die Hochschule, die Eltern sind auf Montage und die Großeltern ziehen nach Mallorca. Bei diesen Entfernungen wird es für Familien schwierig, neben dem alljährlichen, gemeinsamen Weihnachtsgansessen (hoffentlich mit diesen leckeren Klößen) den Kontakt zueinander aufrechtzuerhalten. Auf Facebook können Familien sich virtuell treffen und kommunizieren. Eltern können Fotos der Kinder hochladen, damit alle anderen sie sehen können. Großeltern können ein paar Zeilen darüber schreiben, was jeder so treibt. Und Studenten können um Unterstützung für einen guten Zweck bitten, ihren Abschlussball planen oder stolz ihren Semesterwochenplan vorzeigen – alles interessante Dinge für die Familienmitglieder, die es sonst möglicherweise schwer hätten, ihrem Nachwuchs dies aus der Nase zu ziehen.

Manchmal hören wir von Eltern und älteren Familienmitgliedern, dass sie glauben, dass ihre eigene Registrierung auf Facebook das Privatleben ihrer Kinder beeinträchtigen könnte. Falls es Ihnen auch so geht, haben wir hier ein paar Erklärungen für Sie:

✔ **Sie könnten recht haben. Ihre Kinder möchten in ihrem Privatleben wirklich nichts mit Ihnen zu tun haben.** Falls das der Fall ist und Sie es respektieren, sollten Sie sie nicht über Facebook kontaktieren. Seien Sie innerhalb Ihres Social Graph aktiv und lassen Sie die Kinder dasselbe bei sich tun – auf diese Weise braucht niemand mit dem anderen auf irgendeine Weise zu kommunizieren.

Wenn Sie sich nicht bei Facebook registrieren, bloß weil Ihre Sprösslinge die Website nutzen, wäre das dasselbe, wie niemals Eis zu essen, bloß weil Ihre Kinder es vertilgen. Na klar, man *kann* gemeinsam Eis essen gehen (oder auf Facebook befreundet sein), doch man muss es natürlich nicht. Lassen Sie sich dieser süßen, sahnigen Köstlichkeit nicht berauben, bloß weil Ihr Sprössling eventuell beleidigt ist, dass Sie beim Nachtisch den gleichen Geschmack haben.

✔ **Vielleicht liegen Sie falsch, wenn Sie glauben, dass Ihre Kinder Sie nicht auf Facebook sehen wollen.** Je nach Alter und Persönlichkeit Ihrer Kinder könnten diese es sogar gern sehen, wenn Sie sich dort registrieren. Einige von ihnen und gerade die im Studentenalter oder so um die zwanzig herum sind sehr beschäftigt und viel unterwegs. Für sie kann es schwer sein, den Anruf zuhause oder gar bei den Großeltern, Tanten oder Onkeln nicht zu vergessen. Und wenn sie sich dann doch melden, lassen sie vielleicht interessante Dinge aus ihrem Leben unerwähnt, einfach weil sie es vergessen haben. (Diese Theorie kann ich aus eigener Erfahrung bestätigen.) Wenn sich alle auf Facebook registriert haben, können diese Beziehungen viel intensiver werden. Verwandte bekommen immer die neuesten Nachrichten oder Fotos zu sehen, selbst wenn man einige Zeit lang keinen Kontakt hatte. Sie können sich so außerdem ganz zwanglos zwischen längeren Anrufen melden. (In Kapitel 10 erfahren Sie mehr darüber, wie man über Facebook kommuniziert.)

✔ **Kinder tun sich *wirklich* in der Nutzung von Facebook hervor.** Falls Sie mit Ihren Kindern auf Facebook befreundet sind und diese etwas hochladen möchten, was Sie nicht sehen sollen, wissen diese ganz genau, welche Privatsphäre-Einstellungen angeklickt werden müssen, um es vor Ihnen geheim zu halten. Ihren Kindern fällt es sicherlich leicht, sich mit Ihnen anzufreunden, und nur die von ihnen gewollten Daten für Sie freizugeben und diejenigen zu verbergen, die sie besser nicht zeigen sollten (und die Sie besser auch nicht zu sehen bekommen). Ob Ihnen dieses Thema nun wichtig erscheint oder nicht, wir raten Ihnen, sich mit Ihren Kindern zusammenzusetzen (und zwar nach dem Gespräch über die Bienchen und Blümchen, aber vor dem über die Altersvorsorge) und einen Weg zu finden, wie man auf Facebook in friedlicher Koexistenz leben kann.

Ein Wiedersehen auf Facebook

Das Leben verläuft nicht immer in geraden Bahnen. Daher müssen Sie zu einem bestimmten Zeitpunkt im Leben nicht mit den gleichen Leuten befreundet sein wie zu einem anderen. Die Erinnerung an Personen, die Sie einmal für das Wichtigste in Ihrem Leben gehalten haben, verblasst mit der Zeit. Manchmal müssen Sie sogar schon überlegen, um noch auf den Nachnamen zu kommen. Doch für diesen Wegfall gibt es in der Hauptsache einen berechtigten Grund: Der Tag hat nun mal nur 24 Stunden. Während wir neue, enge Freundschaften schließen, verblassen andere, weil es unmöglich ist, viele intensive Beziehungen gleichzeitig zu pflegen. Facebook ist hier enorm leistungsstark. Auch dort hat man allerdings noch keine Möglichkeit gefunden, den Tag zu verlängern. Facebook kann also nicht direkt das Problem des Auseinanderlebens lösen. Die Website kann aber die Endgültigkeit und die Unvermeidbarkeit der Entfernung abschwächen.

Nehmen wir mal an, Facebook erreicht die von der Firma gewollte Langlebigkeit und Reichweite. Dann werden diejenigen, die sich dort bereits in jungen Jahren registriert haben (das Mindestalter liegt bei 13 Jahren), im Alter tatsächlich Anhaltspunkte zu jeder einzelnen Person haben, mit der sie jemals befreundet waren. Ein solch leistungsstarkes System verändert sogar die Art und Weise, wie wir menschliche Beziehungen aufrechterhalten und pflegen. Dreißig Jahre nachdem Sie zum letzten Mal mit jemandem gesprochen haben, erinnern Sie sich vielleicht an etwas Lustiges, haben etwas Wichtiges mitzuteilen oder sind einfach nur neugierig, wo derjenige sich heute aufhält. Falls Sie ihn nicht von Ihrer kompletten Freundesliste auf Facebook gestrichen haben, ist es ganz egal, wie oft Sie beide umziehen, Ihre Telefonnummern ändern oder heiraten und einen neuen Namen annehmen. Sie können einander immer noch kontaktieren. Für den Fall, dass Ihnen diese Konzept Angst macht, gibt es auf Facebook auch Werkzeuge, mit denen Sie die Verbindungen zu Personen, von denen Sie lieber nicht gefunden werden möchten, eindeutig abbrechen können.

Da es Facebook noch nicht länger als sieben Jahre gibt (und weil Sie dieses Buch lesen), haben Sie wahrscheinlich noch nicht Ihre komplette Lebensgeschichte abgebildet. Für einige könnte das Anfreunden mit jedem, den man jemals gekannt hat, eine beängstigende Aufgabe darstellen und wir empfehlen es auch nicht. Bauen Sie Ihren Social Graph stattdessen lieber nach Bedarf auf oder wenn sich eine Gelegenheit ergibt. Vielleicht möchten Sie ja ein Foto von Ihrer Abi-Feier hochladen, um dort verschiedene Klassenkameraden zu markieren. Suchen Sie auf Facebook nach ihnen, gehen Sie eine Freundschaft mit ihnen ein und markieren Sie sie danach. Vielleicht möchten Sie auch ein Restaurant eröffnen und wollen einen Freund aus Studentenzeiten kontaktieren, der nach seinem Abschluss in die Gastronomie gegangen ist. Aus all diesen Gründen wird sich Ihr Cursor eventuell im Suchfeld auf Facebook wiederfinden.

 Uns wird häufig von adoptierten Kindern berichtet, die sich über Facebook mit ihren leiblichen Eltern angefreundet haben, oder von getrennt aufgewachsenen Geschwistern, die sich über Facebook wiedergefunden haben. Carolyn Abram wurde mal von einem Raufbold aus der damaligen sechsten Klasse angeschrieben, der sie auf Facebook aufgespürt hatte, um sich bei ihr für seine früheren Quälereien zu entschuldigen.

Gruppen zusammentrommeln

Anders als Schüler oder Studenten können Erwachsene nicht so oft und bequem an einer Menge von Veranstaltungen teilnehmen, die von anderen organisiert werden. Stattdessen trommeln sie selbst Lesegruppen zusammen, veranstalten Kochabende oder treffen sich, um gemeinsam ein Sportereignis im Fernsehen zu verfolgen. Mit der Facebook-Anwendung Gruppen können Sie solche Veranstaltungen besser planen. Wenn Sie auf Facebook eine Gruppe für Ihren Lesezirkel gründen, können Sie alle wöchentlich über Uhrzeiten, Termine, Veranstaltungsorte, Mitzubringendes und darüber, was vor der Teilnahme gelesen werden sollte, auf dem Laufenden halten. Andere können ganz nach Belieben der Gruppe beitreten oder sie verlassen. Sie brauchen sich also nicht darum zu kümmern, denjenigen Bescheid zu geben, die umgezogen oder nicht mehr an der Gruppe interessiert sind.

Für ein einmaliges Treffen wie etwa eine Party zum Fußball-WM-Endspiel bietet die Facebook-Anwendung Veranstaltungen eine tolle Lösung. Sie müssen nicht mehr tun, als die Gästeliste auszufüllen und eine Beschreibung der Veranstaltung einzufügen – alles andere funktioniert automatisch. Drei Tage vor dem großen Tag finden alle auf ihrer Startseite eine Erinnerung vor, damit auch niemand eine Entschuldigung für sein Nichterscheinen vorbringen kann (es sei denn, man wurde von jemand anderem zu einer besseren Party eingeladen). Wenn Sie sichergehen möchten, dass Ihre Gästeliste auch präzise ist oder dass niemand den Termin vergisst, sollten Sie jedem, der auf die Einladung geantwortet (also zugesagt hat oder noch unsicher ist) oder noch nicht geantwortet hat, eine Nachricht schicken. Nach der Veranstaltung können Sie Fotos hochladen oder lustige Kommentare und Zitate an die Pinnwand der Veranstaltung schreiben. Ihre Party zum Fußball-WM-Endspiel wird für immer im Internet verewigt und jeder, der auf das Einladungsschreiben geantwortet hat, hat auf all das Zugriff.

Le Facebook International

Facebook wurde in den USA zunächst in Universitäten gestartet und später auf weiterführende Schulen des Landes ausgeweitet. Von daher gab es bis zum Herbst 2006 (als Facebook für die Allgemeinheit freigegeben wurde) auch keine Websites in anderen Ländern. Als Facebook sich schließlich nach Kanada und Großbritannien vorwagte, legte es dort einen Kavalierstart in Michael-Schumacher-Manier hin. Viele sehen den Grund für die sofortige Beliebtheit in diesem Ländern darin, dass Kanadier und Briten (und hier und da auch einige Norweger) nicht dieselbe vorgefasste Meinung wie US-Amerikaner hatten: Facebook – das ist doch bloß was für Studenten. In den USA hatte man den Hype um Facebook bereits zwei Jahre lang beobachtet, ein Zeitraum, in dem es Studenten vorbehalten war. Dieser Makel erwies sich als enorme Hürde für Facebook beim erwünschten Wachstum bei älteren US-amerikanischen Bevölkerungsschichten. In den letzten Jahren ließ sich allerdings bei den Facebook-Nutzern aus der

Wie Facebook entstanden ist

Einst, sagen wir mal vor sieben oder acht Jahren, bekamen die meisten Erstsemester in den USA noch ein dünnes Büchlein überreicht, in dem die Namen und Gesichter aller Personen, die sich zur selben Zeit eingeschrieben hatten, abgebildet waren. Diese *Gesichtsbücher* eigneten sich gut, um den Studenten, die man auf dem Campus gesehen hatte, die richtigen Namen zuzuordnen oder um Freunden bestimmte Leute zu zeigen. Doch die Gesichtsbücher wiesen einige Schwachstellen auf. Falls jemand kein Foto eingereicht hatte, gab es dort eine Lücke. Die Büchlein waren nach den ersten paar Jahren veraltet, denn viele Studenten veränderten in dieser Zeit ihr Aussehen drastisch. Außerdem waren keine Personen enthalten, die an diese Hochschule gewechselt oder sich in einem anderen Jahr eingeschrieben hatten. Und zudem waren darin auch nur wenige Informationen über die einzelne Person zu finden.

Im Februar 2004 startete Mark Zuckerberg, ein Student im 2. Studienjahr an der Harvard University, die Online-Version eines »Buches«, bei dem Studenten ihre Fotos und persönlichen Daten hochladen konnten. Dadurch wurden viele der Probleme gelöst. Innerhalb eines Monats hatte mehr als die Hälfte der Harvard-Studenten ein eigenes Profil erstellt. Danach tat sich Mark Zuckerberg mit Dustin Moskovitz, Chris Hughes und anderen zusammen, die ihm dabei halfen, die Website auch auf weitere Hochschulen auszudehnen. Eine der beiden Autorinnen dieses Buches, Carolyn Abram, war die erste Studentin außerhalb von Harvard, die ein Konto bekam. Im Sommer des gleichen Jahres zogen Mark Zuckerberg, Dustin Moskovitz und Andrew McCollum, ein weiterer Mitarbeiter, mit der Firma nach Palo Alto in Kalifornien um, wo sowohl die Website als auch das Unternehmen stetig wuchsen. Im Dezember 2004 hatten sich auf der Website bereits eine Million Studenten registriert. Jedes Mal, wenn Facebook für eine neue Bevölkerungsschicht freigegeben wurde – zunächst für Oberstufenschüler, dann Mitglieder von Arbeitsnetzwerken und schließlich für jeden –, stieg der Anteil derer immer weiter, die sich auf der Website registrierten. Ende 2006 konnte Facebook mehr als zehn Millionen Nutzer verzeichnen. Das Jahr 2007 klang mit mehr als 50 Millionen aktiven Nutzern aus (*Aktive Nutzer* werden definiert als sogenannte unique accounts, die innerhalb der letzten 30 Tage auf ihr Konto zugegriffen haben). Ende 2009 gab es weit über eine Viertelmilliarde Nutzer und 1000 Angestellte in der Firma. Als dieses Buch veröffentlicht wurde, hatte sich die zuletzt genannte Anzahl schon mehr als verdoppelt: Mehr als 500 Millionen aktive Nutzer melden sich jeden Monat bei ihrem Konto an.

Gruppe der über 35-jährigen das schnellste Wachstum feststellen, und die Vorstellung, Facebook sei doch nur etwas für Kinder, gehört mehr und mehr der Geschichte an.

Den nächsten großen Sprung in Sachen Wachstum machte Facebook Anfang 2008, als sich herausstellte, dass viele Nutzer auch mit Personen kommunizieren wollten, die eine andere Sprache sprechen. Je mehr eigene Freunde die Website nutzen, desto wertvoller wird sie für den Einzelnen. Die komplett englischsprachig gehaltene Oberfläche von Facebook hielt viele von der Kontaktaufnahme zu Personen, die sie kannten, ab. Daher führte das Unternehmen die Anwendung Facebook Translation Application ein. Dort kann jeder Nutzer, der zwei Sprachen (English und eine andere) spricht, sich freiwillig melden, um Facebook in andere Sprachen zu übersetzen. Den Freiwilligen werden verschiedene englische Texte von der Website gezeigt und sie können dann entweder eine Übersetzung dazu liefern oder über von anderen vorgeschlagene Übersetzungen abstimmen.

Sobald für eine vorgeschlagene Übersetzung genügend Stimmen eingegangen sind, wird sie als Text online gestellt, den andere in dieser Fremdsprache bei der Benutzung sehen. Sie können sich auf der Website registrieren und dann die Sprache auf Deutsch umstellen. Anstatt dann die kompletten Texte auf Englisch vorzufinden, sehen Sie all die Texte, die die Deutsch sprechenden Freiwilligen vorgeschlagen und für gut befunden haben. Mit diesem System ist Facebook innerhalb von zwei Jahren bereits in 100 Sprachen übersetzt worden.

Sie selbst auf Facebook

In diesem Kapitel

▶ Registrieren und erste Schritte

▶ Einem Netzwerk beitreten

▶ Ein Profil erstellen

*I*n Kapitel 1 befassen wir uns damit, weshalb Sie auf Facebook sein möchten. In diesem Kapitel machen wir ernst, registrieren Sie wirklich und bereiten Sie auf Ihre Facebook-Reise vor. Behalten Sie einige Dinge bei der Registrierung im Hinterkopf. Erstens: Sobald Sie anfangen, Freunde hinzuzufügen, wird diese Website für Sie noch nützlicher und amüsanter. Ohne Freunde kann es ein bisschen langweilig sein. Zweitens: Ihre Freunde könnten ein paar Tage brauchen, bis sie auf Ihre Freundschaftsanfrage antworten. Üben Sie sich also in Geduld. Selbst wenn Ihr erster Ausflug auf Facebook noch nicht so spannend ist wie Sie erwartet haben, sollten Sie die Website in den folgenden Wochen unbedingt wieder besuchen und noch einmal Ihr Glück versuchen. Drittens: Sie können sich nur ein einziges Konto einrichten. Bei Facebook werden die Konten mit E-Mail-Adressen verknüpft und Ihre E-Mail-Adresse kann nur mit einem Konto verknüpft werden. Mithilfe dieses Systems soll eine Welt geschaffen werden, in der die Leute auch wirklich die sind, für die sie sich auf Facebook ausgeben.

Bei Facebook registrieren

Eine gültige E-Mail-Adresse ist alles, was Sie offiziell benötigen, um sich bei Facebook anzumelden. Mit *gültig* ist hier gemeint, dass es Ihnen möglich sein muss, die Nachrichten in diesem E-Mail-Account mühelos abzurufen, da Facebook Ihnen eine Registrierungsbestätigung per E-Mail schickt. Abbildung 2.1 zeigt die Registrieren-Seite. Wie Sie sehen, müssen Sie dort ein paar Dinge angeben:

✔ **Vollständiger Name:** Facebook basiert auf wahren Identitäten. Falsche Namen oder Pseudonyme haben hier nichts zu suchen. Es gibt zahlreiche Privatsphäre-Einstellungen, durch die Sie Ihre Daten schützen können (mehr dazu in Kapitel 5). Also geben Sie bei der Registrierung bitte Ihren richtigen, vollständigen Namen an.

✔ **E-Mail-Adresse:** An dieser Stelle müssen Sie Ihre gültige E-Mail-Adresse eingeben. Falls Sie automatisch einem Schul- oder Arbeitsnetzwerk beitreten möchten, verwenden Sie hier Ihre jeweilige E-Mail-Adresse von der Schule oder Ihrem Arbeitgeber.

✔ **Passwort:** Wie bei jedem anderen Passwort auch, eignet sich für das Facebook-Passwort eine Kombination aus Buchstaben und Zahlen am besten. Weniger schlau wäre es wahrscheinlich hier dasselbe Passwort wie bei allen anderen Websites, auf denen Sie sich registrieren, zu nehmen. Wir empfehlen Ihnen daher, für Facebook irgendetwas Einzigartiges zu verwenden.

✔ **Geschlecht (Ich bin):** Facebook nutzt Ihre Geschlechtsangabe, um damit auf der Website Sätze über Sie zu bilden. Gerade in anderen Sprachen klingt es einfach komisch, wenn man so etwas wie»Sabine Müller hat ein neues Foto von mich hinzugefügt« liest. Falls Sie Ihr Geschlecht geheim halten oder sich keinem der beiden zuordnen lassen möchten, können Sie dies nach Ihrer Registrierung angeben.

✔ **Geburtstag:** Geben Sie Ihr Geburtsdatum ein. Sie können es in Ihrem Profil ausblenden.

✔ **Sicherheitsabfrage (nicht im Bild zu sehen):** Die Sicherheitsabfrage auf Facebook läuft über ein CAPTCHA. Das CAPTCHA ist dieses ulkig aussehende Wort-im-Feld. Computer können CAPTCHAs nicht lesen, Menschen schon. Durch die Aufforderung, das CAPTCHA zu lösen, stellt Facebook sicher, dass Sie sich registrieren können und gleichzeitig Computerprogramme, die Ihnen unerwünschte E-Mails zuschicken wollen, ferngehalten werden. Im Anschluss an Ihre Dateneingabe und das Klicken auf Registrieren, sehen Sie das CAPTCHA.

Abbildung 2.1: Geben Sie hier Ihre Daten ein,
um ein Facebook-Konto zu erstellen.

Nachdem Sie diese Informationen eingetippt und sowohl Nutzungsbedingungen als auch Datenschutzrichtlinien zugestimmt haben, klicken Sie auf REGISTRIEREN. Sie werden Facebook dann bereits nutzen können, doch Ihr Konto wird noch nicht bestätigt sein. Mithilfe dieser *Bestätigung* versucht man bei Facebook herauszufinden, ob Sie auch wirklich diese Person sind und dass die von Ihnen zur Registrierung verwendete E-Mail-Adresse auch tatsächlich Ihnen gehört. Sie erhalten eine Bestätigungs-E-Mail. Klicken Sie auf den darin enthaltenen Link, um bestätigt zu werden. Wenn Sie sich zum ersten Mal bei Facebook anmelden, werden Ihnen schrittweise die Grundlagen vermittelt und man hilft Ihnen bei der Suche nach Freunden. Die einzelnen Schritte befassen sich vor allem damit, welche Daten Sie eingeben sollten, um – entweder sofort oder später – Ihre Freunde aufzustöbern. Sie werden dort beispielsweise gebeten, den Freundefinder zu verwenden, den wir Ihnen in Kapitel 4 näherbringen. Der Freundefinder durchsucht Ihr E-Mail-Adressbuch und gleicht die E-Mail-Adressen mit Facebook-Konten ab, damit Sie unverzüglich Freundschaftsanfragen an Personen, die Sie kennen, senden können.

Bin ich zu alt für Facebook?

Nein. Ganz eindeutig: Nein. Dies ist ein weitverbreiteter Irrglaube, der vor allem darauf zurückzuführen ist, dass Facebook ursprünglich allein Studenten vorbehalten war. Die Wurzeln von Facebook und sogar der Name liegen in Hochschulen, doch hinsichtlich der Nützlichkeit und der Beschaffenheit eignet sich die Website nicht nur für Studenten.

Jeder hat ein Netzwerk an Freunden und Personen, mit denen er tagtäglich zu tun hat. Ob jung oder alt, ob an der Hochschule oder am Arbeitsplatz – es ist wirklich so. Facebook möchte diese Beziehungen aus dem wahren Leben aufzeichnen, damit es leichter wird, mit Freunden auszutauschen.

Falls Sie beim Lesen dieses Abschnitts denken, doch vielleicht zu alt für Facebook zu sein, liegen Sie falsch. Immer mehr ältere Menschen registrieren sich täglich auf der Website, um mit alten Freunden in Verbindung zu bleiben, Fotos zu veröffentlichen, Veranstaltungen zu erstellen und Unternehmen vor Ort zu kontaktieren. Fast alle Themen, die wir in diesem Buch anschneiden, beziehen sich nicht auf eine spezielle Altersgruppe.

Selbstverständlich kann die Art, wie manche die Website nutzen, in verschiedenen Altersgruppen sehr unterschiedlich ausfallen, doch diese Feinheiten werden Sie bemerken, wenn Sie sich mehr und mehr mit Facebook beschäftigen. Doch im Allgemeinen können Sie und Ihre Freunde zuversichtlich sein, dass Sie Facebook sinnvoll nutzen und darüber in Kontakt bleiben können.

Mehr als 500 Millionen Menschen nutzen die Website und dies sind nicht bloß »eine Menge Kinder«. Es handelt sich vielmehr um Personen aus allen Altersgruppen, allen Ländern und allen sozialen Schichten.

Je nachdem mit welcher Art von E-Mail-Adresse Sie sich registrieren und ob Sie von einem Freund zu Facebook eingeladen worden sind, kann der Assistent für die Registrierung schon mal unterschiedlich ausfallen. Anstatt jetzt jede einzelne Möglichkeit durchzugehen, wie Facebook aussehen könnte, wenn Sie sich zum ersten Mal anmelden, empfehlen wir Ihnen, sich die Abschnitte »Sich selbst zum Mittelpunkt von Facebook machen« und »Informationen über Ausbildung und Arbeit« weiter hinten im Kapitel durchzulesen. Die dort genannten Denkanstöße werden auf jeden Fall eine Rolle spielen, wenn während Ihrer Registrierung Daten abgefragt werden.

Sich selbst zum Mittelpunkt von Facebook machen

Stellen Sie sich Facebook für diesen Abschnitt mal wie eine Landkarte im Navigationssystem Ihres Autos vor. Mit dem Unterschied, dass dort nicht nur die Straßen in Ihrer Nachbarschaft aufgezeichnet sind, sondern von Facebook zusätzlich noch die Profile Ihrer Freunde, die von diesen hochgeladenen Fotos und deren Lieblingscafés hinzugefügt wurden. Facebook stellt Ihre persönliche, digitale Landkarte Ihres Lebens dar. Denken Sie noch einmal an das Navigationssystem. Wenn Ihr Auto sich nicht ganz genau in der Mitte befindet, ist es schwierig, zu entscheiden, wo Sie abbiegen sollen, und während Sie sich auf ihr fortbewegen, verändert sich die Landkarte und nimmt neue Formen an. Wenn Sie Ihren Standort – ob nun in Form Ihres derzeitigen Wohnorts oder Ihrer Netzwerke – hinzufügen, stellen Sie sicher, dass Facebook Sie immer im Mittelpunkt des Bildes positioniert.

Derzeitiger Wohnort

Irgendwann in den ersten paar Tagen auf Facebook werden Sie gefragt werden, ob Sie Ihren derzeitigen Wohnort angeben möchten. Wir raten Ihnen natürlich dazu. Durch das Hinzufügen dieses Ortes werden die Suchergebnisse um Sie herum angeordnet. Wenn Sie also das Suchwort Pizza eingeben, erhalten Sie Ergebnisse aus Ihrer Umgebung und es wird nicht irgendeine Pizzeria in Italien genannt. Nein, nein, kleiner Scherz. Genaueres über die Suche erfahren Sie in Kapitel 11.

Durch die Angabe Ihres derzeitigen Wohnorts können andere Sie über die Suche außerdem besser finden und sich mit Ihnen anfreunden. Wenn Sie den Ort jetzt gleich hinzufügen möchten, können Sie dies auf Ihrer Profilseite tun. Halten Sie im ÜBER MICH-Abschnitt des INFO-Reiters nach dem Bleistiftsymbol neben dem Wort BEARBEITEN Ausschau. Wenn Sie auf das Symbol klicken, gelangen Sie zu einem Formular, auf dem Sie den derzeitigen Wohnort (und noch einige andere Daten) angeben können.

Netzwerke

Der Begriff *Netzwerk* wird im Zusammenhang mit Facebook manchmal ein bisschen zu häufig verwendet. Ist Facebook selbst nicht eigentlich ein riesiges Netzwerk? Stellen nicht auch Ihre Freunde, zu denen Sie direkten Kontakt haben, ein Netzwerk dar? Und wie ist es, wenn Sie Facebook nutzen, um Geschäftskontakte zu knüpfen? Wenn Sie auf dieser Website die ersten Schritte wagen, ist mit *Netzwerk* eine Gruppe von Personen gemeint, die im wahren Leben einen Bezug zueinander haben, die sich jedoch eventuell gar nicht gegenseitig kennen.

Alle drei genannten Arten von Netzwerken haben ein Gegenstück im wahren Leben. Netzwerke von weiterführenden Schulen und Hochschulnetzwerke spiegeln das Gelände von weiterführenden Schulen und Hochschulen wider. Bei Arbeitsnetzwerken sind es Unternehmen und Firmen. Ganz ähnlich verhält es sich mit Ihrem derzeitigen Wohnort. Wenn Sie einem Netzwerk beitreten, stehen Sie und Ihr Standort wieder im Mittelpunkt der Website.

Im Gegensatz zur Angabe des derzeitigen Wohnorts kann aber nicht jeder ein Netzwerk angeben. Falls Sie mit dem Gedanken spielen, einem solchen beizutreten, sollten Sie folgende Einschränkungen im Hinterkopf behalten:

✔ **Sie können keinem Netzwerk einer weiterführenden Schule beitreten, wenn Sie nicht Schüler einer solchen Schule sind.** Aus Sicherheitsgründen können dort keine Schulabgänger und noch nicht einmal Lehrer zugelassen werden.

✔ **Hochschul- oder Arbeitsnetzwerken können Sie nur beitreten, wenn Sie von dort eine offizielle E-Mail-Adresse bekommen haben.** Falls Sie bereits Absolvent einer Hochschule sind, Ihre Kommilitonen aber weiterhin virtuell sehen möchten, können Sie Ihre ehemalige Hochschule um eine Ehemaligen-E-Mail-Adresse bitten. Erhalten Sie keine, können Sie auch nicht dem entsprechenden Netzwerk beitreten.

Falls Sie kein Schüler einer weiterführenden Schule sind und auch keine »offizielle« E-Mail-Adresse besitzen, können Sie zum Abschnitt »Das Profil erstellen« vorblättern. Falls doch, lesen Sie weiter, um mehr darüber zu erfahren, wie Sie einem Netzwerk beitreten können und weshalb es zu empfehlen ist.

Wenn Sie den für Sie wichtigsten Netzwerken beitreten möchten, halten Sie im Konto-Menü (oben auf jeder Seite zu finden) nach dem Link zur Seite Kontoeinstellungen Ausschau. Klicken Sie auf den Netzwerke-Reiter und geben Sie den Namen des gewünschten Netzwerks ein. In Abbildung 2.2 können Sie sehen, welche Auswahlmöglichkeiten Sie haben, wenn Sie noch keinem davon beigetreten sind.

Netzwerke sind super, denn wenn man einigen beigetreten ist, können sie ziemlich nützlich sein. Doch jemand, der in keinem vertreten ist, verpasst auch nicht so viel. Sie können beispielsweise die Privatsphäre-Einstellungen für Netzwerke nutzen, um

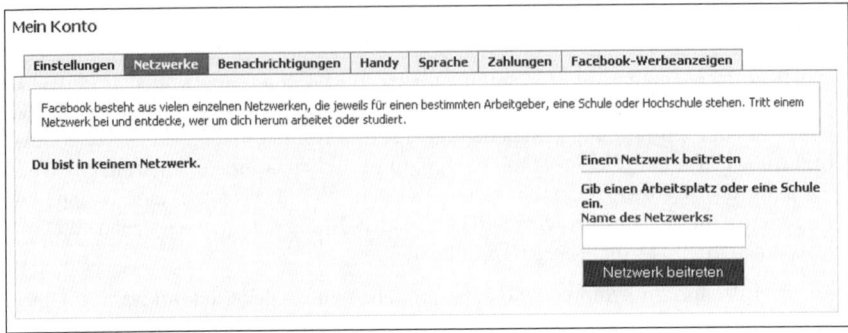

Abbildung 2.2: Ein Netzwerk zum Beitritt finden –
das geht bequem von dieser Seite aus.

einige Dinge lediglich für Personen freizugeben, mit denen Sie zusammenarbeiten. Nehmen wir mal an, Carolyn Abram und Leah Pearlman arbeiten beide in der Firma XY und sind dem entsprechenden Netzwerk auf Facebook beigetreten. Doch sie haben sich gegenseitig noch nicht als Freunde hinzugefügt (und das ist wirklich schade). Vielleicht macht Carolyn Abram ein paar Fotos auf dem Betriebsfest und veröffentlicht diese, sodass sie für »Freunde und Netzwerke« sichtbar sind. Auf diese Weise kann auch Leah Pearlman die Fotos von Carolyn Abram sehen, obwohl beide nicht miteinander befreundet sind. Dies ist bloß ein Beispiel dafür wie die Privatsphäre aussehen kann. Lesen Sie Kapitel 5, wenn Sie mehr darüber wissen möchten, wie man auf Facebook die Privatsphäre-Einstellungen anpasst.

Diese Privatsphäre-Einstellung ist nicht nur auf Fotos anwendbar, sondern für alle möglichen Daten. Da Sie den Sie umgebenden Personen ein wenig mehr Zugriff erlauben können und diesen dasselbe möglich ist, vereinfacht ein Beitritt zu einem Netzwerk das Anfreunden und den Informationsaustausch sogar noch.

 Um einem Arbeits- oder Schulnetzwerk (oder mehreren) beizutreten, brauchen Sie eine E-Mail-Adresse des jeweiligen Unternehmens oder der Schule.

Das Profil erstellen

Sie denken jetzt wahrscheinlich: »Habe ich das Profil denn nicht schon erstellt als ich mich registriert habe?« Die Antwort lautet: Nein, noch nicht ganz. Was Sie bereits erstellt haben, ist Ihr Konto. Das *Profil* ist aber das, was andere von Ihnen sehen können und es ist vermutlich noch komplett leer. In Kapitel 6 erfahren Sie mehr darüber, was das Profil im Großen und Ganzen ausmacht und was es für Sie bedeutet. Lassen Sie uns fürs Erste mal Folgendes festhalten: Die Erstellung des Profils ist wichtig, denn wenn Sie anfangen nach Freunden zu suchen und diese nach Ihnen Ausschau halten, können sie erkennen, wer Sie sind und sichergehen, dass Sie es wirklich sind. Wir beschreiben hier die wichtigsten Bestandteile des Profils. Durch diese können andere Nutzer leichter herausbekommen, wer Sie sind.

Doch woraus besteht Ihr Profil überhaupt? Sie können sich Ihr derzeitiges Profil ansehen, indem Sie auf den PROFIL-Link klicken, der auf der großen, blauen Leiste oben auf jeder Seite zu sehen ist. Ihr Profil besteht aus *Feldern* und *Reitern*. Sie sehen *Felder* – im wahrsten Sinne des Wortes kleine Rechtecke, von denen jedes eine bestimmte Information enthält –, die sich über die linke Seite Ihres Profils erstrecken. Und Sie sehen *Reiter* – solche wie die oben bei Aktenordnern herausstehenden – im oberen Teil der Seite. Die in den Feldern und Reitern enthaltenen Informationen schaffen ein Bild von Ihnen.

Um Ihnen bei der Erstellung des Profils zu helfen, nehmen wir erst mal den INFO-Reiter in Angriff. Der INFO-Reiter enthält hauptsächlich Textfelder. Klicken Sie in Ihrem Profil auf den INFO-Reiter. Um bei diesem Reiter Daten einzugeben, klicken Sie auf irgendeinen der Links zum Bearbeiten des Profils. Dadurch gelangen Sie zur PROFIL BEARBEITEN-Seite, die je nach Art der Information in verschiedene Abschnitte unterteilt ist. Abbildung 2.3 zeigt den Abschnitt, bei dem Sie Allgemeine Informationen eingeben können. Sie können aber auch jeden der anderen Abschnitte auswählen, um die dortigen Daten zu bearbeiten. (Zum Beispiel finden Sie im Fenster ganz links die Abschnitte PROFILBILD, BEZIEHUNGEN, GEFÄLLT MIR und INTERESSEN, AUSBILDUNG UND ARBEIT sowie KONTAKTINFORMATIONEN.)

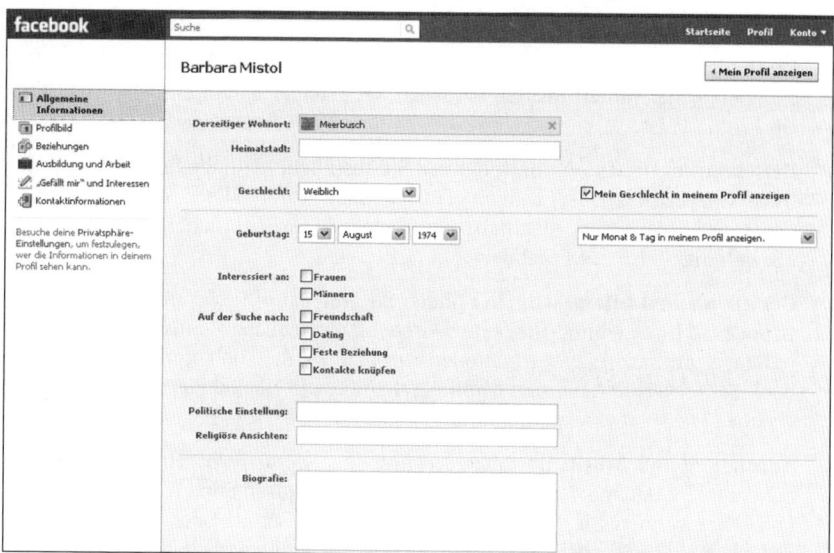

Abbildung 2.3: Den INFO-Reiter auf den neuesten Stand bringen

Beim Bearbeiten dieser Informationen, geht Ihnen vielleicht die Frage durch den Kopf, wer Sie wohl sehen kann. Standardmäßig ist es so eingestellt, dass jeder die Abschnitte, die wir gerade genauer besprechen, betrachten kann. Außerdem wird automatisch vorgegeben, dass solche vertraulichen Daten wie Ihre Kontaktinformationen nur für Ihre bestätigten Freunde sichtbar sind. Wenn Sie möchten, können Sie diese beiden Einstellungen mithilfe Ihrer Privatsphäre-Einstellungen aber noch weiter einschränken (mehr dazu in Kapitel 5).

 Achten Sie auf das kleine Bleistiftsymbol, das Sie überall auf Facebook neben dem INFORMATIONEN BEARBEITEN-Link finden. Es taucht auch häufig auf, wenn Sie mit Ihrer Maus über etwas fahren. Immer wenn Sie es sehen, können Sie die dort markierten Inhalte bearbeiten.

Im Rest des Kapitels gehen wir genauer auf einige Felder ein, die Sie als Erstes ausfüllen sollten. Hier beschreiben wir kurz welche Arten von Feldern sich in jedem Abschnitt befinden (und in Kapitel 6 beschäftigen wir uns mit vielen von ihnen noch intensiver):

✔ **Allgemeine Informationen:** Die allgemeinen Informationen enthalten eine Menge Felder, die Sie vielleicht für andere veröffentlichen möchten. Dazu gehören alle möglichen Informationen – von Ihrer politischen Einstellung und Ihren religiösen Ansichten bis hin zur Art der Beziehung, nach der Sie suchen. Sie müssen keins dieser Felder ausfüllen, doch man möchte Sie damit ermutigen, einige Lebensdaten bekannt zu geben, damit andere sich ein besseres Bild von Ihnen machen können.

✔ **Profilbild:** In diesem Abschnitt können Sie mühelos ein Profilbild hochladen. Ein bisschen weiter hinten im Kapitel gehen wir genauer darauf ein, wie wichtig so ein Profilbild ist.

✔ **Beziehungen:** Diesen Abschnitt können Sie ausfüllen, wenn Sie Ihr Profil mit dem Ihres Ehepartners oder Lebensgefährten, dem Ihrer Eltern oder dem Ihrer Geschwister verlinken möchten. Bei Ersterem spricht man auch schon von »Beziehungsstatus auf Facebook«.

✔ **GEFÄLLT MIR und Interessen:** Hier finden Sie eine ganze Reihe an Feldern, die im Grunde auf Ihre Lieblingsdinge hinweisen: Lieblingsbücher, -musik, -filme und so weiter. Wenn Sie diese Informationen angeben, werden Sie automatisch zu Facebook-Seiten verlinkt, die sich damit beschäftigen. In Kapitel 6 erklären wir Ihnen genauer, wie so etwas funktioniert.

✔ **Ausbildung und Arbeit:** Im folgenden Abschnitt werden wir sehr viel intensiver auf diesen Punkt eingehen. Er ist im Großen und Ganzen ohne Weiteres verständlich. Hier können Sie bekanntgeben, auf welche Schule oder Hochschule Sie gegangen sind (oder gehen) und wo Sie schon überall gearbeitet haben.

✔ **Kontaktinformationen:** Facebook eignet sich erstaunlich gut als Adressbuch, in dem man alles auf einen Blick findet. Doch da man die Sichtbarkeit für andere einschränken kann, können Sie ruhig Ihre Telefonnummer, Adresse, E-Mail-Adresse und Ihre Nutzernamen veröffentlichen. In Kapitel 5 beschreiben wir ausführlicher wie man die Privatsphäre für diese Dinge stärker einschränkt.

Das Informationen-Feld

Das INFORMATIONEN-Feld, das in Ihrem Profil unter Ihrem Profilbild zu sehen ist, kann zunächst zu Verwirrungen führen. Es zeigt einige Daten, die aus Ihrem INFO-Reiter entnommen wurden, den wir Ihnen im vorigen Abschnitt nähergebracht haben. Dieses Feld ist als Kurzübersicht über Ihre Person gedacht. Nachdem Sie Daten in Ihren INFO-Reiter eingegeben haben, können Sie auswählen, welche davon in dem Feld erscheinen sollen, indem Sie auf das Bleistiftsymbol in der Kopfzeile klicken. Wir empfehlen Ihnen, dort *zumindest* Ihre Heimatstadt stehen zu lassen, denn für alte Freunde, die sichergehen möchten, dass es sich wirklich um die Susanne aus dem Sportunterricht handelt, ist dies ein ganz typischer Suchweg. Es ist auch eine tolle Idee, noch weitere Felder anzeigen zu lassen. Jedes davon sagt Ihren Freunden noch etwas mehr über Sie und Dinge, die Ihnen wichtig sind, aus.

Informationen über Ausbildung und Arbeit

Wenn Sie Informationen über Ausbildung und Arbeit eingeben, können Personen, denen Sie eine Freundschaftsanfrage oder eine Nachricht gesendet haben, leichter erkennen, woher sie Sie kennen. Treffen Sie beispielsweise jemanden auf einer Konferenz oder einer gesellschaftlichen Veranstaltung, dann ist die Möglichkeit, sich mit einem »Kennen Sie mich noch? Ich bin die mit dem tollen Job, die »...für Dummies«-Bücher schreibt« in Erinnerung zu bringen, sozusagen automatisch in Ihrem Profil eingebaut. Falls jemand nach einem bestimmten Abschlussjahr von Ihrer Schule oder Hochschule sucht, werden Sie außerdem unter den Suchergebnissen aufgelistet und alte Freunde können Sie kontaktieren.

Profilbild

Gerade wenn Sie einen Allerweltsnamen haben, können andere Sie zusätzlich über das Profilbild identifizieren. Sollte Ihr Profilbild lediglich einen hellblauen Umriss zeigen, können Sie dies ändern, indem Sie mit der Maus darüberfahren und dann auf den BILD ÄNDERN-Link, der erscheint, klicken. In Kapitel 6 machen wir Sie auch noch mit einigen anderen Überlegungen zu Profilbildern bekannt, die in das Gesamtkonzept eines Profils passen. Behalten Sie bei der Auswahl eines solchen Bildes zunächst einmal nur Folgendes im Hinterkopf:

✔ **Sorgen Sie für einen guten ersten Eindruck.** In Ihrem Profil sind das Profilbild und die Art, wie Sie sich dort darstellen, das Erste, was andere von Ihnen sehen. Die meisten Leute wählen Fotos, die mehr oder weniger schmeichelhaft sind oder die etwas für sie Bedeutendes darstellen. Manchmal enthalten Profilbilder auch weitere Personen, etwa Freunde oder Lebensgefährten. Oder jemandem ist der Ort wichtig, wo das Foto gemacht wurde. Falls das erste Foto, das Sie von einer Person zu sehen bekommen, diese am Strand und nicht bei einer Party oder am Schreibtisch sitzend zeigt, ziehen Sie eventuell ganz andere Schlüsse über sie. Und welches Bild erzählt etwas über Sie?

✔ **Bedenken Sie, wer Ihr Profilbild sehen wird.** Standardmäßig ist es so eingestellt, dass dieses Bild in Suchergebnissen auftaucht, die für alle Facebook-Nutzer sichtbar sind. Es kann sogar für die komplette Internetgemeinde freigegeben werden. Im Allgemeinen können also Personen, die nach Ihrem Namen suchen, dieses Foto ansehen. Stellen Sie also sicher, dass es eines ist, das Ihrer Meinung nach ruhig jeder sehen kann.

✔ **Vergessen Sie nicht: Es ist nicht für die Ewigkeit.** Obwohl wir Sie nun so unter Druck gesetzt haben, sich zu zeigen, damit andere Sie erkennen können, sollten Sie im Hinterkopf behalten, dass Sie Ihr Profilbild jederzeit mühelos ändern können. Es ist gerade tiefster Winter und Ihr Strandfoto vom letzten Sommer deprimiert Sie jetzt einfach zu sehr? Kein Problem: Bearbeiten Sie Ihr Profilbild einfach.

Vertrauen Sie mir: Verifiziert werden

Wir sagen es immer wieder: Facebook ist eine Website für wahre Identitäten und echte Personen. Damit das auch so bleibt, gibt es auf Facebook Systeme, mit denen alle gefälschten Profile aufgespürt werden. Ein gefälschtes Profil kann ein Scherz sein (zum Beispiel, wenn jemand eins für seinen Hund erstellt) oder es kann sich um *Spammer* (Computerprogramme, die Konten erstellen, um darüber Tausende gefälschter Freundschaftsanfragen zu senden) handeln. Egal was es ist, beide sind auf der Website verboten.

Sie dagegen sind echt und kein Spammer. Doch woher soll Facebook das wissen? Die Firma findet das heraus, indem sie Sie verifiziert. Entweder werden Sie gleich zu Beginn verifiziert oder es dauert ein bisschen. Sehen Sie sich mal die folgenden Fragen an, um herauszukommen, ob Sie noch verifiziert werden müssen:

✔ **Haben Sie sich mit einer offiziellen E-Mail-Adresse registriert?** Nicht jeder kann an eine *offizielle* E-Mail-Adresse kommen. Die Firma Google vergibt an ihre Angestellten beispielsweise E-Mail-Adressen, die mit einer speziellen Domain enden (in diesem Fall mit `google.com`). Eine solche Adresse kriegen Sie nur, wenn Sie für Google arbeiten. An den meisten Hochschulen und Arbeitsplätzen sind offizielle E-Mail-Adressen verfügbar. Wenn Sie sich mit einer solchen registriert haben, sind Sie automatisch verifiziert worden.

2 ➤ Sie selbst auf Facebook

✔ **Haben Sie eine offizielle E-Mail-Adresse, die Sie nicht bei der Registrierung verwendet haben?** Sie werden auch verifiziert, wenn Sie mit Ihrer offiziellen E-Mail-Adresse einem Netzwerk beitreten. (Blättern Sie zurück zu Abbildung 2.2, um zu verstehen, wie man einem offiziellen Arbeits- oder Schulnetzwerk beitritt.)

✔ **Sie haben keine offizielle E-Mail-Adresse?** Dann werden Sie sich bei Nutzung der Website verifizieren lassen müssen. Lesen Sie weiter, um zu erfahren, wie das geht.

Ohne offizielle E-Mail-Adresse wird man bei Facebook bei Ihnen leider vom Schlimmsten ausgehen. Sie könnten an andere Facebook-Nutzer Spam oder unpassende Inhalte versenden. Man ist dort misstrauisch und sehr besorgt. Doch man möchte Ihnen auch vertrauen und daher werden Sie getestet.

Erinnern Sie sich noch an das CAPTCHA, das Sie bei der Registrierung lösen sollten? Bis die Firma Facebook Ihnen Vertrauen schenkt, werden Sie so etwas jedes Mal zu sehen bekommen, wenn Sie auf Facebook mit anderen Leuten kommunizieren. Durch typische Nutzung der Website Ihrerseits wird man schließlich daran glauben, dass Sie tatsächlich nicht schädlich sind und man wird Ihnen – egal wohin Sie sich wenden – keine CAPTCHAs mehr zeigen. Wenn Sie die Lösung einer großen Menge an CAPT-CHAs umgehen möchten, können Sie sich stattdessen über Ihr Handy verifizieren lassen. Dazu muss dieses aber SMS empfangen können. Falls Ihr Handy dazu nicht in der Lage ist oder Sie keins besitzen, müssen Sie sich keine Sorgen machen: Wenn Sie erst mal anfangen, Facebook zu nutzen, werden Sie trotzdem verifiziert werden.

Und so können Sie sich über Ihr Handy verifizieren lassen:

1. **Suchen Sie nach einer Person und klicken Sie auf Als FreundIn hinzufügen.**

   Es erscheint ein Popup-Fenster, in dem noch mal nachgefragt wird, ob Sie denjenigen wirklich als Freund hinzufügen möchten.

2. **Klicken Sie auf Anfrage versenden.**

   Nun folgt eine Sicherheitsabfrage in Form eines CAPTCHAs.

3. **Klicken Sie auf den Verifizieren Sie Ihr Konto-Link (direkt unter dem CAPTCHA zu finden).**

   Es erscheint ein neues Bestätigen Sie Ihr Handy-Popup-Fenster.

4. **Wählen Sie Ihre Ländervorwahl und geben Sie Ihre Handynummer ein.**

5. **Sehen Sie nach, ob auf Ihren Handy eine SMS mit einem Code eingegangen ist.**

6. **Geben Sie den Code im Code-Feld im Bestätigen Sie Ihr Handy-Popup-Fenster ein.**

7. **Klicken Sie auf Bestätigen.**

Wenn Sie sich nicht für Facebook-Handy entscheiden, wird Facebook Ihnen keine weiteren SMS schicken. (In Kapitel 14 erfahren Sie mehr über Facebook-Handy.)

Wenn Sie bereits verifiziert worden sind, werden Sie kein CAPTCHA mehr zu sehen bekommen. Falls Ihr Handy keine SMS empfangen kann, werden Sie die Verifizierung per Handy möglicherweise nicht nutzen können. Aber keine Sorge – als typischer Nutzer der Website werden Sie schließlich doch noch verifiziert werden.

Auf Facebook zurechtfinden

In diesem Kapitel

▶ Sich auf Facebook bewegen

▶ Nach dem Anmelden erst mal umschauen

▶ Auf der Startseite über Freunde lesen

▶ Neue, aktuelle und zukünftige Ereignisse in der rechten Spalte entdecken

---

Stellen Sie sich vor, Sie seien der Mittelpunkt des Universums. Cool, oder? So können Sie sich die Seite vorstellen, die Sie bei jeder Anmeldung auf Facebook zu sehen bekommen. Die Startseite von Facebook ist komplett auf Sie und *Ihre* Freunde ausgerichtet. In der Hauptspalte erfahren Sie, was Ihre Freunde in letzter Zeit so gemacht haben und die rechte Spalte zeigt wichtige Informationen an. Dort werden zum Beispiel bevorstehende Veranstaltungen, Personen, mit denen Sie noch nicht befreundet sind, und die interessantesten, von Ihren Freunden hinzugefügten Inhalte aufgelistet. Selbst die Werbeanzeigen in der rechten Spalte zielen speziell auf Sie und Ihre Interessen ab. Am oberen und am unteren Rand dieser und jeder anderen Seite der Website finden Sie Navigationsleisten. Damit soll sichergestellt werden, dass Sie – egal, wohin es Sie verschlagen hat – immer zu einer Seite, die Sie wiedererkennen, zurückfinden.

Wir erklären Ihnen in diesem Kapitel alle Dinge, die Sie nach der Anmeldung auf der Startseite sehen, und zeigen Ihnen, wie Sie diese Seite nutzen, um von dort aus den Rest der Website zu besuchen.

Die blaue Leiste ganz oben

Leah Pearlman und Carolyn Abram verbringen ziemlich viel Arbeitszeit in Cafés, in denen sich auch Autoren, Studenten, Geschäftsleute und Leute tummeln, die einem Hobby nachgehen. Alle trinken dampfend heiße Getränke und haben einen Laptop vor sich. An der großen, blauen Leiste im oberen Teil jeder Webseite kann man immer gleich auf den ersten Blick erkennen, wenn einer von ihnen sich auf Facebook befindet. Wenn Sie das Navigieren mithilfe der blauen Leiste einmal gelernt haben, können Sie es sich ebenso gut gemütlich machen und die Füße hochlegen, denn Sie werden sich auf Facebook zweifellos ganz wie zuhause fühlen. Abbildung 3.1 zeigt die Links auf der blauen Leiste von links nach rechts gesehen.

Abbildung 3.1: Die blaue Leiste ganz oben: Ein Link nach dem anderen

Folgendes sollten Sie über die einzelnen Teile wissen:

✔ **Facebook-Logo:** Das Facebook-Logo auf der linken Seite der blauen Leiste dient zwei verschiedenen Zwecken. Erstens erinnert es Sie daran, auf welcher Website Sie gerade sind. Zweitens führt es Sie – unabhängig davon, wo Sie vorher auf Facebook gewesen sind – beim Klick auf das Symbol zurück zur Startseite von Facebook.

✔ **Freundschaftsanfragen:** Neben dem Facebook-Logo befindet sich ein Symbol, das zwei Personen zeigt. Sie sollen Freunde darstellen. Wenn Sie auf das Symbol klicken, gelangen Sie zu all Ihren ausstehenden Freundschaftsanfragen. Über dieses Symbol können Sie auch zu den verschiedenen Methoden, Freunde zu finden, gelangen. Jedes Mal, wenn Sie ganz neue Freundschaftsanfragen erhalten, wird deren Gesamtanzahl durch eine kleine, rote Ziffer ganz oben auf diesem Symbol angezeigt. Sobald Sie sich die neuen Anfragen ansehen, verschwindet die rote Fahne, egal, ob Sie darauf antworten oder nicht.

✔ **Nachrichten:** Über ein Symbol mit zwei Sprechblasen können Sie auf das Postfach Ihrer Nachrichten zugreifen. Beim Anklicken werden Ihnen kurze Ausschnitte Ihrer fünf neuesten Nachrichten gezeigt und Sie sehen Links, über die Sie eine neue Nachricht verschicken oder zum Postfach gelangen können. Genau wie bei den Freundschaftsanfragen erscheint eine kleine, rote Fahne, die anzeigt, wie viele neue Nachrichten Sie haben. Wenn Sie die Fahne anklicken, sehen Sie diese Nachrichten und die Fahne verschwindet wieder.

✔ **Benachrichtigungen:** Falls jemand auf Facebook etwas im Hinblick auf Sie oder Ihr Profil unternommen hat, werden Sie durch eine rote Fahne oberhalb des nächsten Symbols, des Erdballs, benachrichtigt. Vielleicht hat derjenige Sie auf einem Foto markiert, an Ihre Pinnwand oder die Ihrer Gruppe geschrieben, Ihnen ein virtuelles Geschenk gesendet oder nach Ihnen einen Kommentar zu einem Beitrag geschrieben. Klicken Sie auf den Erdball, um die fünf neuesten Benachrichtigungen sowie einen Link zu den restlichen sehen zu können.

✔ **Suche:** In Kapitel 7 gehen wir auf allerlei Einzelheiten zur Suche auf Facebook ein. Kurz gesagt, können Sie mit der Facebook-Suche auf dieser Website nach Personen, Gruppen, Veranstaltungen und Anwendungen suchen. Wenn Sie anfangen, einen Suchbegriff einzutippen, wird eine Liste mit Begriffen automatisch vervollständigt. Wenn Sie die gesuchte Person oder das gesuchte Thema vor sich sehen, scrollen Sie nach unten oder wählen es mithilfe Ihrer Maus aus. Durch das Drücken der Eingabetaste werden Sie automatisch zum obersten Ergebnis der Liste geführt. Sie können die Suche auch verwenden, um herauszufinden, was Ihre

Freunde oder jemand anderes auf der Welt zu einem bestimmten Thema veröffentlich hat. Sie können so Ihren lange verschollenen Freund aus der Grundschule, eine Spiele-Anwendung, Meinungen zur letzten Wahl, Meinungen über ein Produkt, das Sie kaufen möchten, oder sogar den aktuellsten Spielstand bei einer Sportveranstaltung finden.

 Manche geben Suchbegriffe ein, die man über das Suchfeld nicht finden kann. Wenn Sie beispielsweise nach Facebook-eigenen Begriffen wie etwa Konto oder Privatsphäre suchen, werden Sie das Gewünschte nicht angezeigt bekommen. Um ein bestimmtes Feature der Website zu entdecken oder sich dorthin zu bewegen, klicken Sie besser den Hilfebereich an, der unter dem Konto-Link auf der rechten Seite der blauen Leiste zu sehen ist.

✔ **Startseite:** Dieser Link hat dieselbe Funktion wie das Facebook-Logo. Überall, wo Sie es auf der Website sehen, können Sie es anklicken und es führt Sie zurück zu der Bildschirmansicht, die Sie nach dem Anmelden sehen.

✔ **Profil:** Neben dem Startseite-Link findet sich ein Link, der Sie zu Ihrem eigenen Facebook-Profil führt. Sie können aber auch dorthin gelangen, indem Sie auf Ihren eigenen Namen oder Ihr eigenes Foto klicken, sobald es auf der Website irgendwo auftaucht. (In Kapitel 2 erfahren Sie mehr über das Profil.)

✔ **Konto:** Über diesen Link haben Sie Zugriff auf die meisten der Einstellungen, die Sie auf Facebook vornehmen können. Wir zählen sie hier mal auf:

• *Ihr Bild und Ihr Name:* Einer der unzähligen Wege, um zum Profil zu gelangen.

• *Freunde bearbeiten:* Hier können Sie Ihre derzeitigen Freundschaften auf Facebook verwalten oder mehr Personen finden, mit denen Sie sich vielleicht anfreunden möchten. Wenn Sie zum ersten Mal auf der Freunde-Seite landen, sehen Sie die gleichen Werkzeuge zum Freundefinden, die Ihnen auch schon bei der Registrierung (Kapitel 2) gezeigt wurden. Wenn Sie auf die Reiter im linken Bereich der Freunde-Seite klicken, werden all Ihre Freunde aufgelistet. Falls Sie diese verschiedenen Listen zugeordnet haben, werden die Listen mitsamt den Werkzeugen für ihre Bearbeitung hier angezeigt. In Kapitel 4 gehen wir sehr viel genauer auf die Freunde-Seite ein.

• *Seiten verwalten:* Wenn Sie gerade die ersten Schritte auf Facebook machen, werden Sie diesen Link wahrscheinlich nicht zu sehen bekommen. Falls Sie auf Facebook schließlich doch später etwas mithilfe des Seiten-Features (wird in Kapitel 12 beschrieben) bewerben, haben Sie an dieser Stelle Zugriff auf die von Ihnen verwalteten Seiten.

• *Kontoeinstellungen:* Hier können Sie Ihren Namen, E-Mail-Adresse oder Passwort, die Daten zu Ihrem Handy (über die Sie von Ihrem Handy aus auf die Website zugreifen können) oder die gewünschte Sprachversion ändern. Auf dieser Seite können Sie auch Ihr Konto deaktivieren.

- *Privatsphäre-Einstellungen:* An dieser Stelle können Sie die Sichtbarkeit der Daten in Ihrem Profil einstellen (mehr dazu in Kapitel 4).

- *Anwendungseinstellungen:* Verschiedene Privatsphäre- und Einstellungskonfigurationen lassen sich an dieser Stelle für jede einzelne Anwendung anpassen. Sie können außerdem auswählen, welche einzelnen Informationen aus Ihrem Profil bei den Anwendungen gezeigt werden dürfen. In den einzelnen Anwendungen werden diese Informationen verwendet, um Ihnen ein individuelles Erleben mit deren Websites zu ermöglichen (Näheres in Kapitel 13).

- *Hilfebereich:* Darüber gelangen Sie zu allerlei Werkzeugen, mit denen Sie herausfinden können, wie man die Website nutzt, wie man sich sicher auf Facebook bewegt und wohin man eventuelle Verbesserungsvorschläge für die Website schickt.

 Viele Facebook-Anwendungen werden von externen Entwicklern erstellt (und nicht von der Firma Facebook selbst). Für den Fall, dass Sie Probleme bei der Nutzung einer dieser Anwendungen haben, finden Sie auf der HILFE-Seite verschiedene Methoden, die Entwickler direkt zu kontaktieren.

- *Abmelden:* Dadurch beenden Sie Ihre Zeit auf Facebook. Falls Sie sich den Computer mit jemand anders teilen, sollten Sie sich unbedingt immer abmelden, damit derjenige nicht auf Ihr Facebook-Konto zugreifen kann.

 Sie können sich auch bei Facebook abmelden, indem Sie den Browser schließen. Falls Sie jedoch ein Häkchen vor ANGEMELDET BLEIBEN gesetzt haben, werden Sie so lange nicht abgemeldet bis Sie nicht wirklich auf Abmelden klicken. Durch die Option ANGEMELDET BLEIBEN bleiben Sie angemeldet, obwohl Sie den Browser geschlossen haben. Wir empfehlen Ihnen daher, diese Option nur bei Computern zu wählen, die man als Einziger benutzt.

Entdeckungsreise auf der Startseite

Die Startseite ist diejenige Seite, die Sie direkt nach der Anmeldung auf Facebook sehen. Sie besteht aus drei Spalten mit Informationen. Wir beschreiben diese in den folgenden Abschnitten.

Beachten Sie: Haben Sie noch keinen Freund vorzuweisen, sieht die Startseite völlig anders aus, als wenn Sie schon mehrere Freundschaften geschlossen haben. Da Sie beim Registrierungsprozess, den wir in Kapitel 2 beschreiben, erklärt bekommen, wie Sie die ersten Freunde finden, gehen wir im Rest dieses Abschnitts davon aus, dass Sie auf Facebook bereits mindestens einen Freund parat haben. Sollte dem nicht so sein, blättern Sie am besten vor zu Kapitel 4, um zu erfahren, wie Sie Bekannte aufspüren und sich mit ihnen anfreunden. Vergessen Sie aber nicht, wieder hierher zurückzublättern – dieses Kapitel hier ist hochinteressant.

Neuigkeiten

Stellen Sie sich mal vor, Ihre Tageszeitung oder eine Nachrichten- oder Radiosendung enthielte einen Extrateil mit Artikeln, in denen es einzig und allein um jene Personen gehen würde, die Sie kennen. Genau so etwas sind die Neuigkeiten (in der Hauptspalte der Startseite zu finden). Solange Ihre Bekannten auf Facebook aktiv sind, können Sie über Ihre Facebook-Startseite über deren Leben auf dem neuesten Stand bleiben. Ein Freund veröffentlicht dort vielleicht Fotos von seiner letzten Geburtstagsparty. Ein anderer könnte eine Notiz über seinen neuen Arbeitsplatz schreiben. Und wieder andere antworten möglicherweise auf eine Einladung zu einer Weinprobe. All diese Dinge tauchen eventuell als Geschichten unter Ihren Neuigkeiten auf Facebook auf. Und die Neuigkeiten bieten sogar noch einen Zusatznutzen: Wenn Sie sehen, worüber sich Ihre Freunde unterhalten, können Sie sich oft schon allein darüber über aktuelle Ereignisse auf den neuesten Stand bringen lassen. Heute Morgen hat Leah Pearlman beispielsweise das Neueste über die Weltmeisterschaft erfahren, über Konzerte am kommenden Wochenende und dass die Kampfhandlungen in Thailand anscheinend zurückgegangen sind. Wir raten Ihnen zwar nicht, sich bei Meldungen über aktuelle Ereignisse allein auf Facebook zu verlassen, doch manchmal kann es ein annehmbarer Ersatz sein.

Ganz oben bei den Neuigkeiten sehen Sie zwei Links: Hauptmeldungen und Neueste Meldungen. Unter Neueste Meldungen wird alles aufgelistet, was Ihre Freunde veröffentlichen. Falls Sie viele Freunde haben, kann dort ganz schön viel stehen und Sie könnten einige wichtige Meldungen übersehen. Unter den Hauptmeldungen werden lediglich die beliebtesten Geschichten aus Ihrem Freundeskreis gezeigt. In Kapitel 7 befassen wir uns ausführlicher mit den Hauptmeldungen.

Veröffentlicht werden

Hallo, Leser: *Was machst du gerade?* Antworten Sie jetzt nicht. Wir können Sie hier ohnehin nicht hören. Antworten Sie uns im oberen Bereich Ihrer Startseite in dem Feld, in dem genau diese Frage gestellt wird. Dieses Feld, der sogenannte Herausgeber, ist direkt unter dem Wort Neuigkeiten in der Mitte Ihrer Startseite zu finden und er funktioniert genauso wie das HERAUSGEBER-Feld in Ihrem Profil. Sobald es etwas gibt, das Sie anderen mitteilen möchten – sei es eine kurze, aktuelle Meldung über Ihre momentane Beschäftigung, Ihren Aufenthaltsort oder wohin es Sie, gerade jetzt oder im Leben, zieht – Sie können es über den Herausgeber veröffentlichen.

Alles, was Sie im Herausgeber eingeben, wird in Ihrem Profil denjenigen, die es sehen dürfen, angezeigt. In Kapitel 5 gehen wir sehr detailliert darauf ein, wie Sie die Privatsphäre für jeden einzelnen auf Facebook veröffentlichten Inhalt einstellen. Es mag ja sein, dass sehr viele Leute Ihr Profil sehen können, doch sie finden dort möglicherweise unterschiedliche Dinge vor. Es kommt ganz darauf an, wie Ihre Privatsphäre-

Einstellungen für Ihre einzelnen Beiträge aussehen. Ihre Beiträge könnten aber zusätzlich zur Veröffentlichung in Ihrem Profil auch noch in den Nachrichtenströmen derjenigen, die die Beiträge sehen können, auftauchen. Wenn Sie eine aktuelle Meldung mit dem Titel »Denkt daran, am 4. November wählen zu gehen!« für all Ihre Freunde verfassen, wird diese in all ihren Nachrichtenströmen veröffentlicht werden. Ob sie sie dann auch lesen, hängt davon ab, wie sie für gewöhnlich den Nachrichtenstrom verfolgen. Wenn Sie für die ganze Familie mit Ausnahme Ihrer Großmutter den Beitrag »Denkt daran, Oma zu gratulieren!« hinzufügen, werden all Ihre Familienmitglieder – und eben nur sie – diesen in ihren Nachrichtenströmen sehen.

Zu Ihrer Linken sehen Sie ...

Auf der linken Seite Ihrer Startseite finden sich noch viel mehr der wichtigen Navigationselemente, die man nutzt, wenn man sich noch intensiver mit Facebook beschäftigt. Außerdem zeigt die linke Spalte an, welche Ihrer Freunde gerade online und auf Facebook aktiv sind. Sie haben dort auch die Möglichkeit über Facebook-Chat mit ihnen einen Echtzeitdialog zu beginnen. Wir listen Ihnen unten jeden Link, den Sie auf der linken Seite der Startseite sehen, mit Erklärung auf:

<Ihr Name>/**Mein Profil bearbeiten:** Ein Klick auf Ihren eigenen Namen führt Sie immer auf Ihr eigenes Profil. Manche finden den PROFIL-Link selbsterklärender, doch wenn Leute, die sich den Computer mit anderen teilen, den eigenen Namen oben stehen sehen, können Sie sicher sein, sich beim richtigen Konto angemeldet zu haben. Über einen Klick auf MEIN PROFIL BEARBEITEN können Sie lediglich schneller an die Stelle zur Eingabe der Daten gelangen, die später dort erscheinen werden.

Barbara Mistol

Mein Profil bearbeiten

Vergessen Sie nicht: Nachdem Sie auf einen dieser Links oder irgendeinen anderen, der Sie von der Startseite weggeführt hat, geklickt haben, können Sie immer wieder durch einen Klick auf das Facebook-Logo links oben in der Ecke oder den STARTSEITE-Link rechts oben in der Ecke zurückkehren.

 Neuigkeiten: Durch einen Klick auf diesen Link wird Ihre Startseite zurückgesetzt und Sie sehen genau das Gleiche wie nach der Anmeldung: die Neuigkeiten über die Aktivitäten Ihrer Freunde. Die Neuigkeiten erinnern sich sozusagen daran, ob Sie zuletzt in Hauptmeldungen oder Neueste Meldungen geschmökert haben und behalten diese Einstellung bei.

 Nachrichten: Jeder, der auf Facebook ist, kann Ihnen eine Nachricht senden, falls Sie die Privatsphäre-Einstellungen für diesen Bereich nicht geändert haben. Dieser Link stellt eine der Möglichkeiten dar, um diese Mitteilungen abzurufen. Die Anzahl der neuen oder ungelesenen Nachrichten in Ihrem

Postfach wird neben dem Nachrichten-Link in Klammern angezeigt. Wenn Sie auf den entsprechenden Link klicken, erscheinen darunter zwei zusätzliche Optionen. Über diese können Sie zu Aktualisierungen (Nachrichten der Seiten, deren Fan Sie sind) und zu Ihren gesendeten Nachrichten gelangen.

 Veranstaltungen: Über die Anwendung Veranstaltungen können Sie mithilfe einer Gästeliste, Erinnerungen und einer Fläche, um themenbezogene Kommentare und Fotos hinzuzufügen, Ereignisse aus dem wahren Leben verwalten. Klicken Sie auf Veranstaltungen. Dann sehen Sie drei weitere Optionen: Veranstaltungen von Freunden, Geburtstage und Vergangene Veranstaltungen (mehr dazu in Kapitel 11).

 Fotos: Diese Anwendung verwenden Sie, um die neuesten Bilder Ihrer Freunde oder die, auf denen Sie selbst markiert sind, durchzusehen und um eigene hochzuladen. Weitere Einzelheiten zur Anwendung Fotos finden Sie in Kapitel 8. Wenn Sie auf den Link Fotos klicken, erscheinen vier zusätzliche Optionen. Die Option Video zeigt Videos, die von Ihnen oder Ihren Freunden hochgeladen worden sind oder auf denen jemand markiert worden ist. Sie können hier außerdem weitere Videos online stellen. Sehen Sie sich unter Neueste Alben die an, die Ihre Freunde hinzugefügt haben und unter Handy-Uploads was diese unterwegs so treiben. Die Option Meine hochgeladenen Objekte führt Sie schließlich zu Ihren eigenen Alben.

 Freunde: Nachdem Sie auf diesen Link geklickt haben, werden Ihnen einige weitere Optionen angezeigt, zum Beispiel Kürzlich aktualisiert. Dort sehen Sie, welche Ihrer Freunde zuletzt auf Facebook aktiv waren. Sie können auf der Freunde-Seite außerdem nach Personen suchen, mit denen Sie sich bis jetzt noch nicht angefreundet haben. Unter der Option Statusmeldungen werden Ihnen lediglich die allerneuesten Statusmeldungen Ihrer Freunde angezeigt. Falls Sie Freundeslisten, mit denen wir uns in Kapitel 4 beschäftigen, erstellt haben, finden Sie diese unterhalb des Freunde-Links nachdem Sie auf Freunde geklickt haben. Klicken Sie auf eine der Freundeslisten, werden Ihre Neuigkeiten gefiltert, sodass Sie nur die Ihrer Freunde aus der jeweiligen Liste zu lesen bekommen. Es werden nur die ersten paar Freundeslisten angezeigt. Sie können aber auf den Mehr-Link klicken, um die restlichen zu sehen.

Auf Anwendungen zugreifen

In Kapitel 1 erklären wir den Ausdruck *Anwendungen* so, wie er auf Facebook definiert wird. *Anwendungen* sind die Dienste, die die hauptsächlichen Elemente von Facebook wie etwa die Daten des Profils, Freunde oder das Postfach wirksam einsetzen. Sie ermöglichen es Ihnen, an spezielleren und manchmal wie eigens für Sie geschaffenen Aktivitäten teilzunehmen. Klicken Sie auf das Anwendungen-Menü in der linken Spalte.

Dort sehen Sie die bereits von Ihnen verwendeten Anwendungen, die Ihrer Freunde und einige, die von der Allgemeinheit auf Facebook bevorzugt werden.

Wenn Sie sich auf Facebook registrieren, enthält Ihr Konto bereits einige Standardanwendungen. Sie werden unterhalb des ANWENDUNGEN-Links in der linken Spalte angezeigt. Einige von ihnen werden Sie automatisch sehen, die restlichen erscheinen über einen Klick auf den MEHR-Link.

 Spiele: Klicken Sie auf diese Anwendung, um zu einer Konsole mit den beliebtesten Spielen aller Facebook-Nutzer und Ihrer Freunde zu gelangen.

 Gruppen: Jeder Nutzer kann aus jedem beliebigen Grund auf Facebook eine Gruppe gründen. Gruppen sollen Menschen (virtuell) aufgrund eines gemeinsamen Anliegens oder Interesses vereinen. Das GRUPPEN-Lesezeichen führt Sie auf eine Seite, auf der Folgendes zu sehen ist: Gruppen, denen Ihre Freunde kürzlich beigetreten sind, und Gruppen, denen Sie angehören und die vor Kurzem aktualisiert worden sind (mehr dazu in Kapitel 10).

 Notizen: Technisch Versierte nennen die Anwendung NOTIZEN auch ein Blog-Tool. Nutzer finden dort eine leere Seite vor, auf der sie ihre Gedanken, Geschichten, Wortergüsse, heftige Kritiken und vieles mehr veröffentlichen können. Über den NOTIZEN-Link haben Sie schnellen Zugriff auf von Ihnen verfasste Notizen und auf solche, die vor Kurzem von Ihren Freunden oder über diese geschrieben wurden (Näheres in Kapitel 8).

 Links: Mithilfe dieser Anwendung können Sie auf interessante Inhalte aus dem Internet oder auf Facebook aufmerksam machen, die später diskutiert werden können. Wenn Sie auf LINKS klicken, gelangen Sie zu einer Auflistung aller kürzlich von Ihren Freunden hinzugefügten Themen sowie Ihrer eigenen Links (Einzelheiten in Kapitel 6).

Falls Sie Facebook schon eine ganze Weile nutzen, finden Sie eventuell ganz andere Anwendungen vor als die von uns hier aufgelisteten. Das könnte damit zusammenhängen, welche davon Sie in letzter Zeit verwendet oder was Sie in Ihrem Profil hinzugefügt oder entfernt haben. Die hier beschriebenen Anwendungen stellen lediglich die Standardanwendungen dar, die man bei der Registrierung erhält. Letzten Endes können Sie jedoch ganz allein darüber entscheiden, welche davon Sie auf Facebook nutzen möchten (mehr dazu in Kapitel 13).

 Jedes Mal, wenn Sie anfangen, auf Facebook eine neue Anwendung zu verwenden, erscheint dafür ein Lesezeichen im ANWENDUNGEN-Menü. Sie können Lesezeichen für jede von Ihnen genutzte Anwendung durch einen Klick auf das X, das neben dem Lesezeichen erscheint, wieder entfernen.

Chat

Das Facebook-Feature Chat zeigt Ihnen an, welche Freunde von Ihnen zeitgleich online sind. Sie können sich über den Chat mit jedem der Freunde kurze Nachrichten hin- und herschicken. Der AOL Instant Messenger (AIM), der Windows Live Messenger und der Yahoo! Messenger funktionieren ganz ähnlich. In der linken Spalte der Start-seite sehen Sie eine Auflistung von Freunden, die gerade online sind und vielleicht Zeit haben, mit Ihnen zu chatten (zumindest prinzipiell – man weiß ja nie, ob dieser Freund gerade im Blickfeld seines Chefs ist). Der grüne Punkt neben einem Namen zeigt an, dass diese Person Facebook innerhalb der letzten zehn Minuten genutzt hat. Ein Halbmond bedeutet, dass derjenige Facebook zwar geöffnet, aber eine Zeitlang nichts angeklickt hat. Er ist vielleicht in die Mittagspause gegangen. Falls mehr Freunde online sind als in die linke Spalte passen, können Sie auf den ALLE ANZEIGEN-Link klicken. Dadurch wird der Rest Ihrer Chat-Liste, die unten rechts auf dem Bild-schirm zu sehen ist, geöffnet. Denken Sie daran, dass Sie auf jeder Facebook-Seite über das CHAT-Menü unten rechts jederzeit alle Ihre Freunde, die gerade online sind, kontaktieren können (mehr dazu in Kapitel 9).

Rechts irgendwas Neues?

Auf der rechten Seite der Startseite, gleich neben den Neuigkeiten, sehen Sie eine irgendwie wahllos zusammengewürfelte Mischung aus neuen, aktuellen und zukünfti-gen Ereignissen auf Facebook:

✔ **Veranstaltungen:** In dieser Spalte werden für die letzten drei Tage vor dem Beginn Erinnerungen an alle Veranstaltungen, zu denen Sie eingeladen sind, angezeigt – falls Sie auf die Einladung nicht mit einer Absage geantwortet haben. Wenn Sie auf ALLE ANZEIGEN klicken, erscheinen alle Veranstaltungen, zu denen Sie eine Ein-ladung erhalten haben. Unter diesem Punkt werden außerdem alle Freunde aufge-listet, die in den nächsten drei Tagen Geburtstag haben. Bei denjenigen, die in ihrem Profil bestimmt haben, dass ihr Geburtsdatum nicht angezeigt werden soll, werden Sie auch keine Erinnerungen daran erhalten.

✔ **Vorgeschlagene Seiten, Personen und anderes:** Es wäre eine Heidenarbeit, loszu-ziehen und alle Personen, die man auf Facebook kennt, aufzuspüren. Dasselbe gilt für Seiten, die Ihnen gefallen und andere Dinge auf der Website, die Sie sich viel-leicht gerne ansehen würden. In diesem Bereich finden Sie abwechselnd erschei-nende Vorschläge, die für Sie von Interesse sein könnten. Die Überschrift des Abschnitts wird dann jeweils passend zur Anzeige angepasst. Sie werden Personen, Prominente und Bands entdecken, die Sie nach der Ansicht von Facebook kennen könnten oder die Ihnen möglicherweise gefallen. Diese Vorschläge werden anhand zahlreicher Faktoren berechnet. Am wichtigsten ist dabei, wie viele gemeinsame Freunde Sie und die vorgeschlagene Person haben oder wie viele Ihrer Freunde

Fans der vorgeschlagenen Band oder des Prominenten sind. Falls Sie jemanden sehen, den Sie erkennen, sollten Sie auf das zugehörige Foto klicken, um diese Person als Freund hinzuzufügen. Genau wie das ANFRAGEN-Feld erscheint dieses Feld eventuell nicht, falls Facebook momentan keine Empfehlungen für Sie hat.

✔ **Gesponsert:** Wissen Sie, auch für die Firma Facebook liegt das Geld nicht auf der Straße. Und die Website wurde auch nicht auf wundersame Weise vom Storch gebracht. Facebook wurde durch reine Handarbeit aufgebaut (und mit reiner Handarbeit meinen wir Tippen ohne Ende) und es existieren eine ganze Reihe Computer, die all die Daten, die Sie und Ihre Freunde täglich auf der Website hinzufügen, speichern. Personal und Technologien – diese Dinge kosten natürlich. Mit den Werbeanzeigen, die Sie in diesem Bereich sehen, wird das komplette System finanziert.

✔ **Anfragen:** Wenn jemand Sie auf Facebook um Bestätigung bittet, dass Sie beide befreundet sind, wäre dies beispielsweise eine Anfrage. Unter diesem Feld finden Sie Links, über die Sie die Anfrage des Freundes bestätigen oder ignorieren können. Ein weiteres Beispiel wäre eine Einladung zu einer Veranstaltung, auf die Sie antworten sollten. Wenn die Reaktion auf irgendeine Anfrage aussteht, erscheint auf Ihrer Startseite ganz oben in der rechten Spalte ein Link zur entsprechenden Stelle. Falls dort nichts steht, haben Sie keine unbeantworteten Anfragen.

✔ **Anstupser:** In Kapitel 9 erfahren Sie mehr über Anstupser. Merken Sie sich fürs Erste einfach nur: Wenn Sie einen Anstupser erhalten haben, erfahren Sie davon auf der Startseite.

✔ **Vernetze dich:** Dieser Abschnitt passt eigentlich nicht zur Kategorie neue, aktuelle und zukünftige Ereignisse, doch falls Sie noch mehr Spaß auf Facebook haben würden, wenn jemand, der Ihnen wichtig ist, sich registriert, dann können Sie ihn an dieser Stelle kinderleicht einladen. Klicken Sie auf den FINDE DEINE FREUNDE-Link, um Facebook nach Personen zu durchforsten, mit denen Sie lediglich im wahren Leben, aber noch nicht virtuell befreundet sind. Mit einem Klick auf den JETZT EINLADEN-Link laden Sie andere zu Facebook ein, damit Sie sich mit ihnen austauschen können. Mit dem VERFOLGE DEINE EINLADUNGEN-Link können Sie überprüfen, wie überzeugend Ihr Versuch, andere zum Beitritt auf Facebook zu bewegen, war. Und wenn Sie auf den VERNETZE DICH VON UNTERWEGS-Link klicken, tauchen Sie in die Welt von Facebook-Handy ein, in der Sie – egal, wo Sie sich aufhalten – den Kontakt zu Ihren Freunden halten können (mehr dazu in Kapitel 14).

Die Links ganz unten

In blauer Schrift ganz unten auf jeder Facebook-Seite sehen Sie eine Reihe von Links, die zusammenfassend auch als *Fußzeile* bezeichnet werden. In der Fußzeile sind alle wichtigen Informationen über Facebook als soziales Netzwerk, Facebook für Unternehmen, Facebook als Firma und Facebooks Richtlinien enthalten. Im Folgenden beschreiben wir die einzelnen Links:

✔ *<Sprache>*: Der erste Link auf der linken Seite der Fußzeile zeigt den Namen der Sprache an, in der Sie die restlichen Texte auf der Website gerade sehen – zum Beispiel auf Deutsch. Klicken Sie auf den Namen der Sprache. Dadurch erscheint eine Drop-down-Liste mit allen Sprachen, in denen Facebook verfügbar ist.

✔ **Über uns:** Hier gelangen Sie auf die ÜBER FACEBOOK-Seite, auf der Sie sich über die hauptsächlichen Facebook-Features und die aktuellsten Themen des Facebook-Blogs informieren und Links zu kürzlich verfassten Artikeln über die Website finden können.

✔ **Werbung:** Hier können Sie die hauptsächlichen Werbekonzepte von Facebook durchstöbern: Facebook-Werbeanzeigen, Facebook-Seiten, die AUF FACEBOOK TEI-LEN-Schaltfläche und Facebook-Connect. (In den Kapiteln 12 und 13 erfahren Sie mehr über diese Werbemöglichkeiten.)

✔ **Entwickler:** Der Großteil der Anwendungen, die Sie Ihrem Profil hinzufügen können, wird von Entwicklern erstellt, die nicht für die Firma Facebook arbeiten. Sollten Sie daran interessiert sein, eine neue Facebook-Anwendung zu schreiben, klicken Sie auf diesen Link.

✔ **Karrieren:** Sie möchten für Facebook arbeiten? Dann wählen Sie diesen Link, um alles über offene Stellen und das Arbeitsumfeld zu erfahren.

✔ **Datenschutz:** Hier werden die Datenschutzrichtlinien von Facebook einzeln aufgeführt, in denen Folgendes erklärt wird:
Die Datenschutzrichtlinien der Firma Facebook sollen Ihnen eine genauere Einsicht verschaffen, wie Ihre persönlichen Daten, die Sie teilen möchten, genutzt werden. Sie sollen es Ihnen ermöglichen, bei der Nutzung der Website fundierte Entscheidungen zu treffen.

✔ **Impressum/Nutzungsbedingungen:** Obwohl dieser Link von allen Links auf der Website wohl am wenigsten angeklickt wird, ist er doch einer der wichtigsten. Die Firma Facebook ist unheimlich geschickt darin, Nutzer, die auf schädliche Weise gegen die Nutzungsbedingungen verstoßen, aufzuspüren. Zum Wohle jener Nutzer, die die Website ordnungsgemäß nutzen, nimmt man bei Facebook Verstöße gegen die Nutzungsbedingungen sehr ernst. Die Angabe eines falschen Geburtsdatums oder falschen Namens, die Veröffentlichung pornografischer Inhalte oder urheberrechtlich geschützten Materials und ein dem Spammen ähnliches Verhalten – all dies können Gründe dafür sein, dass das Konto deaktiviert wird.

✔ **Hilfe:** Über die HILFE-Seite gelangen Sie zu allerlei Werkzeugen, mit denen Sie herausfinden können, wie man die Website nutzt, wie man sich sicher auf Facebook bewegt und wohin man eventuelle Verbesserungsvorschläge für die Website schickt.

Auf Facebook Freunde finden

In diesem Kapitel

▷ *Adden* – was heißt das eigentlich?

▷ Über verschiedene Wege Freunde finden

▷ Freundeslisten verwalten und im Blick behalten

Es gibt Hunderte von Sprichwörtern über Freundschaften und Freunde. Wir haben mal einen ganzen Haufen davon im Internet herausgesucht und reduzieren sie auf einen zusammenfassenden Spruch: Freunde zu haben ist gut. Keine Freunde zu haben ist schlecht. Das trifft auf das wahre Leben, aber auch auf Facebook zu. Wenn Sie auf Facebook ohne Freunde dastehen, werden Sie irgendwann den nackten Bildschirm anstarren und sich fragen:»Und was mache ich jetzt?« Haben Sie dort dagegen Freunde, werden Sie irgendwann feststellen, dass Sie sich Fotos vom Abi-Treffen ansehen und sich sagen:»Meine Güte. Diese Stunde ging aber schnell rum!«

Bei der Entwicklung der meisten Funktionen auf Facebook ging man von der Voraussetzung aus, dass Sie über eine bestimmte Menge an Informationen verfügen, die Ihre Freunde sehen sollen (und vielleicht auch einige Informationen, die nicht *alle* Freunde zu Gesicht bekommen sollen, doch dazu später mehr). Wenn Sie also keine Freunde haben, die Ihr Profil sehen, wozu dann überhaupt eins erstellen? Nachrichten sind auch nicht besonders sinnvoll, bis man sie an jemand anderen versendet. Bilder schießt man, damit sie angesehen werden können, doch wenn deren Sichtbarkeit auf Freunde begrenzt ist – tja, dann werden Sie sich wohl ein paar davon suchen müssen.

Auf Facebook beruhen alle Freundschaften auf *Gegenseitigkeit*. Das heißt, wenn Sie jemanden als Freund hinzufügen, muss derjenige erst die Freundschaft bestätigt haben, bevor sie auf beiden Profilen auftaucht. Falls jemand Sie als Freund hinzufügt, können Sie zwischen und IGNORIEREN wählen. Bestätigen Sie die Person, sagen wir:»Glückwunsch! Sie haben einen neuen Freund!« Und sollten Sie ihn ignorieren, wird er es auch nicht so genau mitkriegen.

So, jetzt haben wir Ihnen das Gefühl gegeben, wieder in der siebten Klasse zu sein und immer als einer der letzten für die Völkerballmannschaft ausgewählt zu werden. Dann wollen wir Ihnen aber auch gleich sagen, dass Sie sich keine Sorgen machen müssen, denn es gibt auf Facebook sehr viele Methoden, Freunde zu finden. Falls Ihre Freunde sich noch nicht auf dieser Website registriert haben, dann laden Sie sie dazu ein und bringen Sie sie dazu, auch auf Facebook und nicht nur im wahren Leben mit Ihnen befreundet zu sein.

Was bedeutet Freund auf Facebook?

Eine gute Frage. In vielerlei Hinsicht ist ein *Facebook-Freund* dasselbe wie ein Freund im wahren Leben. (Obwohl viele unserer Bekannten wortwörtlich sagen: »Man ist noch nicht richtig befreundet, wenn man nicht zu den Facebook-Freunden zählt.«) Einige kleine Unterschiede zwischen reellen und virtuellen Freunden bestehen aber doch. Es gibt ein paar Besonderheiten an Freundschaften auf Facebook, die Sie kennen sollten.

Eine Reflexion der Wirklichkeit

Facebook-Freunde lassen sich zunächst einmal darüber definieren, dass sie eben nur Freunde sind. Dies sind die Leute, mit denen Sie etwas unternehmen, zu denen Sie Kontakt halten, die Sie mögen und deren Freundschaft Sie in der Öffentlichkeit bekanntgeben möchten. Es handelt sich nicht um Personen, die Sie über Facebook kennengelernt haben, sondern eher um diejenigen, mit denen Sie telefonieren, mit denen Sie bei einem zufälligen Treffen im Supermarkt für einen Schwatz stehen bleiben oder die Sie zu Partys, Abendessen oder anderen geselligen Veranstaltungen einladen.

Im wahren Leben gibt es viele verschiedene Arten von Freundschaften. Denken Sie doch mal an die Unterschiede zwischen einem Bekannten, einem Freund von der Arbeit, einem Kumpel vom Sport, einem »Ex-Lebensgefährten, aber wir sind immer noch befreundet« und einem erklärten allerbesten Freund. In der Realität verändern sich diese Bezeichnungen ständig. Zum Beispiel, wenn Sie damit anfangen, sich wegen eines Ratschlags an den Kumpel vom Sport zu wenden oder wenn sich herausstellt, dass Sie und Ihr Ex-Lebensgefährte einfach nicht befreundet sein können. Auf Facebook gelten diese nuancenreichen Beziehungen aber immer noch als Freundschaften.

Man kann diese unterschiedlichen Beziehungen über Freundeslisten, auf die wir weiter hinten im Kapitel kommen, kenntlich machen. Im Grunde genommen sind aber alle Freundschaften auf Facebook das Gleiche. Wenn andere Ihre komplette Freundesliste sehen, haben sie eine lange Auflistung vor sich, die lediglich nach Netzwerken und nicht nach Ihren eigenen Bezeichnungen wie *Beste Freunde* oder *Beim Ignorieren wäre ich mir doof vorgekommen* sortiert werden kann.

Eine Kontaktperson

Facebook-Freunde stellen auch Kontaktpersonen dar, da Sie ihnen allen die Möglichkeit geben, Sie zu kontaktieren. Oftmals (je nachdem, wie Ihre Privatsphäre-Einstellungen aussehen und welche der Informationen Sie teilen möchten) gestatten Sie ihnen außerdem Zugriff auf andere Daten wie etwa Ihre Telefonnummer, die Adresse und die E-Mail-Adresse.

Im Gegenzug werden Ihre Freunde zu Ihren Kontaktpersonen. Sie können über Facebook immer mit ihnen Kontakt aufnehmen und überdies an ihre Telefonnummern, Adressen und E-Mail-Adressen gelangen.

Folgen für die Privatsphäre

Wenn Sie Freundschaftsanfragen senden oder bestätigen, müssen Sie eins unbedingt im Hinterkopf behalten: Ihre Freunde können auf Ihr Profil zugreifen. Die Sichtbarkeit für die meisten Teile des Profils kann man auf eine Untergruppe der Freunde begrenzen, doch die meisten geben ihr komplettes Profil für all ihre Freunde, wenn nicht gar noch mehr Personen, frei. Falls Sie Ihr Profil so eingestellt haben, bedeutet die Bestätigung einer Freundschaftsanfrage, dass Sie der jeweiligen Person Zugriff auf all jene Dinge geben, die auch Ihre restlichen Freunde sehen können.

Das kann ein bisschen erschreckend wirken, doch es ähnelt den Einsichten, die wir Freunden in der Realität gewähren. Der einzige Unterschied zum wahren Leben besteht darin, dass dieser Prozess schrittweise abläuft und nicht über einen Mausklick. Irgendwann wird jemand, den Sie kennen, zu einer Person, mit der Sie gerne Zeit verbringen, die Sie mögen und der Sie gerne zuhören. Diese Vertrautheit in einer Freundschaft lässt sich mit der Vertrautheit, die vorliegt, wenn man jemanden sein Profil sehen lässt, vergleichen. Es gibt einem außerdem Gelegenheit vor aller Welt zu verkünden:»Seht mal! Diese Person ist mir wichtig.«

Folgen für die Neuigkeiten

Die *Neuigkeiten* sind eine ständig aktualisierte Auflistung an Meldungen über all die Aktivitäten Ihrer Freunde auf Facebook sowie einiger ihrer Aktivitäten auf anderen Websites. Stellen Sie sich die Neuigkeiten wie eine maßgeschneiderte Nachrichtensendung vor. Es wird nicht über alles berichtet, was auf der ganzen Welt passiert, sondern über alles, was in *Ihrer* Welt passiert. Neuigkeiten können aus Meldungen wie zum Beispiel»Markus hat an Christians Pinnwand geschrieben« oder»Lisa wurde in einem Video markiert« bestehen. All diese Meldungen stellen Links zu aktuellen Inhalten über Ihre Freunde dar.

Sobald Sie Personen als Freunde hinzufügen, erscheinen von ihnen verfasste Meldungen ab diesem Zeitpunkt automatisch in Ihren Neuigkeiten. Sie können gleich darauf ihre Statusmeldungen sehen, welche Fotos sie hochgeladen haben und so weiter. Sollten Sie sich allerdings nicht besonders für eine bestimmte Person interessieren (zum Beispiel jemanden, den Sie am Arbeitsplatz kennengelernt haben und bei dem Ihnen relativ egal ist, was er tagtäglich treibt) oder sollten Sie feststellen, dass Sie die Beiträge uninteressant finden, können Sie die Beiträge dieser Person nachträglich jederzeit in Ihren Neuigkeiten verbergen. In Kapitel 7 erklären wir Ihnen, wie das funktioniert.

Folgen für Echtzeitmeldungen

Vielleicht möchten Sie nicht nur wissen, was jemand im Allgemeinen so treibt, sondern was bestimmte Personen gerade *im Moment* so machen. Falls Sie ein Handy besitzen, können Sie sich in Echtzeit darüber informieren lassen, was Ihre engsten Freunde gerade unternehmen – zumindest, wenn diese es Sie wissen lassen möchten.

Wenn Sie jemanden als Freund hinzufügen (oder später, wenn Sie das entsprechende Profil besuchen und sich die Links unter dem Profilbild ansehen), können Sie dessen Aktualisierungen per SMS abonnieren. Nachdem Sie Ihr Gerät für Facebook-Handy aktiviert haben (wir erklären es in Kapitel 14), erhalten Sie also jedes Mal, wenn er etwas in seinem Profil veröffentlicht, eine SMS, die seine Statusmeldung wiedergibt. Dieses Feature sollten Sie nur für Personen verwenden, die Sie wirklich am liebsten mögen, die für Sie die besten und wundervollsten Menschen auf der Welt sind und die ihre Profile mit interessanten, aktuellen Inhalten aktualisieren (sonst werden Sie sich irgendwann noch über das Summen Ihres Handys ärgern).

Eventuell möchten Sie auch wissen, was Ihre Tochter, Ihr Ehepartner, Ihr bester Freund oder der Kollege, mit dem Sie gut befreundet sind, gerade in diesem Moment unternimmt. Abonniert man die Aktualisierungen einer anderen Person kann man darüber auch ganz geschickt herausfinden, ob sich beide gerade am selben Ort befinden und kann auf dringende Fragen wie etwa »Wer kommt mit mir mit, etwas zum Abendessen holen?« antworten.

Sollten Sie irgendwann keine Echtzeitmeldungen mehr empfangen wollen, besuchen Sie das Profil des Betreffenden und klicken Sie unter dessen Profilbild auf den Link SMS-AKTUALISIERUNGEN ABBESTELLEN.

Die Philosophie hinter Facebook-Freunden

Über die Regeln auf Facebook haben Sie vielleicht schon Gerüchte vernommen. Vielleicht haben Sie ja jemanden sagen hören, es sei unhöflich, eine Freundschaftsanfrage zu ignorieren. Schenken Sie diesen üblen Gerüchten einfach keine Beachtung. Hier kommt die Wahrheit über die Anstandsregeln in Bezug auf Facebook-Freunde.

Wählen Sie Ihre Freunde mit Bedacht

Üblicherweise senden Sie Freundschaftsanfragen nur an Personen, die Sie kennen und bestätigen auch nur welche von Bekannten. Falls Sie jemanden nicht kennen – wir sprechen von *Freundschaftsanfragen an zufällig ausgewählte Personen* – dann klicken Sie am besten auf IGNORIEREN. Aus all den oben genannten Gründen zum Thema Privatsphäre, Neuigkeiten und Reflexion der Wirklichkeit sollten Sie sich mit niemandem anfreunden, wenn Sie zu dem Betreffenden eigentlich keinerlei Bezug haben. Erinnern Sie sich noch daran, wie man Ihnen damals auf der weiterführenden Schule eingebläut hat, sich seine Freunde gut auszusuchen? Das trifft hier ganz genauso zu. Sie bestätigen eine Freundschaftsanfrage, die Sie besser ignoriert hätten und ehe Sie sich versehen, sitzen Sie hinten auf dem Motorrad von einem Typ, der angeblich Harley heißt, und setzen sich ins Ausland ab. Glauben Sie uns ruhig: Genauso wird es kommen.

Klasse statt Masse

Hier kommt ein anderer weitverbreiteter Irrglaube in Bezug auf Facebook: Es geht vor allem darum, die meisten Freunde zu finden. Das stimmt keineswegs. Aufgrund der Folgen von Freundschaften auf Neuigkeiten und Privatsphäre sollten Sie versuchen, Ihre komplette Freundesliste auf die Personen zu beschränken, die Ihnen wirklich wichtig sind. Nun könnte die Anzahl derer, die Ihnen wichtig sind – einschließlich der Personen, die Ihnen am allerwichtigsten sind, und der, die Ihnen am wenigsten wichtig sind – groß oder klein sein. Auf Facebook haben die meisten durchschnittlich 120 Freunde. Sind einer Person mit 120 Freunden alle davon gleich wichtig? Wahrscheinlich nicht. Bedeutet das, dass dieser Jemand oberflächlich ist? Nein, tut es nicht. Es zeigt bloß, dass derjenige zu all den Freunden, die sich während seines Lebens über die Jahre eingestellt haben, den Kontakt aufrechterhält und den Überblick behält. Wenn es bei Ihnen einen neuen Arbeitgeber, einen Schulwechsel oder einen Umzug gibt, werden neue Freunde hinzukommen, doch das heißt ja nicht, dass Ihnen Ihre Freunde aus alten Zeiten nicht mehr wichtig sind.

Sollten Sie versuchen, auf 120 Freunde zu kommen? Nein. Carolyn Abrams Mutter hat mit weniger als 30 Freunden sehr viel Spaß auf Facebook. Auch mit dieser Anzahl kann sie mit ihren Freunden ihre Fotos teilen und Spiele mit Bekannten spielen. Außerdem gibt es in ihren Neuigkeiten ziemlich oft etwas Neues. Arbeiten Sie darauf hin, alle Personen, die Ihnen wichtig sind, auf Ihrer kompletten Facebook-Freundesliste zu haben. Das mögen ganz viele oder auch nur ganz wenige Leute sein. Entscheidend ist, dass Sie sie dabei haben wollen und Ihre Freunde genauso viel Spaß an der Sache haben.

Auf Facebook Freunde finden

Nachdem wir Ihnen nun eingeschärft haben, wie wichtig Freunde sind, fühlen Sie sich vielleicht ein bisschen einsam. Wie sollen Sie bloß an die Leute kommen, mit denen Sie befreundet sein möchten? Facebook ist sehr umfangreich und falls Sie jetzt nach Ihrem Freund Stefan suchen, werden Sie wohl ein paar mehr Anhaltspunkte liefern müssen. Facebook bietet eine Reihe von Werkzeugen, die Ihnen Personen anzeigen, die Sie kennen könnten und mit denen Sie eventuell befreundet sein möchten. Außerdem wird die übliche Namen-Suchfunktion zum Auffinden bestimmter Personen angeboten.

Ein Freundefinder im wahren Leben – das wär's

Der *Freundefinder* ist ein Werkzeug, das die E-Mail-Adressen Ihres E-Mail-Adressbuchs mit den Profilen von Facebook-Nutzern abgleicht. Da jede E-Mail-Adresse nur einem einzigen Facebook-Konto zugeordnet werden kann, können Sie sicher sein, dass Ihre Ergebnisse wirklich die Personen anzeigen, mit denen Sie ja bereits E-Mail-Verkehr hatten.

Mit Ihrer Erlaubnis werden diejenigen, die zur E-Mail-Adresse aus Ihrem E-Mail-Adressbuch kein passendes Facebook-Konto haben, über den Freundefinder zu Facebook eingeladen. Falls sie sich aufgrund Ihrer Einladung auf der Website registrieren, finden sie gleich nach der Registrierung eine Freundschaftsanfrage von Ihnen vor.

Um den Freundefinder nutzen zu können, müssen Sie auf Facebook Ihre E-Mail-Adresse und Ihr E-Mail-Passwort angeben. Die Firma Facebook speichert diese Daten nicht: Sie werden lediglich verwendet, um einmalig die Liste mit Ihren Kontakten abzurufen.

Aller Wahrscheinlichkeit nach werden Sie mit dem Freundefinder schon Bekanntschaft machen, wenn Sie zu Beginn Ihr Konto erstellen. Bei den folgenden Schritten gehen wir von mehreren Annahmen aus und zwar: Sie verwenden Webmail (Hotmail, Google Mail, Yahoo! Mail und so weiter), haben den Freundefinder in letzter Zeit nicht genutzt und Ihr E-Mail-Adressbuch enthält eine ganze Menge E-Mail-Adressen von Freunden. Weitere Optionen wie etwa der Gebrauch eines Adressbuchs eines E-Mail-Programms oder einer Kontaktliste eines Instant Messengers beschreiben wir weiter hinten im Kapitel. Und so verwenden Sie den Freundefinder:

1. **Wählen Sie im Konto-Menü in der großen, blauen Leiste Freunde bearbeiten.**

2. **Wählen Sie unter den Reitern auf der linken Seite Freunde finden aus.**

    In Abbildung 4.1 sehen Sie den Freundefinder. Darunter finden Sie eventuell Personen, die du vielleicht kennst, einen Bereich, den wir Ihnen weiter hinten im Kapitel erklären.

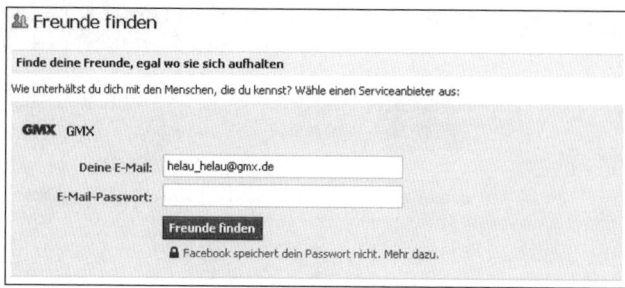

Abbildung 4.1: Ein Freundefinder, der noch nicht ausgefüllt wurde

3. **Geben Sie Ihre E-Mail-Adresse im** DEINE E-MAIL**-Feld ein.**

4. **Geben Sie im** E-MAIL-PASSWORT**-Feld Ihr E-Mail-Passwort (nicht Ihr Facebook-Passwort) ein und klicken Sie auf** FREUNDE FINDEN.

 Diese Anleitung ist für Personen gedacht, die zum ersten Mal den Freunde-finder verwenden. Falls Sie ihn schon einmal genutzt haben oder gerade bei Ihrem Webmail-Client angemeldet sind, sehen Sie möglicherweise einige Felder, die bereits ausgefüllt sind oder werden in zusätzlichen Eingabeauf-forderungen in Popup-Fenstern um die Erlaubnis gebeten, Daten an Face-book zu senden. Machen Sie sich keine Sorgen, wenn es nicht genauso wie in den Bildern oben aussieht.

Falls Facebook irgendwelche Übereinstimmungen mit den E-Mail-Adressen aus Ihrem Adressbuch findet, sehen Sie eine Seite vor sich, die der in Abbildung 4.2 ähnelt. (Falls nichts gefunden wird, machen Sie mit Schritt 6 weiter.) Von diesen Personen glaubt Facebook, dass Sie sie eventuell kennen. Jeder, den Sie auswählen, bekommt von Ihnen eine Freundschaftsanfrage zugeschickt. Wenn Sie nicht den ganzen Nachmittag damit verbringen möchten, Häkchen in kleine Felder zu setzen, können Sie auch den ALLE AUSWÄHLEN-Link ganz oben anklicken.

5. **Entscheiden Sie, ob Sie:**

- *Alle als Freunde hinzufügen.* Klicken Sie auf ALS FREUNDIN HINZUFÜGEN.

- *Sich mit niemandem anfreunden.* Klicken Sie auf ÜBERSPRINGEN.

- *Viele Personen als Freunde hinzufügen.* Klicken Sie zunächst auf ALLE FREUNDE AUSWÄHLEN ganz oben auf dem Bildschirm. Heben Sie dann die Markierung bei den Auswahlkästchen neben den Namen von bestimmten Personen, mit denen Sie nicht befreundet sein möchten, wieder auf. Nachdem Sie bei allen uner-wünschten Personen die Markierung aufgehoben haben, klicken Sie auf ALS FREUNDIN HINZUFÜGEN.

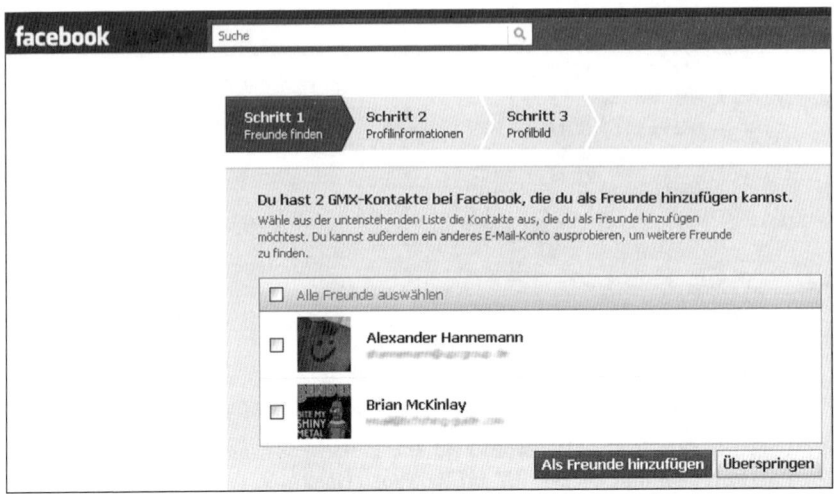

Abbildung 4.2: Der FREUNDESAUSWAHL-Abschnitt des Freundefinders

- _Nur einige Personen als Freunde hinzufügen._ Setzen Sie einen Haken in dem Kästchen links neben den Namen von Personen, die Sie als Freunde hinzufügen möchten. Nachdem Sie alle ausgewählt haben, die Sie gerne einladen möchten, klicken Sie auf ALS FREUNDIN HINZUFÜGEN.

Nach Ihrem Klick auf ALS FREUNDIN HINZUFÜGEN oder ÜBERSPRINGEN, landen Sie auf dem JETZT EINLADEN-Abschnitt des Freundefinders. Es sollte etwa so wie im Abbildung 4.3 aussehen. Zu den dort angezeigten E-Mail-Adressen hat Facebook keine Übereinstimmung gefunden.

6. **(Wenn Sie möchten) Laden Sie andere ein, sich bei Facebook zu registrieren und Ihr Freund zu werden.**

Ganz ähnlich wie beim Freunde hinzufügen, können Sie:

- _All diese Kontaktpersonen einladen._ Klicken Sie auf EINLADEN.

- _Keine dieser Kontaktpersonen einladen._ Klicken Sie auf ÜBERSPRINGEN.

- _Viele dieser Kontaktpersonen einladen, indem Sie bei denjenigen, die Sie nicht dabei haben möchten, die Markierung aufheben._ Bearbeiten Sie die Auswahlkästchen links neben den E-Mail-Adressen und klicken Sie dann auf EINLADEN.

- _Nur einige dieser Kontaktpersonen einladen._ Heben Sie die Markierung im ALLE/ KEINEN AUSWÄHLEN-Auswahlkästchen ganz oben auf. Wählen Sie über die Auswahlkästchen links neben den entsprechenden E-Mail-Adressen dann noch einmal diejenigen aus, die Sie hinzufügen möchten, und klicken Sie auf EINLADEN.

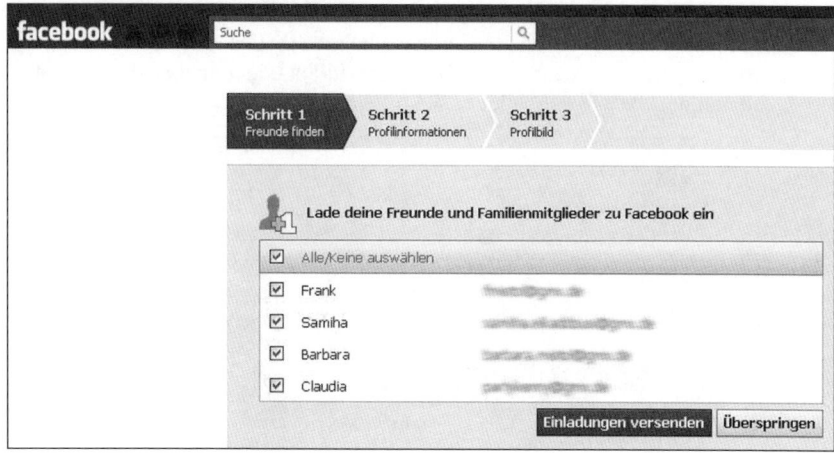

Abbildung 4.3: Der Jetzt einladen-Abschnitt des Freundefinders

Nachdem Sie diese ganzen Schritte unternommen haben, hoffen wir, dass Sie wenigstens ein paar Freundschaftsanfragen senden können. Ihre Freunde müssen die Freundschaftsanfragen bestätigen, bevor Sie auf Facebook offiziell als befreundet gelten. Bevor diese Bestätigung nicht eingegangen ist, werden Sie also die Profile dieser Leute eventuell nicht sehen können.

Falls das Ganze überhaupt nichts gebracht hat – keine Freunde, die Sie hinzufügen und keine Kontaktpersonen, die Sie einladen möchten – stehen Ihnen immer noch einige Möglichkeiten offen. Sie können den Vorgang noch einmal mit einer anderen E-Mail-Adresse wiederholen. Wahrscheinlich nehmen Sie am besten die, die Sie für persönliche E-Mails (also die an Freunde und Familienmitglieder) verwenden. Sollte es auch damit nicht klappen, können Sie den Freundefinder auch noch anders nutzen.

Adressbücher importieren

Falls Sie ein *Desktop-E-Mail-Programm* verwenden – also ein Programm auf Ihrem Computer zuhause, das Ihre E-Mails verwaltet (wie etwa Microsoft Outlook oder Microsoft Entourage) – sollten Sie eine Datei mit Ihren Kontaktpersonen erstellen und diese importieren, sodass Facebook diese nach Übereinstimmungen bei Freunden durchsuchen kann. Je nach verwendetem E-Mail-Programm wird die Kontaktdatei auf verschiedene Weise erstellt. Und so finden Sie die richtige Anleitung:

1. **Gehen Sie auf die Freunde finden-Seite (indem Sie im Konto-Menü Freunde bearbeiten aufrufen und dann links auf den Freunde finden-Reiter klicken).**

2. **Wählen Sie Kontaktdatei hochladen, einen blauen Link rechts neben Finde Personen, denen du E-Mails sendest.**

Dann werden Sie zunächst gefragt, ob Sie eine Kontaktdatei hochladen möchten. Falls Sie nicht wissen, wo Sie diese finden, klicken Sie auf den WIE ERSTELLE ICH EINE KONTAKTDATEI-Link direkt über dem Datei-Upload-Feld. Es öffnet sich ein Fenster, das so ähnlich wie das in Abbildung 4.4 aussieht.

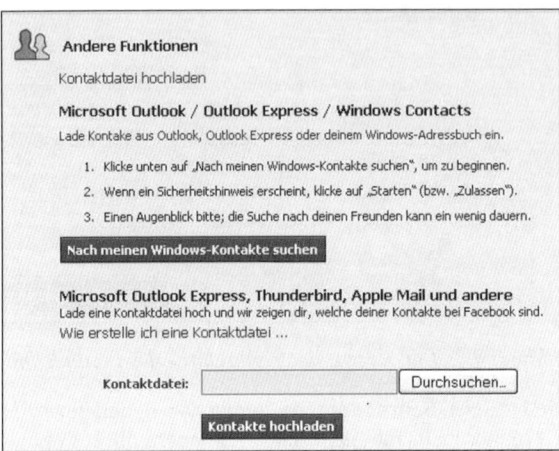

Abbildung 4.4: Eine Kontaktdatei importieren

3. **Falls Sie bereits eine Kontaktdatei erstellt haben, importieren Sie sie hier.**

   Als Nächstes werden Sie durch die Schritte 4 und 5 aus dem vorherigen Abschnitt geführt.

   Falls Sie gerade an einem PC sitzen und diese Option wählen, wird Ihnen eventuell auch noch ADRESSBUCH AUS MICROSOFT OUTLOOK AUTOMATISCH IMPORTIEREN angezeigt.

4. **Falls Sie noch keine Kontaktdatei erstellt haben, klicken Sie auf den WIE ERSTELLE ICH EINE KONTAKTDATEI-Link und folgen den Anweisungen. Importieren Sie danach die Datei und führen Sie die Schritte 4 und 5 aus dem vorherigen Abschnitt aus.**

Der Freundefinder für Instant Messenger

Diese Option bringt Ihnen nur etwas, wenn Sie den Windows Live Messenger, den AIM (AOL Instant Messenger), den ICQ-Chat oder Skype als Instant Messenger-Programm (Instant Messenger wird auch mit IM abgekürzt) verwenden, um darüber mit Ihren Freunden zu chatten. Der größte Unterschied zwischen diesen Messengern und den oben beschriebenen Schritten beim Freundefinder besteht darin, dass all Ihre per Freundefinder verschickten Einladungen hier als Sofortnachricht übermittelt werden. Anstatt einer E-Mail, in der Ihre Freunde um Registrierung gebeten werden, erhalten diese also eine Sofortnachricht vom Facebook-Bot. Gehen Sie wieder schrittweise vor:

1. **Gehen Sie auf die** FREUNDE FINDEN**-Seite** (indem Sie im KONTO-Menü FREUNDE BEAR-
   BEITEN aufrufen und dann links auf FREUNDE FINDEN klicken).

2. **Scrollen Sie bis zum von Ihnen verwendeten Instant Messenger vor und klicken
   Sie auf FREUNDE FINDEN.**

   Abbildung 4.5 zeigt das Feld, das dann erscheint.

Abbildung 4.5: Der Freundefinder für Skype.

3. **Geben Sie Ihren Nutzernamen und das Passwort ein und klicken Sie auf FREUNDE
   FINDEN.**

4. **Um nun die üblichen Schritte des Freundefinders auszuführen, folgen Sie den
   Schritten 4 bis 5 aus dem vorherigen Abschnitt.**

Machen Sie sich keine Sorgen, falls keine dieser Methoden zu einem Ergebnis führen
sollte. Sie werden auf andere Weise Freunde finden und können die Website trotzdem
nutzen.

Personen, die du vielleicht kennst

Nachdem Sie einen oder zwei Freunde gefunden haben, kann Facebook eine ziemlich
gute Schätzung abgeben, wer noch zu Ihren Freunden zählen könnte. Facebook sieht
sich dafür in erster Linie Personen an, die dieselben Freunde oder Netzwerke wie Sie
angegeben haben. Im PERSONEN, DIE DU VIELLEICHT KENNST-Feld, das in Abbildung 4.6 dargestellt wird, sehen Sie eine Liste mit Personen, von denen Facebook annimmt, dass
Sie sie kennen und daher mit Ihnen befreundet sein möchten. Falls Sie dort einen
Bekannten entdecken, fügen Sie ihn als Freund hinzu, indem Sie einfach auf den pas-
senderweise ALS FREUNDIN HINZUFÜGEN genannten Link neben seinem Namen klicken.
Wenn Sie sich nicht ganz sicher sind, können Sie auf den Namen oder das Profilbild
klicken, um im entsprechenden Profil weitere Anhaltspunkte darüber zu finden, ob
und woher Sie denjenigen kennen. Danach können Sie entscheiden, ob Sie diese Person als Freund hinzufügen möchten.

Falls Sie sicher sind, niemanden zu kennen oder falls Sie sehr wohl jemanden wieder-
erkannt haben, aber überzeugt davon sind, diese Person nicht als Freund hinzufügen
zu wollen, klicken Sie auf das X neben dem Namen und dem Bild. Derjenige wird nicht
mehr in Ihrer PERSONEN, DIE DU VIELLEICHT KENNST-Liste erscheinen. Nachdem Sie vorgeschlagene Personen hinzugefügt oder entfernt haben, werden neue Personen ihren
Platz einnehmen. Diese unterhaltsame Sache kann Stunden dauern. Sie sollten also

Abbildung 4.6: Facebook schlägt Ihnen Freunde vor.

unbedingt etwas Zeit und einen bequemen Stuhl haben – sonst werden Sie noch irgendwann wahnsinnig vor lauter Vorschlägen.

 Jeden Tag, wenn Sie sich anmelden, werden Sie auf Ihrer Startseite ein paar vereinzelte Vorschläge sehen. Die Freundessuche ist ein fortlaufender Prozess. Bitte denken Sie nicht, dass Sie an einem einzigen Tag jede einzelne Option beim Freundefinder durchsehen müssen. Behalten Sie die rechte Seite Ihrer Startseite immer im Blick. Dann wird sich Ihre komplette Freundesliste ziemlich schnell vergrößern.

Das Gewünschte aufstöbern: Die Suche

Der Freundefinder eignet sich hervorragend, um die komplette Freundesliste schnell und ziemlich mühelos aufzubauen. Nachdem Sie sie ein wenig erweitert haben, stellt sich aber die Frage, was man machen soll, wenn man andere Personen findet, die vielleicht mit einem befreundet sein wollen. Bei der Facebook-Anwendung SUCHE finden Sie einige unterschiedliche Methoden, mit denen Sie nach Personengruppen, die Sie eventuell kennen, suchen können. Sie können dort außerdem bestimmte Freunde anhand des Namens ausfindig machen.

Klassenkameradensuche

Die Klassenkameradensuche verwendet die Informationen aus den Profilen, um daraus eine riesige Liste zum Durchsuchen zu machen. Sie können darüber mühelos Ihre Freunde von der weiterführenden Schule, der Hochschule, dem Graduiertenkolleg und so weiter finden. Fragen Sie sich manchmal, was wohl aus diesem tollpatschigen Typen geworden ist, den Sie oft auf dem Pausenhof gesehen haben? Sie brauchen sich darüber nicht weiter den Kopf zu zerbrechen.

Und so gelangen Sie zur Klassenkameradensuche:

1. **Wählen Sie im KONTO-Menü in der großen,** blauen Leiste FREUNDE BEARBEITEN und klicken Sie dann auf der linken Seite auf den FREUNDE FINDEN-Reiter.

2. **Scrollen Sie nach ganz unten und wählen Sie entweder den Link** FINDE EHEMALIGE KLASSENKAMERADEN **oder** FINDE AKTUELLE ODER EHEMALIGE KOMMILITONEN.

Dadurch werden Sie auf die Seite zur Suche nach Klassenkameraden, Kommilitonen und Mitarbeitern weitergeleitet.

 Wenn Sie in Ihrem Profil bereits Informationen über Ihre Ausbildung eingegeben haben, sehen Sie anstatt der Links zur Suche von Klassenkameraden oder Kommilitonen eventuell einen Link, über den Sie nach Personen aus der von Ihnen angegebenen Schule oder Hochschule suchen können. Klicken Sie auf diesen Link, werden Sie direkt zur Suche innerhalb dieser Schule, Hochschule oder dieses Abschlussjahrs weitergeleitet. Das Aufstöbern von Leuten von anderen Schulen oder Hochschulen ist aber dennoch möglich, wenn man auf WEITERE SUCHOPTIONEN rechts oben auf der Ergebnisseite klickt.

3. **Geben Sie Ihre weiterführende Schule oder Hochschule sowie das Abschlussjahr an.**

Die Angabe des Abschlussjahrs ist wichtig, denn dadurch werden aus den Ergebnissen diejenigen herausgefiltert, die Sie wirklich kennen. Wenn Sie nur nach Müller suchen, würden Sie Tausende von Ergebnissen vorfinden. Das sind einfach zu viele, um sie nach den paar Leuten, die man irgendwann mal gekannt hat, durchzusehen. Wenn Sie die Suche mit einem bestimmten Abschlussjahr eingrenzen, können mehr Personen, die Sie wirklich kennen, leichter gefunden werden.

4. **Klicken Sie auf** NACH KLASSENKAMERADEN SUCHEN.

Sehen Sie nach, ob Ihnen irgendjemand in den Suchergebnissen bekannt vorkommt.

Arbeitskollegensuche

Die *Arbeitskollegensuche* verwertet Informationen, die Facebook-Nutzer in ihrem Profil über ihren beruflichen Werdegang eingeben. Die Leute geben dort meistens den Firmennamen ihres Arbeitgebers (sowie die der früheren Arbeitgeber) und das jeweilige Ein- und Austrittsdatum an.

Mit der Arbeitskollegensuche können Sie nach Personen Ausschau halten, die am selben Ort wie Sie arbeiten (oder gearbeitet haben). Je nach Größe Ihres Unternehmens und der Anzahl der Kollegen, die sich auf Facebook registriert haben, kann diese Art der Suche entweder eindeutig zu viele oder nicht genügend Personen finden. Doch vielleicht haben Sie ja auch Glück und es kommt ganz gut hin. Das »Zu viele«-Problem können Sie, wenn Sie möchten, lösen, indem Sie nach bestimmten Namen in bestimmten Firmen suchen. Es ist eventuell einfacher nach »Peter« bei Siemens zu suchen als nach allen bei Siemens. Falls Sie Personen, die Sie in den Ergebnissen vermutet haben, dort nicht finden, heißt das nicht unbedingt, dass sie nicht bei Facebook registriert sind. Es bedeutet vielleicht einfach nur, dass diese die passenden Informationen nicht in ihren Profilen angegeben haben. Sie werden dann wohl die normale Suche verwenden müssen, um sie über ihren Namen aufzuspüren.

Folgen Sie diesen Schritten, um zur Arbeitskollegensuche zu gelangen:

1. **Wählen Sie im Konto-Menü in der großen, blauen Leiste Freunde bearbeiten und klicken Sie dann auf der linken Seite auf den Freunde finden-Reiter.** Scrollen Sie nach ganz unten und wählen Sie den Finde aktuelle oder ehemalige Mitarbeiter-Link.

 Wenn Sie in Ihrem Profil bereits Informationen über Ihre Arbeit eingegeben haben, sehen Sie anstatt des Finde aktuelle oder ehemalige Mitarbeiter-Links eventuell einen Link, über den Sie nach Personen aus den von Ihnen angegebenen Orten suchen können. Klicken Sie auf diesen Link, werden Sie direkt zur Suche innerhalb dieser Unternehmen weitergeleitet. Das Aufstöbern von Leuten von anderen Firmen ist aber dennoch möglich, wenn man auf Weitere Suchoptionen rechts oben auf der Ergebnisseite klickt.

2. **Tippen Sie im Unternehmen-Feld den Namen der Firma ein, die Sie durchsuchen möchten.** In diesem Feld wird versucht, das, was Sie eingeben, automatisch zu vervollständigen.

3. **(Wenn Sie möchten) Geben Sie den Namen einer bestimmten Person, nach der Sie suchen, ein.**

4. **Klicken Sie auf Nach Kollegen suchen.**

Und schwupps! Es erscheint eine Liste mit Leuten, die dieses Unternehmen in ihrem Profil angegeben haben.

Schnellsuche

Jetzt haben wir Sie auf die Klassenkameradensuche und die Arbeitskollegensuche aufmerksam gemacht und dabei immer wieder das zweckmäßig klingende Schnellsuche-Feld übergangen. Beim Schnellsuche-Feld ist der Name Programm (mehr oder weniger). Sie geben den Namen von jemandem, den Sie auf Facebook finden möchten, ein, drücken die Eingabetaste und erhalten sehr schnell eine Liste mit Suchergebnissen.

Falls der Freundefinder Ihnen nichts eingebracht hat und Sie nach weiteren Freunden suchen, sollten Sie über Personen nachdenken, von denen Sie wissen, dass sie Facebook nutzen. Geben Sie deren vollständige Namen in das Schnellsuche-Feld ein und prüfen Sie, ob sie auf diese Weise gefunden werden. Sehen Sie sich die Ergebnisse an und machen Sie so lange weiter, bis Sie zufrieden sind.

Den Überblick behalten: Die komplette Freundesliste verwalten

Nachdem Sie all diese Mühen auf sich genommen haben, um Freunde zu finden und hinzuzufügen, wird es Ihnen vielleicht irgendwann zu viel werden und Sie brüllen Ihren Computer mit:»Hör auf mit dem Unsinn!« an. Da dies Ihrem Computer Angst machen könnte, zeigen wir Ihnen hier ein paar Möglichkeiten, wie Sie ihn schonen und die Kontrolle über Ihre komplette Freundesliste behalten können.

Freundeslisten erstellen und verwenden

Freundeslisten stellen Untergruppen Ihrer riesigen Liste an Freunden dar. Jetzt sind Sie verwirrt? Über Freundeslisten können Sie Ihre Freunde in Listen einordnen, um die eigene Nutzung von Facebook sogar noch einfacher und noch maßgeschneiderter für Sie und Ihre verschiedenen Arten von Freunden zu machen. Durch die Einordnung Ihrer Freunde in Freundeslisten können Sie:

✔ Unterschiedliche Informationen mit unterschiedlichen Freundesgruppen teilen. Nehmen wir beispielsweise an, Ihr bester Freund dürfte Ihre Partyfotos sehen und Ihre Familienmitglieder Ihre Hochzeitsfotos. In Kapitel 5 erfahren Sie alles über die Privatsphäre-Einstellungen für Freundeslisten.

✔ Unterschiedliche Informationen von unterschiedlichen Freunden sehen. Sie können unter Ihren Neuigkeiten die von bestimmten Freundeslisten herausfiltern. Einige Nutzer erstellen einzelne Freundeslisten für ihre bisherigen Wohnorte, sodass ihre Freunde aus Köln auf der einen, die aus Berlin auf der anderen und die aus München auf einer weiteren stehen. Wenn sie dann ihre Neuigkeiten lesen, sehen sie zunächst, was in Köln vor sich geht und danach die Meldungen aus Berlin und München. In Kapitel 9 wird erklärt, wie man Freundeslisten bei den Neuigkeiten zum Einsatz bringt.

✔ Mit derselben Personengruppe kommunizieren. Freundeslisten können auch für das Postfach genutzt werden. Sagen wir mal, Sie würden immer mit der gleichen Personengruppe Radtouren unternehmen. Fügen Sie diese Personen alle zu einer Freundesliste hinzu, können Sie ganz einfach eine Nachricht an die Liste senden und müssen nicht jedes Mal die Namen eintippen. Um eine Nachricht an eine Freundesliste zu schicken, geben Sie bloß den Namen der Liste im An-Feld ein, wo Sie normalerweise einen Namen eintippen.

✔ In Kapitel 9 erfahren Sie, wie Sie Freundeslisten in der Chat-Anwendung nutzen. Dadurch können Sie sich selbst bei verschiedenen Personengruppen als on- oder offline anzeigen lassen oder mühelos nach bestimmten Arten von Freunden, die gerade online sind, suchen. Das könnten zum Beispiel Personen aus Ihrem privaten Freundeskreis sein, wenn Sie eine Begleitung fürs Abendessen benötigen, oder Freunde aus einer Fahrgemeinschaft, falls Sie eine Mitfahrgelegenheit brauchen.

Es gibt nahezu unendlich viele Möglichkeiten, wie man eine Freundesliste erstellt. Sie können bis zu 1500 Freunde auf jeder Liste vereinen, jeder Freund kann auf mehr als einer Liste vertreten sein und Sie dürfen bis zu 100 Freundeslisten Ihr Eigen nennen. Ihre Listen können für Albernheiten (Mädels für Frauenabende), Anforderungen im wahren Leben (Familie) oder für allgemeine Zusammenfassungen (Kollegen) stehen.

Folgen Sie diesen Schritten, um eine Freundesliste zu erstellen:

1. **Wählen Sie im Konto-Menü ganz oben in der großen, blauen Leiste Freunde bearbeiten und gehen Sie dann auf die Freunde-Seite.**

   Die meisten landen dann auf dem Alle Verbindungen-Reiter. Falls dies bei Ihnen nicht so ist, klicken Sie auf den Alle Verbindungen-Reiter am linken Rand der Seite.

2. **Klicken Sie auf die Neue Freundesliste erstellen-Schaltfläche (oben links auf dem Bildschirm).**

3. **In dem Fenster, das sich öffnet, geben Sie Ihrer Liste einen Namen.**

   Vielleicht ja *Dummies* für all Ihre Freunde, die genauso gerne »… für Dummies«-Bücher lesen (Abbildung 4.7 zeigt ein Beispiel).

Abbildung 4.7: Eine Freundesliste erstellen.

4. **Geben Sie die Namen der Personen ein, die zur Liste gehören sollen und drücken Sie dann die Eingabetaste.**

Sollten Bilder von verschiedenen Nutzern erscheinen und auch das der gesuchten Person darunter sein, dann klicken Sie darauf oder tippen so lange weiter, bis nur noch eine Person übrig ist. Diese wird dann automatisch ausgewählt.

5. **Klicken Sie auf** LISTE ERSTELLEN.

An allen Stellen, an denen Freundeslisten auf Facebook erscheinen – unter anderem in den Bereichen Privatsphäre-Einstellungen, Neuigkeiten, Chat, Postfach und auf der FREUNDE-Seite – haben Sie nun Zugriff auf die gerade erstellte Liste.

 Sie können den Namen oder die Mitgliedschaften in einer Liste später immer noch bearbeiten, indem Sie den Listennamen unter den Reitern auf der linken Seite der FREUNDE-Seite (unter der Überschrift LISTEN zu finden) auswählen und dann auf die LISTE BEARBEITEN-Schaltfläche oben auf der Seite klicken. Dort können Sie den Namen ändern oder Mitglieder löschen oder hinzufügen. Jedes Mal, wenn Sie sich Ihre komplette Freundesliste auf der FREUNDE-Seite ansehen, können Sie außerdem Freunde zu bestehenden Listen hinzufügen, indem Sie auf die ZUR LISTE HINZUFÜGEN-Drop-down-Liste rechts neben dem entsprechenden Namen klicken und die Liste auswählen, unter der Sie die betreffende Person führen möchten.

 Freundeslisten sind für Sie persönlich bestimmt. Falls Sie also eine Nachricht an eine Liste schicken, die Ihnen unter dem Namen *Nervige Kollegen* bekannt ist, werden diese Kollegen nichts anderes als eine Auflistung von Namen zu sehen bekommen.

Großreinemachen unter den Freunden

Von Zeit zu Zeit kann auch die Anzahl der Freundeslisten nicht darüber hinwegtäuschen, dass man einfach zu viele Freunde hat, die einem gar nicht mehr wichtig sind. Das ist nicht Ihre Schuld. Sie können schließlich auch nichts dafür, dass Sie beliebt sind. Falls diese Freunde aber so viel Platz brauchen, dass Sie Ihnen den ganzen Spaß auf Facebook verderben, ist wohl die Zeit für das *Entfreunden* gekommen.

Nein, Entfreunden bedeutet nicht, dass Sie warten sollen, bis sich Ihre Freunde von selbst in Luft auflösen. Sehen Sie sich stattdessen Ihre riesige, hauptsächliche, komplette Freundesliste an und fangen Sie an, alle Freunde durchzugehen. Die Regeln beim Entfreunden ähneln denen beim Frühjahrsputz: Wenn Sie es ein Jahr lang nicht benutzt haben, können Sie es wahrscheinlich wegwerfen. Falls Sie an einen Freund seit einigen Jahren noch nicht einmal gedacht haben oder sich gar nicht mehr erinnern können, weshalb Sie eine Freundschaftsanfrage überhaupt bestätigt haben, können Sie diese Person ruhig als Freund entfernen. Sehen Sie sich Ihre Freunde auf der FREUNDE-Seite an. Dort finden Sie ein kleines X rechts neben dem Personennamen in der Liste. Klicken Sie einfach auf das X, um Ihren Freund zu entfernen und schon ist er weg.

Keine Sorge – niemand wird Ihren Freunden Bescheid geben, dass sie den begehrten Platz auf Ihrer kompletten Freundesliste verloren haben. Falls Sie beide innerhalb der letzten Monate keinerlei Kontakt hatten, werden sie es aller Wahrscheinlichkeit nach auch nicht bemerken. Sie werden einfach nicht mehr auf der jeweiligen kompletten Freundesliste genannt (und der Betreffende nicht mehr auf Ihrer) und beide werden glücklich bis an ihr Lebensende sein.

Privatsphäre und Sicherheit auf Facebook

5

In diesem Kapitel

▷ Durch die vielen Privatsphäre-Einstellungen durchfinden

▷ Die eigenen Daten im Internet und auf Facebook schützen

▷ Teilen – was und wann?

L eider werden allgemein sehr viele Horrorgeschichten über das Internet und vor allem über soziale Netzwerke erzählt. In vielen davon geht es um Jugendliche und Sexualstraftäter, in einigen um Identitätsdiebstahl und in anderen um weit weniger schlüpfrige (aber dennoch reale) Probleme wie etwa das Versenden von Spam und Computerviren. Hier kommt die schlechte Nachricht: Es gibt diese Dinge wirklich. Und hier kommt die gute: Facebook verfügt über einige der detailliertesten Privatsphäre-Einstellungen, die im Internet existieren. Und deswegen können Sie wahre Informationen ruhig auf dieser Website teilen.

Facebook hat eine vertrauenswürdige Umgebung geschaffen, die drei wichtige Vorteile mit sich bringt:

✔ **Üblicherweise erstellen die Nutzer echte Konten für sich selbst und sind wirklich die Personen, für die sie sich auf Facebook ausgeben.** Das bedeutet, dass dort durch die Allgemeinheit ein gewisses Maß an Realität erzwungen wird. Wenn andere Sie bitten, ihre Webcasts anzusehen oder auf einen mysteriösen Link zu klicken, werden solche Handlungen von der Allgemeinheit gemeldet und die Schuldigen werden von Facebook ausgeschlossen. Es führt außerdem dazu, dass man normalerweise eine echte Person mühelos von einer erfundenen unterscheiden und eine fundierte Entscheidung darüber treffen kann, mit wem man online kommuniziert.

✔ **Facebook verfügt über detaillierte Privatsphäre-Einstellungen, die sich für jede einzelne Information, die Sie auf der Website erstellen, anwenden lassen.** Wir erklären Ihnen in diesem Kapitel ganz genau wie das funktioniert. Doch bevor wir dazu kommen, befassen wir uns ein wenig mit Privatsphäre im Allgemeinen und wie Facebook damit umgeht.

✔ **Facebook bietet Ihnen eine Vorschau auf Ihr Profil, so wie bestimmte Personen es sehen.** Das bedeutet, dass Sie problemlos feststellen können, ob Sie die gewünschten Informationen auch mit der richtigen Personengruppe teilen.

Privatsphäre-Einstellungen – für beide Seiten ein Gewinn

Würden Sie Ihre Telefonnummer auf einer Plakatwand veröffentlichen? Wahrscheinlich nicht. Würden Sie sie aufschreiben, damit Ihre Freunde sie immer vorliegen haben? Wahrscheinlich schon. Bei Facebook hat man festgestellt: Je mehr Kontrolle wir über unsere Daten ausüben können, desto eher sind wir bereit, sie zu teilen. Wenn wir sicher sein können, dass unsere Telefonnummer nur von denjenigen gesehen wird, denen wir sie zeigen möchten, werden wir sie höchstwahrscheinlich auf Facebook veröffentlichen. Die Win-win-Situation bei den Privatsphäre-Einstellungen besteht darin: Der Informationsfluss zwischen uns und unseren Freunden wird umso besser, je mehr Informationen wir preisgeben. Wenn also jeder von uns mehr Daten freigibt, werden unsere Freunde dasselbe tun. Als Einzelner profitieren wir davon, dass unsere Informationen nur von bestimmten, von uns gewünschten und nicht von unerwünschten Personen gesehen werden können. Unsere Freunde profitieren davon, dass sie Zugriff auf mehr Informationen von uns haben. Wenn unsere Freunde bemerken, wie wir etwas veröffentlichen, und sich entscheiden, dasselbe zu tun, haben wir wiederum etwas davon, da wir auf mehr Informationen unserer Freunde zugreifen können. Naja, und so wird es eben zu einem ewigen Kreislauf.

Behalten Sie dies im Hinterkopf und wählen Sie Ihre Privatsphäre-Einstellungen mit Bedacht. Das ist die beste Methode, um die gewünschten Informationen mit den gewünschten Personen zu teilen. Und so halten Sie diese Daten auch von unerwünschten Personen fern. Da Sie in diesem Bereich die Kontrolle ausüben können, wird Facebook zu einem Medium, in dem Sie sehr persönliche Dinge freigeben können und dies nicht nur à la »Meine Telefonnummer ist eigentlich geheim« sondern à la »Sieh dir die Fotos meiner neugeborenen Nichte an«. Aufgrund der Privatsphäre-Einstellungen stellt Facebook für Sie eine Möglichkeit dar, andere ebenso sehr an Ihrem Leben teilhaben zu lassen, wie Sie es in der Wirklichkeit tun.

Wer liest das eigentlich?

Bevor wir Ihnen jetzt sehr detailliert auseinandersetzen, wie all die Privatsphäre-Einstellungen für jede einzelne Information anwendbar sind, erklären wir Ihnen zunächst einmal, wie Sie von Facebook ermutigt werden, über Ihre Leser nachzudenken. Sobald Sie entschieden haben, welche Gruppe von Freunden welche Art von Inhalten sehen soll, können Sie sich sehr schnell durch die Privatsphäre-Einstellungen klicken und für jeden einzelnen Punkt eine zügige Entscheidung treffen.

Bei den meisten Einzelinformationen finden Sie vier oder fünf Optionen, für welchen Leser dieser einzelne Inhalt sichtbar sein soll sowie eine »maßgeschneiderte« Lösung.

✔ **Alle:** Wenn Sie bei Inhalten, die Sie veröffentlichen oder auflisten, die Sichtbarkeit für ALLE freigeben, drücken Sie damit aus, dass es Ihnen egal ist, wer im gesamten Internet diese Daten von Ihnen kennt. Viele Nutzer zählen ihre Lieblingsbands auf und geben hier den Zugriff für alle frei, da sie diese Information eben auch vor aller Welt bekannt geben würden. Für harmlose Daten ist dies auch eine völlig verständliche Einstellung. Eine Restaurantempfehlung in Ihrer Statusmeldung könnten Sie ebenso für jeden freigeben. Doch es gibt sehr viele Daten, bei denen wir und die Firma Facebook Ihnen davon *abraten*, sie mit jedermann zu teilen. Lesen Sie weiter ...

✔ **Freunde von Freunden:** Wenn Sie bei einigen Informationen die Sichtbarkeit für FREUNDE VON FREUNDEN freigeben, bedeutet dies, dass die einzigen, die hier Einblick bekommen, Ihre Freunde und deren Freunde sind. Für vertrauliche Daten könnte dies wie eine scheinbar sichere Einstellung wirken. Im wahren Leben empfindet man ein berechtigtes Maß an Vertrauen, da man gemeinsame Freunde hat. Facebook möchte zwar Beziehungen wie in der Realität aufzeichnen, doch dies ist noch nicht ganz gelungen. In Wahrheit sieht es so aus, dass auf Facebook viele Ihrer Freunde eigene »Freunde« haben könnten, für die sie im wahren Leben wirklich nicht die Hand ins Feuer legen können. Wenn es nach Meinung der Autorinnen geht, ist die Einstellung FREUNDE VON FREUNDEN bei der Sichtbarkeit Ihrer Daten im Grunde gleichzusetzen mit der Freigabe für fast jedermann. Der eigentliche Unterschied zwischen der FREUNDE VON FREUNDEN- und der ALLE-Einstellung besteht darin, dass Websites und Anwendungen nicht auf Ihre Daten zugreifen können, wenn diese nur für Freunde von Freunden freigegeben sind. Für Informationen, die Sie beispielsweise vor Google geheim halten möchten, deren Sichtbarkeit für Otto Normalverbraucher Sie aber nicht stört, können Sie diese Einstellung also ruhig vornehmen.

✔ **Privatsphäre-Einstellungen für Netzwerke:** In Kapitel 2 diskutieren wir ansatzweise den Beitritt zu Netzwerken und wie Sie sich dadurch mit anderen Personen, die etwas mit Ihnen gemein haben – wie etwa den Besuch der gleichen Schule oder Hochschule oder einen gemeinsamen Arbeitgeber –, zusammenschließen können. Wenn man einem Netzwerk beitritt, sagt man sich normalerweise:»Ich entscheide mich bewusst dazu, für Personen, die diese Gemeinsamkeit mit mir haben, weitere Informationen über mich freizugeben.« Häufig ist es so, dass Schüler oder Studenten überhaupt kein Problem damit haben, ihre Telefonnummer für andere Schüler oder Studenten zu veröffentlichen, dies aber nicht für jedermann auf der Welt tun würden. Dasselbe könnte für Leute zutreffen, die Mitglieder des gleichen Arbeitsnetzwerks sind.

✔ **Nur Freunde:** Jegliche Daten, für die Sie die Einstellung FREUNDE wählen, sind lediglich für Ihre bestätigten Facebook-Freunde sichtbar. Falls Sie Ihren Freunden vertrauen, ist dies eine ziemlich sichere Einstellung für die meisten Ihrer Daten. Falls Ihnen aber nicht wohl dabei ist, die eigenen Informationen mit Ihren

FREUNDEN zu teilen, empfehlen wir Ihnen, zunächst einmal darüber nachzudenken, wer auf Ihrer kompletten Freundesliste steht, bevor Sie überlegen, welche der Daten Sie freigeben.

 Bei Facebook nimmt man es mit den Privatsphäre-Einstellungen für Netzwerke ziemlich genau. Einer Person, die nicht berechtigt ist, Mitglied eines Schul- oder Arbeitsnetzwerks zu sein, wird der Beitritt erschwert. Daher empfinden viele die Privatsphäre-Einstellung FREUNDE UND NETZWERKE als perfekten Kompromiss zwischen der Datenfreigabe für Freunde sowie für ein breiteres Publikum. Die Mitglieder Ihres Netzwerks mögen noch nicht zu Ihren Freunden zählen, doch sie könnten als ziemlich vertrauenswürdiger Haufen gelten. Falls Sie außer Ihren Freunden auch noch Ihren Kollegen oder Klassenkameraden und Kommilitonen vertrauen, können Sie mit ihnen bewusst die üblicherweise eher vertraulichen Daten wie Ihre E-Mail-Adresse, die Anschrift oder die Telefonnummer teilen. In den USA geben beispielsweise viele Studenten die Telefonnummer ihres Zimmers im Studentenwohnheim für die gesamte Hochschule frei. Dadurch können sich Kommilitonen für Anfragen untereinander leicht erreichen. Die Mitarbeiter der Firma Facebook geben ihre persönlichen Telefonnummern nur ungern für ein breiteres Publikum frei, denn sie möchten vermeiden, dass Unbekannte diese wählen, anstatt sich an die Kundenbetreuung zu wenden. Dagegen sind sie nur allzu gern bereit, die Nummer für das komplette firmeneigene Netzwerk zu veröffentlichen, da das die Arbeit ungemein erleichtert.

Maßgeschneiderte Privatsphäre-Einstellungen

Nicht alle Beziehungen im wahren Leben sind gleich. Sie erzählen Ihren Familienmitgliedern andere Dinge als Ihren Kollegen. Die Fotos, die Sie Ihren engsten Freunden zeigen, sind vielleicht nicht dieselben, die Sie an Ihrem Kühlschrank aufhängen. Aus diesem Grund ermöglicht Ihnen die Privatsphäre-Einstellung BENUTZERDEFINIERT, Einzelpersonen oder Gruppen von Freunden den Zugriff auf Teile Ihres Profils und Ihrer Inhalte sowohl zu gewähren als auch diesen zu verweigern. Sie aktivieren die Option BENUTZERDEFINIERT für jeden einzelnen Inhalt, indem Sie – sobald es irgendwo zu sehen ist – auf das kleine Schloss-Symbol klicken und in dem dann erscheinenden Menü die letzte Option, BENUTZERDEFINIERT, auswählen. Dann erscheint das INDIVIDUELLE PRIVATSPHÄRE-Dialogfeld, in dem Ihnen viele verschiedene Möglichkeiten gegeben werden, den Leserkreis für Ihr Foto, Ihre Notiz oder Ihre Adresse auszusuchen:

✔ **Die Sichtbarkeit eines Inhaltes auf all Ihre Freunde sowie eine Untergruppe Ihrer Netzwerke beschränken.** Leah Pearlman teilt ihre Kontaktdaten mit ihren Freunden und dem Netzwerk der Firma Facebook, da sie die meisten ihrer Kollegen kennt. Sie veröffentlicht sie nicht für das »Brown«-Netzwerk (das der Hochschule, die sie besucht hat), weil sie nicht möchte, dass diese Informationen so vielen Fremden zugänglich gemacht werden. Öffnen Sie das INDIVIDUELLE PRIVAT-SPHÄRE-Dialogfeld und wählen Sie NUR FREUNDE sowie Ihre sämtlichen Netzwerke, die Sie dabei haben möchten. (*Beachten Sie:* Das ist nur notwendig, wenn Sie Mitglied in mehr als einem Netzwerk sind.)

✔ **Eine einzelne Information für nur ein Netzwerk freigeben.** Leah Pearlman nutzt zwei E-Mail-Adressen: eine für die Arbeit und eine für ihr Privatleben. Sie hat beide in ihrem Profil angegeben, die Sichtbarkeit der E-Mail-Adresse für die Arbeit ist aber auf das Netzwerk der Firma Facebook beschränkt und die ihrer privaten E-Mail-Adresse auf ihre Freunde. Wenn Sie eine einzelne Information für ein Netzwerk, aber nicht für Ihre Freunde freigeben möchten, müssen Sie auch hier wieder die Einstellung BENUTZERDEFINIERT verwenden. Klicken Sie in einer Drop-down-Liste bei den Privatsphäre-Einstellungen auf BENUTZERDEFINIERT und danach auf DIESE PERSONEN in der erscheinenden Drop-down-Liste. Dort finden Sie die Option NUR ICH. Wählen Sie diese aus sowie das Netzwerk, mit dem Sie teilen möchten.

✔ **Die Sichtbarkeit von Informationen auf eine Untergruppe von Freunden beschränken.** In Kapitel 4 erklären wir Ihnen im Detail wie man Freundeslisten, also solche von Gruppen von Freunden, die etwas gemein haben, erstellt. Auch bei diesen Listen kann man die Privatsphäre-Einstellungen nutzen, wenn man Personen auf der einen Liste etwas zeigen möchte, dies aber vor anderen Freunden geheim halten will oder glaubt, dass diese sich nicht dafür interessieren. Sagen wir mal, Sie würden eine Einweihungsparty geben und möchten, dass all Ihre Freunde vor Ort davon erfahren. Freunde, die weiter entfernt wohnen, sollen damit aber nicht behelligt werden. Sie können Ihre Party auf Ihrem Profil erwähnen und die Sichtbarkeit auf die Liste der Freunde beschränken, die in Ihrer Stadt wohnen. (Angenommen, Sie haben bereits eine solche erstellt. Falls nicht, könnten Sie dies jetzt tun, indem Sie sich in Kapitel 4 noch einmal die nötigen Schritte durchlesen.) Wählen Sie dazu im INDIVIDUELLE PRIVATSPHÄRE-Dialogfeld BESTIMMTE PERSONEN aus und geben Sie den Namen einer oder mehrerer Freundeslisten ein, deren Mitglieder eingeladen werden sollen.

✔ **Bestimmte Personen vom Zugriff auf die Inhalte ausschließen.** Im umgekehrten Fall gibt es manchmal Daten, die man gerne mit dem Großteil seiner Freunde teilt, von denen bestimmte Personen aber nichts wissen sollen. Viele Leute verwenden eine Freundesliste, die sie EINGESCHRÄNKT oder BEKANNTE nennen und die aus allen Personen besteht, die sie jemals kennengelernt haben, die sie aber beispielsweise nicht ganz so gerne zu sich nach Hause einladen möchten. Nachdem Sie eine solche Liste erstellt haben, können Sie Ihre Einweihungsparty auf Ihrem Profil bekannt geben und die Sichtbarkeit der Ankündigung auf ALLE FREUNDE einstellen. Danach geben Sie im DAS VOR FOLGENDEN PERSONEN VERBERGEN-Feld unten den Namen der Liste ein, vor der Sie sie verbergen möchten. Sie können außerdem jemanden namentlich ausschließen.

Eine sehr praktische Sache, falls Sie vorhaben, jemandem einen Streich zu spielen, oder eine Überraschungsparty planen.

 Ob es sich nun um ein Fotoalbum auf Ihrer Pinnwand oder um Ihr Profil handelt: Ist ein Mitglied einer Freundesliste vom Zugriff auf eine bestimmte Sache ausgeschlossen, wird er sie auch niemals zu sehen bekommen. Falls jemand zu zwei Freundeslisten gehört, von denen eine Zugriff hat und die andere nicht, wird diese Person die Sache auch dann nicht ansehen können. Um nachzuprüfen, ob Sie die Privatsphäre-Einstellungen für einen bestimmten Freund auch richtig gesetzt haben, besuchen Sie PRIVATSPHÄRE-EINSTELLUNGEN im KONTO-Menü. Dort finden Sie im ersten Absatz unter ALLGEMEINE INFORMATIONEN einen Link, über den Sie sich die Einstellungen ansehen können. Dort angekommen, klicken Sie oben rechts auf VORSCHAU FÜR MEIN PROFIL, um Ihr Profil so zu betrachten wie ein bestimmter Freund. Tippen Sie den Namen dieses Freundes in das Feld ein und drücken Sie die Eingabetaste, um nachzuprüfen, ob Ihr Profil für ihn wirklich so dargestellt wird, wie Sie es möchten.

Mit den Privatsphäre-Einstellungen klarkommen

Wir haben es bereits erwähnt: Facebook legt größten Wert darauf, dass Sie komplett selbst bestimmen können, welche Informationen Sie teilen möchten. Ein wirklich fantastischer Grundsatz, doch leider hat er einen Nachteil: Es gibt Privatsphäre-Einstellungen in Hülle und Fülle und es braucht seine Zeit, bis man sie verstanden hat und nutzen kann. Die gute Nachricht lautet: Sie sind standardmäßig alle so eingestellt, dass ein gewisses Maß an Offenheit gegeben ist, das den meisten Nutzern gefällt. Falls Sie über das Teilen allerdings Ihre ganz eigene Meinung haben oder vorsichtig beim Veröffentlichen bestimmter Arten von Inhalten sind, sollten Sie dieses Kapitel vollständig lesen und dafür sorgen, dass Sie sich in allen hier genannten Punkten sicher fühlen, bevor Sie irgendwelche persönlichen Daten auf Facebook angehen.

Alles, was Sie über die Privatsphäre auf Facebook wissen müssen, findet sich auf einer Seite. Klicken Sie in der großen, blauen Leiste oben auf KONTO und dann auf die Auswahlliste rechts oben in der Ecke. Wählen Sie dann Privatsphäre-Einstellungen.

Auf der dann erscheinenden Seite sehen Sie fünf verschiedene Abschnitte. Die ersten vier (ALLGEMEINE INFORMATIONEN, INHALTE AUF FACEBOOK TEILEN, ANWENDUNGEN und WEBSEITEN UND BLOCKIERLISTEN) enthalten alles, was Sie wissen müssen, um das Thema Privatsphäre auf Facebook zu verstehen. Der fünfte, KONTROLLIERE DIE INHALTE, DIE DU MIT ANDEREN TEILST, stellt im Grunde eine Anleitung für die Benutzung der anderen vier dar.

Wenn Sie das Kapitel zu Ende gelesen haben, werden Sie für den Umgang mit den Privatsphäre-Einstellungen auf Facebook gut gewappnet sein. Sobald Sie sich allerdings zu den fortgeschrittenen Nutzern zählen können, werden Sie feststellen, dass möglicherweise verschiedene dieser Einstellungen quasi wichtiger werden. Viele Leute halten die Daten zu Beginn fest unter Verschluss, doch wenn sie merken, wie nützlich die verschiedenen Arten des Teilens sind, geben sie mehr preis. Das bedeutet: Wenn sich Ihr Verhältnis zu den Privatsphäre-Einstellungen geändert hat, werden Sie vielleicht noch einmal einen kurzen Auffrischungskurs über die Funktionsweise machen wollen. In diesem Fall fänden wir es natürlich super, wenn Sie noch einmal dieses Buch und dieses Kapitel lesen würden, doch vielleicht ist es viel praktischer, wenn Sie sich den Abschnitt KONTROLLIERE DIE INHALTE, DIE DU MIT ANDEREN TEILST in den Privatsphäre-Einstellungen durchlesen, um all das hier Erklärte kurz zu wiederholen.

Allgemeine Informationen

Bestimmte Informationen sind für alle sichtbar, da sie notwendig sind, damit andere Sie auf Facebook finden und sich mit Ihnen anfreunden können. Dies gilt für Namen, Profilbilder, das Geschlecht und Netzwerke. Durch Ihren Namen und Ihr Bild können Ihre Freunde Sie aufspüren und sich mit Ihnen verbinden. Wären sichtbare Profilbilder nicht erforderlich, wäre die Suche nach Personen mit Allerweltsnamen sehr frustrierend, denn Sie hätten keinerlei Möglichkeit, herauszubekommen, welcher Hans Schmidt denn jetzt derjenige ist, den Sie kennen. Wenn man sich die Pinnwand eines Freundes oder die Gästeliste einer Veranstaltung ansieht, ist es außerdem sehr angenehm, die Gesichter derjenigen zu sehen, die etwas geschrieben haben oder teilnehmen. Sähe man die Gesichter nicht, wäre es ein bisschen so, als ob man zu einer Party ginge, bei der alle Papiertüten über dem Kopf haben.

Der Grund dafür, dass das Geschlecht öffentlich angezeigt wird, ist weniger offensichtlich. Es ist notwendig, weil in vielen Sprachen einfach keine elegante Möglichkeit besteht, sich ohne den Gebrauch von geschlechtsspezifischen Pronomen auf jemanden zu beziehen. Früher konnte man auf Facebook die Angabe des Geschlechts verbergen, doch dies führte zu albern wirkenden Sätzen wie etwa »Füge sie oder ihn als Freund hinzu« oder »Schreib an seine oder ihre Pinnwand«.

Und zu guter Letzt sind auch die Netzwerke für alle einsehbar, denn ihr hauptsächlicher Zweck besteht darin, sich vor Beitritt über die restlichen Mitglieder informieren zu können und die netzwerkspezifische Einstellung dann zu nutzen, um die eigene Privatsphäre einzugrenzen.

Dies sind bloß ein paar der vielen Felder, bei denen Facebook die Nutzer zur Angabe ermutigt, damit Freunde diese aufspüren und sich mit ihnen anfreunden können. Und dies sind die restlichen Felder:

✔ **Möglichkeit auf Facebook nach mir zu suchen:** Mithilfe dieser Einstellung bestimmen Sie, ob andere Sie auf der Website finden können. Falls Sie es nicht zulassen, dass man nach Ihnen sucht, fällt die Aufgabe, Personen aufzuspüren und sich mit ihnen anzufreunden, wohl Ihnen selbst zu.

✔ **Möglichkeit mir Freundschaftsanfragen zu senden:** Mit dieser Einstellung legen Sie fest, wer Ihnen auf der Website Freundschaftsanfragen senden darf. Die empfohlene Einstellung lautet ALLE, denn gerade wenn Sie die ersten Schritte unternehmen, werden möglicherweise viele Ihrer Bekannten zufällig Ihr Profil entdecken und Ihnen eine Freundschaftsanfrage senden. Nachdem Ihr Freundeskreis gewachsen ist, werden Sie die Einstellung vielleicht zu FREUNDE VON FREUNDEN ändern wollen, damit völlig Fremde Sie nicht um Ihre Freundschaft bitten.

✔ **Möglichkeit mir Nachrichten zu senden:** Hier legen Sie fest, wer Ihnen über Facebook eine Nachricht senden kann. Die empfohlene Einstellung lautet zwar ALLE, doch Leah Pearlman gibt an dieser Stelle lieber FREUNDE VON FREUNDEN an, weil sie nicht von ihr völlig unbekannten Personen angeschrieben werden möchte. (»Sie arbeiten bei Facebook? Könnten Sie bitte mal das Konto von meinem Ex-Freund deaktivieren?«)

✔ **Sichtbarkeit meiner kompletten Freundesliste:** Je nachdem, was für Freunde Sie haben und wie viel es Ihnen ausmacht, ob sich diese untereinander sehen können, stellt die Freigabe Ihrer kompletten Freundesliste für Ihre Freunde aus dem wahren Leben, mit denen Sie sich noch nicht auf Facebook angefreundet haben, eine der besten Möglichkeiten dar, Sie zu finden. Wir empfehlen Ihnen (dringend), hier die Einstellung ALLE zu wählen.

✔ **Sichtbarkeit der Informationen zu meiner Ausbildung und Arbeit:** Für andere, die wissen möchten, ob sie Sie kennen, stellt die Angabe, wo Sie gearbeitet haben und zur Schule oder Hochschule gegangen sind, häufig den wichtigsten Hinweis dar. Kommilitonen beispielsweise suchen Sie eventuell mithilfe des Namens Ihrer Hochschule, und falls Sie diese Information angegeben und für die Öffentlichkeit freigegeben haben, werden sie Sie finden können. Je nachdem, wie Ihnen Ihr Studentenleben gefallen hat, ist dies vielleicht eine gute oder eine schlechte Nachricht für Sie. Sollten Sie von sich aus mit allen, die Ihnen wichtig sind, den Kontakt gehalten haben, dann beschränken Sie die Sichtbarkeit dieser Information unbedingt. Falls Sie neugierig sind, wer möglicherweise versucht, Sie aufzuspüren, dann geben Sie es vor aller Welt bekannt.

✔ **Sichtbarkeit meines derzeitigen Wohnorts und meiner Heimatstadt:** Suchergebnisse werden unter anderem nach dem Standort eingeordnet. Falls Sie angegeben haben, dass Sie in San Francisco wohnen und ich auch dort wohne, wird mir bei der Suche nach Ihrem Namen Ihr Profil weiter oben angezeigt als das einer Person, die am anderen Ende der Welt wohnt. Genau wie bei den restlichen Punkten der ALLGEMEINEN INFORMATIONEN sollten Sie diese Information teilen, wenn Sie es anderen leichter machen wollen, Sie zu finden und sich mit Ihnen anzufreunden.

✔ **Sichtbarkeit meiner Interessen und Seiten:** INTERESSEN UND SEITEN bezieht sich auf solche Dinge wie Lieblingsbands, -essen, -filme und vieles andere, was Sie in Ihrem Profil angegeben haben. Außerdem sind damit Facebook-Seiten gemeint, die Sie als Seiten, die mir gefallen (mehr dazu in Kapitel 12) aufgelistet haben. Diese Information ist wahrscheinlich interessanter für Personen, mit denen Sie bereits auf Facebook befreundet sind. Wenn es Ihnen lieber ist, können Sie die Sichtbarkeit hier also gerne einschränken. Dadurch ergeben sich keine gravierenden Folgen.

Sie fragen sich jetzt vielleicht, welche Informationen andere wirklich über Sie sehen können. Vergessen Sie nicht, dass Sie das ständig nachprüfen können, indem Sie im oberen Bereich der Allgemeinen Informationen (die in Abbildung 5.1 abgebildet sind) auf Vorschau für mein Profil klicken. Behalten Sie auch im Hinterkopf, dass man bestimmte Informationen über Sie immer sehen kann: Ihren Namen, Ihr Profilbild, Ihren derzeitigen Wohnort, Ihre Netzwerke, Seiten, die Ihnen gefallen, Ihre komplette Freundesliste sowie Ihr Geschlecht.

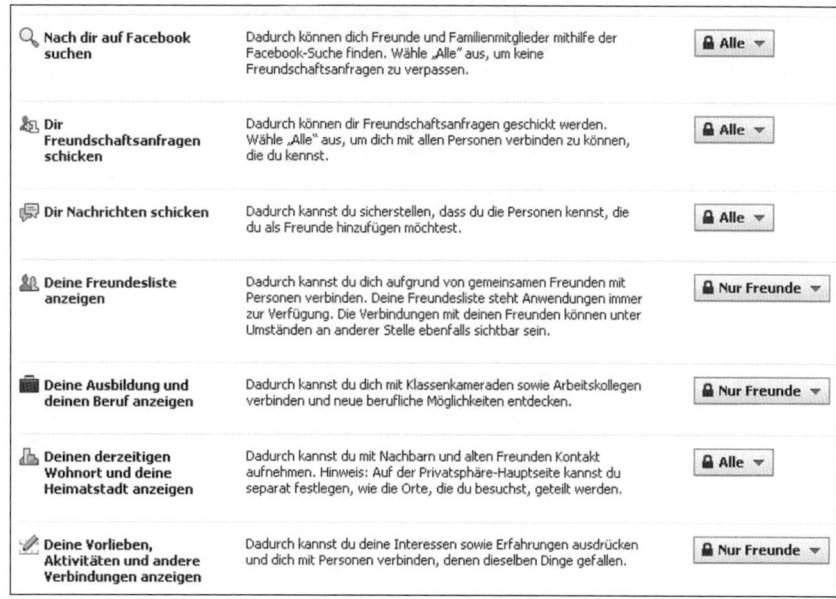

Abbildung 5.1: Allgemeine Informationen verwalten.

Inhalte auf Facebook teilen

Der Teilen-Abschnitt auf der Privatsphäre-Seite enthält drei verschiedene Infobereiche. Ehrlich gesagt unterscheiden sich die Bereiche nicht besonders voneinander, denn für jeden einzelnen Punkt in den einzelnen Bereichen können Sie eine spezielle Privatsphäre-Einstellung wählen. Eigentlich hat man die Privatsphäre-Einstellungen-Seite in drei Kategorien unterteilt, damit sie übersichtlicher wird und damit klarer wird, was die jeweiligen Einstellungen bedeuten:

✔ **Dinge, die ich teile:** BEITRÄGE VON MIR bezieht sich auf sämtliche Dinge, die Sie im Herausgeber im oberen Bereich Ihrer Neuigkeiten oder Ihres Profils veröffentlichen. Wie Sie ja wissen, können Sie für jeden einzelnen Beitrag eine andere Privatsphäre-Einstellung wählen. Mit der vorliegenden Einstellung ist also die Standardeinstellung gemeint. Familie, Beziehungen, »Interessiert an« und »Auf der Suche nach«, Biografie und Lieblingszitate, Webseite, Religiöse Ansichten und Politische Einstellung, Geburtstag und die Privatsphäre für Fotoalben – all dies sind Dinge, die Sie in Ihrem Profil über MEIN PROFIL BEARBEITEN eingeben können.

✔ **Dinge, die andere Personen teilen:** FOTOS UND VIDEOS, IN DENEN ICH MARKIERT BIN, KANN BEITRÄGE KOMMENTIEREN, FREUNDE KÖNNEN AN MEINE PINNWAND POSTEN, PINNWANDEINTRÄGE VON FREUNDEN. Die Gemeinsamkeit bei diesen Einstellungen besteht darin, dass eine andere Person Inhalte hinzufügt, die an Ihrer Pinnwand landen. Markiert Sie jemanden in einem Foto, wird dieses auf Ihrer Pinnwand angezeigt. Wenn Sie ein Foto teilen und jemand kommentiert es, erscheint der Kommentar auf Ihrer Pinnwand. In diesem Bereich der Privatsphäre-Einstellungen können Sie festlegen, wer Inhalte auf Ihrer Pinnwand hinzufügen darf und wer diese Inhalte sehen kann.

✔ **Kontaktinformationen:** Im Bereich KONTAKTINFORMATIONEN können Sie bestimmen, wer die einzelnen Kontaktdaten wie etwa die Telefonnummer oder die E-Mail-Adresse, die Sie möglicherweise in Ihrem Profil angegeben haben, sehen kann. Sie können hier außerdem festlegen, wer Ihnen Nachrichten senden oder Sie als Freund hinzufügen kann. Vergessen Sie nicht: Freunde können Ihnen ohnehin immer Nachrichten schicken. Die Einstellung mit der größtmöglichen Beschränkung für beide Punkte ist also FREUNDE VON FREUNDEN.

An allen Stellen, an denen es auf Facebook möglich ist, die Privatsphäre für eine einzelne Information festzulegen, sehen Sie ein kleines graues Schloss-Symbol. Wenn Sie darauf klicken, können Sie in der Drop-down-Liste unter den verschiedenen Lesergruppen auswählen: entweder ALLE, FREUNDE UND NETZWERKE (falls Sie Mitglied eines Netzwerks sind) oder NUR FREUNDE. Falls Sie sich für BENUTZERDEFINIERT entscheiden (wie in Abbildung 5.2 zu sehen), können Sie ganz genau bestimmen, wer Ihre Inhalte sehen darf. Doch dazu später mehr.

Anwendungen und Webseiten

Die Nutzung von Facebook ist vor allem deswegen so erfüllend, weil man seine Facebook-Identität und seine Freundschaftsbeziehungen auf andere Orte im Internet übertragen kann, ohne dafür auf einer anderen Website neue Beziehungen eingehen oder irgendwelche Daten eingeben zu müssen. Wenn Sie beispielsweise auf Yelp.de ein

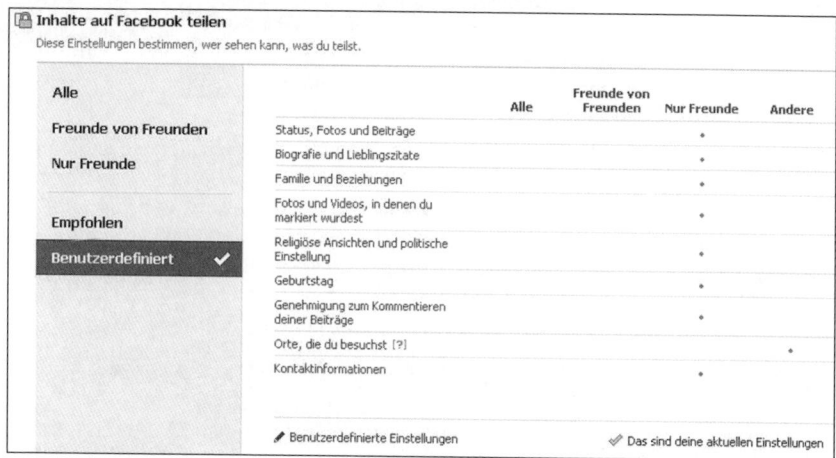

Abbildung 5.2: Privatsphäre-Einstellungen für das Teilen auf Facebook

Restaurant bewerten, werden Ihre Facebook-Freunde dies beim nächsten Besuch von Yelp.de bemerken. Darauf gehen wir in Kapitel 13 sehr detailliert ein. Falls Ihre Neugier jetzt geweckt ist, können Sie gerne bis dorthin vorblättern. Im vorliegenden Kapitel begnügen wir uns damit, Ihnen zu erklären, wie Sie bei der Nutzung anderer Websites im Zusammenhang mit Facebook über Ihre Daten verfügen können.

Auf der PRIVATSPHÄRE-Seite für Anwendungen und Webseiten, die in Abbildung 5.3 zu sehen ist, finden Sie fünf Einstellungen:

✔ **Anwendungen, die du verwendest:** Dieser Bereich könnte leer sein, falls Sie sich gerade erst bei Facebook registriert haben. Hier werden alle Websites und Anwendungen aufgelistet, die Sie mit Ihrem Facebook-Profil verlinkt haben. Falls es Ihnen irgendwann nicht mehr gefällt, wie Ihre Daten von einer anderen Website verwendet werden, können Sie diese Website ohne Weiteres von Ihrer Liste löschen. Klicken Sie dazu einfach auf den ENTFERNEN-Link, wählen Sie im dann erscheinenden Dialogfeld aus, welche Website nicht länger Zugriff auf Ihr Profil haben soll und klicken Sie auf AUSGEWÄHLTE ENTFERNEN.

✔ **Informationen, die durch deine Freunde zugänglich sind:** Falls Ihre Freunde andere Websites und Anwendungen im Zusammenhang mit Facebook verwenden, könnte es für sie von Nutzen sein, wenn Sie die Daten ihrer Freunde (also Ihre Daten) sehen konnen. Eine Anwendung, die einen Geburtstagskalender darstellt, könnte beispielsweise darauf aufmerksam machen, dass bald der Geburtstag eines Freundes ansteht. Sie können in diesem Bereich bestimmen, welche Ihrer Daten über Freunde für Websites verfügbar gemacht werden dürfen. Wenn Sie es Ihren Freunden ermöglichen wollen, dass sie Websites für Geburtstagserinnerungen

Anwendungen, die du verwendest	Du verwendest 5 Anwendungen, Spiele und Webseiten - aktuell:	Einstellungen bearbeiten
	⚫ Glücksnuß! 17. November	
	🎂 Birthday Cards 16. November	
	Ⓠ Quora 15. November	
	🔵 Causes 10. November	
	✖ Unerwünschte Anwendungen und Anwendungen, die Spam versenden, entfernen.	
	✏ Alle Plattform-Anwendungen deaktivieren.	
Informationen, die durch deine Freunde zugänglich sind	Bestimme, welche Informationen für Anwendungen und Webseiten verfügbar sind, wenn sie von deinen Freunden verwendet werden.	Einstellungen bearbeiten
Aktivitäten in Spielen und Anwendungen	Wer deine aktuellen Handlungen in Spielen und Anwendungen sehen kann.	🔒 Nur Freunde ▾
Umgehende Personalisierung	Erhalte relevante Informationen über deine Freunde, wenn du ausgewählte Partnerwebseiten aufrufst.	Einstellungen bearbeiten
Öffentliche Suche	Zeige Personen, der mithilfe einer Suchmaschine nach dir suchen, eine Vorschau für dein Facebook-Profil.	Einstellungen bearbeiten

Abbildung 5.3: Legen Sie fest, welche Daten Sie mit Anwendungen und Webseiten teilen möchten.

nutzen, damit sie an Ihren großen Tag denken, könnten Sie ihnen eventuell erlauben, Ihr Geburtsdatum für jene Websites freizugeben, denen sie vertrauen. Wenn Sie generell keiner Anwendung den Zugriff auf beispielsweise irgendwelche Ihrer Daten oder auf von Ihnen verfasste Notizen gestatten wollen, müssen Sie den Haken in diesem Kästchen entfernen. Ihre Freunde werden dann nicht in der Lage sein, diese Informationen in ihre Anwendungen zu importieren.

✔ **Aktivitäten in Spielen und Anwendungen:** Konsolen für Anwendungen sind die Landing-Pages für Spiele und Aktivitäten, die Sie über die Quicklinks auf der linken Seite Ihrer Startseite erreichen können. In der Spiele-Konsole sehen Sie eine Auflistung beliebter Spiele, wer diese spielt und wie diese Spieler abschneiden. Mithilfe dieser Einstellung können Sie festlegen, dass Ihr Name in solchen Statistiken nicht erscheinen soll. Konsolen gibt es auch bei anderen Anwendungen.

✔ **Umgehende Personalisierung:** Kurz gesagt, lässt sich der Bereich Umgehende Personalisierung so zusammenfassen: Facebook hat einige Abmachungen mit sehr vertrauenswürdigen Partnerwebseiten getroffen, wodurch diesen ein Schnellzugriff auf die Informationen gestattet wird, die Sie ohnehin bereits für die Öffentlichkeit freigegeben haben. Diese Websites können die Informationen dann verwenden, um Ihnen dort in Zukunft stets einen persönlich auf Sie zugeschnittenen Besuch zu ermöglichen. In Kapitel 13 gehen wir sehr ausführlich auf die

UMGEHENDE PERSONALISIERUNG ein. Ganz abgesehen davon finden Sie einen detaillierten Überblick über das Thema, wenn Sie auf der PRIVATSPHÄRE-Seite auf den entsprechenden Link klicken. Anstatt es hier noch einmal zu erklären, sagen wir es einfach mal so: Dies ist die Stelle, an der Sie die UMGEHENDE PERSONALISIERUNG deaktivieren. Sie ist nicht standardmäßig aktiviert.

✔ **Öffentliche Suche:** Dieser Bereich bezieht sich auf die eingeschränkte Ansicht Ihres Profils, das jeder sehen kann, der Ihren Namen in eine externe Suchmaschine wie etwa Google eingibt. Ihr öffentlicher Sucheintrag zeigt einen Teil der Inhalte, die Sie für die Allgemeinheit freigegeben haben.

Blockierlisten

Das Blockieren einer Person auf Facebook stellt sozusagen die digitale Entsprechung zu einer Kombination aus Kontaktverbot und Zeugenschutzprogramm dar. Im Grunde genommen hinterlassen Sie für jemanden, den Sie auf Ihrer Blockierliste hinzugefügt haben, keinerlei Spuren mehr auf Facebook. Sie werden nicht in seinen Neuigkeiten erscheinen. Wenn er ein Foto betrachtet, in dem Sie markiert sind, mag er Sie zwar auf dem Bild erkennen (was sich ja nicht vermeiden lässt), doch er wird nicht sehen können, dass Sie mitsamt Ihren Namen in einem Foto markiert wurden. Wenn Sie bei anderen an die Pinnwand schreiben, wird dies vor ihm verborgen werden. Einige Dinge über das Blockieren sollten Sie im Hinterkopf behalten:

✔ **Es beruht fast komplett auf Gegenseitigkeit.** Wenn Sie jemanden blockieren, dann ist er für Sie ebenso unsichtbar wie Sie für ihn. Sie werden also weder auf sein Profil zugreifen noch irgendetwas von ihm auf der Website sehen können. Sollten Sie die Beziehung blockiert haben, besteht der einzige Unterschied darin, dass Sie der Einzige sind, der die Blockierung aufheben kann. Dieser Umstand bringt eine interessante Tatsache über das Blockieren mit sich. Man sollte meinen, dass die eine Person (nennen wir ihn mal Thomas) eine andere (sagen wir mal Claudia) blockiert, weil Thomas nicht möchte, dass Claudia sieht, was er so macht. Doch eigentlich blockiert Thomas Claudia höchstwahrscheinlich deswegen, weil er nichts mehr über sie lesen möchte – vielleicht schreibt sie ja wirklich nervige Statusmeldungen oder vielleicht ist es zwischen den beiden ja zu einer unangenehmen Trennung gekommen.

✔ **Sie können nur Personen blockieren, die nicht zu Ihren Freunden zählen.** Wenn Sie das Profil einer solchen Person besuchen, sehen Sie unten links auf der Seite die Option, diese Person zu blockieren. Wenn Sie das Profil eines Freundes besuchen, müssen Sie ihn dort erst als Freund entfernen, bevor Sie ihn blockieren können. Falls Sie das Ganze über die PRIVATSPHÄRE-Seite abwickeln möchten, können Sie an dieser Stelle den Namen oder die E-Mail-Adresse jeder beliebigen Person eingeben. Sie werden dann automatisch entfreundet (falls sie Freunde waren) und derjenige wird blockiert.

Sobald Sie sich ein bisschen mehr auf der Website bewegen, werden Sie eventuell feststellen, dass Sie Leute kennen, die UNHEIMLICH GERNE eine Tonne an Anwendungseinladungen versenden – »Spiel dieses Spiel! Und dieses Spiel! Versuchs mal mit diesem! Sieh Dir das mal an!« Vielleicht machen Sie bald sogar das Gleiche. Doch nehmen wir mal an, Sie werden kein leidenschaftlicher Fan von der Nutzung von Anwendungen. Anstatt diese übermäßig freundliche Person, die Ihnen all diese Einladungen sendet, zu blockieren, können Sie dies einfach für Einladungen tun, damit Sie mit Ihrem Freund weiterhin auf jede andere Weise kommunizieren können, aber keine Anwendungseinladungen mehr erhalten. Sie können sowohl Personen als auch Anwendungen blockieren, indem Sie unter KONTO auf die PRIVATSPHÄRE-EINSTELLUNGEN-Seite wechseln. Wenn Sie unterhalb von BLOCKIERLISTEN auf BEARBEITE DEINE LISTEN klicken, finden Sie die Optionen, die in Abbildung 5.4 abgebildet sind.

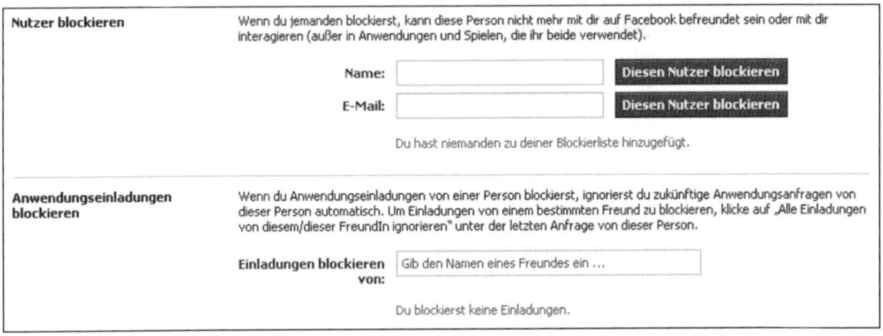

Nutzer blockieren	Wenn du jemanden blockierst, kann diese Person nicht mehr mit dir auf Facebook befreundet sein oder mit dir interagieren (außer in Anwendungen und Spielen, die ihr beide verwendet).

| | Name: | | Diesen Nutzer blockieren |
| | E-Mail: | | Diesen Nutzer blockieren |

Du hast niemanden zu deiner Blockierliste hinzugefügt.

Anwendungseinladungen blockieren	Wenn du Anwendungseinladungen von einer Person blockierst, ignorierst du zukünftige Anwendungsanfragen von dieser Person automatisch. Um Einladungen von einem bestimmten Freund zu blockieren, klicke auf „Alle Einladungen von diesem/dieser FreundIn ignorieren" unter der letzten Anfrage von dieser Person.

| Einladungen blockieren von: | Gib den Namen eines Freundes ein … |

Du blockierst keine Einladungen.

Abbildung 5.4: Blockieren Sie Personen und Anwendungen, um nicht mehr kontaktiert zu werden.

Die Privatsphäre-Seite für Anwendungen

Neben all den Privatsphäre-Einstellungen auf der PRIVATSPHÄRE-EINSTELLUNGEN-Seite, gibt es sogar noch weitere Einstellungen, mit denen sich die Sichtbarkeit von bestimmten Informationen in bestimmten Anwendungen regeln lässt. Anwendungen, die zusätzlich zur Facebook-Plattform entwickelt wurden, stammen manchmal von der Firma Facebook selbst und manchmal von anderen Leuten. (Lesen Sie Kapitel 13, wenn Sie mehr darüber erfahren möchten, wie man Anwendungen hinzufügt.) Im ANWENDUNGEN-Bereich auf der PRIVATSPHÄRE-Seite legen Sie fest, von welchen Anwendungen Ihre Daten genutzt werden sowie welche dieser Daten genutzt werden dürfen. Bei jeder Anwendung können Sie unter einer Reihe von Optionen wählen, die die Art und Weise regeln, auf die die jeweilige Anwendung Informationen mit Ihren Freunden teilt.

✔ **Profil:** Über den PROFIL-Reiter in den Anwendungseinstellungen können Sie genau angeben, welche Personen die Inhalte sehen können, die Sie in einer bestimmten

Anwendung veröffentlichen. Wenn Sie beispielsweise die Facebook-Anwendung VERANSTALTUNGEN nutzen, können Sie festlegen, ob in Ihrem Profil ein Feld oder ein Reiter mit allen von Ihnen besuchten oder bald besuchten Veranstaltungen gezeigt wird. Über die Privatsphäre-Einstellung können Sie dann bestimmen, wer dieses Feld oder diesen Reiter dann sehen soll. Unten finden Sie die notwendigen Schritte, um in Anwendungen die Privatsphäre für das Profil einzustellen:

1. **Klicken Sie oben auf der Seite auf den KONTO-Link.**

2. **Wählen Sie in der Drop-down-Liste ANWENDUNGSEINSTELLUNGEN.**

3. **Klicken Sie neben der jeweiligen Anwendung auf EINSTELLUNGEN BEARBEITEN.**

4. **Im PROFIL-Reiter des dann erscheinenden Dialogfelds können Sie die gewünschte Privatsphäre für das Feld beziehungsweise den Reiter (falls Sie einen haben) für diese Anwendung über die PRIVATSPHÄRE- Drop-down-Liste einstellen.**

✔ **Zusätzliche Genehmigungen:** Sie können außerdem festlegen, welche Ihrer eigenen Daten von Anwendungen oder anderen Websites im Zusammenhang mit Facebook verwendet werden, wie diese Websites Sie kontaktieren oder ob sie in Ihrem Namen Inhalte veröffentlichen dürfen. Befolgen Sie die oben genannten Schritte 1 bis 3 und wählen Sie dann im EINSTELLUNGEN BEARBEITEN-Feld den ZUSÄTZLICHE GENEHMIGUNGEN-Reiter. Die verschiedenen Websites und Anwendungen werden unterschiedliche Optionen aufweisen, doch ganz allgemein gesagt ist dies der Ort, an dem Sie unter anderem Genehmigungen darüber ändern, ob eine Anwendung während Ihrer Nutzung der Pinnwand Beiträge auf derselben hinzufügen kann.

 Obwohl Sie die meisten Ihrer Daten vor Anwendungen verbergen können, sollten Sie nicht vergessen, dass Anwendungen immer Zugriff auf Ihren Namen, Ihr Profilbild und das Geschlecht haben.

Für die Sicherheit Eigenverantwortung übernehmen

Niemand möchte, dass Sie aufgrund einer Ihrer Handlungen auf Facebook zu Schaden kommen. Die Firma Facebook möchte das nicht. Sie möchten das nicht. Und wir, die beiden Autorinnen, möchten das auch nicht. Wir versuchen hiermit gerade so etwas zu verhindern, indem wir Ihnen die entsprechenden Optionen vorstellen und ihre Funktionsweise erklären. Die Firma Facebook versucht, negative Folgen zu vermeiden, indem sie Ihnen erst einmal all diese Privatsphäre-Einstellungen bietet. Sie sind der Dritte im Bunde. Um Ihre eigene Sicherheit auf Facebook zu gewährleisten, müssen Sie sich bemühen, im Internet clever vorzugehen und sich dort sicher zu bewegen.

Und was ist jetzt Ihre _eigentliche_ Aufgabe? Sie besteht darin, sich bewusst zu machen, was Sie im Internet und auf Facebook veröffentlichen, indem Sie sich selbst einige Fragen stellen:

✔ Sind die von mir auf Facebook veröffentlichten Inhalte legal oder illegal?

✔ Wäre es mir vor einer bestimmten Person unangenehm, wenn sie diese Daten sieht?

✔ Wird der Leserkreis, mit dem ich diese Daten teile, sie auf vertrauenswürdige Weise verwenden?

Sie müssen derjenige sein, der entscheidet, ob das Zurschaustellen irgendeiner einzelnen Information auf Facebook riskant ist. Ist dem nicht so, müssen Sie derjenige sein, der sich die passende Privatsphäre-Einstellung dafür überlegt, um diese Information den von Ihnen gewünschten Personen – und nicht den unerwünschten – zu zeigen.

Ihre Aufgabe hier entspricht der Rolle, die Sie auch im täglichen Leben spielen, um für die eigene Sicherheit zu sorgen: Sie wissen, durch welche dunklen Gassen Sie nachts nicht gehen sollten, wann Sie sich anschnallen müssen, wann die Haustür abzuschließen ist und wann Sie das schimmelige Toastbrot wegwerfen sollten, bevor Sie sich ein Butterbrot schmieren. Fügen Sie Folgendes noch hinzu:

✔ Ich wähle meine Privatsphäre-Einstellungen mit Bedacht.

✔ Ich achte sorgfältig darauf, welche Informationen ich für eine große Personengruppe freigebe.

Nicht vergessen: Auf Facebook müssen alle ihr Scherflein beitragen

Ein weiterer Beitrag, den Sie (und alle anderen Nutzer von Facebook) leisten können, damit die Website auch weiterhin ein sicherer, jugendfreier Ort bleibt, sind Meldungen über Spam, Belästigung, unpassende Inhalte und gefälschte Profile. Bei Facebook geht man davon aus, dass Ihre Freunde nichts Schlimmes veröffentlichen. Wenn Sie sich allerdings Inhalte von Personen, zu denen Sie keinen direkten Bezug haben, anschauen, sollte unterhalb ein kleiner MELDEN-Link zu finden sein. Sie finden ihn unter anderem bei Fotos, Profilen, Gruppen, Links, Anwendungen und Seiten. Wenn Sie darauf klicken, gelangen Sie auf die MELDEN-Seite.

Je nachdem, was Sie melden möchten (beispielsweise kein Foto, sondern eine Nachricht), werden Sie eventuell verschiedene Optionen dafür gezeigt bekommen. Diese Meldungen gehen dann bei der Facebook-Abteilung, die sich um die Nutzeroperationen kümmert, ein. Diese Abteilung prüft den Vorfall, entfernt ungeeignete Fotos, deaktiviert gefälschte Konten und arbeitet generell darauf hin, dass Facebook auch in Zukunft eine jugendfreie, sichere und unbedenkliche Website bleibt.

Falls Sie Inhalte sehen, die Ihnen nicht gefallen wie etwa ein anstößiger Gruppenname oder ein vulgäres Profil, dann sollten Sie diese unverzüglich melden. Bemühen sich wirklich alle Nutzer von Facebook, Übel von der Website fernzuhalten, erwächst daraus letzten Endes eine richtig tolle Gemeinschaft.

 Nachdem Sie etwas gemeldet haben, prüft die Facebook-Abteilung, die sich um die Nutzeroperationen kümmert, ob hier gegen die Nutzungsbedingungen verstoßen wurde. Das bedeutet: Pornografische Inhalte werden entfernt, gefälschte Profile deaktiviert und Personen, die Spam versenden, erhalten eine Warnung. Manchmal kann es allerdings sein, dass ein von Ihnen als anstößig empfundener Inhalt nicht gegen die Nutzungsbedingungen verstößt. Er wird daher nicht von der Website entfernt. Aufgrund der Datenschutzrestriktionen kann es sein, dass die entsprechende Abteilung Sie nicht immer darüber informieren kann, welche Maßnahmen infolge Ihrer Meldung getroffen wurden. Sie können aber sicher sein, dass jede Meldung bearbeitet wird.

Ein Blick hinter die Kulissen

Es braucht eine Menge Arbeitskräfte und leistungsstarke Technologien, damit die Firma Facebook ihre Aufgabe, alle Nutzer dauerhaft zu schützen, erfüllen kann. Arbeitskräfte sind unter anderem notwendig, um auf Ihre Meldungen und die der restlichen Nutzer einzugehen sowie um sich aktiv auf Facebook umzuschauen und Inhalte, die gegen die Nutzungsbedingungen verstoßen, zu entfernen.

Wir machen absichtlich keine genauen Angaben über die erwähnten leistungsstarken Technologien. Wir hoffen, dass Sie nie lange darüber grübeln, was wohl hinter den Kulissen passiert, wenn es um Ihren Schutz vor Belästigung, Spam und pornografischen Inhalten geht. Wir hoffen außerdem, dass Sie nie belästigt, gespammt oder mit Porno-Werbung überflutet werden – also juristisch formuliert »durch das unerwünschte Zeigen und sichtbare Anbringen von pornografischen Darstellungen belästigt werden«. Doch damit Sie auch wissen, dass die Firma Facebook sich ernsthaft Gedanken über die Sicherheit und die Privatsphäre der Nutzer macht, sprechen wir hier einige der allgemeinen Bereiche an, in denen sie eine Menge Vorsichtsmaßnahmen ergreift.

Der Schutz von Minderjährigen

Auch in diesem Abschnitt machen wir wieder keine präzisen Angaben. Schließlich wollen wir ja nicht, dass ein Buch mit dem Titel *Facebook-Systeme überlisten für Dummies* erscheint. Wir möchten Sie ganz allgemein darauf aufmerksam machen, dass bei Personen unter 18 Jahren die Sichtbarkeit und der Datenschutz besonderen Bestimmungen unterliegen. Zum Beispiel werden für unter 18-jährige keine öffentlichen Sucheinträge erstellt. Durch öffentliche Sucheinträge kann man in externen Suchmaschinen wie etwa Google gefunden werden. Die Firma Facebook hat beschlossen, Minderjährige niemals auf diese Weise zu zeigen. Wäre etwas Schlimmes passiert, wenn man sich anders entschieden hätte? Wahrscheinlich nicht, doch Vorsicht ist besser als Nachsicht.

Es sind noch weitere firmeneigene Systeme vorhanden, die Alarm schlagen, sobald eine Person mit dem Profil eines Minderjährigen auf unerwünschte Weise interagiert. Zudem gibt es Systeme, die dasselbe tun, wenn jemand auf Minderjährige ausgerichtete Werbeanzeigen veröffentlicht. In Bezug auf die Eigenverantwortung betonen wir es noch einmal: Als Jugendlicher (oder als Eltern eines Jugendlichen) sind Sie selbst dafür verantwortlich, sich mit der Privatsphäre und sicherem Verhalten auf Facebook auszukennen. Die Firma Facebook versucht, soweit es geht, vorzubeugen, doch letzten Endes müssen Sie bei dieser Vorbeugung mitwirken.

 Man muss mindestens 13 Jahre alt sein, um sich auf Facebook registrieren zu können. Personen, die jünger sind, können auf Facebook kein Konto haben, denn es würde gegen die Nutzungsbedingungen verstoßen.

Spam und Viren vorbeugen

Spam? Potenzsteigernde Präparate? Verschreibungspflichtige Medikamente, die Ihnen nach Hause geliefert werden? »Bitte überweisen Sie einen Euro und wir versprechen Ihnen, wir machen 1000 Euro daraus.« Es wird wohl jeder zustimmen, dass Spam der Fluch des Internets ist. Allzu oft schlüpft er durch die Maschen und bevölkert E-Mails und Websites und versucht auch immer, sich bei Facebook breit zu machen. Manchmal in Form von zugesendeten Nachrichten oder Pinnwandeinträgen oder als eine Reihe von Veranstaltungen, die sich für etwas anderes ausgeben – alles, um Ihre werte Aufmerksamkeit zu erlangen.

Meldungen über Spam, die Sie uns zusenden, sind unglaublich hilfreich. Die Firma Facebook verfügt außerdem über allerhand Systeme, die für Spammer typisches Verhalten aufspüren. Falls Sie es noch nicht gelesen haben, sollten Sie zu Kapitel 2 zurückblättern, um dort das Neueste über CAPTCHAs zu erfahren. CAPTCHAs stellen sozusagen den äußeren Verteidigungswall gegen Spammer dar, die mehrere Dummy-Konten (die böse Variante von Dummy) erstellen, um darüber andere mit unerwünschten Werbeanzeigen zu belästigen. Die Sicherheitssysteme überwachen zudem jene, die anderen Nutzern zu schnell Nachrichten schicken, sich mit zu vielen Personen anfreunden oder einen ähnlichen Link an zu vielen Stellen veröffentlichen. Sie prüfen außerdem weitere Verhaltensweisen, die meist ein Anzeichen für Spam sind. Falls Sie irgendwann auf Facebook so richtig Fahrt aufnehmen, könnten Sie irgendwann eine Warnung erhalten, dass Sie sich beim Anstupsen oder dem Versenden von Nachrichten zügeln sollten. Nehmen Sie das nicht allzu persönlich und befolgen Sie einfach die Anweisungen in der Warnung – da hat sich bloß gerade das Sicherheitssystem gemeldet.

Teil II

Das eigene Leben auf Facebook teilen

The 5th Wave

By Rich Tennant

»Ich weiß, dass Facebook super ist und du dabei sein möchtest.
Aber du bist meine Mutter – Du kannst nicht mein
>Freund< sein«.

In diesem Teil ...

Von einer Sache wird in diesem Buch immer wieder gesprochen, dem Konzept des Teilens. Bei Facebook geht es darum, Ihr wahres Leben mit denjenigen, die Ihnen wichtig sind, zu teilen. In diesem Teil erfahren Sie vor allem etwas über die Werkzeuge, mit deren Hilfe Sie auf Facebook etwas über sich preisgeben, und solche Features, durch die Sie am Leben Ihrer Freunde teilhaben.

Neben Ihrem persönlichen Profil und den Anwendungen, die Sie gerne nutzen, gibt es noch Hunderte von Möglichkeiten, mit Familienmitgliedern und Freunden – sowohl alten als auch neuen – in Kontakt zu treten.

Das Profil aufbauen

In diesem Kapitel

▶ Über das Profil mit Freunden teilen

▶ Durch das Profil navigieren

▶ Privatsphäre für das Profil schaffen

*I*hr Facebook-Profil ist mehr als bloß eine ganze Reihe an Informationen. Es stellt eine fortlaufende, sich ständig weiterentwickelnde Geschichte über Sie selbst dar. Mussten Sie jemals bei einer dieser Schreibaufgaben Seite 73 Ihrer 248-seitigen Biografie aufschreiben? Ihre Profilseite ist sozusagen die Seite, an der Sie jetzt gerade arbeiten. Der einzige Unterschied besteht darin, dass Ihre Autobiografie eine komplette Multimediapräsentation ist, in der Ihre Texte, Ihre Fotos, die Gedanken Ihrer Freunde und andere Beiträge in einem Zusammenhang zu finden sind. Gemeinsam zeigen all diese Dinge dem Leser wer Sie sind und was Ihnen wichtig ist. In Ihrem Facebook-Profil geht es nicht darum, Ihre Person zu verändern, sondern darum, sie zu repräsentieren. Das Profil ist Ihre Art, sich vorzustellen und gegenüber Personen, die Ihnen am Herzen liegen, etwas über sich preiszugeben. Was sollen andere über Sie wissen? Was sollen Ihre Freunde über Sie herausfinden?

In Kapitel 2 befassen wir uns mit den Grundlagen des Profils, des Profilbilds und der Informationen über Ausbildung und Arbeit. In diesem Kapitel hier erklären wir Ihnen, wie Sie Ihre Geschichte in der Sprache von Facebook ausdrücken.

Abbildung 6.1 zeigt ein komplettes Profil. Es hat im Grunde zwei Spalten. Die schmalere Spalte links zeigt die wesentlichen Dinge über Sie an. Die größere Spalte rechts weist einige Reiter auf. Diese Reiter stellen eigentlich die wichtigsten Teile Ihres Profils dar. Daher widmen wir uns diesen zuerst, bevor wir zu den Punkten in der linken Spalte übergehen.

Eine liebevoll gestaltete Pinnwand

Die *Pinnwand* ist der Mittelpunkt Ihres Profils. Diese Stelle sehen Ihre Freunde zuerst, wenn sie Ihr Profil besuchen, und dort hinterlassen sie auch für alle erkennbare Nachrichten für Sie. Wenn Sie sich das Profil eines Freundes ansehen, stellt der Blick auf seine Pinnwand die schnellste Möglichkeit dar, herauszufinden, was er in letzter Zeit so gemacht hat. Abbildung 6.2 zeigt ein Beispiel für eine Pinnwand.

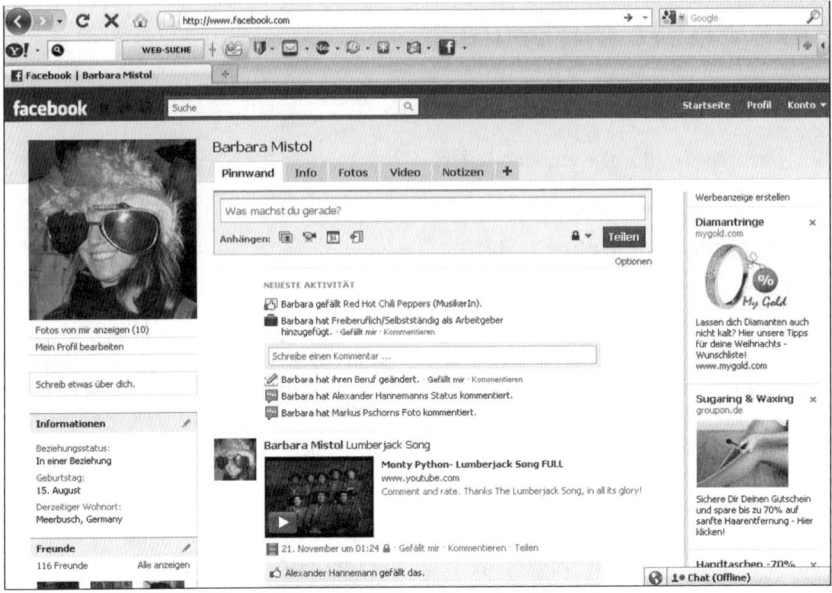

Abbildung 6.1: Ein komplettes Profil

Abbildung 6.2: Barbara Mistols Pinnwand zeigt eine Momentaufnahme ihres Lebens.

Als Erstes müssen Sie sich klarmachen, dass die Pinnwand sowohl *von Ihnen erstellt* wird, als auch *von Ihnen handelt*. Sie können bestimmen, was auf Ihrer Pinnwand stehen bleibt und was Sie dort hinzufügen, doch Ihre Freunde können Ihnen dabei helfen, Ihre Geschichte zu erzählen. Gerade dieser Aspekt macht die Pinnwand so interessant. Denken Sie doch mal an all die Dinge, die Sie über einen Freund erfahren, wenn Sie zum ersten Mal seine Eltern treffen, oder an all die lustigen Anekdoten, wenn die Lebensgefährtin Ihres Freundes berichtet, wie die beiden sich kennengelernt haben. Erkenntnisse dieser Art werden Ihre Freunde vielleicht beiläufig auf Ihrer Pinnwand erwähnen und somit erreichen, dass all Ihre Freunde Sie ein wenig besser kennenlernen.

 Die Pinnwand kann zu Beginn etwas erdrückend wirken – da sind so viele Fotos mit Personen drauf und alle sprechen über Themen, die anscheinend keinen Bezug zueinander haben. Es ist ein bisschen so, als ob man mitten in eine Gruppe von Leuten geschossen kommt, die gerade eben noch herzlich gelacht haben und die einen jetzt ansehen und hoffen, dass man etwas *Geniales* von sich gibt. P-p-p-einlich.

Aber keine Sorge: Wir werden uns sehr viel Zeit für die Analyse der Pinnwand nehmen und zeigen Ihnen im Anschluss, wie Sie Ihre eigene aufbauen. Wir machen Sie außerdem mit einigen der üblichen Anstandsregeln für diesen Bereich bekannt.

Den Herausgeber verstehen

In Abbildung 6.2 sehen Sie, dass die Pinnwand aus mehreren Teilen besteht. Da diese alle einen Bezug zueinander haben, versuchen wir nicht, sie zu trennen, sondern beginnen dort, wo alles anfängt – im *Herausgeber*. Mit dem Herausgeber, der in Abbildung 6.3 ganz genau zu sehen ist, meinen wir die Reihe von Anknüpfungspunkten, die ganz oben in Ihrer Pinnwand zu finden sind und über die Sie (und Ihre Freunde) *Beiträge* erstellen können. Beiträge sind wie angeheftete Notizen für eine Pinnwand. Man findet dort Beiträge von Ihnen oder von Ihren Freunden oder welche mit Anhang wie etwa Links oder Beiträgen, die lediglich Text enthalten. Alle möglichen Arten, alte und neue Beiträge – alles ist dabei.

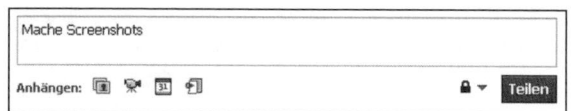

Abbildung 6.3: Mit dem Veröffentlichen fangen Sie immer hier an.

Wenn wir von Pinnwandeinträgen sprechen, meinen wir zweierlei: Beiträge, die von Ihnen stammen, und solche, die von Ihren Freunden stammen. Falls Sie sich den Unterschied zwischen beiden Arten von Beiträgen bewusst machen möchten, können

Sie auf Ihrer Pinnwand eine der beiden herausfiltern. In Ihrem eigenen Profil sehen Sie direkt unter dem Herausgeber die Optionen LEAH + FREUNDE, NUR LEAH und NUR FREUNDE. (Sie sehen dort natürlich Ihren eigenen Namen, falls Sie nicht zu den Glücklichen zählen, die Leah heißen.)

 Wenn Sie möchten, können Sie auch die Beiträge auf den Pinnwänden Ihrer Freunde filtern. Klicken Sie dazu auf den FILTER-Link direkt unter dem Herausgeber. Dadurch erscheinen dieselben Optionen wie in Ihrem eigenen Profil, nur eben für das Ihres Freundes.

Sie und der Herausgeber

Wenn Sie sich Ihr eigenes Profil anschauen, werden Sie merken, dass der Herausgeber dort der gleiche ist wie der auf Ihrer Startseite. Unabhängig davon, auf welcher Seite Sie beginnen und auf welchen Link Sie klicken, die Inhalte, die Sie veröffentlichen, erscheinen als Beitrag auf Ihrer Pinnwand.

Status aktualisieren

Wenn andere Nutzer Beiträge von ihrem eigenen Profil aus eingeben, sind dies meist einfache, aktuelle Meldungen in Textform, mit denen auf die Frage »Was machst du gerade?« geantwortet wird. Auf Facebook nennen Nutzer diese Art von Beitrag eine *Statusmeldung* oder einfach ihren *Status*. Statusmeldungen lassen sich schnell verfassen, sind kurz und der Leser kann sehr viel hineininterpretieren. Manchmal aktualisieren Nutzer ihren Status, indem sie angeben, was sie gerade tun: »Besorgungen machen«, »Sitze bei Sonnenschein im Biergarten« oder zum Beispiel »Fußball spielen«. Ein anderes Mal veröffentlicht jemand eine zufällige Beobachtung, einen Gedanken oder eine Erkenntnis wie etwa »Der letzte Bissen von dem Würstchen, das ich gerade gegessen habe, hat nach Banane geschmeckt« oder »Es sollte mal weltweit ein Tag eingeführt werden, an dem alle 24 Stunden lang die Wahrheit sagen.« Einige nutzen die Statusmeldung auch, um an Informationen zu kommen oder um Leute zusammenzutrommeln. Beispielsweise so: »Gehe heute Abend lecker Schnitzel essen. Wer kommt mit?« oder »Habe vor, diesen Sommer nach Indien zu fahren. Kann jemand eine gute Gegend empfehlen?« Statusmeldungen können von Freunden ganz mühelos kommentiert werden. Daher kann eine provokative Aktualisierung eine Diskussion auch so richtig in Gang bringen. In Kapitel 9 geben wir unseren Kommentar zum Kommentieren ab.

Statusmeldungen wirken so klein und unbedeutend, doch betrachtet man sie im Zusammenhang, können sie gegenüber einer einzelnen Person oder gegenüber vielen wirklich eine ganze Menge aussagen. Jemand, der beispielsweise das Profil von Carolyn Abram besucht, könnte dort ihre Stressanfälligkeit ausmachen: »Ich komme nicht voran. Hinke schon dem Zeitplan hinterher. Hänge mich wirklich rein.« Doch ihre Neigung zu Spontanität und Insider-Witzen wird ebenso deutlich: »Carolyn hat einen

Pottschnitt. Kraniche sind einfach toll. Ich dichte gerade Zufallspoesie.« Jetzt können Sie sich ein ziemlich gutes Bild von Carolyn Abrams Persönlichkeit machen, oder?

In ihrer Gesamtheit gesehen sind die Statusmeldungen dafür verantwortlich, dass Neuigkeiten schnell auf Facebook verbreitet werden. Da Ihre Beiträge bei Ihren Freunden im Bereich NEUESTE MELDUNGEN erscheinen, kann eine einzelne Aktualisierung eine große Wirkung haben und wird wahrscheinlich auf irgendeine Weise wiederholt werden. Aufgrund eines kleineren Erdbebens in Kalifornien haben beispielsweise vor Kurzem viele der Freunde von Leah Pearlman und Carolyn Abram ihren Status aktualisiert. Diejenigen, die nichts gespürt hatten, aktualisierten daraufhin ihren Status, um mitzuteilen, dass sie es nicht bemerkt hatten. Familienmitglieder und Freunde im ganzen Land kannten die Neuigkeiten und – was noch viel wichtiger war – wussten, dass es allen gut ging. Es war also nicht nötig, hektisch zum Telefonhörer zu greifen.

Folgen Sie diesen Schritten, um Ihren Status zu aktualisieren:

1. **Klicken Sie in den Herausgeber.**

   Der Text »Was machst du gerade?«, der vorher im Textfeld stand, verschwindet.

2. **Klicken Sie in das Textfeld und schreiben Sie Ihren Kommentar.**

3. **(Wenn Sie möchten) Klicken Sie auf das Schloss-Symbol rechts unten in der Ecke, um zu ändern, wer genau diesen Beitrag sehen kann.**

   Wir kommen weiter hinten im Kapitel auf die Privatsphäre für das Profil und das Veröffentlichen zu sprechen. Falls diese Anweisung verwirrend für Sie klingt, merken Sie sich erst mal einfach nur, wo dieses Symbol zu finden ist.

4. **Klicken Sie auf TEILEN.**

Fragen stellen

Häufig enthält ein Beitrag auch eine Frage. FACEBOOK-FRAGEN ist eine Anwendung, über die man seinen Freunden oder allen Nutzern der Website Fragen stellen kann. Jeder kann fragen und jeder kann auf alle möglichen Fragen dieser Anwendung antworten. Kein Thema ist zu ernst oder zu albern. Während dieses Buch geschrieben wurde, befand sich die Funktion FACEBOOK-FRAGEN noch in der Betaphase und war nicht für jeden Nutzer zu sehen. Vielleicht hat sich das aber jetzt, wo Sie dieses Buch lesen, schon geändert.

Folgen Sie diesen Schritten, um eine Frage zu stellen:

1. **Klicke im Herausgeber auf FRAGE STELLEN.**

   Es erscheint ein Textfeld mit dem Text: »Was möchtest du wissen?«

2. **Klicken Sie in das Textfeld und geben Sie Ihre Frage ein.**

3. **Klicken Sie auf TEILEN.**

Alle Fragen aus dieser Facebook-Anwendung sind für jedermann im Internet sichtbar und mit Ihrem Namen verknüpft. Falls Sie nicht möchten, dass jeder _Bescheid weiß_, was für eine Frage Sie stellen, dann sollten Sie nicht Facebook benutzen, um die Antwort zu finden.

Fotos hinzufügen

Im Grunde ist Facebook die führende Foto-Sharing-Website im Internet. Anders gesagt: Die Leute zeigen einfach unglaublich gerne ihre Bilder her und einen Großteil davon veröffentlichen sie auf Facebook. Betrachten Sie diese Tatsache als verlockende Vorschau für Kapitel 8, wo wir uns die komplette Anwendung FOTOS sowie das Hinzufügen von Fotos im Herausgeber vornehmen.

Links veröffentlichen

Beiträge, die einen Link enthalten, sind im Grunde Statusmeldungen _über_ einen irgendwo im Internet veröffentlichten Inhalt und _enthalten_ einen Link zu diesem Inhalt. Nutzer verwenden diese Art von Beitrag, um auf etwas aufmerksam zu machen, das ihnen wichtig ist. Es könnte sich um einen Artikel handeln, den sie interessant finden oder eine Veranstaltung, ein Fotoalbum oder irgendetwas anderes, das sie bekanntmachen möchten. Meistens wird dann zur Erklärung des Links noch ein Kommentar hinzugefügt. Manchmal wird auch der Link selbst als eigene Statusmeldung verwendet, fast so als ob man von sich sagen würde:»Ich denke gerade über diesen Link nach.«

Über Beiträge mit Links können Sie etwas mit sehr vielen Freunden teilen, ohne dafür einen Verteiler erstellen zu müssen, jemanden anzurufen, um darüber zu sprechen, oder jemandem über die Schulter zu gucken und ihm zu sagen:»Lies das mal.« Gleichzeitig steigt fast schon die Wahrscheinlichkeit, dass ein anderer mit Ihnen über die Inhalte ein Gespräch anfängt, denn der Beitrag wird von mehr Leuten gelesen und Sie erreichen eine größere Anzahl an Personen, die ihn vielleicht interessant finden.

Folgen Sie diesen Schritten, um einen Link zu veröffentlichen:

1. **Klicken Sie im Herausgeber auf das Link-Symbol.**

   Es erscheint ein Textfeld, in dem »http://« steht, und das Feld erweitert sich um eine große, leere Fläche.

2. **Kopieren Sie die Webadresse, zu der Sie die anderen schicken möchten, in das Textfeld und klicken Sie auf ANHÄNGEN.**

   Danach erscheint eine Vorschau auf den Inhalt, den Sie teilen. So wird Ihr Beitrag für Ihre Freunde aussehen. In der großen, leeren Fläche oben können Sie dann noch weitere Angaben dazu machen.

3. **(Wenn Sie möchten) Ändern Sie das Miniaturbild der Vorschau, indem Sie mithilfe der Pfeile durch die automatisch generierten Optionen blättern.**

   Wenn Ihnen keine der Optionen gefällt, setzen Sie einfach ein Häkchen im KEIN MINIATURBILD-Feld.

4. **(Wenn Sie möchten) Geben Sie in der großen, leeren Fläche einen Kommentar über den Link ein.**

Vielleicht möchten Sie ja erklären, weshalb Sie den Link veröffentlichen, was Ihnen daran gefällt oder für wen er Ihrer Meinung nach interessant sein könnte.

5. **(Wenn Sie möchten) Klicken Sie auf das Schloss-Symbol rechts unten in der Ecke, um zu ändern, wer genau diesen Beitrag sehen kann.**

Wir kommen weiter hinten im Kapitel auf die Privatsphäre für das Profil und das Veröffentlichen zu sprechen. Falls diese Anweisung verwirrend für Sie klingt, merken Sie sich erst mal einfach nur, wo dieses Symbol zu finden ist.

6. **Klicken Sie auf** TEILEN.

Neueste Aktivität

Neben all den Beiträgen auf Ihrer Pinnwand werden Sie dort auch noch kurze Abschnitte mit Einzeilern über Sie selbst vorfinden. In diesen Abschnitten – NEUESTE AKTIVITÄT genannt – wird detailliert wiedergegeben, was Sie auf der Website kürzlich unternommen haben. Im Grunde genommen sind es Zusammenfassungen all Ihrer Aktivitäten, die nicht über den Herausgeber gelaufen sind. Zum Beispiel könnte an dieser Stelle»Carolyn Abram und Tom Gerhardt sind jetzt Freunde« oder »Carolyn Abram sieht sich ein Handballspiel an« und Ähnliches stehen. Für das Wiedergeben Ihrer Geschichte werden diese Ereignisse als weniger wichtig eingestuft, da ein Leser dadurch weniger Einblick gewinnen kann als bei einem Beitrag. Sie stellen nicht den Kern der Geschichte dar, sondern runden diese nur ab.

Ihre Freunde und der Herausgeber

Wenn Freunde Ihr Profil besuchen, sehen auch sie den Herausgeber. Der einzige Unterschied besteht darin, dass sie in diesem Feld nicht (wie Sie) den Text WAS MACHST DU GERADE? sehen, sondern SCHREIB ETWAS. Obwohl Ihre Freunde Ihnen dort eine Frage stellen, ein Foto hinzufügen oder einen Link veröffentlichen können, werden Sie dort aller Wahrscheinlichkeit nach am häufigsten einfachen Text vorfinden. Viele Nutzer neigen dazu, diese Nur-Text-Nachrichten einfach *Pinnwandeinträge* zu nennen. Wenn man bedenkt, dass alles an der Pinnwand eigentlich ein Eintrag ist, kann das ein bisschen verwirrend sein. Aber sehen Sie sich mal die Pinnwandeinträge auf den Pinnwänden Ihrer Freunde an. Höchstwahrscheinlich werden Sie ein paar »Hi, wie geht's? Lass uns mal wieder quatschen«-Nachrichten und einige à la »Der Ausflug/Das Abendessen/Das Getränk war wirklich super«-Nachrichten vorfinden und dann eventuell noch etliche Aussagen sehen, die so wenig Sinn ergeben, dass Sie es wahrscheinlich mit Insider-Witzen zu tun haben. (Sätze wie »Lach, oh mein Gott, Schildkröten-Babys!!!!« gehören vielleicht nicht zu den aufschlussreichsten Dingen, die Sie je über Ihren Freund gelesen haben, doch keine Sorge, er wusste diese Anmerkung wahrscheinlich zu schätzen.)

Falls Sie die Pinnwand eines Freundes an seinem Geburtstag ansehen, werden Sie auf jeden Fall viele »Herzlichen Glückwunsch«-Pinnwandeinträge sehen. Bei der Verwendung von Facebook gibt es nicht viele Regeln, doch eine Tradition hat sich mit der Zeit eingebürgert und zwar der »Herzlichen Glückwunsch«-Pinnwandeintrag. Da den meisten Nutzern auf ihren Startseiten die Geburtstage von Freunden angezeigt werden, stellt ein Eintrag auf deren Pinnwand die schnellste Möglichkeit dar, um ihnen am großen Tag »Ich denke an dich!« zu sagen.

 Wir finden, dass das Hin- und Herschreiben zwischen Freunden einer der größten Vorzüge der Pinnwand ist, doch manch einer sieht das nicht so lokker. Falls Sie zu denjenigen gehören, denen es nicht gefällt, wenn Freunde einem etwas Persönliches auf die Pinnwand schreiben können, können Sie sie über die PRIVATSPHÄRE-EINSTELLUNGEN-Seite davon abhalten. Dort kann man außerdem einschränken, wer die von Freunden hinzugefügten Beiträge sehen kann. Klicken Sie auf der PRIVATSPHÄRE-EINSTELLUNGEN-Seite auf BENUTZERDEFINIERTE EINSTELLUNGEN und suchen Sie unter der Überschrift DINGE, DIE ANDERE PERSONEN TEILEN nach diesen beiden Optionen.

 Fangen Sie an, die Pinnwand zu benutzen. So machen Sie sich am schnellsten damit vertraut. Schreiben Sie an die Pinnwände Ihrer Freunde, veröffentlichen Sie selbstständig eine Statusmeldung oder einen Link und sehen Sie sich an, was für Reaktionen Sie daraufhin von Ihren Freunden bekommen. Denn schließlich ist der eigentliche Zweck der Pinnwand ja das Teilen mit Freunden.

Fakten zum Bereich Info

Neben dem PINNWAND-Reiter folgt der INFO-Reiter. Dort landen Ihre Lebensdaten. Um Sie zu verstehen und besser kennenzulernen, sind diese Informationen gleichfalls wirklich wichtig, doch sie sind lange nicht so relevant wie Berichte über Ihre derzeitigen Aktivitäten. Viele dieser Daten schaffen es auch bis an Ihre Pinnwand. Falls Sie begeisterter Anhänger einer bestimmten Fernsehsendung sind, werden entsprechende Anspielungen und aufmunternde Worte in Bezug auf die neueste Folge wahrscheinlich in Ihre Statusmeldungen eingearbeitet werden. Doch wenn jemand anders Sie gerade erst kennengelernt hat und Ihre Lieblingssendung wissen möchte, ist es wohl einfacher, dies über den INFO-Reiter herauszukriegen.

Der INFO-Reiter ist in mehrere Abschnitte unterteilt, von denen jeder eine andere Art von Informationen enthält. Um die dortigen Daten zu bearbeiten, klicken Sie auf den Reiter und suchen nach dem INFORMATIONEN BEARBEITEN-Link neben dem Bleistiftsymbol oben rechts in der Ecke. Durch den Klick auf den Link öffnet sich ein Interface als Rahmen im Textfluss, in dem Sie alle gewünschten Felder im Bereich INFO ausfüllen können. Abbildung 6.4 zeigt ein Beispiel.

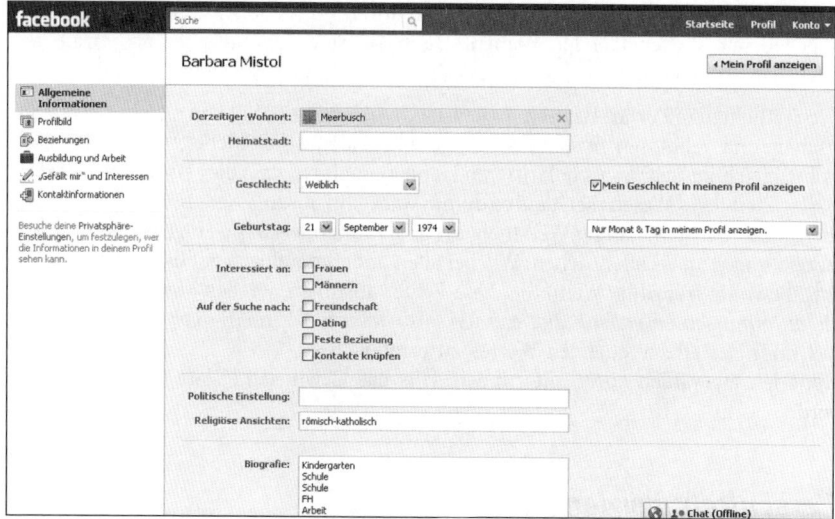

Abbildung 6.4: Auf einer Bildschirmansicht wie dieser hier bearbeiten
Sie Ihre Daten.

In den folgenden Abschnitten befassen wir uns mit den einzelnen Bereichen und greifen bei jedem davon einige Felder heraus.

Immer wenn Sie ein Bleistiftsymbol sehen, können Sie den betreffenden Inhalt bearbeiten. Suchen Sie danach, wenn Sie irgendetwas bearbeiten oder ändern möchten.

Zurück auf Anfang

In Kapitel 2 beschäftigen wir uns mit den grundlegenden Daten, die es anderen ermöglichen, Sie zu finden und als die richtige Person zu identifizieren. Dazu zählen Angaben wie Ihre Heimatstadt oder Ihr derzeitiger Wohnort. In Ihrem Bereich ALLGEMEINE INFORMATIONEN finden sich noch einige andere Felder, die auf Facebook als grundlegend eingestuft werden.

Einige dieser Felder wie etwa BEZIEHUNGSSTATUS, INTERESSIERT AN und AUF DER SUCHE NACH haben einen Bezug zu Beziehungen. Auch wenn Facebook keine Singlebörse ist, sind Informationen über Ihre Beziehung in den grundlegenden Daten enthalten (zumindest, wenn Sie das Feld ausfüllen). Für den Fall, dass Sie zufälligerweise gerade zu haben sind und neue Leute kennenlernen und sich mit ihnen auf Facebook anfreunden, ist das Wissen, ob diese Single und an Personen Ihres Geschlechts interessiert sind, unglaublich hilfreich. Zudem können sich im BEZIEHUNGEN-Bereich Nutzer, die in einer Beziehung sind, mit dem Profil ihres Partners gegenseitig verlinken. Tatsächlich ist für viele Paare der Augenblick, in dem sie ihren »Beziehungsstatus auf Facebook« angeben, ein entscheidender Moment, denn sie sind sozusagen bereit, ihre Liebe öffentlich zu verkünden.

Die restlichen Felder im Bereich ALLGEMEINE INFORMATIONEN beziehen sich auf Ihre politischen und religiösen Ansichten. Einige empfinden eine solche Angabe über sich selbst gleich zu Beginn als polarisierend, andere meinen, dass dies ein so wesentlicher Bestandteil ihres Wesens sei, dass es dumm wäre, ihn auszulassen. Und wieder andere, die ganzen Pastafaris dieser Welt, neigen dazu, hier eine etwas weniger ernstgemeinte Bezeichnung zu veröffentlichen. Wie bei allen anderen Feldern auf dieser Seite ist die Angabe völlig freiwillig. Wenn Sie diese Felder ausfüllen, werden Sie feststellen, dass sie *automatisch vervollständigt werden*, also während Ihrer Eingabe versucht wird, das Ende des entsprechenden Wortes zu erraten. Sie können eine der angebotenen Optionen auswählen oder weitertippen, falls das Gewünschte dort nicht aufgelistet wird.

Persönlich werden

Im Bereich für persönliche Daten werden in erster Linie Interessen und Lieblingsdinge abgefragt: Aktivitäten, Filme, Bücher, Fernsehsendungen und Musik. Außerdem bearbeiten Sie hier noch den irgendwie furchteinflößenden ÜBER MICH-Bereich. Füllen Sie die Felder aus, die Sie für angebracht halten und denken Sie daran, dass andere Sie mithilfe dieser Informationen besser kennenlernen, etwas über Ihre Vorlieben und Interessen erfahren und später sogar Bescheid wissen, welche Musik Sie anspricht. Häufig kann das die typischen Kennlerngespräche, die wir alle schon irgendwann erlebt haben, ersetzen oder sogar intensivieren.

Andere kontaktieren

Die Privatsphäre-Einstellungen auf Facebook sind eine ungemein praktische Sache, denn Nutzer können dadurch ihre Telefonnummern, E-Mail-Adressen und andere Kontaktdaten teilen, ohne dass diese gleich weltweit bekannt werden. Auf diese Weise werden außerdem unglaublich nützliche Features (wie etwa FACEBOOK-HANDY – mehr dazu in Kapitel 14) ermöglicht, und Sie können E-Mail-Adressen und Telefonnummern anderer Personen herausfinden, selbst wenn diese Ihnen versehentlich keine »Ich ziehe um/habe eine neue Stelle/habe meinen Namen geändert«-E-Mail geschickt haben. Geben Sie bei Ihren eigenen Kontaktdaten so viel an, wie Sie möchten, und versuchen Sie, diese immer auf den neuesten Stand zu bringen. Im Abschnitt »Bestimmen, wer was sehen kann« weiter hinten in diesem Kapitel erfahren Sie mehr über die Privatsphäre-Einstellungen, mit denen Sie diese Informationen unter Verschluss halten.

Ausbildung und Arbeit

In Kapitel 2 erklären wir Ihnen außerdem, wie wichtig es ist, auf Facebook Informationen über Ausbildung und Arbeit anzugeben. Andere können dadurch leichter nach Ihnen suchen und sicherstellen, dass Sie auch wirklich die Simone sind, die an der Uni Hannover studiert hat und nicht die, die nach Bayern gezogen ist. Sie können diese Daten bearbeiten und an Ort und Stelle Ihren kompletten beruflichen Werdegang hinzufügen, indem Sie im Info-Reiter auf den Ausbildung und Arbeit-Bereich klicken.

Oh, Fotos!

Als Nächstes werden Ihre Freunde in Ihrem Profil wahrscheinlich auf den Reiter Fotos klicken. In Kapitel 8 gehen wir genauer auf die Anwendung Fotos ein. Das Interessante an diesem Reiter ist, dass dort nicht nur Bilder gezeigt werden, die Sie von sich selbst gemacht haben, sondern auch Ihre Abbilder, die andere Personen veröffentlicht haben.

Die Anwendung Fotos ermöglicht es Ihnen unter anderem, Freunde zu *markieren*. Wenn Sie einen Freund in einem Bild markieren, erstellen Sie einen Link zwischen seinem Profil und dem Bild. Sämtliche Fotos, in denen Sie markiert sind, erscheinen in chronologischer Reihenfolge in Ihrem Fotos-Reiter. In Abbildung 6.5 sehen Sie Walburga Mistols Fotos-Reiter.

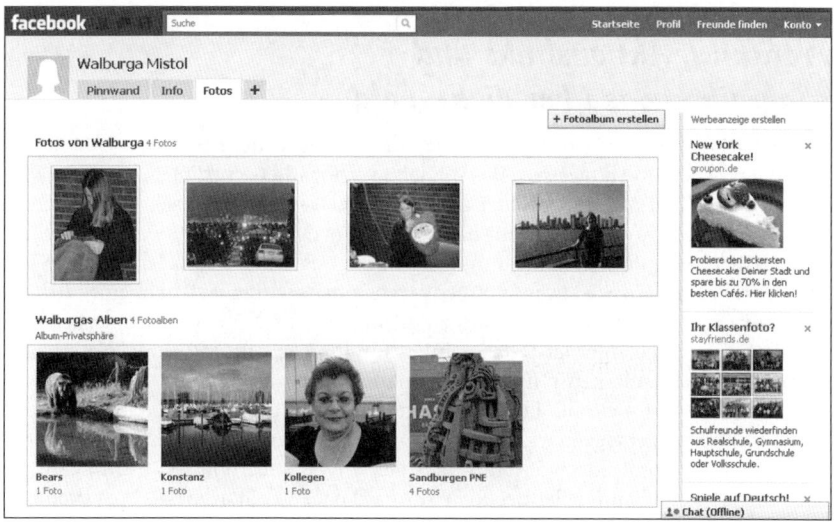

Abbildung 6.5: Falls ein Bild wirklich mehr sagt als tausend Worte, sagt dieser Reiter mehr als mehrere hunderttausend aus.

Der obere Teil der Seite zeigt Fotos, in denen Sie markiert worden sind. Falls Ihnen keins der Bilder gefällt oder Sie nicht möchten, dass diese hier erscheinen, entfernen Sie die Markierung darin einfach. Es wird dann nicht mehr angezeigt.

Im unteren Teil der Seite sehen Sie sämtliche Fotoalben, die Sie selbst hochgeladen haben sowie eine besondere Stelle für das »Profilbilder«-Album. Dieses Album wird automatisch von Facebook erstellt. Jedes Mal, wenn Sie Ihr Profilbild ändern, wird die neue Aufnahme zu diesem Album hinzugefügt.

 Auf Facebook sind Fotos für die Art und Weise, wie Nutzer kommunizieren und sich gegenseitig kennenlernen, wirklich sehr wichtig. Ob man nun die Bilder des letzten Urlaubs, die eines kürzlich stattgefundenen Familientreffens oder die allerneuesten eines Abends mit Freunden betrachtet – über das Leben einer anderen Person sagen sie wirklich sehr viel aus.

Es ist ein weites Feld

Die Reiter Pinnwand, Info und Fotos nehmen den größten Teil des Profils ein, doch es sind dort auch noch eine ganz Reihe kleinerer Bausteine enthalten. Jeder von ihnen bietet einen Mini-Einblick in Ihre Geschichte. Die meisten dieser Abschnitte lassen sich übersichtlich in kleinen Feldern unterbringen.

Profilbild, Aktionslinks und »Schreib etwas über dich«-Feld

In Kapitel 2 besprechen wir das Thema *Profilbild* eingehend. Hier möchten wir aber auf dessen Bedeutung hinweisen. Das soll jetzt nicht pathetisch klingen, doch Ihr Profilbild ist das wichtigste Ihrer Bilder auf Facebook. Wenn andere nach Ihnen suchen, ist es das Erste, was sie zu Gesicht bekommen. Für Nutzer, die Ihr Profil besuchen, stellt es den beständigsten Teil dar. Außerdem folgt es Ihnen sozusagen auf der Website, denn überall, wo Sie etwas kommentieren, einen Beitrag erstellen, einer Gruppe beitreten oder für eine Veranstaltung zusagen, wird Ihr Name damit versehen und bebildert. Es ist die Internet-Entsprechung für Ihr Lächeln und Ihren Handschlag beim ersten Kennenlernen mit anderen Personen. Und hier kommt die gute Nachricht: Sie können Ihr Profilbild jederzeit ändern, wenn es für etwas stehen soll, was Ihnen momentan gerade am wichtigsten ist. Je nachdem, wie ihr neuestes Lieblingserlebnis aussah, nimmt Carolyn Abram hier gerne eine Änderung vor. Leah Pearlman tauscht das Profilbild mit jeder neuen Frisur (und neuen Haarfarbe) aus. Das Profilbild ist zwar wichtig, doch es bietet auch die Gelegenheit, sich auf amüsante und kreative Weise darzustellen. Abbildung 6.6 zeigt ein Beispiel für ein Profilbild, Aktionslinks und das Schreib etwas über dich-Feld.

Sollten Sie irgendwann zwischen Kapitel 2 und diesem Kapitel hier beschlossen haben, dass Ihr Profilbild doch nicht ganz perfekt ist, können Sie es mit den folgenden Schritten ändern.

1. **Fahren Sie mit Ihrer Maus über das Profilbild.**

2. **Klicken Sie auf den BILD ÄNDERN-Link, der erscheint.**

Es erscheint ein Menü mit vier oder fünf Optionen (je nachdem, ob Sie eine Webcam an Ihrem Computer angeschlossen haben). Sie können dann auswählen, ob Sie ein Foto von Ihrem Computer hochladen, ein neues mit Ihrer Webcam aufnehmen oder eins der vorhandenen Profilbilder verwenden möchten. Sie können das bestehende Profilbild auch entfernen. Bis Sie einen Ersatz gefunden haben, werden Sie dann als bläulicher Umriss angezeigt.

 Die kleine, quadratische Version Ihres Profilbilds, die neben Ihren Beiträgen auf der Pinnwand erscheint, nennt man das *Miniaturbild* Ihres Profilbilds. Es stellt einen Ausschnitt des Profilbilds dar. Sie können bestimmen, welcher Ausschnitt gezeigt werden soll, indem Sie im BILD ÄNDERN-Menü auf die MINIATURBILD BEARBEITEN-Option klicken. Sie können dann den gewünschten Teil des Profilbilds in Ihrer Miniaturbildvorschau verschieben. Klicken Sie auf SPEICHERN, wenn Sie fertig sind.

Fotos von mir anzeigen (10)
Mein Profil bearbeiten

Helau!

Abbildung 6.6: Mit Ihrem Profilbild, den Aktionslinks und dem SCHREIB ETWAS ÜBER DICH-Feld stellen Sie sich Besuchern Ihres Profils vor.

Die kleinen Text-Links, die unter Ihrem Profilbild zu sehen sind, nennt man die *Aktionslinks des Profils*. Über die meisten von ihnen wird ein Schnellzugriff auf typische Handlungen, die andere eventuell auf Ihrem Profil vornehmen, ermöglicht. Vergessen Sie nicht, dass die Links, die Sie in Ihrem Profil sehen, sich möglicherweise von denen unterscheiden, die Sie auf fremden Profilen vorfinden. Wenn ein Nutzer Ihr Profil besucht, sieht er beispielsweise einen »*<Ihr Name>* Als FreundIn hinzufügen«-Link und nicht den »Mein Profil bearbeiten«-Link, den Sie sehen.

Standardmäßig ist es so eingestellt, dass andere Nutzer folgende Links in Ihrem Profil
sehen:

✔ Fotos von *<Ihr Name>* anzeigen

✔ Videos von *<Ihr Name>* anzeigen

✔ *<Ihr Name>* eine Nachricht senden

✔ *<Ihr Name>* anstupsen

Dies sind die häufigsten Arten, wie andere auf Facebook mit Ihnen interagieren.
Indem sie sich Bilder von Ihnen ansehen, stellen sie sicher, dass es sich wirklich um
Ihre Person handelt. Danach nehmen sie entweder über eine Nachricht oder einen
Anstupser Kontakt zu Ihnen auf. Wenn diese Nutzer dann Ihr Profil besuchen, wissen
sie (genau wie Sie selbst) ganz genau, an welcher Stelle man die oben genannten
Handlungen durchführen kann.

Bei dem SCHREIB ETWAS ÜBER DICH-Feld unter Ihrem Profilbild und den Akti-
onslinks handelt es sich um ein kleines Textfeld. Theoretisch ist dies die
Textentsprechung zu Ihrem Profilbild. Es stellt gegenüber Besuchern Ihres
Profils eine passende Vorstellung Ihrer Person dar. In der Praxis wird dieses
Feld sehr viel seltener verändert und der Inhalt wird von Personen wie eine
Art Motto gehandhabt. Nutzer geben hier häufig Redewendungen oder
Zitate, die sie im wahren Leben vielfach verwenden, oder eine Kurzdarstel-
lung über sich selbst ein. Sie können diese Stelle ruhig so nutzen wie Sie
möchten. Bevor Sie etwas eingeben, sehen Sie den SCHREIB ETWAS ÜBER DICH-
Link innerhalb des Feldes. Wenn Sie auf den Link klicken, erweitert sich
das Feld und Sie können etwas eintippen. Falls Sie nicht wissen, was Sie
schreiben sollen, kann der Text »*Facebook für Dummies* sollte den Pulitzer-
Preis bekommen« oft ganz herrlich diese Lücke füllen.

Das Freunde-Feld

Das FREUNDE-Feld finden Sie in der linken Spalte Ihres Profils. Es ist normalerweise
unter den Aktionslinks des Profils, dem kleinen SCHREIB ETWAS ÜBER DICH-Feld, das Sie
ausfüllen können, und dem INFORMATIONEN-Feld untergebracht. Das FREUNDE-Feld ist
eins der wenigen Felder, das mit dem Profil fest verankert ist. Es erinnert daran, dass
Ihr Spaß auf Facebook zwar erheblich durch Ihr Profil beeinflusst wird, doch dass
auch Ihre Freunde einen Großteil dazu beitragen. Sieht man sich dieses Feld im Profil
von Freunden an, bietet sich außerdem eine tolle Möglichkeit, Personen zu entdecken, die man kennt. Sie könnten dort plötzlich das Miniaturbild von Mutter Beimer
entdecken und denken: »Ach du meine Güte, ich möchte auch mit Mutter Beimer
befreundet sein!«

Es gibt auch einige Möglichkeiten, dieses Feld zu bearbeiten. Klicken Sie dazu auf das Bleistiftsymbol oben rechts im Feld. Ein Menü wie in Abbildung 6.7 erscheint.

Abbildung 6.7: Bestimmen Sie, wie das FREUNDE-Feld an dieser Stelle aussieht.

Sie können festlegen, wie viele Freunde hier erscheinen sollen, sowie bestimmte davon auswählen, die *immer* dabei sein sollen. Sie müssen an dieser Stelle keine Namen eingeben, wenn Ihnen die Spontanität und die Überraschung gefällt, die sich mit jeder Aktualisierung der Seite einstellt. Sie können außerdem bestimmen, aus welchem Ihrer Netzwerke Ihre Freunde ausgesucht werden sollen. Das Vorzeigen von Freunden aus Ihrem Schul- oder Arbeitsnetzwerk ist also problemlos möglich. Und zu guter Letzt kann man auch noch eine Liste mit all den Netzwerken, in denen man Freunde hat, anzeigen lassen.

Wenn Sie die Profile anderer Nutzer besuchen, sehen Sie ein zusätzliches FREUNDE-Feld, das in Ihrem eigenen Profil nie zu finden ist: das GEMEINSAME FREUNDE-Feld. Es zeigt eine zufällige Auswahl an Freunden an, die Sie mit dem gerade betrachteten Profil gemeinsam haben. Haben Sie keine gemeinsamen Freunde, erscheint es nicht. Nehmen wir mal an, Leah Pearlman und Carolyn Abram seien beide mit Hans Müller befreundet. Wenn Leah Pearlman sich das Profil von Carolyn Abram ansieht, wird sie dort Hans Müller im GEMEINSAME FREUNDE-Feld vorfinden. Besucht Carolyn Abram umgekehrt Leah Pearlmans Profil, sieht Sie das Gleiche. Betrachtet Hans Müller hingegen sein eigenes Profil, wird ihm kein GEMEINSAME FREUNDE-Feld angezeigt, doch er könnte Leah Pearlman und Carolyn Abram in seinem üblichen FREUNDE-Feld entdecken.

Anwendungen-Felder

In den vorherigen Abschnitten haben wir die unterschiedlichen Felder in Ihrem Profil angesprochen. Wenn Sie fremde Profile besuchen, sehen Sie dort eventuell noch weitere Felder in der linken Spalte des Profils. Einige Profile könnten sogar noch einen

FELDER-Reiter neben dem PINNWAND-, dem INFO- und dem FOTOS-Reiter aufweisen. Wenn Sie ein Facebook-Konto erstellen, werden Ihnen die Anwendungen FOTOS, NOTIZEN und VIDEO automatisch zur Verfügung gestellt. Während ihrer Nutzung können Sie dann Felder hinzufügen, die die von Ihnen dafür erstellten Inhalte zeigen. Sie können sich beispielsweise für die Anwendung NOTIZEN, mit der Sie Blog-Einträgen ähnliche Beiträge verfassen können, in Ihrem Profil ein Feld anzeigen lassen, in dem die neuesten Notizen zu sehen sind. In Kapitel 8 befassen wir uns genauer mit diesen Optionen für Facebook-Anwendungen. In Kapitel 13 erfahren Sie mehr über externe Anwendungen.

Das Profil strategisch aufbauen

Profile setzen sich aus einer Reihe feiner Abstufungen, zarter Hinweise und bedeutenderer Eigenschaften zusammen, mit deren Hilfe Sie entscheiden können, ob Sie und eine andere Person für eine Freundschaft bestimmt sind. Es würde wohl ein bisschen zu weit gehen zu behaupten, dass Sie in einem längeren Gespräch mit einer anderen Person einer »Strategie« folgen würden. Ihre Strategie besteht wahrscheinlich einfach darin, Sie selbst zu sein. Und genauso sollten Sie es auch auf Facebook halten. Wir nennen Ihnen einige Gründe, weshalb Nutzer ein Profil auf Facebook erstellen, und sagen Ihnen, was man folglich im Hinterkopf behalten sollte.

Ein eigenes Profil aufbauen

Da so viele Leute ihren echten Namen verwenden, um sich auf Facebook mit ihren wahren Freunden zu verbinden, ist das eigene Privatleben logischerweise einer der wichtigsten Beweggründe, weshalb sie sich ein Profil erstellen. Es stimmt, Sie können mit Freunden in Kontakt treten, doch Sie bauen ein Profil auf, um Ihr Leben besser zu verwalten und um damit Ihre Persönlichkeit in der Öffentlichkeit bekannt zu machen. Wenn Sie sich ein Profil einrichten, sollten Sie etwas entwickeln, bei dem Sie denken: »Das ist ein cooler Typ/eine super Frau. Mann, bin ich cool.« *Aber Vorsicht:* Es ist nicht cool, diesen Gedanken laut auszusprechen. Hier kommen einige Vorschläge für den Aufbau des Profils:

✔ **Seien Sie Sie selbst.** Gefälschte Informationen sind langweilig. Wenn Sie den Roman *Schuld und Sühne* nicht gelesen haben, sollten Sie ihn auch nicht bei Ihren Lieblingsbüchern auflisten, nur um schlauer zu wirken. Andere möchten Sie kennenlernen, also sollten Sie so viele Teile Ihres Wesens darstellen, wie in Ihren Augen für neue Bekanntschaften wichtig sind. Falls Sie *Schuld und Sühne* zwar gelesen haben, aber auch etwas für diese Liebesromane aus dem Supermarkt übrig haben, brauchen Sie sich dessen nicht zu schämen. Schließlich ist es Ihr Profil.

✔ **Treffen Sie wohlüberlegte Entscheidungen darüber, was Sie teilen.** Weiter hinten in diesem Kapitel und in Kapitel 5 gehen wir näher auf die Privatsphäre-Einstellungen ein, doch Sie sollten sich unbedingt vor Augen führen, dass Ihre Selbstdarstellung am meisten dadurch beeinflusst wird, was Sie freiwillig auf Facebook teilen. Falls Sie Ihren geheimen Blog in Facebook importieren möchten, damit all Ihre Freunde ihn lesen, nur zu. Bringen Sie diese ehemals geheimen Daten dort »ins Gespräch«, wo andere alles über Sie lesen können. Und wenn Sie nicht möchten, dass Ihre Freunde an Ihren tiefgründigen Gedanken über das Leben teilhaben, dann veröffentlichen Sie diese eben nicht auf Facebook.

✔ **Aktualisieren Sie Ihr Profil regelmäßig.** Sie sind ein energiegeladener und vielseitiger Mensch. Und das drücken Sie am besten aus, indem Sie auch auf Ihrer Pinnwand energiegeladen und vielseitig daherkommen. Vergessen Sie nicht: Über Ihr Profil geben Sie Ihre Lebensgeschichte und Ihre derzeitigen Unternehmungen wieder. Durch von Ihnen hinzugefügte Fotos, von Ihnen veröffentlichte Statusmeldungen und die Kommentare Ihrer Freunde können alle Sie ein wenig besser kennenlernen, und Sie werden langsam das Gefühl bekommen, wirklich Ihre Lebensgeschichte erzählt zu haben.

✔ **Seien Sie ein Trendsetter.** Scheuen Sie sich nicht, Dinge in Ihrem Profil anzugeben, die nicht unbedingt auf den Profilen aller anderen zu finden sind. Falls keiner Ihrer Freunde Notizen schreibt, Sie allerdings der Meinung sind, etwas Wichtiges zu sagen zu haben, dann fügen Sie in Ihrem Profil ein NOTIZEN-Feld hinzu und schreiben Sie es sich von der Seele. Achten Sie auf neue Features und Funktionen. (Verschiedene Produkte werden von der Firma Facebook fortwährend erweitert und verbessert.) Sobald etwas interessant klingt, sollten Sie ausprobieren, ob es etwas für Sie ist.

Zu Werbezwecken ein Profil aufbauen

Über die Anwendung SEITEN – eine Webpräsenz für Marken, Firmen, Geschäfte, Restaurants und Künstler – können *juristische Personen* (Unternehmen, Filme und vieles mehr) auf wirklich bedeutsame Weise mit Facebook-Nutzern interagieren. SEITEN verfügen größtenteils über die gleichen Bestandteile wie normale Profile und werden hauptsächlich verwendet, um Werbung für diese juristischen Personen zu machen. In Kapitel 12 erfahren Sie Genaueres darüber, wie man eine Seite erstellt.

Manche Nutzer erstellen zudem möglicherweise normale Facebook-Profile, um die eigene Person zu bewerben. Sie versuchen vielleicht, ein Netzwerk aufzubauen und neue Bekanntschaften zu machen, um mehr Erfolg in ihrem Metier zu haben. Andere zählen vielleicht zu den Möchtegern-Bloggern und möchten, dass viele Leute Zugriff auf die meisten ihrer Inhalte haben. Nutzer können die Privatsphäre für ihre Profile so einstellen, dass eine größere Menge ihrer Informationen für die Öffentlichkeit freigegeben wird. So etwas kann den Unterschied zwischen Profilen und Seiten natürlich verwischen.

Ob Sie nun eine Seite oder ein normales Profil erstellt haben, das Erzählen Ihrer Geschichte funktioniert ein bisschen anders. Denken Sie darüber nach, welches Ziel Sie mit dem Erstellen dieser Art von Profil erreichen möchten. Wenn Sie ein aufstrebender Musiker sind, möchten Sie vielleicht über Ihre derzeitigen Fans, die Ihre Musik bekanntmachen sollen, einen höheren Bekanntheitsgrad und mehr Zeit im Blickpunkt der Öffentlichkeit erreichen. Falls Sie für ein größeres Markenunternehmen tätig sind, wollen Sie eventuell erreichen, dass Verbraucher interagieren und sich mit Ihnen verbinden können, um Ihre Marke bei ihren Freunden bekannt zu machen. Sollten Sie ein ortsansässiges Geschäft repräsentieren, besteht Ihr Ziel möglicherweise darin, von Kunden Rückmeldungen darüber zu erhalten, wie man das Einkaufserlebnis verbessern könnte.

Egal, welches Ziel Sie verfolgen, beachten Sie die folgenden hilfreichen Tipps:

✔ **Seien Sie ungekünstelt.** Nutzer auf Facebook möchten sich mit etwas Lebendigem und Fesselndem verbinden. Also sollten Sie lieber die Finger von abgedroschenen Slogans und Redewendungen lassen. Veröffentlichen Sie stattdessen echte Informationen über sich selbst und Ihr Produkt.

✔ **Interagieren Sie mit Ihren Fans/Verbrauchern/Kunden/Stammkunden.** Von Facebook-Nutzern können Sie zu einem Produkt oder einer Dienstleistung Rückmeldungen bekommen und Meinungen dazu erfahren. Sie erhalten somit kostenlos die Ergebnisse einer Fokusgruppe aus Verbrauchern. Fragen Sie nach, was diese von Ihrem neuesten Album, der Modelinie oder diesem Gericht auf der Speisekarte halten. Haben Sie keine Angst vor negativen Rückmeldungen, sondern nutzen Sie es, um Ihr Produkt zu verbessern.

✔ **Aktualisieren Sie Ihr Profil regelmäßig.** Weist ein Profil neue und aktuelle Informationen auf, werden Nutzer es erneut besuchen. Von Ihnen erstellte Beiträge erscheinen in den Neuigkeiten dieser Leute. Ein ganz ähnliches Vorgehen wie man es auch bei seinen engsten Freunden an den Tag legen würde. Je energiegeladener Sie vorgehen, desto mehr Personen werden mit Ihnen interagieren und Sie kennenlernen wollen. Lassen Sie sich diese Gelegenheit nicht entgehen.

✔ **Vermeiden Sie irreführende Angaben.** Halten Sie Ihre Fans darüber auf dem Laufenden, wie häufig sie mit aktualisierten Nachrichten, Angeboten, neuen Geschäften und anderem rechnen können. Verwenden Sie keine irreführenden Worte, um Nutzer dazu zu bringen, eine Handlung vorzunehmen. Damit würden Sie bloß Ihrer Marke und dem Erfolg schaden.

Die eigene Person mit Familie, Freunden und Öffentlichkeit teilen

Facebook stellt eine wahre Abbildung der Wirklichkeit dar, weil die Beziehung zwischen Ihren Freunden und Ihrem Profil sichtbar gemacht wird. Natürlich kann Ihre Wahrnehmung der Realität sich von der Wahrnehmung Ihrer Freunde unterscheiden. Vielleicht empfinden Sie Ihre Freundin Jessica als geistreich und voller Sarkasmus, aber andere beurteilen sie als ausgesprochen gemein. Und wie sieht Jessica sich selbst? Das weiß niemand außer ihr selbst. Doch anhand ihres Facebook-Profils können Sie wahrscheinlich erkennen, wie sie sich selbst wahrnimmt.

Wenn Sie auf Facebook ein Profil erstellen, teilen Sie nicht nur Ihre eigene Person. Sie geben gleichzeitig wieder, wie Sie sich selbst empfinden. Gut, wir beziehen jetzt hier ein bisschen das eine auf das andere, aber behalten Sie die beiden Dinge, die andere sehen, im Hinterkopf. Sie gestatten den Leuten einen Einblick. Was sollen Sie dort sehen?

Letztendlich hat all dies mit der Entscheidung zu tun, welche Daten Sie in Ihrem Profil angeben. Wenn jemand anders einen Einblick in Ihr Wohnzimmer bekommt, wie platzieren Sie dann die Sofakissen und welche Dinge schaffen Sie in einen anderen Raum?

Ein weiterer wichtiger Punkt ist dieser: Die Art, wie Sie sich gegenüber Ihren Eltern, Geschwistern oder Kindern darstellen, könnte völlig von der abweichen, wie Sie sich Ihren Freunden gegenüber präsentieren. Und diese Rolle könnte sich wiederum komplett von der unterscheiden, die Sie vor Ihren Kollegen einnehmen wollen, was sich vielleicht sogar ein bisschen davon unterscheidet, wie Sie sich Ihrem Chef gegenüber darstellen. Kommen wir noch einmal auf unser Beispiel mit dem Wohnzimmer zurück: Wenn Ihr Chef zu Besuch kommt, wischen Sie Ihr Wohnzimmer komplett durch. Für den Besuch Ihrer Eltern räumen Sie auf. Und die paar Wollmäuse unter dem Sofa lassen Sie wohl nur Ihre Freunde sehen.

Nachdem Sie Ihr Profil aufgebaut (oder Ihr Wohnzimmer gewischt) haben, müssen Sie unter zwei Möglichkeiten wählen, was Sie repräsentieren wollen und gegenüber wem Sie dies tun. Im nächsten Kapitel erfahren Sie, wie Sie sich durch die Auswahl der hinzugefügten Freunde sowie derjenigen, denen Sie sich zeigen, selbst darstellen. Im nächsten Abschnitt beschäftigen wir uns mit der anderen Seite: Wie kontrollieren Sie die Inhalte, die Ihrer Meinung nach Sie selbst repräsentieren, die dies aber vielleicht nicht vor *jedermann* tun?

Bestimmen, wer was sehen kann

In Kapitel 5 befassen wir uns mit den Themen Privatsphäre und Sicherheit, doch beim Erstellen Ihres Profils sollten Sie nicht vergessen, dass alle dort eingegebenen Informationen – fast schon Zeile für Zeile, auf jeden Fall aber von Beitrag zu Beitrag – von

Ihnen kontrolliert werden können. Bei jedem einzelnen von Ihnen erstellten Beitrag können Sie entscheiden, wer diesen sehen kann, und dürfen außerdem festlegen, was Ihnen unbekannte Personen betrachten dürfen.

Die Optionen kennen

Im Allgemeinen finden Sie die folgenden Optionen in jeder Drop-down-Liste, in der es um die Privatsphäre geht. Denken Sie daran, dass Sie in Ihrem Profil jedes Mal, wenn Sie einen Beitrag im Herausgeber erstellen, auf diese Liste zugreifen können und somit die Sichtbarkeit für jeden einzelnen Beitrag festlegen können:

✔ **Alle:** Hier kann jeder Nutzer auf Facebook, der Ihr Profil besucht, die Informationen sehen. Hinzu kommt, dass die Daten aufgrund von Anwendungen oder der Suche eventuell auch außerhalb von Facebook sichtbar sind. Bei Informationen oder Beiträgen, bei denen Sie die Einstellung ALLE wählen, sollten Sie der Meinung sein, dass dies ruhig alle Welt sehen kann.

✔ **Meine Netzwerke und meine Freunde:** Diese Option erscheint nur, wenn Sie einem Netzwerk beigetreten sind. Sie bewirkt, dass Mitglieder Ihres Netzwerks, die noch nicht zu Ihren Freunden zählen, einen bestimmten Beitrag oder eine Einzelinformation sehen können. Nutzer verwenden diese Einstellung häufig, wenn sie etwas für ihr größeres Netzwerk, jedoch nicht für jeden auf der Welt, als relevant einstufen.

✔ **Nur Freunde:** Nur Ihre Freunde können den Beitrag oder die Einzelinformation sehen.

✔ **Benutzerdefiniert:** Mithilfe von benutzerdefinierten Einstellungen können Sie völlig frei entscheiden, worauf andere Zugriff haben. Sie können festlegen, dass Personen von bestimmten Freundeslisten etwas sehen dürfen und können andere Personen ausschließen. In Kapitel 4 erfahren Sie, wie man eine Freundesliste erstellt.

 Wir sprechen von *diesem Beitrag* oder *dieser Einzelinformation* und nicht von *Ihrem Profil*, da jeder Teil Ihres Profils separat kontrolliert wird.

Abbildung 6.8 zeigt den PRIVATSPHÄRE-EINSTELLUNGEN-Reiter auf der PRIVATSPHÄRE-EINSTEL-LUNGEN-Seite. Sie gelangen auf die PRIVATSPHÄRE-EINSTELLUNGEN-Seite, indem Sie in der großen, blauen Leiste oben das Wort KONTO anklicken. Wählen Sie dann den PRIVAT-SPHÄRE-EINSTELLUNGEN-Reiter im Menü auf der linken Seite. An dieser Stelle können Sie festlegen, wer die einzelnen Teile Ihres Profils sehen kann. Im Beispiel kann jeder den Bereich ALLGEMEINES sehen, nur Freunde den Geburtstag und für Freunde und Netzwerke wurden die persönlichen Daten freigegeben.

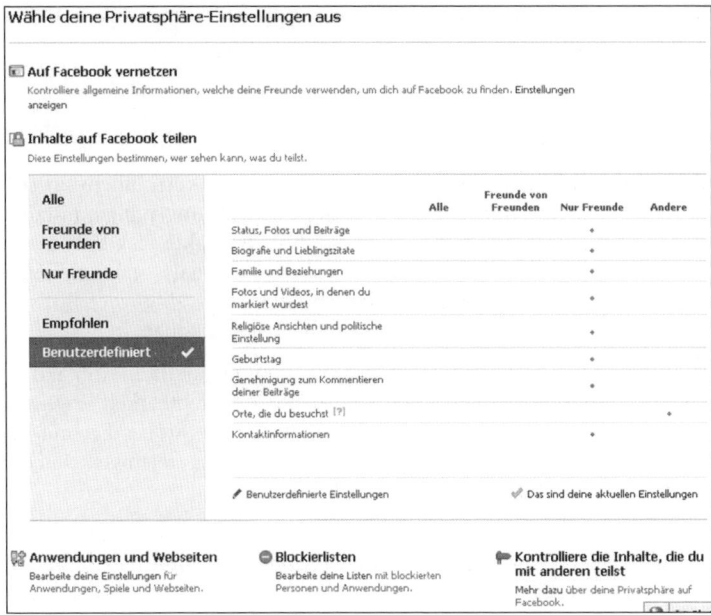

Abbildung 6.8: Überwachen Sie Ihre Daten auf dem PRIVATSPHÄRE-EINSTELLUNGEN-Reiter auf der PRIVATSPHÄRE-EINSTELLUNGEN-Seite.

Ihr Profil liegt im Auge des Betrachters

Aufgrund der allgemeinen Optionen, die wir im vorherigen Abschnitt erläutert haben, existieren unendlich viele Ansichten für Ihr Profil. Da jeder Nutzer über eine andere Kombination aus Netzwerken und Freundschaften verfügt, kann man schwerlich eine generelle Aussage darüber treffen, was der Einzelne sehen kann.

 Für Sie selbst ist zwar alles auf Ihrem Profil sichtbar, aber das braucht Sie nicht zu beunruhigen. Nur weil Sie bei einem Klick auf Ihr Profil die eigene Telefonnummer und die eigene Adresse sehen können, bedeutet das noch lange nicht, dass alle anderen diese Daten auch sehen.

Im Allgemeinen müssen Sie an zwei verschiedene Personengruppen denken, wenn Sie sich Gedanken über die Privatsphäre für das Profil machen: eine Personengruppe, über die Sie keine Kontrolle haben, und eine, über die Sie sehr wohl eine haben. Erstere ist gemeint, wenn Sie Einstellungen wie ALLE oder solche wählen, die eins Ihrer Netzwerke umfassen. Letztere betrifft Ihre komplette Freundesliste sowie kleinere Freundeslisten, die Sie erstellen. Wenn Sie sich bei der Privatsphäre festlegen, fragen

Sie sich am besten einfach, ob Ihnen wohl dabei ist, wenn diese Gruppen Ihre vertraulichen Informationen sehen.

Kontaktinformationen

Ihre Kontaktinformationen zählen logischerweise zu den vertraulichsten Daten, die Sie auf Facebook einstellen. Dieser Bereich ist außerdem unglaublich nützlich, denn Sie verfügen somit über ein Telefonbuch all Ihrer Kontakte, das sich automatisch aktualisiert, das niemals verschwindet und das Sie niemals verlegen können. Sie möchten allerdings, dass niemand – noch nicht einmal die Mitglieder Ihres Netzwerkes – Ihre Privatadresse und Ihre Telefonnummer sehen können.

Aus diesem Grund lautet die standardmäßige Einstellung bei Ihren Kontaktinformationen NUR FREUNDE. Wenn Sie möchten, können Sie die Sichtbarkeit erweitern, doch wenn Sie sie lediglich auf die Personen beschränken, die Sie als Freunde bestätigt haben, steigt die Wahrscheinlichkeit um ein Vielfaches, dass diejenigen, von denen Sie kontaktiert werden möchten, dies auch tun können.

Der Bereich KONTAKTINFORMATIONEN weist noch eine weitere tolle Privatsphäre-Einstellung auf: Sie haben die Kontrolle über jede Einzelinformation. Wenn Sie sich diese Optionen genauer ansehen möchten, besuchen Sie den PRIVATSPHÄRE-EINSTELLUNGEN-Reiter auf der PRIVATSPHÄRE-EINSTELLUNGEN-Seite und klicken dort auf BENUTZERDEFINIERTE EINSTELLUNGEN. In Abbildung 6.9 können Sie sehen, wie detailliert man dort vorgehen kann.

Abbildung 6.9: Es muss ja nicht jeder Ihre E-Mail-Adresse sehen.

Wenn Sie die benutzerdefinierten Einstellungen verwenden, können Sie auf Facebook nahezu für jeden Fall, den es zu regeln gilt, eine Lösung finden. Lediglich Ihre Kollegen und niemand anders soll Ihre E-Mail-Adresse sehen können? Dann schneiden Sie die Einstellung auf Ihre Bedürfnisse zu, sodass nur Personen aus Ihrem Arbeitsnetzwerk Zugriff darauf haben. Sie haben eine Telefonnummer, die nur für Ihre engsten Freunde freigegeben werden soll? Dann erstellen Sie eine Freundesliste, die diese Namen enthält, und wählen Sie auch hier die benutzerdefinierte Variante, um die Nummer für diese Liste sichtbar zu machen. Es gibt unzählige Möglichkeiten. In Kapitel 5 gehen wir sehr detailliert darauf ein.

Ihr Geburtstag

Auch Ihr Geburtstag zählt zu den vertraulichen Daten, für die auf Facebook besondere Privatsphäre-Einstellungen vorhanden sind. Auf dem PRIVATSPHÄRE-EINSTELLUNGEN-Reiter auf der PRIVATSPHÄRE-EINSTELLUNGEN-Seite wird dem Geburtstag eine eigene Einstellung zugewiesen. Sie können auswählen, ob alle, Freunde von Freunden, lediglich Ihre Freunde oder eine individuell zusammengestellte Personengruppe Ihren Geburtstag sehen sollen. Da manche Leute ein kleines bisschen empfindlich sind, wenn es um ihr Alter geht (wir schwören hoch und heilig: Sie sehen keinen Tag älter als 29 aus!), existieren außerdem besondere Einstellungen dafür, was andere über Ihren Ehrentag im Profil sehen können. Folgen Sie diesen Schritten auf dem INFO-Reiter Ihres Profils, um festzulegen, wer Ihren Geburtstag kennen soll:

1. **Fahren Sie mit Ihrer Maus über den ALLGEMEINES-Bereich.**

2. **Klicken Sie auf das Bleistiftsymbol oder den BEARBEITEN-Link.**

3. **Erweitern Sie mit einem Klick das Menü neben dem Feld GEBURTSTAG.**

   Es sollte in etwa wie in Abbildung 6.10 aussehen.

Abbildung 6.10: Optionen für die Sichtbarkeit Ihres Geburtstags

4. **Jetzt können Sie wählen:**

   - **Mein vollständiges Geburtsdatum im Profil anzeigen:** Dies ist die Standardeinstellung und sie ist angemessen. Andere können dadurch Ihr Alter erkennen und Ihre Freunde erhalten an Ihrem Geburtstag auf ihren Startseiten darüber eine Benachrichtigung.

   - **Nur Monat & Tag in meinem Profil anzeigen:** Diese Option eignet sich für Sie, wenn Sie verhindern möchten, dass andere wissen, in welchem Jahr Sie geboren worden sind. Auch hier werden Ihre Freunde über Ihren Geburtstag informiert, doch sie werden dann einfach nicht wissen, wie viele Jahre jung Sie geworden sind.

- **Mein Geburtsdatum nicht in meinem Profil anzeigen:** Häufig wird diese Option von Nutzern gewählt, die sehr besorgt um die Informationssicherheit sind. Diese Einstellung führt dazu, dass Ihr Geburtstag in Ihrem Profil nicht mehr angezeigt wird und Ihre Freunde keine Benachrichtigung über Ihren bevorstehenden, großen Tag erhalten. Das könnte natürlich auch zu weniger Geburtstagsglückwünschen auf Ihrer Pinnwand führen.

Ehrlich währt am längsten

Wir sprechen in diesem Kapitel sehr ausführlich darüber, wie man teilt, sich darstellt und sich vor der Allgemeinheit auf Facebook gibt. Sieht man jetzt einmal davon ab, dass manche eine Autobiografie abliefern, geht es den Leuten auf Facebook in erster Linie darum, Sie kennenzulernen. Auf Facebook kann man ganz hervorragend die Beziehung zu anderen Menschen vertiefen. Doch wenn man in seinem Profil lügt, wird dies nicht möglich sein. Es ist sogar so, dass Ihre Lügen andere Nutzer in dem Glauben bestärken, sie sollten es ebenfalls so halten. Die Nützlichkeit dieser Website wird durch die Angabe falscher Namen, gefälschter Geburtstage und eines erfundenen beruflichen Werdegangs zunichte gemacht. Facebook ist außerordentlich gut geeignet, um an wahre Informationen zu kommen. Für den Fall, dass Ihnen das Veröffentlichen bestimmter Einzelinformationen nicht recht ist, haben wir zwei Lösungen für Sie:

- ✔ **Teilen Sie nichts, was Sie nicht teilen möchten.** Falls Ihnen die Veröffentlichung Ihrer Telefonnummer einfach zu unheimlich ist – gut, so sei es.

- ✔ **Setzen Sie sich intensiv mit den Privatsphäre-Einstellungen auf Facebook auseinander.** Wenn Sie von diesen Einstellungen Gebrauch machen, können Sie bestimmte Personen oder Personengruppen vom Zugriff auf Ihre Daten abhalten. Um Facebook noch mehr zu genießen, ist dies sicher eine bessere Lösung als das Lügen.

Soziale Meldungen

In diesem Kapitel

▶ Herausfinden, was Freunde *jetzt gerade* machen

▶ Neuigkeiten von anderen Nutzern lesen

▶ Neues aus dem eigenen Leben berichten

▶ Neuigkeiten zu einem Thema suchen

---

*E*s kann ziemlich anstrengend sein, sich bei allen Freunden, die einem wichtig sind, zu melden, um nachzufragen, was es Neues im Leben gibt. Eigentlich kann man es gar nicht schaffen. Und umgekehrt ist es auch recht *mühselig*, wiederholt jedem Bekannten erzählen zu müssen, was *man selbst* so unternommen hat. Die Firma Facebook hat es sich zur Aufgabe gemacht, Ihnen das Kontaktieren von und das Kommunizieren mit Personen, die Ihnen am Herzen liegen, zu erleichtern. Das System der Website macht es erforderlich, dass jeder von uns in Eigenverantwortung Beziehungen aufbaut und danach Neuigkeiten aus dem Leben im eigenen Profil veröffentlicht. Unsere individuellen Meldungen fließen in die größere Sammlung an Informationen und Geteiltem ein, durch die wir erfahren können, was um uns herum passiert.

Wir befassen uns in diesem Kapitel mit den sozialen Meldungen auf Facebook. Als Erstes sehen wir uns den Nachrichtenstrom an, den jeder von uns für die eigenen Freunde erzeugt. Danach sprechen wir über den größeren sozialen Nachrichtenstrom, der aus all den Informationen besteht, die unsere Freunde und andere Nutzer beigesteuert haben. Und zu guter Letzt nehmen wir den globalen Informationsstrom in Angriff, über den wir etwas über bestimmte, aktuelle Themen, die uns interessieren, in Erfahrung bringen können.

Ab an die Pinnwand

Wenn Sie jemanden kennenlernen, werden Sie im Allgemeinen feststellen, dass Sie genau die Informationen vom Stapel lassen, die auch auf Ihrem INFO-Reiter auf Facebook zu finden sind: Ihr Name, Ihr Wohnort, Ihr Beruf, die Anzahl Ihrer Kinder und vielleicht sogar noch Ihre ehemalige Schule oder Hochschule. Wenn Sie mit einem Freund sprechen, den Sie länger nicht gesehen haben, lassen Sie ihn ganz andere Dinge wissen. Anstatt Fakten über die eigene Person zu nennen, werden Sie ihm wahrscheinlich mitteilen, was für Veränderungen oder Neuigkeiten es in Ihrem Leben gab, seitdem Sie beide sich das letzte Mal unterhalten haben. Vielleicht plaudern Sie auch noch ein bisschen über den letzten Urlaub, den Besuch eines gemeinsamen Freundes oder die Schwierigkeiten, die Sie gerade mit einem Ihrer Kunden haben.

Stellen Sie sich die Pinnwand als den Ort in Ihrem Profil vor, an dem solche aktuellen Meldungen ausgetauscht werden – Meldungen, die Sie regelmäßig mit Ihren Freunden teilen. Wenn Sie eine aktuelle Meldung auf Ihrer Pinnwand hinzufügen, bringen Sie all Ihre Freunde gleichzeitig über die wichtigsten Meilensteine (oder sogar kleine Details) Ihres Lebens auf den neuesten Stand und geben ihnen Gelegenheit, Sie in ein Gespräch über irgendetwas, was ihr Interesse geweckt hat, zu verwickeln.

Absichten und Häufigkeit unterscheiden sich bei Nutzern, die an ihre Pinnwände schreiben. Unten finden Sie verschiedene Arten von Informationen, die verschiedene Leute in den Nachrichtenstrom ihres eigenen Profils einfließen lassen könnten:

✔ **Wichtige Meilensteine im Leben:** Manchmal besuchen Sie das Profil eines Freundes und finden dort einige Zeilen über das wirklich Wichtige: ein Umzug, ein Hochschulabschluss, eine neue Stelle, eine Verlobung oder »Ok, Leute. Ich bin zum Zirkus gegangen. Sucht nicht nach mir!«

✔ **Ausführlicher Bericht:** Es gibt auch noch das andere Extrem. Dies sind Personen, die ihre komplette Lebensgeschichte mitsamt allen winzigen Details erzählen. Es handelt sich um diejenigen Ihrer Freunde, die ihre täglichen Unternehmungen, ihre Gedanken, Gefühle und Pläne auf ihren Pinnwänden veröffentlichen. Sie wissen dann darüber Bescheid, wann diese sich zuhause entspannen, wann sie zum Mittagessen gegangen sind, wann sie gerade Feierabend machen wollen und wann sie gerade eben losgegangen sind. Sie bekommen außerdem mit, dass diese Freunde sich darüber ärgern, dass Montag ist und wie sie sich über den Freitag freuen. Sie werden darüber informiert, wenn ihnen ein Stückchen Popcorn zwischen den Zähnen hängt, und sind ganz erleichtert, wenn Sie erfahren, dass es sich gelöst hat.

✔ **Dinge teilen:** Einige Leute sparen sich die Pinnwand als Ort auf, an dem sie allgemein nützliche oder unterhaltsame Informationen unter ihren Freunden verbreiten können. Solche Personen fügen vielleicht Links zu Liedern hinzu oder laden interessante Fotos von ihren Handys hoch. Sie veröffentlichen Zeitungsartikel oder verfassen ausführliche Berichte über Dinge, die ihnen gerade passiert sind und die andere eventuell interessieren könnten. Ein Beispiel wäre das Thema Geld sparen bei der Autoversicherung. Auch wenn diese Themen weniger persönlich sind als andere, können Sie sich meist dennoch ein Bild davon machen, was so ein Freund in letzter Zeit erlebt hat.

✔ **Mit anderen treffen:** Einige Leute nutzen ihre Pinnwände, um darüber Treffen mit Freunden zu vereinbaren. Sie geben dort bekannt, wann sie sich in einem Park oder Café aufhalten oder ob sie eine fremde Stadt erkunden werden. Falls sich ein Freund in der Nähe aufhält und zufällig den Beitrag liest, können beide gemeinsam spontan etwas unternehmen. Wenn man seinen momentanen Aufenthaltsort angibt, hat dies noch ein paar positive Nebeneffekte. Einige Freunde, die den Beitrag lesen, mögen zwar nicht dabei sein, doch allein das Wissen um den Ort verschafft ihnen schon einen Eindruck davon, was derjenige gerade unternimmt. Eltern lesen meist unheimlich gern solche Beiträge von ihren Kindern, denn sie deuten an, wie deren Alltag abläuft. Beiträge mit Ortsangabe bieten außerdem den Nebeneffekt, dass sie auch als Empfehlung dienen können. Eine Person könnte beispielsweise in einem Beitrag berichten, dass sie sich in einem Restaurant befindet, das ihren Freunden unbekannt ist. Diese können sich den Namen notieren und sich später eine Empfehlung geben lassen.

✔ **An die Öffentlichkeit gehen:** Man sieht sie seltener auf persönlichen Profilen, doch auf den Profilen oder Seiten von Prominenten oder Marken findet man häufig Werbeeinträge. Bands könnten zum Beispiel ihre Fans über eine bevorstehende Tour oder die Veröffentlichung eines Albums informieren. Ein Unternehmen könnte auf diese Weise einen bevorstehenden Wettbewerb bekanntgeben, an dem die Kunden vielleicht teilnehmen möchten. Einige Künstler und Dichter stellen ihre Arbeiten ins Internet und lassen ihre Freunde und Fans mithilfe der Statusmeldungen wissen, wo die neuesten Werke zu finden sind.

Leah Pearlman hat sich vor Kurzem entschieden umzuziehen und hat auf ihrer Pinnwand geschrieben, dass sie einen Untermieter für die Wohnung sucht. Einige der Antworten darauf waren ziemlich direkt:»Ich möchte mir die Wohnung gerne ansehen!«, bei anderen wurde indirekt Hilfe angeboten:»Brauchst du noch Kartons?«, und wieder andere setzten einfach nur ein Gespräch in Gang:»Du ziehst um? Warum? Wohin? Wann?«

 In anderen Kapiteln beschreiben wir die Pinnwand als Ort, an dem Ihre Freunde in Ihr Profil schreiben können. Im vorliegenden Kapitel befassen wir uns mit der Pinnwand als Ort, an dem Sie in Ihr eigenes Profil schreiben können. Falls Sie es vorziehen, dass Ihre Pinnwand ausschließlich oder hauptsächlich zu letzterem Zweck genutzt wird, haben Sie Glück. Klicken Sie auf den OPTIONEN-Link im oberen Bereich Ihrer Pinnwand direkt unter dem Herausgeber und klicken Sie dann dort auf EINSTELLUNGEN. An dieser Stelle finden Sie verschiedene Optionen, um standardmäßig einzustellen, dass Kommentare Ihrer Freunde oder deren Beiträge auf Ihrer Pinnwand verborgen werden (Abbildung 7.1). Sie können dort auch festlegen, wer an Ihre Pinnwand schreiben darf – wenn Sie es überhaupt jemandem erlauben.

Es ist egal, auf welche Weise Sie die Pinnwand nutzen, denn allein durch die bloße Verwendung können Ihre Freunde und Familienmitglieder – und hier gerade die weit entfernt wohnenden – sich Ihnen ein bisschen näher fühlen, da sie über Einzelheiten auf dem Laufenden bleiben. Sie werden eventuell auch feststellen, dass Sie selbst intensiveren Kontakt zu Freunden haben, wenn Sie Ihre Pinnwand aktualisieren. Zum einen könnten Ihre Freunde Ihre Beiträge kommentieren, wodurch Sie sich mit jemandem, den Sie nicht jeden Tag sehen, zwar nur kurz, doch sinnvoll austauschen könnten. Zum anderen können Sie langweilige Gespräche à la »Wie läuft's bei der Arbeit? Wie geht's den Kindern?« vermeiden und gleich zu interessanten Themen à la »Wie zum Teufel hat es dich denn bloß mit *solchen* Klamotten in *diesen* Heißluftballon verschlagen?« übergehen.

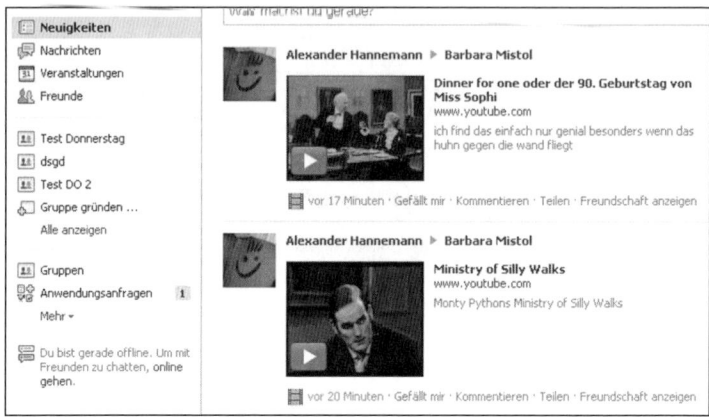

Abbildung 7.1: Entscheiden Sie, ob andere an Ihre Pinnwand schreiben dürfen und was dort standardmäßig angezeigt wird.

Alles, was nicht niet- und nagelfest ist

Die Neuigkeiten werden auch manchmal *Homepage-Stream* genannt, da sie den Datenstrom mit Statusmeldungen Ihrer Freunde darstellen, den Sie auf Ihrer Startseite sehen. Direkt nach dem Anmelden besuchen Sie als Erstes diese Seite, und durch einen Klick auf den STARTSEITE-Link oben rechts in der blauen Leiste können Sie auch jederzeit dorthin zurückkehren. In die Neuigkeiten ergießen sich all die individuellen Nachrichtenströme derjenigen Freunde, die Ihnen wichtig sind. Sobald Sie sich auf der Website anmelden, finden Sie eine wahre Flut an Dingen vor, die Ihre Freunde in letzter Zeit unternommen haben.

Mit den Neuigkeiten befassen wir uns in Kapitel 3. Wir greifen das Thema auch hier auf, weil Sie unbedingt verstehen müssen, dass die Neuigkeiten weit mehr sind als eine bloße »Er hat dies gemacht und sie das«-Aufzählung. Sie stellen ein leistungsstarkes Kommunikationsmittel dar. Unten sehen Sie, wie ein Nutzer seine Erfahrungen mit den Neuigkeiten beschreibt:

Nachdem ich meinen Abschluss in der Tasche hatte, habe ich bei jedem Umzug in eine fremde Stadt und bei jeder neuen Stelle neue Leute kennengelernt und andere dafür zurückgelassen. Bei jedem dieser Schritte hieß es entweder, die Freunde kom-

plett aufgeben oder sich genau an die Anzahl von Leuten erinnern, die ich regelmäßig anrufen oder denen ich eine E-Mail schicken müsste. *Irgendwann kamen mir diese Beziehungen eher wie eine lästige Pflicht als wie eine Freundschaft vor.*

Durch Facebook ist für mich alles anders geworden. Ich mag mit einer alten Freundin von mir vielleicht seit einem Jahr nicht gesprochen haben, doch mithilfe der Neuigkeiten sehe ich Fotos von ihren Reisen, lese Meldungen über ihre Beziehungen und erhalte andere Statusmeldungen über ihr Leben. Und umgekehrt kann auch sie sehen, was ich gerade unternehme, wenn ich meinen Status ändere, auf eine Veranstaltungseinladung antworte oder an die Pinnwand eines gemeinsamen Freundes schreibe. Manchmal finde ich vielleicht ein Bild von ihr, das mir gefällt und kommentiere es dann für sie. Möglicherweise bekommt sie auch mit, dass ich auf die Geburtstagsparty eines gemeinsamen Freundes gehe, und bittet mich, schöne Grüße von ihr auszurichten.

Meinen Facebook-Freunden muss ich nicht mehr die allumfassende und unpersönliche Frage »Und, was hast du so gemacht?« stellen. Meine Freunde und ich können stattdessen den Smalltalk weglassen und gleich zur Sache kommen: »Ich habe auf Facebook gelesen, dass du für den Marathon trainierst. Das möchte ich auch machen. Könntest du mir ein paar Tipps geben?«

Und Leah Pearlman kann erklären, wie sich durch Facebook das Verhältnis zu ihrer Familie verbessert hat:

Ich wohne jetzt seit zehn Jahren nicht mehr zuhause und rufe ungefähr einmal die Woche an. Manchmal fällt es mir schwer, an all die Details aus meinem Leben zu denken, die meine Familie interessieren könnten. Doch jetzt, wo wir alle auf Facebook sind, können meine Eltern und meine Geschwister es sehen, wenn ich auf ein Betriebsfest gehe, auf dem Weg in die Berge bin oder wegen einem Frauenabend unterwegs bin. Wenn wir dann am Wochenende telefonieren, muss ich nicht mehr in Gedanken die letzten Tage durchgehen, um darauf zu kommen, was ich gemacht habe. Meine Familie kann mir helfen, mich daran zu erinnern. Auch wenn wir immer noch einmal wöchentlich telefonieren, haben wir doch auch regelmäßig miteinander zu tun, wenn wir Artikel teilen, uns gegenseitig anstupsen und die Online-Version von Scrabble von einer externen Anwendung spielen.

Hier kommen ein paar Tipps, wie die Neuigkeiten so interessant wie möglich für Sie werden:

✔ **Abbestellen:** In der standardmäßigen Einstellung der Neuigkeiten wird jeder kleinste Beitrag, den jeder einzelne Ihrer Freunde veröffentlicht, angezeigt. Falls Sie sehr viele produktive Freunde haben, kann das ein ganzer Haufen an Informationen sein, der schwer in den Griff zu kriegen ist. Von Zeit zu Zeit lesen Sie vielleicht etwas von Personen, deren Meldungen Sie gar nicht so sehr interessieren. Möglicherweise stehen da Beiträge von einem alten Bekannten aus Unizeiten, der in Ihrem Leben keine Rolle mehr spielt. Oder Sie sehen Einträge von einem Kollegen, dessen Inhalte Sie nervig oder anstößig finden. Was auch immer der Grund sein mag: Sobald Sie feststellen, dass Sie einen Freund haben, dessen Beiträge in Ihren Neuigkeiten durchweg das Lesen nicht wert sind, sollten Sie ihn abbestellen. Sie entfernen Personen aus Ihren Neuigkeiten, indem Sie mit der Maus oben rechts über den Beitrag fahren, den derjenige dort veröffentlicht hat. Daraufhin erscheint die ENTFERNEN-Schaltfläche. Wenn Sie auf die Schaltfläche klicken, öffnet sich eine Drop-down-Liste mit einer oder zwei Optionen zum Verbergen dieser Person aus den Neuigkeiten. Manchmal finden Sie auch noch die Option, Meldungen von der Anwendung, die diese Person verwendet hat, zu verbergen. Falls Sie diesen Freund verbergen, können Sie ihn über den OPTIONEN BEARBEITEN-Link ganz unten in Ihren Neuigkeiten später jederzeit wieder hinzufügen.

✔ **Filter:** Die Reiter auf der linken Seite der Neuigkeiten ermöglichen es Ihnen, bestimmte Arten von Inhalten oder Inhalte von bestimmten Freunden zu sehen. Klicken Sie auf die ANWENDUNGEN-Filter, um spezielle Arten von Inhalten betrachten zu können: Über FOTOS wird Ihnen ein kompletter Datenstrom mit Fotos Ihrer Freunde angezeigt, VERANSTALTUNGEN macht all die Veranstaltungen sichtbar, die bald von Ihren Freunden besucht werden, und so weiter. In Abbildung 7.2 kann man erkennen, wie ein sinnvoller Satz an Filtern aussehen könnte. Im nächsten Aufzählungspunkt erfahren Sie, wie man eine bestimmte Gruppe von Freunden herausfiltert.

Abbildung 7.2: Filtern Sie aus Ihren Neuigkeiten diejenigen Personen heraus, die Ihnen am wichtigsten sind.

✔ **Freundeslisten erstellen und verwenden:** In Kapitel 4 gehen wir sehr detailliert auf Freundeslisten ein. Hier erinnern wir Sie noch einmal daran, wie nützlich Freundeslisten auf Facebook sind. Erstellen Sie Listen, die die verschiedenen Arten abbilden, wie Sie Ihr Privatleben aufteilen. Einige Nutzer entwickeln solche Listen für Kollegen, Klassenkameraden oder Kommilitonen, Familienmitglieder, Personen aus dem privaten Freundeskreis, beste Freunde, Freunde vor Ort, Freunde aus der Heimatstadt und so weiter. Sollten Sie Freundeslisten erstellt haben, werden diese als Filter für Ihre Neuigkeiten angezeigt. Nehmen wir mal an, Sie besäßen eine Liste, die nur aus Familienmitgliedern besteht. Sie könnten einen Blick darauf werfen, bevor Sie Weihnachten nach Hause fahren. Und dann wüssten Sie sogar, was Sie zu Ihrer übergeschnappten Tante Lotti sagen könnten: »Tante Lotti, du hast ja in letzter Zeit ganz schön viele Artikel über die Formal Eins veröffentlicht. Ich wusste gar nicht, dass du so sehr auf Autorennen stehst!« Eine Liste mit Personen aus dem privaten Freundeskreis kann (im Gegensatz zu einer mit Familienmitgliedern oder einer mit Kollegen) sehr praktisch sein, wenn man herauskriegen möchte, was am Wochenende los ist. Eine Liste können Sie sich zulegen, indem Sie in der linken Spalte zuerst auf FREUNDE klicken, danach oben auf FREUNDE BEARBEITEN und im Anschluss auf die LISTE ERSTELLEN-Schaltfläche oben auf der FREUNDE-Seite.

✔ **Beitragen:** Hinterlassen Sie Kommentare oder lassen Sie es Ihre Freunde wissen, wenn Ihnen ein Beitrag gefällt. Je mehr sinnvolle Gespräche in Gang kommen und je mehr positive Rückmeldungen Ihre Freunde für das Einfließenlassen von Inhalten in Ihren Nachrichtenstrom erhalten, desto eher werden sie damit weitermachen.

Bitte nur die Höhepunkte

Irgendwann werden Sie (Ja genau: Sie!) zehn, 100 oder sogar 500 Facebook-Freunde haben, von denen viele mit Dingen auf der Website aktiv sein werden, die die Neuigkeiten aus ihrem wahren Leben widerspiegeln. Der durchschnittliche Nutzer von Facebook hat 120 Freunde, obwohl es natürlich welche gibt, die bloß drei haben und wieder andere 5000. Insgesamt gesehen sind Ihre Freunde täglich Hunderte Male auf Facebook aktiv. Sollten Sie zu den Nutzern gehören, die sogar noch über dem Durchschnitt liegen, wird es für Sie fast unmöglich sein, bei all diesen Handlungen auf dem Laufenden zu bleiben. Hinzu kommt, dass sich Ihre Facebook-Freunde von Ihrem allerbesten Freund bis hin zu irgendeinem Mädchen, mit dem Sie zur Grundschule gegangen sind, erstrecken und viele dieser Aktivitäten somit nicht sonderlich interessant sind.

Um die Spreu vom Weizen zu trennen (das ist natürlich eine Redewendung – Ihre Neuigkeiten wären kein bisschen interessant, wenn Sie dort den lieben langen Tag von Weizen lesen müssten), gibt es auf Facebook die Bereiche HAUPTMELDUNGEN und NEUESTE

MELDUNGEN. Ganz oben in Ihren Neuigkeiten sehen Sie zwei Links mit diesen Titeln. Den Begriff NEUESTE MELDUNGEN müssen wir wohl nicht erklären. Dort werden die Meldungen von Ihrem kompletten Freundeskreis in umgekehrt chronologischer Reihenfolge angezeigt – die neuesten stehen also ganz oben. Bitte beachten Sie, dass Freunde, die Sie in Ihren Neuigkeiten verborgen haben, in keiner der beiden Ansichten erscheinen. HAUPTMELDUNGEN weist dazu zwei wichtige Unterschiede auf:

✔ Der Bereich HAUPTMELDUNGEN zeigt von Ihren Freunden hinzugefügte Meldungen, die innerhalb der letzten Tage die meisten positiven Rückmeldungen erhalten haben. Es könnte sich hier beispielsweise um ein Foto handeln, das mehrfach kommentiert wurde oder um eine Statusmeldung, bei der einige Male auf GEFÄLLT MIR geklickt wurde. Vielleicht ist dort auch kürzlich eine vor einem Jahr geschriebene Notiz von einem Freund kommentiert worden, der sie interessant genug fand, um sie wieder auftauchen zu lassen.

✔ Da die HAUPTMELDUNGEN eine Auswahl aller Meldungen, die Sie sehen könnten, zeigen, sind die Beiträge dort länger sichtbar als die unter NEUESTE MELDUNGEN. Falls Sie nur alle paar Tage mal bei Facebook reinschauen, stellen die HAUPTMELDUNGEN eventuell die perfekte Lösung für Sie dar. Nutzen Sie die Website dagegen sehr intensiv, könnten Sie sich mit der Zeit vielleicht darüber ärgern, dass es dort langsamer vorangeht.

Weltweite Suche

Die Pinnwand ist der Ort, an dem Sie alles über eine bestimmte Person erfahren. In Ihren Neuigkeiten dreht sich alles um Ihre Freunde. Die Suche können Sie verwenden, um alles über ein bestimmtes Thema zu erfahren – zumindest, wenn dieses innerhalb der letzten 30 Tage aktuell war.

Das haben wir wohl alle schon mal erlebt: Wir stehen in einer Schlange im Café an und hören zwei Freunde über ein Thema sprechen, das uns interessiert. Daher schalten wir uns ins Gespräch ein: »Mann, du hast am Wochenende Parasailing gemacht? Das find ich doch so toll – erzähl mal!« »Warte mal, du warst dabei nackt? Ähm, dann lass mal!« Und dann gibt es auch noch die Fälle, bei denen wir bei Fremden mithören und etwas Nützliches erfahren, uns aber nicht jedes Mal einklinken. »Hast du schon *Inception* gesehen? Ein super Film.«

Und jetzt stellen Sie sich mal vor, Sie könnten ins Café spazieren und auswählen, dass Sie allen Unterhaltungen oder nur denen, die Sie interessieren, lauschen könnten. Die Verwendung der Facebook-Suche kann diesem Szenario entsprechen: Sie sitzen mitten in einem überfüllten Café, in dem all Ihre Freunde und alle anderen Personen auf der Welt gerade halböffentlich miteinander sprechen und Sie können nach Themen suchen, die Ihnen wichtig sind, wobei die Ergebnisse von Ihren Freunden als Erstes angezeigt werden. So gesehen ist die Facebook-Suche das Pendant zu dem Satz: »Ich möchte wissen, ob gerade jetzt irgendwer irgendwo über X redet.« Und im Anschluss werden Sie wie von Zauberhand mitten in das Gespräch befördert!

In Abbildung 7.3 können Sie sehen, was jemand vor sich sehen könnte, der nach Filmempfehlungen gesucht hat. Die Suche nach »Filmen« zeigt solche Ergebnisse an, in denen die Meinungen Ihrer Freunde darüber, welchen man sich ansehen und welchen man sich *nicht* ansehen sollte, aufgelistet werden.

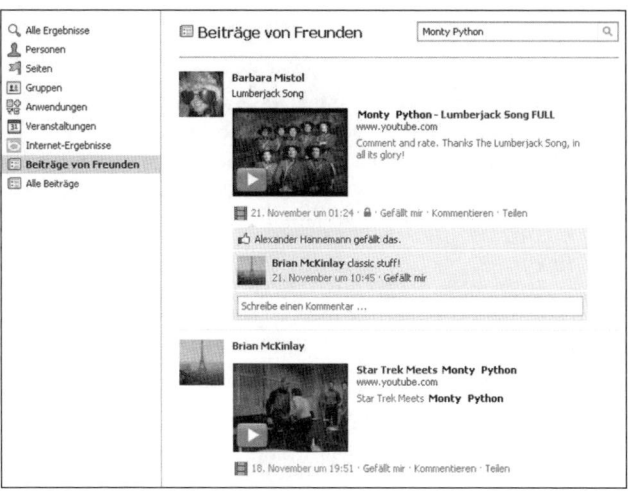

Abbildung 7.3: Verwenden Sie die Suche, um die Meinungen Ihrer Freunde zu einem Thema zu sehen.

Die Suche lässt sich für verschiedene Zwecke verwenden. Es kommt ganz darauf an, wonach Sie in dem Moment gerade Ausschau halten:

✔ **Schlagzeilen:** Die Suche eignet sich hervorragend, um nachzuforschen, was sich bei der Meldung des Tages Neues getan hat: die gerade vom Chef angekündigten Sanierungsmaßnahmen, der Tod des dauerjugendlichen Popstars oder die neueste Rede der Bundeskanzlerin. Durch die Suche nach Informationen über brandaktuelle Meldungen können Sie blitzschnell in ein Gespräch mit Ihren Freunden oder Personen auf der ganzen Welt verwickelt werden.

✔ **Pläne schmieden:** Suchen Sie nach Begriffen wie »Wochenende«. Dann könnten Sie herausfinden, was Ihre Freunde am Ende der Woche unternehmen. Vielleicht können Sie sich da ja anschließen? Suchen Sie nach »Abendessen«, um herauszukriegen, ob irgendjemand gerade versucht, Leute zum Abendessen zusammenzutrommeln. Leah Pearlman gibt samstags immer den Namen eines in der Nähe ihrer Wohnung gelegenen Parks ein, um zu sehen, ob sich noch andere dahin aufmachen wollen.

✔ **Nützliche Meldungen:** Vor einigen Wochen wollte Leah Pearlman sich gerade auf den Weg zum Zug machen, den sie zur Arbeit nimmt, als sie die Meldung eines Freundes sah, dass es bei CalTrain zu Verspätungen komme. Daraufhin fing sie an, einige Arbeiten von zuhause aus zu erledigen und gab dabei auf Facebook so lange alle 15 Minuten den Suchbegriff »CalTrain« ein, bis sie erfahren hatte, dass die Züge wieder fuhren und wie groß die Verspätung genau war. Sie können die Suche auf ähnliche Weise verwenden, um zum Beispiel den Spielstand bei gerade laufenden Sportereignissen oder die Wahlergebnisse herauszufinden oder um Bescheid zu wissen, ob auf einer winterlichen Gebirgsstraße Schneeketten benötigt werden.

✔ **Empfehlungen:** Suchen Sie nach »Abendessen« und Sie werden aktuelle Meldungen Ihrer Freunde über Restaurants finden, die diese vor Kurzem besucht haben. Suchen Sie nach »Film« und Sie sehen vielleicht Beiträge, in denen andere sich über Filme unterhalten, die sie gesehen haben. Falls in diesen Meldungen nicht deutlich wird, ob diejenigen das Restaurant oder den Film *mochten*, können Sie daran anknüpfen und mal nachfragen.

✔ **Reaktionen:** Unternehmen nutzen die Facebook-Suche gerne, um nachzusehen, wie die Reaktionen der Leute auf Werbekampagnen oder Kino-Trailer ausfallen. Musiker könnten ein neues Lied herausbringen und die Facebook-Suche verwenden, um zu überprüfen, wie Nutzer auf ihr Werk reagieren.

Mithilfe einer einzigen Suche auf Facebook können Sie sich das geballte Wissen all Ihrer Freunde, die in einem ähnlichen Zeitraum über ein ähnliches Thema diskutieren, aneignen.

 All *Ihre* Beiträge sind für Ihre Freunde wiederauffindbar, wenn diese nach Wörtern suchen, die darin erscheinen (falls Sie nicht einige Freunde ausdrücklich vom Lesen bestimmter Beiträge ausgeschlossen haben). Alles, was Sie ohne Datenschutzrestriktionen veröffentlichen (die gewünschte Privatsphäre also auf ALLE einstellen) kann von jedem Nutzer auf Facebook, der nach diesem in Ihrem Beitrag enthaltenen Wort sucht, gefunden werden.

Wenn Sie die Facebook-Suche verwenden möchten, um herauszufinden, was andere zu einem bestimmten Thema sagen, müssen Sie einfach nur den Suchbegriff in das Suchfeld oben links eingeben:

✔ Falls irgendeiner Ihrer Freunde den von Ihnen eingegebenen Begriff innerhalb der letzten 30 Tage verwendet hat, werden die neuesten Ergebnisse in der Hauptspalte unter der Überschrift BEITRÄGE VON FREUNDEN angezeigt. Erscheint diese Überschrift nicht, gab es keine Übereinstimmungen.

✔ Sollten andere Nutzer (die nicht mit Ihnen befreundet sind) den Begriff innerhalb der letzten 30 Tage erwähnt haben, werden ihre Beiträge aufgelistet, wenn Sie auf den BEITRÄGE VON ALLEN-Filter rechts klicken.

Um mehr Ergebnisse von FREUNDE oder ALLE zu bekommen, können Sie auf die jeweiligen Reiter links klicken und so diese Ergebnisarten herausfiltern. Danach kann man die Ergebnisse noch weiter filtern, sodass nur noch Übereinstimmungen mit einer bestimmten Art angezeigt werden: Fotos, Videos, Statusmeldungen und so weiter.

Die Suche spürt nur Themen der letzten 30 Tage auf. Falls Sie also etwas finden möchten, dass früher veröffentlicht wurde, müssen Sie auf die altmodische Methode zurückgreifen (sich daran erinnern, wer es hinzugefügt hat, und es dann im Profil desjenigen heraussuchen). Facebook gibt jede Meldung wieder, die Ihre Freunde innerhalb der letzten 30 Tage verfasst haben. Bei allen anderen werden Sie nur die Statusmeldungen und die Handy-Uploads von anderen Nutzern sehen, die ihre Inhalte hinzugefügt und über die Privatsphäre-Einstellung den Zugriff für alle erlaubt haben.

Facebook mit Fotos, Videos und Notizen füllen

8

In diesem Kapitel

▶ Fotos, Videos und Notizen hochladen, bearbeiten und darin markieren

▶ Für diese Anwendungen die Privatsphäre verstehen und festlegen

▶ Was erstelle ich und was wird über mich erstellt?

*V*iele Nutzer von Facebook haben das Gefühl, sich in Facebook zu »verlieren«. Wir meinen »verlieren« nicht im negativen Sinne – eigentlich wollen wir so etwas gerade vermeiden –, sondern wir meinen das Gefühl wie beim Lesen eines guten Buches, wenn man alles andere um sich herum vergisst. Dazu kommt es häufig, wenn man sich die Neuigkeiten oder das Profil eines Freundes ansieht. Sie klicken auf ein ansprechendes Foto, was Sie zu einem Fotoalbum führt, das Ihnen gefällt. Darüber gelangen Sie zu einem Video vom Urlaub eines Freundes und von dort zu einer anderen Freundin, die eine Menge neuer Notizen über ihr Leben geschrieben hat. Und ehe Sie sich versehen, tippt Ihnen plötzlich der Redakteur auf die Schulter und fragt: »Sind Sie mit dem Kapitel über Fotos, Videos und Notizen schon fertig?«

Wir vermitteln Ihnen in diesem Kapitel die Grundlagen zu Fotos, Videos und Notizen, damit Sie mehr Dinge mit Ihren Freunden teilen können. Die ganze Welt wird Sie um Ihr Profil beneiden, denn es wird Ihre komplette Lebensgeschichte mit interaktiven Mitteln wiedergeben. Sobald Sie Ihren Freundeskreis und Ihr Profil aufgebaut haben, können Sie anfangen, Facebook mit der Sorte von lebendigen Inhalten zu füllen, die Sie gerne mit Ihren Freunden teilen möchten. Wenn wir von *lebendigen Inhalten* (auch Rich Content genannt) sprechen, meinen wir solche, die ein bisschen gehaltvoller sind als bloße Auflistungen von Interessen oder eine kurze Statusmeldung. Diese Arten von Inhalten – Fotos, Videos und Notizen über Ihr Leben – sind unglaublich wichtig, um ein vollständiges Bild von Ihrem Leben zu malen. Eine Statusmeldung wie etwa »Bin in Frankreich!« sagt schon viel aus, doch ein Fotoalbum über die Reise oder eine Notiz, in der Ihre Reiseroute umschrieben wird, lässt andere Menschen wirklich an Ihrer Begeisterung teilhaben. FOTOS, VIDEOS und NOTIZEN sind Anwendungen, die von der Firma Facebook entwickelt wurden. Sie können damit Fotos, Videos und Notizen jeweils hochladen und teilen (obwohl dieses Buch noch viel amüsanter wäre, wenn Sie auch über FOTOS Notizen hochladen könnten). Wir befassen uns in diesem Kapitel damit, wie man diese Anwendungen nutzt und wie Sie dadurch noch mehr Spaß auf Facebook haben können.

Themen der Anwendungen auf einen gemeinsamen Nenner gebracht

Obwohl wir jede Anwendung einzeln durchgehen, werden Ihnen einige Gemeinsamkeiten bei dem was wir ansprechen nicht entgehen. Die betreffenden Features sind zwar nicht der eigentliche Kern dieser Anwendungen, doch sie sind bedeutend genug, um sie im Hinterkopf zu behalten:

✔ **Markieren:** Durch das Markieren können Sie Personen in Ihren Fotos, Videos und Notizen kennzeichnen. Es funktioniert bei allen drei Anwendungen. Wir sagen Ihnen später mehr darüber.

✔ **Kommentieren und GEFÄLLT MIR-Schaltfläche:** Das Kommentieren und die GEFÄLLT MIR-Schaltfläche geben Ihren Freunden Gelegenheit, mit von Ihnen beigefügten Inhalten zu interagieren und zwar nicht nur mit Fotos, Videos und Notizen, sondern mit jeglichen Inhalten, die Sie in Ihrem Profil veröffentlichen.

✔ **Privatsphäre:** Wie bei den meisten Dingen auf Facebook können Sie bestimmen, was andere sehen können – ob es sich nun um ein Foto handelt, dass Sie hinzugefügt haben oder eine Notiz, die ein Freund über Sie geschrieben hat.

Prägen Sie sich diese Begriffe ein, denn wenn wir uns mit den einzelnen Anwendungen beschäftigen, erfahren Sie mehr über das Markieren, das Kommentieren, die GEFÄLLT MIR-Schaltfläche und die Privatsphäre.

Fotos und Videos

Facebook-Fotos ist im Internet die führende Foto-Sharing-Anwendung. Das mag Sie überraschen, denn es gibt komplette Websites, die sich einzig und allein mit dem Speichern, Anzeigen und Teilen von Fotos befassen, während FOTOS doch lediglich ein kleiner Teil der komplexen Facebook-Website ist. Wir werden gleich noch darauf eingehen, doch aufgrund der Tatsache, dass höchstwahrscheinlich *all* Ihre Freunde bei Facebook registriert sind und FOTOS nutzen, wird diese Anwendung zu einer zentralen Anlaufstelle, um alle Bilder, auf denen Sie abgelichtet wurden, die von Ihnen und von Ihren Freunden aufgenommen wurden, zu finden.

Facebook-Video, das in der FOTOS-Anwendung enthalten ist, stellt ebenso eine zentrale Anlaufstelle für das Hochladen, Aufnehmen und Teilen mit Ihren Freunden dar, nur eben für Videos. Sie können damit wirklich coole Sachen machen wie zum Beispiel Videonachrichten senden und Videos an Pinnwänden veröffentlichen. Sie können endlich all Ihren Freunden dieses geniale Video zeigen, dass schon so lange auf Ihrem Computer vor sich hingedümpelt hat. Ob es sich nun um eins Ihrer Videos handelt, bei dem eine Menge Leute ausrufen:»Meine Güte, ist das ein Video?« oder um Ihren eigenen Indie-Film – auf Facebook findet sich ein Platz dafür.

Bei der Entwicklung beider Anwendungen war man der Auffassung, dass Ihre Fotos und Videos am besten zur Geltung kommen, wenn sie nicht allein im stillen Kämmerlein vor sich hin stauben, sondern wenn sie hervorgeholt, angesehen und geteilt werden und für Gesprächsstoff sorgen. Und wenn Ihnen hier das Teilen mit Ihren Freunden erleichtert wird, wachsen Ihnen diese Inhalte auch ans Herz.

Die Fotos-Konsole

Wenn Sie auf Ihrer Startseite in der Spalte ganz links FOTOS auswählen, landen Sie auf der FOTOS-Seite. Hier finden sich eine Menge lustiger und interessanter Informationen. Auf der Seite werden einzelne Fotos, die Ihre Freunde hinzugefügt haben oder in denen diese markiert worden sind, gezeigt. Über Ihre Startseite (mehr dazu in Kapitel 3) werden Ihnen zwar ziemlich viele Fotoalben geliefert, doch wenn Ihnen das noch nicht reicht, können Sie sich auf der FOTOS-Konsole ansehen, was es so Neues gibt.

Abbildung 8.1 zeigt die FOTOS-Konsole sowie die linke Spalte, über die Sie auf Seiten mit noch spezielleren Themen gelangen:

✔ **Video:** Auf dieser Seite sehen Sie alle Videos, die Ihre Freunde vor Kurzem hinzugefügt haben.

✔ **Neueste Alben:** Die FOTOS-Hauptkonsole zeigt einzelne Schnappschüsse, die veröffentlicht worden sind, doch in diesem Bereich werden komplette Alben oder Ansammlungen von Fotos präsentiert, die Ihre Freunde veröffentlicht haben.

✔ **Handy-Uploads:** Alles, was Ihre Freunde von ihren Handys aus hochgeladen haben, wird auf dieser Seite gezeigt. Durch HANDY-UPLOADS können Sie einen Hinweis darauf bekommen, was Ihre Freunde gerade im Moment machen. Vielleicht gehen sie gerade schick essen, sitzen am Strand oder finden verdächtigerweise nur einen Schuh auf der Straße.

✔ **Meine hochgeladenen Objekte:** Diese Seite besuchen Sie, wenn Sie alle Fotos und Videos, die Sie selbst auf Facebook hinzugefügt haben, betrachten möchten.

Fotos und Videos hochladen

Facebook eignet sich hervorragend für die Aufbewahrung von Fotos und Videos, da man sie mühelos in Alben unterbringen und mit all den Leuten, die sie vielleicht sehen möchten, teilen kann. Sie können etwas hochladen, um Veranstaltungen wie Partys oder Reisen zu bebildern, anderen Nutzern eine Ansammlung von Fotos zu zeigen oder um ein albernes Video von Ihnen und Ihren Freunden zu verbreiten, das Sie mit Ihrem Handy aufgenommen haben.

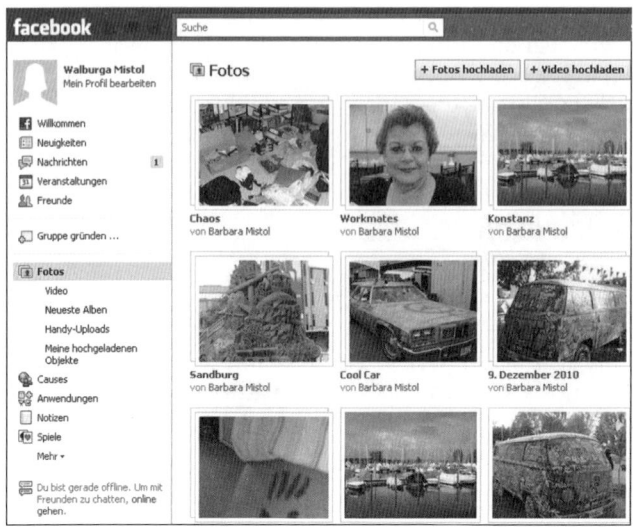

Abbildung 8.1: Sehen Sie sich auf der Fotos-Konsole nach neu hinzugefügten Fotos und Änderungen um.

Um Fotos zu veröffentlichen, klicken Sie im Herausgeber auf den Fotos-Link. Dadurch erscheint eine Ansicht, die in etwa wie in Abbildung 8.2 aussieht. In dieser Bildschirmansicht werden Ihnen verschiedene Optionen angeboten, um Inhalte hochzuladen.

Abbildung 8.2: Entscheiden Sie, wie Sie Ihre Fotos hochladen möchten.

Folgende Optionen finden Sie im Herausgeber für Fotos:

✔ **Foto hochladen:** Wählen Sie diese Option, wenn Sie ein einzelnes lustiges Bild haben, das Sie durch Veröffentlichung an Ihrer Pinnwand teilen möchten. Wenn Sie ein einzelnes Foto hochladen, wird es automatisch einem von Facebook erstellten Album mit dem Titel Pinnwand-Fotos hinzugefügt.

✔ **Foto aufnehmen:** Falls Ihr Computer über eine integrierte Webcam verfügt oder eine daran angeschlossen ist, können Sie ein Foto aufnehmen und es direkt auf Ihrer Pinnwand veröffentlichen. Wenn Sie ein per Webcam aufgenommenes Foto hinzufügen, wird auch dieses automatisch einem von Facebook generierten Album beigefügt, das den Titel WEBCAM-FOTOS trägt.

✔ **Album erstellen:** Diese Option wählen Sie, wenn Sie eine Reihe von Bildern mal so richtig schön zur Geltung bringen wollen. Durch Anklicken dieser Option wird ein Prozess in Gang gesetzt, den wir ausführlich im folgenden Abschnitt FOTOS HOCHLADEN beschreiben.

Sie können sowohl Fotos als auch Videos ebenso gut über die Schaltflächen oben in der FOTOS-Konsole hochladen. Wir beginnen mit unserer Anleitung, wie man Fotos und Videos hochlädt, von dort ausgehend.

Fotos hochladen

Sie sind bereit, ein Album hinzuzufügen? Dies können Sie über die FOTOS-Anwendung oder über den Herausgeber bewerkstelligen. Fangen Sie mit diesen Schritten an:

1. **Besuchen Sie die FOTOS-Seite, indem Sie in der linken Spalte auf FOTOS klicken.**

2. **Klicken Sie auf die FOTOS HOCHLADEN-Schaltfläche oben rechts.**

   Es erscheint eine Seite wie in Abbildung 8.3. Dort finden Sie die folgenden Felder:

   Name des Albums: In diesem Feld wird der Titel des Albums eingetragen. Sie müssen das Feld ausfüllen.

   Ort: Meist wird hier angegeben, wo die Bilder gemacht worden sind. Dieses Feld müssen Sie nicht ausfüllen.

   Dieses Album teilen mit: Hier finden Sie die Privatsphäre-Einstellung für dieses spezielle Album. Sie können darüber festlegen, wer was sehen kann. Weiter hinten im Kapitel gehen wir ausführlicher auf die Privatsphäre für Fotos ein.

Abbildung 8.3: Hier machen Sie Angaben zu Ihrem Fotoalbum.

3. **Klicken Sie auf die ALBUM ERSTELLEN-Schaltfläche, um fortzufahren.**

Sie werden dann eventuell aufgefordert, Facebook den Zugriff auf Informationen zu erlauben, wobei Ihnen mehrere Optionen genannt werden. Nachdem Sie dies getan haben, gelangen Sie auf eine Seite, die so ähnlich wie die in Abbildung 8.4 aussieht. Sie können dort Fotos zum Hochladen auswählen.

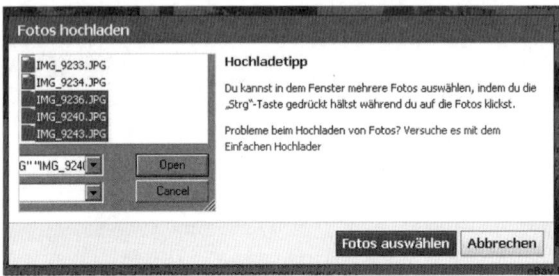

Abbildung 8.4: An dieser Stelle fangen Sie an, Fotos auszuwählen.

4. **Klicken Sie auf die FOTOS AUSWÄHLEN-Schaltfläche.**

Dadurch öffnet sich ein Finder-Fenster oder ein Explorer-Fenster (je nachdem, ob Sie einen Mac oder einen PC benutzen), über das Sie sich dann bis zu den gewünschten Bildern vorklicken können. Die PC-Version des Ganzen sehen Sie in Abbildung 8.5.

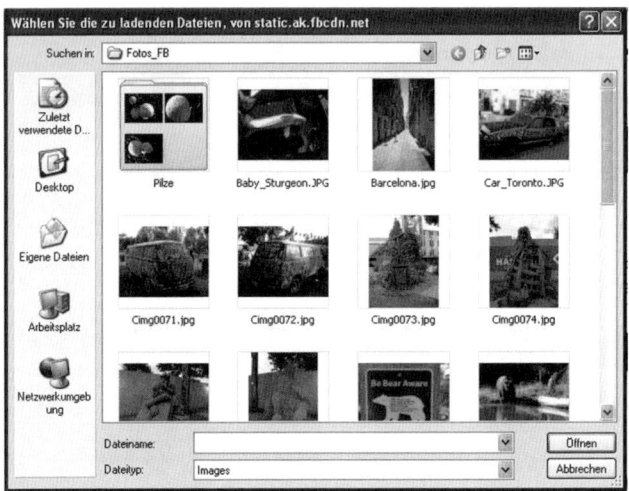

Abbildung 8.5: Wählen Sie Ihre Lieblingsschnappschüsse aus, um sie zu teilen.

5. **Zu den Bildern, die ins Album sollen, klicken Sie sich vor und wählen sie aus.**

   Halten Sie die STRG-Taste beziehungsweise die Befehlstaste gedrückt, um mehrere Fotos auszuwählen.

6. **Wenn Sie alle gewünschten Bilder ausgewählt haben, klicken Sie auf ÖFFNEN oder drücken die Eingabetaste.**

   Dadurch gelangen Sie wieder auf die FOTOS AUSWÄHLEN-Seite, auf der die FOTOS AUS-WÄHLEN-Schaltfläche jetzt WEITERE FOTOS AUSWÄHLEN genannt wird. Neben ihr wird die Anzahl der Fotos angezeigt, die Sie hinzufügen möchten. Falls Sie noch mehr davon hinzufügen möchten, können Sie die Schaltfläche noch einmal anklicken.

7. **Klicken Sie auf FOTOS HOCHLADEN.**

   Das Hochladen der Fotos beginnt und wird durch einen ziemlich großen Fortschrittsbalken, wie in Abbildung 8.6 zu sehen, angezeigt. Bis der Hochladevorgang abgeschlossen ist, werden Sie außerdem zu Ihrem Profil weitergeleitet. Das Ganze dauert normalerweise nicht sehr lange (obwohl es passieren kann, wenn es um eine Menge Bilder geht oder Sie eine langsame Internetverbindung haben). Achten Sie auf eine Anzeige, die unten rechts erscheint und Sie wissen lässt, dass der Vorgang abgeschlossen ist. Die Links in dieser Anzeige führen Sie zu den ALBUM BEARBEITEN-Features.

Abbildung 8.6: Der Fortschrittsbalken beim Hochladen von Fotos

 Je nachdem, welchen Browser Sie nutzen, müssen Sie eventuell jedes Mal, wenn Sie das Foto-Hochladetool verwenden, bestätigen, dass Sie Facebook vertrauen. Sollte das Zertifikat oder die Eingabeaufforderung von Facebook stammen, können Sie es ruhigen Gewissens bestätigen.

 Sollte das Facebook-Plug-in aus irgendeinem Grund nicht installiert werden können oder nicht funktionieren, können Sie den einfachen Hochlader verwenden, um Fotos hinzuzufügen. Wie in Abbildung 8.7 zu sehen, können Sie Ihren Computer mithilfe des einfachen Hochladers manuell, Foto für Foto, nach den Dateien durchsuchen, die Sie Ihrem Album hinzufügen möchten. Da der einfache Hochlader nicht so schnell ist wie das FOTOS AUS-WÄHLEN-Werkzeug, für den Sie das Facebook-Plug-in benötigen, raten wir davon ab.

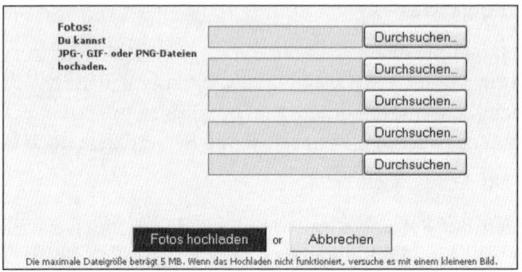

Abbildung 8.7: Der einfache Hochlader ist ein guter Notbehelf, falls Ihr Computer ein Problem mit Java hat.

Videos hochladen

Wenn Sie ein Video auf einer Website hochladen möchten, müssen Sie sich zunächst draußen umsehen, irgendetwas aufnehmen und die Aufnahme dann von Ihrer Kamera auf Ihren Computer übertragen. Wir gehen jetzt mal davon aus, dass Sie das schon erledigt haben und jetzt wieder vor Ihrem Rechner sitzen. So und jetzt zum Hochladen von Videos auf Facebook:

1. **Wählen Sie in der linken Spalte FOTOS und danach VIDEO.**

2. **Klicken Sie auf die VIDEO HOCHLADEN-Schaltfläche oben rechts.**

   Sie befinden sich nun auf der NEUES VIDEO ERSTELLEN-Seite, auf der im oberen Bereich drei Reiter zu sehen sind: DATEI HOCHLADEN, HANDYVIDEO und VIDEO AUFNEH-MEN. Sie sind automatisch im DATEI HOCHLADEN-Reiter gelandet und dort sind Sie genau richtig.

3. **Klicken Sie auf die DURCHSUCHEN- beziehungsweise DATEI AUSWÄHLEN-Schaltfläche und wählen Sie eine Videodatei von Ihrem Computer.**

   Nachdem Sie ein Video ausgewählt haben, fängt Facebook an, es hochzuladen. Das könnte eine Weile dauern. Ist der Vorgang abgeschlossen, sehen Sie einen ähnlichen Bestätigungsbildschirm wie in Abbildung 8.8. Die Informationen unter dem Fortschrittsbalken sind Teil der VIDEO BEARBEITEN-Bildschirmansicht, die wir weiter hinten im Abschnitt »Videos bearbeiten und darin markieren« besprechen.

4. **Klicken Sie auf** INFORMATIONEN SPEICHERN.

   Im nächsten Abschnitt gehen wir auf das Speichern von Informationen ein.

   Je nachdem, wie lang das Video und wie groß die Video-Datei ist, kann es ein paar Minuten dauern, bis das Video vollständig bearbeitet worden ist. Wenn auf dem Bildschirm steht, dass Ihr Video gerade bearbeitet wird und Sie die Seite verlassen, wird dadurch das Video nicht gelöscht. Während Sie darauf warten, dass die Bearbeitung abgeschlossen wird, können Sie sich also ruhig in anderen Bereichen von Facebook umsehen.

5. **(Wenn Sie möchten) Geben Sie an, dass Sie benachrichtigt werden möchten, sobald die Bearbeitung abgeschlossen ist.**

   Nachdem die Bearbeitung abgeschlossen ist, wird Ihr Video in Ihrem Profil hinzugefügt und erscheint eventuell auch in den Neuigkeiten Ihrer Freunde.

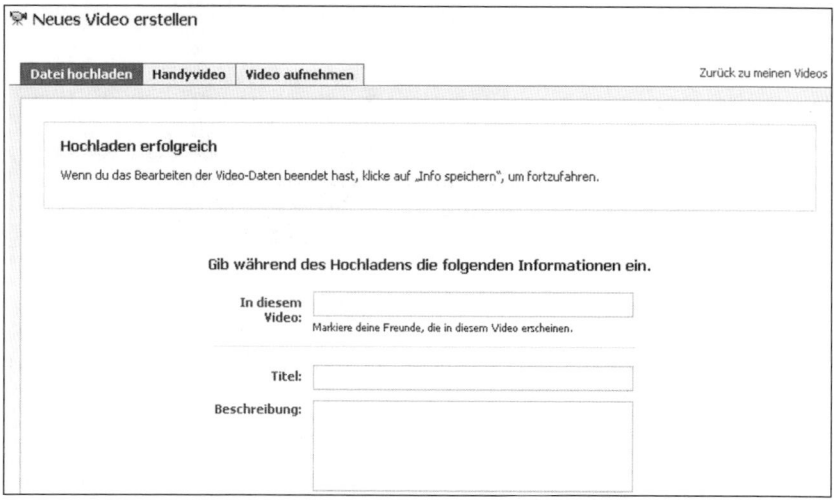

Abbildung 8.8: Das Hochladen des Videos wird bestätigt.

Videos aufnehmen

Falls Ihr Computer über eine integrierte Webcam verfügt oder eine daran angeschlossen ist, können Sie darüber auch Videos aufnehmen und diese direkt auf Facebook hochladen.

1. **Wählen Sie in der linken Spalte** FOTOS **und danach** VIDEO.

2. Klicken Sie auf die VIDEO HOCHLADEN-Schaltfläche oben rechts.

Sie befinden sich nun auf der NEUES VIDEO ERSTELLEN-Seite, auf der im oberen Bereich drei Reiter zu sehen sind: DATEI HOCHLADEN, HANDYVIDEO und VIDEO AUFNEHMEN.

3. Wählen Sie den VIDEO AUFNEHMEN-Reiter.

Sie sehen, wie Ihre Webcam sich einschaltet und können die momentan eingehenden Daten auf dem Bildschirm vor Ihnen erkennen. Abbildung 8.9 zeigt ein Beispiel. Bitte beachten Sie, dass Sie noch nichts aufnehmen.

Abbildung 8.9: Die VIDEO AUFNEHMEN-Bildschirmansicht

4. Klicken Sie auf die rote Schaltfläche in der Mitte des Bildschirms, um mit der Aufnahme zu beginnen.

5. Klicken Sie noch einmal auf die Schaltfläche, wenn Sie fertig sind.

6. Sehen Sie sich die Vorschau für den Clip an, um sicher zu sein, dass er Ihnen gefällt.

7. Klicken Sie auf SPEICHERN, wenn Sie bereit sind, fortzufahren.

Auf der nächsten Bildschirmansicht (ganz ähnlich wie in Abbildung 8.8) geht es um die Videobearbeitung. Wir gehen im nächsten Abschnitt darauf ein.

 Sie können über den Herausgeber nicht nur Videos aufnehmen, die direkt in Ihrem Profil erscheinen, sondern auch in den Profilen Ihrer Freunde und in Nachrichten, die Sie von Ihrem Postfach aus senden. Klicken Sie, um ein Video anzuhängen, in Ihrem Postfach oder auf der Pinnwand eines Freundes auf das VIDEO-Symbol (es sieht wie ein Camcorder auf einem Stativ aus) und befolgen Sie die eben genannten Anweisungen. Wenn Sie fertig sind,

können Sie die Nachricht mitsamt Video ganz genau so senden beziehungsweise veröffentlichen wie Sie es auch mit einer normalen Nachricht oder
einem Pinnwandeintrag tun würden.

Noch Fragen zu FRAGEN?

FRAGEN ist eine Facebook-Anwendung wie auch FOTOS, VIDEO und NOTIZEN. Doch
anders als bei diesen Anwendungen dreht sich FRAGEN eigentlich nicht darum, das
Profil für eine Selbstdarstellung mit lebendigen Inhalten zu füllen. Es geht eher
darum, etwas zu erfahren und an weitere Informationen zu kommen. Es gibt dort
drei Hauptaspekte: Fragen stellen, Fragen beantworten und sich in Themen einlesen. Unten listen wir alle drei Bereiche auf und sprechen sie kurz an.

✔ **Fragen:** Sie können von Ihrer Startseite oder Ihrem Profil aus Fragen stellen,
indem Sie den FRAGE STELLEN-Link im Herausgeber anklicken. Sie können Fragen zu jedem Thema – von ernst bis verrückt – stellen. Alles ist möglich. Sie
können um Rat zu einem Ihrer Probleme fragen, um Empfehlungen bitten
oder fragen, ob jemand weiß, woher das Wort Dummy kommt. Egal, um was
es geht, Sie können nachfragen. Eines dürfen Sie allerdings nicht vergessen:
Fragen können von allen eingesehen werden und sind immer mit Ihrem
Namen und Ihrem Profil verknüpft. Wenn es Ihnen also zu peinlich ist, eine
bestimmte Frage im persönlichen Gespräch zu stellen, dann sollten Sie sie
wohl auch nicht auf Facebook veröffentlichen.

Hinweis: Als wir dieses Buch geschrieben haben, war der Link zum Fragen
stellen noch nicht für alle Benutzer freigegeben.

✔ **Antworten:** Ausgehend von der Fragenkonsole, den Neuigkeiten oder den
Profilen Ihrer Freunde können Sie jede Frage beantworten, die Sie sehen und
kompetent beantworten können. Trauen Sie sich ruhig! Die Leute stellen Fragen, weil sie Hilfe brauchen, und wenn Sie in der Lage sind, ihnen zu helfen,
sollten Sie es unbedingt tun. Sollten Sie bei einer Fragestellung feststellen,
dass jemand bereits etwas Ähnliches geantwortet hat, wie Sie es getan hätten,
können Sie diese einfach so markieren, dass sie in der Liste nach oben ver-
schoben wird. Dadurch weiß jeder, dass es stimmt. Auch Ihre Antworten und
die von Ihnen erteilten Zustimmungen sind für jeden einsehbar. Also achten
Sie auf den Inhalt Ihrer Antworten.

✔ **Einlesen:** Während Sie Fragen stellen und beantworten, werden Sie wahrscheinlich merken, dass bestimmte Wörter als blaue Links gekennzeichnet
werden. Diese Links stellen Themen dar, bis zu denen Sie sich vorklicken
können, um mehr darüber zu erfahren. Interessieren Sie sich beispielsweise
immer mehr für eine Freizeitaktivität, könnten Sie sich alle bisher dazu
gestellten Fragen ansehen, um besser darüber Bescheid zu wissen, auf was
Sie sich da einlassen.

Fotos und Videos bearbeiten und darin markieren

Wenn wir davon sprechen, Fotoalben und Videos, die Sie hinzugefügt haben, zu bearbeiten, dann meinen wir damit nicht all die raffinierten Dinge, die man mit Bildbearbeitungsprogrammen erreichen kann. Durch Ihre Bearbeitung bestimmen Sie stattdessen, wie das Ganze angezeigt wird und von Ihren Freunden gesehen wird. Wir sehen uns die Optionen für die beiden Bereiche FOTOS und VIDEOS an. Behalten Sie im Hinterkopf, dass die Bearbeitung letzten Endes dazu dient, dass Ihre Freunde Ihre hochgeladenen Objekte leichter finden und sich daran erfreuen können.

Fotos bearbeiten und darin markieren

Nachdem Sie die Bilder für Ihr Album hochgeladen haben, stehen Ihnen mehrere Optionen zum Bearbeiten zur Verfügung. Sie können ein Album jederzeit bearbeiten, indem Sie in der linken Spalte Ihrer Startseite auf FOTOS klicken und dann MEINE HOCH-GELADENEN OBJEKTE wählen. Klicken Sie unter dem Album, das Sie ändern möchten, auf ALBUM BEARBEITEN.

In Abbildung 8.10 sind im oberen Bereich die folgenden Links zu sehen:

✔ **Fotos bearbeiten:** Hier können Sie Bildunterschriften für Ihre Fotos hinzufügen, Ihre Freunde in einzelnen Bildern markieren (im Abschnitt »Andere in Fotos markieren« weiter hinten in diesem Kapitel erklären wir, worum es dabei geht) und auswählen, welches das Titelbild des Albums sein soll.

✔ **Ordnen:** An dieser Stelle können Sie die Bilder Ihres Albums neu ordnen.

✔ **Info bearbeiten:** Wie bereits weiter oben erwähnt, können Sie den Namen des Albums sowie weitere Daten, die Sie beim Erstellen des Albums hinzugefügt haben, ändern. Klicken Sie dazu einfach auf die Schaltfläche.

✔ **Löschen:** Hier können Sie ein komplettes Album löschen.

Abbildung 8.10: Alles über Ihr Album

Sollten Sie die Fotos mit noch ausgefeilteren Methoden wie etwa einer Reduzierung des Rote-Augen-Effekts oder einer Beschneidung bearbeiten wollen, müssen Sie dies entweder vor dem Hochladen der Bilder an Ihrem Computer erledigen oder auf Facebook eine andere Anwendung zur Bildbearbeitung verwenden. (In Kapitel 13 erfahren Sie mehr über die Nutzung von externen Anwendungen.)

 Klicken Sie auf ÄNDERUNGEN SPEICHERN, nachdem Sie alle Bildunterschriften, Markierungen und Bearbeitungen eingefügt haben. Falls Sie es nicht tun und an anderer Stelle klicken, um auf eine neue Seite zu gelangen, gehen all Ihre Bildunterschriften, Markierungen und die Reihenfolge der Fotos verloren.

Bei Fotos Bildunterschriften einfügen

In der ALBUM BEARBEITEN-Bildschirmansicht (Abbildung 8.10) werden Ihre Fotos als Miniaturbilder in einer langen Liste angezeigt. In den Feldern neben den Miniaturbildern können Sie Bildunterschriften einfügen. Auf Facebook existieren keine Vorgaben für Bildunterschriften. Sie müssen das Feld nicht ausfüllen, können aber beschreiben, wo es aufgenommen wurde, oder einen witzigen Kommentar zum Inhalt hinzufügen.

An dieser Stelle können Sie außerdem auswählen, welches Foto das *Titelbild des Albums* werden soll – also das, was man mitsamt dem Namen des Albums und der Beschreibung als Erstes sieht. Vergessen Sie nicht, Ihre Änderungen zu speichern.

Andere in Fotos markieren

Beim *Markieren* – der Funktion von FACEBOOK-FOTOS, die diese Anwendung für alle so wertvoll macht – beschriften Sie die Bilder, um anzugeben, wer darin zu sehen ist. Stellen Sie sich mal vor, Sie würden all Ihre Fotos ausdrucken, in Alben kleben und dann eine riesige Tabelle erstellen, in der die Fotos und die darin abgebildeten Personen verknüpft sind. Und danach würden Sie Ihre Tabelle mit den Tabellen all Ihrer Freunde vereinigen. Genau darum geht es beim Markieren. Wenn Sie einen Freund markieren, wird dadurch ein Link von seinem Profil zu dem entsprechenden Foto erstellt und er wird benachrichtigt, dass Sie ihn markiert haben. Ihre Freunde können Fotomarkierungen jederzeit entfernen, wenn ihnen eine Verlinkung zu ihrem Konto nicht recht ist.

In Abbildung 8.11 sehen Sie, wie das Feld für die Fotomarkierung aussieht. Um jemanden in einem Foto in der ALBUM BEARBEITEN-Bildschirmansicht zu markieren, gehen Sie wie folgt vor:

1. **Halten Sie die Maus über das Foto, in dem Sie jemanden markieren möchten.**

   Der Mauszeiger zeigt keinen Pfeil mehr, sondern ein Fadenkreuz an.

2. **Klicken Sie auf das Gesicht der Person, die Sie markieren möchten.**

3. **Im sich öffnenden Popup-Fenster fangen Sie an, den Namen eines Freundes ein-zutippen. Die unten erscheinende Liste wird automatisch vervollständigt. Sobald Sie den Namen Ihres Freundes sehen, wählen Sie ihn mithilfe der Maus aus.**

Beim Markieren in einem Album werden außerdem die bereits markierten Perso-nen ganz oben in der kompletten Liste gespeichert (für den Fall, dass diese in mehreren Bildern markiert wurden). Nachdem Sie Ihren Freund ausgewählt haben, erscheint sein Name unter der Bildunterschrift im AUF DIESEM FOTO-Feld. Sich selbst markieren Sie, indem Sie Ihren Namen oder einfach »ich« eintippen.

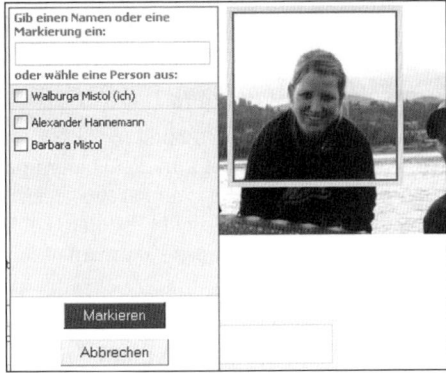

Abbildung 8.11: Freunde in Fotos markieren

4. **Denken Sie daran, wenn Sie fertig sind, auf ÄNDERUNGEN SPEICHERN zu klicken.**

 Falls auf einem Ihrer Fotos ein Freund abgebildet ist, der kein registrierter Nutzer von Facebook ist, können Sie ihn dennoch markieren. Wenn Sie sei-nen Namen eintippen, wird irgendwann kein Name Ihrer kompletten Freundesliste mehr angezeigt und es erscheint ein Feld, in dem Sie eine E-Mail-Adresse eingeben können. Geben Sie den Namen Ihres Freundes im oberen und seine E-Mail-Adresse im unteren Feld ein. Sein Name ist dann in der Liste der markierten Personen zu finden und ihm wird eine Benach-richtigung per E-Mail zugesandt, damit er das Bild ansehen kann, ohne Nutzer von Facebook zu sein.

Andere in Fotos von Freunden markieren

Manche neigen beim Markieren von Fotos ein bisschen zu Faulheit. Es ist zeitaufwen-dig und sie denken sich:»Naja, irgendwann werden die Leute dieses Foto schon entde-cken.« Doch hier kommt die gute Nachricht: Sie können helfen. Wenn Sie ein Bild sehen, auf dem Freunde noch nicht markiert worden sind, sollten Sie nach den rechts darunter liegenden Links Ausschau halten. Dort müsste die Option JEMANDEN AUF DIESEM

Foto markieren erscheinen. Klicken Sie auf den Link. Dadurch wird Ihre Maus als Hover-Effekt, wie in Abbildung 8.11 zu sehen, angezeigt. Befolgen Sie danach die oben genannten Schritte, um Ihre Freunde zu markieren. Derjenige, der das Foto ursprünglich hinzugefügt hat sowie die von Ihnen markierten Personen werden benachrichtigt.

Fotos neu ordnen

Nachdem Sie Ihre Bildunterschriften und Markierungen gespeichert haben, können Sie die Bilder in Ihrem Album ordnen. In Abbildung 8.12 sehen Sie die Reihenfolge, in der Ihre Fotos erscheinen. Sie können diese Miniaturbilder mithilfe der Maus in jede beliebige Reihenfolge verschieben. Sie erscheinen dann entsprechend.

Abbildung 8.12: Die Reihenfolge der Fotos in einem Album kann später noch verändert werden.

Glückwunsch – Sie haben soeben Ihr erstes Facebook-Fotoalbum erstellt, das Sie mit Freunden und Familienmitgliedern teilen können!

 Sie können Ihr Album jederzeit bearbeiten, indem Sie die Fotos-Seite besuchen, dort erst auf Meine hochgeladenen Objekte und danach auf Album bearbeiten unter dem Namen des entsprechenden Albums klicken.

Videos bearbeiten und darin markieren

Im Vergleich zur Bearbeitung eines Fotoalbums und den unzähligen Bildschirmansichten, die man dabei sieht, ist die Bearbeitung eines Videos vergleichsweise einfach. Sowohl beim Hochladen als auch beim Aufnehmen von Videos sehen Sie die Video bearbeiten-Bildschirmansicht, die ähnliche Felder wie in Abbildung 8.13 aufweist. Da Ihnen auf Facebook-Video nicht sehr viele ausgefeilte Optionen zur Videobearbeitung geboten werden, sollten Sie das Video schneiden oder einen Soundtrack hinzufügen, bevor Sie es auf Facebook hochladen.

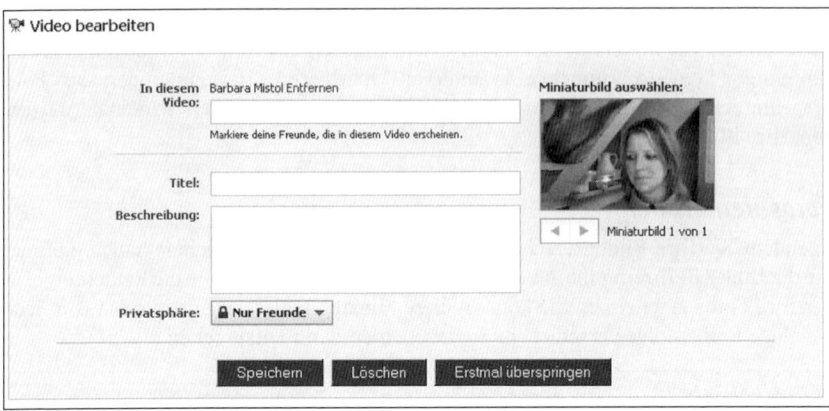

Abbildung 8.13: Die VIDEO BEARBEITEN-*Bildschirmansicht*

In der VIDEO BEARBEITEN-Bildschirmansicht gibt es mehrere Felder, die man ausfüllen kann, doch bei den meisten davon ist die Angabe freiwillig:

✔ **In diesem Video:** Diese Option ähnelt dem Markieren von Fotos oder Notizen. Fangen Sie einfach an, die Namen aller Freunde, die im Video zu sehen sind, einzutippen und wählen Sie dann in der erscheinenden Liste die richtigen davon aus. Ihre Freunde werden darüber benachrichtigt, dass sie in einem Video markiert worden sind und können die Markierung entfernen, falls sie beschließen, dass sie nicht für alle Zeiten als »Derjenige, der eine Torte ins Gesicht gekriegt hat« in Erinnerung bleiben wollen. Wenn Sie ein Video mit einer Webcam aufnehmen, werden Sie automatisch darin markiert.

✔ **Titel:** Geben Sie Ihrem Video einen Namen. Sie können hier kreativ werden und es zum Beispiel auf *Schwarzwälder Kirschtorte nimmt böses Ende* taufen oder etwas Beschreibendes wie *Torte im Gesicht* wählen. Sollten Sie keinen Namen vergeben, erhält das Video als Titel automatisch den entsprechenden Zeitstempel des Aufnahme- oder Hochladezeitpunkts.

✔ **Beschreibung:** In diesem Feld können Sie beschreiben, was in Ihrem Video passiert. Meist sprechen solche Filme aber schon für sich.

✔ **Privatsphäre:** Bei VIDEOS können Sie die Privatsphäre-Einstellungen für jedes einzelne Video vornehmen. Sie können also festlegen, dass alle *Torte im Gesicht* sehen können, doch nur für bestimmte Freunde (diejenigen, die keine schwachen Nerven haben) *Tortenesswettbewerb* freigegeben wird. Im Grunde handelt es sich hier fast um die gleichen Privatsphäre-Einstellungen wie die, die weiter hinten im Kapitel im Abschnitt »Die Privatsphäre entdecken« aufgeführt werden. Wenn Sie sich vollständig über das Thema Privatsphäre informieren möchten, sollten Sie unbedingt Kapitel 5 lesen.

Eigene Fotos und Videos ansehen

Wenn wir von *eigenen* Fotos und Videos sprechen, meinen wir die Fotos und Videos, in denen Sie markiert worden sind. Vielleicht haben Sie sich selbst darin markiert oder Ihre Freunde waren es. Die einfachste Methode, um sich alle eigenen Fotos anzusehen, besteht darin, auf den FOTOS VON MIR ANZEIGEN- beziehungsweise VIDEOS VON MIR ANZEIGEN-Link unter dem Profilbild zu klicken. Die meisten Ihrer Freunde können ebenfalls auf diese Seiten zugreifen, doch sie finden dort möglicherweise andere Fotos und Videos vor. Im Abschnitt »Die Privatsphäre entdecken« weiter hinten erfahren Sie mehr über diesen Umstand.

Sie können alle Fotos und Videos, in denen Sie jemanden markiert haben, sowie die, in denen andere dies getan haben, durchsuchen. Vergessen Sie nicht: Enthält ein Foto oder ein Video eine Markierung, mit der Sie nicht einverstanden sind, können Sie sie jederzeit entfernen.

 Sollte es ein Foto oder Video geben, das Ihrer Meinung nach überhaupt nicht – selbst nachdem Sie die Markierung entfernt haben – auf Facebook erscheinen soll, müssen Sie sich an den betreffenden Freund wenden und ihn bitten, es zu löschen.

Im Allgemeinen können Ihre Freunde sämtliche Ihrer Fotos oder Videos kommentieren und Sie können dasselbe bei ihnen tun. (In Kapitel 9 erfahren Sie mehr darüber, wie man mithilfe von Kommentaren kommuniziert.) Eigene Kommentare sowie jegliche Kommentare zu Ihren Bildern, die Ihnen nicht gefallen oder die Sie unpassend finden, können Sie löschen. Wenn Sie sich zu einem bestimmten Fotoalbum vorklicken und auf den KOMMENTARE ANZEIGEN-Link neben den Miniaturbildern klicken, können Sie alle Kommentare zu diesem Album sehen.

Das Profilbilder-Album ansehen

Auf Facebook wird automatisch ein Album mit Ihren Profilbildern erstellt. Es wird PROFILBILDER-Album genannt. Jedes Mal, wenn Sie ein neues Profilbild hochladen (mehr dazu in Kapitel 2), wird es zu diesem Album hinzugefügt.

Sie können auf das Album zugreifen, indem Sie auf Ihr derzeitiges Profilbild klicken. Dadurch gelangen Sie zu einer Ansicht Ihres Albums, in der Sie all Ihre früheren Profilbilder betrachten können. Wenn Sie auf die einzelnen Bilder klicken, werden Ihnen alle Optionen angezeigt. Sie können Bildunterschriften einfügen, andere Nutzer darin markieren oder Fotos löschen. Sie können ganz ähnlich wie beim Hochladen von Alben vorgehen.

Sie können dafür sorgen, dass jedes beliebige Foto aus diesem Album automatisch erneut als Profilbild angezeigt wird, indem Sie auf den ALS PROFILBILD VERWENDEN-Link rechts unten unter dem entsprechenden Bild klicken. Diesen Link finden Sie außerdem unter jedem Foto, in dem Sie markiert sind.

Die Privatsphäre entdecken

In Bezug auf Fotos und Videos existieren zwei Privatsphäre-Einstellungen: eine, die für jedes einzelne Album und Video angewandt werden kann, und eine für Fotos und Videos, in denen Sie markiert worden sind. Da das Zusammenspiel zwischen den Privatsphäre-Einstellungen für Fotos, in denen Ihre Freunde markiert worden sind und den Einstellungen für Ihr Album schon mal ein wenig undurchsichtig wirken kann, erklären wir Ihnen beides getrennt.

Album- und Video-Privatsphäre

Nehmen wir mal an, Sie hätten ein Album mit dem Titel *Ein Tag am Strand* erstellt. Eine der ersten Entscheidungen, die Sie in Bezug auf Ihr Album treffen, ist die gewünschte Privatsphäre-Einstellung. Unten finden Sie die SICHTBAR FÜR-Optionen. Wir listen absteigend von der am wenigsten eingeschränkten bis zur am stärksten eingeschränkten auf. Es handelt sich um die gleichen Optionen, die Sie vorfinden, wenn Sie ein Video hochladen:

✔ **Alle:** Durch diese Einstellung legen Sie fest, dass jeder Ihr Album sehen kann. Es bedeutet aber nicht unbedingt, dass es auch *wirklich* von jedem betrachtet werden wird. Wenn beispielsweise Leah Pearlman ein Album veröffentlicht und Carolyn Abram (die nicht zu ihren Freunden zählt und auch keine Verbindung über andere Freunde oder ein gemeinsames Netzwerk zu ihr hat) dann nach ihr sucht und ihr Profil besucht, könnte sie Leah Pearlmans Album sehen.

✔ **Freunde von Freunden:** Ihre bestätigten Freunde sowie deren bestätigte Freunde können die Bilder des Albums *Ein Tag am Strand* sehen. Diese Einstellung eignet sich meist sehr gut für Fotoalben, da die Freunde Ihrer Freunde die Fotos sehen können, in denen Sie sie markiert haben, das Album aber gleichzeitig nicht allzu sehr bekannt gemacht wird.

✔ **Freunde und Netzwerke:** Personen, die Mitglieder des gleichen Netzwerks wie Sie sind sowie Ihre Freunde können *Ein Tag am Strand* sehen. Diese Option wird nur für Mitglieder von Netzwerken angeboten.

✔ **Nur Freunde:** Lediglich Ihre bestätigten Freunde haben Zugriff auf die Bilder des Albums *Ein Tag am Strand*.

✔ **Benutzerdefiniert:** Ihre benutzerdefinierten Privatsphäre-Einstellungen können Sie ganz nach eigenem Geschmack von sehr eingeschränkt bis hin zu weniger eingeschränkt wählen. Im Beispiel *Ein Tag am Strand* könnten Sie vielleicht beschließen, dass Sie dieses Album nur mit Personen teilen möchten, die dabei gewesen sind. Und so etwas können Sie über eine benutzerdefinierte Einstellung regeln. In Kapitel 5 erfahren Sie Näheres über die Nutzung dieser Einstellungen.

 Wenn Sie sich auf Facebook registrieren, ist es standardmäßig so eingestellt, dass Alben und Videos, die Sie hinzufügen, für alle sichtbar sind. Wenn Ihnen das nicht recht ist, sollten Sie daran denken, die Privatsphäre-Einstellungen beim Hinzufügen von Fotos und Videos entsprechend anzupassen.

Die Privatsphäre für eigene Fotos und Videos

Beim Erstellen von Alben auf Facebook liegt der Reiz darin, dass man eine riesige verknüpfte Tabelle mit Informationen über die eigenen Fotos erschafft: Wer ist auf welchem Bild zu sehen, wo wurden die Aufnahmen gemacht und so weiter. Sie werden in Bildern verknüpft, die Ihnen gehören, und in welchen, die Ihnen nicht gehören. Dennoch können Sie in den Einstellungen für Ihr Profil bestimmen, wer Fotos von Ihnen zu sehen bekommt. Um diese Einstellungen vorzunehmen, klicken Sie in der blauen Menüleiste oben auf der Seite auf Konto und wählen Privatsphäre-Einstellungen. Im Hauptabschnitt mit der Überschrift Inhalte auf Facebook teilen sehen Sie ein Diagramm mit Ihren derzeitigen Einstellungen. (Eine dieser Einstellungen lautet beispielsweise Fotos und Videos, in denen ich markiert bin.) Klicken Sie unterhalb der Tabelle auf den Benutzerdefinierte Einstellungen-Link. Begeben Sie sich auf der folgenden Seite zum Dinge, die andere Personen teilen-Abschnitt. Sie werden dort Dropdown-Listen für viele Bereiche Ihres Profils vorfinden. Halten Sie nach der Fotos und Videos, in denen ich markiert bin-Option Ausschau.

Bei dieser Einstellung stehen Ihnen mehrere Möglichkeiten offen:

✔ **Alle:** Jeder, der Ihr Profil besucht, kann über den Fotos-Reiter all Ihre Bilder einsehen. Für eigene Fotos und Videos empfehlen wir diese Einstellung nicht. Sollten Sie jedoch in der Öffentlichkeit bekannt sein, gefällt Ihnen dieser Umstand vielleicht.

✔ **Freunde von Freunden:** Ihre bestätigten Freunde sowie deren Freunde haben Zugriff auf die Bilder und Videos in Ihrem Profil, in denen Sie markiert worden sind.

✔ **Freunde und Netzwerke:** Ihre bestätigten Freunde und Mitglieder Ihres Netzwerks können sich die Fotos und Videos, in denen Sie markiert worden sind, ansehen. Diese Option wird nur für Mitglieder von Netzwerken angeboten.

✔ **Nur Freunde:** Lediglich ihre bestätigten Freunde dürfen auf die Fotos und Videos in Ihrem Profil, in denen Sie markiert worden sind, zugreifen.

✔ **Benutzerdefiniert:** Wie bei allen benutzerdefinierten Einstellungen können Sie diese ganz nach eigenen Geschmack von sehr eingeschränkt bis hin zu weniger eingeschränkt festlegen. Lehrer, die auf Facebook mit Schülern befreundet sind, werden hier vielleicht bestimmen wollen, dass diese keine Bilder sehen können, in denen sie selbst markiert worden sind.

Denken Sie daran, dass Bilder von Ihnen, die anderen Nutzern gehören, über Privatsphäre-Einstellungen verfügen könnten, die der Besitzer des jeweiligen Albums festgelegt hat. Selbst wenn Sie all Ihren Netzwerken und Freunden den Zugriff auf Ihre Bilder erlauben, könnten bestimmte Personen aufgrund der Privatsphäre-Einstellungen anderer Nutzer für Alben vom Betrachten aller Fotos ausgeschlossen sein.

Alben mit nicht auf Facebook registrierten Personen teilen

Falls all Ihre Freunde und alle anderen, die Ihre Fotos sehen sollen, bereits auf Facebook registriert sind, kann man die Bilder mühelos teilen. Sie können die Alben der anderen betrachten und umgekehrt und alle Objekte finden sich an der gleichen Stelle. Über Markierungen und die Neuigkeiten erfahren die Leute, dass neue Bilder hinzugefügt worden sind und mithilfe von Kommentaren wird darüber diskutiert. Dennoch haben die meisten einige Freunde, die nicht auf Facebook registriert sind. Unten finden Sie zwei Möglichkeiten, wie Sie Ihre Alben mit ihnen teilen können:

✔ TEILEN-**Schaltfläche verwenden:** In Kapitel 9 gehen wir ausführlicher auf die TEILEN-Schaltfläche ein. Um über diese Funktion einem Freund ein Fotoalbum zu senden, besuchen Sie die Ansicht eines Albums und klicken Sie auf den DIESES ALBUM TEILEN-Link auf der linken Seite. In einem Popup-Fenster werden Sie dann aufgefordert, den Namen oder die E-Mail-Adresse eines Freundes einzugeben. Nachdem Sie die E-Mail-Adresse eingetippt und (auf freiwilliger Basis) noch eine Nachricht hinzugefügt haben, erhält Ihr Freund eine E-Mail von Facebook, in der ein Link zu allen Fotos des Albums enthalten ist.

✔ **Kopieren und einfügen:** In der Ansicht eines Albums finden Sie unten auf der Seite den öffentlichen Link. Kopieren Sie diesen Link und fügen Sie ihn in eine E-Mail, einen Blog oder an anderer Stelle im Internet ein. Jeder, der darauf klickt, kann dann Ihr Album sehen.

Notizen

Notizen sind Blogs. Genau wie bei Blogs haben Sie bei Notizen die Möglichkeit, Einträge über Ihr Leben, Ihre Gedanken oder Ihr neuestes Lieblingslied vorzunehmen und diese mit Ihren Facebook-Freunden zu teilen.

Ebenso wie bei der Anwendung Fotos besteht bei Notizen der Reiz darin, dass man bloggen kann, ohne Freunden eine Webadresse mitteilen zu müssen, unter der sie sich den Blog ansehen können. Hier sind Ihre Freunde mit Ihrem Profil verknüpft. Wenn Sie Einträge verfassen, werden sie darüber in ihren Neuigkeiten informiert.

Sollten Sie bereits einen Blog führen, können Sie ihn in Notizen importieren und über diese Anwendung unter Ihren Freunden verbreiten.

Eine Notiz schreiben

Es existieren keine speziellen Anstandsregeln in Bezug auf die angemessene Länge von Notizen oder sogar deren Inhalt. Manche fassen sich gerne kurz und fügen informative Inhalte hinzu, andere nutzen gerne die zusätzliche Fläche, um sich alles zu einem bestimmten Thema vom Herzen zu schreiben. Tippen Sie los wie ein Verrückter oder auch nicht. Sie sind ideenlos? Erinnern Sie sich an etwas Lustiges, das Ihnen lieb und teuer ist, denken Sie an einen peinlichen Moment oder an ein Thema, das andere wirklich zum Nachdenken bringt. Facebook-Nutzer schreiben sehr häufig eine Notiz mit dem Titel»25 Things About Me«, in der 25 Tatsachen über ihr Leben einzeln aufgeführt werden. Es ist ziemlich einfach, die erste eigene Notiz zu schreiben:

1. **Wählen Sie in der linken Spalte Notizen, um die Notizen-Seite zu öffnen. Um die Notizen-Anwendung zu sehen, müssen Sie vorher eventuell auf Mehr klicken.**

2. **Klicken Sie auf der Notizen-Seite auf die Notiz schreiben-Schaltfläche oben rechts.**

   Es erscheint eine leere Notiz wie die in Abbildung 8.14.

3. **Geben Sie im Titel-Feld einen Titel ein.**

4. **Geben Sie im Inhalt-Feld ein, was Sie interessant finden.**

5. **Wenn Sie mit dem Schreiben fertig sind, klicken Sie auf Vorschau oder Entwurf speichern, falls Sie sich die Notiz später noch einmal vornehmen möchten.**

   Durch einen Klick auf Vorschau wird Ihnen eine Vorschau der Notiz angezeigt, damit Sie sie vor dem Veröffentlichen noch einmal kurz überfliegen können. Falls Sie damit noch nicht ganz glücklich sind, machen Sie mit Schritt 6 weiter. Ist alles zu Ihrer Zufriedenheit, gehen Sie zu Schritt 7 über.

   Sie können Ihren Entwurf jederzeit erneut öffnen, indem Sie auf den Meine Entwürfe-Menüpunkt klicken. Wenn Sie die Notizen-Konsole besuchen, finden Sie ihn in der linken Spalte der Seite.

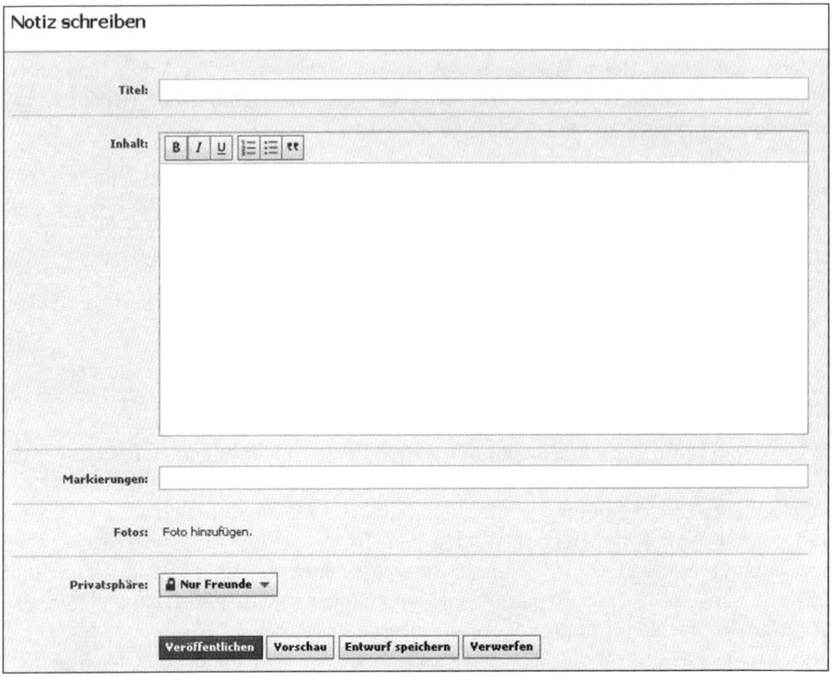

Notiz schreiben

Titel:

Inhalt: B *I* U

Markierungen:

Fotos: Foto hinzufügen.

Privatsphäre: Nur Freunde ▼

Veröffentlichen   Vorschau   Entwurf speichern   Verwerfen

Abbildung 8.14: Die erstaunlich weiße Fläche einer leeren Notiz starrt Sie an.

6. **Klicken Sie oberhalb der Notiz (neben der VERÖFFENTLICHEN-Schaltfläche) auf BEARBEITEN, um zur NOTIZ SCHREIBEN-Bildschirmansicht zurückzukehren.**

   Nehmen Sie so viele Änderungen vor, wie Sie nur möchten.

7. **Klicken Sie auf VERÖFFENTLICHEN, wenn Sie mit dem Ergebnis zufrieden sind.**

   Und voilà! Schon haben Sie Ihre Notiz und Ihre Gedanken mit jedem, der dies auf Ihrem Profil sehen kann, geteilt.

8. **Entscheiden Sie sich, ob Sie auch noch einen Beitrag für Ihre Pinnwand oder die Neuigkeiten Ihrer Freunde erstellen möchten.**

Ob Sie nun einen Beitrag erstellen oder nicht – Ihre Notiz ist definitiv vorhanden. Doch Ihre Freunde werden diese wahrscheinlich nicht sehen, wenn Sie nicht zusätzlich einen Beitrag darüber hinzufügen.

In den nächsten Abschnitten gehen wir Schritt für Schritt das Formatieren durch und zeigen Ihnen, was man sonst noch Ausgefallenes mit einer Notiz anstellen kann.

Eine Notiz formatieren

Es gibt in der Facebook-Anwendung NOTIZEN einen Webeditor, bei dem Sie zum Beispiel ein großes B, I oder U anklicken können, damit der Text fett, kursiv oder unterstrichen erscheint.

Über die VORSCHAU-Funktion innerhalb von NOTIZEN können Sie sehr gut nachprüfen, ob Ihre Formatierung wie gewünscht ausfällt.

In der Notiz ein Foto hinzufügen

Wir hören zwar häufig den Spruch »Ein Bild sagt mehr als tausend Worte«, doch dabei kommt es auf das Bild an. Daher ist es Ihnen auch völlig freigestellt, ob Sie Fotos zu Ihren Notizen hinzufügen möchten. Wenn Sie aber der Meinung sind, dass eine Kürzung um 1000 Wörter hilft, dann fügen Sie in Ihrer Notiz ein Bild hinzu. Dazu sind HTML-Tags erforderlich:

1. **Klicken Sie auf der NOTIZ SCHREIBEN-Seite unterhalb der Notiz auf FOTO HINZUFÜGEN und danach auf DATEI AUSWÄHLEN (in Safari) beziehungsweise auf DURCHSUCHEN (in Firefox oder Internet Explorer), um die gewünschten Bilder zu finden.**

    Sie können in einem Schritt immer nur einzelne Fotos hinzufügen. Wiederholen Sie den Vorgang also so lange, bis alle Fotos, die Sie dafür ausersehen haben, hochgeladen worden sind.

    Jedes Foto wird mit einem HTML-Tag versehen. Meist werden diese mit <Foto 1> bis <Foto X> durchnummeriert.

     Sie können auch Bilder aus Alben hinzufügen, die Sie bereits mithilfe der FOTOS-Anwendung auf Facebook hochgeladen haben. Unter dem FOTO HOCHLADEN-Bereich finden Sie den FOTO IMPORTIEREN-Bereich, in dem Sie Ihre Fotoalben durchsuchen und dann das gewünschte Bild auswählen können. Auch hier wird wieder ein HTML-Tag eingefügt, doch Sie müssen das Foto nicht mehr gesondert hochladen.

2. **Geben Sie für jedes Foto eine Bildunterschrift ein und legen Sie fest, wie es erscheinen soll.**

    Das Bild kann über die gesamte Breite der Notiz laufen oder in der Größe angepasst und nach links, nach rechts oder mittig ausgerichtet werden. Die Tags für die Fotos werden (standardmäßig) ganz unten in Ihrer Notiz eingefügt.

3. **Platzieren Sie die Tags (genauso wie Sie es auch bei Text machen würden) dorthin, wo die Fotos erscheinen sollen.**

4. **Sehen Sie sich über die VORSCHAU-Schaltfläche an, wie Ihre Notiz aussieht.**

5. **Um das Gesamtbild zu verändern, klicken Sie auf BEARBEITEN, führen die Änderungen durch und klicken dann auf VERÖFFENTLICHEN.**

Freunde in einer Notiz markieren

In Ihren Meldungen könnten manchmal Freunde erwähnt werden. Stellen Sie sich mal vor, dass im wahren Leben Ihre Freunde jedes Mal benachrichtigt werden würden, wenn Sie Geschichten über sie erzählen. Na gut, vielleicht ist das für die Realität doch keine so gute Idee, aber malen Sie sich jetzt mal aus, dass Sie bei jeder tollen Geschichte über einen Freund diesem auch noch sagen würden:»Hey, ich habe diese Geschichte zum Besten gegeben, wo du kurz vor dem Tor diesen Fallrückzieher gemacht und dir dabei fast die Schulter ausgekugelt hast.« Ihrem Freund würde in dem Wissen, dass er (auf positive Weise) von sich reden gemacht hat, dann ganz warm ums Herz werden.

 Wenn Sie Ihre Freunde in einer Notiz markieren, erreichen Sie dasselbe. Sie können eine komplette Notiz über die abenteuerlichste Nacht Ihres Lebens schreiben und all Ihre Freunde werden darüber benachrichtigt, dass sie eine Rolle darin gespielt haben. Ähnlich wie bei einer Fotomarkierung werden die Profile dieser Personen mit Ihrer Notiz verknüpft und Nutzer, die die Notiz lesen, können sehen, wer darin markiert wurde.

Auf der rechten Seite des Markierungen-Felds geben Sie den Namen der Person ein, die Sie markieren möchten. Wiederholen Sie den Vorgang, falls notwendig. Es kann sein, dass Facebook Ihnen einige Vorschläge macht, wenn die Website bestimmte Wörter findet, die mit Namen auf Ihrer kompletten Freundesliste übereinstimmen. Jetzt sind Ihre markierten Freunde Berühmtheiten.

Einen Blog in Notizen importieren

Vielleicht führen Sie ja bereits einen Blog und die Vorstellung, alles auf Facebook zu übertragen, ist für Sie ein Albtraum. Möglicherweise möchten Sie es Freunden, die sich nicht auf Facebook registriert haben, auch weiterhin ermöglichen, dass sie alles über Sie lesen können. Und eventuell gefallen Ihnen die Optionen für das Formatieren und Hochladen von Fotos auf einer anderen Blogging-Plattform besser. Aber keine Sorge – bei Facebook ist man darauf vorbereitet.

Befolgen Sie diese Schritte, um einen Blog in Facebook zu importieren:

1. **Besuchen Sie mithilfe Ihres Lieblings-Browsers** `www.facebook.com/editno-tes.php?import`.

2. **Geben Sie die Webadresse für Ihren Blog ein, bestätigen Sie, dass es Ihr eigener ist und klicken Sie auf Importieren.**

   Auf der nächsten Seite wird Ihnen eine Vorschau über alle bereits existierenden Blog-Einträge, die in Ihre Notizen importiert werden, angezeigt.

3. **Klicken Sie auf der Bestätigungsseite rechts auf Import bestätigen.**

   Ihre Einträge werden importiert und Facebook prüft den Feed Ihres Blogs alle paar Stunden, um nachzusehen, ob es irgendwelche neuen Einträge gibt.

Wenn Blogs in die Notizen importiert werden, gehen häufig einige Formatierungen oder Fotos, die im Original vorhanden waren, verloren. Sehen Sie sich die Vorschau an, um auszumachen, ob so etwas auch in Ihrem Blog passiert ist.

Notizen von Freunden lesen, kommentieren und ein »Gefällt mir« einfügen

Wenn Sie im Menü auf der linken Seite auf den Notizen-Link klicken, erscheint eine umfangreiche Gesamtansicht mit allen Notizen Ihrer Freunde. Je nachdem, wie häufig Ihre Freunde Notizen schreiben und welche Themen sie dabei wählen, kann sich hier eine interessante Möglichkeit bieten, sich auf einen Schlag zu informieren, was die einzelnen Freunde unternehmen. Die Einträge werden in chronologischer Reihenfolge aufgelistet.

Wenn Sie einen Eintrag einer anderen Person lediglich kommentieren möchten, sollten Sie nach dem Kommentieren-Link unter der Notiz Ausschau halten. Falls Ihnen etwas, was Sie gerade gelesen haben, wirklich gut gefällt, können Sie das die betreffende Person ganz einfach wissen lassen, indem Sie auf den Gefällt mir-Link unter der Notiz klicken. Dadurch wird sie darüber entsprechend benachrichtigt und Sie werden informiert, wenn weitere Kommentare zu der Notiz eingehen.

Mit Freunden in Kontakt bleiben

In diesem Kapitel

▷ Freunden Nachrichten senden

▷ Interessante Inhalte aus dem Internet teilen

▷ Besser kommunizieren durch offene (Facebook-) Beziehungen

▷ Automatisch in Kontakt bleiben

Sowohl Unaufdringlichkeit als auch Geschick machen die Kunst der Kommunikation aus. Einige Leute stimmen ihre Pläne per SMS aufeinander ab, andere per Telefon. Einige Liebespaare nutzen Briefpapier, um sich zu schreiben, andere verwenden E-Mails. Man kann über einen Instant Messenger tratschen oder es leise flüsternd tun. Manche Freunde tauschen sich vielleicht bei einer Tasse Kaffee aus, andere bei Bier. Und wieder andere nutzen dazu eine Webcam. Häufig werden Entlassungen im persönlichen Gespräch ausgesprochen, doch in der Bewerbungsphase gibt es Anrufe. Eine Umarmung kann in einem bestimmten Moment »Ich liebe dich« bedeuten, doch in einem anderen »Ich habe dich vermisst«. In jeder Situation wird die Art der menschlichen Kommunikation in erster Linie durch die konkrete Botschaft, die Umstände und die jeweiligen Persönlichkeiten und Beziehungen bestimmt.

Da es bei Facebook vor allem um die Vernetzung von Menschen geht, liegt für die Firma die höchste Priorität darin, allen die Möglichkeit zu geben, auf beliebige Art und Weise – und sei sie noch so kompliziert oder akribisch – zu kommunizieren. Wir erklären Ihnen in diesem Kapitel die verschiedenen Kommunikationsformen auf Facebook. Dazu zählen Privatgespräche, die über das Postfach laufen, öffentliche, harmlose Geplänkel auf der Pinnwand eines Profils, Anstupser, das Teilen, Kommentare und vieles mehr.

Unabhängig davon, wie Sie Facebook nutzen, um andere zu kontaktieren, eins ist sicher: Andere Personen werden darüber benachrichtigt werden, dass Sie versucht haben, sie zu erreichen. Ob diejenigen nun häufig bei Facebook hereinschauen oder niemals, aber dennoch in ihren E-Mail-Posteingang schauen – auf jeglichen Informationsaustausch auf Facebook folgt eine Benachrichtigung, die dem Empfänger per E-Mail oder über das Handy (falls er auf diesem Wege informiert werden möchte) zugeht. Machen Sie sich keine Gedanken darüber, ob Sie damit jemanden nerven könnten, denn man kann sich von sämtlichen Benachrichtigungsarten abmelden.

Ganz unter uns gesagt

Da Nutzer auf Facebook häufig auf halböffentliche Weise miteinander kommunizieren, können andere Freunde sich in das Gespräch einklinken. Wir sprechen weiter hinten über die verschiedenen Formen der offenen Kommunikation und die Vorteile eines offenen Rahmens im Allgemeinen. Manchmal möchte man sich allerdings auf privatere, persönlichere oder vertraulichere Weise verständigen. Im folgenden Abschnitt beschreiben wir die verschiedenen Methoden der One-to-one- und der One-to-few-Kommunikation ausführlich. Bei Ersterem kommunizieren zwei Nutzer untereinander, bei Letzterem wendet sich der Einzelne an eine Gruppe.

Nachrichten

Sie können sich Nachrichten auf Facebook im Großen und Ganzen wie persönliche E-Mails vorstellen. Es existieren lediglich ein paar kleine Unterschiede.

Zum einen kann man eine Nachricht nicht an mehr als 20 Leute gleichzeitig senden. Diese Festlegung dieser Anzahl scheint etwas willkürlich, doch eine Grenze wurde absichtlich gesetzt, um sozusagen *den Hausfrieden des Postfachs* zu wahren. Um zu verstehen, was wir meinen, sollten Sie sich die Zeit nehmen, über die letzten bei Ihnen eingegangenen E-Mails nachzudenken. Dazu gehörten wahrscheinlich solche:

✔ eine E-Mail eines engen Freundes

✔ ein Newsletter, in dem besondere Angebote aus einem Laden, den Sie manchmal besuchen, vorgestellt werden

✔ eine Mitteilung von Ihrer Bank – falls Sie mit ihr E-Mail-Kontakt haben

✔ ein monatlicher, fast schon amtlich anmutender Bericht einer alten Bekannten, in dem sie ihre letzten Urlaube für Sie und all ihre anderen Bekannten ausführlich beschreibt

✔ mindestens eine E-Mail von einer Adresse, die Sie nicht kennen, in der SEHR GEEHRTE DAMEN UND HERREN gebeten werden, ein Angebot zu nutzen, das man einfach nicht ausschlagen kann (*Beachten Sie:* Letztere sollten Sie gleich in Ihren Spam-Ordner verschieben. Klicken Sie in solchen E-Mails auf keine Links, gehen Sie nicht über Los und ziehen Sie keine 200 Euro ein – und zahlen Sie keine.)

E-Mails sind so allgegenwärtig geworden und werden für jeden denkbaren Zweck versendet, dass dort fast alles auftauchen kann. Man weiß eigentlich nie, was einen erwartet, bis man eben diese E-Mail öffnet. In der Einführung oben haben wir Ihnen erklärt, dass Facebook eine Reihe alternativer Kommunikationsmethoden bietet, damit Nutzer andere Nutzer leichter und auf eine für den jeweiligen Inhalt und die jeweilige Person zugeschnittene Weise kontaktieren (und selbst leichter kontaktiert werden) können. Nachrichten auf Facebook sind für den privaten Informationsaustausch zwischen Nutzern gedacht, die sich persönlich kennen oder sich kennenlernen möchten. Sie wurden absichtlich so konzipiert, dass allgemeine Massen-E-Mails vermieden werden.

Mit *dem Hausfrieden des Postfachs* beziehen wir uns auf folgende Tatsache: Wenn Sie auf Facebook sehen, dass Sie eine neue Nachricht haben, wird es sich in neun von zehn Fällen um eine persönliche handeln. Die einzigen beiden Ausnahmen bilden hier eingehende Nachrichten von den Anwendungen »Gruppen« und »Veranstaltungen«, mit denen wir uns in den Kapiteln 10 beziehungsweise 11 beschäftigen.

Ein weiterer Unterschied besteht darin, dass es bei den Facebook-Nachrichten keine Weiterleitungsfunktion gibt. In Bezug auf die Vertraulichkeit betonen wir es noch einmal: Wenn Sie jemandem eine Nachricht senden, können Sie sicher sein, dass diese nicht im Postfach einer anderen Person landet, sofern Ihr Empfänger nicht mit seinem Foto geschummelt hat.

Die restlichen Unterschiede zwischen Facebook-Nachrichten und E-Mails sind auf die Tatsache zurückzuführen, dass mithilfe der Nachrichten ein einfaches Alltagsgespräch nachgeahmt werden soll, während E-Mails ein komplexes Kommunikationsmittel sein können. Sie werden dort keine Ordner finden und können auch keine Nachrichten mit Sternchen versehen oder besonders kennzeichnen. Bei Facebook-Nachrichten geht es in erster Linie darum, dass sich Nutzer einfach hin und her schreiben.

Nachrichten senden

Nachrichten über das Facebook-Postfach versenden ist ganz einfach. Am unkompliziertesten funktioniert es mit den folgenden Schritten:

1. **Melden Sie sich an (falls Sie es nicht bereits getan haben) und klicken Sie danach in der linken Spalte auf** Nachrichten.

2. **Klicken Sie oben rechts auf die +** Neue Nachricht**-Schaltfläche, um das** Neue Nachricht**-Feld zu öffnen.**

   Es erscheint ein leeres Feld, das einer leeren E-Mail ähnlich sieht (es gibt bloß ein paar kleine Unterschiede). Abbildung 9.1 zeigt ein Beispiel.

3. **Fangen Sie an, den Namen eines Freundes einzutippen.**

   Während der Eingabe sehen Sie eine Auswahlliste mit möglichen Übereinstimmungen. Wenn Sie den gewünschten Namen erspähen, können Sie entweder darauf klicken, so lange den Abwärtspfeil verwenden, bis der Name ausgewählt wird, oder weitertippen, bis der richtige Name in dunkelblau hervorgehoben angezeigt wird. Drücken Sie danach die Eingabetaste. Falls Sie versehentlich einen falschen Namen ausgewählt haben, drücken Sie zweimal die Backspace-Taste oder klicken auf das X neben dem Namen, den Sie löschen möchten.

Abbildung 9.1: Über das Facebook-Postfach Nachrichten verfassen

 Um eine Nachricht an einen Freund zu senden, der nicht auf Facebook registriert ist, müssen Sie seine vollständige E-Mail-Adresse eingeben und dann die Eingabetaste drücken.

4. **(Wenn Sie möchten) Um einen weiteren Empfänger einzugeben, fangen Sie einfach an, den jeweiligen Namen oder die E-Mail-Adresse einzutippen.** Sie müssen keine Kommata, Semikolons oder Ähnliches verwenden, um die Namen zu trennen.

5. **Füllen Sie die Betreffzeile aus, genau wie in einer E-Mail.**

   Einige Nutzer füllen diese Zeile nicht aus, aber wir raten davon ab. Durch eine leere Betreffzeile können Ihre Empfänger die Nachricht nicht so leicht wiederfinden, nachdem sie sie zum ersten Mal gelesen haben.

6. **Geben Sie im Nachricht-Feld Ihren gewünschten Text ein.**

   Wir empfehlen Ihnen, diesen vor dem Absenden noch einmal durchzulesen, denn auf Facebook gibt es keine Rechtschreibprüfung. Unter dem Nachricht-Feld finden Sie die Anhängen-Optionen, die Sie fürs Erste ignorieren können. Wir erklären Ihnen weiter hinten im Abschnitt »Nett sein und teilen«, worum es dabei geht.

7. **Klicken Sie (unter den Anhängen-Optionen) auf die Senden-Schaltfläche, wenn Sie Ihrer Nachricht nichts mehr hinzufügen wollen.**

   Sollten Sie jemals entscheiden, dass Sie die Nachricht doch nicht senden möchten, klicken Sie auf Abbrechen und nicht auf Senden.

Wenn Sie auf eine Nachricht antworten möchten, die nur zwischen Ihnen und einer anderen Person verschickt wurde, füllen Sie ganz einfach das Feld über der Antworten-Schaltfläche aus und klicken dann auf Antworten. Bei der Beantwortung einer Nachricht, die nicht nur an Sie, sondern auch noch an andere Personen gesendet wurde, haben Sie zwei Möglichkeiten. Um allen Empfängern gleichzeitig zu antworten, klicken Sie auf die Allen antworten-Schaltfläche unter dem Antwort-Feld. Falls Sie sich lediglich an einen der Beteiligten wenden wollen, klicken Sie neben dem Namen und

Profilbild dieser Person auf ANTWORTEN. Dadurch öffnet sich ein NEUE NACHRICHT-Fenster, bei dem der Empfänger und der Betreff bereits eingetragen sind. Auch hier müssen Sie bloß wieder das ANTWORT-Feld ausfüllen und auf ANTWORTEN klicken.

 Einige Browser verfügen über eine automatische Rechtschreibprüfung, mit der sämtliche Texte, die Sie auf einer Website eingeben, durchgesehen werden. Beim Firefox wird beispielsweise jedes von Ihnen eingefügte Wort, das die Rechtschreibprüfung nicht erkennt, mit einer gestrichelten, roten Linie unterstrichen. Sollten Sie zufällig zu jenen gehören, die wir hier höflicherweise mal als *kein Freund der Rechtschreibung* bezeichnen, möchten Sie sich vielleicht nach einem Browser umsehen, der über eine Rechtschreibprüfung verfügt. Carolyn Abram und Leah Pearlman nutzen beide Firefox und empfehlen diesen Browser auch.

Nachrichten erhalten

Wenn Ihnen das Versenden von Nachrichten auf Facebook schon Spaß macht, sollten Sie es erst mal mit dem Erhalt versuchen. Sie können sich von jeder beliebigen Seite aus zu Ihrem Postfach vorklicken, indem Sie auf dem Bildschirm oben in der blauen Leiste zuerst auf das NACHRICHTEN-Symbol (das Bild mit den zwei Sprechblasen) und danach in dem sich öffnenden Feld unten auf ALLE NACHRICHTEN ANZEIGEN klicken. Sie können Ihr NACHRICHTEN-Postfach auch erreichen, indem Sie auf der Startseite oben links in der Ecke unterhalb Ihres Namens und Profilbilds auf den NACHRICHTEN-Link klicken. Bevor Sie hier etwas Interessantes entdecken können, werden Sie allerdings zuerst einen Ihrer Freunde dazu inspirieren müssen, Ihnen etwas zu senden.

 Veröffentlichen Sie in Ihrem Profil eine neugierige Frage oder etwas Provokantes (mehr dazu in Kapitel 6), falls Sie über genügend Freunde verfügen, die häufig bei Facebook hineinschauen. Ein guter Beitrag zieht meist ein oder zwei Nachrichten nach sich. Irgendjemand wird Ihnen zu diesem Thema wahrscheinlich eine Nachricht senden. Als Leah Pearlman den Satz »Leah ist die Vorfreude in Person« hinzugefügt hat, hat sie mehrere Nachrichten von Freunden erhalten, die wilde Vermutungen darüber angestellt haben, was denn wohl ihre Begeisterung ausgelöst haben könnte. Sie las beispielsweise: »Du bist schon ganz aufgedreht wegen des Wochenendes?« und »Du freust dich schon so sehr auf unser Frisbee-Spiel?« Ein Freund brachte es auf den Punkt: »Schluss mit der Vorfreude. Hier kommt die Nachricht, auf die du gewartet hast.«

Bevor Sie sich mit den einzelnen Schritten beim Erhalt einer Nachricht vertraut machen, sollten Sie verstanden haben, wie das Postfach aufgebaut ist. Beim Eingang von Nachrichten auf Facebook, werden in Ihrem Postfach Reihen angezeigt und jede einzelne davon bezieht sich auf einen bestimmten Thread. Jetzt fragen Sie sich vielleicht: »Was soll denn ein Thread sein? Das ist doch das englische Wort für Faden. Was hat ein Faden mit Nachrichten zu tun? Muss ich da irgendwo einen Knopf annähen?

Keiner hat mir gesagt, dass es bei Facebook ums Nähen geht.« Wir erklären Ihnen am besten anhand von Beispielen, was *Nachrichten-Threads* sind.

Nehmen wir einmal an, Ihre Schwester sendet Ihnen auf Facebook eine Nachricht, Sie antworten ihr und sie tut dasselbe. Alle drei Nachrichten werden dann als Teil desselben Threads aufgefasst, da sie aus ein und derselben ursprünglichen Nachricht hervorgegangen und von zwei Personen – Ihrer Schwester und Ihnen – verfasst worden sind. Wenn Sie sich Ihr Postfach ansehen, finden Sie dort keine zwei unterschiedlichen Reihen für jede von Ihrer Schwester gesandte Nachricht, sondern nur eine, die den kompletten Thread umfasst. Klicken Sie auf den Betreff dieses Threads, sehen Sie, in chronologischer Reihenfolge angeordnet, alle Nachrichten, die in diesem Thread ausgetauscht worden sind, also die erste Nachricht Ihrer Schwester, Ihre eigene Antwort und dann ihre zweite Antwort.

Die Nachrichten werden in einem Thread zusammengefasst, um Ihr Postfach nicht zu verstopfen und für gute Lesbarkeit zu sorgen. Würde das nicht geschehen und Ihre Schwester und Sie würden sich gegenseitig noch weitere Nachrichten senden, wäre Ihr Postfach irgendwann voll. Um ältere Nachrichten von ihr oder einer anderen Person zu finden, müssten Sie im Postfach immer weiter zurückblättern (oder die Suchfunktion des Postfachs verwenden). Ihrem »Mausfinger« wird es gar nicht gefallen, wenn Sie auf diese Weise Schindluder mit ihm treiben. Durch die Zusammenfassung der Nachrichten bleiben komplette Gespräche an einer Stelle stehen und Sie können in Ihrem Postfach mehrere davon auf einen Blick sehen.

Um es noch ein bisschen komplizierter zu machen, nehmen wir jetzt mal an, dass Barbara Mistol, Alexander Hannemann und Walburga Mistol Freunde wären, die Pläne schmieden wollen. Ihr Gedankenaustausch könnte sich dann in etwa so anhören:

1. **Barbara Mistol schreibt eine Nachricht an Alexander Hannemann und Walburga Mistol.**

2. **Alexander Hannemann antwortet Barbara Mistol und Walburga Mistol und danach antwortet Walburga Mistol allen beiden.**

   Alle drei Nachrichten – also Barbara Mistols ursprüngliche sowie Alexander Hannemanns und Walburga Mistols darauffolgende Nachrichten – werden als Teil desselben Threads, als einzelne Reihe im Postfach gekennzeichnet, aufgefasst, da sie alle eine Reaktion auf dieselbe ursprüngliche Nachricht darstellen und es sich um die gleichen Teilnehmer (Barbara Mistol, Alexander Hannemann und Walburga Mistol) handelt. Durch einen Klick auf die Betreffzeile des Threads im Postfach können alle drei Personen alle drei Nachrichten in chronologischer Reihenfolge sehen. Abbildung 9.2 zeigt ein Beispiel.

3. **Alexander Hannemann möchte Barbara Mistol im Vertrauen etwas über Walburga Mistols Antwort mitteilen, klickt daher auf ANTWORTEN rechts neben Barbara Mistols Namen und sendet lediglich an diese eine Nachricht.**

Abbildung 9.2: Erweiterte Ansicht eines Nachrichten-Threads zwischen drei Personen, der drei Nachrichten enthält

Obwohl diese Nachricht eine Reaktion auf den Thread war, wird in Barbara Mistols Postfach ein neuer Thread erstellt, da nun eine andere Zusammensetzung an Teilnehmern, nämlich nur Barbara Mistol und Alexander Hannemann, vorliegt. Dadurch, dass eine Trennung in mehrere Threads erfolgt, sobald sich die Teilnehmer ändern, können Sie leichter herausfinden, wer *genau* welche Nachrichten erhalten hat. Sehen Sie sich dazu Abbildung 9.3 an.

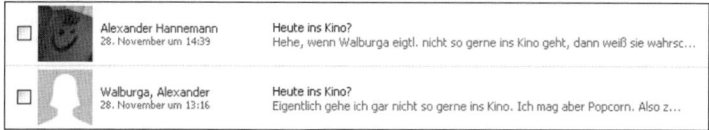

Abbildung 9.3: Beschränkte Ansicht von zwei Beispielen für Threads auf Facebook

Wenn Sie sich auf Facebook anmelden, sehen Sie, dass Sie eine Nachricht erhalten haben, wenn oben auf der Seite in der blauen Leiste eine Zahl neben dem NACHRICHTEN-Symbol erscheint. Diese Zahl gibt die Anzahl Ihrer ungelesenen Threads an. Im zweiten Beispiel, in dem sowohl Walburga Mistol als auch Alexander Hannemann allen geantwortet haben, würde Barbara Mistol nach ihrer Anmeldung eine kleine rote Fahne mit einer 1 vorfinden. Obwohl sie zwei neue Nachrichten erhalten hat, wird beim Aufsuchen ihres Postfachs nur einer der beiden Threads ungelesene Nachrichten aufweisen, daher die 1. Ungelesene Threads werden hellblau hinterlegt. Klicken Sie auf den Betreff des Threads, um ihn zu öffnen und die Nachrichten zu lesen.

Der Aufbau eines Threads

Wir beschreiben Threads in diesem Abschnitt im Rahmen der Facebook-Anwendung NACHRICHTEN, zeigen Ihnen die Funktionsweise und veranschaulichen, weshalb Ihr eigener Umgang mit Nachrichten dadurch vereinfacht wird. Und jetzt zerlegen wir einen Thread in seine Einzelteile:

✔ **Auswahlkästchen für die Aktion:** Am oberen Rand des Postfachs sehen Sie drei Schaltflächen: ALS UNGELESEN MARKIEREN, SPAM MELDEN und LÖSCHEN. Um diese Schaltflächen verwenden zu können, müssen Sie zunächst einen Haken in das jeweilige Auswahlkästchen links neben einem Thread setzen. Verschiedene Arten von Threads – ALLE, GELESEN oder KEINE – können Sie kennzeichnen, indem Sie die AUSWÄHLEN-Optionen am oberen Rand des Postfachs verwenden. Durch einen Klick auf die GELESEN-Schaltfläche werden beispielsweise alle mit einem Häkchen versehenen Threads in den Zustand eines bereits GELESENEN Threads versetzt. Wenn Sie auf LÖSCHEN klicken, werden alle ausgewählten Threads ein für alle Mal entfernt. Bitte beachten Sie, dass Sie einen Thread selbst nicht dauerhaft löschen können. Wenn jemand als Antwort auf einen bestimmten Thread eine Nachricht sendet, erscheint der komplette Thread erneut in Ihrem Postfach. Wenn Sie ihn dann öffnen, wird allerdings nur die neue Nachricht angezeigt und Sie müssen auf den ZEIGE GELÖSCHTE NACHRICHTEN AUS DIESEM THREAD -Link klicken, um zuvor gelöschte Nachrichten sehen zu können.

✔ **Profilbild:** Das Bild auf der linken Seite in einer Reihe des Postfachs, gehört zu derjenigen Person, die als Letztes eine Nachricht in diesem Thread gesendet hat.

✔ **Namen der Absender:** Die Namen neben dem Profilbild stehen für die Verfasser der neuesten Nachrichten in diesem Thread. Sollten Sie dazu gehören, finden Sie dort das Wort DU anstelle Ihres eigenen Namens. Der erste Name in dieser Liste stimmt immer mit dem Bild überein.

✔ **Datum und Uhrzeit:** Gibt Auskunft darüber, wann die letzte Nachricht in diesem Thread gesendet wurde.

✔ **Betreff:** Der Betreff wird von derjenigen Person eingefügt, die die erste Nachricht in dem jeweiligen Thread sendet.

✔ **Kurzer Ausschnitt:** Unterhalb der Betreffzeile findet sich die erste Zeile der neuesten Nachricht. Das Erscheinen an dieser Stelle kann sehr hilfreich sein, falls der Absender vergessen hat, eine Betreffzeile einzufügen oder falls die Nachricht so kurz ist, dass man den kompletten Text bereits lesen kann, bevor man die Nachricht überhaupt geöffnet hat.

Nicht befreundeten Nutzern Nachrichten senden

Weiter oben im Kapitel im Abschnitt »Nachrichten senden« haben wir erwähnt, dass Sie über die jeweiligen E-Mail-Adressen mit Freunden auf Facebook sowie mit Personen, die nicht auf Facebook registriert sind, teilen können. Sie können eine Nachricht aber auch an jemanden senden, der zwar auf Facebook, aber nicht mit Ihnen befreundet ist (zumindest, wenn seine Privatsphäre-Einstellungen es erlauben). Diese Möglichkeit ist besonders nützlich, wenn Sie auf Facebook auf eine Person stoßen, der Sie zwar etwas mitteilen möchten, sich aber nicht sicher sind, ob Sie sie jetzt schon oder überhaupt jemals als Freund hinzufügen möchten. Hier kommen ein paar Beispiele:

✔ **Identifizierung:** Sie suchen nach einem alten Freund und finden drei Personen, die den gleichen Namen tragen. Das erste Profil zeigt ein klar erkennbares Bild von jemandem, der eindeutig nicht Ihr Freund ist. Die zweite Person hat ein Profilbild, auf dem ein Bergsteiger in sehr weiter Entfernung zu sehen ist. Es könnte sich hier zwar um Ihren Freund handeln, doch der Betreffende ist einem Netzwerk aus Dallas beigetreten und Sie sind sich sicher, dass er dort nie gewohnt hat. Das dritte Profil weist überhaupt kein Foto, sondern nur einen blauen Umriss als Platzhalter auf. (Sollte sich herausstellen, dass dies Ihr Freund ist, empfehlen Sie ihm am besten dieses Buch und insbesondere Kapitel 2, bei dem es um die Erstellung des Profils geht.) Auf der SUCHERGEBNIS-Seite können Sie neben der Person mit dem Platzhalterprofilbild auf NACHRICHT SENDEN klicken und nachfragen, ob Sie beide sich kennen.

✔ **Freund eines Freundes:** So könnte es sich zutragen: »Letzte Woche hatte ein Freund Geburtstag und ich wollte ihm ein Geschenk schicken. Er war gerade im Begriff umzuziehen, aber ich kannte die neue Adresse nicht. Ich wusste aber, wie die Frau heißt, mit der er zusammenzieht. Also habe ich sie auf Facebook aufgestöbert und ihr eine Nachricht geschickt. Sie hat mir dann seine Adresse gegeben.« Bei den meisten Features auf Facebook müssen Sie mit jemandem befreundet oder zumindest in seinem Netzwerk sein, um sinnvoll miteinander kommunizieren zu können. Manchmal gibt es allerdings einen guten Grund dafür, eine Person zu kontaktieren, die wirklich nicht zu Ihrer kompletten Freundesliste passt. Für diese Art der Kommunikation eignet sich die Facebook-Anwendung NACHRICHTEN hervorragend.

✔ **Jemanden kennenlernen:** Stellen Sie sich mal vor, Sie hätten gerade erst in einer neuen Firma angefangen und kennen dort nur ganz wenige Leute. Oder – um die Erfahrung aus diesem Beispiel wirklich zu machen – Sie treten tatsächlich eine Stelle in einer neuen Firma an. Sie könnten dann die Suche verwenden, um andere Angestellte zu finden, die Sie gerne besser kennenlernen oder die Sie etwas fragen möchten, und ihnen auf Facebook eine Nachricht senden.

Behalten Sie drei Dinge im Hinterkopf, wenn Sie Nachrichten an nicht befreundete Nutzer versenden:

✔ **Sie können die Nachrichten an nicht befreundete Nutzer immer nur einzeln versenden.** Hier gibt es zwei Möglichkeiten:

- Sie besuchen das Profil der betreffenden Person und klicken dort auf die <NAME> EINE NACHRICHT SENDEN-Schaltfläche neben dem Profilbild.

- Auf der SUCHERGEBNIS-Seite klicken Sie neben der Person, der Sie eine Nachricht senden möchten, auf die NACHRICHT SENDEN-Schaltfläche.

✔ **Im Abschnitt »Nachrichten« weiter oben haben wir Ihnen erklärt, dass Sie bis zu 20 Personen gleichzeitig eine Nachricht senden können.** Dies bezieht sich allerdings nur auf Ihre Facebook-Freunde und andere, deren E-Mail-Adresse Sie bereits kennen.

✔ **Einige Leute senden Nachrichten an nicht befreundete Nutzer, um eine Verabredung zu ergattern.** Glückwunsch, falls Sie damit Erfolg haben! Wir hoffen, dass Ihr beiden Turteltauben Euch gut amüsiert – passt auf Euch auf und ladet uns zur Hochzeit ein! Im Allgemeinen können wir die Nutzung von Facebook zu diesem Zweck aber nicht empfehlen. Anders als auf einigen anderen Websites registrieren die meisten sich nicht auf Facebook, um Liebesbeziehungen einzugehen. Bevor Sie jemandem mit diesem Hintergedanken eine Nachricht schicken, sollten Sie sichergehen, dass im AUF DER SUCHE NACH-Feld im entsprechenden Profil eindeutig darauf hingewiesen wird, dass derjenige offen für eine romantische Annäherung ist.

 Mit Nachrichten an nicht befreundete Nutzer sollten Sie vorsichtig sein. Wenn Sie solche Personen zu häufig anschreiben oder zu viele dieser Personen Ihre Nachricht als unaufgefordert und unerwünscht melden, hat das Sicherheitssystem der Firma Facebook Ihr Konto automatisch im Visier. Sie erhalten zunächst nur eine Warnung, doch wenn Sie sich erneut dieses Vergehens schuldig machen, könnte Ihr Konto deaktiviert werden. Erinnern Sie sich noch daran, wie wir weiter oben im Kapitel den Hausfrieden des Postfachs angesprochen haben? Wenn jeder Facebook-Nutzer jeden anderen Facebook-Nutzer anschreiben könnte, würden sich im Postfach unpersönliche oder unerwünschte Nachrichten ansammeln und dort irgendwann ein solches Durcheinander anrichten, dass dieses nicht mehr funktionsfähig wäre.

✔ **Wenn Sie Nachrichten an nicht befreundete Nutzer senden, ermöglichen Sie diesen dadurch, zurückzuschreiben, selbst wenn Sie die Einstellung vorgenommen haben, dass Fremde dies nicht tun können.**

Nett sein und teilen

Haben Sie schon mal im Internet etwas gelesen, was Sie an einen Freund erinnert hat? Oder bei dem Sie dachten, dass es einer bestimmten Person besonders gefallen würde? Oder das sich auf etwas bezog, worüber Sie sich *gerade eben* noch unterhalten haben? Oder bei dem Sie so herzhaft lachen mussten, dass Sie es gar nicht erwarten konnten, jemandem davon zu erzählen? Falls Sie sich zu den Internetnutzern zählen, dann lauten die Antworten auf diese Fragen:»Ja«,»Ja«,»Ja« und»Oh, du meine Güte, ja«. (Falls Sie die Antworten gerade eben hörbar in der Öffentlichkeit gegeben haben, könnten Sie damit ein bisschen für Aufsehen gesorgt haben.)

Und gerade für solche Fälle bietet Facebook die Möglichkeit des Teilens. Mithilfe des *Teilens* können Sie Links, eine Vorschau und manchmal sogar einen kompletten Inhalt mühelos sowohl an Facebook-Freunde als auch Freunde aus dem wahren Leben schicken. Falls Sie der Meinung sind, dass E-Mails für die Versendung solcher Webinhalte doch ausreichen, gehen wir jede Wette ein, dass Sie das Teilen noch nie ausprobiert haben.

Wir beschreiben in diesem Abschnitt ausführlich mehrere Möglichkeiten, auf Facebook zu teilen. In den meisten Fällen öffnet sich durch einen Klick auf eine Schaltfläche ein Neue Nachricht-Fenster (lesen Sie dazu den Abschnitt »Nachrichten senden« weiter oben), bei dem das Foto, das Video oder der Link zur Webseite, die Sie sich gerade ansehen, automatisch im Text der Nachricht enthalten ist.

Über das Postfach teilen

In mancher Hinsicht zählt das Teilen über das Postfach zu den kompliziertesten Möglichkeiten, denn man muss häufiger klicken und einiges kopieren und einfügen. Dennoch kommt es dem Vorgehen, das Sie von E-Mails kennen, am nächsten:

1. **Kopieren Sie den Link zur Seite, die Sie gerne mit jemand anderem teilen wollen.**

2. **Klicken Sie auf das Nachrichten-Symbol (die zwei Sprechblasen) in der blauen Leiste oben.**

3. **Klicken Sie auf den Neue Nachricht verschicken-Link oben in der Auswahlliste, um das Neue Nachricht-Feld zu öffnen.**

4. **Fügen Sie den Link in das Nachricht-Feld ein und geben Sie im An-Feld den Namen Ihres Freundes an.**

   Sie können ebenso gut unter dem Nachricht-Feld auf das Link-Symbol neben dem Wort Anhängen klicken und den Link in das sich öffnende Feld einfügen.

5. **Klicken Sie auf die Senden-Schaltfläche.**

Obwohl Sie hier genauso viele Schritte wie beim Teilen eines Links per E-Mail unternehmen müssen, ist dies die weitaus coolere Methode. Wenn Sie den Link in das Neue

Nachricht-Fenster einfügen, erweitert sich dieses und zeigt eine Vorschau auf die Seite, die Sie gerade teilen wollen. Die Vorschau enthält den Namen der Seite, die geteilt wird, sowie einen kurzen Textausschnitt der Seite. Falls die Seite, die Sie teilen möchten, irgendwelche Bilder aufweist, wird außerdem eins davon eingefügt. Es handelt sich hier um exakt die gleiche Vorschau der Seite, die auch Ihre Empfänger beim Versenden der Nachricht sehen werden.

 Sie können alle Elemente der Vorschau ändern, die die Seite, die geteilt werden soll, nicht genau beschreiben. Außerdem können Sie ein anderes Bild wählen, indem Sie auf die Pfeile unterhalb von Miniaturbild auswählen klicken. (*Beachten Sie:* Im Computer-Jargon wird die kleinere Version eines größeren Bildes als *Miniaturbild* bezeichnet. Facebook schnappt sich in diesem Fall das größte Bild der Seite, die Sie zu teilen versuchen, verkleinert es und verwendet das Miniaturbild für die Vorschau.) Sollte keines der Bilder wirklich bezeichnend für die Inhalte sein, können Sie einen Haken in das Kein Miniaturbild-Feld setzen. Eine Änderung des Namens der Seite oder des kurzen Textausschnitts in der Vorschau ist ebenso möglich, wenn man direkt in den betreffenden Text klickt.

Sollte die Seite, die Sie gerade teilen, ein Video wie etwa eine Seite auf YouTube (de.youtube.com) enthalten, wird das eigentliche Video in der Vorschau angezeigt. Hier stellt der Begriff *Vorschau* eigentlich eine Untertreibung dar, denn Sie und Ihr Empfänger können sich das Video gleich von der Vorschau aus ansehen, ohne dabei von Facebook auf die andere Website wechseln zu müssen.

Teilen-Schaltflächen auf Facebook

Teilen   Vielleicht sind Ihnen bereits überall auf Facebook die kleinen Teilen-Links (wie das Symbol hier am Rand) aufgefallen. Sie tauchen in Alben, einzelnen Fotos, Notizen, Veranstaltungen, Gruppen, Anzeigen bei Facebook Marketplace, Beiträgen in den Neuigkeiten, Nutzerprofilen und vielem anderen auf. (Bitte beachten Sie, dass diese Teilen-Links sich von der Teilen-Schaltfläche unterscheiden, die bei einer Eingabe im Herausgeber erscheint. Diese kleinen Teilen-Links sind mit bestimmten, einzelnen Inhalten auf der Website verknüpft.) Sie können darüber Inhalte schnell teilen, ohne etwas kopieren und einfügen zu müssen. Sie müssen dazu noch nicht einmal Ihr Postfach aufsuchen.

Wenn Sie auf Facebook Inhalte sehen, die Sie gerne jemand anderem zeigen möchten, müssen Sie einfach nur auf den Teilen-Link daneben klicken. Dieser Link dient eigentlich zwei verschiedenen Zwecken. Bei einem Klick darauf lautet die standardmäßige Einstellung für das Teilen Im Profil posten. Doch an dieser Stelle können Sie die Inhalte auch in Form einer Nachricht versenden. Wir befassen uns in diesem Kapitel mit der Als Nachricht versenden-Option. Mit dem Im Profil posten-Reiter soll eigentlich nur ausgesagt werden, dass das Objekt auf Ihrer Pinnwand erscheint. Sie würden dasselbe erreichen, wenn Sie den Link in Ihrem Profil direkt in den Herausgeber eingefügt hätten.

Nachdem Sie auf die TEILEN-Schaltfläche geklickt haben, öffnet sich ein kleines TEILEN-Fenster. Klicken Sie unten links im Fenster auf den ALS NACHRICHT VERSENDEN-Link. Daraufhin wird die TEILEN-Vorschau angezeigt, bei der Betreff, Beschreibung und Miniaturbild bereits für Sie eingegeben worden sind. Sie müssen nur noch das AN-Feld ausfüllen. Wir sagen es noch einmal: Sie können hier die Namen von Facebook-Freunden oder die E-Mail-Adressen von Personen, die (noch) nicht auf Facebook registriert sind, eingeben. Wahlweise können Sie auch noch das NACHRICHT-Feld ausfüllen. Klicken Sie danach auf NACHRICHT SENDEN. Abbildung 9.4 zeigt, wie Barbara Mistol vorgeht, wenn sie ein Foto mit Alexander Hannemann teilen möchte.

Abbildung 9.4: Auf Facebook ein Foto teilen.

 Manchmal teilt man auf Facebook etwas mit einer anderen Person, doch diese kann es aufgrund der Privatsphäre-Einstellungen für den Inhalt, den man teilt, nicht sehen. Hier kommt ein Beispiel: Nehmen wir einmal an, Sie würden einige Fotos entdecken, die eine Freundin von ihrem letzten Urlaub in Indien hinzugefügt hat. Da Sie einen anderen Freund haben (beide kennen sich nicht), der bald nach Indien reisen wird, klicken Sie auf den TEILEN-Link des Albums und senden es ihm. Falls Ihre Freundin ihre Privatsphäre-Einstellungen für das Album so gewählt hat, das nur ihre eigenen Freunde es sehen können, wird es für Ihren anderen Freund nicht sichtbar sein. Dieser erhält zwar die Nachricht, doch anstelle einer Vorschau steht dort der Hinweis, dass die Inhalte für ihn aufgrund der Privatsphäre-Einstellungen nicht sichtbar sind.

Eigentlich können Sie im Vorhinein nicht wissen, ob jemand die Inhalte, die Sie teilen, sehen kann oder nicht. Doch wenn beide Personen nicht miteinander befreundet sind, sollten Sie darauf gefasst sein, dass Ihr zweiter Freund Ihnen zurückschreibt und Sie darum bittet, doch mal zu beschreiben, was Sie da teilen wollten. Auch wenn so etwas manchmal nervig sein kann – gerade weil es sich im Grund nicht vermeiden lässt –, sollte man sich doch in Erinnerung rufen, dass solche Regeln vorhanden sind, damit jeder die Kontrolle über seine eigenen Inhalte behält, was ja schließlich von Vorteil ist.

Teilen-Schaltfläche im Internet

Auf Facebook gibt es zwar viel Interessantes zu entdecken, doch das restliche Internet geizt auch nicht mit fesselnden Inhalten. Die Firma Facebook erlaubt anderen Webseiten (und ermutigt sie sogar dazu), TEILEN-Schaltflächen von Facebook neben interessanten Inhalten zu platzieren. Diese findet man beispielsweise unter so gut wie jedem Artikel auf www.faz.net. Dasselbe gilt für de.youtube.com. Klickt man auf diesen Websites eine Schaltfläche zum Teilen von Inhalten an, findet man Teilen-Funktionen von verschiedenen Websites, darunter die von Facebook, vor. Wenn Sie auf Facebook klicken, erscheint das gleiche TEILEN-Fenster (wie in Abbildung 9.4) wie nach einem Klick auf die TEILEN-Schaltflächen auf Facebook selbst. Zehntausende von Websites haben ihre Inhalte bereits mit solchen TEILEN-Schaltflächen für Facebook versehen, um Ihnen das liebevolle Verbreiten der Informationen zu erleichtern.

Das TEILEN-Lesezeichen

Viele Websites verfügen über praktische TEILEN-Schaltflächen. Doch für kinderleichtes Teilen mit nur einem Klick benötigt man diese eigentlich gar nicht. Sie können einen speziellen TEILEN-Link zum Lesezeichenordner Ihres Browsers hinzufügen. Danach spielt es keine Rolle mehr, wo Sie sich gerade im Internet befinden: Sie können die entsprechende Seite teilen, indem Sie einfach auf das TEILEN-Lesezeichen klicken. Sie fügen das TEILEN-Lesezeichen Ihrem Browser hinzu, indem Sie den Anweisungen auf der TEILEN-LESEZEICHEN-Seite folgen (zu finden unter www.facebook.com/share-options.php) – das ist am einfachsten. Wenn Sie dies erledigt haben, finden Sie entweder eine TEILEN-Schaltfläche in der Symbolleiste Ihres Browsers oder einen Link zum AUF FACEBOOK TEILEN in den Lesezeichen oder Favoriten Ihres Browsers vor. Es hängt davon ab, welchen Browser Sie verwenden (Firefox, Internet Explorer, Safari und so weiter und wie die entsprechenden Einstellungen Ihres Computers aussehen). Nachdem Sie das TEILEN-Lesezeichen hinzugefügt haben, sollten Sie es ausprobieren. Besuchen Sie eine beliebige Webseite und klicken Sie auf den AUF FACEBOOK TEILEN-Link in Ihrer Lesezeichenleiste. (Im Internet Explorer müssen Sie zunächst auf Favoriten und danach auf AUF FACEBOOK TEILEN klicken. Beim Firefox und bei Chrome reicht ein Klick auf AUF FACEBOOK TEILEN in Ihrer Lesezeichen-Symbolleiste.) Wir betonen es noch einmal: Nach dem Klick auf die TEILEN-Schaltfläche können Sie unter zwei Möglichkeiten wählen. Je nachdem, welchen Reiter Sie im TEILEN-Fenster wählen, können Sie die Inhalte entweder mit Einzelpersonen teilen oder sie direkt in Ihrem Profil posten. Genau wie sämtliche TEILEN-Schaltflächen erkennt auch das TEILEN-Lesezeichen, dass Sie Videos oder Musik teilen möchten, damit das Abspielen direkt aus dem Postfach des Empfängers oder Ihrem Profil funktioniert.

Chat

Manchmal möchte man einer anderen Person etwas sagen und es soll dann auch sofort passieren. Wenn dieser Jemand nicht direkt neben Ihnen sitzt, ist er optimalerweise in der Lage, Sofortnachrichten über Facebook-Chat zu senden und zu empfangen. Mithilfe dieser Anwendung können Sie sehen, welche Ihrer Freunde zur gleichen Zeit wie Sie online sind und können sich dann mit einem von ihnen kurze Nachrichten hin- und herschicken oder mehrere gleichzeitige Gespräche mit verschiedenen Freunden führen. Sie finden Facebook-Chat unten rechts auf jeder Seite von Facebook. Klicken Sie auf das Wort CHAT, um zu entdecken, welche Wunder sich dahinter verbergen.

Der Aufbau von Chat

Wir listen in diesem Abschnitt jedes Element des Facebook-Chat einzeln auf, damit Sie Ihre Freunde im null Komma nichts in Echtzeit anquatschen können.

✔ **Freunde, die gerade online sind:** Wenn Sie sich die CHAT-Schaltfläche ansehen, werden Sie dort eine Zahl neben dem Wort CHAT finden. Sie steht für die Anzahl an Freunden, die gerade jetzt vor ihrem Computer sitzen und online und bei Facebook angemeldet sind. Durch einen Klick auf eine beliebige Stelle der CHAT-Schaltfläche öffnet sich die Liste mit all diesen Freunden. Neben jedem von ihnen sehen Sie ein Symbol. Ein grüner Punkt bedeutet, dass derjenige Facebook innerhalb der letzten paar Minuten verwendet hat. Ein Halbmond zeigt an, dass dieser Freund sich zwar über seinen Computer bei Facebook angemeldet hat, aber schon eine ganze Weile nichts angeklickt hat. Freunde, die nicht auf dieser Liste erscheinen, haben sich entweder momentan nicht bei Facebook angemeldet oder sich vor Facebook-Chat verborgen, indem sie offline gegangen sind. Sie können auch auf Ihrer Startseite in der linken Spalte sehen, welche Freunde gerade online sind. Der FREUNDE ONLINE-Link zeigt eine Untergruppe Ihrer Freunde, die gerade online sind. Auf diese Weise ist es noch einfacher, ins Gespräch zu kommen. Sie müssen die Chat-Liste nicht unbedingt öffnen, um zu sehen, wer verfügbar ist. Es handelt sich lediglich um eine Untergruppe. Sollte eine Person dort nicht aufgeführt werden, könnte sie dennoch online sein. Sie können es herausbekommen, wenn Sie ALLE ANZEIGEN ganz unten unter der Liste anklicken.

• **Nach Freunden, die gerade online sind, suchen:** Sie werden schon bald, wenn nicht sogar schon jetzt, sehr viele Facebook-Freunde haben. Um diesen einen Freund, mit dem Sie chatten möchten, schnell zu finden oder nachzusehen, ob er sogar online ist, müssen Sie auf die CHAT-Schaltfläche klicken und dann seinen Namen in das Suchfeld eingeben. Während Ihrer Eingabe sehen Sie, wie die Liste mit Freunden, die gerade online sind, reduziert wird, bis nur noch die Namen derjenigen übrig bleiben, die mit Ihrer Eingabe übereinstimmen. Wenn Sie den Freund, nach dem Sie gesucht haben, gefunden haben, klicken Sie auf seinen Namen, um loszuchatten. Falls Sie eine Mitteilung darüber angezeigt bekommen, dass derjenige online nicht gefunden werden konnte, bedeutet dies, dass er offline gegangen ist oder zurzeit nicht bei Facebook angemeldet ist.

✔ **Freundeslisten:** Freundeslisten, mit denen wir uns sehr ausführlich in Kapitel 4 befassen, können in der Facebook-Anwendung CHAT sehr nützliche Planungswerkzeuge darstellen. Freundeslisten sind dann praktisch, wenn man nicht mit einer bestimmten Person, sondern einem Freund, der einem im Leben wichtig ist, sprechen möchte. Leah Pearlman hat ihre Freunde in Listen wie »Personen aus dem privaten Freundeskreis«, »Kollegen« und »Beste Freunde« eingeteilt. Wenn sie am Arbeitsplatz eine Frage hat, guckt sie kurz in die Kollegenliste, um zu sehen, ob jemand online ist, den man fragen könnte. Sucht sie nach einer Begleitung fürs Abendessen, verwendet sie die Liste mit Personen aus dem privaten Freundeskreis. Um eine Liste zu erstellen, klicken Sie im geöffneten CHAT-Feld auf FREUNDESLISTEN. Fangen Sie an, unterhalb von NEUE LISTE ERSTELLEN den Namen der neuen Liste einzugeben. Wenn Sie dann die Eingabetaste drücken, erscheint neben den Freunden, die gerade online sind, die neue Liste und Anweisungen, um eben diese Personen dorthin zu verschieben. Aus derselben Auswahlliste unter FREUNDESLISTEN setzen Sie ein Häkchen vor die Freundeslisten, die Sie im Chat dabei haben möchten. (Vielleicht haben Sie ja in der Vergangenheit einige Listen für andere Zwecke erstellt, die im Chat bedeutungslos sind.) Jede Freundesliste, die Sie direkt in der CHAT-Anwendung erstellen, wird hier automatisch angezeigt. Falls Sie Listen im Chat verwenden, können Sie diese neu anordnen. Leah Pearlman positioniert gerne ihre »Beste Freunde«-Liste an oberster Stelle. Da sie mit diesen Personen häufiger chattet, möchte sie gerne schnell erkennen können, ob sie online sind.

✔ **Online-Status:** Das Symbol mit dem kleinen Mann neben dem grünen Punkt auf der CHAT-Schaltfläche bedeutet, dass Sie momentan für einige oder alle Ihre Freunde, die sich ihre Liste mit Freunden, die gerade online sind, ansehen, als online erscheinen. Dadurch wird Ihren Freunden signalisiert, dass Sie möglicherweise Lust auf einen Chat haben. Sind Sie nicht interessiert, möchten aber trotzdem auf Facebook angemeldet bleiben, klicken Sie auf die CHAT-Schaltfläche, dann auf OPTIONEN und dann auf OFFLINE GEHEN. Dadurch verändert sich das Aussehen der CHAT-Schaltfläche und Sie werden im Offline-Status angezeigt. Während Sie offline sind, können Freunde Ihnen keine Sofortnachrichten senden und Sie können zudem nicht erkennen, welche Ihrer Freunde gerade online sind. Wenn Sie erneut auf die CHAT-Schaltfläche klicken, wird die Liste für Sie zwar wieder sichtbar, doch Sie sind damit auch wieder online. Von nichts kommt nichts!

 Wenn Sie ein paar Freundeslisten erstellt haben, können Sie festlegen, dass Sie für Personen aus einigen Listen online und für welche aus anderen als offline angezeigt werden. Am Arbeitsplatz lässt sich Leah Pearlman für ihre Liste mit Personen aus dem privaten Freundeskreis manchmal als offline anzeigen, bleibt für ihre Kollegenliste aber online, damit Leute, die mit ihr etwas Berufliches zu besprechen haben, sie direkt kontaktieren können. (Da sie für ihre Freunde als offline erscheint, senden diese ihr entweder eine Nachricht oder rufen sie später an.) Um dieses Feature verwenden zu können, müssen Sie zunächst, wie oben beschrieben, Freundeslisten erstellen. Klicken Sie danach auf die CHAT-Leiste, um sich Ihre Freunde, die gerade online sind, anzeigen zu lassen. Neben dem Namen der Freundesliste sehen Sie einen kleinen Schieberegler, der entweder in grau oder in grün erscheint. Klicken Sie auf den Schieberegler, um Ihren Status für die entsprechende Liste von online zu offline zu ändern. Ein weiterer Klick lässt Sie wieder online erscheinen. Hier verhält es sich genauso wie beim allgemeinen Anzeigen des Offline-Status: Gehen Sie für eine bestimmte Freundesliste offline, können Sie nicht mehr sehen, welche Personen davon gerade online sind.

✔ **Das CHAT-Fenster:** Jetzt wird es Zeit, sich mal mit dem Chatten an sich zu befassen. Um mit jemandem zu chatten, klicken Sie in der Liste mit Freunden, die gerade online sind, einfach auf seinen Namen. Es erscheint ein kleines Fenster. Geben Sie unten im CHAT-Fenster direkt nach dem Cursor Ihren Text ein und drücken Sie die Eingabetaste. Ihr Freund sieht dann ein identisches CHAT-Fenster, das unten in seiner CHAT-Leiste aufblinkt. Wenn er bei seinem Computer den Ton eingeschaltet hat, hört er auch ein kurzes Geräusch. Antwortet er Ihnen, hören Sie das Geräusch ebenso und auch Ihr CHAT-Fenster wird anfangen aufzublinken.

Falls Sie während des Chattens noch andere Seiten von Facebook besuchen, können Sie das CHAT-Fenster immer über den üblichen Minimieren-Button oben rechts im CHAT-Fenster ausblenden. Durch einen Klick auf den Namen Ihres Freundes wird das Fenster wieder geöffnet. Mit einem Klick auf das X wird es geschlossen. Ihr Freund bemerkt nicht, was Sie da tun und wenn Sie ein Fenster für ein neues Gespräch mit eben diesem Freund öffnen, können Sie sogar genau sehen, wo Sie aufgehört haben. Wenn Sie sich bei Facebook abmelden, sich zu einer anderen Stelle klicken oder offline gehen, erhält Ihr Freund eine Mitteilung über Ihren neuen Offline-Status. Es dauert ein bisschen, bis man sich an diesen Ablauf gewöhnt hat. Man kann in Versuchung kommen, mit jemandem ein Gespräch zu beginnen und dann vielleicht nach neuen E-Mails zu suchen oder mal einen Blick auf die Lieblingsnachrichten-Websites zu werfen, und dabei vergessen, dass man auf Facebook angemeldet bleiben muss, bis der Gesprächspartner Gelegenheit zum Antworten hatte. Doch sobald Sie erst mal den Bogen raushaben, wie man ein einzelnes Gespräch auf Facebook führt, können Sie auch mit mehreren geöffneten oder minimierten CHAT-Fenstern gleichzeitig jonglieren.

✔ **Chat im eigenen Fenster anzeigen:** Sie können den üblichen CHAT-Bereich auch verlassen. Durch einen Klick auf CHAT IM EIGENEN FENSTER ANZEIGEN im CHAT-Menü OPTIONEN wird ein neues Browser-Fenster explizit für die Facebook-Anwendung CHAT geöffnet, das die Chat-Funktion im Grunde vom Rest der Website trennt. Mithilfe von CHAT IM EIGENEN FENSTER ANZEIGEN werden Ihre Freunde, die gerade online sind, neben sehr großen Fenstern für Gespräche mit Ihren Freunden aufgelistet. Durch die größeren Fenster für Gespräche können Sie sich auf diese Dialoge besser konzentrieren, weil sie auf dem Bildschirm mehr Platz einnehmen und Ihnen während des Gesprächsverlaufs mehr Text angezeigt wird. Die Option CHAT IM EIGE-NEN FENSTER ANZEIGEN lässt Sie außerdem verschiedene Facebook-Seiten besuchen, ohne dabei ständig von kleinen, aufblinkenden CHAT-Fenstern genervt zu werden. Sie können Ihre Gespräche jederzeit wieder auf den üblichen CHAT-Bereich verlagern, indem Sie im OPTIONEN-Menü CHAT IM HAUPTFENSTER ANZEIGEN wählen. Bitte beachten Sie, dass einige Browser ziemlich strenge Regeln haben, was das Zulassen oder auch Nicht-Zulassen von Popup-Fenstern angeht, und Sie warnen könnten, dass die gerade besuchte Website versucht, eins davon zu öffnen. Falls Sie so etwas sehen, während Sie auf Facebook sind, können Sie ruhigen Gewissens fortfahren – Ihrem Computer wird nichts passieren.

 Wenn Sie das Facebook-Fenster, über das Sie den CHAT-Bereich verlassen haben, schließen, wird auch das CHAT-Fenster automatisch geschlossen, obwohl es sich um ein anderes Fenster handelt.

✔ **Optionen:** Durch einen Klick auf OPTIONEN im CHAT-Fenster können Sie einige Anpassungen vornehmen. Einige davon, wie etwa das Einstellen des Online-Status, die Neuanordnung der Freundeslisten und die Anzeige im eigenen Fenster haben wir oben bereits erwähnt. Mithilfe der Optionen kann man aber auch auswählen, ob beim Erhalt neuer Nachrichten ein Geräusch abgespielt werden soll, was praktisch sein kann, wenn man das Blinken manchmal übersieht. Und zu guter Letzt kann man auch noch festlegen, ob in der Liste mit Freunden, die gerade online sind, die Profilbilder neben ihren Namen angezeigt werden sollen.

Anstupsen

Auf den meisten Profilen sehen Sie die Option <NAME> ANSTUPSEN! Wenn man bei Facebook arbeitet, lautet eine der Fragen, die einem wohl am häufigsten gestellt wird: »Was ist Anstupsen?« Wir können Ihnen gerne sagen, was es *bewirkt*, doch nicht, was es *ist*. Wir können lediglich aussagen, dass das Anstupsen so eine Art Ausdruckstanz des Internets darstellt. Es kann für jeden etwas anderes bedeuten. In einigen Fällen wird es zum Flirten verwendet. Ein anderes Mal kann das Anstupsen für ein aufrichtig gemeintes »Denk an dich« stehen. Manche Leute verwenden es einfach nur, um »Hallo« zu sagen. Die Mutter von Leah Pearlman stupst diese an, wenn sie sich länger nicht mehr zuhause gemeldet hat.

 Nehmen wir mal an, Ihre Ehefrau stupst Sie an. (Vielleicht bedeutet ein Anstupser bei ihr ja: »Schatz, bringst du bitte den Müll raus?«) Bei Ihrer nächsten Anmeldung auf Facebook finden Sie auf Ihrer Startseite rechts unter ANSTUPSER den Namen Ihrer Ehefrau und ein kleines Bild mit einem anstupsenden Finger vor. Jetzt haben Sie zwei Möglichkeiten: ZURÜCKSTUPSEN oder X. *Zurückstup-*

sen bedeutet, dass Ihre Frau bei ihrer nächsten Anmeldung Ihren Namen unter ANSTUP-SER vorfindet. Falls Sie jetzt das Gefühl haben, dass das wahrscheinlich ewig so weitergeht, liegen Sie richtig. Durch einen Klick auf das X neben dem Anstupser wird die Mitteilung von Ihrer Startseite entfernt.

Anfragen

Wir veranschaulichen Ihnen am besten mit einem Beispiel, was eine Anfrage auf Facebook ist. Die meisten Anfragen sind Freundschaftsanfragen. Wenn jemand Sie auf Facebook entdeckt und auf <IHR NAME> ALS FREUNDIN HINZUFÜGEN klickt, sehen Sie (in der rechten Spalte Ihrer Startseite und beim FREUNDSCHAFTSANFRAGEN-Symbol in der blauen Leiste) nach der nächsten Anmeldung, dass Sie eine Anfrage erhalten haben. Anfragen können auch aus Einladungen zu Veranstaltungen oder Spielen, dem Beitritt zu Gruppen und vielen anderen Dingen bestehen. Jedes Mal, wenn Sie neue Anfragen haben, werden diese an derselben Stelle auf Ihrer Startseite angezeigt. Sehen Sie den ANFRAGEN-Bereich auf Ihrer Startseite nicht, haben Sie auch keine ausstehenden Anfragen.

Auch wenn das Senden einer Anfrage eine private Angelegenheit ist, ist die Reaktion darauf häufig für alle erkennbar. Wenn Sie beispielsweise eine Freundschaftsanfrage verschicken, weiß bis zur Bestätigung dieser Anfrage nur die betreffende Person davon. Danach sehen andere Nutzer in ihren Neuigkeiten, dass Sie beide nun befreundet sind. Ebenso ist eine Einladung zum Beitritt in eine bestimmte Gruppe nur für Sie selbst sichtbar. Doch wenn Sie auf die Anfrage reagieren, indem Sie beitreten, taucht diese Information als Meldung in den Neuigkeiten Ihrer Freunde auf.

Im Gegensatz zu Nachrichten können Sie Anfragen nicht selbstständig versenden. Diese werden lediglich infolge anderer Handlungen erstellt. Wenn Sie beispielsweise jemanden zu einer Veranstaltung einladen (mehr dazu in Kapitel 11), wird die Anfrage automatisch an den Betreffenden versandt. Markieren Sie Personen in einem Foto eines anderen Nutzers (mehr dazu in Kapitel 8), erhält der Besitzer der Fotos eine Anfrage. Falls Sie angeben, dass Sie sich in einer Beziehung mit einer bestimmten Person befinden, wird diesem Jemand eine Anfrage zugesandt, damit er Ihre Behauptung bestätigt. Sie erhalten außerdem eine Anfrage, wenn jemand einer geschlossenen Gruppe beitreten oder an einer privaten Veranstaltung teilnehmen möchte, deren Administrator Sie sind. (In Kapitel 10 erfahren Sie Näheres über Gruppen und Administratoren.)

Benachrichtigungen

Manchmal *kontaktieren* Ihre Freunde *Sie nicht* über Facebook, sondern in einem ihrer Beiträge auf Facebook *spielen auch Sie eine Rolle*. Nehmen wir beispielsweise mal an, Sie würden mit einem Freund ein Rammstein-Konzert besuchen. Am nächsten Tag schreibt Ihr Freund vielleicht eine Notiz darüber, wie wahnsinnig toll er das Konzert fand. Da Sie mit ihm da waren und es ebenso toll fanden, markiert er Sie in seiner Notiz. (In Kapitel 8 gehen wir genauer auf das Markieren in Notizen ein.) Ihr Freund hat Sie zum Thema seiner Notiz gemacht, doch er muss Ihnen nicht explizit mitteilen, dass er dies getan hat, weil Facebook Sie benachrichtigt, sobald Sie in einer Notiz oder einem Foto markiert werden. Auf diese Weise erfahren Sie, dass jemand an Sie denkt oder über Sie spricht. Wenn Sie eine Benachrichtigung erhalten haben, dass Sie markiert worden sind, sehen Sie auf Ihrer Startseite oben links in der blauen Leiste eine kleine, rote Fahne auf dem kleinen ERDBALL-Symbol. Die Zahl in dem Symbol zeigt Ihnen an, wie viele neue Benachrichtigungen vorliegen.

 Durch einen Klick auf das ERDBALL-Symbol bei BENACHRICHTIGUNGEN öffnet sich eine Drop-down-Liste, in der die letzten paar Benachrichtigungen angezeigt werden, die Sie erhalten haben. Ein Klick auf ALLE BENACHRICHTIGUNGEN ANZEIGEN führt Sie auf die BENACHRICHTIGUNGEN-Seite, auf der Sie alle Benachrichtigungen sehen können, die in den letzten Tagen für Sie eingegangen sind.

Unten finden Sie Beispiele für andere nützliche Benachrichtigungen:

✔ Wenn jemand andere Personen in einem Foto markiert, das Sie hochgeladen haben, oder wenn jemand Sie in einer Notiz oder einem Foto markiert.

✔ Wenn jemand an Ihre Pinnwand oder an die Pinnwand einer Gruppe oder Veranstaltung, deren Administrator Sie sind, geschrieben hat.

✔ Wenn jemand gleich nach Ihnen einen Kommentar hinterlässt, nachdem Sie ein Foto, eine Notiz oder ein anderes veröffentlichtes Objekt kommentiert haben.

✔ Wenn jemand auf einen Beitrag antwortet, den Sie in einem Diskussionsforum hinzugefügt haben.

✔ Wenn jemand eine Ihrer Notizen, veröffentlichten Objekte oder Fotos kommentiert, die Sie gemacht haben oder in denen Sie markiert sind.

 Sie können den Erhalt von Benachrichtigungen von jeglichen Anwendungen auch umgehen, indem Sie diesen Schritten folgen:

1. **Klicken Sie links in der blauen Leiste auf das ERDBALL-Symbol für die BENACHRICHTIGUNGEN. Besuchen Sie die BENACHRICHTIGUNGEN-Seite, indem Sie auf ALLE BENACHRICHTIGUNGEN ANZEIGEN klicken.**

2. **Klicken Sie auf der BENACHRICHTIGUNGEN-Seite rechts oben auf BENACHRICHTIGUNGSEINSTELLUNGEN.**

3. **Entfernen Sie auf der folgenden Seite die Häkchen in den Auswahlkästchen neben Benachrichtigungen von Anwendungen, die Sie nicht mehr erhalten möchten.**

4. Klicken Sie auf ÄNDERUNGEN SPEICHERN.

5. Wenn Sie die Benachrichtigungen doch wieder erhalten möchten (und jene sehen wollen, die Sie von der betreffenden Anwendung innerhalb der letzten sieben Tage zugesandt bekommen haben), setzen Sie einfach wieder ein Häkchen in das entsprechende Auswahlkästchen.

Der Begriff *Benachrichtigungen* wird auf Facebook inflationär gebraucht. Bei den Arten von Benachrichtigungen, die wir in diesem Abschnitt beschreiben, handelt es sich um jene, die Sie von Facebook erhalten, sobald jemand von Ihnen spricht.

Der Begriff *Benachrichtigungs-E-Mails* bezieht sich hingegen auf E-Mails, die Sie erhalten, sobald jemand von Ihnen spricht oder mit Ihnen kommuniziert, wie es unter anderem in all den oben aufgeführten Beispielen bei Nachrichten, Anstupsern und Anfragen der Fall ist. Mithilfe solcher Benachrichtigungen wird sichergestellt, dass Sie merken – selbst wenn Sie gerade nicht angemeldet sind –, wenn sich auf Facebook etwas Interessantes tut. Um alle Benachrichtigungen ansehen und auswählen zu können, welche Arten von Benachrichtigungs-E-Mails Sie erhalten möchten, klicken Sie in der blauen Leiste auf KONTO, dann auf KONTOEINSTELLUNGEN und auf der folgenden Seite auf den BENACHRICHTIGUNGEN-Reiter. Setzen Sie Häkchen in allen Auswahlkästchen, die Ihnen wichtig sind und klicken Sie auf ÄNDERUNGEN SPEICHERN, wenn Sie fertig sind.

Öffentliche Liebesbekundungen: Kommentare, Herausgeber und Pinnwand

Bis jetzt haben wir lediglich über die Kommunikation gesprochen, die zwischen zwei bestimmten Personen, also im privaten Rahmen, stattfindet. Privatgespräche eignen sich hervorragend, wenn man nur für einige wenige Personen interessante Themen diskutieren, Freunden etwas anvertrauen oder eine bestimmte Person besser kennenlernen (und mit ihr Zeit verbringen) möchte. In diesem Abschnitt befassen wir uns mit einer anderen Art von Gesprächen – solchen, die sich auf einer Party unter Freunden abspielen könnten und bei denen sich jeder einklinken kann, oder solchen auf Konzerten oder in Kneipen, bei denen andere mithören können. In solchen Gesprächen werden Themen diskutiert, die wahrscheinlich von allgemeinem Interesse sind und sich nicht auf eine bestimmte Personengruppe innerhalb der eigenen kompletten Freundesliste oder des Netzwerks beziehen. Im wahren Leben führen wir meist überwiegend Privatgespräche. Und das nicht, weil wir alle Klatschmäuler und Geheimniskrämer sind, sondern weil durch die bestehenden Kommunikationsformen bis jetzt nur Gespräche privater Natur möglich waren. Bei Anrufen, E-Mails, Postkarten oder Sofortnachrichten ist beispielsweise immer eine bestimmte Gruppe von Teilnehmern involviert. Facebook ermöglicht solche oben erwähnten Privatgespräche zwar, bietet aber zusätzlich neue Kommunikationsmethoden, um offene Gespräche führen zu können.

Sie erfahren in diesem Abschnitt, wie Facebook Sie auf öffentliche Weise Gespräche führen lässt, bei denen all Ihre Freunde ermutigt werden, sich nach Lust und Laune einzuklinken. Facebook fördert die Offenheit, weil das System es zulässt, dass mehr Informationen an mehr Personen weitergegeben werden, wodurch Beziehungen vertieft und gefestigt werden.

Spieglein, Spieglein an der Pinnwand

Haben Sie schon einmal gedacht, dass jemand so ein toller Mensch ist, dass Sie ihn am liebsten angeschaut und:»Du bist _so_ ein toller Mensch« gesagt und dann vor aller Welt verkündet hätten:»Seht alle her, ist er nicht ein toller Mensch«? Und genau darum geht es auf der Pinnwand. Jeder Nutzer, Sie eingeschlossen, hat eine Pinnwand auf seinem Profil, auf der Freunde (und jeder andere, dem es erlaubt wurde) ihm Dinge mitteilen oder etwas über ihn schreiben können, was dann für alle sichtbar ist. Falls Sie diesen nicht ohnehin bereits geöffnet haben, klicken Sie auf den PINNWAND-Reiter neben dem Profilbild, schreiben Ihre Nachricht im Feld SCHREIB ETWAS ... und klicken dann auf TEILEN. Wenn Sie an die Pinnwand einer anderen Person schreiben, dürfen Sie nicht vergessen, dass Sie dadurch eine Meldung in den Neuigkeiten erzeugen, die jeder Ihrer Freunde sehen könnte. Falls Sie kein SCHREIB ETWAS ... -Feld sehen, hat der Betreffende eine Einstellung vorgenommen, die es nur bestimmten Personen erlaubt, an seine Pinnwand zu schreiben.

Der Sinn eines Beitrags an der Pinnwand einer anderen Person, besteht eigentlich darin, öffentlich etwas Nettes über diese auszusagen. In der Praxis erstellen aber verschiedene Leute in verschiedenen Situationen aus verschiedenen Gründen Pinnwandeinträge. Einige nutzen die Pinnwand einfach, um sich hin und her zu schreiben. Andere verwenden die Pinnwand, um eine Veränderung im Profil einer anderen Person zu kommentieren. Wenn Sie eine neue Statusmeldung mit dem Text _<Ihr Name> hat ein Geheimnis_ veröffentlichen, können Sie damit rechnen, dass ein oder zwei Ihrer Freunde auf Ihrer Pinnwand nachfragen werden, um was es geht. Wenn Sie Ihren Beziehungsstatus ändern, neue Lieblingsbands hinzufügen oder Ihr Profilbild aktualisieren, werden Sie dazu wahrscheinlich auch Rückmeldungen auf Ihrer Pinnwand finden.

Es gibt eine Gepflogenheit, die sich bei fast allen Facebook-Nutzern weltweit eingebürgert hat: der »Herzlichen Glückwunsch!«-Pinnwandeintrag. Falls Sie Ihre Privatsphäre so eingestellt haben, dass Ihre Freunde Ihren Geburtstag in Ihrem Profil sehen können (das Jahr können Sie verbergen), werden diese auf ihren Startseiten zusätzlich eine Erinnerung vorfinden, dass Ihr Ehrentag immer näher rückt. An Ihrem Geburtstag selbst können Sie davon ausgehen, dass den ganzen Tag lang Pinnwandeinträge mit Glückwünschen hinzugefügt werden. Sollte dem nicht so sein, brauchen Sie entweder mehr Facebook-Freunde oder Sie müssen einigen Ihrer Freunde dieses Buch kaufen.

Wenn Sie sich die Pinnwand eines Freundes ansehen, wird Ihnen dort etwas *sehr bekannt* vorkommen. In den Kapiteln 2 und 3 und in fast allen anderen Kapiteln sprechen wir den Herausgeber an, sprich die Auflistung von Aktivitäten, die oben auf Ihrer Startseite und in Ihrem Profil zu finden ist und in der Sie jegliche Inhalte, die Sie publik machen möchten, veröffentlichen können. In Abbildung 9.5 sehen Sie die verschiedenen dort erscheinenden Links und Schaltflächen und in der Liste unten beschreiben wir deren Funktionsweise.

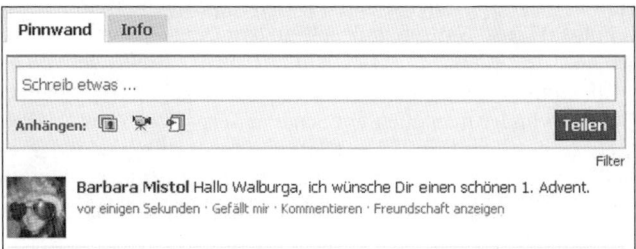

Abbildung 9.5: Der Aufbau einer Pinnwand in einem Profil

✔ **An die Pinnwand schreiben:** Wenn Sie in das Feld klicken, erweitert es sich und Sie können einen beliebig gestaltbaren Text für die Pinnwand Ihres Freundes angeben. Wenn Sie einen für alle erkennbaren Kommentar an der Pinnwand einer anderen Person hinterlassen anstatt ihr eine private Nachricht zu senden, haben Sie eine tolle Methode gefunden, Ihren Stolz auf diese Freundschaft oder eine gemeinsame Aktivität vor aller Welt kundzutun.

✔ **Eine Frage stellen:** Wenn Sie das Profil einer anderen Person besuchen und etwas Bestimmtes über diese erfahren möchten, klicken Sie auf diesen Link und geben dann Ihre Frage ein. »Wann kommt Carolyn aus Spanien wieder?«, könnte zum Beispiel unter Ihren Freunden Antworten wie »Ich hoffe, sehr bald!« hervorrufen oder dazu führen, dass man Ihnen das eigentliche Datum nennt. (In Kapitel 8 erfahren Sie Näheres über die Anwendung FRAGEN.)

✔ **Fotos hinzufügen:** Hier können Sie Fotos im Profil Ihres Freundes hochladen oder auch ein Echtzeitbild mit Ihrer Webcam, sofern vorhanden, knipsen. Wenn Sie auf die Schaltfläche klicken, werden Ihnen alle notwendigen Schritte zum Hochladen eines Fotos auf die Pinnwand Ihres Freundes genannt.

✔ **Einen Link veröffentlichen:** Hier gehen Sie genauso vor wie bei der ANHÄNGEN-Schaltfläche im Postfach. (Lesen Sie dazu den Abschnitt »Über das Postfach teilen« weiter oben.) Klicken Sie auf die LINK-Schaltfläche und fügen Sie dann den Link in das Feld ein. Dadurch erscheint auf der Pinnwand Ihres Freundes eine TEILEN-Vorschau mit sämtlichen von Ihnen hinzugefügten Kommentaren.

✔ **Teilen:** Nachdem Sie etwas geschrieben haben, können Sie über diese Schaltfläche den Text an die Pinnwand senden. Sollten Sie sich nach der Veröffentlichung doch noch umentscheiden, müssen Sie auf ENTFERNEN (gleich neben Ihrem Pinnwandeintrag) klicken.

Möchten Sie das gerne kommentieren?

Auch das Hinterlassen von Kommentaren ist eine öffentliche Kommunikationsform. Sie können Fotos, Videos, Notizen und viele andere Dinge kommentieren, indem Sie ganz einfach auf den KOMMENTIEREN-Link unter dem betreffenden Objekt klicken. Durch den Klick öffnet sich dann ein Feld für die Eingabe Ihres Kommentars. (Bei manchen Objekten findet man auch ein SCHREIBE EINEN KOMMENTAR ... -Feld, bei dem man direkt etwas eingeben kann.) Das Hinterlassen von Kommentaren weist gleich zwei Vorteile auf: Sie können einem Freund eine Rückmeldung über seine Inhalte geben, und Sie lenken die Aufmerksamkeit anderer auf diese Inhalte, wenn der Kommentar in den Neuigkeiten anderer Personen erscheint.

Größerer Leserkreis

Manchmal möchte man etwas loswerden, will es aber nicht an eine bestimmte Person richten. In solchen Fällen sollten Sie den Herausgeber, also das große, leere Feld ganz oben auf Ihrer Startseite, in dem die Frage WAS MACHST DU GERADE? steht, verwenden. Wir bringen Ihnen den Herausgeber in den Kapiteln 2 und 3 näher. Dennoch erwähnen wir ihn hier noch einmal in Bezug auf die Kommunikation mit Freunden, denn manchmal ist das Veröffentlichen einer Nachricht an alle Nutzer der beste Gesprächsaufhänger. Gelegentlich werden Statusmeldungen genutzt, um persönliche Treffen leichter zu ermöglichen: »Leah ist bei Starbucks. Falls jemand mitkommen möchte.« Manchmal werden sie auch verwendet, um alle anderen über Dinge, die sie wissen sollen, auf dem Laufenden zu halten: »Carolyn ist nach Spanien gefahren – sie kann Euch jetzt nicht antworten.« Häufig spiegeln solche Meldungen auch eine bestimmte Gemütslage wider, die bei jemand anderem Anklang finden könnte. Vor der Veröffentlichung weiß man allerdings nicht, bei wem dies der Fall sein wird: »Frank findet es toll, einen Bruder zu haben.« Und ab und zu schreiben Nutzer auch aus den unterschiedlichsten Beweggründen was immer sie wollen:

✔ »Ralf hakt eine Aufgabe nach der anderen ab.«

✔ »Simone kann die Apfelsine nicht finden.«

✔ »Julia macht den herabschauenden Hund.«

Wenn Sie etwas veröffentlichen, wird es in Ihrem Profil und in den Neuigkeiten Ihrer Freunde angezeigt. Also denken Sie daran: Wenn Sie etwas Faszinierendes wie etwa »<Ihr Name> ist gerade dabei, einen Heiratsantrag zu machen« hinzufügen, werden Sie darauf wahrscheinlich die Reaktionen Ihrer Freunde zu hören bekommen.

Teil III

Sich organisieren

The 5th Wave

By Rich Tennant

*»Ralf und ich wickeln über Facebook viel Geschäftliches ab.
Ach übrigens Ralf, hast du die Verkaufskalkulation und das kleine,
blaue Pony, das ich dir geschickt habe, erhalten?«*

In diesem Teil ...

Wenn wir vom Organisieren sprechen, meinen wir damit nicht, dass Sie Ihren Schreibtisch derart aufräumen sollen, dass nachher alle Papierstapel exakt im rechten Winkel zueinander liegen. Nein, wir reden von der Vorstellung, sich aufgrund eines Plans, gemeinsamen Interesses oder sogar eines für alle annehmbaren Zeitpunkts zu organisieren.

Wir gehen in diesem Teil sehr ausführlich darauf ein, wie Sie Seiten und Gruppen nutzen können, um sich mit anderen aufgrund von Überzeugungen, Lieblingsdingen oder sogar Slogans zu organisieren. Außerdem befassen wir uns damit, wie Sie Ihr Leben (und die darin vorkommenden Menschen) mithilfe passend geplanter Veranstaltungen organisieren können. Das Beste am Organisieren auf Facebook ist, dass es häufig zur selben Tätigkeit außerhalb der Website führt.

Gruppen auf Facebook erstellen und beitreten

10

In diesem Kapitel

▶ Gruppen verstehen

▶ Eine Gruppe finden

▶ Gruppen erstellen und verwalten

Der Mensch ist ein soziales Wesen. Obwohl man viel Zeit damit verbringt, sein Profil zu optimieren und es zu hätscheln, liegt der wahre Wert von Facebook doch in den Überschneidungen, die dieses riesige Netzwerk bietet: In jedem Land der Welt treffen sich mehr als 200 Millionen Menschen gerne mit Personen auf eine virtuelle Tasse Kaffee. Möchten Sie dafür die Zeche zahlen? Gut, dann geht die nächste auf uns.

Solche Cafés werden auf Facebook *Gruppen* genannt. Alle 30 Sekunden entspinnt sich eine neue Diskussion in einer der mehr als zehn Millionen Gruppen auf Facebook über Themen von den Beatles über die Klimakatastrophe bis hin zu einem Wiedersehenstreffen des Abschlussjahrs 1958 der Universität von Ottawa. Falls Sie eine Gruppe, nach der Sie suchen, nicht finden können, erstellen Sie einfach selbst eine und verwalten sie. Wie bei allen anderen Bereichen auf Facebook können Sie darüber entscheiden, wer beitreten kann. Es könnten zehn Ihrer besten Freunde oder auch die ganze Welt sein.

Bei Gruppen in die Gänge kommen

Genau wie die Anwendung Fotos wurde Gruppen von der Firma Facebook selbst erstellt. Sie können über Ihre Startseite darauf zugreifen (Abbildung 10.1 zeigt ein Beispiel), indem Sie dort in der Spalte ganz links auf Gruppen klicken. Auf der Seite, die dann erscheint, können Sie sehen, was sich bei Gruppen auf Facebook getan hat, also bei welchen der Gruppen, denen Sie beigetreten sind, aktuelle Meldungen hinzugefügt worden sind. Sie können außerdem auf die Gruppen meiner Freunde-Option klicken, die unterhalb des Links Gruppen zu finden ist. Dort erfahren Sie, welchen Gruppen Ihre Freunde vor Kurzem beigetreten sind.

Abbildung 10.1: Finden Sie heraus, was sich kürzlich in Gruppen, die Ihnen und Ihren Freunden wichtig sind, getan hat.

Einer Gruppe beitreten

Um zu verstehen, worum es bei Facebook-Gruppen geht, tritt man am besten einer davon bei. Wir sehen uns als Beispiel die Gruppe »Beatles Fans Around the World« an, bei der sich mehr als 150 000 Mitglieder zusammengefunden haben. Folgen Sie den Schritten unten, um auf die Seite dieser Gruppe zu gelangen:

1. **Geben Sie »Beatles Fans Around the World« in das Suchfeld ein und drücken Sie die Eingabetaste.**

   Beachten Sie, dass verschiedene Gruppen auf Facebook manchmal ähnliche oder sogar identische Namen haben können. Für den Fall, dass Sie Schwierigkeiten haben, sie zu finden, hilft hier die Webadresse: `www.facebook.com/group.php?gid = 2204708817`. Abbildung 10.2 zeigt diese Gruppe. (Näheres über die Suche nach Gruppen finden Sie weiter hinten im Abschnitt »Nach Gruppen suchen«.)

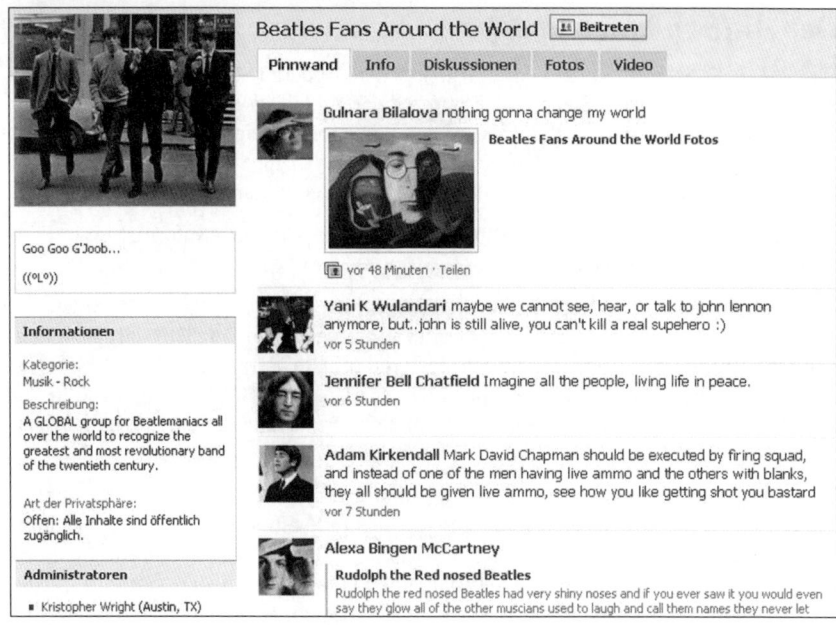

Abbildung 10.2: In der Gruppe »Beatles Fans Around the World« durchleben fast 200 000 Fans noch einmal gute Musik und Erinnerungen.

2. **Klicken Sie auf den BEITRETEN-Link oben auf der Seite und werden Sie zum Insider.**

Machen Sie sich keine Sorgen, dass Sie Ihr Haar für alle Ewigkeit zu einem Pilzkopf kämmen müssen: Wir zeigen Ihnen am Ende, wie Sie eine Gruppe wieder verlassen.

Wenn Sie einer Gruppe beitreten, bedeutet das nicht, dass dadurch Personen, die bisher keinen Zugriff auf Ihr Profil hatten, diesen nun bekommen. Die einzige indirekte Folge beim Beitritt zu einer Gruppe besteht darin, dass eine Meldung darüber an Ihrer Pinnwand erscheint. Außerdem werden Sie ab diesem Zeitpunkt die aktuellen Meldungen dieser Gruppe in Ihren Neuigkeiten auf Ihrer Startseite vorfinden. Hinzu kommt, dass eine Meldung über Ihren Beitritt in den Neuigkeiten Ihrer Freunde auftauchen könnte. Falls Sie sich einer geheimen Gruppe, die wir Ihnen weiter hinten im Abschnitt »Eigene Gruppen erstellen« näherbringen, anschließen, geschieht nichts davon.

Der Aufbau einer Gruppe

Das Erste, was Sie beim Besuch einer Gruppe sehen, ist deren Startseite. Genau wie man in Ihrem Profil an dieser Stelle eine Zusammenfassung über Sie findet (was nicht heißen soll, dass man *Ihre Person* jemals auf wenige Worte reduzieren könnte), bietet diese Seite einen Überblick darüber, was sich kürzlich in der Gruppe getan hat und zeigt eine Momentaufnahme der neuesten Fotos, Videos und Kommentare der Mitglieder.

Oben auf jeder Startseite einer Gruppe findet man die wichtigste Information in Fettdruck: den Gruppennamen.

Je nachdem, welche Privatsphäre-Einstellungen für eine Gruppe gewählt werden (im Abschnitt »Eigene Gruppen erstellen« weiter hinten erfahren Sie mehr darüber), können Sie eventuell vor Ihrem Beitritt alle dortigen Inhalte betrachten, obwohl Sie selbst noch keine neuen hinzufügen können. Bei der Gruppe »Beatles Fans Around the World« ist dies der Fall, da der Administrator sich für die am wenigsten eingeschränkten Einstellungen entschieden hat.

In vielerlei Hinsicht ähnelt eine Gruppe einem Profil, das sich die Mitglieder teilen. Die Startseite einer Gruppe ist in eine breite rechte Spalte und eine schmalere linke Spalte aufgeteilt. (Und es gibt rechts auf der Seite eine Spalte mit Werbeanzeigen und empfohlenen Inhalten.) Jede Spalte enthält eine Reihe verschiedener Abschnitte. Jeder Abschnitt wird durch eine blaue Titelleiste gekennzeichnet und enthält die neuesten Inhalte, die in diesem Abschnitt hinzugefügt worden sind. Dabei kann es sich um einige der neuesten Fotos oder Gesprächsthemen handeln. Wenn Sie alle Inhalte, die in diesem Bereich veröffentlicht worden sind, sehen möchten, müssen Sie in der jeweiligen Titelleiste auf den ALLE ANZEIGEN-Link klicken. Ein Gruppenadministrator kann festlegen, dass bestimmte Abschnitte in seiner Gruppe verborgen werden. Wir haben diese Gruppe aber absichtlich ausgewählt, weil alle Abschnitte, die erscheinen können, enthalten sind.

In der rechten Spalte finden Sie oben die folgenden Reiter:

✔ **Pinnwand:** Die Pinnwand, die Sie sehen, wenn Sie auf diesen Reiter klicken, könnte ein bisschen anders aussehen als die Pinnwände, die Sie normalerweise auf den Profilen Ihrer Freunde vorfinden. Sie dient aber dem gleichen Zweck und eignet sich hervorragend für zwanglose und beliebig gestaltbare Kommentare. In der Gruppe »Beatles Fans Around the World« verwenden Mitglieder die Pinnwand häufig, um in leidenschaftlichen Worten ihren Dank für 50 Jahre guter Musik auszudrücken. Sie versuchen gar nicht, eine Diskussion in Gang zu bringen.

✔ **Info:** In diesem Reiter könnten einer oder alle der folgenden Abschnitte enthalten sein:

• *Allgemeines:* In diesem Abschnitt finden Sie die grundlegenden Daten der Gruppe wie etwa den Namen, die Kategorie, die Beschreibung des Zwecks und die vorliegende Art der Privatsphäre. Unter KATEGORIE werden die Gruppenart und die Untergruppe angegeben. Bei beidem muss aus feststehenden Facebook-Kategorien gewählt werden. Bei der Gruppe »Beatles Fans Around the World« lautet die Gruppenart beispielsweise *Musik* und die Untergruppe *Rock*. Sie können jeweils auf die Worte klicken, um weitere Gruppen angezeigt zu bekommen, die so einzuordnen sind.

- *Kontakt:* Falls die Facebook-Gruppe eine Gruppe repräsentiert, die es tatsächlich gibt (wie etwa die Deutsche Knochenmarkspenderdatei), können im INFO-Reiter auch die Kontaktdaten dieser Organisation wie etwa die Anschrift oder die Webadresse enthalten sein. Da der Administrator unserer Beispielgruppe kein offizieller Vertreter der Band ist und nicht in der Öffentlichkeit auftritt, hat er sich entschieden, als Erinnerung an Paul McCartneys Album *Give My Regards to Broad Street* als Adresse scherzhaft *151 E. Broad St.* anzugeben.

- *Neueste Nachrichten:* In diesem Bereich werden die jüngsten Ereignisse wie etwa die Wiederveröffentlichung eines Klassikers unter den Beatles-Alben genannt. Der Bereich wird nur angezeigt, wenn vom Administrator neueste Nachrichten hinzugefügt werden.

✔ **Diskussionen:** An dieser Stelle findet man lebhafte Gespräche und Diskussionen unter den Mitgliedern. Der DISKUSSIONEN-Reiter stellt den Dreh- und Angelpunkt einer Gruppe dar. Jedes Thema in einem Diskussionsforum steht für einen neuen Bereich im Gesamtdialog der Gruppe, in dem besonders aufschlussreiche oder provokante Themen Hunderte oder sogar Tausende von Antworten zur Folge haben können. Wie Sie sich sicherlich vorstellen können, hat beispielsweise die Frage »Wie heißt Dein Lieblingslied von den Beatles?« eine ziemlich hitzige Debatte ausgelöst. Den Grund dafür kennen wir nicht, denn eigentlich weiß doch jeder, dass die Antwort »Hey Jude« lautet.

✔ **Fotos:** Wie Sie sich wahrscheinlich schon gedacht haben, enthält dieser Reiter Fotos, die einen Bezug zur Gruppe haben. Im vorliegenden Fall haben Beatles-Fans mehr als 5000 Lieblingsbilder ihrer heißgeliebten Band hinzugefügt. Auf der Startseite der Gruppe wird lediglich eine Auswahl der neuesten Fotos angezeigt, doch wenn Sie alle sehen möchten, klicken Sie einfach auf den Link ALLE ANZEIGEN.

Manchmal zeigen die Bilder Gruppenmitglieder, die vor langer Zeit mit der Band abgelichtet wurden. Viele Facebook-Gruppen sind für das Teilen von Fotos geradezu bekannt. Sehen Sie sich beispielsweise mal Gruppen an, die sich ums Wandern drehen. Dort werden Sie Mitglieder finden, die Bilder ihrer neuesten Bergbesteigung teilen. Andere Gruppenmitglieder können dann die Fotos kommentieren, genauso wie auch Ihre Freunde Kommentare zu Bildern, die Sie Ihrem Profil hinzugefügt haben, hinterlassen können.

✔ **Video:** Genau wie Fotos bereichern Videos Gruppen, da durch sie mehr Inhalte als bloße Diskussionen geboten werden. Auf diesem Reiter rufen sich Beatles-Fans mithilfe von Clips noch einmal die besten Zeiten der Band in Erinnerung. Das Betrachten von Videos funktioniert ganz ähnlich wie das Betrachten von Fotos. Auf der Startseite der Gruppe werden die neuesten Videoclips angezeigt und um alle zu sehen, müssen Sie bloß auf den ALLE ANZEIGEN-Link klicken. Ein Video sehen Sie sich an, indem Sie direkt darauf klicken. Gruppenmitglieder können auch Kommentare zu Videos hinterlassen.

Puh! Man sollte meinen, das reicht erst mal, doch nur die Ruhe: Eine weitere Spalte müssen wir noch durchgehen! Die linke Spalte enthält Informationen, die für die Mitglieder zwar interessant sein könnten, doch denen wahrscheinlich weniger Wert beigemessen wird als den oben beschriebenen. Folgendes finden Sie dort:

✔ **Ein Bild:** Gruppenadministratoren können ein beliebiges Bild für die Startseite aussehen, damit es die Gruppe repräsentiert. Allerdings müssen Sie dabei wählerisch vorgehen: Sie können bloß eins einfügen.

✔ **Aktionslinks:** Ebenso wie in Ihrem Profil eine Reihe wichtiger Aktivitäten (wie etwa FOTOS VON <IHR NAME> ANZEIGEN) unterhalb des Fotos aufgezählt werden, sind auch unterhalb des Bildes einer Gruppe mehrere Aktionslinks zu sehen. Dazu gehören entweder BEITRETEN oder GRUPPE VERLASSEN. Es kommt darauf an, ob Sie bereits Mitglied in dieser Gruppe sind. Falls es sich um eine *geschlossene* Gruppe handelt, können Sie ihr nur mit Genehmigung des Administrators beitreten und der Link lautet in diesem Fall BEITRITTSANFRAGE SENDEN. Wenn Sie selbst Administrator einer Gruppe sind, finden Sie an dieser Stelle zusätzliche Einstellungsoptionen vor.

Sollte der Gruppenadministrator es erlauben (der Administrator von »Beatles Fans Around the World« gestattet es nicht), sehen Sie außerdem den Link JEMANDEN EINLADEN.

✔ **Informationen:** Im INFORMATIONEN-Feld erscheinen die vom Gruppenadministrator ausgewählte Kategorie, eine Beschreibung der Gruppe und eine Anmerkung über die von der Gruppe verwendete Art der Privatsphäre. Wie bereits erwähnt hat sich der Administrator von »Beatles Fans Around the World« für die am wenigsten eingeschränkten Einstellungen entschieden, um die Aufmerksamkeit weiterer Beatles-Fans zu erregen. Das bedeutet, dass er vor allen Nutzern die Existenz der Gruppe bekanntgibt, sie für jeden sichtbar schaltet und allen den Beitritt erlaubt. Diese Kombination von Genehmigungen macht eine offene Gruppe aus. Gruppen können auch *geschlossen* oder *geheim* sein. Weiter hinten im Kapitel im Abschnitt »Schritt 1: Allgemeine Informationen« gehen wir näher darauf ein.

✔ **Moderator (Angabe ist freiwillig):** Falls es in einer Gruppe Moderatoren gibt, werden im MODERATOREN-Bereich deren Namen, Hauptnetzwerke und Titel aufgeführt.

Da ein solches Konzept für eine Gruppe wie »Beatles Fans Around the World« eigentlich nicht sinnvoll ist (der Administrator hat niemanden zum Moderator ernannt), erscheint der betreffende Abschnitt dort auch nicht. Bei Gruppen wie etwa einer Schülerzeitung, die ein Gegenstück im wahren Leben haben, können im MODERATOREN-Bereich sehr detailliert Bereichsleiter, Chefredakteure und so weiter aufgeführt werden. Bei weniger ernstgemeinten Gruppen (und da gibt es viele auf Facebook) werden Sie häufig Moderatorenbezeichnungen wie zum Beispiel »Pseudochef« oder »Ortsansässiges Dummerchen« finden. Im Abschnitt »Eine Gruppe verwalten« unten erfahren Sie mehr über Moderatoren. Bitte beachten Sie, dass heute in neuen Gruppen keine Moderatoren mehr ernannt werden können. Sie werden diese nur noch in Gruppen antreffen, die vor längerer Zeit gegründet worden sind.

✔ **Administratoren:** Im ADMINISTRATOREN-Bereich werden die Namen und Hauptnetzwerke aller Administratoren der Gruppe aufgelistet. Der Gründer der Gruppe ist automatisch Administrator der Gruppe, das heißt, er gibt die Gruppeninformationen ein, nimmt die Privatsphäre-Einstellungen vor, moderiert die Diskussionen und achtet allgemein darauf, dass in der Gruppe alles reibungslos verläuft. Er kann außerdem andere Mitglieder zu Administratoren ernennen, damit diese die gleichen Rechte bekommen. Lesen Sie den Abschnitt »Die Mitgliederliste der Gruppe verwalten« weiter unten, um zu erfahren, wie man andere Mitglieder zu Administratoren macht.

✔ **Mitglieder:** In diesem Bereich finden Sie andere Facebook-Nutzer, die zur Gruppe gehören. Sollten irgendwelche Ihrer Freunde Mitglieder der Gruppe sein, werden diese zuerst aufgelistet. Danach folgen Personen aus Ihren Netzwerken (falls Sie welchen angehören). Dies wurde von Facebook so eingerichtet, weil man davon ausgeht, dass Personen, die Ihnen nahestehen, immer von größerem Interesse sind als Fremde.

Vergessen Sie nicht: Der Beitritt zu einer Gruppe hat keinen Einfluss auf das grundlegende Privatsphäre-System von Facebook. Sie werden also das Profil eines anderen Gruppenmitglieds nicht sehen können, wenn dieser nicht bereits zu Ihren Freunden zählt, Freund eines Freundes ist oder zu einem Ihrer Netzwerke gehört.

Die Gruppe »Beatles Fans Around the World« hat mehr als 150 000 Mitglieder. Eine beeindruckende Zahl, doch das sind noch lange nicht so viele wie in den größten Facebook-Gruppen (zum Beispiel die Gruppe »When I Was Your Age, Pluto Was a Planet«), die mit mehr als einer Million Mitgliedern auftrumpfen können. Natürlich gibt es auf Facebook 500 verschiedene Gruppen zum Thema Beatles und jede hat ihren eigenen Mitgliederstamm und ist individuell gestaltet. Da es so einfach ist, auf Facebook eine Gruppe zu erstellen, ist einer der größten Vorteile der Anwendung GRUPPEN: Es muss nicht Nullachtfuffzehn sein.

✔ **Veranstaltungen:** Dieses Feld sehen Sie möglicherweise nicht, wenn es in der Gruppe keine bevorstehenden Veranstaltungen gibt. Falls doch, sehen Sie nicht nur das Feld, sondern auch den Namen der bevorstehenden Veranstaltung. Gruppenadministratoren können alle Mitglieder einer Gruppe zu einer speziellen Veranstaltung einladen. Doch dazu mehr am Ende des Kapitels im Abschnitt »Gruppenveranstaltungen erstellen«.

✔ **Fotos, Videos, Links:** Zusätzlich zu den Reitern für Fotos und Videos oben auf der Seite, haben viele Gruppen in der linken Spalte kleine Felder, in denen die neuesten Fotos, Videos oder Links, die vor Kurzem von Nutzern hinzugefügt worden sind, erscheinen. Beatles-Fans finden ständig neue Artikel, Bilder oder Video-Compilations. Wenn Sie sich diese Felder ansehen, könnten Sie etwas entdecken, was ansonsten auf der Pinnwand in der Versenkung verschwunden wäre.

✔ **Teilen:** Mithilfe der TEILEN-Links, die überall auf Facebook zu finden sind, können Sie interessante Inhalte, auf die Sie stoßen, unverzüglich mit Ihren Freunden teilen, indem Sie sie ihnen entweder per Nachricht senden oder die Inhalte in Ihrem Profil hinzufügen. Über die TEILEN-Schaltfläche können Sie einen Link (mitsamt einer Vorschau, die den Gruppennamen, eine Beschreibung und ein Bild enthält), der zur Gruppe führt, teilen.

Falls es sich um eine *offene* Gruppe handelt, möchten Sie vielleicht vom JEMANDEN EINLADEN-Link Gebrauch machen, um eine Einladung zum Beitritt anstelle eines bloßen Links zu versenden. Ist die Gruppe *geheim*, können Sie mit Personen, die nicht bereits Gruppenmitglieder sind, keine zur Gruppe führenden Links teilen, da die Privatsphäre-Einstellungen der Gruppe dies nicht erlauben. (Im Abschnitt »Schritt 1: Allgemeine Informationen« unten erfahren Sie Näheres über offene und geschlossene Gruppen.)

Einen kleinen Link haben wir bis jetzt ausgelassen und zwar den GRUPPE MELDEN-Link. Sobald Sie eine Gruppe entdecken, die Ihrer Meinung nach anstößig ist, werden Sie nach diesem Link Ausschau halten wollen. Im Abschnitt »Die perfekte Gruppe finden« weiter unten finden Sie weitere Informationen darüber, wie man Gruppen meldet.

Seine unbedeutende Meinung (oder gleich seinen Senf) dazugeben

Die ersten Schritte in einer Gruppe unternimmt man am besten, indem man sich an den Diskussionen beteiligt, die bereits unter den Mitgliedern geführt werden. Bitte beachten Sie, dass Diskussionsforen nur noch in vor längerer Zeit gegründeten Gruppen vorhanden sind. Klicken Sie im DISKUSSIONSFORUM-Bereich auf ein Thema, das sich interessant anhört und versenken Sie sich darin. *Vergessen Sie nicht:* Sie können in der Titelleiste dieses Abschnitts auf ALLE THEMEN ANZEIGEN klicken, wenn Sie alle laufenden Diskussionen der Gruppe angezeigt bekommen möchten. Sollte keins der Themen

Ihre Fantasie anregen, klicken Sie einfach auf NEUES THEMA BEGINNEN und erstellen Sie Ihr eigenes.

Nachdem Sie auf ein bereits vorhandenes Thema geantwortet haben, hilft Ihnen Facebook auf verschiedene Weise, bei der Diskussion auf dem Laufenden zu bleiben:

✔ Facebook sendet Ihnen eine Benachrichtigung, sobald eine Antwort auf einen Ihrer Diskussionsbeiträge eingeht. Standardmäßig ist es so eingestellt, dass die Benachrichtigung nicht nur auf Facebook, sondern auch per E-Mail eingeht. Falls Ihnen das nicht gefällt, können Sie es ausschalten. In Kapitel 9 erfahren Sie mehr über Benachrichtigungen.

✔ In der Hauptspalte der GRUPPEN-Seite (die Sie mit einem Klick auf GRUPPEN in der linken Spalte erreichen) wird eine Liste mit Ihren Gruppen, die vor Kurzem aktualisiert worden sind, angezeigt. Der gelb hinterlegte Text sagt Ihnen, dass es Änderungen bei den Inhalten der Gruppe gab.

✔ Und wie immer bietet auch Ihre STARTSEITE, und hier vor allem die NEUIGKEITEN, eine tolle Möglichkeit, sich über Ereignisse in Ihrer Facebook-Welt auf dem Laufenden zu halten.

Die perfekte Gruppe finden

Groucho Marx hat einmal gesagt:»Ich mag keinem Club angehören, der mich als Mitglied aufnimmt.« Facebook würde ihm wahrscheinlich nicht so gut gefallen, weil es dort Millionen öffentlicher Gruppen gibt, die ihn, Sie und jeden anderen Nutzer, der gerne beitreten möchte, bereitwillig aufnehmen würden. Sie erfahren in diesem Abschnitt, wie Sie die Gruppen lokalisieren, die Ihre Interessen widerspiegeln – ob Sie nun nach bestimmten Gruppen suchen, Gruppen zu einem Thema durchsuchen oder sich die Gruppen ansehen, die Ihren Freunden gefallen.

Nach Gruppen suchen

Sollte Ihnen bereits ein Thema vorschweben, ist dies die schnellste Methode, um Gruppen aufzustöbern, die sich damit befassen:

1. **Klicken Sie in das SUCHFELD.**

   Das SUCHFELD befindet sich in der großen, blauen Leiste ganz oben auf jeder Facebook-Seite.

2. **Fangen Sie an, den Namen einer Gruppe einzutippen, die Sie finden möchten wie zum Beispiel »Katzenliebhaber«. Wählen Sie danach entweder innerhalb der erscheinenden Liste mit Möglichkeiten aus oder klicken Sie unten im Menü auf WEITERE ERGEBNISSE FÜR <SUCHBEGRIFF> ANZEIGEN.**

   Die Suchergebnisse enthalten Inhalte aus allen Bereichen von Facebook wie etwa den Profilen, Gruppen, Seiten oder Veranstaltungen.

3. **Wählen Sie links auf der S**ᴜᴄʜᴇ**-Seite die Kategorie G**ʀᴜᴘᴘᴇɴ **und klicken Sie im entsprechenden Bereich auf eine beliebige Gruppe, um mehr über sie zu erfahren.**

Wenn ein Administrator eine Gruppe erstellt, kann er sie lediglich für ein Netzwerk (sofern bei ihm vorhanden) freigeben oder durch die Änderung der Zugangsstufe von *geschlossen* zu *geheim* den Zugriff auf die Gruppe einschränken. Mit Letzterem befassen wir uns im Abschnitt »Eigene Gruppen erstellen« weiter unten in diesem Kapitel. Facebook zeigt Ihnen in der Liste der Suchergebnisse nur die Gruppen an, die Sie auch sehen dürfen.

Die Suche verfeinern

Falls Sie Schwierigkeiten haben, die gewünschte Gruppe zu finden, können Sie die Suche mithilfe der Gruppenart verfeinern.

Um die Gruppensuchergebnisse zu filtern, müssen Sie sicher sein, dass Sie sich *tatsächlich* in diesem Bereich befinden. Folgen Sie danach diesen Schritten:

1. **Im Anschluss an eine Suche klicken Sie auf das G**ʀᴜᴘᴘᴇɴ**-Symbol in der linken Spalte.**

2. **Klicken Sie in der rechten Spalte über den Suchergebnissen auf den Abwärtspfeil neben dem Wort Z**ᴇɪɢᴇ**.**

   Standardmäßig werden Ihnen alle Gruppenarten angezeigt.

   Das Menü enthält verschiedene Gruppenarten wie beispielsweise »Gemeinsame Interessen« oder »Musik«.

3. **Wählen Sie die gewünschte Kategorie aus.**

   Im Menü sind für die eigentlichen Kategorien auch noch Untergruppen enthalten.

4. **Wählen Sie die entsprechende Untergruppe aus.**

Gefilterte Ergebnisse können schon mal ein bisschen merkwürdig erscheinen, da davon ausgegangen wird, dass die Nutzer ihre Gruppen korrekt einordnen. Die Leute neigen allerdings dazu, diese Einordnung eher scherzhaft zu nehmen.

 Sie können die Suche außerdem schneller eingrenzen, wenn Sie Ihren Suchbegriff um weitere Wörter ergänzen, um ihn zu präzisieren. Suchen Sie zum Beispiel nach *Cats das Musical* anstatt nach *Cats* erhalten Sie Ergebnisse, die sich eher auf Ihr Interessensgebiet beziehen.

Unabhängig davon, ob Ihnen die Suchfilter nun weiterhelfen oder nicht: Durch einen Klick auf den eigentlichen Gʀᴜᴘᴘᴇɴ-Filter links auf der Sᴜᴄʜᴇ-Seite können Sie sie wieder löschen und zu den ursprünglichen Ergebnissen zurückkehren. Dorthin gelangen Sie ebenso, wenn Sie im Gʀᴜᴘᴘᴇɴᴀʀᴛ-Menü Aʟʟᴇ Gʀᴜᴘᴘᴇɴᴀʀᴛᴇɴ auswählen. Dadurch wird die Seite zurückgesetzt und zeigt die ursprünglichen Ergebnisse an.

Beliebte Gruppen ansehen

Wenn Sie in einen Buchladen gehen, um ein interessantes Buch zu finden, sind Sie dabei nicht auf Gedeih und Verderb auf die dortigen Verkäufer angewiesen. Ihre Freunde, Kollegen, Klassenkameraden, Kommilitonen und Nachbarn – die Sie besser als irgendjemand sonst kennen – können Ihre Suche lenken, indem sie Ihnen sagen, welche Bücher ihnen gefallen haben. Bei Gruppen verhält es sich ebenso. Machen Sie sich also keine Sorgen, falls Sie einfach keine guten Gruppen entdecken können: Ihre Freunde und Netzwerke werden Ihnen dabei helfen.

Wenn Sie auf Ihrer Startseite in der linken Spalte auf das GRUPPEN-Symbol klicken, finden Sie dort die Option GRUPPEN MEINER FREUNDE. Auf der entsprechenden Seite sehen Sie eine fortlaufende Liste mit Gruppen, denen Ihre Freunde vor Kurzem beigetreten sind. Ihre Freunde empfehlen Ihnen diese Gruppen nicht selbstständig, sondern Facebook nimmt an, dass Ihre Freunde interessanten Gruppen beitreten und bringt Ihnen diese automatisch näher. Wenn Sie in den Gruppen, in denen Ihre Freunde kürzlich zu Mitgliedern geworden sind, blättern möchten, müssen Sie auf den kleinen Pfeil unten klicken. Er wird allerdings nur angezeigt, wenn die Liste sich über mehrere Seiten erstreckt.

Anstößige Gruppen melden

Falls Ihnen auf Ihrer Reise über die Website eine anstößige Gruppe begegnet, sollten Sie diese der Firma Facebook melden, damit sie geeignete Schritte unternehmen kann. Folgen Sie diesen Schritten, um eine Gruppe zu melden:

1. **Klicken Sie auf der Startseite der Gruppe unten links (direkt über der** TEILEN-**Schaltfläche) auf den Link** GRUPPE MELDEN.

   Es erscheint ein Formular wie in Abbildung 10.3 zu sehen.

2. **Füllen Sie das Formular aus, indem Sie einen Grund für die Meldung angeben.**

3. **Klicken Sie auf** ABSENDEN.

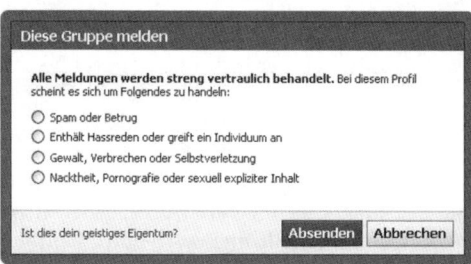

Abbildung 10.3: Facebook unterstützt Sie, falls Sie eine anstößige Gruppe finden.

Facebook entfernt alle Gruppen, die

✔ pornografische Inhalte oder unangemessene Nacktheit enthalten

✔ Individuen beziehungsweise Personengruppen angreifen

✔ die Nutzung illegaler Drogen befürworten

✔ Gewalt befürworten

✔ der Werbung dienen oder von Facebook auf andere Weise als Spam angesehen werden.

 In vielen Facebook-Gruppen beziehen Nutzer bei umstrittenen Themen wie etwa Abtreibung oder der Reglementierung des Waffenbesitzes ganz klar Stellung. Um neutral zu bleiben und die Diskussion anzuregen, werden von der Firma Facebook keine Gruppen entfernt, bloß weil Sie mit den dort genannten Äußerungen nicht einverstanden sind.

Eigene Gruppen erstellen

Falls Sie auf Facebook die gewünschte Gruppe nicht finden oder zwar eine finden, diese aber anders gestaltet werden oder eine andere Mitgliederliste aufweisen soll, können Sie gerne eine eigene erstellen. Als Gründer einer Gruppe werden Sie standardmäßig zum *Gruppenadministrator* ernannt, tragen also die Gruppeninformationen ein, legen die Privatsphäre-Einstellungen fest und sorgen dafür, dass allgemein alles reibungslos abläuft. Sie können außerdem andere Mitglieder der Gruppe zu Administratoren ernennen, damit sie die gleichen Rechte erhalten. Diese können Ihnen danach bei oben genannten Aufgaben behilflich sein.

Um eine Gruppe zu erstellen, gehen Sie in folgenden Schritten vor:

1. **Wählen Sie in der Navigationsleiste links im Anwendungen-Menü Gruppen, um auf die Gruppen-Seite zu gelangen.**

2. **Klicken Sie oben rechts auf der Seite auf die Gruppe gründen-Schaltfläche.**

Bei der Erstellung einer Gruppe müssen Sie mindestens einen Schritt befolgen: den Gruppennamen angeben. Ein weiterer Schritt ist freiwillig: einrichten, wie Ihre Gruppe für die Mitglieder erscheinen soll. Nachdem Sie die Gruppe erst einmal erstellt haben, können Sie eine Mitgliederliste und Freunde hinzufügen. Zudem werden Ihnen verschiedene Optionen – im Abschnitt »Eine Gruppe verwalten« im Einzelnen beschrieben – geboten, um die Mitgliederliste und Gruppe individuell anzupassen. Bei Facebook werden diese Vorgänge in mehreren verschiedenen Bildschirmansichten, also einer für jeden Schritt, dargestellt und der Schritt, den Sie gerade bearbeiten, wird oben auf der Seite hervorgehoben. In den folgenden Abschnitten gehen wir detailliert auf die einzelnen Schritte ein. Außer dem Gruppennamen können Sie alle

Eigenschaften der Gruppe nach der Erstellung jederzeit bearbeiten. Sie müssen sich also keine großen Sorgen machen, wenn Sie nicht gleich zu Beginn alles korrekt angeben.

 Eine von Ihnen erstellte Gruppe können Sie zwar nicht selbstständig löschen, doch Facebook löscht automatisch alle Gruppen, die keine Mitglieder aufweisen. Sollten Sie das einzige Mitglied sein, verlassen Sie die Gruppe einfach und puff – weg ist sie. Falls weitere Mitglieder vorhanden sind, können Sie (in Ihrer Eigenschaft als Administrator) diese über die MIT-GLIEDER-Konsole aus der Gruppe entfernen. Mehr dazu im Abschnitt »Eine Gruppe verwalten« weiter hinten im Kapitel.

Schritt 1: Allgemeine Informationen

Im Schritt ALLGEMEINE INFORMATIONEN werden Sie unter anderem um die Eingabe des Gruppennamens gebeten. Einige der anderen Daten sind für die Gruppe, die Ihnen vorschwebt, eventuell nicht notwendig oder wünschenswert. In Abbildung 10.4 sehen Sie ein Beispiel.

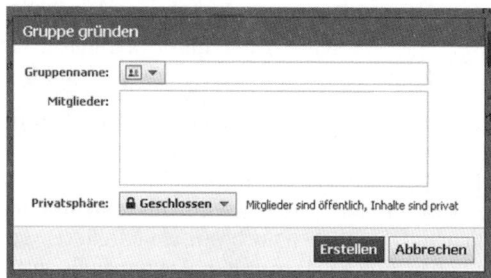

Abbildung 10.4: Um eine Gruppe ans Laufen zu kriegen, müssen Sie lediglich den Gruppennamen angeben.

✔ **Gruppenname (erforderlich):** Geben Sie den Namen für die Gruppe an, die Sie erstellen möchten, zum Beispiel »Beatles Fans Around the World«. Wenn Sie möchten, dass auch Ihnen unbekannte Personen der Gruppe beitreten, sollten Sie eine genaue Bezeichnung wählen. Dadurch kann die Gruppe auch in einer Suche nach verwandten Begriffen gefunden werden. Wenn Sie beispielsweise eine Gruppe wie »Kaffeeliebhaber aus Köln« gründen, führt die Auswahl dieses Namens dazu, dass Nutzer, die nach »Kaffeeliebhaber« oder »Kaffeeliebhaber + Köln« suchen, Ihre Gruppe auffinden und wissen werden, dass es die richtige für sie ist.

✔ **Symbol:** Wenn Sie möchten, können Sie ein Symbol für Ihre Gruppe auswählen.

✔ **Netzwerk:** Diese Option erscheint nur bei Personen, die einem Arbeits- oder Schulnetzwerk angehören. Falls Sie Mitglied eines solchen Netzwerks sind, können Sie die Sichtbarkeit ausschließlich auf dieses beschränken. Vielleicht möchten Sie beispielsweise, dass nur Personen aus Ihrer Firma der Facebook-Gruppe Ihrer Firmenfußballmannschaft beitreten können. Verwenden Sie in diesem Fall die Drop-down-Liste, um die Mitgliedschaft auf dieses eine Netzwerk zu beschränken. Tun Sie es nicht, ist Ihre Gruppe für alle sichtbar. Sie können aber dennoch verhindern, dass Nutzer auf andere Weise damit interagieren. Dazu kommen wir weiter hinten im Kapitel.

✔ **Privatsphäre:** Wenn Sie Ihre Gruppe für ein Netzwerk freigeben, legen Sie damit gleichzeitig die größtmögliche Personengruppe fest, für die der Beitritt gestattet ist. Sie können diese Gruppe über eine der drei verschiedenen Einstellungen für Zugangsstufen, die Facebook bietet, weiter einschränken:

✔ **Offen:** Diese Standardeinstellung gestattet allen Nutzern das Betrachten der Inhalte. Lediglich die Mitglieder des Netzwerks der Gruppe dürfen beitreten. Gruppenmitglieder dürfen außerdem andere Nutzer in die Gruppe einladen.

✔ **Geschlossen:** Alle Personen des gewählten Netzwerks können die ALLGEMEINEN INFORMATIONEN sehen, doch Fotos, Diskussionen und Ähnliches sind nur für Mitglieder sichtbar. Wer hier beitreten möchte, muss eine Beitrittsanfrage senden. Sie oder ein anderer Administrator können diese dann genehmigen oder ablehnen.

✔ **Geheim:** Andere Nutzer können der Gruppe nur beitreten, wenn sie von Ihnen oder einem anderen Administrator hinzugefügt werden. Die Nutzer können nicht um Beitritt bitten und werden noch nicht einmal von der Existenz der Gruppe erfahren, da sie weder in Suchergebnissen noch in den Profilen der derzeitigen Mitglieder auftaucht. Daher sehen auch nur die Mitglieder die Beschreibung der Gruppe, Diskussionen, Fotos und so weiter. Wenn man die zusätzliche Einschränkung der Mitgliedschaft bedenkt, hat die Zugehörigkeit zu einem Netzwerk der Gruppe hier wenig Auswirkungen.

✔ **E-Mail:** Für jede Gruppe kann eine eigene `groups.facebook.com`-E-Mail-Adresse ausgewählt werden. Wenn Inhalte an diese Adresse gesendet werden, erscheinen sie automatisch an der Pinnwand.

✔ **Beschreibung:** Sie bietet einen kurzen Überblick über den Zweck oder die Aufgabe der Gruppe. Die Beschreibung ähnelt einem Gesellschaftsvertrag. Sie stellt eins der ersten Dinge dar, die ein Nutzer vorfindet, wenn er sich die Gruppe ansieht und über einen Beitritt entscheidet.

Schritt 2: Profilbild

An dieser Stelle können Sie ein Profilbild für die Gruppe hochladen oder selbst eins aufnehmen, das dadurch entstehende Miniaturbild bearbeiten und das Profilbild wieder löschen.

Schritt 3: Mitglieder

Hier haben Sie die Möglichkeit, Freunde zur Gruppe hinzuzufügen, um sie zu Mitgliedern zu machen und können andere Mitglieder zu Administratoren ernennen.

Auf der Startseite Ihrer Gruppe können Sie oder Ihre Mitglieder verschiedene Dinge veröffentlichen. Dazu gehören Beiträge, Links, Fotos, Videos, Veranstaltungen und Dokumente.

Nicht-Administratoren können an die Pinnwand schreiben: Wie oben im Abschnitt »Der Aufbau einer Gruppe« erwähnt, stellt die Pinnwand einer Gruppe eine Sammelstelle für die neuesten Links, Diskussionen und Beiträge von Gruppenmitgliedern dar.

 Falls Sie eine Gruppe für gemeinnützige oder wohltätige Zwecke gegründet haben, könnten Sie statt der Erstellung einer Gruppe auch die einer Seite in Erwägung ziehen. In Kapitel 12 erfahren Sie mehr über die Unterschiede zwischen Gruppen und Seiten.

Gruppenveranstaltungen: Eine der coolsten Verknüpfungen zwischen Gruppen und Veranstaltungen besteht darin, dass eine Gruppe als Gastgeber einer Veranstaltung auftreten kann. Dadurch können Sie automatisch alle Mitglieder der entsprechenden Gruppe zu Ihrer Veranstaltung einladen (falls Sie der Administrator sind). Die von Ihnen erstellten Gruppenveranstaltungen werden auf der Startseite der Gruppe angezeigt.

Fotos: Standardmäßig können alle Gruppenmitglieder Fotos hinzufügen.

Videos: Ebenso wie bei Fotos können alle Mitglieder Videos hinzufügen.

Links: Auch das Veröffentlichen von Links ist für alle Gruppenmitglieder möglich.

Dokumente: Hier kann man Texte eingeben und formatieren und sie mit der Gruppe teilen.

Chat: In jeder Gruppe gibt es einen eigenen Gruppen-Chat, über den die Mitglieder sich austauschen können.

Klicken Sie auf TEILEN nachdem Sie etwas hinzugefügt haben.

Und jetzt: Gehen Sie über Los und ziehen Sie 200 Euro ein. Ihre Gruppe wurde erstellt. Als Nächstes können Sie Freunde hinzufügen. Wie es geht, erklären wir Ihnen im nächsten Abschnitt. Sie können sich außerdem ansehen, wie Ihre Gruppe aussieht, indem Sie oben rechts in der Ecke auf ZURÜCK ZUR GRUPPE klicken.

Eine Gruppe verwalten

Nachdem Sie die Erstellung abgeschlossen haben, werden Sie wahrscheinlich eine Reihe von Dingen tun wollen: Freunde hinzufügen, ein Profil, das die Gruppe repräsentiert, hinzufügen und ein schönes Nickerchen in der Hängematte machen. Da man all diese Dinge jederzeit erledigen und immer wieder ändern kann, gehören sie offiziell nicht zur Erstellungsphase einer Gruppe. Falls Sie schon ganz erpicht darauf sind, dass sich Nutzer innerhalb der Gruppe unterhalten und sich dort treffen, könnten Sie ebenso gut wenigstens Freunde hinzufügen, bevor Sie sich der süßen Versuchung eines Nickerchens hingeben. Sie können die meisten der Optionen jederzeit über einen Klick auf GRUPPE BEARBEITEN rechts oben in der Ecke erreichen.

Freunde zur Gruppe hinzufügen

Bei Facebook geht man davon aus, dass Sie nach dem Erstellen der Gruppe als Erstes Freunde hinzufügen möchten. Sie können daher gleich im Anschluss rechts oben auf GRUPPE BEARBEITEN klicken. Wählen Sie danach am linken Bildrand MITGLIEDER aus. In Abbildung 10.5 sehen Sie, wie die Seite aussieht, auf der Sie Freunde hinzufügen können.

Abbildung 10.5: Freunde lassen sich kinderleicht einer Facebook-Gruppe hinzufügen.

Vergessen Sie nicht: Wenn Sie eine offene oder geschlossene Gruppe erstellt haben, müssen Sie nicht zwangsläufig jemanden hinzufügen. Andere Nutzer könnten ganz von allein über die Neuigkeiten, die Suchfunktion, den GRUPPEN-Abschnitt in den Profilen ihrer Freunde oder viele andere Quellen auf Ihre Gruppe stoßen. Sollten Sie allerdings eine geheime Gruppe gegründet haben, haben Sie keine andere Möglichkeit, als andere hinzuzufügen. Ansonsten kann niemand Ihre Gruppe entdecken und Mitglied werden.

Es dauert bloß ein paar Sekunden, jemanden hinzuzufügen:

1. **Klicken Sie oben rechts auf GRUPPE BEARBEITEN.**

2. **Wählen Sie am linken Bildrand MITGLIEDER aus.**

   Auf der nun erscheinenden Seite werden der Administrator, also Sie selbst, sowie alle derzeitigen Mitglieder angezeigt.

3. **Klicken Sie oben auf den Link FREUNDE ZUR GRUPPE HINZUFÜGEN. Es öffnet sich ein Feld, in dem Sie den Namen eines Freundes eingeben können.**

4. **Fangen Sie an, den Namen eines Freundes einzutippen. Während Ihrer Eingabe wird der Name automatisch vervollständigt. Zu Beginn sehen Sie möglicherweise noch mehrere Vorschläge, doch je mehr Sie eingeben, umso weniger werden es, bis schließlich die richtige Person gefunden wurde.**

5. **Der Name des Freundes erscheint im Feld. Wenn Sie möchten, können Sie nun noch weitere Namen von Freunden eingeben.**

6. **Klicken Sie auf HINZUFÜGEN, wenn Sie fertig sind.**

Wenn Sie jemanden zu einer Ihrer Gruppen hinzufügen, erhält er eine entsprechende Benachrichtigung von Facebook. Je nachdem, wie seine Benachrichtigungseinstellungen aussehen, erhält er von Facebook eventuell auch noch eine E-Mail zu diesem Thema.

 Sie können die Liste mit Freunden, die Sie hinzufügen möchten, noch einmal überprüfen. Falls Sie versehentlich eine falsche Person ausgewählt haben, können Sie sie wieder entfernen, indem Sie auf das X rechts neben dem Namen klicken.

Denken Sie daran, dass einige der Links, die Sie als Administrator vor sich sehen, für Nicht-Mitglieder nicht sichtbar sind. Erinnern Sie sich? Beim Betrachten der Gruppe »Beatles Fans Around the World« waren einige Links, die jetzt in der von Ihnen gegründeten Gruppe vorhanden sind, nicht zu sehen.

Moderatoren

Viele Facebook-Gruppen repräsentieren Gruppen oder Vereine, die es tatsächlich gibt und deren Mitglieder unterschiedliche Führungsrollen übernehmen. In vor längerer Zeit gegründeten Gruppen konnten Administratoren diese Rollen in einer Facebook-Gruppe wiedergeben, indem sie Mitglieder zu Moderatoren ernannt und Titel wie etwa Schriftführer oder Kassenwart vergeben haben. Wenn Sie heute eine Gruppe erstellen, können Sie kein Mitglied mehr zum Moderator ernennen. Im Abschnitt »Die Mitgliederliste der Gruppe verwalten« weiter hinten im Kapitel erfahren Sie, wie man Mitglieder befördert und sie zu Administratoren macht.

 Falls in vor längerer Zeit gegründeten Gruppen Moderatoren vorhanden sind, erscheint auf der entsprechenden Startseite ein MODERATOREN-Bereich, in dem deren Namen, Hauptnetzwerke und Titel genannt werden. Gruppenmoderatoren haben nicht die gleichen Rechte wie Administratoren und können auch nicht mehr Einstellungen vornehmen als reguläre Mitglieder.

Die Mitgliederliste der Gruppe verwalten

Wenn Ihre Gruppe einige Mitglieder hat, können Sie die Mitgliederliste der Gruppe verwenden, um unerwünschte Mitglieder zu entfernen, die vertrauenswürdigsten Mitglieder zu Administratoren zu befördern oder derzeitige Administratoren (falls vorhanden) zu regulären Mitgliedern zu degradieren:

1. **Klicken Sie auf der Startseite der Gruppe rechts oben auf GRUPPE BEARBEITEN.**

2. **Wählen Sie am linken Bildrand MITGLIEDER aus.**

   Es erscheint eine Auflistung mit allen Gruppenmitgliedern. Neben jedem Bild finden Sie ein X und unter jedem Namen entweder einen ZUM ADMINISTRATOR ERNENNEN-Link oder den Schriftzug »Administrator«. Es kommt darauf an, welchen Status der Betreffende im Moment hat.

3. **Klicken Sie auf den Link, wenn Sie denjenigen zum Administrator ernennen möchten.**

Falls Sie einer Person den Administratorstatus wieder entziehen möchten, müssen Sie am linken Bildrand unter MITGLIEDER auf den Unterpunkt ADMINISTRATOREN klicken. Auf der daraufhin erscheinenden Seite werden alle derzeitigen Administratoren genannt. Durch einen Klick auf ADMINISTRATOR ENTFERNEN degradieren Sie den Betreffenden. Klicken Sie hier oder auf der MITGLIEDER-Seite auf das X, wenn Sie jemanden als Mitglied entfernen möchten.

Bilder hochladen

Das Foto, das Sie verwenden, um die Gruppe zu repräsentieren, wird auf der Seite gut sichtbar ganz oben sowie in Suchergebnissen überall auf der Website angezeigt. Daher versuchen Nutzer häufig ein Bild zu finden, das direkt aussagt, worum es in der Gruppe geht. In der Facebook-Gruppe »Ultimate Frisbee« wird ein Mannschaftsfoto gezeigt. Bei »Beatles Fans around the World« ist es ein Foto der Beatles. Folgen Sie diesen Schritten, um ein Bild hinzuzufügen:

1. **Klicken Sie auf der Startseite der Gruppe rechts oben auf GRUPPE BEARBEITEN.**

2. Wählen Sie am linken Bildrand PROFILBILD aus. Auf der daraufhin erscheinenden Seite können Sie entweder ein Foto von Ihrem Computer hochladen, eins mit Ihrer Webcam aufnehmen, ein Miniaturbild bearbeiten oder das bestehende Profilbild entfernen.

3. Um ein Foto hochzuladen, klicken Sie bei Facebook auf DURCHSUCHEN. Abbildung 10.6 zeigt, wie dieser Schritt aussieht.

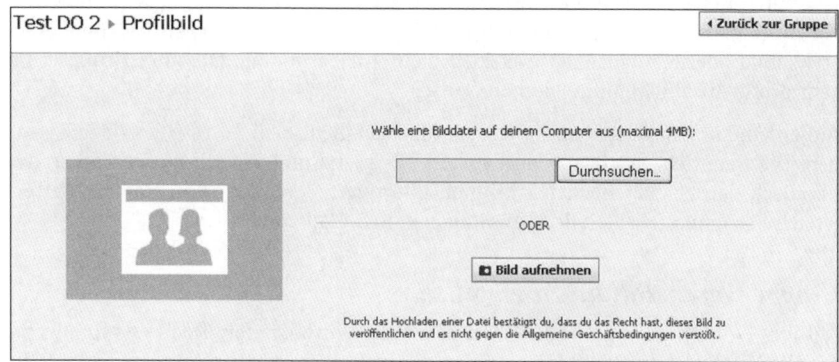

Test DO 2 ▸ Profilbild   ◂ Zurück zur Gruppe

Wähle eine Bilddatei auf deinem Computer aus (maximal 4MB):

Durchsuchen...

ODER

📷 Bild aufnehmen

Durch das Hochladen einer Datei bestätigst du, dass du das Recht hast, dieses Bild zu veröffentlichen und es nicht gegen die Allgemeine Geschäftsbedingungen verstößt.

Abbildung 10.6: Laden Sie ein Profilbild für die Gruppe hoch.

4. Klicken Sie auf die DURCHSUCHEN- beziehungsweise die DATEI AUSWÄHLEN-Schaltfläche, um das übliche Interface auf Ihrem Computer zum Auffinden einer Datei zu öffnen.

5. Klicken Sie sich auf Ihrem Computer zum gewünschten Bild, das Sie verwenden möchten, vor (und wählen Sie es aus).

Das von Ihnen ausgewählte Bild muss den auf der Seite angegebenen Anforderungen an Dateigröße und -typ gerecht werden. Falls Sie sich nicht sicher sind, ob es diesen genügt, wählen Sie das Bild aus und befolgen die weiteren Schritte. Facebook gibt Ihnen Bescheid, falls das ausgewählte Bild nicht verwendet werden kann.

Nachdem Sie Ihr Foto ausgewählt haben, wird Ihre Gruppe automatisch aktualisiert und erscheint im neuen Gewand.

 Sie können auch mit einer Webcam ein Foto machen, um es als Profilbild für die Gruppe zu verwenden. Wählen Sie dazu einfach BILD AUFNEHMEN auf der PROFILBILD-Seite und folgen Sie den Anweisungen auf dem Bildschirm.

Gruppenmitgliedern Nachrichten senden

Obwohl Sie mit den Mitgliedern über das Diskussionsforum (nur bei vor längerer Zeit gegründeten Gruppen vorhanden) und die Pinnwand kommunizieren können, werden Sie sich manchmal vergewissern wollen, dass die Mitglieder Ihre Nachrichten auch wirklich lesen. Facebook-Nachrichten eignen sich für diesen Zweck hervorragend, da sie im Postfach der Mitglieder erscheinen und die Mitglieder (je nach den individuell gewählten Benachrichtigungseinstellungen) darüber möglicherweise auch noch eine E-Mail-Benachrichtigung erhalten. (Da die Firma Facebook Spam vermeiden möchte, steht Ihnen diese Möglichkeit eventuell nicht zur Verfügung, falls Ihre Gruppe eine sehr große Anzahl an Mitgliedern aufweist.)

Außerdem können Gruppenmitglieder E-Mails an die E-Mail-Adresse der Gruppe senden. Die Nachricht erscheint dann auf der Pinnwand und alle Mitglieder werden auf Facebook darüber per Benachrichtigung informiert. Auch hier gilt: Hat der Betreffende es so eingestellt, erhält er zusätzlich eine E-Mail zum Thema.

Gruppenveranstaltungen erstellen

Auf Ihre Gruppe können Mitglieder rund um die Uhr zugreifen. Doch was tun, wenn Sie alle Mitglieder an einem Ort – entweder online oder im wahren Leben – zum gleichen Zeitpunkt versammeln möchten? Vielleicht möchten Sie ja zum Beispiel Ihre Gruppe »Scrabble-Freunde« für ein freundschaftliches Turnier zusammentrommeln. (Freundschaftlich? Naja, waren Sie schon mal bei einem Scrabble-Turnier? Da wird erbittert gekämpft.) In einem solchen Fall möchten Sie vielleicht auf Facebook eine Veranstaltung erstellen, um die Veranstaltungsdaten verwalten und eine Einladung an die Mitglieder senden zu können.

Obwohl alle Facebook-Nutzer das VERANSTALTUNGEN-Feature verwenden können, stehen Gruppenadministratoren in solchen Fällen besondere Möglichkeiten offen. Durch einen Klick auf VERANSTALTUNGEN auf der Startseite der Gruppe können Sie eine Veranstaltung erstellen, bei der nicht Sie persönlich, sondern die Gruppe als Gastgeber genannt wird und bei der dies auch in den Einladungen erwähnt wird.

Das Leben mithilfe von Facebook planen

11

In diesem Kapitel

▶ Die Schaltfläche VERANSTALTUNGEN verstehen

▶ Die passende Veranstaltung finden

▶ Eigene Veranstaltungen erstellen und verwalten

---

*D*enken Sie mal an Ihre schlimmste Geburtstagsfeier aller Zeiten zurück: dieses große Völkerballturnier, bei dem es so geschüttet hat, der Clown, der drei Stunden zu spät (und leicht beschwipst) ankam, und die Feier, bei der keiner Ihrer Freunde aufgetaucht ist, weil Ihre Mutter (die ja mit dem wolkenbruchartigen Regen und dem betrunkenen Clown genug zu tun hatte) vergessen hatte, sie einzuladen.

Facebook kann zwar nichts an Clowns oder dem Wetter ändern (zumindest war das beim Erscheinungstermin dieses Buches so), doch die Einladungen wären zustande gekommen, wenn Ihre Mutter für die Planung der Feier die Facebook-Anwendung VERANSTALTUNGEN verwendet hätte. Facebook nimmt Gastgebern die gesamte Arbeit bei einer Veranstaltung ab – Einladungen schreiben und verschicken, die Gästeliste verwalten –, sodass man sich völlig auf die Vorbereitung der Veranstaltung selbst konzentrieren kann.

Sie tun sich bei der Veranstaltungsplanung nicht gerade hervor? Kein Problem. Über Facebook können Sie auch die Planung kleinerer, spontanerer Veranstaltungen abwickeln. Sie können mühelos ein paar Leute für ein Abendessen oder eine Runde Fußball im Park zusammentrommeln. Und falls Ihnen das noch nicht reicht: Jede Woche werden Hunderte von Veranstaltungen in Ihrer Gegend auf Facebook bekanntgegeben. Sie erfahren in diesem Kapitel, wie Sie für dieses Wochenende die besten davon aufspüren.

Die ersten Schritte mit Veranstaltungen

Genau wie bei FOTOS und GRUPPEN handelt es sich bei VERANSTALTUNGEN um eine Anwendung, die von der Firma Facebook entwickelt wurde. Um auf die entsprechende Konsole zu gelangen, klicken Sie in der linken Spalte auf VERANSTALTUNGEN. Dadurch gelangen Sie auf die VERANSTALTUNGEN-Seite und es erscheint ein Menü mit weiteren Optionen für Veranstaltungen. Auf der VERANSTALTUNGEN-Seite (in Abbildung 11.1 zu sehen),

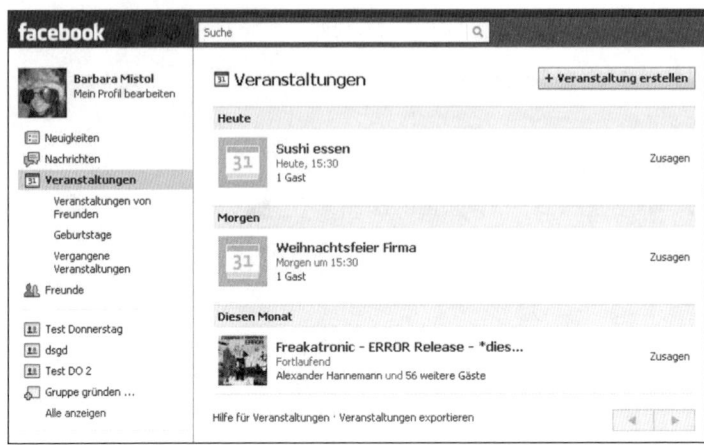

Abbildung 11.1: Die Konsole der Anwendung VERANSTALTUNGEN

auf der Sie landen, werden alle bevorstehenden Geburtstage und Facebook-Veranstaltungen angezeigt, bei denen Sie auf der Gästeliste stehen. Dazu zählen auch jene, zu denen Sie eingeladen waren und jene, an denen Sie teilgenommen haben.

Für den Fall, dass Sie Ihre Meinung ändern, werden sogar Veranstaltungen, für die Sie abgesagt haben, aufgelistet. Um Ihre Zu- oder Absage zu ändern, müssen Sie auf den Link über der betreffenden Veranstaltung in der Auflistung klicken, der Ihre derzeitige Rückmeldung wiedergibt.

Wenn Sie Näheres über eine Veranstaltung erfahren möchten, müssen Sie auf ihren Titel klicken. Dadurch gelangen Sie auf die Startseite der Veranstaltung, auf der Sie eine detaillierte Übersicht finden. Wie in Abbildung 11.2 zu sehen ist, fügt Facebook außerdem eine Zusammenfassung der wichtigsten Daten – Datum und Uhrzeit der Veranstaltung, Ihre Zu- oder Absage sowie die Namen der (gegebenenfalls) teilnehmenden Freunde – direkt in die Auflistung der Veranstaltungen ein. Diese Informationen werden immer angezeigt, wenn Sie auf Facebook auf eine Auflistung von Veranstaltungen stoßen, zum Beispiel beim Durchblättern derselben oder in einer Liste mit Suchergebnissen.

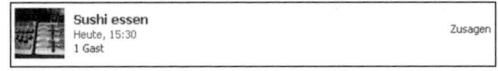

Abbildung 11.2: Ein Veranstaltungseintrag zeigt eine Vorschau auf die wichtigsten Daten.

Nachdem Sie sich alle bevorstehenden Veranstaltungen angesehen haben, können Sie die Untermenüs auf der linken Seite verwenden, um sich zu spezielleren Arten von Veranstaltungen vorzuklicken. Die Folgenden gehören dazu:

✔ **Veranstaltungen von Freunden:** Hier werden alle Veranstaltungen aufgelistet, an denen Ihre Freunde teilnehmen wollen. Bei jedem der Einträge erscheinen die Namen der teilnehmenden Freunde. Auch an dieser Stelle können Sie auf den Titel der Veranstaltung klicken, um auf die entsprechende Startseite zu gelangen.

✔ **Geburtstage:** Obwohl es sich bei Geburtstagen streng genommen um keine Facebook-Veranstaltungen handelt, die eine eigene Startseite haben, gelten die Geburtstage Ihrer Freunde doch als wichtige Ereignisse aus dem wahren Leben, die Sie nicht verpassen sollten. Auf diesem Reiter werden alle Geburtstage für ein ganzes Jahr sowie das Alter Ihrer Freunde (sofern diese Information von ihnen freigegeben wurde) angezeigt.

✔ **Vergangene Veranstaltungen:** Unabhängig davon, ob Sie daran teilgenommen haben, werden an dieser Stelle die Veranstaltungen, bei der Sie auf der Gästeliste standen, aufgelistet. Wenn eine Veranstaltung beendet ist, wird deren Startseite nicht von Facebook gelöscht, sondern bleibt mitsamt Fotos, Videos und anderen Objekten für die Nachwelt als Aufzeichnung dieses Ereignisses bestehen.

Der Aufbau einer Veranstaltung

Auf Facebook wird eine Veranstaltung mithilfe ihrer Startseite vorgestellt. Abbildung 11.3 zeigt ein Beispiel. Startseiten entwickeln sich sozusagen während des virtuellen Lebenszyklus einer Veranstaltung weiter. Bevor die Veranstaltung stattfindet, dient die Startseite als Einladung und zeigt für die Teilnehmer wichtige Daten wie etwa Datum und Ort an. Über die Startseite einer Veranstaltung kann ein Gastgeber außerdem nachverfolgen, wer teilnimmt und wer eventuell dabei ist, und kann daher entsprechend planen. Ist die Veranstaltung beendet, dient die Startseite den Teilnehmern als eine Art Plauderecke, in der sie sich über das Ganze mithilfe von Fotos, Videos und Diskussionen austauschen können.

Auf der Startseite einer Veranstaltung sehen Sie zwei Spalten (zusätzlich zu der rechten Spalte, in der Facebook-Werbeanzeigen und andere Inhalte zu völlig anderen Themen zu finden sind). Jede der Spalten wird durch Abschnitte und Felder noch weiter unterteilt. Ganz oben auf der Seite sehen Sie das Veranstaltungsfoto (in der linken Spalte oben) und den Veranstaltungsnamen (in der rechten Spalte oben).

In der rechten Spalte der Veranstaltung, also der Hauptspalte, werden von oben nach unten folgende Informationen angezeigt:

✔ **Anwesenheitsstatus:** Falls Sie für eine bestimmte Veranstaltung bereits zugesagt haben, sehen Sie direkt unter deren Titel den Satz »Du nimmst teil« (oder, je nach Ihrer Rückmeldung, auch »Du nimmst vielleicht teil« oder »Du nimmst nicht teil«). Sollten Sie noch nicht auf die Einladung geantwortet haben, werden Ihnen drei Schaltflächen angezeigt: ICH NEHME TEIL, VIELLEICHT und NEIN. Klicken Sie die an, mit der Sie auf die Einladung antworten möchten.

Abbildung 11.3: Die Startseite einer Veranstaltung

✔ **Teilen:** Der TEILEN-Link, der sich überall auf der Website findet, ermöglicht es Ihnen, interessante Inhalte schnell mit Freunden zu teilen, indem Sie ihnen die Inhalte entweder per Nachricht senden oder diese in Ihrem Profil veröffentlichen. Über die TEILEN-Schaltfläche können Sie eine Veranstaltung mitsamt einer Vorschau, die den Veranstaltungsnamen, eine Beschreibung und ein Veranstaltungsfoto enthält, teilen.

Falls es sich um eine öffentliche Veranstaltung handelt, möchten Sie vielleicht vom GÄSTE AUSWÄHLEN-Aktionslink Gebrauch machen, um eine Einladung anstelle eines bloßen Links zu versenden. (Lesen Sie den Abschnitt »Eigene Veranstaltungen erstellen« weiter unten, um mehr über offene Veranstaltungen zu erfahren.) Geht es um eine private Veranstaltung, können Sie mit Personen, die Nicht-Mitglieder sind, keinen Link zur Veranstaltung teilen, da die Privatsphäre-Einstellungen der Veranstaltung es nicht zulassen.

✔ **Veranstaltungsart:** Neben dem Anwesenheitsstatus und dem TEILEN-Link finden Sie eine Meldung, ob es sich um eine öffentliche oder private Veranstaltung handelt.

✔ **Veranstaltungsinformationen:** Dieser Bereich ist noch weiter in zweckmäßige Abschnitte unterteilt, die Ihnen anzeigen, wann (Zeit) und wo (Ort) das Ganze stattfindet, wer (erstellt von) es ins Leben gerufen hat und um was es geht (weitere Informationen).

✔ **Pinnwand:** Die Veranstaltungspinnwand ähnelt der Pinnwand in Ihrem Profil. Dort können Gäste Nachrichten, Fotos, Videos und themenbezogene Links hinterlassen, die sie mit allen anderen Gästen teilen möchten. Meist erklären Nutzer auf der Veranstaltungspinnwand, weshalb sie nicht an der Veranstaltung teilnehmen können oder drücken ihre Begeisterung über die Teilnahme aus.

Die linke Spalte, in der ganz oben das Veranstaltungsfoto zu sehen ist, enthält Informationen über Einladungen. Handelt es sich um eine öffentliche Veranstaltung, finden Sie dort gleich unterhalb des Bildes eine GÄSTE AUSWÄHLEN-Schaltfläche zum Anklicken. (In Abbildung 11.3 kann man sie sehen.) Wenn Sie darauf klicken, erscheint ein Werkzeug zur Freundesauswahl, mit dem Sie auch Ihre Freunde einladen können. Wir gehen weiter hinten im Kapitel, wenn wir uns mit dem Erstellungsvorgang einer Veranstaltung beschäftigen, näher auf das Werkzeug zur Freundesauswahl ein.

 Bloß weil Sie andere zu einer Veranstaltung einladen *können*, heißt das noch lange nicht, dass Sie es auch tun *sollten*. Stellen Sie sicher, dass Ihr Gastgeber damit einverstanden ist, dass Sie die Gästeliste erweitern (für diesen Zweck eignet sich die Veranstaltungspinnwand sehr gut), bevor Sie es mit Ihrer kompletten Freundesliste so richtig krachen lassen.

Der Rest der Spalte ist ganz den Gästen gewidmet: Wer hat zugesagt, wer nimmt vielleicht teil, bei wem steht die Antwort noch aus und wer hat abgesagt? Die »Zusagen«-Liste steht ganz oben. Dort sind die Namen und Miniaturbilder der Gäste enthalten. Falls Sie sich nicht sicher sind, ob Sie zu einer Party gehen sollen, könnte Ihnen dieser Abschnitt bei der Entscheidung helfen. Falls Sie eher neugierig sind, wer *nicht* kommt, müssen Sie im ABSAGEN-Bereich auf den ANZEIGEN-Link klicken, um die Liste zu sehen.

Auch danach noch Spaß haben

Wenn Sie von der Geburtstagsfeier oder dem Abend mit dem Lesekreis nach Hause kommen, sollten Sie die Seite zur Veranstaltung noch einmal besuchen und dort von Ihnen aufgenommene Fotos oder Videos veröffentlichen. Klicken Sie oben auf der Pinnwand in den Herausgeber und wählen Sie die entsprechende Option, um Fotos, Videos oder Links zu veröffentlichen. In Abbildung 11.4 sehen Sie, wie man bei der Veranstaltung ein Video hinzufügt. Das Ganze funktioniert genauso wie beim Herausgeber auf Ihrer Startseite. Lesen Sie Kapitel 8, wenn Sie mehr darüber erfahren möchten, wie man Inhalte über den Herausgeber hinzufügt.

Sie bekommen eine Benachrichtigung, wenn andere Gäste Fotos und Videos veröffentlichen. Meist geschieht dies in einem Schwung ein oder zwei Tage nach der Veranstaltung. Schließlich gibt es nichts Mitreißenderes als ein Video, das Ihren Lesekreis in voller Aktion zeigt, oder?

Die passende Veranstaltung finden

Bei mehr als 200 Millionen Facebook-Nutzern ist es eigentlich nicht verwunderlich, dass ständig Hunderte von Veranstaltungen in Ihrer Nähe stattfinden. Facebook gibt Ihnen eine Reihe von Werkzeugen an die Hand, damit Sie herausfinden können, wie Sie Ihr Wochenende optimal nutzen.

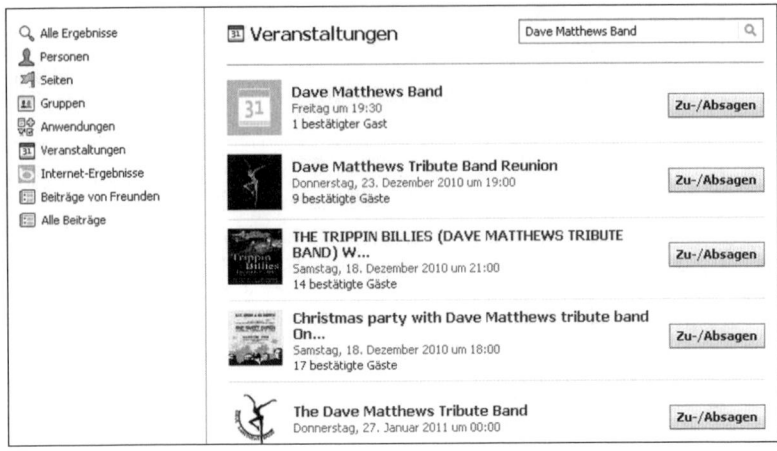

Abbildung 11.4: Videos zu einer Veranstaltung hinzufügen.

Nach Veranstaltungen suchen

Sollte Ihnen bereits eine bestimmte Veranstaltung vorschweben, finden Sie sie am schnellsten über eine Suche.

1. **Klicken Sie in das Suchfeld.**

   Das *Suchfeld* ist das Textfeld, das auf jeder Seite oben in der großen, blauen Leiste zu finden ist.

2. **Geben Sie das Thema der Veranstaltung, die Sie finden möchten, wie etwa »Karneval in Düsseldorf« ein und drücken Sie die Eingabetaste, um mit der Suche zu beginnen.**

   Die Suchergebnisse enthalten Inhalte von der kompletten Website, zum Beispiel aus Profilen, Gruppen und Veranstaltungen.

3. **Klicken Sie in der linken Spalte auf den VERANSTALTUNGEN-Reiter, um sich nur die Ergebnisse anzusehen, die Veranstaltungen enthalten.**

Beliebte Veranstaltungen ansehen

Seien wir doch ehrlich: *Auf diese Party* möchte niemand gehen. Nämlich die, bei der gar keiner kommt und es an Ihnen hängenbleibt, dem Gastgeber zu versichern: »Es wird wohl am Wetter liegen. Denn du weißt ja: Wer will schon auf eine Party gehen, wenn es draußen leicht bewölkt ist?«

Abbildung 11.5: Durchsuchen Sie Veranstaltungen, um eine zu finden, die Ihren Vorstellungen entspricht.

Glücklicherweise gibt es auf Facebook eine einfache Methode, um herauszukriegen, welche Veranstaltungen unter Ihren Freunden und in Ihren Netzwerken beliebt sind. Der VERANSTALTUNGEN VON FREUNDEN-Reiter auf der VERANSTALTUNGEN-Seite zeigt Ihnen Veranstaltungen an, an denen Ihre Freunde bald teilnehmen werden und bei denen Sie dasselbe tun können. Ihre Freunde haben in diesem Fall nicht selbstständig Empfehlungen ausgesprochen. Bei Facebook geht man einfach davon aus, dass Ihre Freunde an für Sie interessanten Veranstaltungen teilnehmen, und zeigt sie Ihnen daher automatisch an.

Das bloße Auffinden einer öffentlichen Veranstaltung über eine Suche bedeutet nicht, dass man unbedingt auf diese Party gehen muss. Nutzer kennzeichnen eine Veranstaltung manchmal als öffentlich, weil sie möchten, dass ihre Freunde davon erfahren – und keine Personen, die zufällig darauf gestoßen sind, weil sie nach »Grillen« gesucht haben. Als Faustregel gilt: Wenn Sie als »uneingeladener Gast« angesehen werden würden, sollten Sie wahrscheinlich nicht hingehen.

Eigene Veranstaltungen erstellen

Sie haben keine Lust mehr, immer nur *Gast* zu sein? Sind bereit, Verantwortung zu übernehmen? Möchten Gastgeber Ihrer eigenen Veranstaltung sein, die Gästeliste mitbestimmen und fast im Alleingang entscheiden können, wer von uns *dabei* und wer *nicht dabei* ist? Tun Sie einfach Folgendes:

Duschen Sie kalt.

So, nachdem Sie das jetzt seelisch verarbeitet haben, können wir loslegen und zwar damit, wie man Administrator und Gastgeber amüsanter Veranstaltungen wird. Falls Sie eine Veranstaltung planen, die nicht innerhalb der nächsten Tage stattfindet, empfehlen wir Ihnen, zuerst den Abschnitt »Größere Veranstaltungen« zu lesen. Ist Ihre Veranstaltung eher aus einer Laune heraus entstanden oder hat vielleicht schon begonnen, sollten Sie dagegen zum Abschnitt »Schnelle Veranstaltungsplanung« vorblättern.

Größere Veranstaltungen

Egal, was sich vor Ihrer Anmeldung auf Facebook zugetragen hat – vielleicht ein Gespräch darüber, wie toll eine Überraschungsparty wäre oder die plötzliche Anwandlung, all Ihre Freunde zu bekochen, weil es einfach die richtige Jahreszeit dafür ist –, nach dem Anmelden ist die Erstellung einer Veranstaltung ganz einfach. Folgen Sie zunächst einmal diesen Schritten:

1. **Klicken Sie in der linken Spalte Ihrer Startseite auf VERANSTALTUNGEN.**

   Dadurch gelangen Sie auf die VERANSTALTUNGEN-Konsole.

2. **Klicken Sie oben rechts auf der Seite auf die VERANSTALTUNG ERSTELLEN-Schaltfläche.**

   Dadurch gelangen Sie auf die VERANSTALTUNG ERSTELLEN-Seite, die in Abbildung 11.6 zu sehen ist.

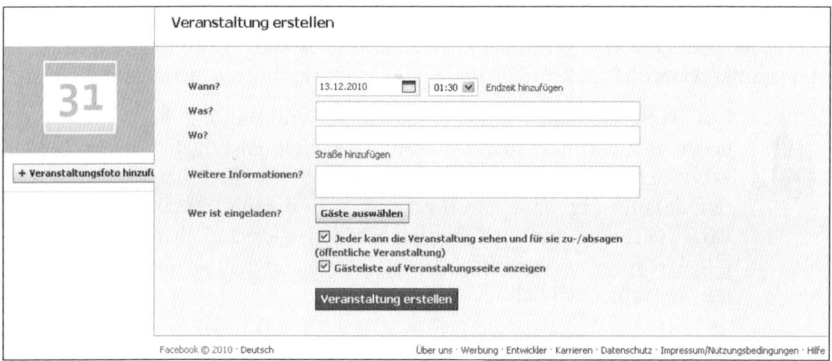

Abbildung 11.6: Erstellen Sie Ihre Veranstaltung hier.

3. **Geben Sie die Daten der Veranstaltung ein:**

   Sie können eine ganze Reihe an Feldern ausfüllen. Wir merken unten jeweils an, welche davon erforderlich sind:

   - **Wann? (erforderlich):** Da man bei Facebook davon ausgeht, dass Sie Veranstaltungen spontan planen, ist in diesem Feld standardmäßig eingestellt, dass dieses Ereignis später am heutigen Tag beginnt. Klicken Sie auf den Kalender, um das Datum zu ändern und verwenden Sie die Drop-down-Liste, um eine Zeit auszuwählen.

- **Endzeit (Klicken Sie auf ENDZEIT HINZUFÜGEN):** Falls Sie sich Sorgen machen, dass Ihre Gäste Ihre Gastfreundschaft überbeanspruchen werden, können Sie bei Ihrer Einladung eine Endzeit einfügen.

- **Was? (erforderlich):** Geben Sie hier einen Namen wie zum Beispiel *Sabines 25. Geburtstag* für Ihre Veranstaltung an.

- **Wo?:** Das Ausfüllen dieses Feldes ist zwar nicht erforderlich, doch Profis, die berufsmäßig Veranstaltungen planen, haben angemerkt, dass eine Ortsangabe üblicherweise nicht fehlen darf, wenn Gäste erscheinen sollen. Hier wird nicht unbedingt die Straße angegeben, sondern der Name des Veranstaltungsorts wie etwa *Bei Mark* oder *Postschänke*.

- **Straße, Stadt/Ort (Klicken Sie auf STRASSE HINZUFÜGEN):** Geben Sie die Straße des Ortes an, an dem die Veranstaltung stattfindet. Falls Sie diesen Bereich durch einen Klick erweitert haben, werden Sie den Straßennamen nun getrennt von Stadt oder Ort der Veranstaltung in einem weiteren Feld eingeben müssen. Wenn Sie anfangen, Stadt oder Ort einzutippen, wird das Feld während Ihrer Eingabe automatisch vervollständigt.

- **Weitere Informationen?:** Hier können Sie sämtliche Daten eingeben, die Sie für wichtig halten, zum Beispiel eine kurze Übersicht über die Veranstaltung, den Anlass für die Einladung, die gewünschte Kleidung und den Grund, weshalb man kommen sollte. Diese Beschreibung ist eins der ersten Dinge, die ein Gast sieht, wenn er sich Ihre Veranstaltung anguckt und über eine Teilnahme entscheidet.

4. **Klicken Sie auf GÄSTE AUSWÄHLEN, um Freunde einzuladen.**

   Dadurch erscheint das Werkzeug zur Freundesauswahl (in Abbildung 11.7 zu sehen). Klicken Sie einfach auf den Namen eines Freundes oder sein Profilbild, um ihn auszuwählen. Durch einen erneuten Klick entfernen Sie ihn wieder aus der Liste. Verwenden Sie das Suchfeld oben, um einen Freund anhand seines Namens herauszufiltern. Wenn Sie fertig sind, müssen Sie auf EINLADUNGEN VERSCHICKEN klicken.

 Freunde, die nicht bei Facebook registriert sind, können Sie einladen, indem Sie ihre E-Mail-Adressen in das Feld unten im Werkzeug zur Freundesauswahl eingeben.

5. **Legen Sie mithilfe eines Häkchens im JEDER KANN DIE VERANSTALTUNG SEHEN UND FÜR SIE ZU-/ABSAGEN-Auswahlkästchen fest, ob es eine öffentliche oder private Veranstaltung werden soll.**

   Öffentliche Veranstaltungen sind für jeden sichtbar und alle können ohne Einladung daran teilnehmen. Falls Sie nichts Exklusives vorhaben, ist dies meist die beste Wahl, da von Ihnen bei der Einladung eventuell vergessene Freunde die Veranstaltung sehen und sich selbst auf die Gästeliste setzen können. Geht es um

Abbildung 11.7: Mithilfe des Werkzeugs zur Freundesauswahl können Sie Freunde einladen.

eine Party, von der nicht jeder wissen soll, entfernen Sie das Häkchen im Jeder kann die Veranstaltung sehen und für sie zu-/absagen-Auswahlkästchen. Nur von Ihnen eingeladene Personen können dann die Veranstaltung sehen und für sie zu- oder absagen.

6. **Entscheiden Sie über das Auswahlkästchen Gästeliste auf Veranstaltungsseite anzeigen, ob die Gästeliste erscheinen soll.**

Wenn Sie die Gästeliste freigeben, können Ihre Freunde mühelos erkennen, wer noch an einer Veranstaltung teilnimmt. Auf diese Weise können sie leichter untereinander Mitfahrgelegenheiten absprechen oder die Geschenkeplanung angehen oder alle anderen Aufgaben erledigen, die vor einer Party üblich sind. Falls Sie nicht möchten, dass jeder die Gästeliste sieht, weil einer der Freunde einen VIP-Status hat, entfernen Sie das Häkchen im Gästeliste auf Veranstaltungsseite anzeigen-Auswahlkästchen.

7. **Fügen Sie ein Foto für Ihre Veranstaltung hinzu.**

Wenn Sie ein Foto hinzufügen, das für die Veranstaltung stehen soll, sieht die entsprechende Startseite als auch die Einladungsanfrage ansprechend und einladend aus. Bei größeren, offiziellen Veranstaltungen wird häufig der Flyer als Bild verwendet. Folgen Sie diesen Schritten, um ein Bild hinzuzufügen:

a. Klicken Sie links auf der Seite unterhalb des großen Kalendersymbols auf VER-
ANSTALTUNGSFOTO HINZUFÜGEN.

b. Klicken Sie auf die DURCHSUCHEN- *beziehungsweise die* DATEI AUSWÄHLEN-*Schaltfläche, um das übliche Interface auf Ihrem Computer zum Auffinden einer Datei
zu öffnen.*

*c. Klicken Sie sich auf Ihrem Computer zum gewünschten Bild, das Sie verwen-
den möchten, vor (und wählen Sie es aus).*

Das von Ihnen ausgewählte Bild muss den auf der Seite angegebenen Anforderungen an Dateigröße und -typ gerecht werden. Falls Sie sich nicht sicher sind, ob es
diesen genügt, wählen Sie das Bild aus und befolgen Sie die weiteren Schritte. Facebook gibt Ihnen Bescheid, falls das ausgewählte Bild nicht verwendet werden kann.

Nachdem Sie das Bild ausgewählt haben, wird es automatisch eingefügt und
erscheint anstelle des traurig wirkenden, blauen Kalendersymbols.

8. Klicken Sie auf VERANSTALTUNG SPEICHERN.

Und voilà! Die Veranstaltung wurde erstellt, die Einladungen versendet. Und Sie mussten dafür noch nicht mal Briefmarken aufkleben. Sie landen danach auf der Startseite
der Veranstaltung. Willkommen zuhause!

 Sobald Sie auf VERANSTALTUNG SPEICHERN klicken, werden die von Ihnen gerade
eingegebenen Daten an all Ihre Gäste versendet. Sehen Sie noch einmal
nach, ob Zeit, Ort und Rechtschreibung fehlerfrei sind, bevor Sie darauf
klicken.

Haben Sie jemanden vergessen? Gäste bitten um eine Wegbeschreibung? Keine Sorge:
Im Abschnitt »Die Veranstaltung verwalten« erklären wir Ihnen, wie man etwas hinzufügt und die Veranstaltung bearbeitet.

Schnelle Veranstaltungsplanung

Natürlich ist dieser eine ganz besondere Tag es wert, dass man sich Zeit nimmt, um ein
Veranstaltungsfoto zu finden, Freunde einzuladen und alle möglichen Planungen zu
koordinieren, doch wie sieht es mit all diesen ganz normalen Nullachtfuffzehn-Veran-
staltungen aus, die es jeden Tag gibt? Würden Sie all diese Cafés oder Parkbänke oder
Abendessen in Ihrem günstigen Lieblingsrestaurant nicht einfach noch mehr genießen,
wenn ein paar Freunde dabei wären? Facebook macht es Ihnen leicht, solche Veranstaltungen zu planen: Sie können sie direkt von Ihrer Startseite aus erstellen.

Das VERANSTALTUNGEN-Feld befindet sich auf Ihrer Startseite rechts oben in der Ecke.
Dort werden auch die bevorstehenden Geburtstage Ihrer Freunde und die bevorstehenden Veranstaltungen, an denen Sie teilnehmen, aufgelistet. An dieser Stelle können Sie außerdem eine spontane Veranstaltung erstellen.

Folgen Sie diesen Schritten, um eine Veranstaltung über das VERANSTALTUNGEN-Feld zu erstellen:

1. **Klicken Sie oben im VERANSTALTUNGEN-Feld auf die WAS?- Eingabeaufforderung.**

   Das Feld erweitert sich um einige Optionen, die Ihnen bereits bekannt sind. Abbildung 11.8 zeigt ein Beispiel.

Abbildung 11.8: Die schnelle Veranstaltungsplanung über den Herausgeber

2. **Geben Sie den Veranstaltungsnamen (»Was?«), Zeit und Ort (»Wo?«) ein.**

   Bei Ihrer Veranstaltung könnte beispielsweise Folgendes stehen:

   Schindlers Liste

   Heute, 21:00

   Multiplex-Kino Innenstadt

3. **Laden Sie über das WER IST EINGELADEN?-Feld andere dazu ein.**

   Klicken Sie in das WER IST EINGELADEN?-Feld und fangen Sie an, den Namen eines Freundes einzutippen. Wird die gewünschte Person angezeigt, drücken Sie die Eingabetaste. Der Name Ihres Freundes erscheint dann unter diesem Feld, wie das Beispiel in Abbildung 11.9 zeigt. Sie können so viele Freunde einladen wie Sie möchten.

4. **Legen Sie die Privatsphäre fest, indem Sie auf das Schloss-Symbol klicken.**

   Wie bei allen Veranstaltungen können Sie auch diese als öffentlich oder privat kennzeichnen. Wenn Sie sie als private Veranstaltung erstellen, ist sie nur für eingeladene Personen sichtbar.

5. **Klicken Sie auf VERANSTALTUNG ERSTELLEN.**

   Die Veranstaltung erscheint umgehend in Ihrem VERANSTALTUNGEN-Feld, in dem außerdem Links zum Einladen weiterer Personen und zur Eingabe zusätzlicher Informationen enthalten sind. Die Veranstaltung wird zudem augenblicklich an Ihrer Pinnwand und in den Neuigkeiten Ihrer Freunde veröffentlicht. Für Sie sieht es dann so wie in Abbildung 11.9 aus.

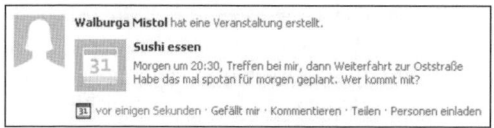

Abbildung 11.9: So können Sie aus jeder Veranstaltung eine Party machen.

Wenn Sie sich zur Veranstaltung vorklicken, werden Sie feststellen, dass dort genauso eine Seite zur Veranstaltung wie die weiter oben im Kapitel beschriebene vorhanden ist. Sie enthält lediglich mehr leere Felder. Falls Sie genügend Zeit haben, können Sie die Felder so ausfüllen, wie Sie es auch bei der Bearbeitung einer Veranstaltung, die Sie vor langer Zeit erstellt haben, tun würden. Klicken Sie dazu rechts oben auf VERANSTALTUNG BEARBEITEN.

Die Erstellung einer solchen Veranstaltung (falls Sie sie als öffentlich gekennzeichnet haben) führt außerdem dazu, dass dazu ein Beitrag in den Neuigkeiten Ihrer Freunde erscheint. Diese sehen dann Links, über die man zu- oder absagen, ein »Gefällt mir« einfügen oder die Veranstaltung teilen kann.

Die Veranstaltung verwalten

Nachdem Sie die Veranstaltung erstellt haben und die ersten Personen zusagen, können Sie immer noch eine Menge erledigen. Viele dieser Schritte erscheinen auf der Startseite der Veranstaltung unter dem Bild als Aktionslinks. Diese Aktionen sind nur für Sie und andere Administratoren sichtbar und verfügbar. Wir umreißen in diesem Abschnitt, welche zusätzlichen Rechte Sie als Veranstaltungsadministrator haben.

Die Daten der Veranstaltung bearbeiten

Sie müssen die Zeit der Veranstaltung ändern oder wollen Informationen über die gewünschte Kleidung hinzufügen? Das können Sie jederzeit erledigen, indem Sie auf der Seite zur Veranstaltung auf VERANSTALTUNG BEARBEITEN rechts oben über den Werbeanzeigen in der rechten Spalte klicken. Dadurch gelangen Sie wieder auf die VERANSTALTUNG ERSTELLEN-Seite, die allerdings jetzt zum Bearbeiten gedacht ist. Sie finden aber die gleichen Felder vor. Abgesehen vom Titel der Veranstaltung können Sie dort alle einzelnen Elemente bearbeiten. Vergessen Sie nur nicht, auf VERANSTALTUNG SPEICHERN zu klicken, wenn Sie fertig sind.

Die Veranstaltung absagen

Der beste Schlachtplan überlebt den ersten Feindkontakt nicht – wie man so schön sagt. Machen Sie sich keine Sorgen, falls in Ihrem Leben etwas schiefgelaufen ist und Ihre Veranstaltungspläne zunichte gemacht hat. Eine Veranstaltung absagen und den

Gästen eine Entschuldigung senden, ist ganz einfach. Nachdem Sie auf der Seite zur Veranstaltung oben rechts auf VERANSTALTUNG BEARBEITEN geklickt haben, finden Sie die Ihnen bereits bekannte Seite zum Bearbeiten vor. Allerdings gibt es jetzt einen Zusatz und zwar den DIESE VERANSTALTUNG ABSAGEN-Link unten rechts (fast auf gleicher Höhe mit der VERANSTALTUNG SPEICHERN-Schaltfläche). Wenn Sie auf den DIESE VERANSTALTUNG ABSAGEN-Link klicken, erscheint genauso ein Popup-Fenster zur Bestätigung wie in Abbildung 11.10.

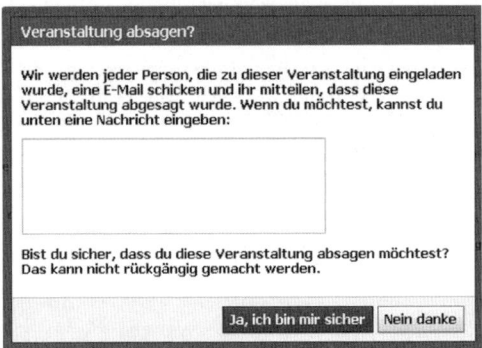

Abbildung 11.10: Die Party findet nicht statt? Sagen Sie sie über Facebook ab.

Dieses Fenster zur Bestätigung enthält außerdem eine Fläche, in der Sie für Ihre Gäste den Grund für die Absage eingeben können. Verfassen Sie eine kurze Anmerkung und klicken Sie als Bestätigung, dass Sie die Veranstaltung wirklich absagen möchten. Danach wird an all Ihre Gäste eine E-Mail, die die Absage und Ihre Anmerkung enthält, versandt, damit niemand in Schale geschmissen versehentlich am großen Tag auftaucht und dann enttäuscht wird.

Nachrichten an die Gäste der Veranstaltung senden

Wegen Regens gibt es eine Verzögerung? Die Karnevalsfeier wurde abgesagt? Halten Sie Ihre Gäste über die Veranstaltung auf dem Laufenden, indem Sie ihnen eine Facebook-Nachricht senden. Diese Nachrichten landen im Facebook-Postfach Ihrer Gäste. Je nachdem, welche Benachrichtigungseinstellungen diese vorgenommen haben, erhalten sie dazu möglicherweise auch noch eine entsprechende Benachrichtigungs-E-Mail.

Um eine Nachricht an Ihre Gäste zu schicken, klicken Sie auf der Seite zur Veranstaltung ganz rechts oben, unterhalb der blauen Leiste, aber oberhalb der Spalte mit den Werbeanzeigen auf den NACHRICHT AN GÄSTE SCHICKEN-Link. Dadurch werden Sie zum gewohnten NEUE NACHRICHT-Formular weitergeleitet. Es enthält hier allerdings einen Zusatz und zwar eine Drop-down-Liste mit Teilnehmern, in der Sie angeben können, welchem Teil der Gästeliste Sie eine Nachricht senden möchten (»Alle«, »Zusagen«, »Teilnahme unsicher« oder »Noch nicht geantwortet«). Erledigen Sie die restlichen Dinge ganz so als ob Sie eine Nachricht an einen einzelnen Freund schicken würden. (Sollten Sie dabei Hilfe benötigen, lesen Sie am besten Kapitel 9.)

Die Gästeliste der Veranstaltung verwalten

Nachdem Gäste zu- oder abgesagt haben, können Sie über die Gästeliste der Veranstaltung unerwünschte Gäste entfernen (oder sogar für immer blockieren), Ihre vertrauenswürdigsten Gäste zu Administratoren befördern oder derzeitige Administratoren (falls vorhanden) zu regulären Gästen degradieren.

1. **Klicken Sie auf der Startseite Ihrer Veranstaltung unter dem Bild in der linken Spalte entweder auf einen ANZEIGEN oder einen ALLE ANZEIGEN-Link. (Es kommt auf die Menge und Mischung an Reaktionen auf Ihre Einladung an, welche Links dort angezeigt werden.)**

    Die GÄSTELISTE ANZEIGEN-Seite ist Ihre zentrale Anlaufstelle, um den Überblick über Ihre derzeitigen Gäste zu behalten und weitere Personen einzuladen.

2. **Verwenden Sie für die Handlung, die Sie vornehmen möchten, jeweils die entsprechende Schaltfläche rechts neben dem Namen des Gastes.**

    Falls Sie beispielsweise einen Gast zum Administrator ernennen möchten, klicken Sie auf die ZUM ADMINISTRATOR ERNENNEN-Schaltfläche. Wie bereits in diesem Kapitel erwähnt, hat derjenige als Administrator für diese eine Veranstaltung die gleichen Rechte wie Sie.

    Sie können außerdem auf das X klicken, um einen Gast aus der Veranstaltung zu entfernen. Falls Sie sich für diese Option entscheiden, können Sie denjenigen auch dauerhaft blockieren, sodass er auch in Zukunft nicht an der Veranstaltung teilnehmen kann. Die BLOCKIEREN-Option ist dann sehr nützlich, wenn jemand anstößige Inhalte veröffentlicht oder auf andere Weise für Ärger sorgt.

    Sie können zudem weitere Personen einladen, indem Sie auf den JEMANDEN EINLADEN-Link klicken, der das gleiche Werkzeug zur Freundesauswahl öffnet, das Ihnen bereits bei der Erstellung der Veranstaltung begegnet ist.

Seiten für Unternehmen erstellen

12

In diesem Kapitel

▶ Gemeinschaftsseiten und offizielle Seite verstehen

▶ Eignet sich eine Facebook-Seite für mein Unternehmen?

▶ Facebook-Seiten erstellen und verwalten

▶ In Echtzeit verfolgen, wie Werbemaßnahmen sich aufs Unternehmen auswirken

*D*enken Sie mal an Ihren Ort oder Ihre Stadt. Abgesehen von einem Park und einer Schule hier und da, besteht sie hauptsächlich aus Gebäuden, in denen Menschen wohnen (wie etwa Wohnhäuser) und Gebäuden, in denen die Menschen einkaufen (wie etwa Geschäfte). Wenn Sie durch die Stadt fahren, sehen Sie alle möglichen Aktivitäten, die gerade vor sich gehen – ob die Leute nun Fußball spielen, bei einer Tasse Kaffee über politische Themen diskutieren oder Sport treiben. Die Welt, in der wir leben, besteht aus Menschen, den Dingen, die sie tun und den Dingen, die sie benötigen oder sich wünschen. Zu all diesen Dingen hat man eine wirkliche Beziehung: zu Geschäften, Marken, Bands, Prominenten, Aktivitäten, Leidenschaften, Restaurants und Kneipen – und allem anderen, was wichtig ist. Bei Facebook geht es in erster Linie um Menschen und ihre Verbindungen im wahren Leben. Eine Social Map, also eine visuelle Darstellung der digitalen Identität, wäre ohne diese Arten von Beziehungen unvollständig.

Mit *Facebook-Seiten* bietet Facebook juristischen Personen die Möglichkeit, Teil Ihres Lebens zu werden. Es gibt zwei Arten von Seiten: *Gemeinschaftsseiten*, die gemeinsam von den Fans dieser Seiten verwaltet und gepflegt werden, und *offizielle Seiten*, die von offiziellen Vertretern eines Unternehmens verwaltet und gepflegt werden.

Wir helfen Ihnen in diesem Kapitel die Welt der Seiten zu verstehen. Falls Sie nur mal wissen möchten, was das eigentlich für Dinge sind, bei denen Sie auf GEFÄLLT MIR geklickt haben und die in Ihrem Profil und in Ihren Neuigkeiten erschienen sind, dann lesen Sie den nächsten Abschnitt »Seiten und Sie«. Falls Sie Ihr Kleinunternehmen, Ihre Marke, Band oder irgendetwas anderes auf Facebook darstellen möchten, sollten Sie mit dem Abschnitt »Wozu eine Facebook-Seite erstellen?« anfangen und von dort aus weiterlesen.

Seiten und Sie

Wenn Sie darüber nachdenken, auf irgendeine Weise mit Seiten zu interagieren, müssen Sie vor allem eins im Hinterkopf behalten: Seiten sind wie die Profile Ihrer Freunde aufgebaut und weisen dazu nur einen Unterschied auf. Wenn Sie eine Seite »adden«, werden dadurch Ihre persönlichen Daten nicht für die Seite freigegeben. Sie können mit Seiten viele Dinge anstellen, die Sie auch mit Ihren Freunden tun können, zum Beispiel an ihre Pinnwände schreiben, sie in Beiträgen markieren und vieles mehr.

Der Aufbau einer offiziellen Seite

Der Aufbau von Seiten sollte Ihnen eigentlich ziemlich bekannt vorkommen, denn sie wurden bewusst wie Profile gestaltet. Falls Sie Kapitel 6 bereits gelesen haben, wird der Großteil der folgenden Texte ein praktischer Auffrischungskurs für Sie sein. Abbildung 12.1 zeigt anhand der Seite der Frankfurter Allgemeinen Zeitung ein Beispiel für eine Facebook-Seite.

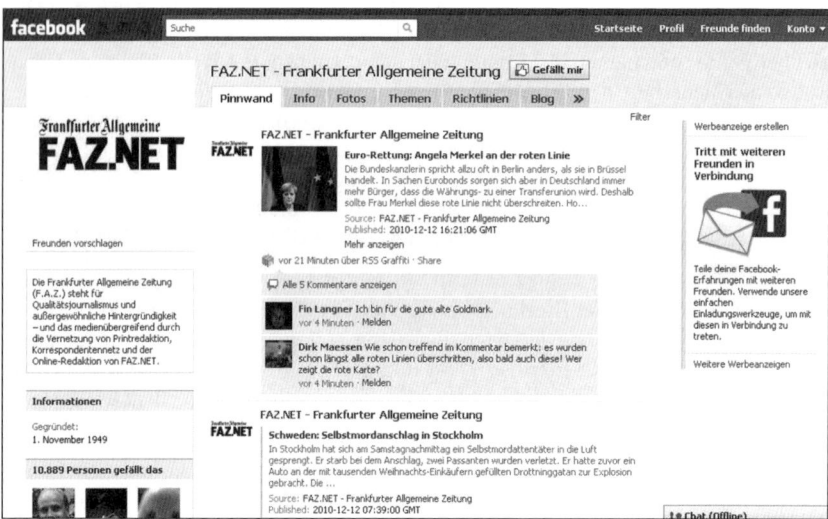

Abbildung 12.1: Die Facebook-Seite der Frankfurter Allgemeinen Zeitung

Oben von links nach rechts sehen Sie:

✔ **Profilbild:** Genau wie Sie und Ihre Freunde wählen auch Seiten ein Foto, das sie überall auf der Website repräsentieren soll. Meist ist hier ein Logo oder ein offizielles Pressefoto zu finden.

✔ **GEFÄLLT MIR-Schaltfläche** (nicht abgebildet): Bevor Sie ein Fan werden, sehen Sie eine GEFÄLLT MIR-Schaltfläche neben dem Namen der Seite. Klicken Sie darauf, um sich mit der Seite zu verbinden. (Im nächsten Abschnitt erfahren Sie mehr über dieses Thema.)

✔ **Pinnwand (und Herausgeber):** Die Pinnwand ist der Mittelpunkt einer Seite. An dieser Stelle können die Administratoren Aktualisierungen veröffentlichen und Fans können dort Pinnwandeinträge und Kommentare hinterlassen. Beachten Sie, dass Sie hier – genau wie in den Profilen all Ihrer Freunde – einen Herausgeber und einen Filter finden, mit denen die Pinnwand besser sichtbar wird. Sie können wählen, ob nur Beiträge der Seite selbst oder die der Fans angezeigt werden.

✔ **INFO-Reiter:** Dem INFO-Reiter kommt bei Seiten keine ganz so große Bedeutung zu, doch wenn Sie irgendwann einmal grundlegende Daten wie etwa die Öffnungszeiten oder die Anschrift eines Unternehmens wissen möchten, stellt er eine nützliche Informationsquelle dar.

✔ **Reiter für verschiedene Anwendungen:** Administratoren können, genau wie Sie selbst in Ihrem Profil, Reiter für alle möglichen Anwendungen hinzufügen. Dazu gehören zum Beispiel die Reiter VERANSTALTUNGEN, FOTOS und VIDEO. Fans können darüber mühelos weitere Inhalte oder Neues finden.

Auf der linken Seite von oben nach unten:

✔ **Aktionslinks:** Direkt unter dem Profilbild finden Sie einen FREUNDEN VORSCHLAGEN-Link. Falls Sie bereits Fan einer Seite geworden sind, sehen Sie dort außerdem einen VIA SMS ABONNIEREN-Link, über den Sie Statusmeldungen der Seite auf Ihrem Handy empfangen können.

✔ **SCHREIB ETWAS ÜBER DICH-Feld:** Genau wie in einem Profil bietet das SCHREIB ETWAS ÜBER DICH-Feld einen Überblick oder Inhalte, die mit dem Rest der Seite zusammenhängen. Häufig werden diese in Form eines Leitbilds wiedergegeben.

✔ **Personen, denen diese Seite gefällt:** Die Personen, denen diese Seite gefällt, umgangssprachlich auch als *Fans* bezeichnet, werden in zwei Kategorien angezeigt: Freunde und andere.

✔ **Felder für verschiedene Anwendungen:** Genau wie in einem Profil können Seiten auf der linken Bildschirmseite ihre lebendigen Inhalte, auch Rich Content genannt, nach Art getrennt in einzelnen Feldern darstellen.

✔ **Zusätzliche Aktionslinks:** Am Fuß der Seite sehen Sie Links, die Sie nicht so häufig verwenden werden. Dennoch sollte man sie unbedingt kennen, denn dort findet man sowohl den SEITE MELDEN-Link, den Sie beim Auffinden einer anstößigen Seite oder einer Verletzung des geistigen Eigentums anklicken werden, als auch den GEFÄLLT MIR NICHT MEHR-Link, den Sie benötigen, wenn Sie Ihre Verbindung zur

Seite rückgängig machen möchten. Außerdem findet man dort einen Link, um eine eigene Seite zu erstellen und eine TEILEN-Schaltfläche.

Gemeinschaftsseiten

Gemeinschaftsseiten, also Seiten, bei denen es keinen offiziellen Administrator gibt, sind in der Facebook-Welt etwas ziemlich Neues. Solche Seiten repräsentieren meist ein breiteres Spektrum an unterschiedlichsten Themen von grundlegenden Aktivitäten bis hin zu Aussage zur Politik. Es ist häufig einfach nicht möglich, dass das Objekt, für das die Seite steht, im Besitz eines Unternehmens oder einer Einzelperson ist. Denken Sie beispielsweise an Dinge wie »schlafen« oder »Fußballspielen« oder *Stolz und Vorurteil* (obwohl für eine Neuverfilmung von *Stolz und Vorurteil* interessanterweise mit an Sicherheit grenzender Wahrscheinlichkeit eine offizielle Seite und keine Gemeinschaftsseite erstellt werden würde).

Abbildung 12.2 zeigt ein Beispiel für eine Gemeinschaftsseite.

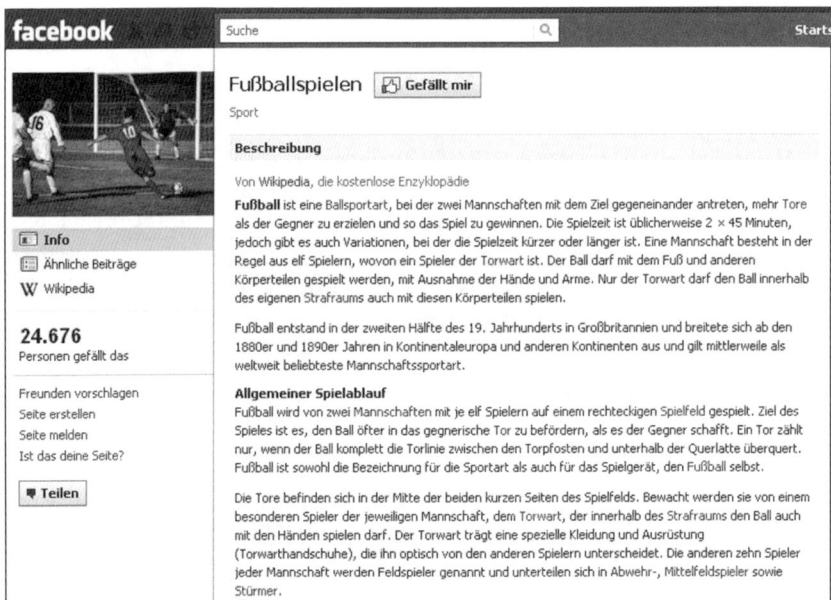

Abbildung 12.2: Die Gemeinschaftsseite für Fußballspielen

Es gibt erhebliche Unterschiede zwischen Gemeinschaftsseiten und offiziellen Seiten. Zunächst einmal gibt es dort keine Pinnwand. Stattdessen findet man dort einen ÄHNLICHE BEITRÄGE-Reiter, auf dem alle Beiträge von Nutzern angezeigt werden, in denen diese ein bestimmtes Thema oder einen Begriff erwähnt haben. Außerdem werden allgemeine Beiträge (also jene, die für alle freigegeben sind), die von anderen Facebook-Nutzern stammen, veröffentlicht. Bei Gemeinschaftsseiten werden als allgemeine Informationen häufig Texte von Websites wie etwa Wikipedia veröffentlicht, um das Thema, für das sie stehen, besser zu beschreiben.

Da es Gemeinschaftsseiten wie bereits erwähnt auf Facebook noch nicht sehr lange gibt, werden dort wahrscheinlich mit der Zeit neue Funktionen hinzukommen. Bis es so weit ist, dienen sie in erster Linie als Banner auf Ihrem Profil und werden in Ihrem GEFÄLLT MIR UND INTERESSEN-Bereich hinzugefügt.

Verbindung und Interaktion mit Seiten

Überall auf Facebook-Seiten und an vielen anderen Stellen im Internet sehen Sie Links und Schaltflächen, die Sie auffordern, auf GEFÄLLT MIR zu klicken. Sie können Gefallen an Fotos, Statusmeldungen, Kommentaren, Artikeln, Websites, Videos und vielem mehr finden … Wurden diese Dinge im Internet veröffentlicht, können Sie dort wahrscheinlich auf GEFÄLLT MIR klicken.

Sie können auch bei Seiten auf GEFÄLLT MIR klicken. Dadurch sind Sie auf dem besten Wege ein *Fan* zu werden, sprich eine Person, der eine bestimmte Seite gefällt. Fan werden bringt folgende Dinge mit sich:

✔ **Neuigkeiten abonnieren:** Nachdem Sie bei einer Seite auf GEFÄLLT MIR geklickt haben, sehen Sie eventuell deren Statusmeldungen und andere Beiträge in Ihren Neuigkeiten. Falls Ihnen diese Inhalte nicht gefallen, können Sie die Seite jederzeit in Ihren Neuigkeiten verbergen.

✔ **Aktualisierungen abonnieren:** Durch den Klick auf GEFÄLLT MIR bei einer Seite, abonnieren Sie die *Aktualisierungen*, also im Grunde die Nachrichten der Seite. Diese Aktualisierungen erscheinen in einem besonderen Bereich Ihres Postfachs, der dafür reserviert wurde, damit sie nicht mit den Nachrichten von Ihren Freunden durcheinander geraten. Falls Sie die Aktualisierungen, die Sie erhalten, als störend empfinden oder diese Ihrer Meinung nach zu häufig eintreffen, können Sie sie jederzeit abbestellen.

✔ **Zugriff auf die Pinnwand:** Wenn Sie bei einer Seite auf GEFÄLLT MIR klicken, können Sie, genau wie nach dem Hinzufügen eines Freundes, an die entsprechende Pinnwand schreiben und dort meist auch noch Fotos, Links und Videos veröffentlichen.

✔ **Anzeige des Profils:** Sie dürfen nicht vergessen, dass eine Seite nach Ihrem Klick auf GEFÄLLT MIR im GEFÄLLT MIR UND INTERESSEN-Bereich Ihres Profils erscheint und dass dieser Bereich standardmäßig für alle freigegeben ist. Falls Sie zwar über eine Seite auf dem Laufenden gehalten werden, dies aber vor Ihren Freunden geheim halten möchten, können Sie über die PROFIL BEARBEITEN-Seite einzelne Seiten verbergen. (In Kapitel 6 erfahren Sie, welche genauen Schritte Sie dazu unternehmen müssen.)

Was das jetzt alles für Sie bedeutet? Es ist im Grunde so: Wenn Sie bei einem Objekt auf GEFÄLLT MIR klicken, gehen Sie damit eine Verbindung ein, die Sie nach eigenem Ermessen entweder sehr aktiv durch Ihre Interaktionen oder eben passiv gestalten können. Häufig werden Nutzer Fans von vielen Seiten, weil sie damit etwas aussagen oder den Banner in Ihrem Profil haben möchten. Bloß weil Sie bei der Seite *Das aktuelle Sportstudio* auf GEFÄLLT MIR geklickt haben, heißt das noch lange nicht, dass Ihnen Artikel darüber oder Interviews mit den Moderatoren wichtig sind. Kein Problem. Wenn Sie solche Texte allerdings gerne lesen oder mit anderen Fans auf der Pinnwand kommunizieren möchten, können Sie das auch tun. Das ganze System ist ziemlich flexibel gestaltet.

Wozu eine Facebook-Seite erstellen?

Bevor wir Ihnen eine Antwort darauf geben, weshalb Sie eine Facebook-Seite erstellen sollten, denken Sie am besten erst einmal darüber nach, womit Sie noch zum Erfolg Ihres Unternehmens beitragen können:

✔ **Bieten Sie ein hochwertiges Produkt oder eine hochwertige Dienstleistung.** Wenn Sie sich mit Ihren Produkten von anderen abheben, locken Sie Stammkunden an und werden weiterempfohlen.

✔ **Betreiben Sie Ihr Geschäft in einer belebten Straße oder einem Einkaufsviertel mit vielen Läden.** An stark frequentierten Orten schenkt man Ihnen mehr Aufmerksamkeit und Ihr Geschäft ist besser erreichbar.

✔ **Bringen Sie Ihren Laden auf Hochglanz und dekorieren Sie ihn, bauen Sie Ihre Website sorgfältig auf und schmeißen Sie sich für Vorführungen in Schale.** Durch eine hochwertige Präsentation schaffen Sie Vertrauen bei Ihren Kunden.

Letzten Endes sind dies alles Beispiele dafür, was Firmen unternehmen, um für Wachstum zu sorgen, und zwar Wachstum bei ihrem treuen Kundenstamm. Wenn Sie mit Ihrem Unternehmen auf Facebook präsent sind, verfolgen Sie im Grunde den gleichen Zweck: das Wachstum vorantreiben.

Andererseits gibt es auch viele Dinge, die das Wachstum vorantreiben *können*. Auf der Straße Flyer verteilen, Zeitungen Gutscheine beilegen oder während des Fußball-WM-Endspiels einen Werbespot senden – all das kann Ihnen Kunden einbringen. Der Trick besteht darin, herauszukriegen, bei welchen der möglichen Werbemaßnahmen Sie mehr für Ihr Geld bekommen. Und wir glauben, die Antwort zu kennen.

Wo wir gerade von Geld sprechen. Es wird langsam Zeit, mit dem unangenehmen Thema der Finanzen aufzuräumen: Facebook-Seiten sind kostenlos. Sie benötigen lediglich einen Computer, einen Internetzugang, jemanden, der sich mit der Nutzung von Facebook auskennt und ein bisschen Zeit. Je nachdem, wie ausgefeilt die Seite für Ihr Unternehmen ausfallen soll, können Sie sie innerhalb von fünf Minuten oder mehreren Stunden erstellen. Das klingt abschreckend? Dann denken Sie daran, dass es mehrere Stunden dauern würde, bis man Flyer erstellt, ausgedruckt und verteilt hat. Die Erstellung einer Website, eines Films oder eines Werbespots dauert sogar noch länger.

Unten finden Sie mehrere Ziele, die Sie mit Ihrem Unternehmen möglicherweise verfolgen. Im ganzen Kapitel zeigen wir Ihnen, wie Sie jedes einzelne dieser Ziele mithilfe von Facebook-Seiten erreichen können.

✔ Kunden regelmäßig und auf fesselnde Weise mit einbeziehen. Wenn sie an Ihre Branche denken, haben sie Ihre Firma vor Augen. Wenn sie Ihre Firma vor Augen haben, haben sie das Gefühl, Sie zu kennen. Selbst wenn Sie einen Großkonzern repräsentieren, haben sie das Gefühl, Einblick in die menschliche Seite genommen zu haben.

✔ Kunden und potenziellen Kunden eine fehlerfreie Informationsquelle zum Unternehmen bieten, die zum Beispiel die E-Mail-Adresse, Produktinformationen oder die Öffnungszeiten anzeigt.

✔ Neue Werbeaktionen, Produkte und aktuelle Informationen vor so vielen Kunden wie möglich bekanntgeben und dabei gleichzeitig so wenige Kunden wie möglich verstimmen.

✔ Kunden dazu ermutigen, sowohl positive als auch negative Rückmeldungen abzugeben, damit Sie Ihr Unternehmen kontinuierlich verbessern können.

✔ Kunden die Möglichkeit geben, sich untereinander über Ihr Unternehmen, Ihr Produkt oder Ihre Band auszutauschen.

✔ Kunden derart beeindrucken, dass sie Sie immer wieder besuchen und auch ihren Freunden dazu raten.

Facebook-Seiten bieten Ihnen ein ganzes Paket an Features, die Ihnen in Kombination dabei helfen, diese Ziele zu erreichen. Falls Sie in Sachen Werbung in einer Firma Entscheidungsträger sind und auch nur eins der oben genannten Ziele verfolgen, dann kann die Erstellung einer Facebook-Seite für Sie von Vorteil sein.

Seiten – Profile – Gruppen

Im wahren Leben interagieren und kommunizieren wir mit unseren besten Freunden, den Lieblingsbands oder der örtlichen Nachbarschaftsinitiative jeweils auf unverwechselbare Weise. Zudem stellen Personen im Gegensatz zu Band-Managern und im Gegensatz zu dem Organisator einer Gruppe ganz andere Anforderungen, was das Verbinden und Teilen angeht. Aus diesem Grund findet man bei Personen, Unternehmen und Gruppen auch eine unverwechselbare Art der Präsenz auf Facebook. Die Unterschiede, die im wahren Leben bestehen, werden auf Facebook durch die Art und Weise, wie Nutzer mit diesen Einheiten interagieren, widergespiegelt. Da Seiten, Profile und Gruppen unterschiedliche Features und Funktionen aufweisen, möchten wir sichergehen, dass Sie jede einzelne Art von Präsenz verstanden haben. Entsprechend Ihrer konkreten Unternehmensziele können Sie dann später die Präsenz (beziehungsweise Präsenzen) wählen, die sich am besten eignet. Bevor wir die genauen Unterschiede zwischen den Funktionen auf Facebook hervorheben, sollten Sie sich die Unterschiede zwischen Personen, Unternehmen und Gruppen im wahren Leben vor Augen führen:

✔ **Kommunikation:** Wenn Sie mit einem Freund kommunizieren, handelt es sich meistens um ein Gespräch, in dem der eine etwas sagt und der andere antwortet und so weiter. Solche Gespräche sind häufig etwas sehr Persönliches und beide Gesprächspartner tragen gleichermaßen dazu bei. Mit einem Unternehmen ist die Kommunikation jedoch oft einseitig, zum Beispiel, wenn Ihre Lieblingsband Sie über die Veröffentlichung eines neuen Albums informiert oder wenn Ihr Lieblingsgeschäft einen Schlussverkauf ankündigt. Im Vergleich dazu ist die Kommunikation innerhalb einer Gruppe unter den Mitgliedern eher fließend. Dort sind alle Mitglieder gleichberechtigt und die Themen sind für alle von Belang und von Interesse.

✔ **Zugriff:** Während der angegebenen Öffnungszeiten werden Sie ermutigt, jederzeit ein Café oder einen Buchladen zu besuchen und werden dort willkommen geheißen. Ganz anders sieht es dagegen aus, wenn Sie unangemeldet einen Freund zuhause aufsuchen. Hinzu kommt, dass sich eine Gruppe üblicherweise an einem vorher abgesprochenen Zeitpunkt, der mit allen Mitgliedern (oder dem Vorstand) abgestimmt wurde, an einem Veranstaltungsort trifft, der für alle zugänglich ist.

✔ **Informationen:** Als Person ist man sehr wählerisch, für welche anderen Personen welche Informationen über einen selbst freigegeben werden. Je nachdem, um was für eine Gruppe es sich handelt, findet man hier jeweils unterschiedliche Stufen der Privatsphäre. Man kann Gruppen in Bezug auf das Teilen von Informationen jedoch im Allgemeinen in zwei Kategorien einteilen: Gruppen, die Daten nur für Mitglieder freigeben und jene, die die Öffentlichkeit teilhaben lassen. Unternehmen zielen für gewöhnlich darauf ab, dass die Öffentlichkeit möglichst viel über sie und ihre Produkte erfährt – mit Ausnahme von strategischen Zukunftsplänen und einigen Finanzdaten.

Aufgrund der vorliegenden Unterschiede im wahren Leben unterscheiden sich auf Facebook auch die Präsenzen für Personen, Gruppen und Unternehmen in ihrem Aufbau und ihren Funktionen.

In Tabelle 12.1 werden die genauen Unterschiede zwischen diesen Präsenzen auf Facebook genau beschrieben.

Profile	Gruppen	Seiten
Haben einen Administrator: Sie	Können mehrere Administratoren haben. Diese werden beliebig vom Gründer oder anderen Administratoren ernannt.	Können mehrere Administratoren haben. Diese Personen müssen offizielle Vertreter des Unternehmens sein.
Repräsentieren eine real existierende Person	Können mit Ausnahme von urheberrechtlich geschütztem oder volksverhetzendem Material alles Mögliche repräsentieren. Wirklich.	Repräsentieren ein real existierendes Unternehmen oder eine real existierende Promotion-Firma.
Haben Freunde. Freundschaften müssen von beiden Parteien bestätigt werden.	Haben Mitglieder. Je nach Einstellungen der Gruppe können Beitrittsanfragen entweder überprüft oder automatisch bestätigt werden.	Haben Fans (auch genannt: Personen, denen deine Seite gefällt). Beitrittsanfragen von Fans werden automatisch bestätigt. Für jeden sind die gleichen Informationen verfügbar.
Können Nachrichten an andere Nutzer und an bis zu 20 Freunde senden. Freunde können sich untereinander immer Nachrichten senden.	Administratoren können Nachrichten an bis zu 500 Mitglieder senden. Mitglieder können dem Gruppenadministrator antworten. Mitglieder müssen die Gruppe verlassen, um keine Nachrichten mehr zu erhalten.	Administratoren können Massensendungen an alle Fans senden. Nutzer können nicht auf diese Nachrichten antworten, diese aber abbestellen.
Die Person, zu der das Profil gehört, kann festlegen, ob (überhaupt) irgendwelche Inhalte für alle sichtbar sein sollen.	Können die Privatsphäre auf Mitglieder begrenzen oder festlegen, dass Inhalte für alle sichtbar sind.	Können die Privatsphäre anhand des Alters einschränken. Inhalte sind aber ansonsten immer für alle sichtbar.
Muss Freundschaftsanfragen bestätigen.	Können festlegen, ob Beitrittsanfragen überprüft oder automatisch bestätigt werden.	Bestätigen automatisch alle Beitrittsanfragen von Fans.
Können Personen aufgrund unangemessenen Verhaltens blockieren.	Können Personen aufgrund unangemessenen Verhaltens blockieren.	Können Personen aufgrund unangemessenen Verhaltens blockieren.
Können Inhalte veröffentlichen, Anwendungen nutzen und mithilfe von zusätzlichen Reitern eine individuelle Anpassung vornehmen.	Können Inhalte veröffentlichen, Anwendungen nutzen und mithilfe von Feldern eine individuelle Anpassung vornehmen.	Können Inhalte veröffentlichen, Anwendungen nutzen und mithilfe von zusätzlichen Reitern und Feldern eine individuelle Anpassung vornehmen.
Haben keinen Zugriff auf zusammengefasste Informationen über die Anzahl der Aufrufe des Profils oder die Interaktionen.	Verfügen über keine zusammengefassten Informationen über die Anzahl der Seitenaufrufe oder die Interaktionen mit der Gruppe.	Verfügen über detaillierte, zusammengefasste und nach Demografien unterteilte Statistiken über die Art und Weise, wie Nutzer eine bestimmte Facebook-Seite aufrufen und damit interagieren.

Tabelle 12.1: Vergleich zwischen Nutzerprofilen, Gruppen und Seiten

Wer sollte eine Facebook-Seite erstellen?

Kurz gesagt: Jeder, der im Bereich Werbung Entscheidungsträger ist, kann eine Facebook-Seite erstellen. Kleinunternehmer, Veranstaltungs-Promoter und Werbeagenturen können eine Seite auf Facebook erstellen, um die Aufmerksamkeit von Nutzern zu erlangen und diese mit einzubeziehen. Facebook-Seiten wurden für seriöse Unternehmen, die auf seriöse Weise auf sich aufmerksam machen möchten, konzipiert und optimiert.

Beliebt sind unter anderem die folgenden Kategorien für Unternehmensprofile:

✔ **Lokales Geschäft:** zum Beispiel Restaurants, Bars, Vereine, Geschäfte oder Erholungsgebiete

✔ **Bekannter Name oder nationale Marke:** wie etwa jene, die Produkte vertreiben oder eine Dienstleistung anbieten, Beispiele sind Starbucks, Deutsche Telekom AG und Coca-Cola

✔ **Gemeinnützige Organisationen oder Institutionen der Länder:** zum Beispiel religiöse Organisationen oder Schulen

✔ **Einzelne Produkte:** zum Beispiel Automarken, Werbefiguren eines Unternehmens (wie etwa Ronald McDonald) oder hochwertige Designer-Modelinien

✔ **Unternehmen aus der Nachrichten-, Medien- und Unterhaltungsbranche:** Firmen können Seiten für ihre Marken oder diversen Angebote wie etwa Filme, Fernsehsendungen oder Zeitschriften erstellen

Die oben aufgeführte Liste zeigt, dass Seiten sich ebenso für Unternehmen wie für ihre Produkte eignen. Der Deutsche Fußball-Bund hat beispielsweise eine eigene Facebook-Seite sowie eine für die Frauen-Nationalmannschaft erstellt. Das ZDF verfügt über eine Seite der ZDF-Heute-Redaktion und über mehrere für einzelne Sendungen. Viele Firmen werben mit mehreren Facebook-Seiten für sich, da Nutzer sich möglicherweise mit einzelnen Teilen, jedoch nicht mit dem kompletten Unternehmen identifizieren. Um eine maximale Miteinbeziehung zu erreichen, ist es wichtig, einzelne Seiten für die einzelnen Objekte, mit denen Nutzer sich verbinden könnten, zu erstellen. Im Umkehrschluss bedeutet das aber auch, dass Sie Ihre Fans nicht zu sehr aufsplittern sollten. Beispielsweise muss das Phantasialand keine Seiten für die einzelnen Achterbahnen erstellen, die Toten Hosen keine für jedes einzelne Album und Starbucks keine für jedes einzelne Getränk.

Wer sollte keine Facebook-Seite erstellen?

Eine Facebook-Seite repräsentiert ebenso wie ein Profil eine wahre Identität und wird von einem wirklich existierenden offiziellen Vertreter des Unternehmens verwaltet. Wenn Sie beispielsweise nicht Götz George sind (oder sein PR-Berater), können Sie keine Facebook-Seite erstellen, die den Titel »Götz George« trägt. Und falls Sie weder der Autor von *Das Boot* sind, noch den Film herausgebracht haben (und auch von keiner dieser Personen damit beauftragt worden sind), können Sie dazu keine Seite erstellen. Es ist unerheblich, wie sehr Sie die *Light-Version vom Frappuccino Mocha mit extra viel Schlagsahne* mögen. Wenn Sie nicht derjenige sind, der bei Starbucks für die Werbung zuständig ist, können Sie für diese Firma keine Facebook-Seite erstellen. Naja, könnten Sie schon, doch letzten Endes würde Ihre Seite – und Ihr Konto – deaktiviert werden.

Sie tappen bei Seiten und Profilen noch im Dunkeln?

Vielleicht haben Sie bereits gemerkt, dass es einen Unterschied zwischen dem Repräsentieren einer Einzelperson und dem einer Personengruppe gibt. Die Wahl, ob man für Udo Lindenberg und das Panikorchester ein Profil oder eine Seite erstellt, mag einem zwar leicht fallen, doch die Entscheidung über das weitere Vorgehen, wenn man etwas für Udo Lindenberg allein erstellen möchte, kann da schon schwieriger sein.

Prominente und öffentliche Personen müssen entscheiden, welcher Dienst am besten ihre Anforderungen erfüllt. Falls Sie sich als öffentliche Person in dieser Zwickmühle befinden, müssen Sie sich im Allgemeinen zwei entscheidende Fragen stellen:

✔ **Werde ich als Einziger meine Darstellung im Internet verwalten?** Anders gesagt: Gibt es in Ihrem Unternehmen einen Assistenten, der dafür zuständig ist, Ihre Facebook-Präsenz ständig zu aktualisieren? Oder werden Sie in Sachen Facebook alles allein erledigen?

✔ **Möchte ich auch privatere Dinge mit meinen Freunden aus dem wahren Leben teilen?** Einige wollen alles auf einmal: Sie möchten ein Fotoalbum von der Wiedersehensfeier der Familie veröffentlichen (auch wenn diese Familie den Nachnamen George trägt) und dieses unter Verschluss halten, und gleichzeitig möchten Sie interessante Artikel, Gedanken und nicht ganz so private Fotos für alle Welt sichtbar hinzufügen (gerade für die Personen auf der Welt, die ihn damals so sehr als Schimanski gemocht haben).

Können Sie beide Fragen bejahen, sollten Sie trotzdem die Erstellung eines Profils in Erwägung ziehen. Sie werden der Einzige sein, der darauf zugreifen kann und können die Privatsphäre-Einstellungen im Herausgeber verwenden, die wir in Kapitel 6 beschreiben, um zu entscheiden, wer was sehen kann.

Falls die Antwort auf beide Fragen »Nein« lautet, sollten Sie eine Seite erstellen. In Bezug darauf, wer die Seite verwalten kann, sind Sie hier am flexibelsten und alle Inhalte werden für jedermann sichtbar sein. In diesem Fall müssen Sie keine besonderen Einstellungen vornehmen.

Haben Sie die erste Frage mit »Nein« und die zweite mit »Ja« beantwortet, sollten Sie wahrscheinlich eine Facebook-Seite erstellen, die von Ihren Angestellten verwaltet wird, und sich ein Facebook-Profil allein für Ihre Person einrichten. Die Seite repräsentiert dann Ihr öffentliches Ich und das Profil kann zu dem Medium werden, über das Sie lediglich mit Ihren Freunden und Familienmitgliedern teilen.

Lauten Ihre Antworten eher »Jein«, stellt eine Seite auch hier wieder die flexiblere und einfache Lösung dar. Dies gilt auch gerade für den Fall, wenn sich die Verwaltung Ihrer Seite als sehr zeitaufwendig erweist oder Sie Ihre Meinung in Bezug auf Frage eins ändern.

Facebook-Seiten erstellen und verwalten

Eine Facebook-Seite ist nicht das Gleiche wie ein Konto. Es handelt sich stattdessen um ein Objekt auf Facebook, das von vielen Personen, die ein eigenes Konto besitzen, verwaltet werden kann. Wir erklären Ihnen in diesem Abschnitt alle Schritte, die notwendig sind, um eine Seite zu erstellen, zu verwalten und zu pflegen.

 Wir empfehlen Ihnen allerdings, bevor Sie anfangen, unter der URL www.facebook.com/terms-pages.php die Nutzungsbedingungen für Facebook-Seiten zu lesen. In den Nutzungsbedingungen werden zunächst einmal einige der Erwartungen, die an Seiteninhaber gestellt werden, geklärt und es wird verdeutlicht, wer eine Seite für sein Unternehmen erstellen kann. Sie finden auch einige Anmerkungen zu Altersbeschränkungen und dazu, wer nach der Erstellung der Seite Ihre Inhalte sehen kann. Wir kommen im vorliegenden Kapitel auf all diese Themen zu sprechen, doch die Nutzungsbedingungen dienen schon mal als praktische Zusammenfassung. Wenn Sie gegen die Nutzungsbedingungen verstoßen, könnte Ihre Seite deaktiviert werden und das wäre sehr nachteilig für Ihr Unternehmen. Gleiches gilt, wenn Sie ein Profil erstellen, das die Funktion einer Seite (wie von uns hier beschrieben) übernehmen soll: Mit an Sicherheit grenzender Wahrscheinlichkeit wird dieses Profil deaktiviert werden, da dann ein Verstoß gegen die Nutzungsbedingungen vorliegt. (Sie finden Sie unter www.facebook.com/terms.php.)

Seiten für Unternehmen erstellen

Falls Sie noch kein Facebook-Konto erstellt haben, empfehlen wir Ihnen dringend, dies als Erstes zu tun (obwohl es eigentlich nicht notwendig ist). Wenn Sie nicht möchten, können Sie bei den Schritten unten auch gleich bei Schritt 2 einsteigen. Bevor Sie Schritt 6 ausführen, sollten Sie es aber bitte erledigen. Das Konto, das Sie hier erstellen, stellt eine kleinere Version eines vollständigen Facebook-Benutzerkontos dar, ist aber dennoch Ihr Konto. Sie werden gebeten, Ihre E-Mail-Adresse und Ihr Geburtsdatum einzugeben und sollten fehlerfreie Angaben machen, denn falls Sie sich irgendwann für ein persönliches Profil entscheiden, ist es viel einfacher, das hier erstellte Konto zu erweitern als noch einmal ganz von vorn anzufangen.

 Seiten können mehrere Administratoren haben. Wenn Sie vorhaben, die von Ihnen erstellte Seite auch von anderen Personen verwalten zu lassen, können diese es von ihren eigenen Konten aus erledigen. Es gibt keinen Grund, einer anderen Person die E-Mail-Adresse oder das Passwort mitzuteilen. Damit würden Sie sogar gegen die Nutzungsbedingungen verstoßen. Nachdem Sie das Buch bis hierhin gelesen haben, hoffen wir, Ihr Vertrauen insoweit gewonnen zu haben, dass Sie uns auch bei diesem Thema vertrauen: *Geben Sie Ihre richtige E-Mail-Adresse und Ihr richtiges Geburtsdatum an.* Diese Daten werden für niemanden freigegeben und das Ganze erleichtert sämtliche zukünftigen Interaktionen mit Facebook.

1. **Gehen Sie zu** `http://de-de.facebook.com` **und melden Sie sich mit Ihrer E-Mail-Adresse beziehungsweise Ihrem Nutzernamen und Ihrem Passwort an.**

2. **Scrollen Sie bis ganz unten und klicken Sie dann im Fußzeilenmenü auf** WERBUNG.

   Auf der Seite, auf die Sie dann weitergeleitet werden (`www.Facebook.com/advertising`), finden Sie eine Übersicht über das integrierte Werbemodell von Facebook. Für Seiten müssen Sie nichts bezahlen, wohl aber für Werbeanzeigen. Dennoch gilt: Wenn Ihre Seite noch ganz neu ist, kann es sich lohnen, in Werbung zu investieren, da Sie so leichter an einen Grundstock an Fans und Abonnenten kommen.

3. **Klicken Sie direkt unterhalb der oberen Navigationsleiste auf den** FACEBOOK-SEITE-**Link.**

   Sie können den Text auf der entsprechenden Seite gerne lesen oder auf den Link UM MEHR ZU ERFAHREN, BESUCHE UNSEREN LEITFADEN FÜR FACEBOOK-WERBEANZEIGEN klicken, doch Sie werden dort auch nicht mehr Informationen als in diesem Buch finden. (Schließlich stammen ja beide Texte von uns.)

4. **Klicken Sie auf die** SEITE ERSTELLEN-**Schaltfläche.**

   Das ist die grüne Schaltfläche im rechten oberen Viertel des Bildschirms. Durch den Klick darauf wird der Prozess, um eine Seite zu erstellen, in Gang gesetzt.

5. **Geben Sie im** OFFIZIELLE SEITE-**Bereich rechts auf der Seite an, welche Art von Unternehmen Sie bewerben möchten. Abbildung 12.3 zeigt ein Beispiel.**

   Es gibt zwei Gründe dafür, weshalb Sie hier eine genaue Wahl treffen sollten:

   • Die Facebook-Seite weist je nach gewählter Kategorie einen sehr speziellen Satz an Feldern und Funktionen auf. Wenn Sie beispielsweise angeben, dass es sich bei Ihrem Unternehmen um ein Restaurant handelt, können Sie die genauen Öffnungszeiten einfügen, und wenn Sie sich als Musiker eintragen, haben Sie sofortigen Zugriff auf eine Diskografie.

- Sie erleichtern den Nutzern das Auffinden und Erkennen.

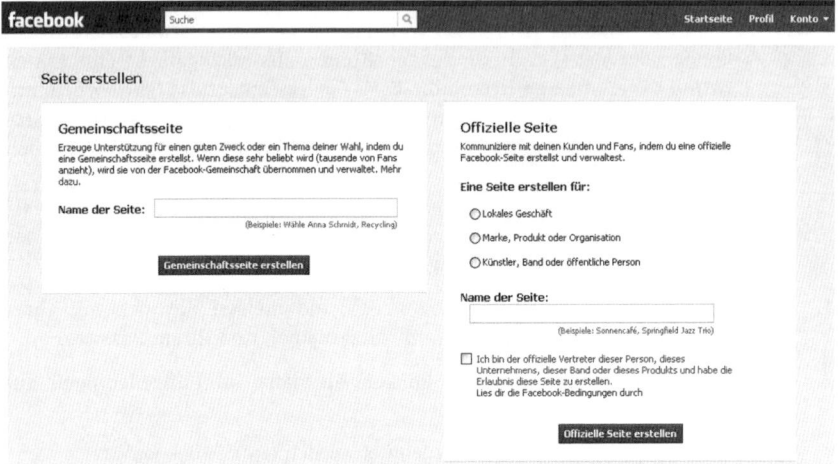

Abbildung 12.3: Wählen Sie eine Kategorie und erstellen Sie eine Seite für Ihr Unternehmen.

6. Geben Sie den Namen Ihres Unternehmens ein.

Wenn Sie einen Titel für die Facebook-Seite wählen, müssen Sie sich unbedingt mit dem genauen Namen des Unternehmens registrieren. Es ist dasselbe wie die allgemeine Registrierung auf Facebook – auch dort ist Ihr echter Name gefragt.

Die folgenden angenommenen Namen für Facebook-Seiten wären vorteilhaft:

- Amazon
- Tonis Pizzeria
- Stefan Raab
- Buffy – Im Bann der Dämonen

Diese Namen für Facebook-Seiten wären nachteilhaft:

- **Die Facebook-Seite von Amazon:** Genau wie das Profil eines Nutzers stellt eine Facebook-Seite eine Darstellung Ihres Unternehmens im Internet dar. Wenn Nutzer Ihre Seite besuchen und auf GEFÄLLT MIR klicken, werden sie zu Fans Ihres Unternehmens und nicht Ihrer Seite. Senden Sie Fans aktuelle Informationen, tun Sie dies im Namen des Unternehmens und nicht im Namen der Seite. Die Seite ist nicht das Ziel. Sie ist lediglich das Mittel zum Zweck. Wenn Nutzer mit Ihrer Seite interagieren, interagieren sie im Grunde direkt mit Ihrem Unternehmen und der Name sollte unbedingt diese Tatsache widerspiegeln.

* **Tonis Pizzeria in der Mühlenstraße 1:** Ebenso wie es auf Facebook Tausende von Personen mit dem Namen Hans Müller gibt, könnte es dort auch Hunderte mit dem Namen Tonis Pizza geben und das ist auch nicht schlimm. Nutzer werden anhand der in den Informationsfeldern angegebenen Inhalte Ihrer Seite wie etwa Fotos oder der Anschrift sehen können, dass es sich bei Ihnen wirklich um die gesuchte Tonis Pizzeria handelt.

* **Stefan Raab, Showmaster und Entertainer der Extraklasse:** Stefan Raab kann in den Informationsfeldern gerne seinen Beruf angeben. Außerdem kann er sich im Fließtext der Seite so oft als *Extraklasse* bezeichnen wie er möchte. Dennoch ist seine Marke sein Name und daher sollte der Titel der Seite auch lauten: *Stefan Raab.*

* **Buffy – Im Bann der Dämonen ist super:** Buffy ist wirklich super und für eine Facebook-Gruppe oder eine Facebook-Gemeinschaftsseite würde sich dieser Titel auch hervorragend eignen. Doch es gibt keine wirklich existierende Person und kein Unternehmen mit diesem Namen (zumindest nicht, dass wir wüssten) und daher sollte es auch keine Facebook-Seite mit diesem Namen geben.

7. **Geben Sie an, dass Sie der offizielle Vertreter Ihres Unternehmens sind und klicken Sie auf OFFIZIELLE SEITE ERSTELLEN.**

Sobald Sie auf OFFIZIELLE SEITE ERSTELLEN geklickt haben, sind Sie stolzer Administrator einer Facebook-Seite. Das war aber noch nicht alles. Jetzt müssen Sie die Seite noch gestalten und individuell anpassen. Da beide Prozesse ganz schön kompliziert sind, führen wir beide Erklärungen dazu einzeln auf.

Sollte die Begeisterung Sie jetzt schon völlig vom Sitz gerissen haben, können Sie gleich mit der individuellen Anpassung der Seite beginnen. Im nächsten Abschnitt erklären wir Ihnen den Prozess. Und falls Sie lieber ein Päuschen machen möchten, müssen Sie wissen, wie Sie wieder an diese Stelle gelangen.

Wenn Sie mithilfe der oben beschriebenen Schritte Ihre erste Facebook-Seite erstellen, wird Ihrem Konto automatisch eine neue Anwendung namens SEITENMANAGER hinzugefügt. (Falls Sie jemals eine Werbeanzeige geschaltet haben, könnte der Name auch WERBEANZEIGEN UND SEITEN lauten.) Halten Sie, wenn Sie sich bei Facebook angemeldet haben, danach im ANWENDUNGEN-Menü (auf der linken Seite der Startseite) Ausschau und klicken Sie auf den entsprechenden Link, um auf Ihre Seite zuzugreifen und sie zu bearbeiten und zu verwalten. Im Seitenmanager können Sie außerdem die Statistiken über die Interaktionen der Nutzer einsehen, mit denen wir uns am Ende des Kapitels im Abschnitt »Besser Bescheid wissen« beschäftigen.

Die Seite personalisieren

Seit seinen Anfängen hat Facebook ein anderes Prinzip verfolgt als seine Mitstreiter. Auf vielen anderen Websites werden Nutzer ermutigt, ihre Webpräsenz mithilfe von Hintergründen, Farben, Layouts und Liedern so zu gestalten, dass sie damit ihrer eigenen Individualität Ausdruck geben können. Bei Facebook werden die Nutzer ermutigt, dies über ihre veröffentlichten Inhalte und nicht über visuelle (oder hörbare) Darstellungen zu tun. Dasselbe gilt für Facebook-Seiten. Die individuelle Anpassung Ihrer Seite erfolgt vor allem darüber, was Sie schreiben, wohin Sie verlinken, was Sie veröffentlichen und welche Reiter Sie für Interaktionen der Nutzer hinzufügen. In Firmen, in denen man es gewohnt ist, seinen Websites seinen Stempel aufzudrücken und sie individuell anzupassen, mag man das als Einschränkung empfinden, doch führen Sie sich mal die Gegenleistung vor Augen. Potenzielle Kunden, die Ihre Facebook-Seite besuchen, wissen ganz genau, wie sie an die gesuchten Daten kommen und wie man mit einer Seite interagiert, da sie mit dem Format bereits vertraut sind. Facebook-Seiten wurden mit einem einheitlichen Erscheinungsbild konzipiert, um die Navigation zu erleichtern und für ein makelloses Nutzererlebnis zu sorgen. Anstatt diese Einschränkungen als Nachteil anzusehen, sollten Sie darauf abzielen, dass Ihre Seite durch ihre lebendigen und fesselnden Inhalte und Funktionen hervorsticht.

Wie bereits erwähnt, werden Sie bei der Erstellung Ihrer Seite gebeten, eine Kategorie für Ihr Unternehmen auszuwählen. Durch die Auswahl dieser Kategorie wird festgelegt, welche Informationsfelder und Standardanwendungen auf Ihrer Seite zu finden sind. Lesen Sie weiter. Wir bieten Ihnen eine Zusammenfassung über die Informationsfelder und die Standardanwendungen, die es auf Ihrer Seite geben könnte.

Nachdem Sie die Schritte aus dem Abschnitt oben durchgeführt haben, werden Sie eine Facebook-Seite vor sich sehen, die noch unausgefüllt ist. Abbildung 12.4 zeigt ein Beispiel. Oben steht der Name Ihres Unternehmens, Ihrer Marke oder Ihrer Band und darunter finden sich zwei Reiter, die nur so darauf warten, mit lebendigen, informativen und fesselnden Inhalten gefüllt zu werden.

Nutzer verbinden sich mit Ihrer Seite auf dieselbe Weise wie mit anderen Nutzern und zwar indem sie auf eine Gefällt mir-Schaltfläche neben dem Namen klicken. Es ist standardmäßig so eingestellt, dass Personen, die auf diese Schaltfläche klicken, ab diesem Zeitpunkt Ihre Beiträge in den Neuigkeiten auf ihren Startseiten empfangen. Wir nennen das *abonnieren*. Als Synonym für Ihre Fans verwenden wir die Bezeichnungen »Verbindungen« und »Kunden«, doch wenn wir über Abonnenten sprechen, meinen wir damit immer die Personen, die Ihre Beiträge in ihren Neuigkeiten sehen, nachdem sie sich angemeldet haben.

Die meisten Bereiche der Seite können Sie direkt von der Seite ausgehend bearbeiten. Einige der nicht direkt sichtbaren Einstellungen müssen allerdings von einer Stelle,

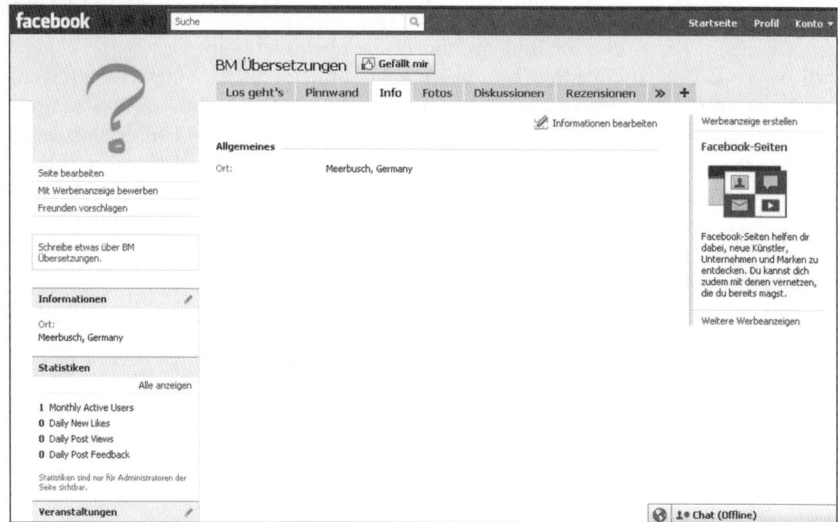

Abbildung 12.4: Eine neu geborene Facebook-Seite – gerade erstellt,
aber noch nicht gestaltet

die wir die *Steuerkonsole* nennen, aus vorgenommen werden. Wir geben Ihnen jedes
Mal Bescheid, wenn Sie die Steuerkonsole aufsuchen müssen. Sie gelangen dorthin,
indem Sie unterhalb Ihres Profilbildes auf SEITE BEARBEITEN klicken.

Erst mal zurechtfinden

Wenn Sie sich auf Ihrer frisch gebackenen Seite umsehen, auf der noch alles ganz unge-
lenk wirkt und viele freie Flächen zu sehen sind, wird Ihnen vielleicht etwas auffallen.
Sie sieht genauso aus wie ein … Nutzerprofil. Man findet einen INFO-Reiter, einen PINN-
WAND-Reiter und einen Herausgeber. Es gibt eine Fläche, die für ein Profilbild vorgese-
hen ist, und in der linken Spalte ist ein SCHREIB ETWAS ÜBER DICH-Feld angebracht. Nun ja,
es ist eigentlich das Gleiche wie ein Nutzerprofil. Falls Sie sich bei einem Nutzerprofil
noch nicht ganz zuhause fühlen, empfehlen wir Ihnen, kurz zu Kapitel 6 zurückzublättern, denn wir werden eine Menge der dort besprochenen Themen in diesem Abschnitt
schnell noch mal durchgehen. Doch genau wie in dem anderen Kapitel werden wir
zunächst einmal die wichtigsten Reiter diskutieren und Ihnen dann alle anderen coolen
Dinge, die Sie mit Ihrer Seite machen können, näherbringen.

Informationen

Wir empfehlen Ihnen als Allererstes, ein Foto auf Ihre Seite hochzuladen. Dadurch
wird Ihre Seite lebendig und Ihre Fans können leichter erkennen, dass es sich um Sie

handelt, wenn sie Sie über eine Suche finden oder in den Neuigkeiten ihrer Freunde über Sie lesen. Fügen Sie Ihr Bild ein, indem Sie oben rechts im PROFILBILD-Feld auf BILD ÄNDERN klicken und dann den Anweisungen zum Hochladen eines Fotos folgen. Die Spalte, in der das Foto erscheint, ist für 396 Pixel ausgelegt und kann bis zu dreimal so breit sein wie Ihr Bild. Behalten Sie diese Abmessungen im Hinterkopf, wenn Sie versuchen, ein hochwertiges Foto für Ihre Seite aufzunehmen oder auszuwählen.

Bei den meisten Seiten verbergen sich hinter dem INFO-Reiter drei Bereiche mit Informationen: ALLGEMEINES, DETAILLIERTE INFORMATIONEN und KONTAKTINFORMATIONEN.

✔ **Allgemeines:** Geben Sie hier die wesentlichen Daten zu Ihrem Unternehmen ein. Bands listen hier zum Beispiel ihre Bandmitglieder auf, lokale Geschäfte ihre Adresse und bei bekannten Markennamen findet man die Website.

✔ **Detaillierte Informationen:** In diesem Bereich erscheint ein speziell für die Art Ihres Unternehmens geeignetes Informationsfeld. Bands geben hier an, durch wen ihre Musik beeinflusst wurde, Diskotheken veröffentlichen ihren Dresscode und Filmstudios listen die Auszeichnungen auf, die ihnen für bestimmte Filme verliehen worden sind.

✔ **Kontaktinformationen:** Der Name dieses Bereichs spricht schon für sich selbst. Je nach Art Ihres Unternehmens können Sie an dieser Stelle eine E-Mail-Adresse, Telefonnummer und manchmal auch eine Postanschrift angeben.

Durch einen Klick oben rechts im INFO-Reiter auf INFORMATIONEN BEARBEITEN sollten alle Bereiche, die Sie bearbeiten können, angezeigt werden. Je mehr Felder Sie ausfüllen, desto mehr werden Nutzer über Sie erfahren. Jedes nicht von Ihnen ausgefüllte Feld erscheint auch nicht, wenn andere Ihre Seite besuchen.

Die Pinnwand

Auf dem INFO-Reiter erfahren Nutzer die wesentlichen Dinge über Sie. Auf der Pinnwand lernen sie dagegen Ihr wahres Ich kennen. Falls Sie bereits über ein persönliches Konto mit einem Profil verfügen, werden Sie sich auf der Pinnwand gleich wie zuhause fühlen. Sehen Sie sich mal die Pinnwand des Satiremagazins *Titanic – Das endgültige Satiremagazin* in Abbildung 12.5 an, um ein Gefühl dafür zu bekommen, wie man bei einer Seite die Pinnwand nutzen kann, um spannende Neuigkeiten zu präsentieren.

Nutzer, die sich mit Ihnen verbunden haben, landen beim Besuch Ihrer eigentlichen Seite auf der Pinnwand. Falls diese Nutzer Ihre Beiträge abonniert haben, werden Inhalte, die Sie an Ihrer Pinnwand veröffentlichen, außerdem auf den Startseiten dieser Nutzer erscheinen. Anders gesagt: Es handelt sich hier um eine sehr wichtige Stelle, an der Sie durch regelmäßige Aktualisierungen auf ehrliche und fesselnde Weise repräsentiert werden.

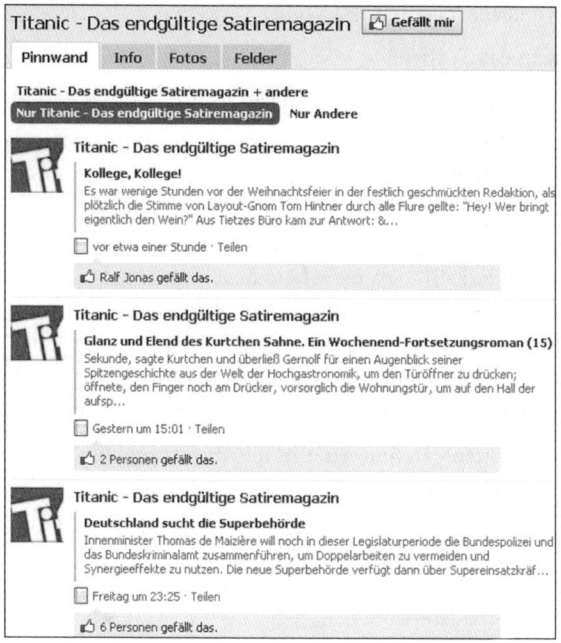

Abbildung 12.5: »*Titanic – Das endgültige Satiremagazin*« *auf Facebook*

In Kapitel 6 beschreiben wir die einzelnen Elemente der Pinnwand sehr detailliert und erklären, wie sie ineinandergreifen, um Ihre Geschichte wiederzugeben. Und selbst wenn Sie irgendein Unternehmen repräsentieren, muss diese Geschichte immer noch für Sie erzählt werden. Die Nutzer werden Neuigkeiten von Ihnen lesen und mehr über Sie erfahren wollen und um sich dahingehend zu informieren, werden sie Ihre Pinnwand aufsuchen.

Als Seitenadministrator müssen Sie auf der Pinnwand in erster Linie den *Herausgeber* verstanden haben. Im Herausgeber, der in Abbildung 12.6 sehr gut zu erkennen ist, erstellen Sie und Ihre Fans Beiträge, die tatsächlich an der Pinnwand erscheinen.

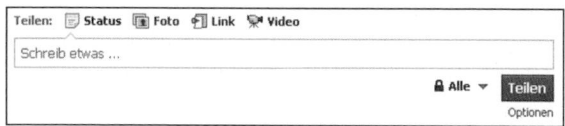

Abbildung 12.6: Verwenden Sie den Herausgeber, um Beiträge für Ihre Fans zu veröffentlichen.

Dies sind die grundlegenden Schritte bei der Verwendung des Herausgebers:

1. **Klicken Sie in das Textfeld.**

   Dadurch erweitert sich unterhalb die freie, weiße Fläche.

2. **(Wenn Sie möchten) Wählen Sie das Symbol, das für den Medientyp steht, den Sie hinzufügen möchten.**

   Falls Sie einen Link veröffentlichen möchten, klicken Sie auf das Link-Symbol. Geht es um ein Foto, klicken Sie auf das Fotosymbol. Sie verstehen schon, was wir meinen. Falls Sie überhaupt nichts anhängen möchten, ist das auch kein Problem. Eigentlich sieht man das sogar ziemlich häufig. Nur-Text-Beiträge nennt man *Statusmeldungen*.

3. **Tippen Sie Ihren Kommentar ein, um entweder den Anhang zu erklären oder einfach nur bekanntzugeben, was Ihnen gerade durch den Kopf geht.**

4. **(Wenn Sie möchten) Definieren Sie die Zielgruppe für Ihre Aktualisierung, indem Sie auf das Schloss-Symbol neben der TEILEN-Schaltfläche klicken.**

   Über den Ort und die Sprache können Sie die Sichtbarkeit Ihrer Statusmeldung begrenzen. Diese Option ist besonders nützlich, wenn Sie irgendeine regionale Anzeige veröffentlichen möchten, die nur für Personen in bestimmten Ländern oder Städten interessant ist.

5. **Klicken Sie auf TEILEN.**

Glückwunsch! Ihre Seite wurde nun offiziell veröffentlicht. Beiträge, die Sie hier erstellen, werden als Neuigkeiten an Ihre Abonnenten versandt, damit diese sich daran erfreuen können.

Genehmigungen verwalten

Anders als Nutzer in ihren Profilen können Seitenadministratoren teilweise mitbestimmen, wie ihre Pinnwände standardmäßig erscheinen. Von der Steuerkonsole aus können Sie den GENEHMIGUNGEN VERWALTEN-Bereich (in Abbildung 12.7 zu sehen) öffnen und auf folgende Optionen zugreifen:

✔ **Anzeigen auf PINNWAND-Reiter:** Mit dieser Einstellung können Sie festlegen, was für Ihre Abonnenten und Fans sichtbar ist, wenn sie Ihre Pinnwand besuchen. Einige Seitenadministratoren legen großen Wert darauf, regelmäßig Beiträge zu veröffentlichen. Dadurch erhalten Sie eine Unmenge von Pinnwandeinträgen von eifrigen und begeisterten Fans. Eine tolle Sache, doch so etwas kann die aktuelleren, von einer Seite veröffentlichten Inhalte ziemlich schnell optisch von der Pinnwand schieben. Aus diesem Grund gibt es bei den meisten Seiten eine Standardeinstellung, durch die Fans beim Besuch der Pinnwand lediglich die ursprünglichen Beiträge der Seite sehen können. Seitenadministratoren, die für das Hinzufügen aktueller Meldungen nicht genügend Zeit haben, könnten eventu-

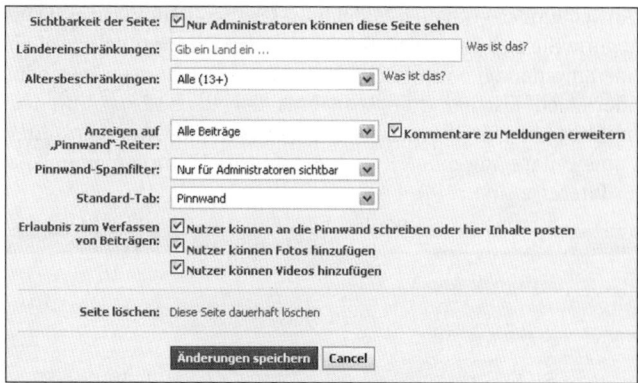

Abbildung 12.7: Genehmigungen verwalten.

ell sowohl die ursprünglichen Beiträge der Seite als auch die Beiträge aller Fans erscheinen lassen, damit die Pinnwand auch dann aktuell bleibt, wenn sie seit einiger Zeit keine aktuellen Meldungen mehr hinzugefügt haben.

✔ **Standard-Tab:** In Kapitel 6 sprechen wir an, wie es sich anfühlt, wenn man auf der Pinnwand eines neuen Freundes landet und meint, man hätte gerade ein unglaublich interessantes Gespräch unterbrochen. Um Ihren potenziellen Fans dieses unangenehme Gefühl zu ersparen, können Sie festlegen, dass diese automatisch auf einem Reiter Ihrer Wahl landen.

✔ **Kommentare zu Meldungen erweitern:** Kommentare zu Beiträgen können sehr interessant sein. Wenn es allerdings sehr viele davon gibt, können sie bedeutungslos werden und alles wirkt sperrig. Mithilfe dieser Option können Sie Kommentare komprimieren. Nutzer können sie immer noch sehen, indem sie darauf klicken, doch vor dem Klick erscheinen die Kommentare nicht.

✔ **Erlaubnis zum Verfassen von Beiträgen:** Hier können Sie festlegen, ob Ihre Fans Fotos oder Videos als Anhänge zu ihren Beiträgen hinzufügen dürfen. Wir empfehlen Ihnen dringend, wenigstens ein Häkchen bei NUTZER KÖNNEN AN DIE PINNWAND SCHREIBEN ODER HIER INHALTE POSTEN zu setzen. In einigen Branchen ist es aber einfach nicht möglich, Nutzer beliebig Kommentare verfassen zu lassen. Falls Sie dies verhindern möchten, können Sie es an dieser Stelle tun.

Anwendungen

Wir verwenden in diesem Buch viel Zeit darauf, Ihnen zu erklären, wie Anwendungen sich in Ihr persönliches Profil einfügen. Vergessen Sie nicht: Wenn Sie Ihr Profil erstellen, sind dort einige Standardanwendungen vorhanden und es existieren weitere Anwendungen, die Sie nutzen können, um Ihre eigenen Anforderungen zu erfüllen. Dasselbe gilt für Facebook-Seiten. In den meisten dieser Seiten ist automatisch eine

Reihe von Anwendungen enthalten. Abbildung 12.8 zeigt ein Beispiel. Je nachdem, für welche Kategorie Sie sich entschieden haben, finden Sie eventuell noch einige ausgewählte Sonderanwendungen vor. Sie können die vorinstallierten Anwendungen gerne behalten oder auch löschen (mit Ausnahme der REZENSIONEN-Anwendung, die in bestimmten Kategorien für alle Seiten benötigt wird) und werden ermutigt, ein wenig zu stöbern und weitere Anwendungen hinzuzufügen, die Ihrer Meinung nach für Ihre Kunden von Interesse sind.

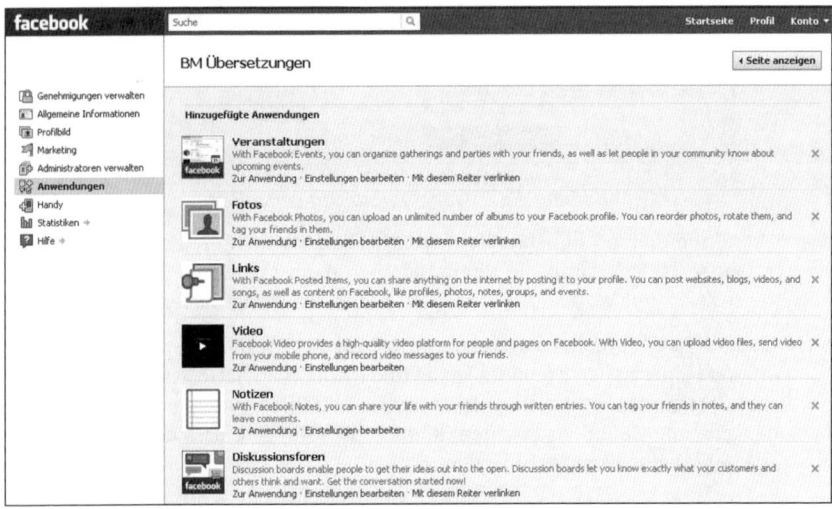

Abbildung 12.8: Der ANWENDUNGEN-Abschnitt in der Steuerkonsole einer Seite

Je nachdem, welche Anwendungen Sie verwenden, werden Sie eventuell einen Reiter hinzufügen wollen, um die entsprechenden Inhalte zu kennzeichnen. Wenn Sie beispielsweise eine Menge Fotos von Ihrer Ware veröffentlichen, können Nutzer mithilfe eines FOTOS-Reiters mühelos all Ihre Fotoalben betrachten und sehen nicht bloß das aktuellste Bild, das vielleicht gerade ganz oben an Ihrer Pinnwand zu sehen ist. Gleiches gilt für die restlichen Anwendungen, die automatisch vorhanden sind. Falls Sie noch weitere passende Anwendungen nutzen, können Sie auch diese mithilfe von Reitern kenntlich machen.

Um einen Reiter hinzuzufügen, klicken Sie in der Reihe, in der alle Reiter zu finden sind, auf das kleine + (Plus)-Zeichen. Dadurch wird ein Menü aufgeklappt, in dem Sie wählen können, welchen Reiter Sie hinzufügen möchten. Denken Sie daran: Hier können Sie nur Reiter für Anwendungen hinzufügen, die Sie Ihrer Seite bereits hinzugefügt haben. (Diesen Vorgang beschreiben wir etwas weiter hinten im Kapitel im Abschnitt »Weitere Anwendungen durchstöbern«.)

Viele Unternehmen verwenden eine Anwendung namens Static FBML, um WILLKOMMEN- oder ÜBER UNS-Reiter mit einer eigenen Formatierung und eigenen Inhalten individuell anzupassen. Mithilfe der Static FBML-Anwendung können Sie Web-Auszeichnungssprachen wie HTML nutzen, um individuell gestaltete Flächen zu erstellen. Suchen Sie in der blauen Leiste oben nach STATIC FBML, um zu dieser Anwendung zu gelangen.

Fotos

Verwenden Sie die FOTOS-Anwendung, um Fotoalben zu veröffentlichen, an denen Ihre Fans sich erfreuen können. Falls Sie Restaurantbesitzer sind, möchten Sie vielleicht Fotos von Ihren beliebtesten Gerichten machen und dann je ein Album für Frühstück, Mittagessen und Abendessen erstellen. Bands könnten Alben von verschiedenen Konzerten und anderen Veranstaltungen hinzufügen. Markenhersteller könnten stolz Bilder vorzeigen, auf denen Personen sich gerade mit ihren Produkten beschäftigen. Nike könnte Damen in Nike-Turnschuhen zeigen, Starbucks ein Kind, das Schlagsahne an der Nase hat, und bei einer Videothek wären Freunde, die gemeinsam einen Film ansehen, denkbar. Fügen Sie Fotos hinzu, indem Sie auf das Fotosymbol im Herausgeber klicken. (Denken Sie daran, dies im Herausgeber Ihrer Seite und nicht in dem Ihres Profils zu tun.)

Wenn Sie möchten, können Sie die FOTOS-Anwendung so einrichten, dass Ihre Fans Fotos auf Ihrer Seite hinzufügen können. Diese Bilder werden in einem anderen Bereich als die von Ihnen veröffentlichten angezeigt, damit Interessierte Ihre Inhalte besser von denen der anderen Fans unterscheiden können. Das Hinzufügen von Fotos eignet sich häufig sehr gut, um an der Pinnwand stets für eine bunte Mischung zu sorgen und um interessante Beiträge zu erzeugen, die in den Neuigkeiten der Abonnenten auftauchen.

Veranstaltungen

Sollten Sie jemals irgendeine Veranstaltung für Ihr Unternehmen organisieren, wird Ihnen die VERANSTALTUNGEN-Anwendung enorm weiterhelfen. Geschäfte stellen Veranstaltungen für größere Schlussverkäufe auf die Beine, Komiker für ihre Shows und Diskotheken für ihre besonderen Partys. Um selbst eine Veranstaltung zu erstellen, müssen Sie – falls nicht vorhanden – erst einmal einen Reiter dafür hinzufügen. Klicken Sie dazu in der Reihe, in der alle Reiter zu finden sind, auf das kleine + (Plus)-Zeichen. Der entsprechende Reiter wird danach durch ein >> gekennzeichnet. Auf diesem Reiter finden Sie rechts oben die Schaltfläche VERANSTALTUNG ERSTELLEN. Durch einen Klick auf diese Schaltfläche gelangen Sie auf die VERANSTALTUNG ERSTELLEN-Seite, auf der Sie die Daten eingeben und ein Foto hochladen können. (In Kapitel 11 erfahren Sie Näheres über das Erstellen von Veranstaltungen.) Senden Sie zu guter Letzt all Ihren Abonnenten eine Nachricht, in der Sie Ihre Veranstaltung ankündigen. Wir erklären Ihnen etwas weiter hinten in diesem Kapitel, was die Versendung von Nachrichten an Fans mit sich bringt.

Diskussionsforum

Jede Seite ist mit einem Diskussionsforum ausgestattet, in dem sich Ihre Fans zusammenfinden und über Themen, die mit Ihrer Seite in Zusammenhang stehen, diskutieren. Da Sie für ein solches Forum keinerlei Einstellungen vornehmen müssen, findet man dazu auch kein eigenes Feld in der Steuerkonsole. Wenn Sie Nutzern einen leichteren Zugriff auf das Diskussionsforum ermöglichen möchten, können Sie dafür einen Reiter hinzufügen. Mithilfe des Diskussionsforums auf Ihrer Seite können Nutzer unverzüglich neue Themen beginnen und anderen Nutzern antworten.

Video

Die VIDEO-Anwendung auf Ihrer Seite funktioniert ganz ähnlich wie die in Ihrem Profil (mehr dazu in Kapitel 8). Genauso wie bei der FOTOS-Anwendung können Sie hier Inhalte, in diesem Fall Videos, zu Ihrer Seite hochladen. Ein Café könnte beispielsweise ein Video zeigen, in dem ein Barista gerade ein ausgefallenes Getränk zaubert, ein Sänger könnte Clips von seinem letzten Konzert zum Besten geben und für ein Kino wären Clips von einem Film denkbar, der bald anläuft. Das US-amerikanische Online-Schuhversandhaus Zappos hat einige ziemlich witzige Videos hinzugefügt. Unter anderem findet man dort Interviews und kurze Sketche der Angestellten. Hier bietet sich eine tolle Möglichkeit, die menschliche Seite von einer eher nüchternen Sache zu zeigen, also wie im Fall von Zappos von einem Online-Schuhversandhaus. Videos können Sie über den Herausgeber hinzufügen.

Rezensionen

Facebook-Seiten ermöglichen Ihrem Unternehmen oder Ihrer Band nicht nur eine Außendarstellung, sondern verschaffen echten Personen auch Gelegenheit an wahre Informationen über die Unternehmen in ihrem Umfeld zu gelangen. Aus diesem Grund können Nutzer sich auch auf die REZENSIONEN-Anwendung in passenden Kategorien auf jeder einzelnen Facebook-Seite verlassen. Anders als beim Schreiben an eine Pinnwand (an die man nur schreiben kann, nachdem man sich miteinander verbunden hat), kann jeder Nutzer auf jeder Facebook-Seite eine Rezension schreiben. (Allerdings können Administratoren nicht ihr eigenes Unternehmen bewerten.) Rezensionen unterscheiden sich außerdem von Pinnwänden, weil dort jeder Nutzer nur ein einziges Mal eine verfassen kann. Ändert man seine Meinung über ein Unternehmen kann man allerdings die bereits veröffentlichte Rezension aktualisieren.

Weitere Anwendungen durchstöbern

Auf der Steuerkonsole Ihrer Seite im ANWENDUNGEN-Bereich finden Sie ganz unten den WEITERE ANWENDUNGEN DURCHSTÖBERN-Link. Je nachdem, welche Kategorie Sie zu Beginn für Ihre Seite ausgewählt haben, könnten hier bereits einige Anwendungen aufgeführt sein, von denen Facebook annimmt, dass sie zu Ihrer Art des Unternehmens passen.

Restaurants könnten an dieser Stelle beispielsweise ermutigt werden, die sogenannte OPENTABLE-Anwendung hinzuzufügen, über die Kunden ihre Reservierungen direkt von ihrer Facebook-Seite aus vornehmen können.

Die DISKOGRAFIE-Anwendung bietet sich für Filme und Fernsehsendungen an, da viele davon über einen Soundtrack verfügen. Um mehr über diese Anwendungen zu erfahren, sollten Sie im Anwendungsverzeichnis (auf das wir detailliert in Kapitel 13 eingehen) nach ihnen suchen und dann auf ihren Titel klicken, um auf die ÜBER-Seite der Anwendung zu gelangen. Wenn Ihnen gefällt, was Sie dort sehen, können Sie auf ZU MEINER SEITE HINZUFÜGEN klicken (dieser Link sowie weitere Aktionslinks sind unter dem Logo der Anwendung zu finden). Um mehr Anwendungen als nur die empfohlenen zu entdecken, müssen Sie auf den WEITERE ANWENDUNGEN DURCHSTÖBERN-Link ganz unten klicken. Über ihn gelangen Sie zum Produktverzeichnis. Sie befinden sich dann bereits im FÜR FACEBOOK-SEITEN-Abschnitt des Verzeichnisses. Sie können alle Anwendungen, die dort aufgeführt sind, zu Ihrer Facebook-Seite hinzufügen, um Ihre Fans noch stärker an die Seite zu binden.

Die meisten der Anwendungen im Anwendungsverzeichnis wurden von Fremdfirmen und nicht von Facebook entwickelt. Selbst wenn viele von ihnen wirklich toll sind und Ihre Seite enorm aufwerten können, sind einige von ihnen möglicherweise – äh, sagen wir mal – mangelhaft. Auf Facebook gibt es Regeln, um Sie vor *schädlichen* Anwendungen zu schützen, nicht jedoch vor solchen, die einfach minderwertig sind. Wir empfehlen Ihnen nach dem Hinzufügen einer Anwendung zu überprüfen, wie diese mit Ihrer Seite interagiert, und zu beobachten, wie sie von Ihren Fans genutzt wird. Stellen Sie sicher, dass eine Anwendung Ihre Seite aufwertet, bevor Sie sich dazu entscheiden, sie zu behalten.

Anstatt das Anwendungsverzeichnis nach guten Anwendungen zu durchsuchen, sehen sich einige Seitenadministratoren auch die Seiten ihrer Konkurrenten an, um herauszufinden, was dort gut zu funktionieren scheint. Falls Sie ebenso vorgehen und eine passende entdecken, müssen Sie nach Links Ausschau halten, die zur Hauptseite der Anwendung führen, um diese zu Ihrer Seite hinzufügen zu können.

Weitere Einstellungen unter GENEHMIGUNGEN VERWALTEN

Ganz oben in der Steuerkonsole finden Sie den Bereich GENEHMIGUNGEN VERWALTEN, in dem Sie Einstellungen für Ihre Seite bearbeiten können. Abbildung 12.9 zeigt drei dieser Einstellungen:

✔ **Ländereinschränkungen:** Da es sich bei Facebook um eine internationale Website handelt, könnte es sinnvoll sein, die Sichtbarkeit Ihrer Seite auf Länder zu beschränken, in denen die auf Ihrer Seite verwendete Sprache verstanden wird. Außerdem wird man bei einigen Arten von Seiten wie etwa denen über Filme in verschiedenen Ländern eventuell einen anderen Schwerpunkt setzen und unterschiedliche Administratoren ernennen wollen. Aufgrund dieser Anforderungen können Seiten auf bestimmte Länder begrenzt werden.

✔ **Altersbeschränkungen:** Falls Sie zum Beispiel für Kneipen oder Partnervermittlungen werben, die für Personen unter einem bestimmten Alter illegal oder einfach nicht von Bedeutung sind, sollten Sie für Ihre Seite eine Altersbeschränkung angeben.

✔ **Sichtbarkeit der Seite:** Diese Einstellung funktioniert im Grunde wie ein Schalter, mit dem man die Seite ein- oder ausschalten kann. Sie werden die Seite ja wahrscheinlich nicht für jedermann veröffentlichen wollen, wenn sie Ihnen noch unvollständig vorkommt. Nachdem Sie die grundlegenden Daten eingetragen und einige Beiträge hinzugefügt haben, können Sie also das Häkchen bei Nur Administratoren können diese Seite sehen entfernen.

Bei einigen Arten von Seiten wie etwa denen für Bands, Künstler oder öffentliche Personen ist eventuell noch eine weitere Einstellung vorhanden, über die man die geschlechtsspezifischen Pronomen auf der Seite ändern kann. Falls Ihre Band mehr als ein Mitglied hat, ist es am sinnvollsten *sie* (in der *dritten Person Plural*) zu verwenden. Eine Schauspielerin würde *sie* (in der *dritten Person Singular*) wählen. Dieses Pronomen kommt in bestimmten Sätzen vor, zum Beispiel in denen über die neueste Aktivität. Das könnte in etwa so klingen:»Die Toten Hosen haben ihrer Diskografie ein neues Album hinzugefügt!« oder »Hans Müller hat sein Fotoalbum bearbeitet«.

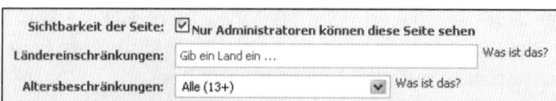

Abbildung 12.9: Die Feinabstimmung Ihrer Einstellungen auf der Facebook-Seite

Handy

Falls Sie sich in Bezug auf den Zeitpunkt, *wann* Sie Beiträge erstellen, nicht so gern einschränken lassen möchten, können Sie Ihr Handy als direkte Verbindung von der Außenwelt zu Ihrer Seite verwenden. Sie können beispielsweise von Ihrem Handy aus Ihren Status aktualisieren, wodurch Ihre Facebook-Seite sowie die Neuigkeiten Ihrer Abonnenten aktualisiert werden. Diese Funktion eignet sich nicht für jeden, doch falls Sie Personen repräsentieren, können solche schnellen Aktualisierungen die Seite sehr viel authentischer wirken lassen. Darin zeigt sich auch der Unterschied zwischen dem Versenden einer Pressemitteilung über das neueste Konzert einer Band und dem Versenden eines kurzen Satzes wie:»Kleinere Explosion beim Soundcheck. Keine Verletzten und das Konzert geht weiter.« Welche Variante kommt Ihnen glaubwürdiger vor? Welcher von beiden möchten Sie mehr Aufmerksamkeit schenken?

Bei FACEBOOK-SMS für Seiten müssen Sie mit einigen Einschränkungen rechnen. Unter anderem können Sie für eine Seite immer nur ein Handy verwenden und nur eine Seite oder ein Profil pro Gerät. Anders gesagt: Ein Handy muss aktiviert werden, um die Seite aus der Ferne aktualisieren zu können. Das von Ihnen ausgewählte Gerät muss lediglich SMS-fähig sein.

 Wenn Sie Ihre Seite über FACEBOOK-HANDY aktualisieren, werden Ihnen die üblichen Gebühren Ihres Mobilfunkanbieters für das Versenden oder den Erhalt von SMS berechnet. Sie sollten mit diesen Kosten einverstanden sein, bevor Sie irgendetwas aktivieren.

Nachdem Sie ein Handy ausgewählt haben, das Sie für die Aktualisierung Ihrer Seite verwenden werden, müssen Sie es vor sich haben und die folgenden Schritte befolgen:

1. **Besuchen Sie den HANDY-Abschnitt, indem Sie in der Steuerkonsole auf HANDY klicken.**

2. **Klicken Sie auf FÜR SMS REGISTRIEREN.**

   Das FACEBOOK-SMS AKTIVIEREN-Dialogfeld erscheint. Abbildung 12.10 zeigt ein Beispiel.

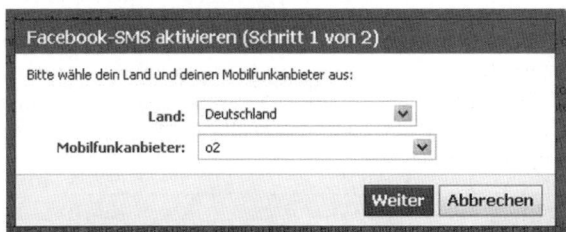

Abbildung 12.10: Der erste Schritt beim Aktivieren von Facebook-SMS für Ihre Seite

3. **Wählen Sie Ihr Land und Ihren Mobilfunkanbieter aus und klicken Sie auf WEITER.**

   Es folgt der zweite Schritt, in dem Sie aufgefordert werden eine spezielle SMS an 2665 (BOOK) zu senden.

4. **Folgen Sie den Anweisungen und senden Sie die SMS von Ihrem Handy aus.**

   Falls alles funktioniert hat, müssten Sie fast sofort danach eine SMS von Facebook erhalten. Sie enthält einen Bestätigungscode.

5. **Klicken Sie danach auf Ihrem Computer auf WEITER.**

   Abbildung 12.11 zeigt ein Beispiel Nun erscheint der letzte Schritt beim Aktivieren von FACEBOOK-SMS..

6. **Geben Sie den Bestätigungscode, den Sie über Ihr Handy erhalten haben, in das dafür vorgesehene Feld innerhalb des Dialogfelds ein. Klicken Sie auf BESTÄTI-GEN, wenn Sie fertig sind.**

Danach müssten Sie auf Ihrem Handy eine weitere SMS erhalten, in der zu lesen ist, dass Ihr Handy bestätigt wurde. Auf Ihrem Bildschirm erscheint die entsprechende Seite zu FACEBOOK-SMS, die ein paar Anweisungen dazu enthält, wie man diesen Dienst als Seiteninhaber verwendet.

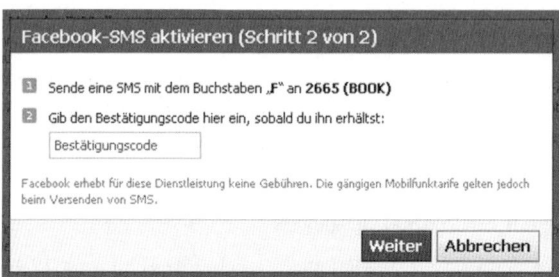

Abbildung 12.11: Geben Sie Ihren Bestätigungscode für Facebook-SMS ein.

Jedes Mal, wenn Sie Ihren Fans etwas mitteilen möchten, brauchen Sie nun nur noch eine SMS, die den Text Ihres Beitrags enthält, von Ihrem aktivierten Handy an 2665 (BOOK) senden. Der Beitrag erscheint an Ihrer Pinnwand. Der einzige Unterschied zu anderen Beiträgen besteht darin, dass daneben ein kleines Handy-Symbol zu sehen ist. Abbildung 12.12 zeigt ein Beispiel.

Abbildung 12.12: Statusmeldungen von Ihrem Handy werden durch ein Handy-Symbol gekennzeichnet.

Administratoren

In den meisten Unternehmen ist mehr als eine Person für die Werbung verantwort-lich. Vielleicht sind Sie ja Mitinhaber Ihres Restaurants oder gehören zu einem Marke-ting-Team, das für mehrere Firmen zuständig ist, oder Sie sind Schlagzeuger einer Band, deren Mitglieder genug davon haben, dass der Leadsänger das Sagen hat. Wir haben gute Nachrichten für Sie: Jede Facebook-Seite kann bis zu 25 Administratoren haben, die die Seite über ihre persönlichen Konten verwalten können. Somit muss niemand dasselbe Passwort verwenden und es müssen keine gefälschten Konten erstellt werden. Derjenige, der die Seite ursprünglich erstellt hat, muss einfach nur alle entsprechenden Personen, die beim Verwalten helfen sollen, einladen. Und das funktioniert so:

1. **Besuchen Sie die Steuerkonsole Ihrer Seite.**

2. **Klicken Sie links auf ADMINISTRATOREN VERWALTEN.**

   Dadurch gelangen Sie auf den ADMINISTRATOREN VERWALTEN-Bereich (unter dem nur Sie gelistet sind).

3. **Laden Sie Personen ein, die Sie zu Administratoren Ihrer Seite machen möchten.**

   Sie können jede Person, die bereits über ein Facebook-Konto verfügt und mit der Sie auf Facebook befreundet sind, dazu einladen, Administrator zu werden. Geben Sie dazu den entsprechenden Namen in das Werkzeug zur Freundesauswahl ein. Sie können auch die E-Mail-Adresse einer Person eintippen, die kein Facebook-Konto hat oder mit der Sie nicht auf Facebook befreundet sind. In beiden Fällen muss derjenige, den Sie eingeladen haben, die Einladung annehmen, um Administrator werden zu können.

Für die Seite werben

Um vom viralen Marketing, das über Facebook möglich ist, profitieren zu können, müssen Sie Ihre Seite bei Personen, die Ihre Fans werden möchten, strategisch und zielgruppengerichtet platzieren.

Teilen Sie es Ihren Kunden per Internet mit

Falls Sie bereits über eine Website oder eine Mailingliste verfügen, möchten Sie dort vielleicht einen entsprechenden Link einfügen oder eine Nachricht versenden, um derzeitigen Fans oder Kunden mitzuteilen, dass sie Sie ab sofort auf Facebook finden können. Diejenigen unter Ihren Fans, die bereits ein Facebook-Konto haben, werden wahrscheinlich feststellen, dass es weitaus praktischer ist, sich auf Facebook mit Ihnen zu verbinden, als daran zu denken, regelmäßig Ihre Website aufzusuchen. Und wenn diese Personen sich mit Ihrer Facebook-Seite verbunden haben, hindert sie das nicht daran, auch weiterhin Ihre Website zu besuchen. Eine Facebook-Seite verschafft Ihnen viel eher eine zusätzliche Gelegenheit, die Fans über Änderungen und Neuerungen auf Ihrer Website zu informieren.

Teilen Sie es Ihren Kunden persönlich mit

Falls Sie über einen wirklichen Laden verfügen, könnten Sie es mal mit einem Schild im Schaufenster versuchen, auf dem für Kunden zu lesen ist, dass man Sie jetzt auch auf Facebook findet. Diese müssen dann bloß den Namen Ihres Unternehmens und Facebook im Hinterkopf behalten, um auf Facebook nach Ihnen zu suchen und sich dort längerfristig mit Ihnen verbinden zu können.

Sie können sich eine personalisierte URL, einen sogenannten *Nutzernamen*, besorgen, über den Ihre Kunden sich direkt zu Ihrer offiziellen Seite vorklicken können. Unsere Seite ist zum Beispiel unter www.facebook.com/facebookfordummies zu finden. Falls Sie sich einen Nutzernamen für Ihre Seite zuteilen lassen möchten und über mindestens 25 Fans verfügen, besuchen Sie die Seite www.facebook.com/username. Vergessen Sie nicht bei der Anforderung eines Nutzernamens vorausschauend zu planen: Sie sollten sich etwas Einprägsames einfallen lassen, mit dem Sie sich von der Masse abheben können, falls Sie ein lokales Geschäft betreiben. Da Sie nur einen einzigen Nutzernamen erhalten werden, sollte er Ihnen auch wirklich gefällt.

Teilen Sie es Ihren Freunden mit

Falls Sie ein Geschäft führen, werden Sie wahrscheinlich schon jetzt ziemlich viel Zeit damit verbringen, es bei Ihren Freunden bekanntzumachen. Wir gehen jetzt frecherweise einfach mal davon aus, dass es Ihnen keinen Spaß macht, Massen-E-Mails zu versenden oder Ihre Firma ständig vor Freunden und Familienmitgliedern anzupreisen. Man weiß ja nie so recht, wer wirklich etwas darüber erfahren möchte und wer einfach nur höflich ist und sich nicht darüber beschwert. Wenn Sie Ihre Freunde auf Ihre Facebook-Seite aufmerksam machen, schlagen Sie gleich zwei Fliegen mit einer Klappe. Ihre Freunde können entscheiden, ob sie Fans Ihrer Seite werden möchten und ob sie Aktualisierungen erhalten wollen. Für Sie bedeutet das Folgendes:

✔ Sie versenden Aktualisierungen nur an Personen, die auch wirklich daran interessiert sind.

✔ Sie platzieren Ihre Seite strategisch und zielgruppengerichtet bei einer Menge Fans, deren Aktivitäten auf Ihrer Seite als passive Empfehlung dienen, wenn die Freunde dieser Fans etwas darüber in den Neuigkeiten lesen.

Gehen Sie wie folgt vor, um Ihre Seite mit Ihren Freunden zu teilen:

1. **Suchen Sie Ihre Facebook-Seite auf.**

2. **Scrollen Sie nach ganz unten und klicken Sie auf TEILEN.**

3. **Klicken Sie im sich öffnenden Feld auf STATTDESSEN ALS NACHRICHT VERSENDEN.**

4. **Geben Sie im AN-Feld bis zu 20 Freunde an und tippen Sie die Willkommensnachricht für Ihre Seite im NACHRICHT-Feld darunter ein.**

 Sie können den Link auch per E-Mail versenden. Wir empfehlen Ihnen allerdings nicht, Ihre Freunde mehr als einmal auf diese Weise zu kontaktieren. Falls Ihre Freunde Neuigkeiten von Ihrem Unternehmen erfahren möchten, werden sie zu Fans werden. Falls nicht, würden sie wahrscheinlich ohnehin keine geeigneten Kunden abgeben.

Werben Sie

Das Schöne am Bewerben der Seite auf Facebook ist, dass man dort bereits die Fans als Zielgruppe definiert hat, die am ehesten verstehen, worum es bei der Seite überhaupt geht. Aus Sicht der Fans ist es außerdem angenehmer auf eine Facebook-Werbeanzeige zu klicken, die sie auf eine weitere Facebook-Seite führt. Ganz anders sieht es da beim Großteil der restlichen Online-Werbung aus, bei der durch den Klick auf eine Werbeanzeige ein komplett neues Fenster geöffnet wird, das auf eine ganz andere Website führt.

Fans mit einbeziehen

Falls Sie das Kapitel bis hierhin gelesen haben, verfügen Sie bereits über eine individuell gestaltete Facebook-Seite und sind bereit, darüber mehr Kunden in Ihr Unternehmen zu locken. Dies könnte ein guter Zeitpunkt sein, um aufzustehen, ein bisschen spazieren zu gehen, ein Nickerchen zu halten oder sich eine leckere Currywurst (mit extra viel Soße, aber ohne fettige Pommes) zu gönnen. Sie haben die grundlegenden Aufgaben erledigt, die angefallen waren, damit Nutzer von Ihrem Unternehmen erfahren und sich damit verbinden können.

Um ernsthaft die Aufmerksamkeit auf sich zu lenken und für Interaktionen zu sorgen, können Sie aber noch viel mehr tun. *Vergessen Sie nicht:* Je mehr lebendige Inhalte sich auf Ihrer Seite befinden und je mehr Sie Ihre Fans mit einbeziehen, desto aktiver werden diese dort sein (und desto eher haben Ihre Fans beim Gedanken an Sie ein wohlig warmes Gefühl ums Herz). Und dadurch werden Meldungen in den Neuigkeiten erzeugt, die von all ihren Freunden gesehen werden, wodurch Sie wiederum präsenter werden und mehr Aufmerksamkeit erlangen.

Lebendige Inhalte veröffentlichen

Mit *lebendig* meinen wir aussagekräftig und aktuell. Je mehr neue und sinnvolle Inhalte Sie Ihrer Seite hinzufügen, desto eher haben Ihre Fans einen Grund, noch mal vorbeizuschauen und einen Blick darauf zu werfen. Hier kommen ein paar Tipps, wie Sie Fans (also Kunden) dazu bringen können, sich möglichst lange mit Ihren Inhalten zu beschäftigen:

✔ **Veröffentlichen Sie vernünftige Statusmeldungen:** Diese Beiträge erscheinen in den Neuigkeiten der Fans und erinnern sie daran, dass es Sie gibt. Wenn Ihre Beiträge allerdings nervig werden, werden Ihre Fans diese wahrscheinlich auf ihren Startseiten und in anderen Listen verbergen. Geben Sie sich so authentisch wie möglich: Bei Beiträgen von Nutzern ist von inbrünstig und nachdenklich bis hin zu albern und skurril alles dabei. Auch Ihre Beiträge dürfen das gesamte Spektrum durchlaufen. Falls es regnet und das etwas für Ihr Unternehmen ändert, dann informieren Sie Ihre Kunden darüber. Falls Sie in einer Band spielen und gerade in einer fremden Stadt angekommen sind, informieren Sie Ihre Fans darüber. Falls Sie einen Artikel finden, der für Ihre Fans von Bedeutung ist, informieren Sie sie darüber. Falls Sie gerade mit der Arbeit an der zweiten Auflage eines Handbuchs über Facebook beginnen, informieren Sie Ihre Leser darüber. Und fügen Sie nicht am Ende jedes Beitrags einen Link ein, über den man Ihr spezielles Produkt oder Ihre Dienstleistung kaufen kann. Ab und zu und gerade wenn Ermäßigungen oder Schlussverkäufe geboten werden, kann man das mal machen, doch übertreibt man es hier, wird es nervig.

Falls Sie bereits Twitter verwenden, um Statusmeldungen über Ihre Firma zu veröffentlichen, können Sie diese Tweets automatisch in Facebook importieren. Dadurch erhalten Ihre Fans, Followers und Abonnenten unabhängig vom bevorzugten Medium Ihre amüsanten Beiträge. Über einen Klick auf eine Schaltfläche unter www.facebook.com/twitter können Sie Ihre Facebook-Seiten mit Twitter verknüpfen.

✔ **Veröffentlichen Sie Fotos, Videos, Notizen und Links:** Dadurch hauchen Sie Ihrer Seite Leben ein und lassen sie gleichzeitig mit Ihrem Unternehmen wachsen. Falls Sie Produkte verkaufen, können Sie stetig Fotos und Videos von neuen Produkten oder von Personen, die die derzeitigen gerade verwenden, hinzufügen. Bieten Sie eine Dienstleistung an, können Sie Videos veröffentlichen, die Sie oder Ihre Angestellten bei der Arbeit zeigen. Hier wäre etwa ein professioneller Barista denkbar, der gerade einen Latte macchiato eingießt, ein Bildhauer, dem seine Fans liebend gern mal bei der Arbeit zusehen würden, oder ein Kfz-Mechaniker, der Tipps zur optimalen Autopflege gibt. Wenn Ihre Fans Gefallen daran finden, werden sie höchstwahrscheinlich die Facebook-eigenen Kommunikationsmittel verwenden, um ihren Freunden Ihre Inhalte zu zeigen, wodurch Ihrem Unternehmen mehr Aufmerksamkeit geschenkt wird.

✔ **Veranstaltungen organisieren:** Mithilfe von Veranstaltungen können Sie Ihre Stammkunden auch weiterhin bei der Stange halten. Laden Sie Fans zu besonderen Partys, Schlussverkäufen oder Werbeaktionen über die Facebook-Anwendung VERANSTALTUNGEN ein. Einige Firmen organisieren Veranstaltungen sogar *ausschließlich* für ihre Fans auf Facebook. Wenn Ihre Fans für die Veranstaltung zu- oder absagen, werden deren Freunde auf ihren Startseiten eventuell davon erfahren. Ihre Fans können mühelos zusätzlich ihre eigenen Freunde einladen. Vielleicht lesen die betreffenden Freunde aber auch nur davon, was wahrscheinlich immer noch vorteilhaft für Ihr Unternehmen ist.

✔ **Sprechen Sie im Namen Ihres Unternehmens mit Ihren Fans:** Ihre Fans werden an Ihre Pinnwand schreiben, sich im Diskussionsforum einbringen und Rezensionen schreiben. Sollte sich eine Gelegenheit ergeben, können Sie sich daran gerne beteiligen. Falls jemand auf Ihrer Pinnwand beschreibt, wie er schlechte Erfahrungen gemacht hat, sollten Sie den Beitrag nicht löschen, sondern darauf antworten! Sie können ebenso leicht Ihre eigenen Beiträge (oder die von Fans) wie Ihre eigene Seite kommentieren. Wenn jemand schlechte Erfahrungen gemacht hat, könnten Sie sich entschuldigen und demjenigen ein kostenloses Essen oder eine Ermäßigung auf eine Dienstleistung anbieten, wenn er Sie das nächste Mal aufsucht (und Ihnen einen Ausweis vorlegt, bei dem der Name Ihnen bekannt vorkommen wird, da dieser ja neben dem Pinnwandeintrag steht). Andere Nutzer, die diesen Dialog verfolgen, werden beeindruckt sein, was für ein hohes Maß an Service Sie bieten.

 Sollten Sie Schuhverkäufer sein und in einem Diskussionsforum erkundigt sich jemand bei Ihnen nach dem perfekten Schuh, dann klären Sie ihn darüber auf. Bei so einem öffentlichen Dialog werden praktischerweise auch gleich andere Kunden, die die gleiche Frage haben, informiert. Jedes Mal, wenn Sie an die Pinnwand einer von Ihnen verwalteten Seite schreiben oder sich im entsprechenden Diskussionsforum einbringen, werden Ihre Kommentare im Namen Ihres Unternehmens und nicht dem Ihrer Person veröffentlicht. Dadurch erfahren Interessierte von Ihren Kompetenzen, und Ihr persönliches Konto wird für niemanden freigegeben.

Statusmeldungen senden

Es besteht ein Unterschied zwischen Statusmeldungen, die Sie veröffentlichen und denen, die Sie senden. Die von Ihnen veröffentlichten sind normalerweise kurz und aktuell und häufig dringend. Hier handelt es sich um Informationen, die leicht aus den Neuigkeiten eines Abonnenten herausgefiltert werden können, und sollte dabei mal eine übersehen werden, ist das wahrscheinlich nicht so schlimm. Statusmeldungen, die Sie senden, ähneln eher Newslettern oder Bekanntmachungen. Sie enthalten einige Informationen, die Sie nicht im Durcheinander untergehen sehen möchten. Wir betonen es noch einmal: Es ist wirklich wichtig, aktuelle Statusmeldungen zu senden. Tun Sie es nicht, werden Ihre Abonnenten diese vielleicht abbestellen.

Achten Sie auf Ihrer Seite auf die Aktionslinks unterhalb des Profilbilds. Möglicherweise werden nur einige wenige angezeigt, doch es gibt die Option POSTE STATUSMELDUN-GEN, mit der man die neuesten Nachrichten veröffentlichen kann. Es gibt einen Unterschied zwischen Statusmeldungen auf Facebook und einigen anderen Arten von Mailinglisten. Wenn Sie auf diesen Link klicken, können Sie eine Nachricht verfassen, die an all Ihre Fans oder lediglich an einige davon gesendet wird. Bevor Sie eine Statusmeldung an Ihre Fans verfassen, sollten Sie allerdings verstanden haben, wie das AKTU-ALISIERUNGEN-Feature aus Sicht der Nutzer funktioniert:

✔ **Nutzer können Aktualisierungen abbestellen.** Wenn Nutzer Ihre Seite auf Facebook entdecken, verbinden sie sich durch einen Klick auf GEFÄLLT MIR oben auf Ihrer Seite damit. Sie können ruhigen Gewissens davon ausgehen, dass jeder, der auf diese Schaltfläche klickt, lesen möchte, was es bei Ihnen Neues gibt. Sollte ein Unternehmen jemals Aktualisierungen senden, die eine bestimmte Person als unnütz empfindet, kann sie diese abbestellen.

✔ **Aktualisierungen und Nachrichten unter Freunden werden getrennt.** Es gibt einen einfachen Grund, weshalb Aktualisierungen von Unternehmen und Nachrichten unter Freunden unterschiedlich einsortiert werden: Sie sind einfach zu verschieden. Wir wissen doch alle, wie enttäuscht man ist, wenn man entdeckt, dass eine neue E-Mail-Nachricht bloß aus Werbung besteht. E-Mails von unseren Lieblingsbands oder -unternehmen können zwar hochinteressant sein, doch meist erwarten wir eine persönliche Nachricht. Aktualisierungen erscheinen im Postfach im Bereich AKTUALISIERUNGEN.

Aktualisierungen werden im AKTUALISIERUNGEN-Reiter ganz ähnlich wie Nachrichten im Postfach (das wir in Kapitel 9 beschreiben) angeordnet:

✔ Jede Zeile enthält eine Aktualisierung von einem Unternehmen, ein Profilbild von der Seite des Unternehmens, den Namen der Seite, den Titel der Aktualisierung und einen kurzen Ausschnitt der Nachricht.

✔ Ein blauer Punkt neben der Betreffzeile einer Aktualisierung kennzeichnet diese als ungelesene Aktualisierung.

✔ Die neuesten Aktualisierungen werden im AKTUALISIERUNGEN-Bereich des Postfachs ganz oben angezeigt.

Na gut – Fans erleben Aktualisierungen von Unternehmen also ganz anders als Werbe-E-Mails und Postwurfsendungen. Was das jetzt für Sie bedeutet? Es bedeutet, dass Sie *Ihren Fans Aktualisierungen senden* sollen. Ihre Fans haben Sie wissen lassen, dass sie von Ihnen hören wollen. Die von Ihnen versandten Nachrichten werden nicht fälschlicherweise als Spam angesehen werden, da das System darauf ausgelegt ist und Nutzer sie nach eigenem Gusto jederzeit abbestellen können.

Im nächsten Abschnitt zeigen wir Ihnen, wie Sie nachverfolgen, welchen Effekt Ihre Aktualisierungen auf die Interaktionen Ihrer Fans haben. Nutzen Sie diese Daten, um leichter überblicken zu können, mit welchen Arten von Aktualisierungen Sie die Aufmerksamkeit Ihrer Fans noch besser erlangen und wie häufig Sie etwas senden sollten.

Und hier kommen noch einige Dinge, die Sie über Aktualisierungen wissen sollten:

✔ **Sie können bei einer Aktualisierung einen Anhang hinzufügen.** Falls Sie ein neues Foto, Album, Video, eine Notiz, eine Veranstaltung oder irgendeinen anderen Inhalt, den Ihre Fans kennen sollten, hinzufügen möchten, können Sie die URL der entsprechenden Seite kopieren und in die Nachricht einfügen. Der Inhalt wird meist automatisch in einen Anhang für Ihre Aktualisierung umgewandelt. Es funktioniert genauso wie beim TEILEN-Feature, das wir in Kapitel 9 besprechen. Bitte beachten Sie, dass Sie pro Aktualisierung nur einen Inhalt anhängen können.

✔ **Sie können eine Zielgruppe für Ihre Aktualisierung definieren.** Wenn Sie eine Aktualisierung verfassen, können Sie die Zielgruppe über einen Klick auf das Schloss-Symbol neben der Teilen-Schaltfläche nach Orten und Sprachen einteilen. Diese Option eignet sich gerade für die Veranstaltungswerbung, da Fans einer Band in der Eifel denken könnten, dass es doch ein bisschen gemein ist, die zwölf Termine der Konzerte oder Auftritte in Berlin zu veröffentlichen.

✔ **Fans, die sich dazu entscheiden, Ihre Aktualisierungen zu empfangen, haben Zugriff auf alle von Ihnen versendeten Aktualisierungen.** Wenn jemand zum ersten Mal eine Aktualisierung von Ihrem Unternehmen erhält, wird lediglich diese neue Nachricht als ungelesen gekennzeichnet. Klickt er sich durch die Reihe für Ihre Firma, sieht er alle Aktualisierungen, die Sie versendet haben, bevor er Fan wurde. Cool, oder?

Besser Bescheid wissen

Zu Beginn des Kapitels haben wir verschiedene Handlungen vorgestellt, mit denen Unternehmer versuchen, ihren Kundenstamm zu erweitern: Fernseh- und Radiowerbespots senden, Werbeanzeigen in Bussen, auf Parkbänken und Plakatwänden anbringen oder jemanden engagieren, der als Huhn verkleidet vor dem Haus herumtanzt. Eine der größten Schwierigkeiten bei der Werbung besteht darin, herauszukriegen, welchen Effekt die Werbemaßnahmen auf das Unternehmen haben. Die Facebook-Statistiken bringen hier Licht ins Dunkel. Sollten Sie Ihre Seite bereits erstellt haben, dann begleiten Sie uns in den nächsten Abschnitt. Falls nicht, könnte es eben dieser Abschnitt sein, der Sie überzeugt, eine zu erstellen.

Innerhalb von 48 Stunden nach Veröffentlichung der Seite werden Sie genau sehen können, wie viele Nutzer damit interagiert haben. Klicken Sie in der linken Spalte auf Werbeanzeigen und Seiten beziehungsweise (je nachdem, wie es bei Ihnen angeordnet ist) auf Ads and Pages im Anwendungen-Menü, um zur Seitenmanager-Anwendung für all Ihre Werbeanzeigen und Seiten zu gelangen. Klicken Sie dann auf der linken Seite auf Statistiken. Wählen Sie in der nachfolgenden Liste die gewünschte Seite aus. Dadurch werden Sie auf eine *Übersichtsseite* für die ausgewählte Seite geführt, auf der Sie Feedback über den derzeitigen Erfolg derselben finden können. Standardmäßig ist es so eingestellt, dass Sie zwei Hauptdiagramme über die Daten Ihrer Seite sehen: Interaktionen und Nutzer.

Das Diagramm und die Daten, die unten stehen, behandeln die Interaktionen. Bei Facebook geht es nicht nur um die Anzahl der Seitenaufrufe oder die Massenreichweite. Sie können die Effektivität Ihrer Seite am besten daran abschätzen, ob Nutzer mit ihr interagieren. Bei Facebook werden Interaktionen als eine Kombination aus Kommentaren, Pinnwandeinträgen und Gefällt mir-Angaben (die entstehen, wenn jemand auf die Schaltfläche mit dem kleinen hochgestreckten Daumen klickt, was in der Welt von Facebook für »Gefällt mir« steht) definiert. Kurz gesagt: Diese Interaktionen werden darauf beruhen, wie Nutzer auf die von Ihnen veröffentlichten Inhalte reagieren.

Das beispielhafte Diagramm aus Abbildung 12.13 zeigt das INTERAKTIONEN-Diagramm und die daneben aufgeführte demografische Aufteilung der Fans, die mit der Seite interagiert haben.

Abbildung 12.13: Statistiken über Interaktionen

Es gibt zwei Hauptdiagramme. Das erste befasst sich mit den Nutzern, das zweite mit den Interaktionen.

✔ **Interaktionen:** Da bei der Firma Facebook der Schwerpunkt auf Interaktionen gesetzt wird, ist man dort der Meinung, dass der wichtigste Faktor beim Erfolg Ihrer Seite die Art und Weise ist, wie Nutzer damit interagieren. Standardmäßig ist es so eingestellt, dass Ihnen dieses Diagramm die Gesamtanzahl der Interaktionen im Laufe der Zeit anzeigt. Durch einen Klick auf EINZELHEITEN ANZEIGEN können Sie sich auch noch genauere Statistiken anzeigen lassen:

- Tägliche Beitragsaufrufe

- Tägliche Rückmeldungen zu Beiträgen

- Daily Story Feedback, unterteilt in: Täglich »Gefällt mir«, Täglich Kommentare und Abmeldungen

- Seitenaktivität: »Tägliche Seitenaktivität«, unterteilt in: »Erwähnungen« (Hier können Sie sehen, wie häufig Nutzer Ihre Seite in Statusmeldungen markiert haben. Durch die Markierung einer Seite wird ein Link zwischen der Seite und der Statusmeldung erstellt. Wenn Sie markiert werden, bedeutet das im Grunde, dass Nutzer Ihre Seite in ihren Statusmeldungen bewerben.), »Täglich Diskussionsbeiträge«, »Täglich Rezensionen«, »Täglich Pinnwandeinträge« und »Täglich Videos«.

✔ **Nutzer:** Dieses Diagramm enthält weitere Daten über die Entwicklung Ihrer Nutzer im Laufe der Zeit. Standardmäßig zeigt es Ihnen die Anzahl der Nutzer und die Anzahl der Klicks auf GEFÄLLT MIR. Auch hier können Sie durch einen Klick auf EINZELHEITEN ANZEIGEN wieder weitere Statistiken (in Abbildung 12.14 zu sehen) einsehen:

- Monatlich Aktive Nutzer

- Täglich Neue »Gefällt mir«-Angaben

- »Gefällt mir« insgesamt

- Neue »Gefällt mir«-Angaben, einsehbar nach »Täglich« und »Insgesamt« und unterteilt in: Täglich neue »Gefällt mir«-Angaben und Täglich »Gefällt mir nicht mehr«.

- Bevorzugte Quelle

- Demografie: Hier können Sie Ihr Wachstum bei nach Geschlecht und Alter eingeteilten Bevölkerungsgruppen nachverfolgen.

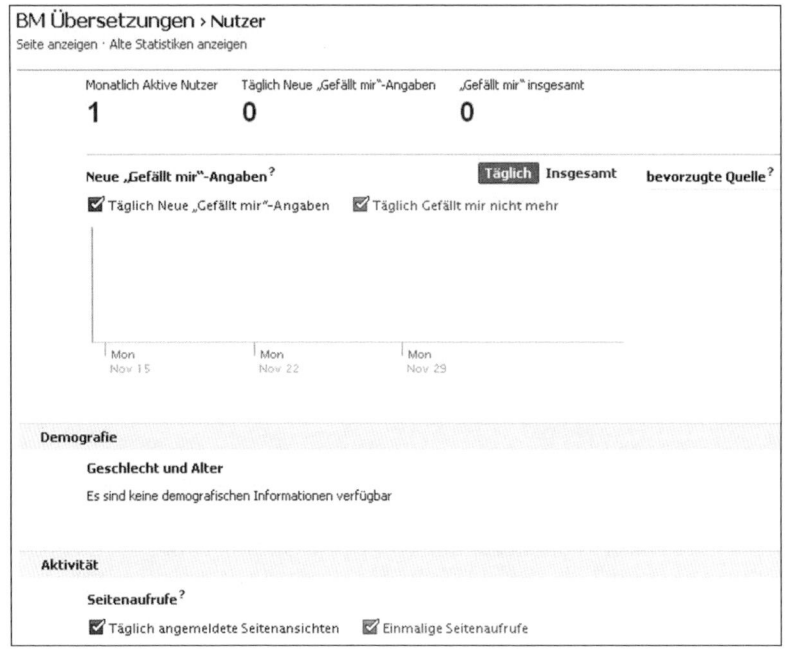

Abbildung 12.14: Statistiken über Fans und Abonnenten

- Geschlecht und Alter

- Aktivität

- Seitenaufrufe, unterteilt in »Täglich angemeldete Seitenansichten« und »Einmalige Seitenaufrufe«. Im Internet findet man Metriken zu Seitenaufrufen recht häufig. Sie zeigen an, wie oft Ihre Seite pro Tag angesehen wurde.

- Reiteraufrufe

- Externe Verweise

- Medienkonsum, unterteilt in: »Videowiedergaben«, »Audiowiedergaben« und »Fotoansichten«. Hier erfahren Sie, wie häufig Videos, Fotos und andere von Ihnen zur Seite hinzugefügte Inhalte aufgerufen wurden.

Teil IV

Sich noch intensiver mit Facebook beschäftigen

The 5th Wave

By Rich Tennant

»Ach, jetzt vergiss doch mal die Finanzdaten des Unternehmens und sieh dir lieber an, was auf der Facebook-Seite vom Chef unter >25 Dinge, die das Finanzamt nicht von mir weiß< steht.«

In diesem Teil ...

Eine Warnung gleich vorneweg: Wenn Sie das Buch bis zu diesem Teil gelesen haben, würden die meisten Leute Sie wohl nicht mehr als »Dummy« bezeichnen. Vielleicht bitten Ihre Freunde Sie tatsächlich schon in Sachen Facebook um Rat. Jetzt, wo Sie die Grundlagen von Facebook verstanden haben, möchten Sie natürlich wissen, wie Sie die Website noch besser nutzen und sie sogar noch mehr in Ihr Leben integrieren können. Und genau das zeigen wir Ihnen.

In diesem Teil erfahren Sie, wie Sie Facebook mithilfe von Facebook-Handy überallhin mitnehmen und durch die Nutzung von externen Anwendungen und Werbeanzeigen Ihr Facebook-Erlebnis noch intensiver gestalten können. Achtung, Achtung, Trommelwirbel: Gleich wird's lustig.

Facebook und das Internet

In diesem Kapitel

▶ Die Facebook-Plattform und den Social Graph verstehen

▶ Ein noch besseres Interneterlebnis mit und ohne Facebook durch Anwendungen

▶ Gute, vertrauenswürdige Anwendungen entdecken

Eigentlich wird jedes »… für Dummies«-Buch mehr oder weniger mit derselben Absicht verfasst – man unterteilt etwas Großes in kleinere Teile, erklärt diese Teile und zeigt dann, wie sie sich in die große, komplizierte Sache einfügen. Nachdem man jeden Teil verstanden hat, wirkt auch das Gesamtthema weniger Angst einflößend, weniger komplex und einfacher anwendbar. Da wir auch in diesem »… für Dummies«-Buch versuchen, diese Absicht zu verfolgen, wissen Sie jetzt bereits über viele einzelne Teile von Facebook Bescheid. Sie kennen Profile. Sie kennen Freundschaften. Sie kennen Kommentare. Sie wissen, was GEFÄLLT MIR bedeutet. Sie kennen Nachrichtenströme wie die Neuigkeiten. Sie kennen Anwendungen wie etwa VERANSTALTUNGEN und FOTOS. Sie wissen, wie sie sich in die Nutzung von Facebook einfügen.

Nun ja, sie fügen sich schon in die Nutzung von Facebook ein, doch eben nicht nur auf die Art, die wir bisher beschrieben haben. Sie fügen sich noch auf andere Weise und von anderer Stellen im Internet aus in die Nutzung von Facebook ein. Sie könnten beispielsweise einen Artikel oder ein Blog kommentieren. Oder sich über Ihr Facebook-Profil bei einer anderen Website anmelden. Oder Anwendungen aufstöbern, die über Veranstaltungen und Gruppen hinausgehen und Dinge wie Spiele und Unterhaltung bieten. Wir beschreiben dieses System, das es Personen, die nicht in der Firmenzentrale von Facebook tätig sind, erlaubt, die einzelnen Teile wie bei einem Würfelspiel beliebig zu kombinieren, als *Facebook-Plattform*.

Wir bieten Ihnen in diesem Kapitel eine einfache Analyse darüber, was die Plattform ist und wie sie für Sie als Nutzer funktioniert. Danach gehen wir detailliert auf die verschiedenen Arten von Anwendungen auf Facebook und im Internet ein und erklären Ihnen, wie Sie davon profitieren können. Und zu guter Letzt kommen wir auf das Thema »Vertrauen und die Facebook-Plattform« zu sprechen und darauf, wie Sie erkennen, ob es sich um eine gute Anwendung handelt. Falls Sie Entwickler sind, sollten Sie sich den grauen Kasten über gute Eigenschaften von Anwendungen ansehen.

Die Facebook-Plattform – was ist das eigentlich?

Das einfachste Beispiel für eine Plattform ist eine Seifenkiste. In alten Zeiten haben die Leute die Kiste, in der die Seife geliefert wurde, hergenommen, sie in die Mitte vom Marktplatz gestellt, sich darauf gestellt und der Menschenmenge lautstark ihre Ideen verkündet. Wir haben hier also drei Rollen: die Seifenkiste, die Person und die Menschenmenge. Beim Weiterlesen sollten Sie einige Dinge im Hinterkopf behalten:

✔ **Die Ideen stammten nicht von der Seifenkiste.** Die Ideen kamen von den Personen, die sie lautstark erzählten. Die Seifenkiste bot ihnen nur eine Plattform, von der aus sie ihre Ideen einzeln aufzählen konnten. Wenn eine Person auf gleicher Höhe wie die Menschenmenge gestanden und herumgebrüllt hätte, wäre er nicht so gut zu verstehen gewesen.

✔ **Ohne eine Menschenmenge ist die Seifenkiste wertlos.** Zwar stehen Sie dank der Seifenkiste höher und können sehr viel lauter und deutlicher sprechen, doch wenn niemand da ist, der Ihnen zuhört, können Sie Ihre Ideen auch nicht unters Volk bringen.

Falls Sie schon mal mit einem PC gearbeitet haben, werden Sie wahrscheinlich eine Version von Microsoft Windows (wie etwa Windows 95, Windows XP oder Windows Vista) verwendet haben. Windows wird als *Betriebssystem* bezeichnet. Es ist die grafische Benutzeroberfläche, über die Sie auf Dateien und Programme auf Ihrem Computer zugreifen. Streng genommen brauchen Sie gar kein Betriebssystem. Sie könnten bei Ihrem Computer auch manuell Textbefehle eingeben, um zu den verschiedenen Dateien und Systemen zu gelangen, doch es wäre viel schwieriger, als die von Microsoft bereitgestellte Oberfläche zu verwenden. Das Betriebssystem bietet einige Kernfunktionalitäten, die von verschiedenen Anwendungen genutzt werden können.

Wahrscheinlich haben Sie auch schon mal mit irgendeiner Version von Microsoft Word gearbeitet. Dieses Programm wurde von Microsoft entwickelt. Sie werden auf Ihrem Computer aber wahrscheinlich noch andere Programme haben, die nicht von Microsoft stammen – vielleicht irgendein Spiel oder etwa ein Programm wie Quicken, das Ihnen eine Finanzübersicht verschafft. Da sowohl Microsoft als auch Quicken Anwendungen, also Programme, entwickeln können, die innerhalb von Microsoft Windows funktionieren, stellt Windows eine Plattform für Anwendungen dar – ob diese nun von Microsoft oder einem externen Entwickler erstellt worden sind.

Wie eine Seifenkiste oder ein Betriebssystem bietet auch die *Facebook-Plattform* eine Kernfunktionalität, auf die man zugreifen kann, um Anwendungen zu erstellen. Bei Facebook nennt man die Kernfunktionalität den Social Graph. Mit Social Graph ist die Reihe von Verbindungen gemeint – Profile, die über Freundschaften mit anderen Profilen verknüpft sind –, die Facebook ausmachen. Informationen werden im Social Graph auf all die von uns in den vorherigen Kapiteln besprochenen Arten vermittelt:

über Nachrichten, Beiträge und Tausende von zwanglosen Interaktionen, über die Sie – je nach Maß der Verbundenheit und Bedeutung der Informationen – die neuesten Informationen über all Ihre Freunde erfahren können.

Für lange Zeit war die Firma Facebook die einzige, die auf ihrer eigenen Plattform etwas erstellen durfte. Und sie hat es auch fleißig getan: FOTOS, NOTIZEN, VERANSTALTUNGEN und GRUPPEN wurden hinzugefügt. All diese Anwendungen nutzen die Verbindungen, die zwischen Einzelpersonen auf der Website bestehen, um weitere Informationen zu verbreiten. Es sind eben diese Verbindungen, die den Unterschied zwischen Facebook-Anwendungen und anderen Websites ausmachen, selbst bei jenen, die sich auf diverse Anwendungen spezialisiert haben.

Ein klassisches Beispiel dafür ist FOTOS. Auf Facebook finden Sie die beliebteste Foto-Sharing-Anwendung im kompletten Internet. Obwohl die Facebook-Anwendung FOTOS im Vergleich zu eigens dafür gedachten Foto-Sharing-Websites nicht über all die Features wie etwa eine Speichermöglichkeit für hochauflösende Bilder und Ähnliches verfügt, ist sie dennoch beliebter als alle anderen. Der Grund dafür sind die Verbindungen, also die Möglichkeit, Freunde in Fotos zu markieren. Wenn Sie jemanden markieren, werden Ihre Freunde darüber benachrichtigt und sehen sich die Bilder an. Diese Information wird außerdem über die Neuigkeiten verbreitet, wo Ihre Freunde Ihre Fotos betrachten und entsprechend kommentieren können. Dadurch steigt wiederum die Wahrscheinlichkeit, dass Ihre Freunde beim nächsten Mal, wenn Sie Fotos teilen möchten, die FOTOS-Anwendung verwenden werden.

Als die Firma Facebook die Facebook-Plattform freigab, erlaubte sie externen Entwicklern von überall auf der Welt, Anwendungen zu erstellen, die sich genauso mühelos in Facebook einfügen wie FACEBOOK-FOTOS. Wie eine Seifenkiste ermöglicht die Facebook-Plattform es Anwendungsentwicklern, ihre Ideen und Werke auf schnelle und einfache Weise vor einer Menschenmenge bekanntzumachen.

Die Seifenkiste – sprich die Plattform – kommt auf keine Ideen und entwickelt keine Anwendungen, und die Plattform ist ohne eine Menschenmenge wertlos. Da Sie und Ihre Freunde die Menschenmenge darstellen, können Facebook-Anwendungen nützlich für Sie sein.

Anwendungen auf Facebook

In den Kapiteln 8, 10 und 11 gehen wir detailliert auf einige Facebook-Anwendungen ein, die von Facebook entwickelt worden sind und sozusagen auf Facebook zuhause sind. Der größte Unterschied zwischen diesen Anwendungen und jenen von externen Entwicklern, die Sie nutzen und mögen werden, besteht darin, dass Ihnen FOTOS, NOTIZEN, GRUPPEN und VERANSTALTUNGEN bereits bei Ihrer Registrierung auf der Website zur Verfügung standen. All die Teile, die dafür sorgen, dass diese Anwendungen funktionieren – Markieren, Benachrichtigungen, Beiträge an Ihrer Pinnwand und so weiter – waren bereits für Sie unsichtbar im Hintergrund aktiv.

Wenn Sie Anwendungen nutzen, müssen Sie sich im Hinblick auf deren Funktionsweise ein wenig wie ein Bühnenmeister verhalten. Als Sie die Privatsphäre- und andere Einstellungen für die unterschiedlichen von Facebook entwickelten Anwendungen festgelegt haben, haben Sie für diesen Moment geprobt. Der Vorhang wird sich nun gleich öffnen und Sie sind bereit, das Kommando über all diese Aspekte jeder einzelnen Anwendung zu übernehmen.

Anwendungen auf Facebook nutzen – weshalb?

Nun ja, für ein absolut wundervolles und lebendiges Facebook-Erlebnis müssen Sie keine Anwendungen nutzen. Wenn Sie kein Freund davon sind oder bis jetzt noch keine Anwendung gefunden haben, die Ihnen nützlich oder passend erschien, brauchen Sie sie auch nicht. Und Sie werden durch sie auch nicht zum Facebook-Fachmann. Viele der Facebook-Profis verwenden wenn überhaupt nur ganz wenige Anwendungen. Doch davon abgesehen gibt es einige gute Gründe für die Nutzung von Anwendungen:

✔ **Sie bieten Funktionen, die Facebook selbst nicht bietet.** Auf Facebook ist vorgeschrieben, dass man Profile nur für echte Personen erstellen darf und manch ein Tierfreund musste im Laufe der Jahre zu seinem Missvergnügen feststellen, dass Bellos Profil deaktiviert wurde. Durch die Anwendung DOGBOOK, bei der Sie innerhalb Ihres eigenen Profils eins für Ihren Hund erstellen können, haben Nutzer die Möglichkeit, diesen wichtigen Teil ihres Lebens auf Facebook darzustellen, ohne gegen die Nutzungsbedingungen von Facebook zu verstoßen. Auf ähnliche Weise sind durch Anwendungen im Bereich Musik oder eines Studienfachs auch bestehende Missstände für bestimmte Personengruppen auf Facebook beseitigt worden.

✔ **Sie können wirklich Spaß machen.** Gefällt Ihnen das Spiel »Word Scramble«? Schreiben Sie gerne auf der Maschine? Würden Sie gern so tun, als wären Sie Restaurantbesitzer? Mögen Sie »Texas Hold'em«? Im Grunde werden alle erdenklichen Spiele als Facebook-Anwendung angeboten und während der Nutzung genießen Sie einerseits Ihr Lieblingsspiel und stehen andererseits in einem mörderischen Wettbewerb, wie es ihn nur unter Freunden geben kann. Ein simples Spiel zum Maschineschreiben wie etwa »Typing Maniac« wird sehr viel unterhaltsamer, wenn Sie mit einem guten Freund um den ersten Platz wetteifern.

✔ **Sie schaffen zwischen Ihnen und Personen, die Ihnen wichtig sind, eine ganz neue Art der Verbindung.** Durch alle Anwendungen auf Facebook können Sie mehr über andere erfahren und mit ihnen auf verschiedene Arten in Kontakt bleiben. Ob Sie nun darüber Bescheid wissen, zu welchen Konzerten ein Freund am anderen Ende von Deutschland geht, oder über die Quiz-Anwendung WHICH LITERARY HEROINE ARE YOU? herausfinden, dass Carolyn Abram eigentlich die Romanheldin Elizabeth Bennet ist – all diese Informationen bereichern Ihre Beziehungen in kleinen Schritten und auf unaufdringliche Weise.

Erste Schritte: Bitte erlauben Sie, mein Herr

Bevor Sie die meisten Anwendungen auf Facebook nutzen können, müssen Sie diesen erst einmal die Genehmigung erteilen, mit Ihrem Profil, Ihrem Konto und Ihren Daten interagieren zu dürfen. Beim Großteil der Anwendungen erfolgt dies über die Anfrage für Genehmigung-Seite, die in Abbildung 13.1 zu sehen ist.

Abbildung 13.1: Erlauben Sie?

Die Anfrage für Genehmigung-Seite, die hier am Beispiel der Anwendung Causes dargestellt wird, besteht aus vier Bereichen:

✔ **Auf meine allgemeinen Daten zugreifen:** Ihre *allgemeinen Daten* sind jene Informationen, die auf Facebook immer angezeigt werden müssen: Ihr Name, Profilbild, Geschlecht, Nutzerkennnummer, komplette Freundesliste und – sofern vorhanden – Ihre Netzwerke. Außerdem werden alle Informationen, die für jeden sichtbar sind, dazugezählt. Falls Sie dieser Anwendung die Genehmigung erteilen, wird sie auf all diese Daten zugreifen können. (Am Ende des Kapitels und in Kapitel 5, in dem wir uns mit den Privatsphäre-Einstellungen befassen, erfahren Sie mehr darüber, wie man diese Daten schützt.)

✔ **Mir E-Mails schicken:** Standardmäßig ist es so eingestellt, dass die Anwendung Causes Ihre E-Mail-Adresse in ihren Servern speichern kann, wenn Sie auf Zulassen klicken. Im Gegensatz dazu kann sie auf Ihre restlichen Daten nur über die Server der Firma Facebook zugreifen. Auf diese Weise können Sie eine direkte Verbindung zu Causes aufbauen, denn die Anwendung kann jederzeit mit Ihnen Kontakt aufnehmen, ohne dass Facebook als Vermittler auftritt.

Wenn Sie einer Anwendung vertrauen, ist das im Allgemeinen eine praktische Sache. Sie können E-Mail-Newsletter und andere Aktualisierungen direkt von der Quelle beziehen, ohne sich dabei bei Facebook anmelden zu müssen. Falls Sie allerdings Zweifel an der Vertrauenswürdigkeit einer Anwendung haben (wir werden aber später noch darauf zu sprechen kommen), können Sie auf ÄNDERN klicken. Sie finden es als grauen Link neben dem MIR E-MAILS SCHICKEN-Symbol. Dadurch erscheint eine Option, bei der Sie angeben können, ob Sie die E-Mails über eine anonyme Adresse erhalten möchten. Abbildung 13.2 zeigt ein Beispiel.

Abbildung 13.2: Lassen Sie sich E-Mails an Ihre Kontakt-E-Mail-Adresse oder an eine »Proxy-E-Mail-Adresse« schicken.

Falls Sie irgendwann Ihre E-Mail-Adresse nicht mehr für eine bestimmte Anwendung freigeben möchten, können Sie dies nicht über *Facebook* abwickeln, sondern müssen sich aus *deren* Verteiler austragen.

✔ **An meine Pinnwand posten:** Mit dieser Genehmigung erlauben Sie einer Anwendung, Statusmeldungen, Fotos und andere Inhalte an Ihrer Pinnwand zu veröffentlichen. Ein Pinnwandeintrag könnte beispielsweise so wie in Abbildung 13.3 aussehen. Dort fragt die Anwendung FRONTIERVILLE gerade an, ob Barbara Mistol ihren Facebook-Freunden stolz ihren neuen Level vorzeigen möchte. Wenn die Anwendung später Ihre Pinnwand verstopft, können Sie die Genehmigung hinterher wieder entfernen.

Abbildung 13.3: Pinnwandeinträge lenken die Aufmerksamkeit auf Sie und die Anwendung.

✔ **Auf meine Profilinformationen zugreifen:** Als *Profilinformationen* werden von Facebook alle Teile Ihres Profils oder Kontos definiert, deren Sichtbarkeit auf irgendeine Weise eingeschränkt ist. Anders gesagt: Alle, bei denen die gewünschte Privatsphäre auf weniger Personen als »Alle« eingestellt wurde. Im Beispiel mit Causes möchte die Anwendung Ihr Geburtsdatum wissen. Achten Sie darauf, für welche Felder eine Anwendung um Zugriff bittet, und stellen Sie sicher, dass die betreffenden Felder auch mit dem Inhalt der Anwendung übereinstimmten. Sehen Sie, dass Causes weder nach Ihren Fotos, dem GEFÄLLT MIR-Bereich und Ihren Interessen noch nach anderen unnötigen Feldern fragt? Andererseits benötigen Anwendungen wie GROUPCARD, über die man digitale Grußkarten bestellen kann, Zugriff auf einige dieser Daten, um personalisierte Karten für Ihre Freunde erstellen zu können.

Wenn Sie sich die erbetene Genehmigung angesehen haben, der Anwendung vertrauen und am liebsten gleich loslegen möchten, klicken Sie auf ZULASSEN.

Und jetzt? Anwendungen nutzen

Da es so viele verschiedene Anwendungen gibt, die so viele verschiedene Bedürfnisse befriedigen, fällt es uns schwer, Ihnen die weitere Vorgehensweise zu nennen. Wir können Ihnen allerdings einige gängige Eingabeaufforderungen und Handlungen vorstellen, die Sie bei Anwendungen vornehmen sollen, damit Sie bei ihrem Erscheinen entscheiden können, wie es weitergehen soll.

Konsolen für Anwendungen

Sobald Sie einer Anwendung den Zugriff auf Ihre Daten gestattet haben, werden Sie meist auf ihre Konsole weitergeleitet. In Abbildung 13.4 sehen Sie anhand der Anwendung CAUSES ein Beispiel für eine solche Konsole. Die Startseite von Causes stellt ähnlich wie die Startseite von Facebook oder die Landing-Pages für Anwendungen wie FOTOS oder GRUPPEN eine Schnittstelle zu verschiedenen Handlungen, die Sie vornehmen können, dar (zum Beispiel einen guten Zweck, einen sogenannten Cause, erstellen oder einem beitreten). Wenn wir sagen, dass Anwendungen auf Facebook »zuhause« sind, dann meinen wir das wortwörtlich: Die Startseite von Causes befindet sich unterhalb des Facebook-Menüs (die blaue Leiste oben), und Sie werden nicht auf eine komplett andere Website weitergeleitet.

Die Konsolen der einzelnen Anwendungen weisen große Unterschiede auf, doch im Allgemeinen werden Sie dort zu irgendeiner Handlung aufgefordert. Bei Causes werden Sie über beliebte, wohltätige Zwecke und solche, die Ihre Freunde unterstützen, informiert und gebeten, einen auszuwählen, den Sie selbst gutheißen. Sie können auch einen eigenen erstellen, für andere spenden und Ähnliches.

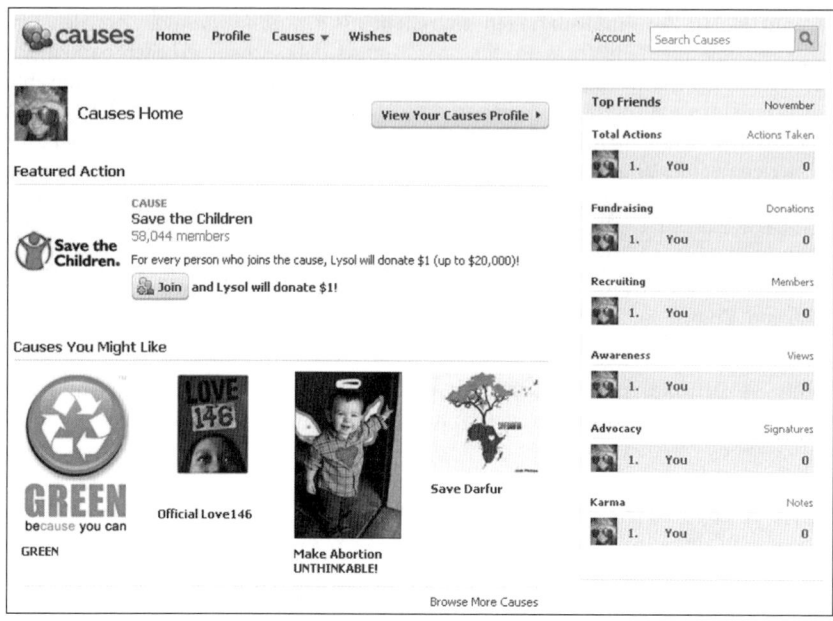

Abbildung 13.4: Die Konsole der Anwendung Causes

Lesezeichen

Auf Ihrer Startseite werden links Verknüpfungen zu verschiedenen Bereichen von Facebook angezeigt: Nachrichten, Freunde, Fotos und so weiter. Sie können in diesem Menü für einen Schnellzugriff auf Ihre Lieblingsanwendungen zusätzliche Verknüpfungen, auch Lesezeichen genannt, hinzufügen. Sie könnten von Anwendungen aufgefordert werden, Lesezeichen hinzuzufügen. Dabei erscheint ein ähnliches Dialogfeld wie das in Abbildung 13.5.

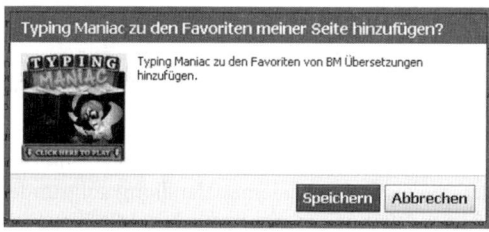

Abbildung 13.5: Ein Lesezeichen für diese Anwendung anlegen?

Beiträge für die Pinnwände von Freunden

Anwendungen lassen Sie nicht nur leichter mit Freunden über bestimmte Themen, Spiele oder andere Inhalte ins Gespräch kommen. Viele von ihnen werden Sie auch auffordern, Beiträge an den Pinnwänden von Freunden hinzuzufügen. Allerdings können die Anwendungen dies erst tun, wenn Sie auf VERÖFFENTLICHEN klicken. Abbildung 13.6 zeigt ein Beispiel für einen solchen Beitrag. Hier hat Barbara Mistol etwas über die Anwendung »Glücksnuß« geteilt. Dadurch wurde ein Pinnwandeintrag erstellt, den jeder, der sich die Pinnwand eines ihrer Freunde ansieht, vorfindet.

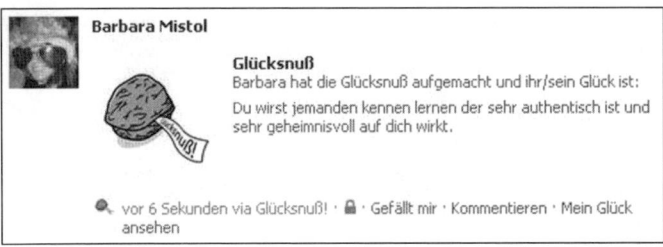

Abbildung 13.6: Ein Pinnwandeintrag, der durch eine Anwendung erstellt wurde.

Reiter und Felder im Profil

Wenn Ihnen etwas wichtig ist, können Sie selbst darüber entscheiden, ob andere dafür entsprechende Felder in der linken Spalte Ihres Profils sehen sollen und welche entsprechenden Reiter Sie zu Ihrem Profil hinzufügen.

Sie können auch bestimmen, ob in Ihrem Profil ein Reiter für die Anwendung CAUSES hinzugefügt werden soll. Da Reiter groß sind und gut sichtbar in Ihrem Profil angebracht werden, werden sie für Anwendungen, die einem am wichtigsten sind und die andere unbedingt sehen sollen, meistens hinzugefügt. Um einen Reiter hinzuzufügen, klicken Sie neben dem ganz rechts außen gelegenen Reiter auf das Pluszeichen (+). Dadurch öffnet sich ein REITER HINZUFÜGEN-Menü wie in Abbildung 13.7. Sie können danach die Anwendung auswählen, für die Sie einen Reiter hinzufügen möchten.

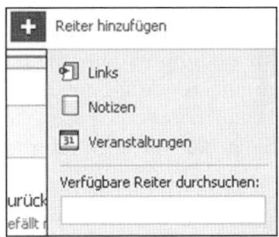

Abbildung 13.7: Einen Reiter für eine Anwendung hinzufügen.

Einladungen und Anfragen

Sie können Freunde nicht nur zu Veranstaltungen, sondern auch zum Spielen von Spielen oder zur Unterstützung von guten Zwecken einladen. Unabhängig davon, ob die entsprechende Anwendung von Facebook entwickelt wurde, sprechen Sie solche Einladungen immer gewollt aus.

Im letzten Schritt des Erstellungsprozesses für die Causes-Anwendung können Sie Freunde dazu einladen, Ihren guten Zweck zu unterstützen. Dadurch steigt außerdem der Bekanntheitsgrad von Causes, da Ihre Freunde denken werden, dass Ihnen die Anwendung gefällt. Es ist somit sehr viel wahrscheinlicher, dass sie sich die Anwendung selbst mal anschauen. In Abbildung 13.8, das das Bestätigungsdialogfeld zeigt, in dem Sie zustimmen müssen, um Einladungen versenden zu können, finden Sie weitere Informationen. Es ist ziemlich selbsterklärend. Das Dialogfeld zeigt an, wie die eigentliche Einladung später aussehen wird.

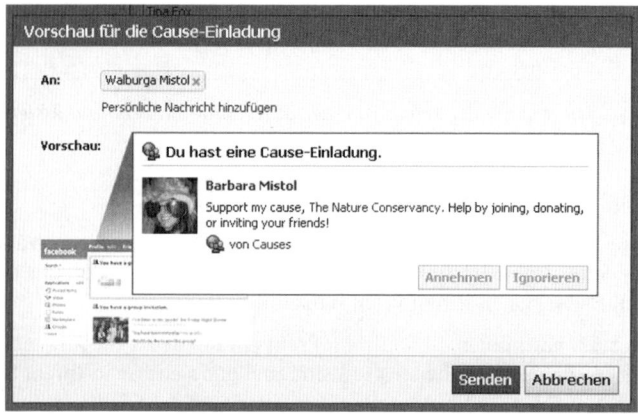

Abbildung 13.8: Einladungen versenden.

Andere Genehmigungen

Es gibt eine Reihe weiterer einmaliger Genehmigungen, die Sie erteilen können und die normalerweise nur bei ganz bestimmten Anwendungsarten oder aus besonderen Gründen notwendig sind. Bei einer Desktop-Anwendung wird beispielsweise meist eine besondere Genehmigung dafür erforderlich sein, damit diese auch dann auf Ihre Daten zugreifen kann, wenn Sie gerade nicht im Internet surfen.

Vergessen Sie eines nicht: Auch wenn wir hier nur wenige Anwendungen als Beispiele anführen, könnte doch alles ganz anders aussehen, wenn Sie Anwendungen ausprobieren. Verschiedene Anwendungen könnten häufiger Inhalte veröffentlichen wollen oder Ihnen dringend empfehlen, Freunde einzuladen. Hier sollten Sie vor allem im

Hinterkopf behalten, dass Sie allein bestimmen, was eine Anwendung tun darf. Sie müssen keine Felder hinzufügen oder Beiträge veröffentlichen, wenn Sie nicht möchten. Scheuen Sie sich nicht, Ihren Anwendungen zu zeigen, wer das Sagen hat.

Facebook außerhalb von Facebook verwenden

Denken Sie mal an all die Dinge, die Sie über das Internet erledigen. Vielleicht kaufen Sie ja auf amazon.de Geschenke für Ihre Freunde. Oder vielleicht bloggen Sie oder kommentieren gerne Blogs von anderen. Oder Sie lesen sich gerne Filmkritiken durch oder leihen sich Filme über LOVEFILM aus. Sie erledigen alles Mögliche. Und all diese Dinge – darauf würden wir wetten – würden viel mehr Spaß machen, wenn Ihre Freunde dabei wären.

Sie wünschten, Sie hätten ein besseres Gespür dafür, wessen Empfehlungen auf Yelp man trauen kann? Sie suchen nach einem Filmtipp? Sie haben im Internet eigentlich nicht so gern mit Fremden zu tun? Willkommen in der Welt der sozialen Plug-ins.

Wir verwenden den Oberbegriff *soziales Plug-in* für Anwendungen, die auf anderen Websites sozusagen »zuhause« sind. Diese Plug-ins können den Anwendungen, die Sie auf Facebook verwenden, ähneln oder sich davon unterscheiden. Vielleicht lässt es sich so genauer erklären: Solche Plug-ins nutzen einen Facebook-Link, den Sie erstellen, um auf den entsprechenden Websites für sich selbst für ein sozialeres Erlebnis zu sorgen.

Man kann all die Verknüpfungen für soziale Plug-ins nicht anhand einer einzigen Anwendung erklären, da die meisten Anwendungen lediglich ein oder zwei dieser Verknüpfungen aufweisen müssen, um als soziales Plug-in zu gelten. Sie müssen vor allem verstehen, wie man vorgeht, wenn man sich über Facebook bei einer anderen Website anmeldet, weil man dies vor dem Großteil der praktischen Anwendungen, die wir besprechen, erledigt. (Einige der praktischen Anwendungen verwenden allerdings *Cookies* oder kennzeichnen die Websites, die Sie besucht haben, auf andere Weise, damit Sie sich dort nicht anmelden müssen.)

Anmelden

Facebook-Connect kann in erster Linie für ein schöneres Interneterlebnis sorgen, weil Sie nie wieder auf jeder einzelnen Website ein ganz neues Konto erstellen müssen. Nie wieder, nirgendwo. Webformulare, in denen Sie Ihren Namen und Ihre E-Mail-Adresse eingeben müssen und die darauffolgenden Eingabeaufforderungen, um ein Profilbild hochzuladen oder Freunde aufzustöbern – all das gehört der Vergangenheit an. Um Ihnen ein Beispiel zu geben, werden wir auf Quora, einem Frage-Antwort-Portal, ein neues Konto erstellen.

Beim Besuch der REGISTRIEREN-Seite auf www.quora.com werden Sie feststellen, dass man sich mithilfe seines bereits bestehenden Facebook- oder Twitter-Kontos oder mithilfe seiner E-Mail-Adresse registrieren kann. Wenn Sie auf die CONNECT YOUR FACEBOOK ACCOUNT-Schaltfläche klicken, erscheint die REQUEST FOR PERMISSION-Bildschirmansicht, also eine Seite, auf der angefragt wird, ob Sie die entsprechende Genehmigung erteilen. Abbildung 13.9 zeigt ein Beispiel.

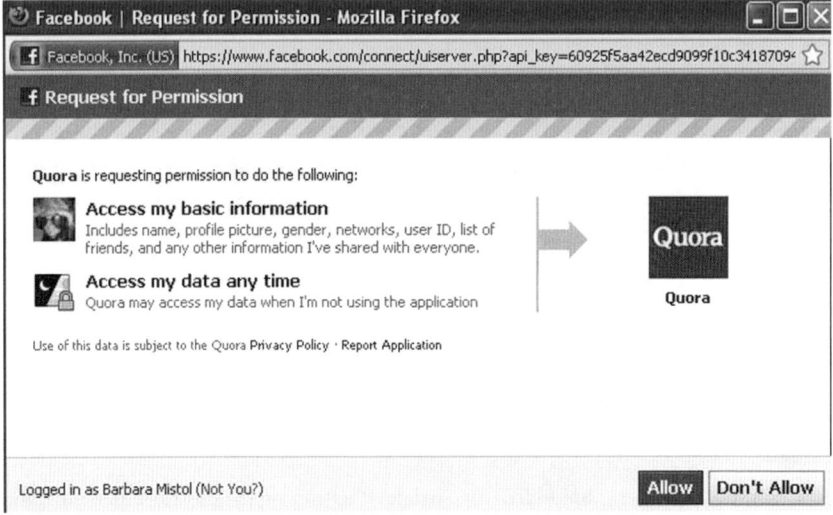

Abbildung 13.9: Verbinden Sie Ihr Facebook-Konto mit Quora.

Beachten Sie einige wichtige Punkte in diesem Dialogfeld. Zunächst einmal wird Barbara Mistols Name unten auf dem Bildschirm angezeigt, weil sie bereits bei Facebook angemeldet war, als sie auf die Eingabeaufforderung zum Verbinden geklickt hat. Falls Sie zu diesem Zeitpunkt gerade nicht bei Facebook angemeldet sind, finden Sie an dieser Stelle die Bildschirmansicht zum Anmelden auf Facebook vor, bei der Sie Ihre E-Mail-Adresse und Ihr Passwort für die Anmeldung eingeben müssen. Sollten auch noch andere Facebook-Nutzer den Computer verwenden, müssen Sie kontrollieren, ob es sich beim unten im Dialogfeld angezeigten Namen auch tatsächlich um Ihren handelt.

Der zweite wichtige Punkt besteht darin, dass Sie in diesem Dialogfeld praktisch um das Gleiche wie in der ANFRAGE FÜR GENEHMIGUNG-Bildschirmansicht bei der Anwendung CAUSES gebeten werden: Damit es funktioniert, muss die Website auf Ihre Facebook-Daten zugreifen können. Bei den meisten Websites, die Facebook-Connect verwenden, wird meist eine seriöse Absicht dahinterstecken, wenn sie diese Daten benötigen. Sie sollten aber dennoch sicher sein, dass Sie der verwendeten Website vertrauen, bevor Sie mit einem Klick dem Verbinden zustimmen. Allseitsbekannterguterruf.de? Ist wahrscheinlich in Ordnung. `Fadenscheinigerspammer.de`? Hier sollten Sie sich vielleicht erst noch ein bisschen umhören.

Abbildung 13.10 zeigt die abschließende Bildschirmansicht beim Registrierungsprozess. Ganz ähnlich wie die Anwendungen auf Facebook legt sich auch Quora eine eigene Liste mit E-Mail-Adressen von Nutzern an. Sie können also an dieser Stelle eine beliebige E-Mail-Adresse eingeben. Außerdem werden Sie von Quora gebeten, sich ein Passwort auszudenken, damit Sie sich in Zukunft allein mithilfe von E-Mail-Adresse und Passwort anmelden können.

Abbildung 13.10: Schließen Sie den Registrierungsprozess ab, indem Sie sich ein Passwort ausdenken.

Und jetzt, wo Sie Quora verwenden, werden Sie wahrscheinlich auch eine Frage beantworten wollen. Beachten Sie, dass all Ihre Daten bereits eingegeben worden sind. Dadurch können Sie mühelos eine Frage beantworten, und Ihr richtiger Name und Ihr richtiges Profilbild werden mit der Antwort verknüpft. In weniger als einer Minute haben Sie sich bei Quora registriert und das ganz ohne Verifizierung per E-Mail, der Eingabe Ihres Geburtsdatums, der Postleitzahl oder irgendetwas anderem außer der E-Mail-Adresse und einem neuen Passwort.

Mit Plug-ins herumspielen

Es existieren sehr viele soziale Plug-ins, die die meisten Websites ganz mühelos hinzufügen können. Und der Großteil der Websites hat einige oder alle dieser Plug-ins auch tatsächlich integriert. Sie werden im Internet sogar kaum eine Website finden, auf der Facebook nicht in irgendeiner Form präsent ist. In den folgenden Abschnitten greifen wir einige gängige Plug-ins heraus, auf die Sie beim Surfen im Internet stoßen könnten.

GEFÄLLT MIR-*Schaltflächen*

Durch soziale Plug-ins können Sie bei nahezu allen Dingen und allen Stellen im Internet Ihrem Gefallen Ausdruck geben. Facebook hat es Unternehmen sehr leicht gemacht, eine GEFÄLLT MIR-Schaltfläche neben ihren Inhalten auf Websites hinzuzufügen. Ein hervorragendes Beispiel dafür finden Sie unter www.jezebel.com, einem Blog der Gawker-Gruppe. Neben jedem Artikel erscheint die Ihnen bereits bekannte GEFÄLLT MIR-Schaltfläche mit dem hochgestreckten Daumen sowie eine Statistik darüber, wer noch auf GEFÄLLT MIR geklickt hat. Sollte einer Ihrer Freunde dabei sein, sehen Sie dort seinen Namen. Wenn Sie bei einem Objekt auf diese Schaltfläche klicken, wird dies auf Facebook durch eine Meldung unter NEUESTE AKTIVITÄT geteilt. In den Abbildungen 13.11 und 13.12 sehen Sie die GEFÄLLT MIR-Schaltfläche und die entsprechende Meldung unter NEUESTE AKTIVITÄT.

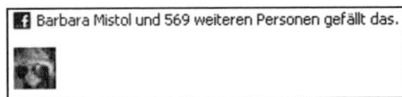

Abbildung 13.11: Die GEFÄLLT MIR-Schaltfläche auf einer Website

Abbildung 13.12: Eine Meldung unter NEUESTE AKTIVITÄT über einen Artikel, der Barbara Mistol gefallen hat

Sämtliche Inhalte, bei denen Sie außerhalb von Facebook auf GEFÄLLT MIR klicken, werden in Ihrem Facebook-Profil angezeigt und erscheinen möglicherweise auch noch in den Neuigkeiten Ihrer Freunde. Falls Ihr Gefallen an einem brisanten Artikel bei einigen Ihrer Freunde eventuell für Aufruhr sorgt, können Sie diesen stattdessen in Form eines Links teilen und dafür eine entsprechende Privatsphäre-Einstellung vornehmen.

Auf einigen Websites werden über ein GEFÄLLT MIR-Feld, wie das in Abbildung 13.13 von www.fishtactics.com, die neuesten Aktualisierungen der Facebook-Seite dieser Website sowie gelegentlich eine Auswahl an Personen, denen diese Facebook-Seite gefällt, angezeigt.

Abbildung 13.13: Das GEFÄLLT MIR-Feld

Kommentare

Abbildung 13.14 zeigt ein Kommentarfeld, das von Facebook unterstützt wird. Theoretisch kann in jedem Blog – sei es der einer bekannten Person oder bloß der zum Zeitvertreib Ihres Freundes – ein Kommentarfeld hinzugefügt werden, damit Nutzer sich rasch anmelden und einen Kommentar hinterlassen können. Dazu erscheint vorher meist eine Bildschirmansicht zum Anmelden.

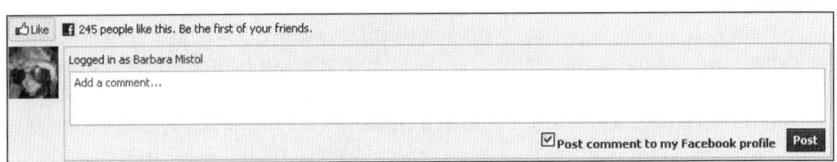

Abbildung 13.14: Kommentieren Sie jeden beliebigen Blog,
wo auch immer Sie wollen.

Nachrichtenströme

In Kapitel 7 erklären wir Ihnen, welche Bedeutung Nachrichtenströmen auf Facebook zukommt, also Auflistungen von Aktivitäten oder Inhalten, die ständig aktualisiert werden. Es wird Sie kaum überraschen, dass Nachrichtenströme außerhalb von Facebook auch sehr wichtig sind. Da im Grunde jede Nachrichten-Website einen Nachrichtenstrom mit dauernd aktualisierten Beiträgen darstellt, ist es verständlich, dass Sie sich über Ratschläge von Ihren Freunden darüber, was Sie lesen oder worauf Sie achtgeben sollten, freuen würden. Es gibt verschiedene Arten von Plug-ins für Nachrichtenströme, die an dieser Stelle hilfreich sind:

✔ **Neueste Aktivität oder Aktivitätenströme:** NEUESTE AKTIVITÄT-Felder auf Websites zeigen die neuesten Handlungen an, die Ihre Freunde auf der entsprechenden Website durchgeführt haben. Abbildung 13.15 zeigt ein Beispiel für die Neueste Aktivität. In diesem Fall haben Freunde bei verschiedenen Artikeln einer Website auf GEFÄLLT MIR geklickt.

Abbildung 13.15: Die Neueste Aktivität von Freunden auf einer anderen Website.

✔ **Empfehlungen oder Ströme mit Empfehlungen:** In EMPFEHLUNGEN werden ähnliche Informationen wie in NEUESTE AKTIVITÄT angezeigt. Der einzige Unterschied besteht darin, dass nicht das Neueste erscheint, sondern jene Objekte, bei denen die meisten Personen auf GEFÄLLT MIR geklickt haben. Dadurch soll das angezeigt werden, was auch Ihnen gefallen könnte.

✔ **Live-Nachrichtenströme oder Ströme mit Statusmeldungen:** Während Live-Sendungen werden Live-Nachrichtenströme von verschiedenen Fernsehsendern unheimlich gerne verwendet. In der Realität wurden Live-Nachrichtenströme genau genommen zum ersten Mal bei der Amtseinführung von US-Präsident Barack Obama genutzt. Seitdem sind Live-Nachrichtenströme mit Statusmeldungen im Internet zu einem interaktiven Bestandteil von Dingen wie Live-Übertragungen bei Sportveranstaltungen über die Oscar-Verleihung bis hin zu anderen Preisverleihungen geworden. Abbildung 13.16 zeigt ein Beispiel für einen Live-Nachrichtenstrom.

Freunde

Wir betonen es immer wieder: Mit Freunden macht alles doppelt so viel Spaß. So denken auch die Betreiber jener Websites, die die Anzahl an Freunden anzeigen, die ihre dortigen Konten auf irgendeine Weise mit ihren Facebook-Konten verbunden haben.

Abbildung 13.16: Live-Nachrichtenstrom

Umgehende Personalisierung

Im Zuge der jüngsten Iterationen der sozialen Plug-ins auf Facebook wurde eine neue Kategorie von Plug-ins angekündigt. Damit beabsichtigte die Firma Facebook im Grunde, Konten im Namen der Nutzer mit vertrauenswürdigen Partnerseiten zu verknüpfen. Als dieses Buch geschrieben wurde, gab es drei Partnerseiten: Yelp, Pandora und Docs.

Hinter UMGEHENDE PERSONALISIERUNG steckt die Idee, beim sozialen Aspekt dieser Websites für eine nahtlose Übertragung zu sorgen. Auf Yelp können Sie beispielsweise sofort die Personen finden, deren Kritiken Ihnen am wichtigsten sein werden: Ihre Freunde.

 Falls Sie keine der erwähnten Partnerseiten nutzen und auch nicht so gerne möchten, dass Ihre Daten auf diese Weise geteilt werden, können Sie die UMGEHENDE PERSONALISIERUNG deaktivieren. Besuchen Sie die PRIVATSPHÄRE-EINSTELLUNGEN-Seite, klicken Sie erst unter ANWENDUNGEN UND WEBSEITEN auf BEARBEITE DEINE EINSTELLUNGEN und danach neben UMGEHENDE PERSONALISIERUNG auf EINSTELLUNGEN BEARBEITEN. Entfernen Sie auf der dann erscheinenden Seite unten das Häkchen.

Noch mehr Anwendungen entdecken

Am häufigsten finden Sie auf Facebook Anwendungen, die sozusagen auf Facebook und den durch Facebook-Connect verbundenen Websites, die Funktionen an anderer

Stelle liefern, »zuhause« sind. Doch es existieren noch viele andere Kategorien an Anwendungen, für die Sie mit der Zeit Verwendung finden könnten.

Anwendungen für Ihr Unternehmen

Für den Fall, dass Sie Seiteninhaber sind, gibt es zahlreiche Anwendungen, die eigens für Ihre Seite gedacht sind und die zusätzliche Funktionen für Ihr Unternehmen bieten. Musiker werden beispielsweise eventuell die Diskografie-Anwendung hinzufügen wollen, um stolz ihre verschiedenen Alben vorzustellen, oder auch die YouTube-Anwendung, damit Fans mühelos YouTube-Videos teilen können, die von Live-Konzerten veröffentlicht wurden.

Anwendungen für den Desktop

Bei Desktop-Anwendungen müssen Sie etwas auf Ihren Computer herunterladen (und nicht nur Daten für eine Anwendung freigeben). Solche Anwendungen bieten häufig Funktionen, die es Ihnen zum Beispiel ermöglichen, Ihre Neuigkeiten zu lesen und dortige Beiträge zu kommentieren, ohne einen Webbrowser geöffnet zu haben. Oder Sie erlauben Ihnen, Ihre über Facebook geplanten Veranstaltungen in ein beliebiges von Ihnen verwendetes Kalenderprogramm zu importieren.

Anwendungen für Ihr Handy

Die elementarste Handy-Anwendung ist eigentlich Facebook selbst. In Kapitel 14 erfahren Sie mehr darüber. Da es allerdings laufend neue soziale Plug-ins gibt, werden zahlreiche neue Handy-Anwendungen entwickelt, mit denen Sie beispielsweise über Ihr iPhone Handyspiele mit Ihren Facebook-Freunden spielen können. Handy-Anwendungen der Facebook-Plattform können häufig wie ein Kuddelmuddel aus Facebook-Handy und Anwendungen, die in den meisten Fällen auf Facebook »zuhause« sind, wirken. Gleiche Features wie etwa das Verfassen von Beiträgen, die Kommentarfunktion oder Benachrichtigungen machen diese Arten von Anwendungen für Sie effizient und passend, wenn Sie sich mit dem Handy in der Hand durch die Welt bewegen.

Eine neue Lieblingsanwendung entdecken

Bei dieser Unmenge an Anwendungen kann man schwerlich voraussagen, welche davon Sie nutzen werden wollen und welche für Sie amüsant, passend und nützlich sein werden. Wir haben Ihnen hier bereits einige Beispiele genannt (in Kapitel 16 finden Sie sogar noch weitere Anwendungen, die Leah Pearlman und Carolyn Abram favorisieren), doch in der Praxis werden Sie Ihren eigenen Geschmack haben. Sie werden daher ein wenig auf eigene Faust nach für Sie passenden Anwendungen stöbern müssen.

Wahrscheinlich werden Sie durch Ihre Freunde eine Menge Anwendungen kennenlernen. Durch von ihnen verfasste Beiträge und an Sie gesendete Einladungen werden Sie Tipps erhalten, was Ihnen gefallen könnte. Sollten Sie all das schneller herausfinden wollen, brauchen Sie bloß die Konsolen für Anwendungen und Spiele besuchen.

Die Konsole für Anwendungen

Konsole für Anwendungen – im Grunde sagt hier schon der Begriff aus, um was es geht: Eine Konsole, in der Anwendungen herausgegriffen werden, die Sie vielleicht verwenden möchten. Klicken Sie auf Ihrer Startseite im Menü auf der linken Seite auf ANWENDUNGEN, um zur Konsole zu gelangen. In Abbildung 13.17 sehen Sie die von Walburga Mistol.

Abbildung 13.17: Die Konsole für Anwendungen

Die Konsole für Anwendungen ist in verschiedene Bereiche aufgeteilt:

✔ **Deine Anwendungen:** Im DEINE ANWENDUNGEN-Bereich sind die Anwendungen in der Reihenfolge, wie Sie sie zuletzt verwendet haben, angeordnet. Für den Fall, dass Sie eine Anwendung genutzt und dafür kein Lesezeichen angelegt haben, sie aber schnell wieder aufsuchen möchten, ist diese Stelle hervorragend geeignet.

✔ **Anwendungen deiner Freunde:** Dieser Bereich ist eigentlich das Herzstück der Konsole für Anwendungen, da Sie dort neue Anwendungen finden können, die Ihnen vielleicht gefallen. Hier werden ein paar Freunde und ihre vor Kurzem genutzten Anwendungen gezeigt. Sie können also erkennen, welche davon beliebt, interessant oder reizvoll für Sie sind.

Die Konsole für Spiele

Die Möglichkeit, über die Facebook-Plattform unabhängig davon, wo sich beide Parteien befinden, Spiele mit Ihren Freunden zu spielen, ist einer ihrer angenehmsten Aspekte. Es hat schon seine Gründe, weshalb Spieleabende mit der Familie Tradition haben: Sie machen Spaß, vertiefen die Beziehungen, sorgen für einen freundschaftlichen Wettkampf und ein allgemeines Gefühl der Zufriedenheit nach einem Spiel. All das können Sie nun mit Freunden und Familienmitgliedern, mit denen Sie über Facebook verbunden sind, erleben. Es mögen zwar nicht alle am gleichen Tisch sitzen, doch ein Gemeinschaftsgefühl kommt trotzdem auf.

Da Spiele so vielen Facebook-Nutzern wichtig sind, hat man dafür eine eigene Konsole geschaffen. Die Konsole für Spiele ist ganz ähnlich aufgebaut wie die eher allgemein gehaltene Konsole für Anwendungen.

✔ **Deine Spiele:** In diesem Bereich sind die Spiele in der Reihenfolge, wie Sie sie zuletzt verwendet haben, angeordnet. Für den Fall, dass Sie ein Spiel gespielt und dafür kein Lesezeichen angelegt haben, es aber schnell wieder aufsuchen möchten, ist diese Stelle hervorragend geeignet.

✔ **Spiele deiner Freunde:** Hier werden ein paar Freunde und ihre vor Kurzem gespielten Spiele gezeigt. Sie können also erkennen, welche davon beliebt, interessant oder reizvoll für Sie sind.

✔ **Empfohlene Spiele:** Rechts auf der Seite sehen Sie Spiele, die Facebook besonders herausstellen möchte. Häufig handelt es sich hier um die beliebtesten, die die Plattform zu bieten hat. Anders gesagt: Diese Stelle eignet sich, um nach neuen Spielen Ausschau zu halten.

 Ja, klar, es klingt albern, doch Spiele auf Facebook können extrem süchtig machen. Wir könnten Ihnen jetzt sagen, wie viel Zeit uns beim Schreiben dieses Kapitels flöten gegangen ist, weil wir das Spiel »FrontierVille« entdeckt haben und wieder unserem alten Laster, dem Spiel »Typing Maniac«, verfallen sind. Doch das wäre zu blamabel für uns. Der Hinweis möge genügen, dass Sie nicht vergessen sollten, hin und wieder zu duschen und sich umzuziehen.

Wie man eine vertrauenswürdige Anwendung erkennt

Beim Erkunden der Konsolen und anderer Anwendungen werden Sie regelmäßig mit ZULASSEN- und ANFRAGE FÜR GENEHMIGUNG-Bildschirmansichten Bekanntschaft machen. Bevor Sie auf diese Schaltflächen klicken, sollten Sie sicher sein, dass Sie der entsprechenden Anwendung vertrauen können. Um das herauszufinden, besuchen Sie am besten die Facebook-Seite der Anwendung. Klicken Sie dazu auf ihren Namen.

Auf der Facebook-Seite einer Anwendung finden Sie jede Menge Informationen, die Ihnen einen besseren Einblick darüber verschaffen, ob die vorliegende Anwendung anständig mit Ihren Daten und Freunden umgehen wird. Sie möchten ja schließlich keine Anwendungen nutzen, die Ihre Fotos auf unerwünschte Weise verwendet und die Ihren Freunden bei der geringfügigsten Handlung Ihrerseits unerwünschte Beiträge zuschickt. Auf Folgendes sollten Sie achten:

✔ **Sie wird von Ihren Freunden verwendet:** Das erste Anzeichen für eine gute Anwendung besteht darin, dass sie von Ihren Freunden genutzt wird. So etwas lässt für gewöhnlich darauf schließen, dass sie amüsant, nützlich und allgemein gut ist. Um das mal klarzustellen: Wenn wir von Ihren Freunden sprechen, meinen wir in diesem Fall jene, *mit denen Sie auf Facebook am meisten interagieren*. Falls dieser Typ, den Sie bloß ein einziges Mal getroffen haben (alias »der Dingenskirchens«) Ihnen eine Einladung sendet und Sie dabei denken: »Komisch, mit dem Dingenskirchens hatte ich auf Facebook ja seit ewigen Zeiten nix mehr zu tun.«), handelt es sich höchstwahrscheinlich um eine schlechte Anwendung, die sich unehrlicher Methoden bedient, um Einladungen versenden zu können.

✔ **Ihre Rezensionen klingen im Allgemeinen positiv:** Im INFORMATIONEN-Feld in der linken Spalte der entsprechenden Facebook-Seite sehen Sie die Gesamtbewertung der Anwendung. Klicken Sie außerdem auf den REZENSIONEN-Reiter. Dort finden Sie einzelne Bewertungen sowie die zugehörigen Begründungen. Eine Unmengen an Kommentaren wie »Hat meinen Freund gespammt« oder »Zu langsam« sollten für Sie Hinweis genug sein, dass Sie hier eventuell keine guten Erfahrungen machen werden.

✔ **Man hilft Ihnen auf irgendeine Art weiter:** Sei es durch einen Häufig-gestellte-Fragen-Bereich oder durch Antworten auf Ihre Pinnwandeinträge – die Betreiber guter Anwendungen respektieren ihre Nutzer und versuchen zumindest, ihnen ein wenig weiterzuhelfen, wenn sie nicht weiterkommen. Da einige Anwendungen eventuell von Einzelpersonen in der heimischen Garage erstellt wurden, könnte die angebotene Hilfe dort zwar weniger umfangreich ausfallen als bei einer Anwendung, die von einem Großkonzern entwickelt wurde, doch es ist allein die Geste, die hier eine gute Anwendung kennzeichnet.

Anwendungen verwalten

Falls Sie jede einzelne von uns bis jetzt erwähnte Anwendung ausprobiert haben, werden Sie vielleicht feststellen, dass Ihr ANWENDUNGEN-Menü wie ein langer Lulatsch bis zum oberen Rand der Seite gewachsen ist. Das macht im Moment noch nichts, doch je nachdem, wie sehr Sie weiterhin Anwendungen nutzen und wie Ihnen die bis jetzt hinzugefügten gefallen, wird eventuell der Zeitpunkt kommen, an dem Sie etwas ändern möchten. Wenn es so weit ist, müssen Sie eine bestimmte Stelle aufsuchen: die ANWENDUNGSEINSTELLUNGEN-Seite.

Die ANWENDUNGSEINSTELLUNGEN-Seite

Auf der ANWENDUNGSEINSTELLUNGEN-Seite können Sie viele der bereits in diesem Kapitel angesprochenen Aspekte von Anwendungen verwalten. In Abbildung 13.18 sehen Sie, wie die ANWENDUNGSEINSTELLUNGEN-Seite aussieht.

Abbildung 13.18: Die ANWENDUNGSEINSTELLUNGEN-Seite

Und so gelangen Sie auf diese Seite: Wählen Sie oben rechts in der blauen Leiste im KONTO-Menü PRIVATSPHÄRE-EINSTELLUNGEN, klicken Sie dann erst unten unter ANWENDUNGEN UND WEBSEITEN auf BEARBEITE DEINE EINSTELLUNGEN und dann neben ANWENDUNGEN, DIE DU VERWENDEST auf EINSTELLUNGEN BEARBEITEN.

Standardmäßig finden Sie beim Aufsuchen der Seite die Anwendungen vor, die Sie als Letztes verwendet haben. Neben dem Namen jeder Anwendung sehen Sie zwei Links: EINSTELLUNGEN BEARBEITEN und ein kleines X. Über das X können Sie eine Anwendung vollständig entfernen. Durch einen Klick darauf werden allerdings nicht nur sämtliche zugehörigen Felder oder Reiter in Ihrem Profil, sondern auch Ihre Genehmigung dafür gelöscht. Die Anwendung kann dann also nicht mehr auf Ihre Daten zugreifen. Falls Sie die Anwendung später erneut verwenden möchten, müssen Sie noch einmal die ANFRAGE FÜR GENEHMIGUNG-Bildschirmansicht durchlaufen.

Der eigentliche Zweck der Seite liegt aber in dem kleinen EINSTELLUNGEN BEARBEITEN-Link verborgen, über den Sie auf eine Bildschirmansicht wie in Abbildung 13.19 zu sehen, gelangen.

Bei den meisten dieser Einstellungen handelt es sich um Aspekte von Anwendungen, die wir bereits angesprochen haben. Wir zählen hier also nur noch einmal kurz die Optionen auf.

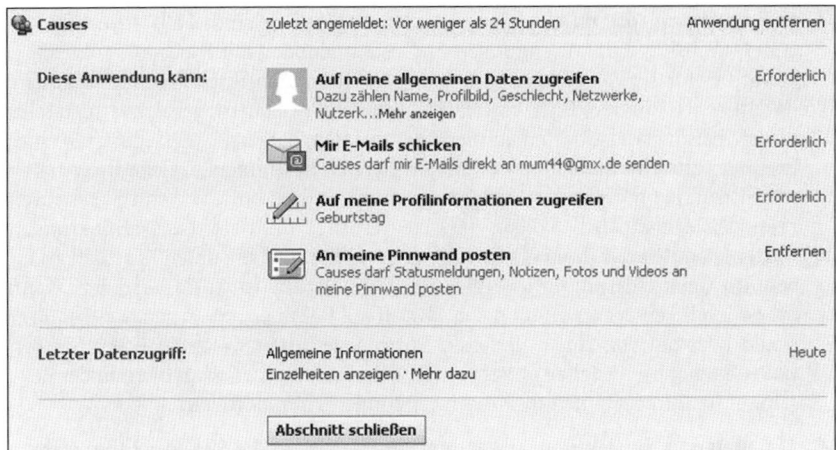

Abbildung 13.19: Die Bildschirmansicht über die Sie Einstellungen für eine Anwendung bearbeiten können.

Rechts neben dem Text DIESE ANWENDUNG KANN finden Sie Folgendes:

✔ Auf meine allgemeinen Daten zugreifen

✔ Mir E-Mails schicken

✔ Auf meine Profilinformationen zugreifen

✔ An meine Pinnwand posten

Die PRIVATSPHÄRE-Seite für Anwendungen

In Kapitel 5 gehen wir detailliert auf die PRIVATSPHÄRE-Seite für Anwendungen ein. Diese Seite besuchen Sie, um festzulegen, wie Ihre *Daten* mit Anwendungen geteilt werden. Sie können dort nicht einstellen, wie eine Anwendung sich auf Facebook *verhält*. Sie erreichen die angesprochene PRIVATSPHÄRE-Seite durch einen Klick auf PRIVATSPHÄRE-EINSTELLUNGEN im KONTO-Menü. Klicken Sie danach unterhalb von ANWENDUNGEN UND WEBSEITEN auf BEARBEITE DEINE EINSTELLUNGEN.

Für ANWENDUNGEN UND WEBSEITEN existieren fünf wesentliche Einstellungen:

✔ **Anwendungen, die du verwendest:** Dieser Bereich könnte leer sein, falls Sie sich gerade erst bei Facebook registriert haben. Hier werden alle Websites und Anwendungen aufgelistet, die Sie mit Ihrem Facebook-Profil verlinkt haben. Falls Ihnen die Funktionsweise einer Website irgendwann nicht mehr gefällt oder Ihnen nicht wohl bei der Sache ist, können Sie sie an dieser Stelle löschen.

✔ **Informationen, die durch deine Freunde zugänglich sind:** Falls Ihre Freunde andere Websites und Anwendungen im Zusammenhang mit Facebook verwenden, könnte es für sie von Nutzen sein, wenn Sie die Daten Ihrer Freunde (also Ihre Daten) sehen können. Eine Anwendung, die einen Geburtstagskalender darstellt, könnte beispielsweise darauf aufmerksam machen, dass bald der Geburtstag eines Freundes ansteht. Sie können in diesem Bereich bestimmen, welche Ihrer Daten über Freunde für Websites verfügbar gemacht werden dürfen. Wenn Sie es Ihren Freunden ermöglichen wollen, dass sie Websites für Geburtstagserinnerungen nutzen, damit sie an Ihren großen Tag denken, könnten Sie ihnen eventuell erlauben, Ihr Geburtsdatum für jene Websites freizugeben, denen sie vertrauen. Wenn Sie generell keiner Anwendung den Zugriff auf beispielsweise irgendwelche Ihrer Daten oder auf von Ihnen verfasste Notizen gestatten wollen, müssen Sie den Haken in diesem Kästchen entfernen. Ihre Freunde werden dann nicht in der Lage sein, diese Informationen in ihre Anwendungen zu importieren.

✔ **Aktivitäten in Spielen und Anwendungen:** Hier legen Sie fest, wer Ihren Namen und damit verknüpfte Anwendungen auf seinen Konsolen für Anwendungen und Spiele sehen kann.

✔ **Umgehende Personalisierung:** Wie bereits angesprochen, wird über die UMGE-HENDE PERSONALISIERUNG Ihr Facebook-Konto umgehend mit Partnerwebseiten verknüpft. Falls Sie nicht möchten, dass Facebook so etwas in Ihrem Namen erlaubt, können Sie es an dieser Stelle deaktivieren.

✔ **Öffentliche Suche:** Dieser Bereich bezieht sich auf die eingeschränkte Ansicht Ihres Profils, das jeder sehen kann, der Ihren Namen in eine externe Suchmaschine wie etwa Google eingibt. Ihr öffentlicher Sucheintrag zeigt einen Teil der Inhalte, die Sie für die Allgemeinheit freigegeben haben.

Festlegen, welche Inhalte von Freunden Sie sehen

Sie kennen das: Sie haben da diese Tante, die bei Familienfeiern immer mit einem verrückten Hut auf dem Kopf auftaucht und die ihre Meinung über jedermann immer ein kleines bisschen zu lautstark zum Besten gibt. Mehr als ein Familienmitglied hat wohl schon ihrem Vortrag über die Vorteile großer Mengen fantastischer Nahrungsergänzungsmittel gelauscht und dazu einfach nur: »Jedem das Seine« geantwortet. Ebenso könnten Sie einige Facebook-Freunde haben, die im Hinblick auf Anwendungen einfach einen anderen Geschmack als Sie haben. Vielleicht nutzen diese Personen ja eine Unmenge an Quiz-Anwendungen, die Ihre Startseite mit Informationen überfluten, die Ihnen nicht besonders viel sagen. Oder vielleicht fordern sie Sie ständig zu Scrabble-Duellen auf, doch Sie haben das Spiel seit damals, als Sie ein Wort gelegt haben, das auf zwei »Dreifacher Wortwert«-Feldern lag, nicht mehr gespielt, weil Sie wussten, Sie würden das nie mehr überbieten können. Befolgen Sie die professionellen Tipps unten, um Ihr Facebook so zu gestalten, wie Sie es möchten.

Die optimale Vorgehensweise für Entwickler

Falls Sie Entwickler sind und mit dem Gedanken spielen, irgendeine Anwendung für Facebook zu erstellen, ist dies der beste Ratschlag, den wir Ihnen geben können: Verhalten Sie sich vorbildlich gegenüber Ihren Nutzern. Sie möchten, dass wir hier genauer werden? Gut, hier kommen einige Tipps:

✔ **Spammen Sie nicht.** Nutzer hassen Spam. Wenn sie Spam mit Ihrer Anwendung assoziieren, werden sie wahrscheinlich auch Ihre Anwendung hassen.

✔ **Erstellen Sie etwas Nützliches.** Facebook wird genutzt, um mit Freunden in Kontakt zu bleiben und um an Daten über andere zu kommen. Je nützlicher Ihre Anwendung ist, desto eher wird sie sich schnell verbreiten.

✔ **Beachten Sie den sozialen Aspekt.** Facebook wird genutzt, um in Kontakt zu bleiben und um auf neuartige Weise mit Freunden und Familienmitgliedern zu interagieren. Ihre Anwendung wird sich schnell verbreiten, wenn sie einen sozialen Aspekt mit sich bringt. Nutzer möchten sich mit ihren Freunden verbinden – eröffnen Sie ihnen neue Möglichkeiten, dies zu tun.

✔ **Geben Sie genau an, was passieren wird.** Es ist ungemein wichtig, dass die Nutzer verstehen, auf was sie sich einlassen, wenn sie Ihre Anwendung hinzufügen und damit interagieren. Täuschen lässt sich niemand gerne.

✔ **Behalten Sie die Konkurrenz im Auge.** Da viele Leute für die Facebook-Plattform entwickeln, sollten Sie Ihre Anwendung von ähnlichen Anwendungen abheben. Bemühen Sie sich, die bestmögliche Zusammenstellung an Features für die Anwendung zu bieten.

✔ **Hören Sie Ihren Nutzern zu.** Facebook-Nutzer geben ihre Meinung leidenschaftlich gerne lautstark zum Ausdruck. Nutzen Sie diesen Umstand zu Ihrem Vorteil. Lesen Sie sich die Rezensionen und Diskussionen auf der Facebook-Seite Ihrer Anwendung durch, nehmen Sie die dortigen Vorschläge ernst und antworten Sie, sofern möglich, auf negative Beiträge.

✔ **Achten Sie auf Verlässlichkeit und Schnelligkeit.** Ganz egal, wie gut Ihre Anwendung ist: Wenn ein Nutzer ständig eine »Wegen Wartungsarbeiten nicht verfügbar«-Meldung zu sehen bekommt oder 30 Sekunden warten muss, bis eine Seite geladen hat, wird er diese Anwendung nicht mehr verwenden. Investieren Sie Zeit und Mühe in die Planung, wie Sie möglichst schnell Ihre Nutzerzahl vergrößern.

✔ **Anwendungen blockieren:** Wenn Sie eine Anwendung als anstößig empfinden oder diese Ihnen Einladungen sendet, können Sie sie auf Ihrer Seite blockieren. Suchen Sie dazu unter ihrem Logo nach dem ANWENDUNG BLOCKIEREN-Link. Durch einen Klick darauf verhindern Sie, dass die Anwendung Sie auf irgendeine Weise kontaktiert. Dies gilt auch, falls Ihre Freunde sie weiterhin verwenden.

✔ **Einladungen eines Freundes ignorieren:** Erinnern Sie sich noch an diese verrückte Tante? Sie könnte Ihnen Einladungen oder Anfragen von mehreren Anwendungen zum Thema »Hut« senden. Suchen Sie unterhalb der Anfrage nach einem Link, über den Sie alle Einladungen von diesem Freund ignorieren können. Sie sind dann immer noch auf Facebook befreundet, doch all die nervigen Einladungen erhalten Sie nicht mehr.

✔ **In den Neuigkeiten verbergen:** Wenn Sie beim Blick auf Ihre Startseite feststellen, dass diese von einer bestimmten Beitragsart überflutet wird, die Sie einfach nicht gerne sehen, sollten Sie das X anklicken (das Sie in der rechten oberen Ecke des Beitrags finden, wenn Sie mit der Maus drüberfahren). Sie finden dann mehrere Optionen vor. Wählen Sie die, bei der Sie alle Beiträge dieser Anwendung verbergen können. Falls all die nervigen Beiträge von derselben Person stammen, die mehrere Anwendungen nutzt, können Sie über eine weitere Option dort auch die komplette Person verbergen.

Vernetze dich von unterwegs

In diesem Kapitel

▶ Mit Handy-Uploads Momente festhalten und teilen

▶ Über Benachrichtigungen und SMS von Facebook-Handy in Verbindung bleiben

▶ Mit Facebook-Handy-Web auf dem Laufenden bleiben

▶ Besondere Facebook-Versionen für das Handy entdecken

*I*m ganzen Buch zeigen wir Ihnen, wie Facebook Beziehungen bereichern und zwischenmenschliche Interaktionen ermöglichen kann. Doch es stellt sich die Frage: Wie kann Facebook die eigenen Beziehungen bereichern, wenn man *nicht* vor seinem Computer sitzt? Im Leben gibt es unzählige Wochenenden am Strand, Spritztouren, Abende in der Stadt, Kinobesuche, Einladungen zum Abendessen und vieles mehr. Solange Sie bei solchen Aktionen Ihr Handy dabei haben, kann Facebook auch hier noch ungemein hilfreich sein.

Wir wollen Ihnen jetzt nicht vorschlagen, eine Personengruppe, mit der Sie normalerweise persönlich viel Zeit verbringen, zu ignorieren und stattdessen auf Ihrem Handy mit Facebook rumzuspielen (außer natürlich Sie wollen sie ignorieren). Wir möchten auch nicht, dass Sie sich in einer Unterrichtsstunde oder einem Meeting nicht mehr konzentrieren, weil Sie gerade Ihre Freunde anstupsen. Wir weisen Sie allerdings auf eines hin: Wenn Sie die Feinheiten von Facebook-Handy kennen, wird dies tatsächlich eine Bereicherung für alles, was Sie erleben, darstellen. Und zwar genau in dem Moment, in dem Sie es erleben. Mit Facebook-Handy können Sie Ihren Freunden stolz die neuen Fotos von Ihren Kindern präsentieren oder – für den Fall, dass sich Freunde in der Nähe aufhalten und vorbeikommen möchten – melden, in welcher Bar Sie sich gerade befinden.

Facebook-Handy dient einem ganz bestimmten Zweck: Es soll Ihnen das Leben leichter machen. Manchmal möchten Sie ganz dringend etwas wissen wie zum Beispiel eine Telefonnummer, eine Adresse oder den Anfangszeitpunkt einer Veranstaltung. Vielleicht wollen Sie auch gerade mit einer Freundin und deren Freund zum Abendessen ausgehen, doch können sich beim besten Willen nicht an seinen Namen erinnern. Vielleicht verstehen Sie sich auch gut mit einer neuen Bekanntschaft und möchten gerne herausfinden, ob dieser Jemand für einen Flirt zu haben ist, bevor Sie zu einem linkischen Gespräch über den Austausch von Telefonnummern übergehen. (Nur mal ein kleiner Hinweis: Dieses Gespräch kann *selbst dann* unangenehm sein, wenn Sie herausgefunden haben, dass Ihr Gegenüber tatsächlich Single ist. Facebook kann Ihnen ja wirklich in vielen Fällen weiterhelfen, doch nicht in jedem.)

Wir gehen in diesem Kapitel davon aus, dass Sie ein Handy besitzen und mit dessen Funktionen vertraut sind. Falls Sie keins haben, werden Sie sich, nachdem Sie dieses Kapitel gelesen haben, vielleicht eins zulegen wollen. Damit sind wirklich tolle Sachen möglich! Für FACEBOOK-SMS müssen Sie lediglich ein Handy Ihr Eigen nennen und damit SMS versenden können. Für FACEBOOK-HANDY-WEB benötigen Sie ein Handy mit einem Internetbrowser (müssen also über das Handy aufs Internet zugreifen können). Für Facebook-Anwendungen müssen Sie irgendeins der verschiedenen Arten von Handys besitzen, die momentan von Facebook unterstützt werden.

Sag mal, klingelt bei Dir gerade Facebook-Handy-Web?

In vielerlei Hinsicht kann der zusätzliche Gebrauch eines Handys Ihr bloßes Facebook-Erlebnis am Computer noch steigern. In diesem ersten Abschnitt erklären wir Ihnen, wie Sie bei Facebook, auch wenn Sie nicht direkt vor dem Computer sitzen, mühelos Informationen hinzufügen und abrufen können. Diese Funktionen eignen sich hauptsächlich für Personen, die das meiste auf Facebook über den Computer erledigen, doch gelegentlich auch ihr Handy dafür verwenden. In den Abschnitten weiter hinten besprechen wir, wie Sie den Großteil von Facebook erleben können, ohne sich jemals über einen Desktop-Computer oder ein Laptop anmelden zu müssen.

Erste Schritte

In diesem Kapitel erfahren Sie so gut wie alles, was Sie wissen müssen, um Facebook über ein Handy zu nutzen. Falls Sie aber doch mal Fragen dazu haben, sich zwar in der Nähe eines Computers befinden, dieses Buch hier aber *nicht* griffbereit haben, können Sie die Seite www.facebook.com/mobile besuchen. Dort finden Sie im Grunde die gleichen Informationen. Um die ersten Schritte mit Facebook-Handy zu unternehmen, müssen Sie als Erstes auf der KONTOEINSTELLUNGEN-Seite Ihre Telefonnummer eingeben und bestätigen:

1. **Wählen Sie in der großen, blauen Leiste am oberen Bildrand oben rechts im KONTO-Menü KONTOEINSTELLUNGEN. Dadurch gelangen Sie auf die KONTOEINSTELLUNGEN-Seite.**

2. **Klicken Sie auf den HANDY-Reiter.**

3. **Klicken Sie unterhalb von HANDY AKTIVIEREN auf REGISTRIERE DICH FÜR FACEBOOK-SMS und befolgen Sie die Anweisungen, um Ihr Handy zu aktivieren.**

 Falls Ihr Mobilfunkanbieter in der Drop-down-Liste nicht aufgeführt ist, sind einige Funktionen von Facebook-Handy für Sie nicht verfügbar.

Sobald Sie Ihr Handy aktiviert und es zur Hand genommen haben, ist Ihr Facebook-Handy-Erlebnis größtenteils zum Greifen nah.

Handy-Uploads

Wir zeigen Ihnen in diesem Abschnitt, wie Sie lediglich einen magischen Moment damit verbringen müssen, um die wahren magischen Momente des Lebens einzufangen, zu speichern und zu veröffentlichen.

Man findet drei Arten von Leuten bei gesellschaftlichen Veranstaltungen. Einmal diejenigen, die komplette Sammelalben basteln und die auf keiner Versammlung jemals ohne ihre ausgefallene, mit allem Schnick-Schnack ausgerüstete Kamera auflaufen würden. (Man erkennt sie gleich, weil sie einem ganz oft »Cheese!« oder manchmal »Gib dich ganz natürlich!« sagen.) Dann gibt es noch den Typ, der eigentlich nie vorhat, Fotos zu machen, doch der, wenn das Geburtstagskind die Kerzen ausbläst, der Gastgeber sich mit Wein bekleckert oder jemand mit einem urkomischen Spruch auf dem T-Shirt hereinschneit, gleich mit seinem minderwertigen Foto-Handy zur Stelle ist. (Schließlich kann man auch mit so etwas ein Foto machen, oder etwa nicht?) Und zu guter Letzt findet man noch diejenigen, die keine Fotos machen, obwohl in ihren Handys eine Kamera eingebaut ist und die der Meinung sind: »Wozu sollte denn ein Foto auf einem Handy gut sein?« (Und wie geht es jetzt weiter?)

Allen, die gerne komplette Sammelalben basteln, empfehlen wir die Facebook-Anwendung FOTOS. Schließen Sie nach dem geselligen Beisammensein Ihre Kamera an einen gewöhnlichen Computer an, löschen Sie die peinlichen Aufnahmen und laden Sie den Rest in ein Fotoalbum hoch. Falls Sie allerdings zu dem oben beschriebenen Typ zwei oder Typ drei gehören, sollten Sie sich mal mit dem Thema Facebook-Handy-Fotos vertraut machen. Bei Handy-Fotos bleibt keine Zeit zum Löschen, Bearbeiten oder spätere Zweifel. Handy-Fotos ermöglichen eine sofortige Dokumentation.

Und so laden Sie ein Handy-Foto hoch:

1. **In Ihrem Handy muss eine Kamera eingebaut sein und Sie müssen wissen, wie man damit ein Foto macht beziehungsweise ein Video filmt.**

   Falls Sie unsicher sind, lesen Sie sich am besten die Bedienungsanleitung Ihres Handys durch oder fragen einfach irgendeinen Jugendlichen. Leah Pearlman hätte da ein paar Neffen, die Sie sich dafür ausleihen könnten.

2. **Besuchen Sie die Seite** `www.facebook.com/mobile` **und halten Sie unterhalb von** PER E-MAIL HOCHLADEN **nach einer personalisierten E-Mail-Adresse Ausschau.**

   Über diese E-Mail-Adresse, die die Struktur `edgy329haulerm.facebook.com` hat, können Sie Fotos von Ihrem Handy in Ihr Profil hochladen. Alternativ können Sie auch auf SCHICK MIR MEINE HOCHLADE-E-MAIL-ADRESSE JETZT ZU klicken. In dem daraufhin erscheinenden Dialogfeld können Sie angeben, ob Facebook Ihnen diese Adresse per E-Mail oder per SMS an Ihr Handy senden soll. In beiden Fällen sollten Sie diese persönliche E-Mail-Adresse aber zu den Kontakten in Ihrem Handy hinzufügen, damit Sie in Zukunft reibungslos Nachrichten versenden können.

3. **Warten Sie ab, bis etwas Urkomisches passiert und machen Sie dann davon ein Foto oder drehen Sie ein Video.**

4. **Senden Sie eine E-Mail an die Adresse, die bei Ihnen gerade angegeben wurde und hängen Sie dort das Foto oder das Video an.**

   Formulieren Sie die Betreffzeile mit Bedacht, denn sie wird als Bildunterschrift verwendet. *Beachten Sie:* Falls Sie mit Ihrem Handy keine E-Mails versenden können, es aber MMS-fähig ist (das steht für Multimedia Messaging Service; man kann damit Audio-Nachrichten, Videos, Fotos und formatierte Texte als rtf-Datei versenden), können Sie Ihre Handy-Fotos oder -Videos an mobilefacebook.com schicken.

5. **(Wenn Sie möchten) Um Ihre Handy-Fotos zu bearbeiten oder zu ändern, müssen Sie bei Ihren Fotoalben auf das HANDY-UPLOADS-Album klicken. Um ein Video zu ändern, besuchen Sie die VIDEO-Anwendung und bearbeiten es dort.**

Bitte beachten Sie, dass die Sichtbarkeit Ihrer Handy-Uploads standardmäßig auf ALLE eingestellt ist. Dies können Sie ändern, indem Sie entweder über den FOTOS-Reiter Ihres Profils das HANDY-UPLOADS-Album oder links auf Ihrer Startseite über das ANWENDUNGEN-Menü die VIDEO-Anwendung aufsuchen und dort die gewünschte Privatsphäre einstellen.

SMS

Sie sind unterwegs und merken, dass Sie eine bestimmte Telefonnummer benötigen, die nicht auf Ihrem Handy gespeichert ist. Was machen Sie? Einen gemeinsamen Bekannten anrufen? Was, wenn er nicht rangeht? Die Auskunft? Was, wenn es in Ihrer Stadt 15 Personen mit dem Namen Hans Müller gibt? In solchen Fällen und verschiedenen anderen Situationen senden Sie eine *SMS*, auch Textnachricht genannt, an die 2665 (BOOK). Darin muss ein Code-Wort enthalten sein, an dem Facebook erkennt, auf welche Informationen Sie zugreifen möchten. Anhand eines bestimmten Wortes kann Facebook beispielsweise erkennen, dass Sie versuchen, auf eine Handynummer zuzugreifen. Das Ergebnis Ihrer Anfrage wird Ihnen per SMS an Ihr Handy gesandt.

FACEBOOK-SMS ist momentan definitiv in den USA und Kanada verfügbar. In Deutschland funktioniert es auch teilweise. FACEBOOK-SMS funktioniert auf jedem Handy, das Textnachrichten senden und empfangen kann und dessen Mobilfunkanbieter von Facebook unterstützt wird. Ob der Ihres Handys dazu gehört, sehen Sie bei der Registrierung für diesen Dienst. Dort sollte er in der Drop-down-Liste enthalten sein. Facebook berechnet Ihnen nie etwas für Nachrichten, die Sie versenden. Bei Ihrem Mobilfunkanbieter könnte dies allerdings der Fall sein. Sehen Sie sich also noch einmal Ihren Tarif an, damit Sie wissen, was bei der nächsten Rechnung auf Sie zukommt.

Was brummt denn da so?

Ein altes Sprichwort besagt: Wenn dir die Nase juckt, denkt jemand an dich. (Vielleicht bedeutet es aber auch nur, dass Sie eine Allergie haben.) Hier kommt eine leichte Abwandlung: Wenn Ihr Handy anfängt zu vibrieren, denkt irgendwo irgendjemand an Sie. Haben Sie FACEBOOK-SMS aktiviert, werden Sie benachrichtigt, wenn jemand Sie anstupst, Ihnen auf Facebook eine Nachricht sendet, Ihre Fotos oder Notizen kommentiert, an Ihre Pinnwand schreibt oder Ihnen eine Freundschaftsanfrage sendet.

Um FACEBOOK-SMS zu aktivieren, wählen Sie auf der KONTOEINSTELLUNGEN-Seite den HANDY-Reiter, klicken auf der nächsten Seite auf den REGISTRIERE DICH FÜR FACEBOOK-SMS-Link und befolgen die Anweisungen.

Facebook-Handy-Web nutzen

Ist Ihnen schon mal aufgefallen, dass manche Dinge kleiner sind als andere? Kaninchen sind kleiner als Elefanten. Spielzeugautos sind kleiner als echte Autos. Und die Tatsache, dass Ihr Handy kleiner als Ihr Computer ist? Wenn Ihnen _das_ nicht aufgefallen ist, haben Sie definitiv noch nie versucht, über Ihr Handy aufs Internet zuzugreifen.

Es kann ganz schön schwierig sein, sich eine Webseite auf einem Handy anzusehen, weil all die Daten, die normalerweise über die gesamte Breite des Monitors verteilt werden, dort in eine winzige Spalte gepackt werden müssen. Auch Facebook ist da keine Ausnahme. Daher lautet der erste Tipp in diesem Abschnitt: Besuchen Sie über Ihr Handy niemals die Seite www.facebook.com. Sie würden es bereuen.

Aber keine Angst, es gibt noch eine andere Methode, fast den ganzen Spaß auf Facebook direkt in der Hand- oder Hosentasche mit sich herumzutragen. Öffnen Sie auf Ihrem Handy Ihre Browser-Anwendung und suchen Sie die Seite m.facebook.com auf – ein komplett neues Fenster innerhalb von Facebook, das speziell für winzige Bildschirme ausgelegt ist.

Falls Sie ein iPhone oder eins der anderen besonderen Handy-Modelle verwenden, werden Sie durch die Eingabe von www.facebook.com direkt auf die Seite iphone.facebook.com weitergeleitet, auf die wir detailliert etwas weiter hinten zu sprechen kommen.

Bei Ihrem ersten Besuch der Seite m.facebook.com werden Sie gebeten, sich anzumelden. Danach werden Sie nie wieder (oder fast nie mehr) Ihre Zugangsdaten erneut eingeben müssen, sollten Sie Ihre Sitzung nicht absichtlich durch ABMELDEN beendet haben. Verleihen Sie Ihr Handy also nur an Personen, denen Sie vertrauen.

Falls Sie die Website von FACEBOOK-HANDY-WEB regelmäßig aufsuchen wollen, raten wir Ihnen zu einer Flatrate, bei der Sie gegen einen Festpreis so viel Zeit wie Sie möchten im Handy-Web verbringen können. Die Website von FACEBOOK-HANDY-WEB ist fast ebenso umfangreich und lebendig wie die Computerversion. Man kann dort leicht Stunden zubringen, und falls man pro Minute zur Kasse gebeten wird, dort auch leicht seine Ersparnisse verprassen.

Die Startseite von Facebook-Handy

Nachdem Sie sich angemeldet haben, sehen Sie die Handy-Version der Startseite von Facebook. Obwohl der Aufbau dieser Version an den Aufbau der normalen Website angelehnt ist, findet man einige auffällige Unterschiede. Einige Unterschiede existieren lediglich aus Platzgründen. Die Handy-Version der Website muss sozusagen direkt auf den Punkt kommen und Ihnen gleichzeitig Gelegenheit geben, Näheres über ein bestimmtes Thema zu erfahren. Auf der Startseite von FACEBOOK-HANDY finden Sie beispielsweise nur fünf anstelle von 25 Meldungen in den Neuigkeiten. Wenn Sie möchten, können Sie sich noch weitere anzeigen lassen. Sie werden allerdings Daumenschmerzen kriegen, wenn Sie durch 25 dieser Meldungen hindurchscrollen müssen, bis Sie unten bei einem der Links angekommen sind.

Die anderen Unterschiede kommen zustande, weil Nutzer, die ein Handy verwenden, häufig andere Bedürfnisse haben als Nutzer, die einen Computer verwenden. Wenn Sie beispielsweise das Profil eines Freundes besuchen, erblicken Sie dort als eine der ersten Informationen seine Telefonnummer (falls er diese angegeben hat), da man Personen, nach denen man in einem Handy sucht, möglicherweise anrufen möchte.

Um sich weiter in das Thema dieses Abschnitts zu vertiefen, können Sie über Ihren Webbrowser die Seite m.facebook.com aufsuchen. Stellen Sie sich einfach vor, der Inhalt würde auf einem Display erscheinen, das nur ein Zehntel der Größe des Bildschirms hätte.

In Abbildung 14.1 sehen Sie die Seite von FACEBOOK-HANDY. Wir gehen in diesem Abschnitt detailliert darauf ein, was Sie auf der Startseite von FACEBOOK-HANDY vorfinden und besprechen die anderen Seiten in den folgenden Abschnitten.

Über m.facebook.com sehen Sie Folgendes auf Ihrer Startseite von FACEBOOK-HANDY:

✔ **Startseite, Profil, Freunde, Postfach:** Dies sind die hauptsächlichen Navigationselemente, die Sie im Handy-Web oben auf jeder Seite sehen. Über STARTSEITE gelangen Sie wieder auf die Seite, die Sie nach der Anmeldung sehen. PROFIL führt Sie auf Ihr eigenes Profil, FREUNDE zu einer Auflistung Ihrer Freunde und POSTFACH zu Ihren schriftlichen Nachrichten.

✔ **Neue Nachrichten oder Benachrichtigungen:** Wenn Sie die Handy-Version der Website besuchen, sehen Sie ganz oben auf der Seite, ob irgendwelche ungelese-

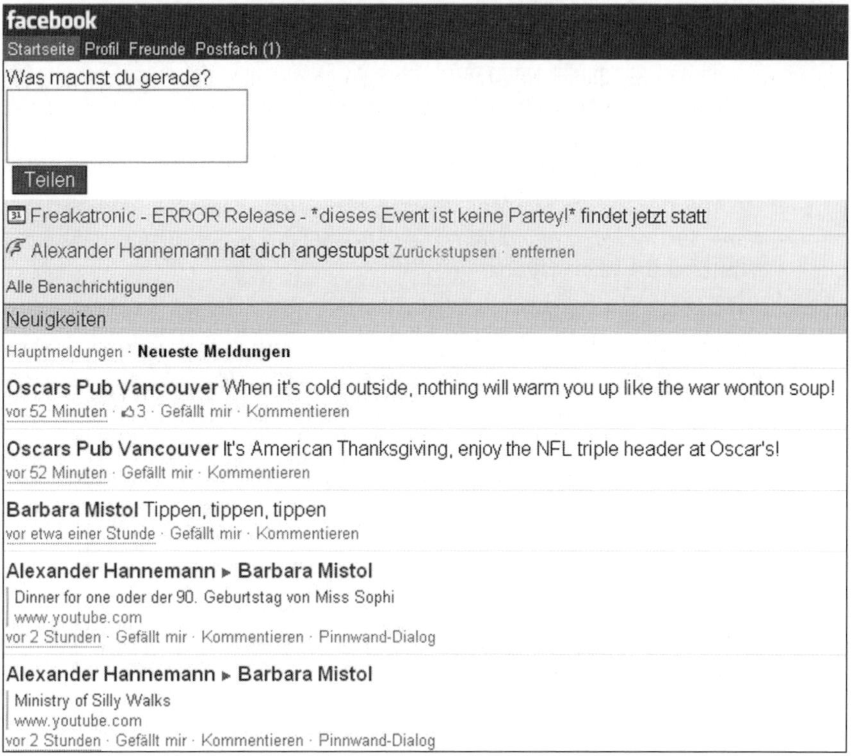

facebook

Startseite Profil Freunde Postfach (1)

Was machst du gerade?

[Teilen]

🗓 Freakatronic - ERROR Release - *dieses Event ist keine Partey!* findet jetzt statt

⨀ Alexander Hannemann hat dich angestupst Zurückstupsen · entfernen

Alle Benachrichtigungen

Neuigkeiten

Hauptmeldungen · **Neueste Meldungen**

Oscars Pub Vancouver When it's cold outside, nothing will warm you up like the war wonton soup!
vor 52 Minuten · 👍3 · Gefällt mir · Kommentieren

Oscars Pub Vancouver It's American Thanksgiving, enjoy the NFL triple header at Oscar's!
vor 52 Minuten · Gefällt mir · Kommentieren

Barbara Mistol Tippen, tippen, tippen
vor etwa einer Stunde · Gefällt mir · Kommentieren

Alexander Hannemann ➤ Barbara Mistol
Dinner for one oder der 90. Geburtstag von Miss Sophi
www.youtube.com
vor 2 Stunden · Gefällt mir · Kommentieren · Pinnwand-Dialog

Alexander Hannemann ➤ Barbara Mistol
Ministry of Silly Walks
www.youtube.com
vor 2 Stunden · Gefällt mir · Kommentieren · Pinnwand-Dialog

Abbildung 14.1: Die Startseite von Facebook-Handy

nen Nachrichten, Veranstaltungen oder Benachrichtigungen vorliegen. Diese Links werden nur angezeigt, wenn etwas für Sie vorliegt. Falls Sie eine neue Nachricht haben, dürfen Sie nicht vergessen, dass der Link mit dem Namen des Absenders immer mit seinem Profil verknüpft ist. Achten Sie also darauf, das Wort *Lesen* anzuklicken, wenn Sie direkt zu der Nachricht gelangen möchten.

✔ **Was machst du gerade?** Wenn Sie Facebook über Ihr Handy besuchen, werden Sie in dem Moment wahrscheinlich gerade nicht zuhause in Ihrem häuslichen Arbeitszimmer, am Arbeitsplatz oder in der Schule oder Hochschule sitzen. Vielleicht sind Sie zum Wahlhelfer bestellt worden und können gerade nicht weg oder befinden sich auf einem Junggesellinnenabschied oder stehen für die Achterbahn an (Huiii!). Facebook macht es Ihnen sehr leicht, Neuigkeiten genau in dem Moment zu verbreiten, in dem Sie etwas erleben, es andere wissen lassen möchten oder wollen, dass man sich mit Ihnen trifft.

✔ **Bevorstehende Veranstaltungen:** Falls Sie Einladungen zu Veranstaltungen erhalten (und nicht dafür abgesagt) haben, die innerhalb der nächsten drei Tage stattfinden, finden Sie die wichtigsten Daten dazu an dieser Stelle. Sollten innerhalb der nächsten drei Tage keine Veranstaltungen stattfinden, erscheint dieser Abschnitt auch nicht in der Handy-Version der Website. Um Ihre eigenen Veranstaltungen anzusehen, müssen Sie anders vorgehen. Wir erklären Ihnen später, wie es geht.

- _Name der Veranstaltung:_ Durch einen Klick auf diesen Schriftzug erfahren Sie mehr über die Veranstaltung.

- _Ort:_ Ein unglaublich nützlicher Punkt, falls Ihnen die Adresse des Veranstaltungsorts entfallen ist.

- _Zeit:_ Durch die Zeitangabe vermeiden Sie es, zu früh oder zu spät einzutreffen. Eine feine Sache, denn beides ist peinlich.

✔ **Geburtstage:** Falls Sie Freunde haben, die innerhalb der nächsten drei Tage Geburtstag feiern (und die das Geburtsdatum in ihren Profilen angegeben haben), wird der große Tag jeweils auf der Startseite von Facebook-Handy angezeigt. Erscheint dort kein Name, können Sie das Geschenkpapier erst mal wieder wegpacken ... zumindest für den Moment.

✔ **Neuigkeiten:** Hier finden Sie die neuesten Meldungen, die Sie auch auf Ihrem Computer sehen würden. Um Platz zu sparen, enthalten die Meldungen etwas weniger Text als gewohnt. Wenn Sie auf eine Meldung klicken, erfahren Sie mehr darüber. Um alle Meldungen lesen zu können, müssen Sie unten im NEUIGKEITEN-Bereich auf WEITERE MELDUNGEN ANZEIGEN klicken.

✔ **Lesezeichen:** An dieser Stelle befinden sich noch weitere Navigationselemente, die zu Seiten führen, die Sie wahrscheinlich aufsuchen möchten: BENACHRICHTIGUNGEN, GRUPPEN, MEINE SEITEN, VERANSTALTUNGEN, FOTOS und so weiter.

✔ **Suche:** Das Suchfeld auf der Handy-Version der Website soll Ihnen die Personensuche erleichtern. Wenn Sie Text eintippen, werden in den Suchergebnissen zuerst Ihre Freunde, dann Personen aus Ihrem Netzwerk und schließlich alle anderen angezeigt. Von Ihrem Handy aus können Sie keine komplette Suche durchführen oder die Ergebnisse durchsuchen. Sie finden lediglich das Suchfeld. Meistens ist dies aber ausreichend.

✔ **Bottom-Links:** Genau wie bei den Bottom-Links auf der normalen Website finden Sie hier ein Sammelsurium anderer Themen.

- _Freunde finden:_ Für den Fall, dass Sie sich bei Ihrem Facebook-Handy-Erlebnis noch ein wenig einsam fühlen, können Sie jederzeit losziehen und nach mehr Freunden Ausschau halten.

- *Einstellungen:* An dieser Stelle können Sie Ihr Einverständnis für die Nutzung von Anwendungen erklären, die Sie auf Ihrem Handy verwenden möchten. Die Liste enthält alle Anwendungen, die Sie Ihrem Profil hinzugefügt haben. Nicht alle Anwendungen sind Handy-fähig, doch wenn Sie das Kästchen neben einer Anwendung markieren, werden Sie über Ihr Handy darauf Zugriff erhalten, sobald diese Mobiltelefone unterstützt.

- *Hilfe:* Auf der Handy-Version der Website ist die Bezeichnung eigentlich irreführend, denn hier handelt es sich eher um eine ÜBER-Seite, auf der die Vorteile des Facebook-Handy-Web verdeutlicht werden. Wir raten der Firma Facebook, diese Seite auf den neuesten Stand zu bringen, damit sie wirklich hilfreich wird.

- *Abmelden:* Nur an dieser Stelle können Sie Ihre per Handy vorgenommene Facebook-Sitzung beenden. Falls Ihr Handy noch von jemand anderem verwendet wird, empfehlen wir Ihnen, sich immer abzumelden.

Vorschau auf das Profil bei Facebook-Handy

Profile im Facebook–Handy-Web sind anders aufgebaut als die Profile auf der normalen Website. Wie bereits im Abschnitt oben erwähnt, könnten in Ihrem Profil viele Informationen zu bestimmten Anwendungen fehlen. Darüber hinaus sind sie von der Struktur her so angeordnet, dass die von Ihnen gesuchten Daten ganz weit oben stehen. Wenn Sie irgendein Profil im Facebook–Handy-Web aufrufen, finden Sie die gebräuchlichsten und umsetzbarsten Informationen vor.

Der Zugriff auf Profile im Facebook–Handy-Web funktioniert genauso wie der auf der normalen Website: Wenn Sie sich Ihr Profil über die Handy-Version ansehen, sind alle Informationen für Sie sichtbar, doch das bedeutet nicht, dass sie für alle freigegeben sind. Andere Nutzer haben nur auf die Bereiche Zugriff, die Sie in den Privatsphäre-Einstellungen auf der normalen Website ausgewählt haben:

✔ **Statusmeldung:** Ganz oben im Profil eines Nutzers neben seinem Namen finden Sie eine Statusmeldung und die Uhrzeit, als diese veröffentlicht wurde. Wenn Sie sehen, dass Ihr Freund»Bin bei Starbucks, kommt vorbei« geschrieben hat, kann der nebenstehende Zeitstempel wirklich nützlich sein, da Sie dann wissen, ob er die Meldung vor einer Minute oder vor vier Tagen hinzugefügt hat. Sie können außerdem feststellen, wie viele Leute diese Statusmeldung kommentiert oder dabei auf GEFÄLLT MIR geklickt haben und können diese Zahl erhöhen, indem Sie dasselbe tun.

✔ **Profilbild:** Darunter wird das aktuelle Profilbild angezeigt. Wenn Sie darauf klicken, werden Sie auf eine Seite weitergeleitet, auf der in der Vergangenheit verwendete Profilbilder zu sehen sind.

✔ **P**INNWAND**-Reiter:** Dieser Reiter ist derselbe wie der in Ihrem Profil auf der normalen Facebook-Website. Wenn Sie sich Ihr eigenes Profil oder das eines Freundes
ansehen, landen Sie standardmäßig auf diesem Reiter. Betrachten Sie dagegen das
Profil eines anderen Facebook-Nutzers müssen Sie unterhalb des Profilbildes auf
den P**INNWAND**-Reiter klicken, um zur Pinnwand zu gelangen. Auf dem P**INNWAND**-
Reiter werden Ihnen die letzten paar Meldungen, die diese Person (oder Sie, falls
Sie sich gerade Ihr eigenes Profil ansehen) zu ihrem Profil hinzugefügt hat, angezeigt.

✔ **I**NFO**-Reiter:** Um den I**NFO**-Reiter sehen zu können, müssen Sie wahrscheinlich
unterhalb des Profilbildes auf den entsprechenden Link klicken. Dort werden
Ihnen dieselben Informationen wie auf dem I**NFO**-Reiter dieser Person auf der normalen Website angezeigt. Lediglich die Reihenfolge wurde für den Handy-
Gebrauch passend verändert. Die Kontaktinformationen sind im I**NFO**-Reiter ganz
oben zu finden, denn wenn man auf seinem Handy nach jemandem sucht, wird
man meist die Telefonnummer oder Adresse herausfinden wollen. Hat der Betreffende hier seine Telefonnummer angegeben, können Sie sie anklicken, um den
Anruf zu tätigen. Danach sehen Sie all die anderen Daten, die derjenige eventuell
zu seinem Profil hinzugefügt hat. Das könnten Netzwerke, Informationen aus
dem A**LLGEMEINES**-Bereich, Lieblingsdinge und frühere Schulen, Hochschulen oder
Arbeitgeber sein.

✔ **Komplette Freundesliste und andere Reiter:** Unterhalb der wichtigsten Inhalte
des fremden Profils sehen Sie – je nach gewählter Privatsphäre-Einstellung –
eventuell die Freunde dieser Person und finden möglicherweise im Profil vorhandene Reiter wie etwa F**OTOS** zum Anklicken vor.

Komplette Freundesliste bei Facebook-Handy

Der F**REUNDE**-Link führt Sie zu einer Auflistung derjenigen Freunde, die zuletzt ihren
Status aktualisiert haben. Der Grund für diese standardmäßige Einstellung ist dieser:
Wenn Sie unterwegs sind (und Ihr Handy nutzen), erfahren Sie praktischerweise, wo
sich alle anderen herumtreiben. Ganz oben und ganz unten auf der Seite finden Sie
noch ein paar Filter, mit denen Sie Ihre Freunde genauer betrachten können:

✔ **Aktualisiert:** Standardmäßig zeigt Ihnen Ihr Handy diejenigen Freunde an, die als
Letztes ihr Profil aktualisiert haben. Was genau sich bei jedem Freund geändert
hat, wird in gelb unterstrichen.

✔ **Telefonbuch:** Hier werden aus Ihrer kompletten Freundesliste diejenigen herausgefiltert, die in ihrem Profil eine Telefonnummer angegeben haben.

✔ **Seiten:** Dieser Reiter zeigt Seiten, bei denen Sie auf G**EFÄLLT MIR** geklickt haben, in
alphabetischer Reihenfolge an.

✔ **Alle:** Hier finden Sie eine Liste Ihrer Freunde in alphabetischer Reihenfolge, über die Sie deren Profile besuchen können. Genau wie bei einer normalen Facebook-Suche können Sie Ihren Freunden an dieser Stelle Nachrichten senden, ohne erst ihr Profil aufsuchen zu müssen.

✔ **Personen, die du vielleicht kennst** *(unten auf der Seite)*: Die Personen, die hier angezeigt werden, sind noch nicht Ihre Facebook-Freunde, könnten es aber bald werden! Es handelt sich hier um dieselbe Personengruppe, die auf Ihrem Computer auf der Startseite rechts angezeigt wird. Sie haben mit ihnen Freunde oder andere Dinge gemein und werden sie wahrscheinlich kennen und mit ihnen befreundet sein wollen. Während der Nutzung über Ihr Handy werden Sie in diesem Bereich vermutlich nicht viel Zeit verbringen. Doch wer weiß? Vielleicht wird das nächste Familientreffen ja extrem langweilig – da könnte Ihnen jede Ablenkung recht sein.

✔ **Kürzlich hinzugefügt** *(unten auf der Seite)*: Hier werden Ihre Freunde in der Reihenfolge aufgeführt, in der Sie zu Facebook-Freunden geworden sind, wobei der neueste Freund ganz oben zu sehen ist. So etwas ist praktisch, wenn Sie jemanden erst kürzlich, zum Beispiel während einer Einladung zum Abendessen geaddet haben und sich unauffällig wegschleichen möchten, um mehr über ihn zu erfahren.

Postfach bei Facebook-Handy

Das Postfach bei Facebook-Handy ist dasselbe wie das auf der normalen Website. Sie finden lediglich eine komprimierte Ansicht vor. Im Postfach bei Facebook-Handy werden Ihre Nachrichten nach der Uhrzeit angeordnet, als die letzte Nachricht eines Threads gesendet wurde. Jeder Thread enthält den Betreff, den Namen des Absenders, die Uhrzeit, als die letzte Nachricht versendet wurde, einen kurzen Ausschnitt der Nachricht und die Quicklinks ANTWORTEN, ALS UNGELESEN MARKIEREN und LÖSCHEN. Gerade der ALS UNGELESEN MARKIEREN-Link ist praktisch, denn häufig liest man eine Nachricht auf dem Handy, hat aber keine Zeit oder Lust sofort zu antworten. Markiert man die Nachricht als ungelesen, erinnert einen das später am Computer daran, dass man noch antworten muss.

 Es gibt einen gravierenden Unterschied im Aufbau des Postfachs zwischen Ihrem Handy und Ihrem Computer: Wenn Sie bei Facebook-Handy in einen Thread klicken, wird oben die neueste Nachricht und darunter ein ANTWORTEN-Feld angezeigt. Sie können herunterscrollen, um die vorherigen Nachrichten des Threads zu lesen. Im normalen Postfach ist es genau andersherum, weil es im Allgemeinen sinnvoller ist, einen Dialog von oben nach unten zu lesen. Öffnen Sie im normalen Postfach einen Thread, erscheint die älteste Nachricht ganz oben auf der Seite und die Seite scrollt automatisch nach unten zur neuesten Nachricht. Da solch ein automatisches Scrollen auf einem Handy nicht möglich ist, werden die Nachrichten in umgekehrter Reihenfolge aufgelistet.

Im normalen Postfach werden Ihre versendeten Nachrichten in einem eigenen Reiter eingeordnet. Im Postfach bei Facebook-Handy greifen Sie auf die versendeten Nachrichten zu, indem Sie im Postfach ganz nach unten scrollen und auf den GESENDET-Link klicken.

Facebook-Handy für Touchscreen-Handys

Wie bereits erwähnt, sehen Sie bei der Nutzung von Facebook über ein iPhone letzten Endes eine völlig andere Version, die speziell für Touchscreen-Handys ausgelegt ist. Da nur ein winziger Bruchteil der Nutzer Facebook über ein Handy verwendet und davon auch wiederum nur ein winziger Bruchteil dies über ein Touchscreen-Handy erledigt, berührt uns das Thema nur wenig und wir werden nur kurz darauf eingehen. (Witz verstanden? Touch – berühren. Hahaha.) Sollten Sie ein iPhone oder ein ähnliches Mobiltelefon besitzen, sind Sie a) cooler als Leah Pearlman, die sich ein solches Handy von ihrem 16-jährigen Neffen leihen musste, um sich für diesen Abschnitt schlau zu machen, und können b) alle hier genannten Infos auf Ihrem Handy nachverfolgen. Haben Sie keins, können Sie diesen Abschnitt überspringen oder auf Ihrem Computer die Seite touch.facebook.com besuchen, um zu sehen, was Ihnen entgeht.

Auch wenn Sie kein iPhone besitzen, können Sie die Facebook-Handy-Anwendung auf einem iPod touch oder anderen Geräten mit Touchscreen-Oberfläche verwenden.

Der Aufbau der Touch-Seite

Die Touch-Seite ist eigentlich ganz ähnlich wie die Computer-Version der Website aufgebaut. Sie finden allerdings nur etwa ein Zehntel der Funktionen vor. Das Schöne daran ist, dass es sich um das Zehntel der Funktionen handelt, die die meisten Leute verwenden. Sie werden die restlichen also kaum vermissen.

✔ **Startseite:** Die Startseite ist in drei Bereiche unterteilt: Neuigkeiten, Veranstaltungen und Orte. Die Neuigkeiten werden standardmäßig als Erstes gezeigt, weil es häufig angenehm ist zu wissen, was Freunde gerade im Moment machen und man sich dann treffen oder in Echtzeit austauschen kann. Auch die Veranstaltungen erscheinen an vorderster Front, da Nutzer, die von unterwegs über Ihr Handy auf Facebook zugreifen, oft gerade zu einer Veranstaltung fahren wollen oder bereits dort sind. Haben die Eingeladenen Uhrzeit, Adresse und Gästeliste einer Veranstaltung gleich zur Hand, kann das entscheidend dafür sein, dass sie auch ganz sicher zur richtigen Zeit und am richtigen Ort auftauchen.

✔ **Herausgeber:** Ebenso wie in der Computer-Version finden Sie ganz oben in den Neuigkeiten den Herausgeber, über den Sie Ihren Status aktualisieren können. Wie bereits erwähnt, ist er dort angebracht, da Nutzer, die unterwegs verrückte

Dinge erleben, meist auch verrückte Dinge mitteilen möchten. Nach Meinung Ihrer beiden Autorinnen sind Statusmeldungen, die über Facebook-Handy veröffentlicht werden, die lustigsten und nützlichsten. Gerade in diesem Moment informiert eine Statusmeldung via Facebook-Handy Leah Pearlman darüber, dass einige ihrer Freunde ein spontanes Picknick in der Nähe ihres Zuhauses veranstalten. Wenn sie nicht gerade ein Buch schreiben würde, würde sie sich ihnen anschließen.

✔ **Suche:** Oben rechts in der Ecke finden Sie ein Lupensymbol, hinter dem sich eigentlich ein Link verbirgt, über den Sie auf der Website nach Personen suchen können. Während Ihrer Eingabe wird Ihr Handy nach Übereinstimmungen suchen.

✔ **Profil:** Genau wie auf der normalen Website finden Sie im Profil den PINNWAND-, den INFO- und den FOTOS-Reiter. Jeder dieser Bereiche wird allerdings verkürzt dargestellt und zusätzliche Reiter, die Sie eventuell in Ihrem normalen Profil haben, fehlen in dieser Version der Website. Im INFO-Reiter stehen nur die wichtigsten Informationen und Kontaktdaten. Um etwas auf Ihrer Pinnwand hinzuzufügen, müssen Sie auf Ihrem Handy oben auf der Pinnwand den Herausgeber berühren und Text eingeben. Der FOTOS-Reiter zeigt Bilder, die den Inhaber des Profils zeigen oder von ihm aufgenommen wurden. Auch an dieser Stelle wird zugunsten der Lesbarkeit auf kleinen Geräten alles verkürzt dargestellt.

✔ **Freunde:** Die FREUNDE-Seite auf der Touch-Seite ist in drei Ansichten gegliedert. In der standardmäßig zuerst erscheinenden Ansicht werden Freunde in alphabetischer Reihenfolge aufgeführt.

✔ **Postfach:** Hier können Sie auf Ihre Nachrichten zugreifen. An dieser Stelle können Sie außerdem Nachrichten verfassen, löschen oder beantworten.

Fakten über Downloads bei Facebook-Handy

Die Seiten des Facebook-Handy-Webs können enorm nützlich sein, wenn Sie Facebook verwenden möchten und gerade keinen Computer griffbereit haben. Doch sie können auch enorm ... langsam sein. Die Schnelligkeit von Facebook-Handy hängt von der Schnelligkeit Ihres Handys ab und im Hinblick auf dieses Thema sind Handys wirklich noch nicht das Gelbe vom Ei. Ist Ihr Handy ein iPhone, Blackberry, Nokia, Android oder Palm, oder basiert es auf Windows Mobile, Motorola oder Sony Ericsson, können Sie Ihr Facebook-Handy-Erlebnis wahrscheinlich durch den Download einer speziellen Facebook-Anwendung, die eigens für Ihr Handy entwickelt wurde, steigern. Näheres über die einzelnen Modelle finden Sie auf der Seite `www.facebook.com/mobile` unterhalb von FACEBOOK FÜR DEIN HANDY.

Teil V

Der Top-Ten-Teil

The 5th Wave
By Rich Tennant

»Mr President, der nordkoreanische Staatsführer Kim Jong-il
hat Ihnen soeben einen SuperPoke gesendet.«

In diesem Teil ...

In den ersten Teilen des Buches beschäftigen wir uns in erster Linie mit Optionen und angenommenen Szenarien. Damit Sie auch ein paar konkrete Beispiele für das, was auf Facebook vor sich geht, kennen, kommt hier der »Top-Ten-Teil«.

Wir stellen in diesem Teil keine Behauptungen darüber auf, was auf Facebook *allererste Sahne* ist, denn jeder macht seine eigenen Erfahrungen. Wenn Sie unsere Lieblingsanwendungen ausprobieren, werden Sie allerdings feststellen können, wie sehr Ihr Geschmack unserem ähnelt. Und für den Fall, dass Ihnen irgendetwas von dem, was Sie bereits gelesen haben, entfallen ist (es stimmt, es ist eine Menge Input), nennen wir Ihnen die zehn gängigsten Fragen, die uns von Familienmitgliedern und Freunden gestellt werden.

Zehn tolle externe Anwendungen

In diesem Kapitel

▶ Typing Maniac

▶ Musik von iLike

▶ Digg

▶ Carpool von Zimride

Üblicherweise hat man sich bei Facebook immer darauf konzentriert, die gebräuchlichsten Arten von Funktionen anzubieten, die fast jeder nützlich findet. Doch in der Realität sieht es anders aus: Jeder hat andere Bedürfnisse und Wünsche. Studenten informieren sich gerne darüber, welche Vorlesungen ihre Freunde besuchen. Einige Sportler geben sich manchmal gegenseitig Tipps zu Übungen, andere filmen sich beim Training. Feinschmecker tauschen häufig untereinander Rezepte aus. Musikliebhaber teilen neue Entdeckungen im Bereich Musik. Filmkenner stufen Filme ein und bewerten sie. Da die Firma Facebook es jedem Recht machen möchte, hat sie es der breiten Masse gestattet, all jene speziellen Funktionen hinzuzufügen, die aus dem normalen sozialen Netzwerk Facebook ein besonderes, maßgeschneidertes Werkzeug machen können, mit dem man die eigene Lebensweise verwalten kann – ganz egal, wie diese aussieht. Zu diesen speziellen Funktionen gehören unter anderem alle oben genannten Beispiele sowie Werkzeuge für Studenten, Geschäftsleute, Leute, die einem Hobby nachgehen, und Familien und noch vieles mehr. Unten finden Sie eine Reihe von Anwendungen, die unserer Meinung nach gute Beispiele dafür sind, was Facebook alles zu bieten hat.

Typing Maniac

Die eigene Schnelligkeit beim Maschineschreiben messen – das klingt zunächst einmal so, als ob es nur für professionelle Stenografen interessant wäre. Bei TYPING MANIAC, einem englischsprachigen Spiel auf Facebook, können Sie allerdings überprüfen, ob diese These wahr ist. Auf Ihrem Bildschirm sehen Sie Wörter heruntergleiten, die Sie abtippen müssen, bevor Sie den Boden berühren. Je mehr Level Sie bewältigen, desto länger werden die Wörter und desto schneller bewegen sie sich abwärts.

Das Lustigste an dem Spiel ist natürlich, dass man seine Fortschritte mit denen von Freunden vergleichen kann. Da die TYPING MANIAC-Anwendung Ihren Fortschritt beim Aufstieg vom sogenannten »Caveman« zum »Alien« auf Ihrem Profil veröffentlicht, wissen Ihre Freunde Bescheid und können zum Wettkampf gegen Sie antreten. Wir raten Ihnen unbedingt davon ab, dieses Spiel als kurze Entspannung während der Arbeit zu spielen, denn Sie würden einfach nicht mehr damit aufhören wollen.

Marketplace

MARKETPLACE ist eine englischsprachige Anwendung, über die Sie Gebrauchtwaren kaufen und verkaufen können. Zu Beginn fragen Sie sich vielleicht:»Wozu sollte ich so etwas brauchen? Es gibt doch an jeder Ecke Trödelmärkte.« Hier kommt die Antwort: Es macht einen Unterschied, ob Sie einen Gebrauchtwagen von einem Freund oder einem Freund eines Freundes kaufen oder von einer wildfremden Person. Sollte man Ihnen jemals was angedreht haben, dann verstehen Sie, was wir meinen.

Da Marketplace Sie darüber informiert, woher Sie die Nutzer kennen, die etwas verkaufen, wird Ihnen die Entscheidung, wem Sie vertrauen können und wer Ihnen hochwertige Artikel verkaufen wird, leicht gemacht. Sollten Sie selbst Verkäufer sein, können Sie über Marketplace außerdem mühelos bekanntgeben, welche Artikel Sie anbieten, was Sie untervermieten oder was Sie veräußern möchten. Egal, worum es geht. Ihre dortigen Anzeigen können für Freunde veröffentlicht werden und diese können sie wiederum an ihre Freunde weiterleiten.

Musik von iLike

Musik entdecken und sich anhören – dies sind zwei der gängigsten Dinge, die Nutzer im Internet unternehmen. Es fällt auf, dass auf Facebook Funktionen, die mit Musik im Zusammenhang stehen (mit Ausnahme von Seiten für Musiker), fehlen. Für Personen, in deren Augen Musik einen wichtigen Teil ihrer Persönlichkeit ausmacht, stellt dies natürlich einen Mangel dar.

Diese englischsprachige Musikanwendung ermöglicht es Nutzern daher, ihren Musikgeschmack durch einen MUSIK-Reiter vor aller Welt bekanntzugeben. Wenn Sie die Musikanwendung durchsuchen, können Sie außerdem herausfinden, was sich Ihre Freunde anhören und können anhand der von Ihren Freunden gewählten Lieder und Interpreten ein eigenes Internetradio erstellen. Die Anwendung verfügt zudem über eine Konsole mit Inhalten Ihrer Lieblingsinterpreten – von ihren Tweets bis hin zu den neuesten Musikvideos ist alles dabei.

Groupcard

GROUPCARD ist eine englischsprachige Anwendung, die sozusagen auf Facebook zuhause ist und mit der man virtuell ganz wie im wahren Leben eine Grußkarte herumreichen kann, die von einer Gruppe unterschrieben werden soll. Bei Groupcard können Sie eine Kartenart und das grundlegende Erscheinungsbild auswählen und danach andere Nutzer zum Unterschreiben einladen. Jeder Mitwirkende kann unter einer Reihe von Schriftarten wählen und ein passendes eigenes Foto hervorzaubern, das zur Karte hinzugefügt wird. Nachdem alle unterschrieben haben, wird die Karte dem gewünschten Empfänger »zugesandt«.

Obwohl so etwas für Geburtstags- oder andere Glückwünsche eigentlich nicht benötigt wird, gefällt uns Groupcard, da das Gratulieren damit einfach zu einem persönlicheren und besonderen Erlebnis wird.

Digg

DIGG, eine englischsprachige Nachrichten-Website, auf der man bestimmte Meldungen, die einem am interessantesten oder passendsten erscheinen, als gut bewerten oder bewerben kann, wird von selbsternannten Computerfreaks wahrscheinlich eifrig genutzt. Wenn Sie Digg mit Ihrem Facebook-Konto verknüpfen, können Sie die von Ihnen auf Digg favorisierten Beiträge auch auf Facebook veröffentlichen. Dadurch lassen Sie Ihre Freunde sowie die Allgemeinheit auf Digg wissen, was in Ihren Augen interessant oder eine Meldung wert ist.

Falls Sie auf der Startseite von Digg einfach nichts Unterhaltsames entdecken, können Sie außerdem nachsehen, was Ihre Freunde (die ebenfalls Ihr Facebook-Konto mit Digg verknüpft haben) innerhalb der letzten paar Tage erspäht haben. Dies ist ein weiteres Beispiel dafür, wie durch soziale Plug-ins ermöglicht wird, dass sowohl Facebook als auch die verbundene Website interessanter und für alle Beteiligten nützlicher wird.

Graffiti

GRAFFITI ist eine einfache und wunderschöne, englischsprachige Anwendung, bei der Nutzer ihre Freunde in die Lage versetzen können, Bilder für sie auf ihren Pinnwänden zu zeichnen. Ein Freund kann ein kleines, visuelles Geschenk für einen anderen Freund hinterlassen und gemeinsame Freunde entdecken das Kunstwerk dann auf ihren Startseiten.

Uns gefällt GRAFFITI, weil das Ganze eine Mischung aus einem Denk-an-dich-Anstupser und dem mühevolleren und zeitaufwendigerem Schreiben und Versenden einer Grußkarte darstellt. Es ist ein schönes Gefühl, eine Graffiti-Zeichnung zu erhalten, denn jemand hat sich in aller Öffentlichkeit Zeit für Sie genommen und dies zeigt allen, dass dieser Jemand sich etwas aus Ihnen macht und Sie den Zeitaufwand wert sind. Ein Gänsehaut-Feeling ...

Carpool von Zimride

Durch CARPOOL, eine englischsprachige Mitfahrerbörsenanwendung können Nutzer anderen Nutzern Mitfahrgelegenheiten anbieten oder diese um Fahrten zu beliebigen Zielen bitten. Man kann über die Anwendung auch regelmäßige Fahrgemeinschaften für den Weg zur Arbeit organisieren (was besonders nützlich ist, wenn Kollegen sogar dem eigenen Arbeitsnetzwerk beigetreten sind) oder Begleitungen für längere, einmalige Spritztouren finden.

Im Internet gibt es sehr viele andere Dienste, über die Mitfahrgelegenheiten gefunden werden, doch bei der Carpool-Anwendung von Zimride sind Identitäten von Nutzern im Spiel, die auf Facebook leicht, auf anderen Websites jedoch schwer auffindbar sind. Man kann ein unsicheres Gefühl haben, wenn man bei einem Fremden mitfährt, doch handelt es sich um eine Person, mit der man gemeinsame Freunde hat, ist es eventuell angenehmer. Selbst wenn keine gemeinsamen Freunde vorhanden sind, kann doch allein die Möglichkeit, sich einen potenziellen Mitfahrer ansehen und entscheiden zu können, ob man es mit ihm für einige Stunden im Auto aushält, doch einen Riesenunterschied machen.

Visual Bookshelf

VISUAL BOOKSHELF ist eine Anwendung von Living Social, die sozusagen auf Facebook zuhause ist und die die Behauptung, dass eine Empfehlung eines Freundes wertvoller als die eines Fremden ist, untermauert. Sie und Ihre Freunde können direkt von Facebook aus Rezensionen schreiben und sich gegenseitig Ihre Lieblingsdinge nennen. Visual Bookshelf lässt sich in Form eines Feldes ins Profil einfügen, damit Freunde sehen können, was man gerade liest. (Zum Beispiel *Facebook für Dummies* – ein *tolles* Buch!)

 Visual Bookshelf ist sogar eine ziemlich clevere Verbindung mit Amazon (www.amazon.de) eingegangen: Wenn Sie sich Bücher ansehen, die Sie lesen möchten, können Sie sie dort mühelos kaufen und sich dann darin versenken und sie bewerten.

Lady Gaga

2009 hat Lady Gaga die Welt sozusagen im Sturm erobert. Seitdem macht sich ihr kultureller Einfluss bemerkbar und führt dazu, dass ihre ganz besondere Marke, die sich aus Kunst, Musik und »Ruhm« zusammensetzt, häufig in jedermanns Playlist zu finden ist. Auf ihrer Website (www.lady-gaga.de) können Fans sich anmelden und Facebook nutzen und dabei Kommentare hinterlassen, sich in Foren einbringen und sich aufgrund der gemeinsamen Begeisterung für alles, was mit Lady Gaga zu tun hat, mit anderen Fans verbinden. Fans können außerdem betreffende Inhalte auf Facebook teilen und über Lady Gagas Facebook-Seite bei ihren Träumereien auf dem Laufenden bleiben. Auch wenn es sich hier um eine ganz simple praktische Anwendung handelt, sorgt Lady Gagas Nutzung von sozialen Plug-ins doch dafür, dass ihre Fans dauerhaft in Verbindung bleiben und mit ihrer Musik und Person interagieren.

Restaurant City

Falls Sie Spiele mögen, die man über einen längeren Zeitraum spielt und bei denen man viele Entscheidungen treffen kann – ja, liebe Monopoly-Spieler, wir reden von Euch – wird Ihnen die englischsprachige Anwendung RESTAURANT CITY wahrscheinlich unheimlich gefallen. Hier können Sie ein Restaurant eröffnen und Ihre Freunde in diesem Laden einstellen. Sobald Ihr Restaurant Gewinn abwirft, können Sie noch mehr Freunde zu Mitarbeitern machen, renovieren und anfangen, in den Konkurrenzkampf mit den Restaurants Ihrer Freunde zu treten. Es macht einfach Spaß und man kann es direkt auf Facebook spielen.

Zehn Fragen, die Leah Pearlman und Carolyn Abram häufig gestellt werden

16

In diesem Kapitel

▶ Hat mein Computer einen Virus?

▶ Wie überzeuge ich meine Freunde, sich auf Facebook zu registrieren?

▶ Und was, wenn ich nicht möchte, dass jeder weiß, was ich so treibe?

Da Leah Pearlman und Carolyn Abram beide bei der Firma Facebook angestellt waren, haben sie häufig aus der Sicht eines Insiders bestimmte komplizierte Fälle, verwirrende Dinge und Schwachstellen, die Nutzer während der Verwendung von Facebook entdeckten, kennengelernt. Bei Einladungen zum Abendessen, Feierlichkeiten, Familientreffen und sogar, wenn man über die Straße geht und einen Kapuzenpullover mit Facebook-Aufdruck trägt: Es gibt immer jemanden, der einen Vorschlag oder eine Frage zur Nutzung der Website hat. Das ist auch verständlich. Facebook ist ein komplexes und leistungsstarkes Netzwerk mit einer Unmenge an fein abgestuften, gesellschaftlichen Gepflogenheiten. Bei vielen davon hat sich noch kein bestimmtes Verhalten eingebürgert. Fragen wie »Wann sollte ich eine Facebook-Nachricht anstelle einer E-Mail senden?« oder »Wann kann ich jemandem ruhig eine Freundschaftsanfragen schicken?« werden häufig gestellt und man kann darauf keine genaue Antwort geben, weil sich die sozialen Normen dafür gerade erst entwickeln. Da wir aber schon vieles von Freunden, unseren Familien und Fremden über die Erfahrungen mit der Website gehört haben, konnten wir uns eine Meinung bilden und sind in der Lage, Tipps zu einigen der haarigeren Fragen zu Facebook zu geben.

Unten finden Sie die Fragen, die gegenüber Leah Pearlman und Carolyn Abram am häufigsten von Freunden und Familienmitgliedern, oft begleitet von einer gepressten Stimme und einem sorgenvollen Blick, geäußert werden. Wir greifen die komplizierteren Fragen hier heraus, um es Ihnen zu ersparen, dass Sie selbst auf diese Schwierigkeiten stoßen und sich dann fragen, ob Sie der Einzige sind, der es einfach nicht versteht.

Hat mein Computer einen Virus?

Ein Virus ist sehr ärgerlich und falls Ihr Computer damit infiziert ist, möchten wir Ihnen ernsthaft unser tiefstes Mitgefühl aussprechen. Doch Sie müssen sich ganz sicher sein, dass es sich wirklich um einen handelt. Nutzer, die feststellen, dass sie sich über Facebook einen Virus eingefangen haben, merken dies meist daran, dass ein Freund von ihnen eine wie Spam aussehende Nachricht erhält. Falls Ihnen so etwas passiert, sollten Sie als Erstes Ihr Passwort ändern, indem Sie auf den Passwort vergessen?-Link auf der Anmeldeseite klicken oder die Kontoeinstellungen besuchen. Viren dringen häufig in ein Konto ein und ändern die zugehörige E-Mail-Adresse und das Passwort, um die Kontrolle zu übernehmen. Wenn Sie das Passwort nicht ändern können, ist dies wahrscheinlich geschehen. In diesem Fall sollten Sie sofort die Kundenbetreuung von Facebook kontaktieren. Klicken Sie dazu auf den Hilfe-Link und geben Sie als Suchwort »Hacker« ein, um mit dem Suchbegriff verwandte Fragen und Antworten angezeigt zu bekommen. Zum Abschluss sollten Sie auch noch eine Anti-Virus-Software ablaufen lassen, damit alle schadhaften Programme, die sich durch den Virus eventuell auf Ihrem Computer eingenistet haben, entfernt werden.

Weitere Informationen über Viren, die auf Facebook auftauchen, finden Sie auf der englischsprachigen Seite `www.facebook.com/security`. Dort werden empfohlene Virenscanner, Lösungsschritte bei Problemen und Näheres über jegliche, auftauchende Viren angezeigt. Wenn Sie bei der Facebook Security-Seite auf Gefällt mir klicken, werden die Informationen der Sicherheitsabteilung der Firma Facebook in Ihre Neuigkeiten eingespeist. Sie wissen dann besser darüber Bescheid, nach welchen verdächtig wirkenden Links Sie Ausschau halten sollten. Und daher kommen wir jetzt zur wichtigsten Erinnerung beim Thema Viren.

Die beste Vorgehensweise bei Viren sieht so aus: Sie fangen ihn sich *gar nicht erst* ein. Und die beste Vorgehensweise, um das zu erreichen ist folgende: Klicken Sie auf keinen Link, der nicht vertrauenswürdig ist. Wenn ein Freund Ihnen in einer Nachricht oder einem Pinnwandeintrag einen Link mitschickt, muss sich der Text Ihres Freundes auf Ihre Beziehung beziehen und wirklich persönlich sein. Zum Beispiel so: »Hallo Mama, weißt Du noch, wie wir uns neulich über Besonderheiten unterhalten haben? Sieh Dir mal dieses Video an.« Eine unpersönliche Nachricht würde zum Beispiel so klingen: »Hi! Klick mal auf den Link. Er wird Dir gefallen.« Hier handelt es sich um eine nicht sehr präzise Aussage, mit der man ganz leicht einen Virus einschleusen könnte. Achten Sie außerdem darauf, ob Sie die Domain im Link kennen. Webadressen bekannter Websites wie etwa `de.youtube.com`, `www.facebook.com`, `www.flickr.com` und Ähnliches sind wahrscheinlich seriös. Wenn Sie die Webadresse nicht erkennen, sollten Sie auch nicht darauf klicken. Schreiben Sie stattdessen Ihren Freund an und fragen Sie nach, ob er Ihnen diese Nachricht geschickt hat. Falls ja, ist alles in Ordnung. Falls nein, haben Sie ihn gerade darauf aufmerksam gemacht, dass er einen Virus hat. Weisen Sie ihn auf die Facebook Security-Seite hin und empfehlen Sie ihm einen guten Virenscanner.

Merken andere es, wenn ich mir ihr Profil ansehe?

Nein, nein und nochmals nein. Wenn Nutzer Meldungen über ihre Freunde auf der eigenen Startseite sehen, machen sie sich schon mal ein bisschen Sorgen, dass die Firma Facebook jede Handlung jedes einzelnen Nutzers aufzeichnet und dann für alle sichtbar veröffentlicht. Das stimmt nicht. Führen Sie sich mal die zwei Arten von Aktivitäten auf Facebook vor Augen: Man erstellt Inhalte und man sieht sich Inhalte an. Erstellt man Inhalte, hat man mit Absicht etwas hinzugefügt, dass anderen sich ansehen oder durchlesen können. Denkbar wäre etwa das Hochladen eines Fotos oder Videos, das Verfassen einer Notiz oder das Posten einer Statusmeldung. Solche Aktivitäten sind zur Veröffentlichung geeignet, Meldungen darüber könnten in Ihrem Profil oder den Neuigkeiten Ihrer Freunde auftauchen. Allerdings können Sie unmittelbar bestimmen, wer genau diese Beiträge sehen kann. Bei der zweiten Art der Aktivität auf Facebook sieht man sich Inhalte an und überfliegt zum Beispiel Fotos, sieht sich ein Video an, klickt auf einen Link oder besucht das Profil eines anderen Nutzers. Falls Ihnen dabei nicht gerade jemand über die Schulter sieht, finden solche Aktivitäten immer im Verborgenen statt. Niemand wird jemals direkt darüber benachrichtigt, und in Ihrem Profil oder den Neuigkeiten Ihrer Freunde taucht auch keine Meldung über Ihre Handlung auf. Sie können jetzt also loslegen und sich nach Herzenslust Profile anderer Nutzer ansehen.

Ich habe ein Problem mit meinem Konto – können Sie mir helfen?

Carolyn Abram und Leah Pearlman werden regelmäßig gebeten, doch mal die Konten von Freunden und Freunden von Freunden und Freunden von Freunden von Freunden und … Sie wissen schon, was wir meinen … auf Vordermann zu bringen. Manchmal werden solche Fehler von Facebook verursacht, doch ab und zu handelt es sich auch um Benutzerfehler. Doch egal, worum es geht: Sie werden überrascht sein, zu hören, dass wir häufig *nicht* mit Lösungen für die meisten Kontoprobleme dienen können. Der Hauptgrund ist der, dass viele Kontoprobleme nur von Mitarbeitern gelöst werden können, die selbst Zugriff auf spezielle, für die Behebung solcher Schwierigkeiten notwendige Tools haben. Unten finden Sie einige Fragen zu Konten, die uns in letzter Zeit gestellt worden sind sowie die dazugehörigen Antworten:

✔ **Ich habe mein Passwort vergessen. Können Sie es für mich ändern?** Antwort: Geht nicht. Für die Änderung eines Passworts braucht man ein spezielles Tool und ein Mitarbeiter muss nachprüfen, ob Sie wirklich derjenige sind, für den Sie sich ausgeben. Er tut dies, indem er sich Ihre Antwort auf Ihre Sicherheitsfrage ansieht. Auf diese Weise kann niemand behaupten, Inhaber eines Kontos zu sein und einen Mitarbeiter hereinlegen, damit er ihm Zugriff gewährt.

✔ **Mein Konto ist deaktiviert worden, weil ich wohl zu viele Nachrichten versendet habe. Warum? Können Sie da helfen?** Antwort: So etwas ist neulich zwei Freunden von Leah Pearlman passiert. Der eine hatte sein Konto genutzt, um darüber seine Karriere als Musiker voranzutreiben, der andere hatte darüber mithilfe von Nachrichten eigene Gedichte an unzählige Freunde verschickt. In diesen Fällen hat sich das Sicherheitssystem der Firma Facebook gemeldet. Wenn von einem Konto plötzlich schnell hintereinander eine ganze Menge Nachrichten versendet werden und diese auch noch Links enthalten, wirkt das für das System wie eine Unmenge an Spam. In den meisten Fällen erhält der Betreffende zunächst eine Warnung, doch wenn er nicht damit aufhört, wird sein Konto deaktiviert. Um dies rückgängig zu machen, bleibt Ihnen nur eines: Sie müssen Facebook über den Hilfebereich anschreiben. Suchen Sie also den HILFEBEREICH auf. Er ist auf jeder Facebook-Seite unten links zu finden. Halten Sie dort bei den häufig gestellten Fragen nach MEIN PERSÖNLICHES FACEBOOK-KONTO WURDE GESPERRT Ausschau und folgen Sie den Anweisungen, um eine Reaktivierung anzufordern. Dieser Vorgang kann manchmal mehrere Tage dauern.

✔ **Ich habe aus Spaß meinen Namen in einen falschen geändert und kann das jetzt nicht rückgängig machen. Können Sie das für mich erledigen?** Auch hier ist wieder ein spezielles Tool notwendig. Klicken Sie auf einer beliebigen Facebook-Seite unten auf den HILFE-Link und geben Sie »Namensänderung« als Suchbegriff ein. Die ersten paar der häufig gestellten Fragen werden Ihnen Hinweise geben und Sie finden einen Link, über den Sie Facebook anschreiben und um eine Namensänderung bitten können. Es kann bis zu einer Woche dauern, bis solche Anfragen bearbeitet werden. Dieses Beispiel hier soll auch als Vorwarnung für alle dienen. Auf Facebook können Sie nur einmal Ihren Namen ändern, bevor Sie gezwungen sind, die Firma anzuschreiben und um eine Änderung zu bitten. Durch diese Auflage wird gewährleistet, dass es sich um echte Konten handelt. Während der Präsidentschaftswahl in den USA 2008 haben viele Facebook-Nutzer bei sich den zweiten Vornamen »Hussein« hinzugefügt, um zu zeigen, dass sie für Barack Hussein Obama sind. Sie finden deshalb immer noch so viele Nutzer auf der Website, die diesen Namen tragen, weil diese Leute die Möglichkeit zur Namensänderung schon ausgeschöpft haben und jetzt keine Änderungen mehr vornehmen können, ohne Facebook anzuschreiben.

Was soll ich tun, wenn ich eine Freundschaftsanfrage nicht annehmen möchte?

Eine knifflige Frage. So weit wir wissen, gibt es für solche Fälle bis jetzt noch keine Anstandsregel. Die Antwort auf diese Frage müssen Sie also weitestgehend selbst finden. Sie sollten allerdings wissen, dass Sie mehrere Dinge tun können:

✔ **Viele lassen die Anfragen ewig unbeantwortet.** Carolyn Abram und Leah Pearlman können diese Vorgehensweise nicht empfehlen, weil dadurch bloß Ihr Konto »zugemüllt« wird. Treffen Sie lieber eine Entscheidung.

✔ **Klicken Sie auf IGNORIEREN.** So geht Leah Pearlman am liebsten vor. Obwohl Nutzer nie auf direkte Weise benachrichtigt werden, dass Sie ihre Anfrage ignoriert haben, könnten sie später feststellen, dass Sie beide nicht befreundet sind und könnten daraus den richtigen Schluss ziehen, dass Sie die Anfrage nicht bestätigt haben. Falls Sie eine Anfrage ignorieren, müssen Sie auch auf die Folgen vorbereitet sein, wenn nach dem Grund gefragt wird. Da für einen solchen Fall bis jetzt noch keine Anstandsregel existiert, werden Sie mit den meisten Erwiderungen Erfolg haben. Denkbar wäre zum Beispiel: »Es tut mir leid, aber ich möchte eigentlich nur meine engsten Freunde dabei haben« oder »Das wird nicht so schlimm sein. Ich bin sowieso nicht oft auf Facebook«. Sie könnten es auch hiermit versuchen: »Komisch, da muss bei Facebook was schiefgegangen sein. Ich glaube, die habe ich gar nicht gekriegt.« Danach werden Sie die Freundschaftsanfrage allerdings bestätigen müssen, weil derjenige es wahrscheinlich noch einmal versuchen wird.

✔ **Wenn Sie die Anfrage nicht bestätigen möchten, weil diese Person keinen Zugriff auf Ihr Profil haben soll, empfehlen wir Ihnen, denjenigen zu einer Freundesliste hinzuzufügen, die besonderen Einschränkungen unterliegt (mehr dazu in Kapitel 5).** Sie können in Ihren Privatsphäre-Einstellungen festlegen, dass dieser Freund vom Betrachten aller Inhalte Ihres Profils ausgeschlossen wird. Danach gilt Gleiches für jede weitere Person, die Sie zur Liste hinzufügen. Auf diese Weise können Sie die Freundschaftsanfrage bestätigen, ohne den Zugriff auf Ihr Profil freigeben zu müssen.

✔ **Wenn Sie die Anfrage nicht bestätigen möchten, weil Sie keine Meldungen über diese Person in Ihren Neuigkeiten vorfinden wollen, ist das überhaupt kein Problem!** Klicken Sie einfach auf BESTÄTIGEN. Wenn die erste Meldung desjenigen in Ihren Neuigkeiten erscheint, klicken Sie einfach auf die ENTFERNEN-Schaltfläche oben rechts neben der Meldung. Dadurch verbergen Sie die Person dauerhaft aus Ihren Neuigkeiten und so zwar so lange, bis Sie sich entscheiden, sie wieder einzublenden.

Was ist der Unterschied zwischen Facebook, MySpace, Twitter und LinkedIn?

Wahrscheinlich gibt es auf der ganzen Welt Studenten, die gerade eine Diplomarbeit zu diesem bestimmten Thema schreiben. Es handelt sich natürlich um eine schwierige Frage, die man kaum innerhalb eines Absatzes oder nebenbei im Plauderton beantworten kann. Alles, was Sie hier lesen, ist also stark verallgemeinert worden und jeder kann sich seine eigene Meinung darüber bilden:

✔ **MySpace ist ursprünglich für regional bekannte Bands konzipiert worden, damit diese für ihre Musik werben konnten.** Da es zahlreiche Musikliebhaber gibt, strömten viele Leute nur so zu MySpace (www.myspace.com), um mit ihren Lieblingskünstlern in Kontakt zu treten. Einer Faustregel in der Werbung zufolge sollte man dort werben, wo die meisten Leute sind. Da MySpace mehr und mehr Nutzer aufwies, brachten sich dort bald auch andere Unternehmen und Prominente ein, um ebenso die Aufmerksamkeit der Öffentlichkeit auf sich zu lenken. Auch heute liegt bei MySpace der Schwerpunkt immer noch auf den Beziehungen zwischen Nutzern und Medien und Nutzern und Prominenten. Die Website ist so aufgebaut, dass es bekannten Persönlichkeiten möglichst leicht gemacht wird, weite Verbreitung zu finden und ein großes Publikum anzusprechen, und dass sogar Lieschen Müller von nebenan berühmt werden kann.

✔ **Über LinkedIn kann man sich in erster Linie für Geschäftszwecke miteinander verbinden.** Nutzer von LinkedIn (www.linkedin.com) versuchen, eine Beziehung zu so vielen Personen wie möglich aufzubauen, damit sie bei der eigenen Jobsuche oder der Suche nach Mitarbeitern ein riesiges Netzwerk an Freunden und Freunden von Freunden durchsuchen können, um etwas Passendes zu finden. Nutzer können außerdem Empfehlungsschreiben verfassen oder sich gegenseitig ausstellen. Personalvermittler wenden sich häufig an Nutzer dieser Website, ob diese nur gerade auf Stellensuche sind oder nicht.

✔ **Twitter ermöglicht Nutzern einen Echtzeit-Datenaustausch.** Sobald jemand auf Twitter etwas Interessantes teilen möchte, lässt er einen Text vom Stapel, der maximal 140 Zeichen lang ist. Dieser Text kann von jedem, der die Beiträge dieses Autors abonniert hat – ein sogenannter Follower – gelesen werden. Twitter unterscheidet sich von Facebook durch die enorme Schlichtheit und die alleinige Ausrichtung auf den Gedankenaustausch in Echtzeit. Auf Facebook können Sie langfristige Beziehungen zu anderen aufbauen und haben Zugriff auf die statischen Inhalte dieser Personen wie etwa Telefonnummern und Fotos. Sie können ihnen privat Nachrichten senden oder mit ihnen durch Gruppen oder Veranstaltungen interagieren. Twitter ist ein Netzwerk, über das Ihre Freunde (und jeder andere) zu einem beliebigen Zeitpunkt Ihre geteilten Daten sehen können. Umgekehrt funktioniert es genauso. Auf Twitter werden häufig Links zu interessanten Websites und Meldungen geteilt und man äußert sich gern kurz zu derzeitigen Ereignissen. Nutzer können sich außerdem treffen, wenn beide zur gleichen Zeit unterwegs sind.

Ich kriege ständig Einladungen für diese Anwendungsdinger – soll ich die annehmen?

Wir empfehlen Ihnen folgende Vorgehensweise: Nehmen Sie die Einladung an, falls diese von einem Unternehmen oder einer Website stammt, die Sie bereits nutzen und mögen oder falls Sie von Freunden direkt gehört haben, dass eine bestimmte Anwendung lohnenswert ist. Ignorieren Sie die restlichen. Ihre Freunde werden in diesem Fall nicht beleidigt sein. Falls sie doch verstimmt sind und später nachfragen, sagen Sie ihnen einfach, dass Sie nicht sicher waren, um was es dabei geht. (Wenn man eine Ausgabe von *Facebook für Dummies* im Regal stehen hat, fällt es nicht schwer, sich dumm zu stellen.) Leah Pearlman nutzt selbst nur zwei oder drei Anwendungen und hat wahrscheinlich an die 30 bis 40 Anfragen ignoriert. Man könnte das gesamte Konzept der Anwendungen noch als ein wenig unausgegoren bezeichnen. Wir nehmen an, dass wir eines Tages interessantere Anwendungen entdecken werden, die wir hinzufügen können, doch fürs Erste können Sie gerne alle ablehnen, die Sie verwirrend finden.

Wie überzeuge ich meine Freunde, sich auf Facebook zu registrieren?

Es gibt eine Nacht- und Nebelaktion, die wir Ihnen nicht empfehlen: Ein gefälschtes Konto für Ihren Freund erstellen und dann in seinem Namen mit seinen Freunden interagieren. Das verstößt gegen die Nutzungsbedingungen. Wir haben allerdings schon mal gesehen, dass jemand dadurch ein unglückseliges Opfer tatsächlich komplett überzeugen konnte, bei einem Konto, das irgendwo in seinem Namen geführt wurde, doch ab jetzt selbst das Zepter in die Hand zu nehmen. Seien Sie lieber vorsichtig mit solchen Aktionen, wenn Sie Ihre Freundschaft nicht kaputtmachen wollen.

Sie können es aber auch über andere Methoden versuchen: Sie zeigen Ihrem Freund (anstatt es ihm zu sagen), wie sinnvoll Facebook ist, indem Sie ihm Links zu von Ihnen hinzugefügten Fotos schicken, ihn über seine E-Mail-Adresse zu Veranstaltungen und Gruppen einladen oder ihm sogar Links und Nachrichten von Ihrem Facebook-Postfach aus senden (indem Sie auch an dieser Stelle seine E-Mail-Adresse in das AN-Feld eingeben).

Sie können ihm auch berichten, auf welche Weise Facebook Ihr Leben bereichert hat. Vielleicht interagieren Sie ja häufiger mit Ihrem Nachwuchs, halten den Kontakt zu längst verloren geglaubten Freunden oder kennen endlich eine Stelle zur Veröffentlichung Ihrer Gedanken und Fotos, die Ihre Freunde tatsächlich besuchen können. Sie können denjenigen auch mal bei Ihrer Nutzung der Website zusehen lassen, damit er sich selbst ein Bild machen kann. Sie könnten auch nachfragen, ob es eine bestimmte Person gibt, deren Profil er sich auf Facebook mal ansehen möchte. Je mehr Ihr

Freund über Personen erfährt, die ihm am Herzen liegen, desto eher wird er wohl den nächsten Schritt wagen.

Leute, die sich nicht auf der Website registriert haben, beschweren sich häufig, dass sie »keine Zeit für noch so eine Computer-Geschichte haben«. Diese Sorge kann man ihnen durch die gängige Erwiderung nehmen, dass Facebook ein Efficiency Tool ist, mit dem man im Vergleich zu althergebrachten Methoden häufig Zeit sparen kann. Nachrichten können E-Mails meist ersetzen und Veranstaltungen lassen sich leichter über Facebook planen. Telefonnummern lassen sich leichter teilen. Links lassen sich leichter versenden und empfangen. Mitfahrgelegenheiten zum Flughafen, Restaurant-empfehlungen und die Namen der Personen, die sich am Samstag in den Park aufma-chen – all das lässt sich schneller und einfacher herausfinden, als wenn man es über E-Mails, Anrufe oder andere Kommunikationsmethoden versucht.

 Einigen Leuten ist schließlich nicht nur der Zeitfaktor ein Dorn im Auge. Egal, was Sie sagen, sie werden ihre Ohren auf Durchzug stellen und so lange »Mein Name ist Hase – ich weiß von nix!« von sich geben, bis Sie anfangen, über Sport, das Wetter oder den Zirkus, der ab nächste Woche vor Ort gastiert, zu reden. Sie können sie nicht zwingen, sich auf Facebook zu registrieren, sondern müssen warten, bis sie selbst Erfahrungen mit der Website machen. Carolyn Abram und Leah Pearlman haben im Laufe der Jahre beobachtet, wie viele der Verweigerer schließlich ihre Meinung geän-dert und den Wert des Netzwerks entdeckt haben. Bei solchen Ewiggestri-gen müssen Sie wahrscheinlich einfach Geduld haben.

Und was, wenn ich nicht möchte, dass jeder weiß, was ich so treibe?

Allen, die diese Frage stellen und keine Zeit haben, Kapitel 5 dieses Buches zu lesen, in dem wir detailliert erklären, wie man sich unbemerkt auf Facebook bewegt, möch-ten wir einfach Folgendes mit auf den Weg geben: Sie können sich problemlos im Geheimen auf Facebook bewegen und dennoch fast ebenso viel erleben wie alle ande-ren. Sie müssen lediglich lernen, mit den Privatsphäre-Einstellungen umzugehen und all Ihre Informationen und den Zugriff auf Ihr Profil unter Verschluss zu halten, sodass nur vertrauenswürdige Personen Ihre Daten sehen können. Danach können Sie genauso interagieren wie alle anderen Nutzer und müssen nicht das Gefühl haben, dass Ihre Privatsphäre beeinträchtigt wurde.

Beachten Sie: Sie müssen nicht nur den Umgang mit den Privatsphäre-Einstellungen erlernen und sich ein bisschen Zeit nehmen, um Ihre wunschgemäß einzurichten, sondern noch ein bisschen mehr tun, um auf Facebook unbemerkt zu bleiben und gleichzeitig einen ebenso großen Nutzen wie andere daraus zu ziehen. Um Freundschaften zu schließen, werden Sie wahrscheinlich einen etwas größeren Aufwand betreiben müssen, denn je eingeschränkter der Zugriff auf Ihre Daten, umso schwerer fällt es Ihren Noch-Nicht-Facebook-Freunden, Ihr Profil zu finden und umso schwerer fällt es Ihren Freunden, Sie zu finden, zu identifizieren und sich mit Ihnen zu verbinden. Solange Sie bereit sind, sich die Mühe zu machen, Ihre Freunde selbst zu suchen und sich mit ihnen zu verbinden, wird Ihr Facebook-Erlebnis fast identisch mit dem der anderen Nutzer sein.

Ich habe gehört, dass all meine Inhalte auf der Website der Firma Facebook gehören – stimmt das?

Rechtlich gesehen: ja. Alle von Ihnen auf Facebook hinzugefügten Inhalte gehören aber auch Ihnen und jedes Mal, wenn Sie irgendeinen davon löschen, wird dieser von der Firma Facebook gelöscht. Die Firma Facebook hat allerdings nicht das Recht, das Eigentum an irgendeinem Ihrer Inhalte auf eine andere Person zu übertragen. Daher ist es gänzlich unzulässig, dass jemand anders Ihre Inhalte von Facebook entnimmt und für sich selbst oder gewerbliche Zwecke nutzt. Anfang 2009 taten sich viele Facebook-Nutzer zusammen und machten ihrem Unmut über diese gesetzliche Regelung (die übrigens auf jeder Website, auf der Sie Inhalte hochladen, greift) Luft. Als Reaktion darauf hat die Firma Facebook die Erklärung der Rechte und Pflichten veröffentlicht, in der festgelegt wird, was sie mit Ihren Daten macht und was nicht. Über diese Verpflichtungen wurde von allen Facebook-Nutzern, die sich daran beteiligen wollten, abgestimmt und darin wird geregelt, wie die Firma jegliches Material, das Sie zur Website hinzugefügt haben, verwenden darf. Unter `www.facebook.com/terms.php` können Sie sich die Rechte und Pflichten im Detail ansehen.

Gibt es auf Facebook ein Feature, über das ich mich selbst für einige Stunden vom Zugriff ausschließen kann?

Kurz gesagt: Eigentlich nicht.

Die längere Version der Antwort: Viele Nutzer deaktivieren ihr Konto, weil sie »zu viel Zeit auf Facebook verbringen«. So etwas hat den Vorteil, dass Sie garantiert keine Benachrichtigungen über Nachrichten, Markierungen in Fotos, Pinnwandeinträge oder irgendetwas anderes erhalten. Der Nachteil daran ist, dass Sie damit eine Menge Verwirrung unter Ihren Freunden stiften werden, die Ihnen plötzlich keine Nachrichten mehr senden, Sie nicht mehr markieren und nicht mehr an Ihre Pinnwand schreiben können. Falls diese Ihre E-Mail-Adresse kennen, werden sie Sie aber wahrscheinlich trotzdem nerven, um nachzufragen, weshalb Sie nicht mehr auf Facebook zu finden sind.

Diese Lösung ist nicht das Gelbe vom Ei, weil Sie für eine Reaktivierung zu einem beliebigen Zeitpunkt nicht mehr tun müssen, als Ihr Passwort einzugeben (genau wie beim Anmelden) und danach alles völlig normal weiterläuft. Sollten Sie auch nur ein kleines bisschen neugierig sein, wie sich Ihr Freundeskreis ohne Ihre Person entwickelt, wird es Ihnen schwerfallen, überhaupt nicht mitzumischen. Was uns zu unserem nächsten Vorschlag bringt: Üben Sie sich in Selbstkontrolle. Es verhält sich wie bei so vielen guten Dingen im Leben: Möchte man sie weiter als angenehm auffassen, muss man Maß halten. Pommes sind köstlich, doch wenn Sie zu viele essen, bekommen Sie Magenschmerzen. Tanzen macht unglaublich viel Spaß, doch nur so lange, bis Sie lauter Blasen an den Füßen haben. Fernsehen bildet und ist unterhaltsam, doch schlägt die Uhr drei Uhr nachts, man sieht sich gerade die fünfte Dauerwerbesendung an und hat vergessen, die Katze zu füttern und den Müll rauszubringen, fragt man sich plötzlich, ob man wirklich voll im Leben steht. Facebook ist nicht anders. Die Website ist ungemein nützlich, wenn man sich dadurch das Leben einfacher macht und soziale Interaktionen bereichert werden. Wenn Sie allerdings feststellen, dass Sie sich zwei Jahre alte Urlaubsfotos vom Freund eines Freundes von einem Freund ansehen, wird es Zeit, ein paar Mal mit den Augen zu blinzeln, die Maus aus der Hand zu legen und auszugehen, um sich ein Eis zu kaufen, das Tanzbein zu schwingen oder irgendetwas anderes zu tun, was einem Spaß macht.

Stichwortverzeichnis

Willkommen bei der glorreichen 7

ISBN 978-3-527-70572-6

ISBN 978-3-527-70573-3

Lernen Sie Windows 7 kennen und lieben: Andy Rathbone führt Sie Schritt für Schritt durch die Funktionen und Werkzeuge. Er zeigt Ihnen, wie Sie dank der Taskleiste und der Sprunglisten auf Dateien und Programme zugreifen und wie Sie Ihren PC in ein Multimedia-Center verwandeln.

Wer nicht nur ein wenig in Windows 7 hinein-schnuppern möchte, sondern sich umfassend schlau machen will, findet in diesem umfang-reichen Buch ein kompetentes und zugleich locker geschriebenes Nachschlagewerk.

ISBN 978-3-527-70592-4

ISBN 978-3-527-70650-1

Mark Justice Hinton erklärt Ihnen die Grundfunk-tionen von Windows 7. Er macht Sie mit dem Desktop und dem Startmenü vertraut, zeigt, wie Sie Ihre Dokumente und Ordner organisieren und erklärt Ihnen, wie Sie mit den Programmen von Windows 7 arbeiten. Außerdem zeigt er, wie Sie Windows an Ihre Bedürfnisse anpassen, ins Internet kommen und Fotos bearbeiten.

Andy Rathbone führt Sie Schritt für Schritt durch Ihr Windows 7. Auf der beiliegenden DVD gibt es eine 120-minütige Einführung in die wichtigs-ten Funktionen von Windows 7. Verfolgen Sie am Bildschirm, wo Sie klicken müssen, um Win-dows zu starten und zu beenden, wie Sie unter Windows 7 ins Internet kommen sowie Pro-gramme installieren und deinstallieren.

IHR HANDWERKSZEUG FÜRS BÜRO

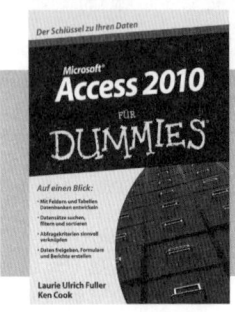

Access 2010 für Dummies
ISBN 978-3-527-70613-6

Excel 2010 für Dummies
ISBN 978-3-527-70611-2

Office 2010 für Dummies
ISBN 978-3-527-70621-1

Office 2010 für Dummies,
Alles-in einem-Band
ISBN 978-3-527-70614-3

Project 2010 für Dummies
ISBN 978-3-527-70616-7

PowerPoint 2010 für Dummies
ISBN 978-3-527-70612-9

SharePoint 2010 für Dummies
ISBN 978-3-527-70615-0

Word 2010 für Dummies
ISBN 978-3-527-70610-5

Scott O. Lilienfeld, Steven Jay Lynn, John Ruscio und Barry L. Beyerstein

Warum Mozart Babys nicht schlauer macht

Scott O. Lilienfeld, Steven Jay Lynn, John Ruscio
und Barry L. Beyerstein

Warum Mozart
Babys nicht schlauer macht

25 populäre Irrtümer der Psychologie

Aus dem Amerikanischen von Hannah Thomas

Die Deutsche Nationalbibliothek verzeichnet diese Publikation
in der Deutschen Nationalbibliografie;
detaillierte bibliografische Daten sind im Internet über
http://dnb.d-nb.de abrufbar.

© 2011 by WBG (Wissenschaftliche Buchgesellschaft), Darmstadt
Die Herausgabe des Werkes wurde durch die Vereinsmitglieder
der WBG ermöglicht.
Umschlaggestaltung: Finken & Bumiller, Stuttgart
Bild: © Anetta – Fotolia.com
Gedruckt auf säurefreiem und alterungsbeständigem Papier
Printed in Germany

Besuchen Sie uns im Internet: www.wbg-wissenverbindet.de

ISBN 978-3-534-23800-2

Die Buchhandelsausgabe erscheint beim Primus Verlag.
Umschlaggestaltung: Christian Hahn, Frankfurt a. M.
Bild: © picture-alliance / Bildagentur-online
www.primusverlag.de

ISBN 978-3-89678-714-9

Elektronisch sind folgende Ausgaben erhältlich:
eBook (PDF): 978-3-534-70796-6 (für Mitglieder der WBG)
eBook (epub): 978-534-70795-9 (für Mitglieder der WBG)
eBook (PDF): 978-3-86312-627-8 (Buchhandel)
eBook (epub): 978-3-86312-628-5 (Buchhandel)

Inhalt

3 Auf der Suche nach der verlorenen Zeit

4 Kann Hans lernen, was Hänschen nie gelernt hat?

5 Andere Bewusstseinsebenen

6 Ich habe das Gefühl, dass ...

Vorwort

Psychologie ist allgegenwärtig. Jugend und Alter, Vergessen und Erinnern, Schlafen und Träumen, Liebe und Hass, Glücklichsein und Traurigkeit, psychische Erkrankungen und Psychotherapie – im Guten wie im Schlechten gehören diese Dinge zu unserem alltäglichen Leben. Nahezu jeden Tag bombardieren uns die Medien, Fernsehsendungen, Filme und das Internet mit Behauptungen bezüglich einer Vielzahl psychologischer Themen – dazu gehören die Funktionsweise des Gehirns, parapsychologische Medien, außerkörperliche Erfahrungen, zurückgewonnene Erinnerungen, Lügendetektortests, Liebesbeziehungen, Kindererziehung, sexueller Kindesmissbrauch, psychische Störungen, Verbrechen und Psychotherapie, um nur einige Themen zu nennen. Auch bei einem Spaziergang durch eine beliebige Buchhandlung präsentieren sich uns mindestens Dutzende, oft sogar Hunderte von Büchern zu den Themen Selbsthilfe, Beziehungen, Genesung und Abhängigkeit, die uns mit guten Ratschlägen auf unserem steinigen Weg durch das Leben führen sollen. Für jene, die psychologische Ratschläge umsonst erhalten wollen, gibt es diese im Internet unbegrenzt. Die Industrie der populären Psychologie formt die Welt des 21. Jahrhunderts in unzähligen Arten.

Aber zu einem überraschend großen Anteil ist das, was wir in der Psychologie für wahr halten, oft falsch. Auch wenn uns Unmengen von Quellen bezüglich populärer Psychologie in Buchläden und im Internet zur Verfügung stehen, so sind diese doch voller Irrtümer und Missverständnisse. In unserer schnelllebigen Welt mitsamt der Informationsüberflutung sind Fehlinformationen zum Thema Psychologie mindestens genauso weit verbreitet wie korrekte Informationen. Leider gibt es nur wenige Bücher, die dabei behilflich sind, die schwierige Aufgabe der Unterscheidung zwischen Wahrheit und Fiktion in der populären Psychologie zu bewältigen. Stattdessen sind wir Selbsthilfe-Gurus, Talkshowmoderatoren und selbsternannten Gesundheitsexperten für psychische Erkrankungen ausgeliefert. Viele von ihnen verteilen psychologische Ratschläge, die aus einer verwirrenden Mischung von Wahrheiten, Halbwahrheiten und völligen Unwahrheiten bestehen. Ohne einen verlässlichen Reiseführer, der uns hilft, psychologische Irrtümer von der Wirklichkeit zu unterscheiden, sind wir gefährdet, uns in einem Dschungel von Missverständnissen zu verirren.

Viele der bekanntesten Irrtümer der populären Psychologie führen uns nicht nur was die menschliche Natur betrifft in die Irre, sie verleiten uns auch dazu, unkluge Entscheidungen in unserem Alltag zu treffen. Diejenigen, die fälschlicherweise glauben, dass Leute gewöhnlich Erinnerungen an schmerzhafte Erfahrungen unterdrücken (siehe Irrtum 11), könnten viel Zeit in ihrem Leben damit verbringen, sinnlose Versuche zu unternehmen, um traumatische Kindheitserinnerungen an Ereignisse zutage zu bringen, die nie stattgefunden haben. Diejenigen, die glauben, dass Glücklichsein von äußeren Umständen abhängig ist (siehe Irrtum 18), könnten sich ausschließlich auf die Umwelt anstatt sich selbst konzentrieren, um die perfekte „Formel" für langfristige Zufriedenheit zu finden. Und diejenigen, die glauben, dass sich Gegensätze in Liebesbeziehungen anziehen (siehe Irrtum 20), könnten einen Großteil ihres Lebens damit verbringen, einen Seelenverwandten zu suchen, der sich in seiner Persönlichkeit und seinen Werten stark von ihnen unterscheidet – nur um zu spät festzustellen, dass solche Verbindungen selten gut funktionieren. Irrtümer sind von großer Bedeutung.

Wie der Wissenschaftspädagoge David Hammer (1996) anmerkte, haben wissenschaftliche Missverständnisse vier Eigenschaften. Sie sind (1.) stabile und häufig innere Überzeugungen über die Welt, sie werden (2.) durch etablierte Beweise widerlegt, (3.) beeinflussen sie, wie Menschen die Welt sehen und müssen (4.) korrigiert werden, um ein korrektes Wissen zu erlangen. Für unseren Zweck ist der letzte Punkt von besonderer Bedeutung. Unserer Meinung nach sollte das Widerlegen dieser Irrtümer eine essentielle Komponente in der psychologischen Ausbildung sein, weil Irrglauben, der sich tief in einer Person festgesetzt hat, verhindern kann, dass ein Student die menschliche Natur begreift.

Es gibt zahlreiche Definitionen des Wortes „Irrtum" in Lexika, aber diejenigen, die aus dem *American Heritage Dictionary* (2000) stammen, eignen sich für unsere Zwecke am besten: „ein weit verbreiteter (aber falscher) Glaube oder eine solche Geschichte, der/die mit einer Person, einer Einrichtung oder einer Begebenheit in Verbindung gebracht wird" oder „eine Erfindung oder Halbwahrheit, insbesondere eine, die einen Teil einer

Weltanschauung bildet". Die meisten Irrtümer, die wir in diesem Buch präsentieren, sind weit verbreitete Annahmen, die offenkundig psychologischen Forschungsergebnissen widersprechen. Andere wiederum sind Übertreibungen und verzerrte Darstellungen von Behauptungen, die aber ein Körnchen Wahrheit beinhalten. So oder so, sind die meisten Irrtümer in diesem Buch so fesselnd, weil sie in das Menschheitsbild passen, das viele Leute einleuchtend finden. Zum Beispiel verzahnt sich die falsche Annahme, dass wir nur 10% unserer Gehirnkapazitäten verwenden (siehe Irrtum 1), mit dem Glauben, dass viele Menschen ihr intellektuelles Potential nicht völlig realisiert haben. Der Irrglaube, dass geringes Selbstbewusstsein ein Hauptgrund für eine Verhaltensstörung ist (siehe Irrtum 23), passt zu der Annahme, dass wir alles erreichen können, wenn wir nur an uns selbst glauben.

Viele psychologische Mythen sind nachvollziehbare Versuche, unserer Welt einen Sinn zu geben. Wie der deutsche Soziologe und Wissenschaftstheoretiker Klaus Manhart (2005) feststellte, haben Irrglauben in der Geschichte zentrale Funktionen erfüllt: Sie stellen den Versuch dar, das sonst Unerklärliche zu erklären. Tatsächlich sind viele Irrtümer, die in diesem Buch besprochen werden, Versuche, sich mit einigen beständigen Mysterien des Lebens auseinanderzusetzen. Hierunter fällt zum Beispiel auch der Glaube, dass Träume symbolische Bedeutung haben, was in diesem Fall die zugrunde liegende Bedeutsamkeit unserer nächtlichen Seelenwelt zum Inhalt des Rätsels macht.

Unser Buch ist das erste, das die volle Bandbreite populärer Psychologie und zugleich verbreitete psychologische Missverständnisse unter das wissenschaftliche Mikroskop nimmt. Damit hoffen wir, gängige, aber falsche Annahmen ausräumen und die Leser mit korrektem Wissen ausrüsten zu können, mit dem sie bessere Entscheidungskriterien zur Hand haben. Unser Tonfall ist zwanglos, einnehmend und manchmal respektlos. Wir haben uns besonders bemüht, das Buch für Studierende der ersten Semester sowie Laien zugänglich zu gestalten. Es wird kein psychologisches Fachwissen vorausgesetzt. Darum haben wir allgemeinsprachliche Ausdrücke in ihrer Anzahl gering gehalten. Fachleute wie auch Laien können dadurch gleichermaßen an diesem Buch Gefallen finden.

Wir beginnen mit einer Erkundung der überwältigenden Welt der populären Psychologie, der Gefahren, die psychologische Irrtümer darstellen, und mit den zehn Hauptursachen für die Mythen. Später untersuchen wir 25 Irrtümer der populären Psychologie. Für jeden Irrglauben diskutieren wir sein Vorkommen in der allgemeinen Bevölkerung, besprechen erläuternde Beispiele aus der weiten Welt der populären Psychologie und ihre potentiellen Ursprünge sowie Forschungsergebnisse, die sich darauf beziehen. Auch wenn eines unserer Hauptziele ist, Irrtümer zu zerstreuen, werden wir die Mythen nicht nur aufdecken. Bei jedem Irrglauben werden wir auch diskutieren, was an ihm der *Wahrheit* entspricht. Dabei werden wir psychologisches Wissen vermitteln, welches die Leser aufnehmen und in ihrem alltäglichen Leben anwenden können. Einige der 25 Irrtümer werden von kurzen „Mythenkiller: Ein genauer Blick"-Kästen begleitet, in dem ein ähnlicher Irrglauben erläutert wird. Um deutlich zu machen, dass die Wahrheit in der Psychologie ebenso faszinierend ist, wenn nicht sogar faszinierender als ein psychologischer Irrtum, bietet das Buch ein Postskriptum mit einer im David-Letterman-Stil gehaltenen „Top 10"-Liste interessanter psychologischer Befunde, die sich wie Mythen anhören, aber tatsächlich wahr sind.

Dieses Buch, so meinen wir, wird verschiedene Leserkreise ansprechen. Studenten in Einführungsveranstaltungen und Seminaren zu Forschungsmethoden genauso wie Dozenten dieser Kurse werden das Buch besonders interessant finden. Viele Studierende beginnen solche Kurse mit falschen Vorstellungen, die eine ganze Reihe psychologischer Themen betreffen. Diesen Missverständnissen ins Auge zu sehen, ist meistens ein wichtiger Schritt, um korrektes Wissen vermitteln zu können. Weil wir das Buch rund um acht Arbeitsbereiche gestaltet haben, die für gewöhnlich im Grundstudium abgedeckt werden, wie zum Beispiel die Funktionsweisen des Gehirns und der Wahrnehmung, das Gedächtnis, Lernen und Intelligenz, Emotionen und Motivation, Sozialpsychologie und Persönlichkeit, kann dieses Buch entweder als alleinstehendes oder als ergänzendes Lehrbuch für diese Kurse eingesetzt werden. Dozenten, die dieses Buch in Kombination mit einem Standardlehrbuch zum Thema Einführung in die Psychologie verwenden, können einige oder alle Irrtümer aus den Kapiteln leicht dem dazugehörigen Thema des verwendeten Lehrbuches hinzufügen.

Laien, die daran interessiert sind, mehr über Psychologie zu erfahren, werden dieses Buch als unschätzbares und leserfreundliches Hilfsmittel und als unterhaltsames Handbuch für Psychologiewissen zu schätzen wissen. Praktizierende Psychologen, andere Berufstätige mit qualifizierter

Ausbildung (etwa Psychiater, Krankenpfleger/-schwestern in psychiatrischen Krankenanstalten, psychologische Berater und Sozialarbeiter), Psychologiedozenten, Forscher des Fachbereichs Psychologie und Studierende sowie Doktoranden des Faches Psychologie werden das Buch als angenehme Unterhaltung empfinden, genauso wie es auch für sie eine wertvolle Hinweisquelle sein wird. Schließlich glauben wir, dass das Buch allen Journalisten, Autoren und Dozenten, deren Arbeit auch die Psychologie miteinschließt, empfohlen (wenn nicht sogar nahegelegt) werden sollte. Dieses Buch sollte auch sie davor schützen, genau den psychologischen Missverständnissen zum Opfer zu fallen, vor denen wir unsere Leser so eindringlich warnen.

Dieses Projekt hätte niemals ohne die Hilfe von verschiedenen talentierten und engagierten Personen zu einem guten Abschluss kommen können. Zuallererst möchten wir uns sehr herzlich bei unserer Lektorin bei Wiley-Blackwell, Christine Chardonne, bedanken, über die wir nicht genug Gutes sagen können. Chris hat unschätzbare Führung durch das Projekt hindurch geboten und wir sind ihr für ihre Unterstützung und Ermutigungen zu tiefstem Dank verpflichtet. Wir schätzen uns selbst besonders glücklich darüber, dass wir mit einem so kompetenten, freundlichen und geduldigen Menschen wie Chris zusammenarbeiten durften. Als Zweites möchten wir uns bei Sean O'Hagen für seine freundliche Hilfe bei der Erstellung der Bibliographie und des Kapitels zum Thema Altern bedanken. Alison Cole danken wir für ihre Unterstützung beim Midlife-Crisis-Irrtum, Otto Wahl für seine Mitwirkung beim Schizophrenie-Irrtum, Fern Pritikin Lynn, Ayelet Meron Ruscio und Susan Himes gebührt unser Dank für ihre hilfreichen Ratschläge bezüglich diverser Irrtümer. Als Drittes möchten wir Constance Adler, Hannah Rolls und Annette Abel von Wiley-Blackwell für ihre redaktionelle Hilfe und das Redigieren der Texte danken.

Als Viertes danken wir den folgenden Korrekturlesern von Entwürfen des Buches und verschiedensten Kapiteln, deren Kommentare, Ratschläge und konstruktive Kritik außerordentlich hilfreich für uns waren, um unsere ersten Konzepte zu verbessern. Folgenden Personen sind wir zu ganz besonderem Dank verpflichtet: David R. Barkmeier, Northeastern University; Barney Beins, Ithaca College; John Bickford, University of Massachusetts-Amhert; Stephen F. Davis, Morningside College; Sergio Della Sala, University of Edinburgh; Dana Dunn, Moravian College; Brandon Gaudiano, Brown University; Eric Landrum, Boise State University; Dap

Louw, University of the Free State; Loreto Prieto, Iowa State University; Jeff Ricker, Scottsdale Community College; und zahlreichen Dozenten, die an unserer ersten Umfrage teilgenommen haben.

Wir sind stolz darauf, dieses Buch im Andenken unserem geschätzten Freund, Kollegen und Mitautor Barry Beyerstein zu widmen. Obwohl sein Beitrag zu diesem Buch durch seinen verfrühten Tod im Jahr 2007 im Alter von 60 Jahren nicht groß war, trägt das Manuskript die Spuren seines scharfen Verstands und seiner Fähigkeit, komplexe Ideen einem großen Publikum näher zu bringen. Wir wissen, dass Barry besonders stolz auf dieses Buch sein würde, weil es die von ihm als besonders wichtig wahrgenommene Aufgabe verkörpert, die Öffentlichkeit über das Versprechen der wissenschaftlichen Psychologie aufzuklären: nämlich über unser Wissen darüber, was es bedeutet, Mensch zu sein, und über die Fallgruben von Pseudowissenschaften. Wir erinnern uns liebevoll an Barry Beyersteins Leidenschaft für das Leben und sein Mitgefühl anderen gegenüber und widmen ihm dieses Buch im Gedenken an sein dauerhaftes Vermächtnis für die Verbreitung der wissenschaftlichen Psychologie.

Als Autoren wünschen wir uns sehr, dass Ihnen das Lesen dieses Buches genauso viel Freude bereiten wird wie uns das Schreiben ein Vergnügen war. Wir freuen uns über Rückmeldungen zu dem Buch und, nicht zu vergessen, Vorschläge zu weiteren Irrtümern für zukünftige Auflagen.

Möge das Aufdecken von Irrtümern beginnen!

Einleitung

Die weite Welt der Psychomythologie

„Gegensätze ziehen sich an."
„Wer mit der Rute spart, verzieht das Kind."
„Vertrautheit zeugt Missachtung."

Wahrscheinlich haben Sie diese drei Sinnsprüche schon häufig gehört. Mehr sogar: Wahrscheinlich halten Sie sie für so selbstverständlich wie Ihr Recht auf Leben, Freiheit und das Streben nach Glück. Unsere Lehrer und Eltern haben uns immer wieder versichert, dass diese Sinnsprüche wahr seien und unsere Intuitionen und Lebenserfahrungen scheinen dies zu bestätigen.

Dennoch bestätigt die psychologische Forschung, dass alle drei Redensarten, jedenfalls so, wie sie allgemein aufgefasst werden, sich größtenteils nicht bewahrheiten oder sich sogar als gänzlich falsch erweisen. Gegensätze in Liebesbeziehungen ziehen einander nicht an. Das Gegenteil ist in der Regel der Fall: Wir fühlen uns am meisten von den Menschen angezogen, die uns in ihrer Persönlichkeit, ihren Einstellungen und Werten ähneln (siehe Irrtum 20). Wenn man nicht die Rute einsetzt, verwöhnt das Kinder nicht automatisch. Im Gegenteil ist es sogar erwiesen, dass körperliche Züchtigungen meistens keine positiven Auswirkungen auf das Verhalten von Kindern haben. Mit etwas vertraut zu sein, bringt gewöhnlich Behaglichkeit mit sich, nicht aber Missachtung. In der Regel bevorzugen wir Dinge, die wir bereits kennen, vor dem Unbekannten.

Die Industrie der populären Psychologie

Mit Sicherheit haben Sie noch viele weitere „Tatsachen" von der Alltagspsychologie „gelernt". Diese auch abwertend Küchenpsychologie genannte Disziplin umfasst ein ausgedehntes Geflecht aus Quellen gewöhnlicher

Informationen über menschliches Verhalten. Das schließt Fernsehsendungen, Radiotalkshows, Hollywoodfilme, Selbsthilfebücher, Zeitschriften, Boulevardzeitungen und Internetseiten mit ein. Beispielsweise lehrt uns die Alltagspsychologie Folgendes:

- wir verwenden lediglich 10% unserer Gehirnkapazitäten
- unser Gedächtnis funktioniert wie Videobänder oder Kassettenrekorder
- wenn wir wütend sind, ist es besser, der Wut freien Lauf zu lassen statt sie zu unterdrücken
- die meisten sexuell missbrauchten Kinder werden als Erwachsene selbst zu Kinderschändern

Dieses Buch wird zeigen, dass alle diese vier „Tatsachen" in Wahrheit nur weit verbreitete Annahmen sind. Auch wenn die Alltagspsychologie eine unersetzliche Quelle für Informationen sein kann, so enthält sie doch mindestens genauso viele falsche wie korrekte Informationen. Wir bezeichnen diese riesige Fülle an Fehlinformationen als Psychomythologie, weil sie aus Missverständnissen, modernen Legenden und Ammenmärchen aus der Psychologie besteht. Überraschenderweise gibt es nur sehr wenige Bücher, die mehr als ein paar Seiten dem Aufdecken dieser Irrtümer widmen. Genauso gibt es nur sehr wenige populäre Quellen, die Interessierte mit wissenschaftlichen Hilfsmitteln ausstatten, mithilfe derer es möglich wäre, wahre von unwahren Behauptungen zu unterscheiden. Ergebnis dieses Umstandes ist, dass viele Menschen, sogar jene, die Psychologie studiert haben, eine Menge über die Wahrheiten menschlichen Verhaltens wissen, nicht aber, was falsch ist.

Bevor wir nun fortfahren, möchten wir den Leser beruhigen. Auch wenn Sie alle eingangs genannten Mythen geglaubt haben, gibt es keinen Grund, sich zu schämen, da Sie sich in guter Gesellschaft befinden. Umfragen machen deutlich, dass ein Großteil der allgemeinen Bevölkerung sowie auch Studienanfänger im Fach Psychologie an die Richtigkeit dieser und anderer psychologischer Irrtümer glauben. Selbst der eine oder andere Psychologieprofessor glaubt, dass es sich bei den Irrtümern um Wahrheiten handelt.

Wenn Sie sich wegen Ihres „Psychologie-IQs" immer noch ein bisschen unsicher fühlen, sollten Sie sich vor Augen halten, dass der griechische Philosoph Aristoteles (384–322 v. Chr.), der als einer der klügsten Menschen gilt, die je gelebt haben, glaubte, dass Emotionen im Herzen und nicht im Gehirn entstehen und dass Frauen dümmer seien als Männer. Er war sogar davon überzeugt, dass Frauen weniger Zähne besäßen als Männer! Die falschen Annahmen des Aristoteles führen uns vor Augen, dass hohe Intelligenz einen nicht vor dem Glauben an Psychomythologie bewahrt. Das Hauptthema dieses Buches ist daher, dass wir alle Opfer falschen Wissens über Psychologie werden können, wenn wir uns nicht mit den korrekten Fakten wappnen. Dies ist heute noch so wahr, wie es das bereits vor Jahrhunderten gewesen ist.

Im 18. Jahrhundert war eine psychologische Disziplin namens Phrenologie in weiten Teilen Europas wie auch Amerika eine beliebte Wissenschaft. Phrenologen waren der Meinung, dass besondere geistige Fähigkeiten wie beispielsweise dichterisches Talent, Kinderliebe, Gespür für Farben oder Religiosität einzelnen Bereichen des Gehirns zugeordnet werden konnten. Ihrem Wissen nach war es möglich, die Persönlichkeit eines Menschen durch das Ausmessen der Kopfform zu erfassen (sie glaubten fälschlicherweise, dass große Hirnareale Beulen im Schädel hervorrufen würden). Die Typologie der Psyche umfasste dabei vermutlich zwischen 27 und 43 Eigenschaften. „Phrenologie-Sprechzimmer", in denen es neugierigen Klienten möglich war, ihre Häupter und Persönlichkeiten vermessen zu lassen, schossen in dieser Zeit überall aus dem Boden. In diesem Zusammenhang entstand im englischsprachigen Raum auch der populäre Satz „having one's head examined". Dennoch erwies sich die Phrenologie in einem bedeutenden gesellschaftlichen Zusammenhang als bemerkenswertes Beispiel der Psychomythologie, da Studien schließlich zeigten, dass die vorhergesagten Änderungen nach Beschädigung bestimmter Gehirnareale so gut wie nie zutrafen. Auch wenn die Phrenologie heute als Wissenschaft tot ist, sind viele andere Bereiche der Psychomythologie noch immer überall anzutreffen.

Mit diesem Buch möchten wir Ihnen helfen, zwischen Fakt und Vermutung im Bereich der populären Psychologie zu unterscheiden. Wir werden Sie mit einer Reihe von Fähigkeiten ausstatten, mit denen Sie die Märchen entlarven und psychologische Behauptungen wissenschaftlich bewerten können. Wir werden nicht nur weit verbreitete Mythen der Psychologie aufklären, sondern auch erläutern, was sich in den unterschiedlichen Wissensgebieten als korrekt herausgestellt hat. Wir hoffen, Sie davon überzeugen zu können, dass die wissenschaftlich belegte Forschung mindestens genauso interessant ist wie die falschen Thesen – wenn sie sich nicht sogar meist als noch überraschender erweist.

Dies soll nicht bedeuten, dass wir alles ignorieren sollten, was die „Küchenpsychologie" zu bieten hat. Viele Selbsthilfebücher ermutigen uns dazu, für unsere Fehler selbst die Verantwortung zu übernehmen, Kindern eine liebevolle und fördernde Umgebung zu bieten, sich moderat und ausgewogen zu ernähren, regelmäßig Sport zu treiben und sich auf Freunde und andere Unterstützung zu verlassen, wenn es uns schlecht geht. Im Großen und Ganzen sind es kluge Ratschläge, auch wenn sie bereits unsere Großmutter kannte.

Das Problem ist, dass die Alltagspsychologie diese Ratschläge oft mit Thesen vermischt, die jedem wissenschaftlichen Indiz widersprechen. Zum Beispiel empfehlen uns Talkshow-Psychologen regelmäßig, bei Beziehungsfragen immer unserem Herzen zu folgen, obwohl dieser Rat in einer falschen Entscheidung enden kann. Der bekannte Fernsehpsychologe Dr. Phil McGraw („Dr. Phil") empfiehlt den Lügendetektortest, um herauszufinden, welcher Partner in einer Beziehung derjenige ist, der lügt. Allerdings werden wir später (siehe Irrtum 23) sehen, dass der Lügendetektortest alles andere als unfehlbar ist.

Küchenpsychologie

Wie der Persönlichkeitspsychologe George Kelly (1955) betonte, sind wir alle Alltagspsychologen. Wir versuchen kontinuierlich herauszufinden, wie unsere Freunde, Familienmitglieder, Lebenspartner und Fremde funktionieren und wieso sie so handeln wie sie handeln. Die Psychologie ist ein unausweichlicher Teil unseres täglichen Lebens. Ob es sich nun um unsere Liebesbeziehungen, Freundschaften, Gedächtnislücken, emotionale Ausbrüche, Schlafstörungen, das Abschneiden bei Prüfungen oder Anpassungsschwierigkeiten handelt, wir sind heute überall von Psychologie umgeben. Die Boulevardpresse bombardiert uns beinahe täglich mit Behauptungen über Entwicklungen in den Bereichen Erziehung, Ausbildung, Sexualität, Intelligenztests, Gedächtnis, Verbrechen, Drogenmissbrauch, psychische Störungen, Psychotherapie, Entwicklung des Gehirns und einer erstaunlich breiten Palette anderer Themen. In den meisten Fällen müssen wir diesen Behauptungen Glauben schenken, weil wir die wissenschaftlichen Methoden, die man benötigt, um sie zu evaluieren, nicht erlernt haben. Wie der Mythenentlarver und Neurowissenschaftler Sergio

Della Sala (1999) uns in Erinnerung ruft, „sind entsprechende Bücher für Glaubende im Überfluss vorhanden und werden in großen Mengen verkauft".

Das ist schade, denn obwohl einige alltagspsychologische Behauptungen durchaus als gesichert gelten, trifft dies für die größere Anzahl anderer Behauptungen nicht zu. In der Tat besteht ein großer Teil der Alltagspsychologie aus Eingebungen, wie der Psychologe Paul Meehl (1993) schrieb: Es seien Annahmen über das Verhalten von Menschen, die nur auf unserem Gespür basieren. Dabei lehrt uns die Geschichte der Psychologie einen unbestreitbaren Fakt: Auch wenn unsere Intuitionen beim Aufstellen von Hypothesen sehr nützlich sein können, so sind sie dennoch oft beklagenswert falsch, wenn es darum geht herauszufinden, ob die Hypothesen auch zutreffen. Das ist wahrscheinlich darauf zurückzuführen, dass das Gehirn zwar dazu gemacht ist, alles um sich herum zu begreifen, nicht jedoch, um sich selbst zu verstehen. Dieses Dilemma nannte der Fachbuchautor Jacob Bronowski (1966) „Reflexivität". Zudem erfinden wir nachträglich häufig nachvollziehbare, aber falsche Erklärungen für unser eigenes Verhalten. Eine Konsequenz daraus ist, dass wir uns fälschlicherweise selbst einreden, wir würden unsere eigenen Beweggründe verstehen.

Psychologische Wissenschaft und gesunder Menschenverstand

Ein Grund dafür, dass wir uns von der Alltagspsychologie so leicht einwickeln lassen, liegt darin, dass sie mit unserem gesunden Menschenverstand übereinstimmt: also mit unseren Vorahnungen, Intuitionen und ersten Eindrücken. Vielleicht haben Sie sogar schon einmal die Behauptung gehört, dass einem Großteil der Psychologie nur „Menschenverstand" zugrunde liegen würde. Viele vermeintliche Fachleute drängen darauf, sich auf sein Urteilsvermögen zu verlassen, wenn es darum geht, Behauptungen zu überprüfen. Der bekannte Radio-Talkshow-Moderator Dennis Prager informiert seine Zuhörer immer wieder begeistert darüber, „dass es auf der Welt zwei Arten von Studien gibt: die, die unseren gesunden Menschenverstand bestätigen, und solche, die falsch sind". Pragers Ansichten über den gesunden Menschenverstand teilt wahrscheinlich ein Großteil der Allgemeinheit:

Benutzen Sie Ihren Menschenverstand. Wann immer Sie die Worte „Studien zeigen" hören – außerhalb der Naturwissenschaften – und Sie der Meinung sind, dass diese Studien das Gegenteil dessen zeigen, was Ihre Urteilsfähigkeit Ihnen sagt, seien Sie skeptisch. Ich erinnere mich nicht daran, jemals von einer ernsthaften Studie erfahren zu haben, die dem gesunden Menschenverstand widersprach (Prager, 2002, S. 1).

Seit Jahrhunderten drängen uns viele bekannte Philosophen, Wissenschaftler und Fachbuchautoren dazu, unserem eigenen Urteilsvermögen zu vertrauen. Der schottische Philosoph Thomas Reid (1710–1796) argumentierte, wir alle seien mit gesundem Menschenverstand geboren worden. Diese natürlichen Intuitionen seien die besten Werkzeuge, um fundamentale Wahrheiten über die Welt herauszufinden. Unlängst rief der bekannte Wissenschaftsautor John Horgan (2005) in einem der Leitartikel der *New York Times* dazu auf, auf den allgemeinen Menschenverstand auch in der Bewertung wissenschaftlicher Theorien, die Psychologie einbezogen, zu hören. Nach Horgans Ansicht widersprechen viele Studien, auch in der Physik und anderen Bereichen moderner Wissenschaften, zu oft dem gesunden Menschenverstand – ein Trend, den er höchst besorgniserregend findet. Zusätzlich hat es in den letzten Jahren eine Flut populärer, ja sogar als Bestseller verkaufter Bücher gegeben, die die Macht der Intuition und schneller Urteile verfechten. Die meisten dieser Bücher erkennen die Grenzen des gesunden Menschenverstands hinsichtlich der Bewertung wissenschaftlicher Thesen an, sind aber davon überzeugt, dass Psychologen traditionell die Präzision unserer Ahnungen unterschätzen.

Wie allerdings der französische Philosoph Voltaire bereits betonte, ist gesunder Menschenverstand nicht allzu weit verbreitet. Im Gegensatz zur Aussage von Dennis Prager sind psychologische Studien, die unserem allgemeinen Menschenverstand widersprechen, manchmal korrekt. Eines der Hauptziele dieses Buches ist, Sie darin zu bestärken, Ihrem Menschenverstand zu misstrauen, wenn es darum geht, psychologische Behauptungen zu beurteilen. Als allgemeine Regel sollten Sie auf eines achten: Sie sollten statt ihres Bauchgefühls lieber Forschungsergebnisse zu Rate ziehen, wenn Sie entscheiden möchten, ob eine wissenschaftliche These wahr ist. Die Forschung legt nahe, dass vorschnelle Urteile dabei helfen, Menschen einzuschätzen und unsere Vorlieben und Abneigungen vorauszuberechnen. Sie sind aber oftmals auch schrecklich ungenau, wenn es darum geht, den Wahrheitsgehalt von psychologischen Theorien oder Annahmen einzuschätzen. Bald werden wir sehen, weshalb dies der Fall ist.

Wie verschiedene Fachbuchautoren, einschließlich Lewis Wolpert (1992) und Alan Cromer (1993), beobachtet haben, ist Wissenschaft das Gegenteil von gesundem Menschenverstand. Mit anderen Worten nötigt uns die Wissenschaft dazu, unseren gesunden Menschenverstand beiseite zu legen, wenn wir wissenschaftliche Aussagen bewerten. Um Wissenschaft zu verstehen, und das schließt die Psychologie mit ein, müssen wir den Ratschlag des berühmten amerikanischen Schriftstellers Mark Twain befolgen und alte Gewohnheiten genauso gut verlernen, wie wir uns neue Gewohnheiten aneignen. Ganz besonders müssen wir eine bestimmte Neigung verlernen, die uns allen angeboren ist: die Neigung zu glauben, unser Bauchgefühl sei stets richtig.

Natürlich ist nicht alles, was unter dem Begriff Alltagspsychologie läuft, falsch. Die meisten Leute glauben, dass glückliche Angestellte mehr Arbeit zu erledigen in der Lage sind als unglückliche Arbeitnehmer. Psychologische Untersuchungen zeigen, dass diese Annahme korrekt ist. Dennoch haben Wissenschaftler – darunter auch Psychologen – immer wieder festgestellt, dass wir unserem gesunden Menschenverstand nicht immer vertrauen können. Zum Teil liegt dies daran, dass unsere nicht sonderlich präzise Wahrnehmung uns zuweilen beschwindelt.

Zum Beispiel glaubten die Menschen jahrhundertelang nicht nur, die Erde sei flach wie eine Scheibe – schließlich erscheint sie ja auch flach, wenn wir uns über sie bewegen –, sie waren auch davon überzeugt, dass sich die Sonne um die Erde dreht. Vor allem diese zweite „Tatsache" schien für nahezu jeden offensichtlich zu sein. Schließlich zeichnet die Sonne jeden Tag einen großen Bogen am Himmel, während wir stillzustehen scheinen. Doch in diesem Fall täuscht die Beobachtung. Wie der Wissenschaftshistoriker Daniel Boorstin (1983) anmerkte:

Nichts könnte offensichtlicher sein, als dass die Erde stabil und unbeweglich ist und dass wir der Mittelpunkt des Universums sind. Moderne westliche Wissenschaft beginnt mit der Leugnung dieses vernünftigen Grundsatzes ... Der gesunde Menschenverstand, das Fundament des Alltags, kann nicht mehr länger der Weltherrschaft dienen (S. 294).

Nun möchten wir ein weiteres Beispiel vorstellen. Michael McCloskey (1983) hatte in einer Studie Studenten aufgefordert, den Weg einer Kugel vorherzusagen, die gerade eine Spirale verlassen hatte. Ungefähr die Hälfte der Studenten glaubte, dass die Kugel sich weiterhin spiralförmig fortbewegen würde, wenn sie die Spirale verlassen hätte (in Wahrheit jedoch wird sich die Kugel in einer geraden Linie weiterbewegen, wenn sie die Spirale verlassen hat). Diese Studenten beriefen sich für gewöhnlich auf allgemeingültige Vorstellungen wie die „Eigendynamik", wenn sie ihre Annahmen rechtfertigten (beispielsweise: „Die Kugel ist auf eine bestimmte Weise losgerollt, also wird sie auch so weiterrollen"). Auf diese Weise behandelten sie die Kugel nahezu wie eine Person, zum Beispiel einen Eiskunstläufer, der beginnt, sich auf dem Eis zu drehen und sich entsprechend weiterdreht. Hier hatte ihre Intuition sie hereingelegt.

Ein weiteres wunderbares Beispiel ist eine Darstellung bekannt unter dem Titel „Shepards Tische". Zu sehen sind zwei Tischoberflächen, die vermeintlich nicht dieselbe Größe haben. Diese Antwort erscheint zunächst offensichtlich. Aber ob Sie es glauben oder nicht, die Tischoberflächen sind exakt gleich groß. Genauso wie wir unseren Augen nicht immer trauen sollten, so sollten wir auch unseren Eingebungen nicht immer glauben. Die Quintessenz lautet: Sehen ist glauben, aber sehen heißt nicht immer, dass wir das Richtige annehmen.

„Shepards Tische" ist eine optische Täuschung – ein Bild, das unser visuelles Bewusstsein hereinlegt. Im übrigen Teil des Buches wird uns eine große Bandbreite kognitiver Täuschungen begegnen – Phänomene also, die unserem Denken einen Streich spielen. Wir können uns viele oder sogar die meisten psychologischen Irrtümer als kognitive Illusionen vorstellen, weil sie uns ähnlich wie optische Täuschungen gedanklich hintergehen.

Warum sollte uns all das interessieren?

Wieso ist es wichtig, über psychologische Irrtümer Bescheid zu wissen? Es gibt mindestens drei Gründe:
(1) *Psychologische Irrtümer können Schäden anrichten.* Richter beispielsweise, die fälschlicherweise glauben, dass das Gedächtnis wie ein Videoband funktioniert, könnten einen Angeklagten aufgrund einer falschen Zeugenaussage schuldig sprechen, wobei der Zeuge wirklich an seine Aussage glaubt (siehe Irrtum 9). Eltern, die glauben, dass das Schlagen von Kindern als Bestrafung eine effektive Erziehungsmethode ist, könnten zu dieser drastischen Maßnahme greifen und dann lediglich feststellen, dass das unerwünschte Verhalten der Kinder eher häufiger auftritt anstatt abzunehmen.

(2) *Psychologische Irrtümer können auch indirekt Schaden verursachen.* Sogar falsche Annahmen, die an sich harmlos sind, können indirekt bedeutsame Schäden anrichten. Wirtschaftswissenschaftler benutzen den Ausdruck Opportunitätskosten in Bezug auf die Tatsache, dass kranke Menschen, die sich auf nutzlose Therapien einlassen, die Gelegenheit versäumen, notwendige Hilfe zu erhalten. Menschen zum Beispiel, die irrtümlich annehmen, dass vermeintlich unterbewusst wirkende Selbsthilfe-Videos eine effektive Methode zum Abnehmen sind, können viel Zeit, Geld und Einsatz auf ihren Irrtum verwenden (siehe Irrtum 3). Dadurch entgehen ihnen vielleicht wissenschaftlich erprobte Schlankheitskuren, die von größerem Nutzen sein könnten.

(3) *Die Akzeptanz psychologischer Irrtümer kann unsere kritische Haltung in anderen Bereichen ebenfalls hemmen.* Wie der Astronom Carl Sagan (1995) bemerkte, kann die Unfähigkeit, einen Irrtum in einem bestimmten Bereich, wie zum Beispiel in der Psychologie, zu erkennen, dazu führen, dass auch in anderen wichtigen Bereichen der modernen Gesellschaft Fehler bei der Unterscheidung zwischen Wahrheit und Irrtum gemacht werden. Dies schließt Gentechnik, Stammzellenforschung, Klimaerwärmung, Umweltverschmutzung, präventive Verbrechensbekämpfung, die Ausbildung, Kinderbetreuung und Überbevölkerung mit ein, um nur einige wenige Felder zu benennen. Als Folge davon sind wir Politikern auf Gedeih und Verderb ausgeliefert, die unkluge oder sogar gefährliche Entscheidungen in den Bereichen Wissenschaft und Technologie treffen. Wie Sir Francis Bacon uns ermahnte: Wissen ist Macht, Ignoranz ist Machtlosigkeit.

Die 10 Quellen psychologischer Irrtümer: Ihre Mythen-Entlarvungs-Ausrüstung

Wie entstehen psychologische Irrtümer und Missverständnisse?

Wir werden versuchen, Sie davon zu überzeugen, dass es hauptsächlich zehn Möglichkeiten gibt, wie wir uns alle von plausibel klingenden, aber dennoch falschen psychologischen Behauptungen täuschen lassen. Es ist sehr wichtig zu begreifen, dass alle Menschen anfällig für diese zehn Quellen des Irrtums sind und dass wir alle hin und wieder auf sie hereinfallen.

Wissenschaftlich zu denken bedeutet, dass wir uns diese Fehlerquellen bewusst machen und lernen, sie auszugleichen. Erfahrene Wissenschaftler sind ebenso anfällig für diese Fehlerquellen wie jede andere Person auch. Gute Wissenschaftler haben allerdings eine Reihe von Schutzmaßnahmen ergriffen – die wissenschaftliche Methode genannt – um sich vor den Fehlerquellen zu schützen. Die wissenschaftliche Methodik ist eine Werkzeugkiste voller Fachkenntnisse. Sie wurde entwickelt, um zu verhindern, dass Wissenschaftler sich selbst zum Narren machen. Wenn Sie sich die zehn wichtigsten Fehlerquellen der Psychomythologie bewusst machen, wird es sehr viel unwahrscheinlicher sein, dass Sie auf falsche Behauptungen hereinfallen.

Es ist sinnvoll, dass Sie sich die zehn Fehlerquellen gut einprägen, da sie immer wieder in diesem Buch vorkommen werden. Zusätzlich wird Ihnen dieses Wissen im Alltag helfen, eine Menge Behauptungen der Küchenpsychologie als falsch zu entlarven. Stellen Sie sich die Hilfsmittel als Ihre Irrtum-Entlarvungs-Ausrüstung vor, die Ihnen Ihr Leben lang zur Verfügung stehen wird.

(1) Mundpropaganda

Viele falsche Volksmärchen werden durch mündliche Überlieferung über mehrere Generationen hinweg aufrechterhalten. Zum Beispiel ist die Redewendung „Gegensätze ziehen sich an" einprägsam und leicht zu merken, weshalb die Menschen dazu tendieren, sie immer wieder weiterzugeben. Viele moderne Mythen funktionieren auf ähnliche Weise. Vielleicht haben auch Sie davon gehört, dass in der Kanalisation New Yorks vermeintlich Alligatoren leben, oder von der Dame, die es mit ihrem nassen Pudel nur gut meinte und ihn zum Trocknen in eine Mikrowelle setzte, in der er dann explodierte. Viele Jahre lang hat einer der Autoren dieses Buches die Geschichte einer Frau weitererzählt, die glaubte, sie habe sich einen Chihuahua gekauft, nur um sich Wochen später von ihrem Tierarzt darüber informieren zu lassen, dass es sich in Wahrheit um eine riesige Ratte handelte. Auch wenn diese Kuriositäten unterhaltsam sind, so sind sie dennoch genauso falsch wie die psychologischen Irrtümer, die wir Ihnen in diesem Buch präsentieren werden.

Die Tatsache, dass wir eine Behauptung immer wieder hören, macht diese noch lange nicht zu einer Wahrheit. Es kann aber dazu führen, dass wir eine Behauptung als wahr akzeptieren, auch wenn sie eigentlich falsch ist, weil uns die Aussage durch die Wiederholung vertraut wird. Das führt dazu, dass man Vertrautheit mit Korrektheit verwechselt. Werbefachleute, die uns immer wieder erklären, dass „sieben von acht befragten Zahnärzten Strahlemann-Zahnpasta gegenüber anderen Marken empfehlen!", schlagen aus diesem Prinzip gnadenlos Kapital. Darüber hinaus zeigt sich in Untersuchungen, dass es keinen Unterschied macht, ob eine Person zehnmal dieselbe Meinung äußert („Joe Smith hat am ehesten das Zeug, Präsident zu werden!") oder ob zehn unterschiedliche Personen diese Ansicht einmal mitteilen. In beiden Fällen nehmen die Versuchspersonen gleichermaßen an, dass es sich um eine weit verbreitete Meinung handelt. Hören wird oft gleichgesetzt mit glauben, insbesondere dann, wenn wir eine Aussage immer wieder hören.

(2) Der Wunsch nach einfachen Antworten und schnellen Lösungen

Sehen wir der Wahrheit ins Gesicht: Das alltägliche Leben ist nicht einfach, nicht einmal für diejenigen unter uns, die sich sehr gut angepasst haben. Viele von uns kämpfen mit ihrem Gewicht, brauchen mehr Schlaf, möchten in Prüfungssituationen glänzen, am Beruf Gefallen finden und eine lebenslange romantische Beziehung mit ein und demselben Partner führen. Es ist kein Wunder, dass wir uns an Mittel klammern, die versprechen, uns narrensicher zu schnellen und schmerzlosen Verhaltensänderungen zu führen. Viele Diäten sind unglaublich populär, obwohl die Forschung zeigt, dass eine beträchtliche Menge derer, die diese Diäten durchführen, innerhalb weniger Jahre wieder ihr vorheriges Gewicht erreichen. Ähnlich beliebt sind Kurse, in denen das zügige Lesen gelehrt werden soll. Hier wird versprochen, dass die Lesegeschwindigkeit von nur 100 oder 200 Wörtern in der Minute auf 10 000 oder sogar bis zu 25 000 Wörtern pro Minute erhöht werden kann. Forscher haben allerdings herausgefunden, dass keiner dieser Kurse die Lesegeschwindigkeit der Teilnehmer erhöht, ohne ihre Auffassungsgabe herabzusetzen. Darüber hinaus übertreffen die Lesegeschwindigkeiten, die bei der Werbung angegeben werden, die höchstmögliche Lesegeschwindigkeit des menschlichen Auges: Diese liegt bei etwa 300 Wörtern in der Minute. Wenn wir den Lesern einen Rat geben dürfen: Wenn etwas zu gut klingt, um wahr zu sein, dann ist dem wahrscheinlich auch so.

(3) Selektive Wahrnehmung und Gedächtnis

Wie wir bereits festgestellt haben, nehmen wir die Realität selten bis nie genauso wahr wie sie in Wirklichkeit ist. Wir sehen sie durch unsere individuell verzerrte Wahrnehmung. Unsere Sicht definiert sich über unsere Vorurteile und Erwartungen, was dazu führen kann, dass wir die Welt im Kontext unserer eigenen, bereits existierenden Überzeugungen interpretieren. Allerdings sind sich die meisten Menschen nicht darüber im Klaren, wie sehr diese Überzeugungen ihre Wahrnehmung beeinflussen. Der Psychologe Lee Ross und seine Kollegen haben die fälschliche Annahme, dass wir die Welt so sehen wie sie ist, als *Naiven Realismus* bezeichnet. Der Naive Realismus macht uns nicht nur anfällig für psychologische Irrtümer, sondern reduziert auch unsere Fähigkeit zur Erkennung falscher Annahmen.

Ein treffendes Beispiel für die Veranschaulichung unserer selektiven Wahrnehmung und unseres selektiven Gedächtnisses ist unsere Tendenz, uns eher auf „Erfolgserlebnisse" – ein unvergessliches Zusammentreffen zweier Ereignisse – zu konzentrieren als auf unsere „Misserfolge" – die Abwesenheit eines unvergesslichen Zusammentreffens zweier Ereignisse. Um diese Konstellation verständlich zu machen, hilft es, sich das sogenannte „Große Vier-Säulen-Modell des Lebens" vor Augen zu halten. Viele Szenarien des Alltags können in einem Vier-Säulen-Modell dargestellt werden. Als Beispiel möchten wir die Frage wählen, ob es richtig ist, dass der Vollmond mit vermehrten Einweisungen in psychiatrische Kliniken assoziiert werden kann, so wie es Notärzte und Pflegepersonal allgemein behaupten. Um diese Frage zu beantworten, müssen die vier Zellen des Großen Vier-Säulen-Modells des Lebens untersucht werden: *Zelle A* beinhaltet die Fälle, in denen zugleich Vollmond war und es eine entsprechende Einweisung in eine psychiatrische Klinik gegeben hat. *Zelle B* beinhaltet jene Fälle, in denen Vollmond war und es keine entsprechende Einweisung in eine psychiatrische Klinik gegeben hat. *Zelle C* beinhaltet die Fälle, in denen kein Vollmond war, es aber eine entsprechende Einweisung in eine psychiatrische Klinik gegeben hat, und *Zelle D* beinhaltet die Fälle, in denen weder Vollmond war noch eine entsprechende Einweisung in eine psychiatrische Klinik stattgefunden hat. Indem alle vier Zellen des Modells verwendet werden, kann die Korrelation zwischen dem Umstand Vollmond und der Anzahl der Einweisungen in psychiatrische Kliniken berechnet werden.

Eine Korrelation ist eine statistische Messmethode, mit der errechnet werden kann, wie sehr zwei Variablen miteinander in Verbindung gebracht werden können (eine Variable ist eine schicke Bezeichnung für alles, was variieren kann, wie zum Beispiel Körpergröße, Haarfarbe, IQ oder Extraversion).

Das Problem ist Folgendes: Im wirklichen Leben gelingt es den meisten Menschen nur außerordentlich schlecht, Korrelationen innerhalb des Großen Vier-Säulen-Modells des Lebens einzuschätzen, weil wir gewöhnlich bestimmten Zellen zu viel Aufmerksamkeit schenken und andere nicht ausreichend beachten. Insbesondere *Zelle A* ist zu sehr im Fokus des Betrachters, wie Untersuchungen nachweisen. *Zelle B* hingegen wird deutlich zu wenig Beachtung geschenkt. Das ist nachvollziehbar, da *Zelle A* in der Regel wesentlich interessanter und einprägsamer ist als *Zelle B*. Letzten Endes bestätigt es unsere anfängliche Erwartung, wenn bei Vollmond viele Menschen in eine psychiatrische Klinik eingewiesen werden, so dass wir diesen Umstand eher bemerken und anderen davon erzählen. Die *Zelle A* ist ein „Erfolgserlebnis" – ein hervorstechendes Zusammentreffen zweier Variablen. Wenn Vollmond ist und niemand in eine psychiatrische Klinik eingewiesen wird, so wird dies kaum registriert oder erinnert. Es ist auch sehr unwahrscheinlich, dass jemand seinen Freunden aufgeregt erzählen wird: „Wow, letzte Nacht war Vollmond und rate mal, was passiert ist! Nichts!" Die *Zelle B* ist ein „Misserfolg" – also die Abwesenheit eines Zusammentreffens zweier Variablen.

Die menschliche Neigung, Erfolgserlebnisse abzuspeichern und Misserfolge zu vergessen, führt häufig zu einem bemerkenswerten Phänomen, das als *illusorische Korrelation* bezeichnet wird. Darunter versteht man die fälschliche Annahme, dass zwei statistisch unabhängige Ereignisse miteinander in Zusammenhang stehen. Der vermeintliche Zusammenhang zwischen dem Ereignis „Vollmond" und dem Ereignis „Einweisungen in psychiatrische Kliniken" ist ein bemerkenswertes Beispiel für eine solche illusorische Korrelation. Obwohl viele Menschen davon überzeugt sind, dass eine solche Korrelation existiert, beweist die Forschung, dass dies nicht der Fall ist. Der Glaube an den Vollmond-Effekt ist eine kognitive Illusion.

Illusorische Korrelationen können uns dazu verführen, eine Vielzahl von Assoziationen zu sehen, die gar nicht da sind. Beispielsweise bestehen viele an Arthrose erkrankte Menschen darauf, dass ihre Gelenkschmerzen bei regnerischem Wetter schlimmer sind als bei gutem Wetter. Aber Studien zeigen, dass dies eine Erfindung ihrer Einbildungskraft ist. Wahrscheinlich schenken Menschen mit Arthrose der *Zelle A* des Großen Vier-Säulen-Modells des Lebens zu viel Aufmerksamkeit – also dem Fall, dass es regnet und gleichzeitig ihre Gelenke schmerzen –, was sie zu der Annahme führt, dass es hier eine Korrelation geben muss, die in Wirklichkeit aber nicht existiert. Ähnlich liegt auch der Fall der bereits erwähnten Phrenologen, die einen Zusammenhang zwischen Schädelformen und Defiziten bei gewissen psychischen Fähigkeiten sahen und damit vollkommen unrecht hatten.

Ein anderes Beispiel illusorischer Korrelation ist die Annahme, dass Fälle von frühkindlichem Autismus, einer schwerwiegenden psychischen Erkrankung gekennzeichnet durch schwere Sprach- und Sozialdefizite, mit einer quecksilberbasierten Impfung in Verbindung stehen. Zahlreiche sorgfältig durchgeführte Studien haben keinen Zusammenhang zwischen frühkindlichem Autismus und der Verabreichung einer quecksilberbasierten Impfung finden können, auch wenn zehntausende Eltern autistischer Kinder von diesem Zusammenhang überzeugt sind. Aller Wahrscheinlichkeit nach schenken diese Eltern der *Zelle A* des Vier-Säulen-Modells zu viel Aufmerksamkeit. Man kann ihnen keinen Vorwurf daraus machen, wenn man sich vor Augen hält, dass die Betroffenen eine Ursache, wie beispielsweise eine Impfung, finden möchten, welche die autistische Erkrankung ihrer Kinder erklären könnte. Hinzu kommt, dass die Eltern sich möglicherweise durch die Tatsache in die Irre führen lassen, dass das erste Auftreten autistischer Symptome – meistens kurz nach dem zweiten Lebensjahr – häufig mit dem Alter übereinstimmt, in dem die Kinder die erwähnte Impfung erhalten.

(4) Fehlschluss von Kausalität auf Korrelation

Es ist verlockend, aber falsch, zu schlussfolgern, dass zwei Dinge, die statistisch zugleich auftreten (das bedeutet, dass zwei Dinge miteinander „korrelieren"), sich einander kausal bedingen. Wie Psychologen zu sagen pflegen: *Korrelation bedeutet nicht Kausalität.* Wenn also die Variablen A und B korrelieren, so kann es drei Gründe für diese Korrelation geben: (a) A könnte B verursachen, (b) B könnte A verursachen, (c) eine dritte Variable könnte sowohl A wie auch B verursachen. Die dritte Möglichkeit wird als das *Problem der dritten Variable* bezeichnet, weil C als dritte mögliche Variable zu einem Zusammenhang zwischen den Variablen A und C beitragen kann. Das Problem besteht darin, dass es möglich ist, dass die Forscher C nie erfasst haben; tatsächlich haben sie vielleicht gar nicht von der Existenz dieser Variablen gewusst.

Wir möchten das an einem konkreten Beispiel veranschaulichen. Zahlreiche Studien zeigen, dass körperliche Misshandlung im Laufe der Kindheit die Wahrscheinlichkeit erhöht, dass Menschen im Erwachsenenalter durch Aggressivität auffallen. Viele Forscher haben in diese statistische Assoziation hineininterpretiert, dass körperliche Gewalt im Kindesalter eine erhöhte Bereitschaft zu körperlicher Gewalt im Erwachsenenalter bedingt. Diese Interpretation wird „Teufelskreis der Gewalt"-Hypothese genannt. In diesem Fall wird angenommen, dass körperliche Misshandlung während der Kindheit (A) Gewalttätigkeit im Erwachsenenalter (B) verursacht. Aber ist diese Erklärung zwangsläufig richtig?

Selbstverständlich kann (B) die Situation (A) nicht auslösen, da Ereignis (B) nach Ereignis (A) stattfindet. Ein elementares Prinzip der Logik liegt darin, dass Ursachen ihren Auswirkungen vorausgehen müssen. Allerdings haben wir noch nicht widerlegt, dass nicht eine dritte Variable (C) die Gegebenheiten (A) wie auch (B) erklärt. Eine mögliche dritte Variable wäre in diesem Fall eine genetische Veranlagung zu Gewalttätigkeit. Vielleicht besitzen die meisten Eltern, die ihre Kinder körperlich misshandeln, eine genetische Veranlagung zu aggressivem Verhalten, welche sie an ihre Kinder weitervererben. Tatsächlich gibt es wissenschaftliche Beweise dafür, dass Aggressivität eine genetische Veranlagung sein kann. Diese genetische Veranlagung (C) kann zu einer Korrelation von körperlichem Missbrauch während der Kindheit (A) und späterem aggressivem Verhalten von Personen mit einem solchen Hintergrund (B) führen, auch wenn (A) und (B) einander kausal nicht bedingen. Übrigens gibt es in diesem Fall noch weitere Kandidaten für (C) (fallen Ihnen Möglichkeiten ein?).

Der ausschlaggebende Punkt ist, dass man nicht selbstverständlich davon ausgehen kann, dass es eine direkte kausale Verbindung zwischen zwei Variablen geben muss, nur weil sie miteinander korrelieren. Miteinander konkurrierende Erklärungen sind möglich.

(5) „Post hoc, ergo propter hoc"-Argumentation

„Post hoc, ergo propter hoc" ist lateinisch und bedeutet „danach, also deswegen". Viele Leute schlussfolgern automatisch, dass Variable (A) Variable (B) verursachen muss, weil Variable (A) der Variablen (B) vorausgeht. Viele Ereignisse geschehen aber vor anderen Ereignissen und verursachen diese deshalb noch lange nicht. Zum Beispiel bedeutet die Tatsache, dass viele Serienmörder in ihrer Kindheit Müsli essen, nicht, dass das Müsli-Essen während der Kindheit die Gefahr in sich birgt, im Erwachsenenalter zum Serienmörder zu werden. Auch die Tatsache, dass es vielen niedergeschlagenen Menschen besser geht, nachdem sie ein pflanzliches Arzneimittel zu sich genommen haben, heißt nicht notwendigerweise, dass dieses pflanzliche Medikament zu der Verbesserung etwas beigesteuert oder diese gar verursacht hat. Der Zustand dieser Menschen hätte sich genauso gut ohne die Arznei auf pflanzlicher Basis verbessern können oder sie hätten andere effektive Interventionsmöglichkeiten ausfindig machen können (etwa mit einem Therapeuten oder einem guten Freund zu sprechen). Möglicherweise hat das Einnehmen des pflanzlichen Arzneimittels in ihnen auch eine Hoffnung erzeugt, die den sogenannten *Placeboeffekt* zur Folge hatte: Es ist eine Verbesserung eingetreten, weil der Betroffene eine Verbesserung erwartet hat.

Selbst erfahrene Wissenschaftler können der Schlussfolgerung post hoc, ergo propter hoc zum Opfer fallen. In der Zeitschrift *Medical Hypothesis* stellte Flensmark (2004) fest, dass dem ersten Tragen von Schuhen in der westlichen Welt vor etwa 1000 Jahren die ersten bekannten Fälle von Schizophrenie auf dem Fuße folgten. Aus diesen Untersuchungsergebnissen schloss er, dass das Tragen von Schuhen Bestandteil eines Auslösers für Schizophrenie sein kann. Das Aufkommen des Tragens von Schuhen könnte auch lediglich zufällig mit anderen Veränderungen zusammengetroffen sein, beispielsweise mit der Zunahme der Modernisierung oder der Verstärkung von stressigen Lebensbedingungen, was möglicherweise in einem größeren Ausmaß zu dem Aufkommen von Schizophrenieerkrankungen beigetragen haben könnte.

(6) Einer voreingenommenen Stichprobe ausgesetzt sein

Von den Medien und in anderen Teilen unseres täglichen Lebens werden wir oft nicht-zufälligen – oder „voreingenommenen", wie Psychologen es nennen – Stichproben von Menschen aus der allgemeinen Bevölkerung ausgesetzt. Beispielsweise porträtieren Fernsehprogramme ungefähr 75 % der gezeigten psychisch schwerkranken Menschen als gewalttätig, obwohl der Anteil gewalttätiger psychisch Erkrankter in der Realität deutlich geringer ist. Eine solche verzerrte Darstellung in den Medien kann den falschen Eindruck erwecken, dass die meisten an Schizophrenie, bipolarer Störung (früher manische Depression genannt) und anderen psychischen Störungen erkrankten Menschen eine Gefahr darstellen.

Psychotherapeuten können besonders anfällig für eine solche falsche Annahme sein, weil sie die meiste Zeit ihres Arbeitslebens mit einer nicht repräsentativen Gruppe von Menschen zusammenarbeiten, nämlich mit jenen Menschen, die sich in psychologischer Behandlung befinden. Hier ein Beispiel: Viele Psychotherapeuten glauben, es sei unheimlich schwierig für Betroffene, alleine mit dem Rauchen aufzuhören. Forschungsergebnisse zeigen jedoch, dass die meisten Raucher ihr Laster ohne professionelle Hilfe aufgeben. Diese Psychotherapeuten gehen wahrscheinlich einem Phänomen auf den Leim, das Patricia und Jacok Cohen (1984) die *Täuschung des behandelnden Arztes* genannt haben – die Neigung praktizierender Ärzte, zu überschätzen, wie chronisch (anhaltend) ein psychisches Problem ist. Dies geschieht, weil Ärzte einer voreingenommenen Stichprobe von Menschen punktuell ausgesetzt sind. Das hängt damit zusammen, dass die Ärzte, die Raucher behandeln, in erster Linie diejenigen Patienten zu sehen bekommen, die es nicht schaffen, alleine das Rauchen aufzugeben. Wenn dies nicht der Fall wäre, hätten die Betroffenen sehr wahrscheinlich überhaupt keinen Arzt aufgesucht. Daher überschätzen Ärzte die Schwierigkeit für Raucher, ihre Sucht zu beenden.

(7) Argumentation basierend auf Repräsentativität

Wir beurteilen die Gleichartigkeit zweier Dinge häufig basierend auf ihrer oberflächlichen Ähnlichkeit. Psychologen nennen dieses Phänomen *Repräsentativitätsheuristik*, weil wir das Ausmaß, in dem sich zwei Dinge ähneln – also einander repräsentieren –, für die Beurteilung verwenden, wie gleichartig sie sind. Eine Heuristik ist eine mentale Abkürzung oder eine Faustregel.

In den meisten Fällen leistet uns die Repräsentativitätsheuristik, wie andere Heuristiken auch, gute Dienste. Wenn wir eine Straße entlanggehen und einen maskierten und bewaffneten Mann aus einer Bank laufen sehen, werden wir wahrscheinlich zusehen, dass wir ihm möglichst nicht im Weg stehen. Das liegt daran, dass dieser Mann ein Repräsentant der Gruppe Bankräuber ist – einem solchen also ähnlich sieht –, wie wir sie aus dem Fernsehen und aus Filmen kennen. Natürlich ist es möglich, dass sich jemand nur einen Spaß erlaubt oder dass er ein Schauspieler aus einem Hollywoodfilm ist, der dort gerade gedreht wird, aber Vorsicht ist besser als Nachsicht lautet hier die allgemeine Devise. Hier verlässt sich der Mensch auf eine mentale Abkürzung. Wahrscheinlich ist das auch gut so.

Dennoch wenden wir Repräsentativitätsheuristiken auch dann an, wenn es nicht sinnvoll ist. Nicht alles, was einander oberflächlich ähnelt, ist auch automatisch das Gleiche. Daher können uns Repräsentativitätsheuristiken zuweilen in die Irre führen. In diesem Fall liegt der gesunde Menschenverstand richtig: Wir sollten nicht immer nach dem Äußeren urteilen. Tatsächlich entstehen vermutlich viele psychologische Irrtümer aus der Fehlanwendung von Repräsentativitätsheuristiken. Um ein Beispiel zu nennen: Manche Graphologen (Schriftpsychologen) behaupten, dass Menschen, deren Schrift viele sperrig geschriebene Buchstaben enthält, ein besonders großes Bedürfnis nach großem persönlichen Freiraum haben. Leuten, die beim Schreiben die „t" und die „f" mit peitschenähnlichen Linien verbinden, wird eine sadistische Ader unterstellt. Graphologen nehmen also an, dass zwei Dinge, die sich oberflächlich ähneln, wie etwa raumeinnehmende Buchstaben und das Bedürfnis nach persönlichem Freiraum, auf statistischer Grundlage miteinander in Verbindung gebracht werden können. Für diese Annahme gibt es jedoch keinerlei wissenschaftlichen Beweis (siehe Irrtum 25).

Ein anderes Beispiel bezieht sich auf den Mensch-Zeichen-Test (MZT), den viele klinische Psychologen verwenden, um Persönlichkeitsmerkmale und psychische Störungen der untersuchten Person zu ermitteln. In Mensch-Zeichen-Tests, wie dem berühmten Goodenough-Harris Draw-a-Person-Test, werden Probanden dazu aufgefordert, eine Person (in manchen Fällen auch zwei Personen unterschiedlichen Geschlechts) auf beliebige Art zu zeichnen. Es gibt praktizierende Ärzte, die behaupten, dass Patienten, die Menschen mit besonders großen Augen zeichnen, unter Paranoia leiden, solche, die Menschen mit großen Köpfen zeichnen, seien narzisstisch (egozentrisch) und dass Patienten, die Menschen mit langen Krawatten zeichnen, sich zwanghaft mit Sex beschäftigen (eine lange Krawatte ist ein bekanntes Freud'sches Symbol für das männliche Geschlechtsorgan). Alle diese Behauptungen basieren auf einer oberflächlichen Ähnlichkeit zwischen gewissen Mensch-Zeichen-Test-Indizien und bestimmten psychologischen Eigenschaften. Für diese angenommenen Zusammenhänge gibt es keinerlei wissenschaftlichen Nachweise.

(8) Irreführende Film- und Medienporträts

Viele Phänomene des Gehirns, besonders psychische Erkrankungen und ihre Behandlungsmethoden werden in der Unterhaltungsbranche und den Nachrichtenmedien regelmäßig falsch dargestellt. Meist sensationalisieren die Medien die Phänomene. Zum Beispiel zeigen einige moderne Filme die Elektrokrampftherapie (EKT), informell auch „Schock-Therapie" genannt, als eine körperlich brutale und sogar gefährliche Behandlungsmethode. In einigen Fällen, wie in dem Horrorfilm *Haunted Hill* von 1999, erleiden Individuen, die an ein EKT-Gerät angeschlossen sind, brutale Krämpfe. Auch wenn es wahr ist, dass die Anwendung von EKT in der Vergangenheit gefährlich war, haben technologische Neuerungen in den letzten Jahrzehnten, zum Beispiel die Anwendung von Muskelrelaxanzien, dazu geführt, dass der Einsatz dieser Methode nicht mehr gefährlicher ist als eine Narkose. Patienten, die mit dem modernen EKT behandelt werden, erfahren keine erkennbaren motorischen Krämpfe.

Die meisten Hollywoodfilme stellen an Autismus leidende Erwachsene so dar, als besäßen sie hoch spezialisierte intellektuelle Fähigkeiten, um ein weiteres Beispiel zu nennen. In dem Film *Rain Man*, der 1989 einen Oscar gewann, stellt Dustin Hoffman einen autistischen Erwachsenen mit Savant-Syndrom (einer Inselbegabung) dar. Dieses Syndrom zeichnet sich durch bemerkenswerte geistige Fähigkeiten aus. Dazu gehören zum Beispiel eine Art kalendarisches Gedächtnis (die Fähigkeit, einem Datum den dazugehörigen Tag zu zuordnen, ganz gleich, um welches Jahr oder Datum es sich handelt), die Fähigkeit, Multiplikationen und Divisionen mit extrem großen Zahlen im Kopf zu berechnen, genauso wie ein unglaubliches Faktenwissen, beispielsweise die Durchschnittleistung eines jeden Spielers der Major-League-Baseball-Teams. Es erweisen sich allerdings nur 10% der an Autismus leidenden Erwachsenen als Inselbegabte.

(9) Übertreibung mit einem Körnchen Wahrheit

Nicht alle psychologischen Irrtümer sind gänzlich falsch. Tatsächlich handelt es sich bei vielen um Übertreibungen, die ein Körnchen Wahrheit beinhalten. Zum Beispiel ist den meisten von uns wirklich nicht bewusst, wie sie ihr intellektuelles Potential einschätzen sollen. Das bedeutet aber noch lange nicht, dass die Mehrheit der Menschen lediglich 10% ihrer geistigen Fähigkeiten nutzt, wie viele Menschen fälschlicherweise annehmen (siehe Irrtum 1). Des Weiteren ist es sicherlich wahr, dass zumindest einige Unterschiede hinsichtlich der Interessen und Persönlichkeitsmerkmale eine Beziehung aufpeppen können. Es mag zwar sehr harmonisch sein, sein Leben mit jemandem zu teilen, der immer mit Ihnen einer Meinung ist – unheimlich langweilig ist das aber auch. Das bedeutet aber längst nicht, dass Gegensätze sich anziehen (siehe Irrtum 20). Dennoch beinhalten manche Mythen eine Überbewertung kleiner Unterschiede. Beispielsweise unterscheiden sich Männer und Frauen durchaus leicht in ihren Kommunikationsstilen. Der eine oder andere bekannte Psychologe, insbesondere John Gray, hat dieses Körnchen Wahrheit zu einer vollkommenen Übertreibung geführt und behauptet, Männer seien vom Mars und Frauen kämen von der Venus (siehe Irrtum 21).

(10) Terminologische Verwechslungen

Es gibt psychologische Fachbegriffe, die zu falschen Schlussfolgerungen verleiten. So bedeutet der Ausdruck Schizophrenie, den der Schweizer Psychiater Eugen Bleuler in den frühen 1920er Jahren prägte, wörtlich „gespaltener Geist". Als Konsequenz daraus glauben viele Leute, dass Menschen, die unter Schizophrenie leiden, mehr als eine Persönlichkeit haben. Jeder kennt den Begriff „schizophren" aus dem täglichen Gebrauch, wenn sich jemand auf Begebenheiten bezieht, in denen eine Person in einer Entscheidungssituation zwei verschiedenen Seelen zu haben scheint („Ich fühle mich meiner Freundin gegenüber schizophren. Ich fühle mich körperlich von ihr angezogen, aber ihre Spleens ärgern mich"). Es ist daher kaum überraschend, dass viele Leute Schizophrenie mit einer vollkommen anderen psychischen Störung verwechseln, nämlich der sogenannten „multiplen Persönlichkeitsstörung" (auch „Dissoziative Identitätsstörung" genannt), die als Merkmal die Anwesenheit von mehr als einer Persönlichkeit in einer einzigen Person trägt. Schizophreniepatienten besitzen nur eine Persönlichkeit, die zerbrochen ist. Bleuler hatte mit seiner Begriffsbezeichnung ursprünglich das Phänomen aufgreifen wollen, dass Menschen, die an Schizophrenie erkrankt sind, an der Spaltung von geistigen Funktionen leiden. Bei ihnen werden Denken und Emotion getrennt, das heißt, ihre Gedanken korrespondieren nicht mit ihren Gefühlen. Bleulers ursprüngliche und korrektere Bedeutung des Begriffs ist inzwischen weitestgehend untergegangen. Das irreführende Stereotyp von schizophrenen Personen, die sich in unterschiedlichen Situationen wie zwei vollkommen verschiedene Personen benehmen, ist in der modernen Kultur tief verwurzelt.

Um ein weiteres Beispiel zu nennen: Der Begriff „Hypnose" beinhaltet das griechische Präfix „hypno", was zu Deutsch Schlaf bedeutet (tatsächlich glaubten einige der ersten Hypnotiseure, dass die Hypnose eine Form des Schlafens sei). Die Bezeichnung hat wohl viele Menschen, auch Psychologen, dazu verleitet zu glauben, dass die Hypnose ein schlafähnlicher Zustand sei. In Filmen versuchen Hypnotiseure regelmäßig, ihre Kunden mit dem Satz „Sie werden jetzt sehr müde" in den gewünschten hypnotischen Zustand zu versetzen. In Wirklichkeit jedoch gibt es keine physiologische Verbindung zwischen einer Hypnose und dem Schlaf, da Menschen, die hypnotisiert sind, gänzlich wach und sich ihrer Umgebung vollauf bewusst sind (siehe Irrtum 14).

Die Welt der Psychomythologie: Was Sie nun erwartet

In diesem Buch werden Ihnen 25 Irrtümer begegnen, die in der Welt der populären Psychologie als Binsenweisheiten gelten. Diese Mythen decken eine breite Spanne der modernen Psychologie ab: die Funktionsweisen des Gehirns, Wahrnehmung, Entwicklung, Gedächtnis, Intelligenz, Ler-

nen, unterschiedliche Bewusstseinsebenen, Emotionen, zwischenmenschliches Verhalten, Persönlichkeit und psychische Störungen. Sie werden die
psychologischen und gesellschaftlichen Ursprünge der Irrtümer kennenlernen, Sie werden erkennen, auf welche Weise jeder der Irrtümer das weit
verbreitete Denken der Gesellschaft über menschliche Verhaltensweisen geformt hat und zu guter Letzt werden Sie erfahren, was die wissenschaftliche
Forschung von den Irrtümern hält. Im Postskriptum des Buches bieten wir
eine Reihe von spannenden Erkenntnissen, die wie Ammenmärchen klingen, aber in Wirklichkeit tatsächlich wahr sind, um Sie daran zu erinnern,
dass Ergebnisse der seriösen Psychologie oft bemerkenswerter – und schwerer zu glauben – sind als die der Psychomythologie.

Das Aufdecken von Irrtümern ist nicht ohne Risiken, wie der Fall des
Psychologen Norbert Schwarz und seiner Kollegen zeigt. Wie Norbert
Schwarz offenbarte, kann das Korrigieren von Missverständnissen, wie
zum Beispiel dass „die Nebenwirkungen einer Grippeimpfung schlimmer
sein können als die Grippe selbst", auch nach hinten losgehen, wenn die
Studie die Menschen dazu verleitet, die ursprüngliche irrige Meinung am
Ende *noch eher* zu glauben. Das liegt daran, dass die Leute oft die Aussage
selbst in Erinnerung behalten, jedoch nicht ihre Negativierung – also das
kleine gelbe Post-it in ihren Köpfen, das sie daran erinnert, dass eine bestimmte Behauptung falsch ist.

Die Arbeiten von Schwarz führen uns vor Augen, dass das bloße Erinnern einer Liste von Missverständnissen nicht ausreicht: Es ist ausschlaggebend, dass wir verstehen, warum die Mythen nicht der Wahrheit entsprechen. Seine Arbeiten vermitteln auch, dass es nicht nur wichtig ist zu
verstehen, warum etwas falsch ist, sondern auch, warum etwas wahr ist.
Ein Missverständnis mit der Wahrheit zu verbinden, ist der beste Weg, es
endgültig auszuräumen. Daher werden wir nicht nur erklären, warum jeder dieser 25 Irrtümer falsch ist, sondern auch stets erläutern, welche
Wahrheiten der Psychologie diese Mythen dennoch in sich tragen.

Zum Glück gibt es durchaus Grund für Optimismus. Die Forschung
zeigt, dass die Akzeptanz von psychologischen Missverständnissen, wie
zum Beispiel die Annahme, dass Menschen nur 10 % ihrer Gehirnkapazität
nutzen, bei Psychologiestudenten mit steigendem Semester sinkt. Dieselbe
Studie zeigte auch, dass die Akzeptanz solcher Irrtümer unter Psychologiestudenten geringer ist als unter Nicht-Psychologiestudenten. Auch wenn
eine solche Untersuchung nur eine Wechselbeziehung darstellen kann –

wir haben bereits erläutert, dass einer Korrelation nicht immer ein Kausalzusammenhang zugrunde liegt –, so lässt sie uns doch hoffen, dass Aufklärung und Erläuterung den Glauben der Menschen an die Psychomythologie verringern können. Mehr noch sogar hat sich in aktuellen, kontrollierten Studien gezeigt, dass das Widerlegen von psychologischen Missverständnissen in einführenden Psychologievorlesungen die falschen Auffassungen um bis zu 53,7 % herabsetzen kann.

Wenn wir unsere Aufgabe erfolgreich erfüllen, sollten Sie nach dem Lesen dieses Buches nicht nur einen höheren „Psychologie-IQ" Ihr Eigen nennen, sondern auch über ein erweitertes Wissen darüber verfügen, wie Sie Wahrheit von Erfundenem in der populären Psychologie auseinanderhalten können. Am wichtigsten aber ist vielleicht die Tatsache, dass Sie dann mit Werkzeugen ausgestattet sind, die Ihnen eine kritische Herangehensweise erlauben, um psychologische Behauptungen aus dem Alltagsleben zukünftig besser bewerten zu können.

Wie der Paläontologe und Fachbuchautor Stephen Jay Gould (1996) betonte, „sind die falschesten Geschichten die, von denen wir glauben, dass wir sie am besten kennen – und deswegen nie überprüfen oder in Frage stellen" (S. 57). In diesem Buch möchten wir Sie dazu ermuntern, psychologischen Behauptungen niemals einfach zu glauben, sondern sie immer genau zu untersuchen und ganz besonders jene Geschichten in Frage zu stellen, die Sie schon lange kennen.

Ohne weitere Worte zu verlieren, tauchen wir jetzt in die überraschende und oft faszinierende Welt der Psychomythologie ein.

1 Die Kapazität des Gehirns

Irrtümer über Gehirn und Wahrnehmung

Irrtum 1 Die meisten Menschen nutzen nur 10 % ihrer Gehirnkapazität

Jedes Mal, wenn diejenigen unter uns, die das Gehirn erforschen, sich aus unserem Elfenbeinturm herauswagen, um Vorträge zu halten oder Interviews zu geben, lautet garantiert eine der am häufigsten gestellten Fragen: „Ist es wahr, dass wir nur 10 % unserer Gehirnkapazität nutzen?". Der enttäuschte Blick, der für gewöhnlich folgt, wenn wir antworten: „Ich fürchte nein", lässt stark annehmen, dass dieser Irrglauben eine der hoffnungsvollen Binsenweisheiten ist, die sich einfach nicht ausmerzen lassen, weil es einfach so verdammt schön sein könnte, wenn sie wahr wären. Dieser Irrtum ist in der Tat sehr weit verbreitet, sogar unter Psychologiestudierenden und anderen gut gebildeten Leuten. In einer Studie wurde die Frage: „Was glauben Sie, wie viel Prozent ihrer Gehirnkapazität die meisten Menschen tatsächlich gebrauchen?", von einem Drittel der Psychologie im Hauptfach Studierenden mit 10 % beantwortet. 59 % einer Stichprobe einer zusammengestellten Gruppe von Personen mit Hochschulabschluss in Brasilien glaubten ebenfalls, dass Menschen nur 10 % ihrer Gehirnkapazität nutzen. Bemerkenswerterweise deckte diese Studie zudem auf, dass sogar 6 % der befragten Neurowissenschaftler diese Behauptung für wahr hielten!

Sicherlich würde niemand von uns einen kräftigen Anstieg unserer Gehirnkapazität ablehnen, wenn wir einen solchen erhalten könnten. Es ist daher nicht überraschend, dass Anbieter, die von der Hoffnung der Menschen auf den Durchbruch auf diesem Gebiet leben, immer weiter mit einem niemals endenden Strom von dubiosen Programmen und Hilfsmitteln hausieren gehen, die sich auf den 10 %-Irrtum berufen. Immer auf der Suche nach einer Erfolgsgeschichte, spielen auch die Medien eine große Rolle bei der Aufrechterhaltung dieses Mythos. Eine große Anzahl von

Werbetexten seriöser Produkte stellt den 10%-Irrtum als wahr dar. Dies geschieht in der Hoffnung, potentiellen Kunden schmeicheln zu können, die sich hoffnungsfroh vorstellen, wie ihre geistigen Fähigkeiten über die Grenzen ihres eigenen Gehirns hinweg ansteigen werden. Scott Witt (1983) schrieb beispielsweise in seinem populären Buch *How to be Twice as Smart*: „Wenn Sie wie die meisten anderen Menschen sind, benutzen Sie nur 10% Ihrer geistigen Fähigkeiten" (S. 4). 1999 versuchte eine Fluglinie Kunden mit dem Werbeslogan: „Es wird behauptet, dass wir nur 10% der Kapazität unseres Gehirns nutzen. Wenn Sie jedoch mit _____ (Name der Firma wurde gelöscht) fliegen, benutzen sie erheblich mehr", anzulocken.

Eine Expertengruppe, die vom U.S. National Research Council einberufen wurde, kam jedoch zu dem Schluss (leider Gottes!), dass es diesbezüglich, wie auch bei anderen übernatürlichen Selbstverbesserungs-Behauptungen, keinen Ersatz für harte Arbeit gibt, wenn man im Leben etwas erreichen möchte. Diese unliebsame Neuigkeit hat allerdings wenig dazu beigetragen, Millionen von Menschen zu entmutigen, die sich selbst mit der Annahme trösten, dass sie die Abkürzung zu ihren unerfüllten Träumen nur deshalb noch nicht gefunden haben, weil sie nicht wissen, wie sie ihr gewaltiges angeblich ungenutztes zerebrales Reservoire anzapfen sollen. Diese erwünschte Steigerung, mit brillantem Notendurchschnitt oder der Autorenschaft des nächsten Bestsellers, ist zum Greifen nahe, wie die Verkäufer von Wunderheilmitteln für das Gehirn propagieren.

Noch fragwürdiger sind die Angebote der neuzeitlichen Unternehmer, die empfehlen, unsere psychischen Fähigkeiten, die wir angeblich alle besitzen, mit obskuren Dingen für das Gehirn zu verbessern. Das selbsternannte Medium Uri Geller behauptete, dass „wir in Wahrheit nur 10% unseres Gehirns nutzen – wenn überhaupt". Befürworter wie Geller legen nahe, dass mediale Kräfte in genau den 90% des Gehirns residieren, deren Anwendung das einfache Volk noch nicht gelernt hat und deshalb gezwungen ist, mit den sklavenartigen 10% auszukommen.

Wieso sollte ein Gehirnforscher anzweifeln, dass 90% eines durchschnittlichen Gehirns vor sich hinschlummern? Dafür gibt es einige Gründe. Zunächst einmal ist das Gehirn durch natürliche Selektion geformt worden. Hirngewebe zu züchten und daran zu operieren ist teuer. Obwohl es nur 2–3% unseres Gesamtgewichtes ausmacht, benötigt es mehr 20% des Sauerstoffs, den wir atmen. Es ist unwahrscheinlich, dass die Evolution die Verschwendung von Ressourcen, die es zum Aufbau und zum Erhalt eines solchen weitestgehend ungenutzten Organs benötigt, zugelassen hätte. Wenn der Besitz eines größeren Gehirnes zu einer erhöhten Flexibilität beitragen würde, die das Überleben und die Fortpflanzung unterstützen würde – was schließlich das Entscheidende bei der natürlichen Selektion ist –, wäre es schwierig zu glauben, dass auch nur die leiseste Verbesserung der Gehirnleistung nicht auf der Stelle von den vorhandenen Systemen im Gehirn aufgeschnappt würde, um die Chancen des Besitzers zu erhöhen, zu gedeihen und sich fortzupflanzen.

Die Zweifel werden auch von Forschungsergebnissen aus der klinischen Neurologie und der Neuropsychologie verstärkt. Beide Disziplinen haben das Verstehen und die Linderung der Auswirkungen von Hirnschädigungen zum Ziel. Der Verlust von wesentlich weniger als 90 % des Gehirns durch einen Unfall oder eine Erkrankung hat in der Regel katastrophale Folgen. Als Beispiel möchten wir die viel diskutierte Kontroverse betrachten, die die Bewusstlosigkeit und zuletzt den Tod von Terri Schiavo, einer jungen Frau aus Florida, begleitet hat. Diese hatte 15 Jahre lang im Koma gelegen. Im Jahr 1990 hatte ein Sauerstoffmangel, der infolge eines Herzstillstandes aufgetreten war, 50 % ihres Großhirns, also den oberen Teil des Gehirns, der für die bewusste Wahrnehmung zuständig ist, zerstört. Die moderne Gehirnforschung ist der Meinung, dass der „Verstand" der Gehirnaktivität gleichzusetzen ist. Patienten wie Terri Schiavo hätten damit ihre Fähigkeit zu denken, wahrzunehmen, sich zu erinnern und zu fühlen, also die Eigenschaften, die das Menschsein ausmachen, dauerhaft verloren. Auch wenn es Menschen gab, die behaupteten, Anzeichen von Bewusstsein bei Schiavo beobachtet zu haben, so haben doch die meisten unbefangenen Experten keinen Nachweis dafür gefunden, dass irgendwelche ihrer höheren mentalen Prozesse verschont geblieben wären. Wenn 90 % des Gehirns überflüssig wären, hätte das nicht der Fall sein können.

Die Forschung zeigt ebenfalls, dass kein Bereich des Gehirns durch Schlaganfälle oder Schädel-Hirn-Traumen zerstört werden kann, ohne dass die Patienten ernsthafte Defizite in den betroffenen Funktionen davontragen. Genauso hat die elektrische Stimulation von Teilen des Gehirns bei neurochirurgischen Eingriffen es nicht vermocht, „schlummernde Bereiche" ausfindig zu machen. Gemeint sind hier Areale, in denen die betroffene Person keine Wahrnehmung, Emotion oder Bewegung spüren konnte, nachdem Neurochirurgen ihnen minimale Stromstöße versetzt hatten (Ärzte können dies mit Patienten unter Lokalanästhesie durchführen, weil das Gehirn über keine Schmerzrezeptoren verfügt).

Das letzte Jahrhundert wurde Zeuge des Aufkommens von zunehmend differenzierteren Verfahren, um in den vielen Vorgängen im Gehirn herumzuschnüffeln. Mithilfe von bildgebenden Verfahren, wie dem Elektroenzephalogramm (EEG), dem Positronen-Emissions-Tomographen (PET) und der Magnetresonanztomographie (MRT oder kurz MR), haben Forscher eine große Anzahl psychischer Funktionen Gehirnarealen zuordnen können. Forscher können bei Tieren und zuweilen auch bei Menschen, die sich in neurologischer Behandlung befinden, Aufnahmesonden in das Gehirn einfügen. Trotz dieser genauen Darstellungsmethoden sind bei den Untersuchungen keine „schlummernden Areale", die auf Anforderungen warten, ausfindig gemacht worden. Im Gegenteil erfordern sogar einfache Aufgaben die Mitwirkung von Verarbeitungsbereichen, die sich nahezu über das ganze Gehirn verteilen.

Zwei weitere fest etablierte Grundsätze der Neurowissenschaften bereiten dem 10%-Irrtum große Probleme. Bereiche des Gehirns, die nicht benutzt werden, weil sie entweder verletzt wurden oder erkrankt sind, tendieren dazu, eines von zwei Dingen zu tun. Entweder sterben sie ab oder sie „degenerieren", wie Neurowissenschaftler es ausdrücken, oder sie werden von anliegenden Bereichen übernommen, die Ausschau nach unbenutztem Territorium gehalten haben, um sich dort für ihre eigenen Zwecke anzusiedeln. So oder so ist es unwahrscheinlich, dass gutes, unbenutztes Gehirngewebe sich lange aus allem heraushält.

Als Ergebnis lässt sich festhalten, dass es keine übrigen zerebralen Reifen gibt, die nur darauf warten, mit einer kleinen Hilfe der Selbstverbesserungsindustrie montiert zu werden. Wie also konnte sich der 10%-Irrtum etablieren, wenn er so unbegründet ist? Versuche, den Ursprung dieses Irrtums aufzuspüren, haben keine rauchenden Gewehre zum Vorschein gebracht, aber ein paar spannende Hinweise haben sich dennoch ausfindig machen lassen. Eine Spur führt zu dem amerikanischen Psychologen William James zurück, der im späten 19. und im frühen 20. Jahrhundert Pionierarbeit leistete. In einer seiner Schriften, die er der allgemeinen Öffentlichkeit präsentierte, schrieb er, dass er Zweifel daran habe, dass eine Durchschnittsperson mehr als 10% ihres *intellektuellen Potentials* erreichen könne. James sprach in der Regel von unterentwickeltem Potential. Er bezog sich niemals darauf, wie viele Anteile des Gehirns beteiligt seien.

Ein Haufen von „Positiv Denken"-Gurus, die seinen Ideen folgten, waren nicht so vorsichtig und „10% unserer Kapazität" wandelte sich bald in „10% unseres Gehirns". Zweifellos bekamen die Selbsthilfeunternehmer den größten Auftrieb, als der Journalist Lowell Thomas die 10%-Behauptung William James zuschrieb. Thomas tat dies in seinem Vorwort zu dem im Jahre 1936 erschienenen Buch *Wie man Freunde gewinnt: Die Kunst, beliebt und einflussreich zu werden* von Dale Carnegie, das eines der bestverkauften Selbsthilfebücher überhaupt ist. Der Irrtum hat sich seitdem unbeirrbar in den Köpfen der Menschen festgesetzt.

Die Popularität des 10%-Irrtums stammt wahrscheinlich zum Teil auch von den Missverständnissen, die Autoren beim Lesen von wissenschaftlichen Arbeiten früher Hirnforscher unterlaufen sind. Dadurch, dass ein Großteil der menschlichen Gehirnhälften „silent cortex" genannt wurde, könnten einige frühe Forscher den falschen Eindruck bekommen haben, dass der Bereich des Gehirns, der heute „Assoziationskortex" genannt wird, keine Funktion ausübt. Wie wir heute wissen, ist der Assoziationskortex ausschlaggebend für unsere Sprache, das abstrakte Denken und komplexe senso-motorische Aufgaben. Die bewundernswert zurückhaltenden Annahmen früher Forscher, die nicht wussten, welche Funktionen 90% des Gehirns erfüllten, trugen wahrscheinlich zu der Annahme bei, dass dieser Großteil nichts tue. Eine weitere Quelle für die Entstehung der Verwirrung könnte darin liegen, dass Laien die Rolle der Gliazellen missverstanden haben. Dabei handelt es sich um Gehirnzellen, die die Neuronen im Gehirn zahlenmäßig um den Faktor von ungefähr 10 übertreffen. Auch wenn die Neuronen die Austragungsorte bezüglich des Denkens und anderer geistiger Aktivitäten sind, üben die Gliazellen doch eine sehr wichtige unterstützende Funktion für die Neuronen aus. Schließlich sind diejenigen, die nach der Ursache für den 10%-Irrtum gesucht haben, oftmals auf die Behauptung gestoßen, Albert Einstein habe seine Genialität einmal mit dem 10%-Mythos erklärt. Doch auch eine für uns durch die hilfsbereiten Mitarbeiter des Albert-Einstein-Archivs angestrengte Suche ergab keine Aufzeichnung einer solchen Aussage. Es ist äußerst wahrscheinlich, dass die Befürworter des 10%-Irrtums Einsteins Prestige für ihre eigenen Bemühungen nutzen wollten.

Der 10%-Irrtum hat mit Sicherheit viele Leute dazu motiviert, nach mehr Kreativität und Produktivität in ihrem Leben zu streben, woran gewiss nichts Schlechtes zu finden ist. Der Trost, die Ermutigung und die

Hoffnung, die er gespendet hat, helfen wahrscheinlich dabei, seine Langlebigkeit zu erklären. Aber wie Carl Sagan (1995) uns gewarnt hat (siehe Einleitung, S. 25): Wenn etwas zu gut klingt, um wahr zu sein, dann ist dem meistens auch so.

Irrtum 2   Manche Menschen sind Nutzer der linken Gehirnhälfte, andere Nutzer der rechten Gehirnhälfte

Das nächste Mal, wenn jemand versucht, Ihnen ein Buch oder ein Hilfsmittel zum Umschulen Ihrer angeblich schlappen rechten Gehirnhälfte zu verkaufen, greifen Sie zum Geldbeutel! Und dann drücken Sie ihn ganz fest an Ihre Brust und rennen so schnell Sie können davon. Wie manche anderen Irrtümer in diesem Buch trägt auch dieser, auf den Sie jetzt treffen, ein Körnchen Wahrheit in sich. Allerdings kann dieses Körnchen schwierig zu finden sein inmitten all der Berge von Fehlinformationen, die es begraben.

Sind manche Menschen Linkshirner und andere Rechtshirner? Es gibt glaubwürdige Nachweise, dass die beiden Seiten des Gehirns, Hemisphären genannt, unterschiedliche Funktionen haben. Zum Beispiel sind bestimmte Fähigkeiten durch Verletzungen an der einen Seite des Gehirns betroffener, als wenn die andere Hälfte verletzt worden wäre. Bildgebende Verfahren zeigen, dass die Aktivitäten der Gehirnhälften unterschiedlich sind, wenn Menschen verschiedene Denkaufgaben ausführen. Die eindeutigsten Belege für die *funktionale Lateralität* – die Überlegenheit entweder der einen oder anderen Hemisphäre je nach ausgeführter Aufgabenstellung – stammt von Patienten, an denen eine „Split Brain"-Operation durchgeführt wurde. Bei diesem sehr selten durchgeführten Eingriff durchtrennen die Operateure die Nervenbahnen zwischen der linken und der rechten Gehirnhälfte. Diese Methode wird als letztes Mittel zur Behandlung von schwerer Epilepsie eingesetzt. Die große Nervenbahn, die die beiden Hemisphären miteinander verbindet, ist das Hauptziel der Split-Brain-Operation und heißt *corpus callosum* („riesiger Körper").

Roger Sperry teilte sich im Jahr 1981 mit seinen Kollegen D. H. Hubel und T. N. Wiesel den Nobelpreis für seine wegweisenden und außerordentlich faszinierenden Studien an Split-Brain-Patienten. Hatten diese sich einmal von der Operation erholt, wirkten sie in ihrem Alltagsleben trügerisch normal. Untersuchte Sperry sie jedoch in seinem Forschungslabor, wurde offensichtlich, dass die beiden Gehirnhälften unabhängig von einander funktionieren. Jede Seite agierte, ohne dass die andere Seite davon wusste.

Bei Sperrys Laborversuchen fixierten die Patienten ihre Augen auf die Mitte eines Bildschirms, auf dem der Forscher Wörter und Bilder sehr kurz aufblitzen ließ. Wenn die Augen unbeweglich sind, wird Information, die dem linken Augen gezeigt wird, in der rechten Gehirnhälfte aufgenommen und umgekehrt (das liegt daran, dass die optischen Pfade auf jeder Seite des Gesichtsfeldes über Kreuz verlaufen). In gewöhnlichen Situationen kommt diese Trennung von Informationen nicht vor, weil die Patienten ihre Augen permanent über ihre Umgebung bewegen. Dadurch erreicht die gesehene Information für gewöhnlich beide Hemisphären. Wenn dies nicht geschieht, können einige ausgesprochen seltsame Dinge passieren.

Die rechte Gehirnhälfte erhält Input von der linken Körperhälfte und überwacht diese. Andersherum verhält es sich mit der linken Gehirnhälfte, die Informationen von der rechten Körperhälfte bekommt und diese kontrolliert. Bei beinahe allen Rechtshändern, aber auch den meisten Linkshändern, befinden sich die wichtigsten Bereiche zur Sprachrezeption und Produktion in der linken Hemisphäre. Wenn wir demzufolge der rechten Gehirnhälfte keine Informationen geben, ist die linke Hemisphäre, die eher für die Sprache zuständig ist, nicht in der Lage, uns zu sagen, was die Informationen zum Inhalt hatten. Sie kann sogar verwirrt darauf reagieren, wenn sie sieht, wie die linke Hand einen zugriffsbeschränkten Befehl aus Gründen, die sie selbst nicht verstehen kann, ausführt.

Wenn ein Forscher der rechten Hemisphäre eines Split-Brain-Patienten ein Foto zeigt, beispielsweise eines nackten Mannes, könnte sie anfangen zu kichern. Fragt man jedoch sozusagen die linke Hemisphäre, worüber sie kichert, könnte sie darauf keine Antwort geben. Stattdessen wird sie möglicherweise einen plausibel klingenden Grund erfinden („Dieses Foto erinnert mich an meinen Onkel George. Das ist ein wirklich lustiger Typ"). Split-Brain-Patienten könnten etwas mit ihrer rechten Hand tun, zum Beispiel ein paar Bauklötze so zusammenfügen, dass sie ein bestimmtes Muster ergeben, um sie dann ein paar Sekunden später mit der linken gleich wieder durcheinander zu bringen. So viel ist bislang bekannt. Die Auseinandersetzung betrifft die Eindeutigkeit der Arten der Aufgaben, die von den beiden Hemisphären bearbeitet werden und wie sie erledigt werden. In dieser Beziehung sind Gehirnforscher in den letzten Jahren vorsichtiger geworden, während viele unseriöse Psychologen ihrer Phantasie freien Lauf gelassen haben.

Mit Sperrys Methoden erreichte Forschungsergebnisse haben bestätigt, dass die Leistungen der linken und der rechten Hemisphäre bei unterschiedlichen mentalen Aktivitäten in *relativem* Ausmaß voneinander abweichen. Beachten Sie aber, dass wir in *relativem* Ausmaß geschrieben haben. Die beiden Gehirnhälften unterscheiden sich eher darin, wie sie eine Aufgabe bewältigen, als in den Aufgaben, die sie bewältigen. Nehmen wir die Sprache als Beispiel. Die linke Hemisphäre bringt bei den Besonderheiten der Sprache, zum Beispiel bei der Grammatik und der Worterzeugung, bessere Leistungen, wohingegen die rechte Gehirnhälfte besser Satzmelodien und Satzrhythmen (auch bekannt als Prosodie) einhalten kann. Auch wenn die rechte Hemisphäre besser in außersprachlichen Funktionen wie komplexen visuellen und räumlichen Prozessen ist, spielt die linke Gehirnhälfte bei diesen Fähigkeiten trotzdem eine Rolle, wenn wir dies zulassen. Das rechte Gehirn verfügt über ein besseres Raumgefühl, die linke Gehirnhälfte wird aber aktiv, wenn eine Person ein Objekt an bestimmten Stellen ortet. In vielen Fällen ist es nicht so, dass die eine Hemisphäre oder die andere Hemisphäre eine Aufgabe nicht erfüllen kann; eine Hälfte kann sie lediglich schneller oder besser erledigen als die andere. Daher tendiert sie dann dazu, die Aufgabe zu übernehmen.

Natürlich sind normale Leute keine, wie die Anhänger der Linkshirner/ Rechtshirner-Idee meinen, Split-Brain-Patienten, die es noch nicht geschafft haben, ihr Corpus callosum durchschneiden zu lassen. In einem normalen Gehirn ruft die Seite des Gehirns zuerst um Hilfe, die etwas nicht geschafft hat. Solange die Verbindung zwischen linker und rechter Gehirnhälfte funktioniert, teilen sich beide Hemisphären die Informationen weitgehend. Bildgebende Verfahren zeigen, dass die beiden Gehirnhälften während der meisten Aufgaben routinemäßig miteinander kommunizieren. Nach einer Split-Brain-Operation ist diese Kommunikation nicht mehr möglich, so dass die getrennten Systeme so gut es eben geht weiterhinken.

Demzufolge sind die Arten, in denen sich die beiden Gehirnhälften unterscheiden, viel weniger ausgeprägt als die „Gehirnhälften-Unternehmer" der populäreren Psychologie uns weismachen wollen. Alles in allem sind die Gehirnhälften sich in wesentlich mehr Aspekten ähnlich als dass sie sich bezüglich ihrer Funktionen unterscheiden. Heutige Neurowissenschaftler waren nie mit den Neuzeit-Hemisphären-Trainern einer Meinung, die behaupten, dass in den beiden Hälften des Gehirns zwei vollkommen unterschiedliche Köpfe heimisch sind, die der Welt in radikal verschiedenen Weisen begegnen: die linke Hälfte als Buchhalter und die rechte als wahrhaftiger Zen-Meister. Robert Ornstein, Autor des im Jahre 1997 erschienenen Buches *The Right Mind: Making Sense of the Hemispheres*, gehörte zu den Befürwortern der Idee, dass man mit unterschiedlichen Methoden einerseits die „kreative" rechte Seite des Gehirns und andererseits die intellektuelle linke Hälfte anzapfen könne. Auch Unmengen von Bildungs- und Businessprogrammen stufen es weniger bedeutend ein, in Tests die richtigen Antworten herauszulocken als die Anwendung kreativer Fähigkeiten zu fördern. Programme wie *Applied Creative Thinking Workshop* haben Managern geholfen, die unberührten Kapazitäten ihrer Gehirne zu trainieren. Das äußerst erfolgreiche Buch *Garantiert zeichnen lernen. Die rechte Gehirnhälfte aktivieren – Gestaltungskräfte freisetzen*, das über 2,5 Millionen Mal verkauft wurde, ermuntert seine Leser dazu, ihre gestalterischen Fähigkeiten zu entfesseln, indem sie ihre „analytische" linke Hemisphäre unterdrücken. Sogar Comiczeichner sind auf den Zug aufgesprungen. Eine Zeichnung zeigt einen Studenten, der eine Klausur in den Händen hält, die von einer großen „6" geziert wird, und zu seinem Professor sagt: „Es ist nicht fair, mich durchfallen zu lassen, weil ich ein Rechtshirner bin."

Der Drang der Populärpsychologen, alle mentalen Fähigkeiten entweder dem linken oder rechten Abteil zuzuordnen, ist wahrscheinlich eher der Politik, sozialen Werten und kommerziellem Interesse geschuldet als der Wissenschaft. Die Gegner dieser Annahme nennen diese extreme Überzeugung aufgrund der Tendenz der Populärpsychologen, zwischen den beiden Hemisphären zu dichotomisieren, „Dichotomanie". Die Auffassung wurde von New-Age-Befürwortern der 1970er und 1980er Jahre hauptsächlich deshalb enthusiastisch aufgenommen, weil sie eine Begründung für mystische und intuitive Weltansichten bot.

Populärpsychologen beschönigten auch unbestreitbare Unterschiede zwischen den Funktionsweisen der Informationsverarbeitung der Hemisphären. Sie behaupteten, die vermeintlich kalte und rationale linke Hemisphäre denke „logisch", „geradlinig", „analytisch" und „maskulin". Im Gegensatz dazu denke die vermeintlich warme und schwammige rechte Hemisphäre „ganzheitlich", „gefühlsbetont", „gestalterisch", „spontan",

„kreativ" und „weiblich". Damit argumentierend, dass die Gesellschaft die gefühlsduselige Herangehensweise der rechten Hemisphäre völlig unterschätzte, priesen die Dichotomisierer abstruse Programme an, um die Aktivität dieser Gehirnhälfte anzukurbeln. Ihre Bücher und Seminare versprachen, uns von den Barrieren für die persönliche Entwicklung zu befreien, die uns von einem unflexiblen Schulsystem aufgestülpt wurden, das das „Linke-Hemisphären-Denken" befürwortet.

Dessen ungeachtet hat eine von der U.S. National Academy of Sciences berufene Expertengruppe folgende Schlussfolgerung gezogen: „... gibt es keine direkten Beweise dafür, dass eine unterschiedliche Benutzung der Hemisphären trainiert werden kann." Das Gremium folgerte, dass ein Verhaltenstraining wahrscheinlich unterschiedliche Lernstile und Fähigkeiten zum Problemlösen verbessern könne, aber dass diese Verbesserungen nicht mit den unterschiedlichen Funktionsweisen der Hemisphären begründbar seien.

Wenn die Verhaltensübungen, die für die Gymnastik der rechten Hemisphäre angeboten werden, noch einigen Nutzen erbringen können, so können wir dies nicht von den weit hergeholten „Gehirn-Tunern" behaupten, die zu demselben Zweck verkauft werden. Zahlreiche Hilfsmittel dieser Art harmonisieren und synchronisieren angeblich die Aktivität der beiden Gehirnhälften. Eines der erfolgreichsten dieser Programme wurde von einem ehemaligen Manager für Öffentlichkeitsarbeit ohne neurowissenschaftliche Ausbildung erfunden. Wie andere Geräte seiner Art synchronisiert es die Hirnstromwellen angeblich zwischen den Hemisphären anhand von Rückkopplungssignalen. Das Gerät verdankt seinen Erfolg, den es bei zufriedenen Kunden hatte, wahrscheinlich dem Placeboeffekt (siehe Einleitung, S. 30). Selbst wenn diese Geräte die rechten mit den linken Hirnstromwellen synchronisieren könnten, gibt es keinen Grund zu der Annahme, dass ein solches In-Einklang-Bringen der Hemisphären gut für uns sein könnte. Tatsächlich ist genau das unerwünscht, wenn das Gehirn optimal arbeiten soll. Eine optimale psychologische Arbeitsleistung verlangt für gewöhnlich viel mehr eine differenzierte Aktivierung als die Synchronisation beider Gehirnhälften.

Das Entscheidende ist: Lassen Sie sich nicht von den Behauptungen der Dichotomisierer einnehmen, die Ihnen eine Seminarteilnahme verkaufen wollen oder von Vermarktern einlullen, die Ihnen Hemisphären-Synchronisations-Geräte andrehen möchten, die zu gut klingen, um wahr zu sein. Aktuelle Forschung zu hemisphärischen Verschiedenheiten, auch jene von den Forschern, die die links-rechts Spezialisierungen entdeckt haben, konzentriert sich darauf zu zeigen, wie das normale Gehirn ganzheitlich funktioniert.

Irrtum 3 Unterbewusst wahrgenommene Botschaften können Menschen dazu bewegen, Produkte zu kaufen

Viele von uns wissen, dass Psychologen und Werbefachleute Bilder und Geräusche so kurz oder so leise präsentieren können, dass wir sie nicht wahrnehmen. Aber können diese schwachen Stimuli unser Verhalten tatsächlich wirksam beeinflussen? Es gibt eine gewinnbringende Industrie, die hofft, dass Sie glauben, die Antwort sei „ja".

Manche Befürworter bringen diese Art von ultraschwachen oder „unterbewussten" Botschaften im Bereich der Werbung ein, während andere führend in der aufkeimenden Selbsthilfebewegung geworden sind. Das Internet, New-Age-Messen, Zeitschriften, Boulevardzeitungen, Dauerwerbesendungen in der Nacht und Buchhandlungen vermarkten unterschwellig arbeitende Tonbänder und CDs, die versprechen, dass sie den Käufer gesund, reich und klug machen. Zu unseren Favoriten zählen Medien, die Frauen Brustvergrößerungen versprechen, uns von Verstopfung befreien, unser Sexleben verbessern oder Taubheit heilen (auch wenn die Wirkungsweise, wie eine taube Person unterschwellige Laute wahrnehmen soll, wahrlich mysteriös ist). Betrachtet man die ausgedehnte Propaganda für die unterschwellige Beeinflussung in der Welt der populären Psychologie, ist es kaum überraschend, dass 59 % der von Larry Brown (1983) und 83 % der von Annette Taylor und Patricia Kowalski (2004) befragten Psychologiestudierenden angaben, dass sie an die Wirkung subliminaler Reize glauben.

Interessanterweise gibt es Belege dafür, dass Psychologen unter streng kontrollierten Laborbedingungen kurz andauernde, mäßige subliminale Effekte nachweisen können. In den Experimenten lassen die Versuchsleiter Priming-Wörter oder Bilder auf einem Bildschirm so kurz aufblitzen, dass der Beobachter nicht wahrnehmen kann, was diese aufblitzenden Wörter oder Bilder zum Inhalt haben. Im psychologischen Fachjargon heißt es, dass diese Hinweisreize die Geschwindigkeit oder die Genauigkeit erhöhen, mit der die Probanden den darauffolgenden Stimulus identifizieren. Die Psychologen ermitteln dann, ob die Bedeutungen oder der emotionale Inhalt der Hinweisreize die Antworten der Probanden beeinflussen. Dafür erhalten die Versuchsteilnehmer Aufgaben wie zum Beispiel das Vervollständigen eines Wortes mit fehlenden Buchstaben oder das Einschätzen der Emotion einer auf einem Foto gezeigten Person. Nicholas Epley und seine Mitarbeiter beschrieben zum Beispiel ein Experiment, bei dem die Forscher Studierende im Grundstudium Psychologie darum baten, Ideen für Forschungsprojekte zu entwickeln. Die Versuchsleiter präsentierten den Studierenden nachfolgend kurze Einblendungen, die entweder einen freundlich lächelnden bekannten Kollegen oder den missmutig dreinschauenden Fachbereichsleiter zeigten. Die Versuchspersonen nahmen die Einblendungen nur als kurze Lichtblitze wahr. Als Nächstes beurteilten sie die Qualität der Ideen für Forschungsprojekte, die sie zuvor genannt hatten. Ohne zu wissen weshalb, beurteilten die Studierenden, die zuvor das missmutige Gesicht des Fachbereichsleiters gezeigt bekommen hatten, ihre Ideen als schlechter als die Probanden, die das freundliche Lächeln eines Kollegen gesehen hatten.

Versuchsleiter können ebenso verbales Verhalten beeinflussen, wenn zum Beispiel ein gemeinsames Thema in einer Reihe von subliminal gezeigten Priming-Wörtern die Wahrscheinlichkeit erhöht, dass eine Person ein ähnliches Wort aus einer Liste mit Alternativen auswählen wird. Wenn zum Beispiel ein Begriff mit dem Wortstamm „gui_ _" gezeigt wird und der Proband gebeten wird, das Wort zu komplettieren, sind die Wörter „guide" (Fremdenführer) und „guile" (Arglist) gleichermaßen Optionen. Versuche haben gezeigt, dass die Wahrscheinlichkeit, dass die Versuchsperson das Wort „guide" auswählt, dadurch deutlich erhöht werden kann, wenn ihr vorher Wörter wie „direct" (führen), „lead" (leiten) und „escort" (begleiten) als Hinweisreize gezeigt wurden. Wenn man der Versuchsperson im vorherigen Priming Worte wie „deceit" (Betrug), „treachery" (Verrat) und „duplicity" (Falschheit) zeigte, erhöhte sich die Wahrscheinlichkeit, dass der Proband den Begriff „guile" auswählte.

Subliminal bedeutet „unterhalb der Wahrnehmungsschwelle". Die Wahrnehmungsschwelle ist die schmale Spanne, in der ein abnehmender Stimulus sich aus dem gerade noch wahrnehmbaren Bereich in einen gerade nicht mehr wahrnehmbaren Bereich bewegt. Wenn der Stimulus ein Wort oder ein Satz ist, ist das erste Hindernis, das er bewältigen muss, die *einfache*

Detektionsgrenze. Das ist die Schwelle, an der Probanden schemenhaft wahrnehmen, dass der Versuchsleiter einen Hinweisreiz gezeigt hat, auch wenn sie nicht identifizieren können, was sie gehört oder gesehen haben. Der Versuchsleiter muss den Stimulus etwas länger und in einer höheren Intensität zeigen, um die nächste Wahrnehmungsstufe, die *Erkennungsgrenze,* zu erreichen. Das ist der Zeitpunkt, an dem der Proband genau sagen kann, was er gesehen oder gehört hat. Wenn der Hinweisreiz zu unauffällig ist oder durch Geräusche so sehr verdeckt wird, dass er keine physiologische Reaktion im Seh- oder Hörzentrum des Empfängers erzeugt, kann er nicht beeinflussen, was eine Person denkt, fühlt oder tut. Basta. Botschaften, die in der Grauzone zwischen der Detektionsgrenze und der Erkennungsgrenze liegen, oder solche, denen wir einfach keine Beachtung schenken, beeinflussen manchmal unsere Emotionen oder unser Verhalten.

Die Selbsthilfeindustrie, die mit subliminalen Hilfsmitteln arbeitet, hofft, dass Sie die Behauptung schlucken, dass Ihr Gehirn komplexe Bedeutungen von Sätzen, die als verschwindend geringe Reize dargestellt oder von anderen stärkeren Stimuli überdeckt werden, versteht und auf sie reagiert. Darüber hinaus behauptet sie, dass diese hinterhältigen unterschwelligen Stimuli besonders effektiv seien, weil sie sich ihren Weg in Ihr Unterbewusstsein bahnen, wo sie wie ein versteckter Marionettenspieler an Ihren Fäden ziehen. Sollte Sie das beunruhigen? Lesen Sie weiter.

Die fortschrittliche Psychologie erkennt an, dass unsere meisten mentalen Prozesse außerhalb unserer direkten Wahrnehmung stattfinden – dass unsere Gehirne viele Aufgaben gleichzeitig bearbeiten, ohne sie bewusst zu überwachen. Dessen ungeachtet ist diese Aussage weit von den Vorstellungen entfernt, von denen populärpsychologische Befürworter der subliminalen Effekte bezüglich der unbewussten Verarbeitung träumen. Unternehmen, die mit subliminalen Effekten arbeiten, sind Überbleibsel der Glanzzeiten der strengen Freud'schen Ansichten das Unterbewusstsein betreffend, eine Auffassung, von der sich die meisten Wissenschaftspsychologen längst verabschiedet haben. Wie Freud glauben auch die Anhänger der subliminalen Methoden, dass das Unterbewusstsein der Ursprungsort unserer primitiven und weitestgehend sexuellen Bedürfnisse ist, die überwiegend außerhalb unserer Wahrnehmung versuchen, unsere Entscheidungen zu beeinflussen.

Der Autor Vance Packard popularisierte diese Ansicht in seinem 1957 erschienenen Verkaufsschlager *Die geheimen Verführer – Der Griff nach dem Unterbewussten in jedermann.* Packard glaubte die Geschichte des Absatzberaters James Vicary vollkommen kritiklos. Der hatte behauptet, er habe im Kino von Fort Lee in New Jersey eine erfolgreiche Demonstration subliminaler Werbung durchgeführt. Vicary erklärte, er habe die Kinobesucher während eines Films wiederholt Hinweisreizen ausgesetzt, die kürzer gewesen seien als 3 Millisekunden. Sie hätten die Zuschauer dazu gebracht, Coca-Cola und Popkorn zu kaufen. Er verkündete, dass die Verkäufe von Coca-Cola und Popkorn in der sechswöchigen Phase des Experiments alle Rekorde gebrochen hätten, auch wenn die Kinobesucher die Kommandos nicht wahrgenommen hätten. Die Untersuchungsergebnisse Vicarys wurden umfassend anerkannt, obwohl er sie nie der genauen Prüfung durch eine Fachzeitschrift unterzog und es niemandem gelang, die Untersuchungsergebnisse zu bestätigen. Nachdem Vicary viel Kritik einstecken musste, gab er schließlich zu, dass er die Geschichte nur erfunden hatte, um seine erfolglose Unternehmensberatung wiederzubeleben.

Aber auch Vicarys Geständnis schaffte es nicht, sogar noch weiter hergeholte Beschuldigungen zu zerstreuen, dass Werbefachleute ahnungslose Zuschauer unterschwellig manipulieren würden. In einer Reihe von Büchern mit so packenden Titeln wie *Subliminal Seduction* (1973) behauptete der frühere Psychologieprofessor Wilson Brian Key, dass Werbegestalter sich zusammengetan hätten, um die Wahl der Konsumenten zu beeinflussen, indem sie Symbole und Symbolwörter mit Bezug zur Sexualität in Magazine und Fernsehübertragungen, auf Eiswürfeln, Speisen, Frisuren von Models und sogar Ritz-Crackern untergebracht hätten. Key warnte eindringlich davor, dass es genüge, diesen getarnten Bildern nur ein einziges Mal ausgesetzt zu sein und es könne passieren, dass der Konsument noch Wochen später davon beeinflusst würde. Obwohl Key keinerlei seriöse Beweise für seine Behauptungen erbrachte, führte der Aufruhr der Öffentlichkeit dazu, dass die U.S. Federal Communication Commission (FCC) sich diese Anschuldigungen genauer ansah. Auch wenn die FCC keinerlei Beweise dafür finden konnte, dass unterschwellige Werbung funktioniert, erklärte sie diese für „dem öffentlichen Interesse zuwider" und empfahl staatlich anerkannten Radio- und Fernsehanstalten, sich von ihr fernzuhalten. Bei einem Versuch, die Angst der Öffentlichkeit einzudämmen, erteilten darüber hinaus mehrere Branchenverbände der Werbeunternehmen Verbote, die verlangten, dass ihre Mitglieder Versuche unterlassen sollten, unter die wahrnehmbare Gürtellinie zu schlagen.

Obwohl Vicary seinen Betrug zugab und Key seine seltsamen Anschauungen nie einem richtigen Test unterzog, glaubten einige Leute immer noch, dass ihre Behauptungen es wert waren, dass man sie untersuchte. Also führte die Canadian Broadcasting Corporation (CBC) 1959 einen beispiellosen landesweiten Versuch durch. Während einer beliebten Sonntagabend-Sendung informierte die Fernsehanstalt ihre Zuschauer darüber, dass sie in wenigen Momenten einen Test zum Thema unterschwelliger Überzeugung durchführen werde. Die CBC blendete daraufhin nicht wahrnehmbar die Botschaft „Telefonieren Sie jetzt" 352-mal während der Sendung ein. Telefongesellschaften stellten keine erhöhte Telefonnutzung fest und auch die Fernsehanstalt beobachtete keinen Anstieg der eingegangenen Anrufe. Einige Zuschauer, die anscheinend Vicarys Studie kannten, riefen bei dem Fernsehsender an und behaupteten, sie hätten nun mehr Hunger und mehr Durst, nachdem sie die Sendung gesehen hatten. Die Ergebnisse nachfolgender kontrolliert durchgeführter Versuche zur Leistungsfähigkeit der Hinweisanreize waren ebenfalls eindeutig negativ. Bis heute gibt es keine glaubhaften Beweise dafür, dass subliminale Botschaften die Kaufentscheidung der Konsumenten oder die Wahlentscheidung von Wählern beeinflussen können, vom Erbringen perfekter Erinnerungsleistungen und Wachsen größerer Brüste mal ganz abgesehen.

Die bizzarsten Anschuldigungen waren vielleicht jedoch, dass Heavy-Metal-Rockbands wie Judas Priest in ihre Lieder rückwärts abgespielte satanistische Botschaften eingebaut hätten. Panikmacher behaupteten, diese Botschaften würden suizidales Verhalten fördern, auch wenn nicht klar ist, welchen vorstellbaren Vorteil Unterhaltungskünstler daraus ziehen könnten, potentielle Käufer ihrer Alben auszurotten. Manche behaupteten sogar, dass es sich um einen Plan gehandelt haben soll, die Moral jugendlicher Musikfans zu untergraben. Viele Kritiker merkten allerdings an, dass Jugendliche auch ohne subliminale Hilfe dazu in der Lage seien, diese große Leistung zustande zu bringen. Aber das spielt ja keine Rolle.

John Vokey und J. Don Read (1985) unterzogen die Idee der subliminalen Rückwärts-Botschaften kontrollierten Versuchen. Bei einer besonders unterhaltsamen Demonstration fanden sie heraus, dass Versuchsteilnehmer mit besonders prüden Ansichten, denen man subtile Hinweise dazu gegeben hatte, was sie gleich zu hören bekommen würden, sehr wahrscheinlich nichtexistente pornographische Inhalte in rückwärts abgespielten Bibelpassagen wahrnehmen würden. Diese Resultate lassen darauf schließen, dass Leute, die behaupten, sie würden in kommerziellen Soundtracks eingebaute satanistische Botschaften hören, ihren überhitzten Gemütern erlauben, diese unzüchtigen Inhalte in bedeutungslose Klangbilder hineinzuinterpretieren. Es liegt alles im Ohr des Zuhörers.

Tests mit Selbsthilfeprodukten, die mit subliminalen Hinweisreizen arbeiten, fielen ebenfalls entmutigend aus. Anthony Greenwald und seine Mitarbeiter führten einen Doppelblindtest an kommerziell vermarkteten Tonträgern durch, die vorgeblich das Gedächtnis oder das Selbstbewusstsein verbessern. Der einen Hälfte der Probanden wurde mitgeteilt, sie würden die Kassetten hören, die die Gedächtnisleistung verbessern sollten, der anderen Hälfte gab man vor, sie würden die Bänder zur Steigerung des Selbstbewusstseins vorgespielt bekommen. Innerhalb dieser Gruppen bekam jeweils die Hälfte die Kassette, die sie erwartete, die andere Hälfte erhielt Kassetten mit einer anderen Botschaft. Die Teilnehmer gaben später an, sie hätten in der Art und Weise profitiert, die der angegebene Inhalt des Tonträgers implizierte, den sie erhalten zu haben *glaubten*. Diejenigen, die glaubten, sie hätten die Kassetten zur Steigerung der Gedächtnisleistung erhalten, aber in Wirklichkeit die Kassette zur Verbesserung des Selbstbewusstseins bekommen hatten, waren mit ihrer Verbesserung der Gedächtnisleistung genauso zufrieden wie diejenigen, die dieses Tonband tatsächlich erhalten hatten und andersherum. Dieses Ergebnis führte Greenwald und seine Mitarbeiter dazu, dieses Phänomen den *imaginären Placeboeffekt* zu nennen: Die Versuchspersonen hatten ihre Leistungen nicht verbessert, aber sie glaubten, sie hätten sich verbessert.

Trotz der erfolgreichen Entlarvung des Konzeptes durch die Wissenschaftler tauchen immer wieder Werbungen auf, die mit unterschwelligen Botschaften arbeiten. Während der Präsidentenwahl in den USA im Jahr 2000 entdeckten scharfäugige Anhänger der Demokraten in einem republikanischen Werbespot, der sich gegen den Kandidaten Al Gore richtete, sehr kurz eingeblendet das Wort „RATS" über dessen Gesicht abgebildet. Die Gestalter des Werbespots behaupteten später, eigentlich habe das Wort „DEMOCRATS" dort stehen sollen. Dass der erste Teil des Wortes abgetrennt worden sei, sei reiner Zufall gewesen. Allerdings gaben Werbeproduktionsexperten zu bedenken, dass eine solche unbeabsichtigte Einblendung aufgrund der fortgeschrittenen Technik äußerst unwahrscheinlich sei.

Vielleicht sollte das Abschlusswort an einen Sprecher einer Industrie gehen, bei der es über Leben oder Tod entscheidet, dass die Leute davon überzeugt werden, Dinge zu kaufen, die sie brauchen – oder vielleicht auch nicht. Bob Garfield (1994), ein Kolumnist der Zeitschrift *Advertising Age*, fasste die Meinung vieler Menschen zu diesem Thema zusammen: „Unterschwellige Werbung existiert nicht, außer im Bewusstsein der Öffentlichkeit, zumindest nicht in der an den Verbraucher gerichteten Werbung. Niemand macht sich die Mühe damit, weil es schwierig genug ist, die Leute zu beeindrucken, indem man ihnen plumpe Bilder um die Ohren haut."

2 Von der Wiege bis zur Bahre

Irrtümer über Entwicklung und Altern

Irrtum 4 Wenn man Babys Mozart vorspielt, fördert dies ihre Intelligenz

Wenige Qualitäten – oder sollte man sagen Quantitäten – sind in der Gesellschaft mehr geschätzt als Intelligenz und intellektuelle Fähigkeiten. Wenn es um akademische Leistungen geht, lieben Eltern es, mit ihren Kindern anzugeben. Schauen Sie sich nur die Autoaufkleber an, auf denen steht: „Mein Kind ist Klassenbester an der East Cantaloupe Highschool" oder „Stolze Eltern eines Hochbegabten an der North Igloo Primary School", oder zum Lachen: „Mein französischer Pudel ist klüger als dein Klassenbester." In der heutigen Halsabschneider-Welt ist es verständlich, dass Eltern begierig darauf sind, ihren Kindern einen Wettbewerbsvorteil gegenüber ihren Mitschülern zu verschaffen. Diese unbestreitbare Tatsache wirft eine interessante Frage auf: Könnten Eltern ihren Kindern möglicherweise zu einem Frühstart verhelfen, indem sie sie in ihrer Kindheit intellektuell stimulieren, vielleicht schon wenige Monate, Wochen oder sogar Tage nach ihrer Geburt?

Das mag wie der Stoff eines Romans aus der Zukunft klingen. Aber dennoch schien sich genau dies im Jahr 1993 zu bewahrheiten, als in der renommierten Fachzeitschrift *Nature* ein Artikel zu dem Thema veröffentlicht wurde. In diesem Aufsatz berichteten drei Forscher der University of California, Irvine, dass College-Studenten, die bloße 10 Minuten einer Klaviersonate von Mozart gelauscht hatten, eine signifikante Verbesserung ihrer Leistung in einem Test zu räumlichem Denken zeigten. Es handelte sich dabei um einen Test, bei dem Papier gefaltet und zerschnitten werden musste. Studenten, die eine Entspannungskassette oder gar nichts gehört hatten, schnitten im Vergleich schlechter ab. Die durchschnittliche Verbesserung lag bei einer Steigerung von etwa 8 bis 9 IQ-Punkten. Der Mozart-Effekt – eine Bezeichnung, die von dem Physiker Alfred Tomatis geprägt und später durch den Pädagogen und Musiker Don Campbell in Bezug auf die angebliche Steigerung der Intelligenz durch das Hören von klassischer Musik bekannt wurde – war geboren.

Die Ergebnisse aus dem Jahr 1993 sagten nichts über die Langzeiterfolge der Steigerung der Fähigkeit zum räumlichen Denken aus, von der Intelligenz im Allgemeinen mal ganz abgesehen. Sie bezogen sich nur auf eine Aufgabenstellung, die direkt im Anschluss an das Hören von Mozarts Musik ausgeführt wurde. Vor allem sagten die Forschungsergebnisse nichts über die Auswirkung von Mozarts Musik auf Kinder aus, da die Studie mit College-Studenten durchgeführt worden war.

Aber das hielt weder die Boulevardpresse noch die Spielzeugindustrie davon ab, den Mozart-Effekt-Ball aufzunehmen und es mit ihm zu probieren. Allein auf der Annahme basierend, dass die ursprünglichen Versuchsergebnisse sich auch auf Kinder anwenden ließen, begannen die Firmen bald, etliche Mozart-Effekt-CDs, -Kassetten und -Spielzeuge auf Babys loszulassen. Bis zum Jahr 2003 wurde Don Campbells beliebte Mozart-Effekt-CD über 2 Millionen Mal verkauft. Ab 2008 führte Amazon.com über 40 Produkte zum Mozart-Effekt, überwiegend CDs und Kassetten, von denen viele auf ihren Covern stolz kleine Kinder oder Neugeborene zeigen.

Die Psychologen Adrian Bangerter und Chip Heath beobachteten, dass mit der Behauptung über die Wirkung des Mozart-Effekts in der Gesellschaft Ähnliches passierte wie bei dem Spiel Stille Post: Sie wurde mit der Zeit immer weiter verzerrt und übertrieben dargestellt. Im Jahr 2000 behauptete ein Artikel in einer chinesischen Zeitung, dass „einer im Westen durchgeführten Studie zufolge" Babys, denen „während der Schwangerschaft" Mozart vorgespielt wurde, „klüger geboren werden sollten als ihre Peers" (South China Morning Post, 2000). Allerdings hatten keine im Westen noch sonstwo durchgeführten Studien je die Auswirkungen des Mozart-Effekts auf ungeborene Kinder untersucht. Ein Artikel, der 2001 im Milwaukee Journal Sentinel erschien, bezog sich auf „zahlreiche Studien zum Mozart-Effekt und wie dieser Grundschülern, Gymnasiasten und sogar Kleinkindern helfen würde, ihre mentalen Leistungen zu verbessern", obwohl kein Forscher jemals die Auswirkungen der Musik Mozarts auf diese Gruppen untersucht hat.

Diese weit verbreitete Berichterstattung durch die Medien scheint sich auf die Wahrnehmung der Öffentlichkeit ausgewirkt zu haben. Zwei Umfragen zeigten, dass der Mozart-Effekt bei über 80 % der Amerikaner bekannt war. Eine Umfrage unter Erstsemesterstudenten des Faches Psychologie zeigte, dass 73 % der Befragten glaubten, dass „die eigene Intelligenz durch das Anhören von Mozart gesteigert wird". Vor einigen Jahren veranlasste der Trainer des New York Jets American Football Teams, dass während des Trainings der Mannschaft aus den Lautsprechern Musik von Mozart ertönte, in dem Bestreben, deren Leistung zu verbessern. Eine Volkshochschule in New York stellte sogar einen Mozart-Effekt-Lernraum zur Verfügung.

Der Mozart-Effekt erreichte schließlich sogar die heiligen Hallen des Landtages von Georgia. 1998 fügte der damalige Gouverneur von Georgia, Zen Miller, dem Etat $ 105 000 hinzu, damit jedes neugeborene Kind in Georgia eine Mozart-CD oder -Kassette umsonst bekomme. Gleichzeitig machte er auch seine couragierte Initiative für die inspirierenden Klänge von Beethovens 9. Symphonie bekannt. Laut Miller „zweifelt niemand daran, dass Musikhören in einem jungen Alter sich auf das räumliche und zeitliche Denken auswirkt, das Mathematik, Technik und sogar dem Schachspiel zugrunde liegt". Der Gouverneur von Tennessee, Don Sundquist, zog bald nach und der Senat des Staates Florida überreichte einen Scheck mit der Forderung, dass Tagesstätten, die staatliche Förderungen erhielten, Kindern täglich klassische Musik vorspielen müssten (State of Florida Bill 660, 21. Mai 1998).

Aber bedeutet all dies nicht, dass der Mozart-Effekt wahr ist? Ist er das?

Verschiedene Forscher, die versuchten, die Ergebnisse der Originalstudie zu wiederholen, berichteten, sie hätten nur unbedeutende oder sogar gar keine Auswirkungen festgestellt. Analysen, die die Ergebnisse anhand von Metaanalysen prüften, zeigten, dass der Mozart-Effekt nicht signifikant in seinen Auswirkungen – es handelte sich durchschnittlich um zwei oder sogar weniger IQ-Punkte mehr – und in der Dauer der Auswirkungen ist. Der Effekt hielt meist nur für eine Stunde oder kürzer an. Einige Forscher behaupteten nun, dass sich der Mozart-Effekt nur zeigen würde, wenn bestimmte Musikstücke vorgespielt würden. Diese Behauptungen wurden jedoch nie von anderen Forschern bestätigt. Keine der Studien hat je Kinder untersucht, von Kleinkindern ganz zu schweigen, die die vermeintlichen Profiteure des Mozart-Effekts sein sollten. Der Gouverneur von Georgia, Zen Miller, drängte Befürworter des Mozart-Effekts, diese negativen Forschungsergebnisse zu ignorieren, und beschwichtigte, „man solle sich nicht von irgendwelchen Akademikern, die andere Akademiker entlarven würden, in die Irre führen lassen". Allerdings funktioniert die Wissenschaft genau so am besten: indem sie Behauptungen widerlegt, korrigiert und revidiert, die einer sorgfältigen Prüfung nicht standgehalten haben.

Später halfen Forscher dabei, die Quelle des Mozart-Effekts festzustellen. In einer Studie baten sie Studierende, einem heitereren Stück von Mozart, dann einem deprimierenden Stück eines anderen Komponisten und schließlich der Stille zu lauschen. Direkt nach dem Hören der verschiedenen Komponenten des Versuchs sollten die Versuchsteilnehmer bei einer Aufgabe Papier falten und zerschneiden. Das Musikstück von Mozart verbesserte die Leistung im Verhältnis zu den beiden Kontrollbedingungen, aber es erhöhte auch die emotionale Erregtheit im Verhältnis zu den anderen beiden Bedingungen. Als die Forscher statistische Methoden einsetzten, um die Auswirkungen der emotionalen Erregtheit zu beseitigen, verschwand der Mozart-Effekt. Eine andere Studie hatte zum Ergebnis, dass auch das Hören von Musikstücken von Mozart den Probanden bezüglich ihrer räumlichen Fähigkeiten nicht mehr half, als wenn sie eine Passage aus einer gruseligen Geschichte wie aus einem Horrorroman des Autors Stephen King zu hören bekamen.

Diese Ergebnisse legen eine andere Erklärung für den Mozart-Effekt nahe: eine Kurzzeiterregung. Alles, was die Aufmerksamkeit erhöht, steigert wahrscheinlich auch die Leistung bei geistigen Herausforderungen. Es ist aber unwahrscheinlich, dass dies auch lang anhaltende Auswirkungen auf die räumlichen Fähigkeiten, oder in diesem Fall die Intelligenz hat. Wir brauchen die Musik von Mozart also nicht, um unsere Leistungen zu steigern. Ein Glas Limonade oder eine Tasse Kaffee dürften genauso wirksam sein.

Das Entscheidende ist: Der Mozart-Effekt mag zutreffen, wenn man davon ausgeht, dass er die unmittelbare Leistung bei einigen mental fordernden Aufgaben verbessert. Aber es gibt keinen Beweis dafür, dass dies mit der Musik Mozarts oder mit Musik im Allgemeinen zusammenhängt. Genauso wenig gibt es einen Nachweis dafür, dass Musik die Intelligenz bei Erwachsenen steigert, geschweige denn bei Kindern. Natürlich ist es eine wunderbare Idee, Kindern die Musik von Mozart und anderen großen Komponisten näherzubringen und das nicht nur, weil diese Musik so erhebend sein kann, sondern weil sie einen so großen Einfluss auf die westliche

Kultur gehabt hat. Aber Eltern, die hoffen, dass sie mithilfe des Amadeus-Soundtracks ihre Kinder in Genies verwandeln können, können wir nur raten, ihr Geld zu sparen.

Der populäre Hype, der dem Mozart-Effekt auf dem Fuße folgte, war nicht der erste Anlass, der Unternehmern die Gelegenheit bot, aus dem Wunsch eifriger Eltern, die Intelligenz ihrer Kinder zu steigern, Kapital zu schlagen. Viele dieser Vermarkter griffen die weit verbreiteten, aber schlecht belegten Behauptungen auf, dass die ersten drei Jahre in der Entwicklung der Intelligenz des Kindes eine besonders große Rolle spielen würden. In den 1980er Jahren beschallten tausende von Elternpaaren ihre Neugeborenen stundenlang mit Fremdsprachen und höherer Mathematik mit dem Ziel, „Superbabys" aus ihnen zu machen. Aber es kamen keine Superbabys dabei heraus. Heute gibt es eine 100 Millionen US-Dollar pro Jahr schwere Industrie, die Produkte wie „Baby Einstein"-Spielzeuge und Videos zur angeblichen Steigerung der Intelligenz vertreibt. Allerdings gibt es keine glaubwürdigen Beweise dafür, dass diese Produkte ihre ausgewiesene Wirkung tun. Im Gegenteil legen Forschungsergebnisse nahe, dass Babys viel weniger von Videos lernen als wenn sie über dieselbe Zeitspanne aktiv spielen.

Die Arbeit des bekannten russischen Entwicklungspsychologen Lev Vygotsky könnte dabei helfen zu erklären, weshalb diese Fabrikate zum Scheitern verurteilt sind. Wie Vygotsky (1978) beobachtete, fällt Lernen in der von ihm so bezeichneten „Zone der nächsten Entwicklung" am leichtesten, wenn Kinder eine Aufgabe noch nicht selbst bewältigen, sie aber mit Unterstützung anderer Personen lösen können. Wenn 3-jährige Kinder nicht die kognitiven Fähigkeiten besitzen, eine Rechenmethode zu erlernen, werden ihre mathematischen Fähigkeiten sich nicht verbessern, egal wie lange die Eltern die Kinder mit der Rechenmethode beschallen. Ein solches Vorgehen wird auch nicht dazu beitragen, diese Kinder in Superbabys zu verwandeln, weil die Rechenmethode schlicht und ergreifend außerhalb ihrer Zone der nächsten Entwicklung liegt. Egal, wie wenig ungeduldige Eltern es hören wollen: Kinder können erst dann etwas lernen, wenn ihr Intellekt es zulässt.

Irrtum 5　Die Pubertät ist unausweichlich eine Zeit psychischer Turbulenzen

In einem unlängst erschienenen Ratgeberteil einer wöchentlichen Zeitung suchte eine entnervte Mutter Rat bei dem Kolumnisten Hap LeCrone. Dieser solle ihr erklären, was mit ihrer 11-jährigen Tochter los sei, die bislang ein unbeschwertes und glückliches Kind gewesen sei. „Wenn uns etwas gefällt, hasst sie es", schrieb die Mutter. Ihre Tochter „will uns nirgendwo mehr hinbegleiten" und „ihre Antworten sind meist nicht sehr höflich". Schlimmer noch, „sie dazu zu bekommen, ihr Zimmer sauber zu halten oder sich nett anzuziehen, muss mühsam erkämpft werden", und „Widerspruch ist Normalität". Was zum Teufel geht hier vor sich, fragte sich die Mutter. LeCrone antwortete kurz und bündig: „Manche Eltern nennen das, was Sie gerade durchmachen, die Krankheit der Pubertät."

Die Ansicht, dass die Pubertät immer oder fast immer eine Zeit emotionalen Aufruhrs ist, ist kaum neu. Der Psychologe G. Stanley Hall, erster Präsident der „American Psychological Association", war der Erste, der sich im Kontext der Pubertät auf die „Sturm und Drang"-Phase bezog. Er hatte den Begriff, der die Leidenschaft und häufig schmerzvollen Emotionen betonte, dem Sturm und Drang der deutschen Literatur in der Epoche der Aufklärung entliehen. Später popularisierte Anna Freud, Sigmund Freuds Tochter und ihres Zeichens eine bekannte Psychoanalytikerin, die Ansicht, dass die Pubertät als emotionaler Umbruch überall vorkomme. Sie schrieb, dass „es unnormal sei, während der Pubertät normal zu sein", und „dass die Pubertät naturgemäß eine Unterbrechung des friedlichen Reifens ist". Für Anna Freud ist der Jugendliche pathologisch auffällig. Er ist einer viel größeren Gefahr ausgesetzt, als Erwachsener psychische Probleme zu erleiden, wenn er während der Pupertät wenige Beschwerlichkeiten durchmachen musste.

Heutige Populärpsychologen haben die Wahrnehmung angeheizt, dass die Teenagerjahre für gewöhnlich Zeiten großer familiärer Dramen seien. Beispielsweise der Klappentext des Buches *Preparing for Adolescence* von Dr. James Dobson, einem Experten für Kindererziehung, informiert den Leser darüber, dass das Buch „Teenagern durch die schwierige Zeit der Pubertät helfen wird" und „Eltern unterstützen wird, die wissen wollen, wie sie ihrem Kind erklären können, was in diesen turbulenten Jahren auf es zukommt". Eine Fernsehsendung mit „Dr. Phil" (Phil McGraw), einem amerikanischen Psychologen, warnte ihre Zuschauer, „dass die Teenager-jahre der schlimmste Albtraum der Eltern sein können", und „versprach, Wege zu besprechen, wie Eltern und Kinder die Pubertät überleben können".

Das Klischee der „schrecklichen Teenagerjahre" findet sich auch häufig in der Entertainmentbranche wieder. Dutzende von Filmen, darunter *Denn sie wissen nicht, was sie tun* (1955), *Eine ganz normale Familie* (1980), *Kids* (1995), *Durchgeknallt* (1999) und *Dreizehn* (2003) haben die Mühsal der geplagten Pubertierenden zum Thema. Auch der Bestsellertitel *Der Fänger im Roggen* von J. D. Salinger befasst sich mit dem Schmerz und der Verwirrung der Pubertät.

Weil Bücher und Filme sich wesentlich häufiger mit Erzählungen von mit Problemen belasteten Jugendlichen beschäftigen als mit gesunden Heranwachsenden – ein Hollywoodfilm über einen vollkommen normalen Teenager wird kaum eine interessante Handlung bieten, abgesehen davon, dass er keine Kinokassen füllen würde –, wird die Öffentlichkeit routinemäßig nichtzufälligen Stichproben von auffälligen Teenagern ausgesetzt. Daher ist es nicht überraschend, dass Laien glauben, die Pubertät sei gewöhnlich eine Zeit des Sturm und Drangs. Wie der Psychologe Albert Bandura (1964) bemerkte: „Wenn sie einen beliebigen Mann auf der Straße aussuchen, ihn am Arm ergreifen und das Wort Pubertät aussprechen würden, ist es sehr wahrscheinlich, ... dass seine Assoziationen zu dem Begriff die Worte Sturm und Drang, Anspannung, Rebellion, Abhängigkeitskonflikte, Peergroupkonformität, schwarze Lederjacken und so weiter beinhalten würden."

Banduras informale Beobachtungen werden von Umfragen unter Collegestudenten gestützt. Grayson Holmbeck und John Hill (1988) fanden heraus, dass Studenten im Grundstudium, die in einer Vorlesung zum Thema Pubertät eingeschrieben waren, eine Durchschnittspunktzahl von 5,2 (von 7 möglichen) bei dem Bestandteil „Die Pubertät ist eine stürmische und stressige Phase" erreichten. Eltern und Lehrer teilen dazu eine sehr ähnliche Meinung. Diese Meinung ist selbst unter medizinischem Fachpersonal weit verbreitet. Eine Umfrage unter der Belegschaft eines Kinderkrankenhauses zeigte, dass 62 % der Assistenzärzte und 58 % des Pflegepersonals glaubten, dass „die Mehrheit der Jugendlichen während der Pubertät neurotisches oder dissoziales Verhalten zeigt". Zudem waren 54 % der Assistenzärzte und 75 % des Pflegepersonals der Meinung, dass „Ärzte und Pflegepersonal

über die Einstellung derjenigen Jugendlichen besorgt sein müssten, die keinerlei Ärger verursachten und keine Beeinträchtigungen erführen", was die
Position von Anna Freud widerspiegelt, die glaubte, der „normale" Jugendliche sei unnormal.

Um Behauptungen bezüglich der pubertären „Sturm und Drang"-
Phase zu bewerten, müssen wir drei Bereiche jugendlichen Verhaltens untersuchen: (1) Konflikte mit den Eltern, (2) Launenhaftigkeit und (3) risi-
koreiches Verhalten. Die Forschung zeigt, dass dieser Mythos wie viele andere in diesem Buch einen wahren Kern hat, der wahrscheinlich für seine
Bekanntheit verantwortlich ist. Zumindest in der amerikanischen Gesellschaft haben Jugendliche ein erhöhtes Risiko für alle drei genannten Bereiche. Konflikte mit den Eltern eskalieren während der Pubertät, Jugendliche berichten über häufigere Stimmungswechsel und über extremere
Launen als dies Nicht-Teenager tun. Zudem setzen sich Teenager mehr Risiken aus als Nicht-Pubertierende dies tun. Es ist also wahr, dass die Pubertät eine Zeit erhöhter psychischer Konflikte für *manche* Jugendliche ist.

Bitte beachten Sie, dass wir „manche" kursiv geschrieben haben. Dasselbe
Datenmaterial zeigt eindeutig, dass jede dieser Schwierigkeiten lediglich auf
eine kleine Minderheit der Jugendlichen zutrifft. Die meisten Studien bilden
ab, dass nur 20 % der Jugendlichen ausgesprochenen Aufruhr durchleben.
Die wesentliche Mehrheit erlebt generell eher gute Stimmungen und harmo-
nische Verhältnisse mit ihren Eltern und Gleichaltrigen. Starke emotionale
Aufregungen und Konflikte mit den Eltern sind weitestgehend auf Jugendliche mit eindeutigen psychischen Problemen wie Depressionen oder Ver-
haltensstörungen eingeschränkt. Auch bei Jugendlichen mit schwierigem fa-
miliären Hintergrund kommt es eher zu Schwierigkeiten. Die Behauptung,
Jugendliche seien während der Pubertät immer schwierig, lässt sich also
nicht aufrechterhalten. Im Gegenteil ist dies eher die Ausnahme als die Regel.
In einer Studie wurden 73 männliche Jugendliche über einen Zeitraum von
34 Jahren beobachtet. Auch diese Untersuchung fand nicht den geringsten
Beweis dafür, dass ausgeglichene Jugendliche ein höheres Risiko für psychische Erkrankungen im späteren Leben haben. Diese Untersuchungsergebnisse widersprechen den Behauptungen von Anna Freud, dass scheinbar
normale Jugendliche eigentlich unnormal und dass psychische Probleme
im Erwachsenenalter ihr Schicksal seien.

Des Weiteren widersprechen interkulturelle Untersuchungsergebnisse
der Ansicht, die Pubertät sei in jedem Fall eine Zeit von Sturm und Drang.

Diese Daten sprechen von der Pubertät als einer relativ friedlichen und ruhigen Zeit in vielen traditionellen und nicht-westlichen Gesellschaften. In Japan oder China zum Beispiel vergehen die Pubertätsjahre meistens ohne Störungen. 80–90 % der japanischen Jugendlichen beschreiben ihr Leben zu Hause als „lustig" oder „angenehm" und berichten von positiven Beziehungen zu ihren Eltern. Ein ähnliches Ausbleiben pubertärer Probleme lässt sich in Ländern wie Indien, den subsaharischen Ländern Afrikas, in Südostasien und einem Großteil der arabischen Länder bestätigen. Darüber hinaus gibt es Hinweise dafür, dass die vermehrte Verwestlichung dieser Länder mit ansteigendem Kummer während der Pubertät verbunden ist. Es ist nicht bekannt, weshalb pubertäre Probleme in westlichen Kulturen häufiger vorkommen als in nicht-westlichen Kulturen. Einige Autoren haben vermutet, dass der Grund darin liegt, dass die Eltern in westlichen Kulturen – im Gegensatz zu Eltern in nicht-westlichen Kulturen – dazu tendieren, ihre Zöglinge eher wie Kinder zu behandeln und nicht wie reifende Erwachsene mit entsprechenden Rechten und Pflichten. Daher könnte es sein, dass diese Jugendlichen sich gegen die Einengungen durch ihre Eltern wehren und daher dissozial verhalten.

Können falsche Ansichten über die unausweichlichen Probleme während der Pubertät Schaden anrichten? Vielleicht. Die tatsächlich vorhandenen Probleme einiger Heranwachsender als „vorübergehende Phase" oder als Erscheinungsform eines normalen, aber mit Problemen behafteten Zeitabschnitts abzutun, kann dazu führen, dass zutiefst bekümmerte Jugendliche nicht die psychologische Hilfe erhalten, die sie bitter benötigen. Zugegebenermaßen mögen manche Hilferufe manipulative Tricks sein, um Aufmerksamkeit zu erhalten, aber viele andere sind Zeichen verzweifelter Jugendlicher, deren Leiden ignoriert werden.

Irrtum 6 Die meisten Menschen erfahren in ihren 40ern und frühen 50ern eine Midlife-Crisis

Ein 45-jähriger Mann kauft sich den Porsche, den er schon immer besitzen wollte, trägt einen neuen Bart zur Schau, bekommt kahle Stellen am Kopf, verlässt seine Frau für eine 23-Jährige und gibt einen großen Teil seiner Altersvorsorge für eine Reise in den Himalaya aus, um mit dem Guru des Tages zu meditieren. Viele Leute unserer Gesellschaft würden diese für ihn untypischen Verhaltensweisen einer „Midlife-Crisis" zuschreiben, einer Phase charakterisiert von tiefgreifendem Sich-selbst-in-Frage-Stellen und Turbulenzen im mittleren Alter (meist vom 40. bis zum 60. Lebensjahr), wenn der Mensch sich mit der eigenen Sterblichkeit, dem körperlichen Verfall und unerfüllten Hoffnungen und Träumen auseinandersetzt.

Die Idee, dass viele Menschen eine schwierige Veränderung im Leben durchmachen, wenn sie ungefähr in der Mitte zwischen Geburt und Tod festhängen, ist keine neue Erkenntnis. Bereits im 14. Jahrhundert riefen die ersten Zeilen von Dante Alighieris (1265–1321) Epos *Göttliche Komödie* den Gedanken an eine Midlife-Crisis hervor:

> Auf halbem Weg des Menschenlebens fand
> Ich mich in einen *finstern Wald* verschlagen,
> Weil ich vom graden Weg mich abgewandt.

Aber erst 1965 prägte Elliott Jacques die Bezeichnung „Midlife-Crisis", um damit die zwanghaften Versuche, jung zu bleiben und der Unvermeidlichkeit des Todes zu trotzen, die er bei mittelalten Künstlern und Komponisten beobachtet hatte, zu charakterisieren. Jacques servierte der Öffentlichkeit und der Wissenschaftsgesellschaft diesen eingängigen Ausdruck, um beinahe jede beunruhigende Veränderung zu beschreiben, die Menschen mittleren Alters erleben können. Ein Jahrzehnt später zementierte Gail Sheehys (1976) Bestseller *Passages: Predictable Crises of Adult Life* die Idee einer Midlife-Crisis in der Vorstellung der Öffentlichkeit. Bis 1994 glaubten 86 % befragter junger Erwachsener an die Existenz der Midlife-Crisis.

Die Filmindustrie ergriff die Idee der turbulenten Phase in der Lebensmitte, indem sie alberne und verkorkste, aber dennoch sympathische, mittelalte Typen darstellte – die Protagonisten waren meist männlich –, die die Frage nach dem Sinn ihres Lebens und dessen Wert hinterfragen. In *City Slickers – Die Großstadt-Helden* (1991) machen drei Männer (gespielt von Billy Crystal, Daniel Stern und Bruno Kirby) eine zweiwöchige Pause von ihrem eintönigen Leben und nehmen an einem Viehtrieb von New Mexico nach Colorado teil. Ein aktuellerer Film zu dem Thema ist *Born to be Wild – Saumäßig unterwegs* (2007), der das Abenteuer von vier Männern mittleren Alters zeigt, die sich mit ihren Motorrädern auf den Weg machen, um die spannende Zeit ihrer Jugend wieder aufleben zu lassen. Aber kein Film fängt die angeblich ausgefahrenen Gleise der mittleren Le-

bensjahre so gut ein wie *Und täglich grüßt das Murmeltier* (1993), in dem
der Komödiant Bill Murray Phil Connors darstellt, einen alkoholabhängi-
gen, egozentrischen Wetteransager aus dem Fernsehen, der in einer Zeit-
schleife festsitzt und jeden Tag denselben Tag wieder durchleben muss, bis
er schließlich kapiert, dass sein Leben eine Bedeutung haben kann, wenn
er ein besserer Mensch wird. In dem Film *Annies Männer* (1988) spielt
Kevin Costner den Baseballspieler „Crash" Davis, der, verbannt in die unteren Ligen, einen talentierten Spieler betreut. Crash ist sich sehr genau
seiner dahingleitenden Jugend bewusst, genauso wie er seine geringer wer-
dende Fähigkeit wahrnimmt, sicher zur Home Plate zu rutschen. Schließlich findet er Liebe und Erfüllung, als er sich entschließt, eine Beziehung
mit dem Baseball-Groupie Annie Savoy (gespielt von Susan Sarandon) einzugehen. Der Film *American Beauty*, der den Academy Award in verschiedenen Kategorien gewann, stellt anhand seines Protagonisten Lester Burn-
ham (gespielt von Kevin Spacey) alle stereotypen Anzeichen der Midlife-
Crisis dar. Er kündigt seinen anspruchsvollen Job, um als Frikadellenwen-
der zu arbeiten, beginnt Drogen zu nehmen, macht Sport, kauft sich einen
Sportwagen und verknallt sich in die Teenager-Freundin seiner Tochter.

Das Internet und Bücher stellen Ratschläge zur Verfügung, die den
Menschen nicht nur helfen, ihre eigene Midlife-Crisis zu überwinden, sondern auch die ihrer Ehepartner. Sie haben richtig gelesen: Frauen sind
auch nicht gegen die Angst vor der Midlife-Crisis gefeit. Die Internetseite
des *Midlife Club* (http://midlifeclub.com) warnt ihre Besucher: „Egal, ob
es Ihre eigene Midlife-Crisis ist oder die einer Person, die Sie lieben, egal,
ob Sie ein Mann oder eine Frau sind – machen Sie sich auf eine holprige
Reise gefasst!" Der Club kolportiert Bücher, in denen Männer und Frauen,
die „es durch die Krise geschafft haben", ihr Wissen, ihre Strategien und
ihre Geschichten mit anderen teilen. Für $ 2500 können Sie „LifeLaunch"
beim Hudson Institute of Santa Barbara (http://www.hudsoninstitute.
com) erwerben. Für diesen gepfefferten Preis können Sie ein intensives
Coaching erhalten, das Sie mit „Weitblick, Orientierung und durchdach-
tem Planen" durch Ihre Midlife-Crisis führen wird, während Sie „über all
das reflektieren können, was Sie ins nächste Kapitel Ihres Lebens mitnehmen". Am anderen Ende des Preisspektrums können Sie ein Buch mit dem
Titel *Overcome Midlife Crisis* bei HypnosisDownload für $ 12,95 mit einer
100%igen Geld-zurück-Garantie für 90 Tage (es werden keine Fragen gestellt!) und ein Versprechen erhalten, dass Sie „diese Gefühle der Midlife-

Crisis loswerden und das Leben wieder an den Hörnern packen werden"
(http://www.hypnosisdownloads.com/downloads/hypnotherapy/midlife-
crisis.html).

Der Psychologe Ian Gotlib untersuchte die Schlagzeilen und Sonderbei-
träge des Bereichs „The New York Times Living Arts" 15 Monate lang. Er
deckte auf, dass die Redakteure den Begriff „Midlife-Crisis" durchschnittlich zweimal im Monat einsetzten, um Buchrezensionen, Filme und Fernsehprogramme zu betiteln.

Zusätzlich zu der Berichterstattung im Internet und den Medien liegt
ein anderer Grund dafür, dass der Glaube an die Existenz der Midlife-Crisis weiterbesteht, darin, dass diese auch ein Körnchen Wahrheit enthält.
Der Psychologe Erik Erikson (1968) beobachtete, dass sich in der Mitte
des Erwachsenenalters die meisten Menschen mit der Orientierung, der
Bedeutung und dem Sinn des Lebens auseinandersetzen und mit der Über-
legung ringen, ob sie auf halbem Weg eine Korrektur des eingeschlagenen
Kurses vornehmen sollten. Wir werden sehen, dass Erikson bei der Anzahl
der Krisen im mittleren Alter übertrieben hat, er aber recht damit hatte,
dass einige Menschen in der Mitte ihres Lebens starke Selbstzweifel hegen.
Allerdings definieren Menschen ihre Ziele und Prioritäten in jeder Dekade
ihres Lebens neu, genauso wie sie in jedem Jahrzehnt Krisen durchleben,
wie auch das emotionale Auf und Ab zeigte, das Jugendliche erleben (aber
bei Weitem nicht alle Jugendlichen sind betroffen, siehe Irrtum 7). Vielmehr sind die Erfahrungen, die als Midlife-Crisis in einen Topf geworfen
werden, sehr breit gestreut – etwa ein Jobwechsel, eine Scheidung oder
der Kauf eines Sportwagens – und auch nebulös. Aus diesem Grund
könnte man fast jedes Kriselchen oder jede Lebensveränderung als Beweis
für das katastrophale Scheitern der eigenen Existenz verstehen.

Manche „Symptome" der Midlife-Crisis wie etwa eine Scheidung kommen in der Regel in den mittleren Lebensjahren häufiger vor. In den USA
lassen sich die meisten Leute innerhalb der ersten fünf Ehejahre scheiden,
bei Männern ist das normalerweise im Alter von 33, bei Frauen im Alter
von 31 Jahren. Wenn Menschen in ihren 40er Jahren ihr Traumauto kaufen, muss das nichts mit einer Krise zu tun haben. Viel eher können sie
sich in diesem Alter wahrscheinlich endlich das Auto leisten, von dem sie
seit ihren Jugendtagen geträumt haben.

Mythenkiller: Ein genauer Blick

Das „Leere Nest"-Syndrom

Eine Mutter geht in das Zimmer ihres Sohnes und riecht an seinem T-Shirt, kurz nachdem er zum Studieren ausgezogen ist. Auf einer Internetseite (http://www.netdoctor.co. uk/womenshealth/features/ens.htm), die über ihr ungewöhnliches Verhalten berichtet, erfahren wir, dass es sich um ein vollkommen normales Symptom des „Leeren Nest"-Syndroms handelt. Dieser Begriff bezieht sich auf die populäre Annahme, dass die meisten Frauen verstörende Gefühle einer Depression erleben, wenn ihre Kinder erstmals aus dem Haus sind oder heiraten. Die beliebte „Chicken Soup for the Soul"-Selbsthilfe-Reihe führt sogar ein Buch, dass sich gänzlich darum bemüht, „Leernestlern" dabei zu helfen, sich an die Belastung des Übergangs zu gewöhnen.

Tatsächlich gibt es nur spärliche Nachweise für die Annahme, dass Frauen die weibliche Variante der männlichen Midlife-Crisis durchmachen, wenn ihre Kinder flügge werden. Christine Proulx und Heather Helms (2008) befragten 142 Elternpaare, nachdem ihre Kinder ausgezogen waren. Die meisten Eltern (Männer wie auch Frauen) passten sich hervorragend an die neue Situation an, empfanden die Veränderung als positiv und sahen ihre Kinder als gleichrangig an, wenn sie größere Unabhängigkeit erreichten. Darüber hinaus erleben die meisten zurückgelassenen Eltern eine Steigerung ihrer allgemeinen Zufriedenheit, die im Zusammenhang mit der wiedergewonnenen Flexibilität und Freiheit zu sehen ist. Jüngste Belege aus Untersuchungen, die eheliche Beziehungen über einen Zeitraum von 18 Jahren verfolgt hatten, weisen auch auf eine Verbesserung des Ehelebens hin.

Eine Veränderung in der Verteilung der Rollen im Haushalt und das plötzliche zeitliche Mehr an Freiraum können von allen Familienmitgliedern eine Anpassung an die neue Situation erfordern. Menschen, die sich in erster Linie als Eltern definieren, haben traditionelle Vorstellungen von der Rolle der Frau in der Gesellschaft und in der Familie: Die Frau ist in der Regel Hausfrau ohne Beruf. Diese Personen sind besonders anfällig für das „Leere Nest"-Syndrom. Aber ein Kind, das sich weiterentwickelt, ist nicht typischerweise eine verheerende Erfahrung für die Eltern, wie es in den Medien oft dargestellt wird. Wenn die Kinder den Übergang in die Erwachsenenwelt erfolgreich schaffen und die Eltern die Früchte ihrer jahrelangen Erziehungsarbeit ernten können, dann ist das eher ein Anlass für ein Freudenfest.

Interkulturelle Studien bieten kein Futter für das Konzept, dass die mittleren Lebensjahre eine besonders anstrengende und schwierige Zeit sein sollen. Der Wissenschaftler Daniel Shek (1996) konnte in einer Studie, an der 1501 verheiratete Chinesen im Alter von 30 bis 60 Jahren teilnahmen, bei der Mehrheit der Frauen und Männer mittleren Alters keine hohen Werte an Unzufriedenheit, die sich an eine Krise annäherten, nachweisen. Wissenschaftler, die von der MacArthur Foundation gefördert wurden, banden eine Gesamtzahl von 7195 Männern und Frauen im Alter von 25 bis 74 in eine Studie ein, von denen sie 3032 in der größten Menschenstudie über die mittleren Jahre in Interviews befragten. Im Gegensatz zu dem populären Klischee empfanden die Menschen im Alter von 40 bis 60 Jahren im Allgemeinen das Gefühl, ihr Leben im Griff zu haben und erlebten im Verhältnis zu den vorangegangenen Jahrzehnten ein gesteigertes Wohlbefinden. Außerdem bewerteten mehr als dreiviertel der befragten Personen ihre Beziehung als gut bis hervorragend. Männer und Frauen waren gleichermaßen von dem betroffen, was man als Midlife-Crisis bezeichnen würde. Die Forscher fanden heraus, dass die Anzahl derjenigen, die befürchteten, eine Midlife-Crisis zu erfahren, größer war als die Anzahl derer, die tatsächlich eine solche durchleben mussten.

Einige weitere Ergebnisse entlarven die Midlife-Crisis ebenfalls als Mythos. Betrachtet man verschiedene Studien, so berichten nur 10–26 % der Befragten, dass sie eine Midlife-Crisis erlebt haben. Die Einschätzung hing außerdem davon ab, wie die Forscher den Begriff Midlife-Crisis definiert hatten. Im mittleren Alter laufen viele Menschen zu psychischer Höchstform auf. Definitiv muss nicht jeder eine Midlife-Crisis befürchten, es besteht nicht einmal eine hohe Wahrscheinlichkeit dafür. Wenn Sie also radikale Veränderungen in Ihrem Leben durchführen und einen roten Sportwagen oder eine Harley Davidson kaufen wollen, ist es dafür niemals zu früh – und niemals zu spät.

Irrtum 7 Hohes Alter ist automatisch mit zunehmender Unzufriedenheit und Senilität verbunden

Denken Sie an eine Person, auf die folgende Beschreibung zutrifft: reizbar, exzentrisch, mürrisch, ängstlich bezüglich Veränderungen, depressiv, unfähig, mit technischen Neuerungen Schritt zu halten, einsam, abhängig, altersschwach und vergesslich. Wir wären sicherlich nicht sehr überrascht, wenn Sie nun an eine Person höheren Alters dächten – vielleicht gekrümmt und tattrig – passen diese Eigenschaften doch genau in das populäre, aber dennoch falsche Klischee, das wir von alten Menschen haben.

Viele Menschen nehmen an, dass ein Großteil der alten Leute depressiv, reizbar, ohne sexuelles Verlangen und entweder senil ist oder zumindest erste Anzeichen davon zeigt. 65 % einer Stichprobe von 82 Erstsemester-studenten im Fach Psychologie waren sich einig, dass „die meisten älteren Leute einsam und isoliert sind", und 38 % glaubten, „wenn Menschen al-tern, werden sie automatisch reizbar". Auch 64 % einer Stichprobe unter 288 Medizinstudenten waren der Meinung, dass „schwere Depressionen bei alten Menschen häufiger vorkommen als bei jungen Leuten".

Klischees durch die Medien ausgesetzt zu sein – man könnte sogar von Indoktrination sprechen – beginnt schon in jungen Jahren. In ihrer Studie zu Disney-Filmen fanden Tom Robinson und seine Kollegen heraus, dass 42 % der älteren Charaktere wie beispielsweise Belles Vater aus *Die Schöne und das Biest* und Madame Mim aus *Die Hexe und der Zauberer* (nicht zu vergessen ist hier auch „Brummbär", einer der sieben Zwerge in *Schnee-wittchen*) in einem wenig positiven Licht dargestellt werden, nämlich als vergesslich, böse oder schrullig. Kinder, die mit solchen Stereotypen über-schüttet werden, entwickeln so verständlicherweise bereits in jüngsten Jah-ren unvorteilhafte Vorstellungen von älteren Menschen.

Das unablässige Trommelfeuer von Fehlinformationen über das Altern hält sich hartnäckig durch das Erwachsenenalter hindurch. In einer Studie zu populären Teenagerfilmen zeigte sich, dass die meisten älteren Charak-tere einige negative Eigenschaften aufwiesen, ein Fünftel der dargestellten Personen glichen gänzlich negativen Stereotypen. Das deprimierende und manchmal auch beängstigende Abbild des Alterns erstreckt sich auch auf Cartoons, Fernsehprogramme und Filme für Erwachsene. Man denke da an Grandpa Simpson aus der bekannten Serie *The Simpsons*, der im „old country" geboren wurde, sich aber nicht daran erinnern kann, welches Land er eigentlich meint. Oder die unkonventionelle Familie des Gangs-ters Tony Soprano in der TV-Serie *The Sopranos*: Seine Mutter Livia (ge-spielt von Nancy Marchand) wollte Tony verprügeln lassen, weil er sie in ein Altenheim stecken wollte („es ist eine Ruhestandsgemeinschaft, Ma!"). Sein dementer „Uncle Junior" (gespielt von Dominic Chianese) schoss Tony an, weil er glaubte, es handele sich um einen Feind, der 20 Jahre zu-vor gestorben war. In dem Film *Die Geschwister Savage* (2007) kämpfen ein Sohn und eine Tochter, gespielt von Philip Seymour Hoffman und Laura Linney, mit ihren ambivalenten Gefühlen, als sie die Pflege ihres ältlichen Vaters (gespielt von Philip Brosco) übernehmen und seine körperliche wie auch geistige Gesundheit stetig verfällt und er anfängt, mit seinen Fäkalien zu spielen und er zunehmend vergesslicher wird.

Aufgrund der Panikmache durch die Medien über die scheinbar unausweichlichen Spuren des Alterns kann es kaum verwundern, dass es vor Irrtümern über ältere Mitbürger nur so wimmelt und dass Vorurteile alten Menschen gegenüber tief sitzen. John Hess (1991) zeigte auf, wie die Medien alte Menschen fälschlich beschuldigen, an vielen sozialen und politischen Übeln, wie hohen Steuern und dem Verursachen hoher Kosten durch medizinische Versorgung und den damit verbundenen finanziellen Auswirkungen auf den Staat, die Sozialversicherung und daraus resultierende Kürzungen an Programmen für Kinder und Behinderte, verantwortlich zu sein. Umfragen zeigen, dass das häufigste Gefühl von College-Studenten alten Menschen gegenüber Mitleid ist. Die Leute sehen schlechte Gedächtnisleistungen bei älteren Menschen als Indiz für erste Zeichen von geistiger Eingeschränktheit, bei jüngeren Menschen jedoch werden die gleichen Anzeichen als Unaufmerksamkeit und fehlendes Bemühen gewertet.

Diesen Ansichten scharf widersprechend widerlegen Forschungsergebnisse den Mythos, dass das hohe Alter (einsetzend mit 60 bis 65 Jahren) gewöhnlich mit Unzufriedenheit und Senilität gleichzusetzen ist. Eine Forschergruppe hat Erwachsene im Alter von 21 bis 40 Jahren und über 60 Jahren bezüglich ihrer Glücklichkeit und die Glücklichkeit der Durchschnittsperson in ihrem aktuellen Alter untersucht, nämlich mit 30 Jahren und mit 70 Jahren. Junge Erwachsene glaubten, dass die Menschen grundsätzlich weniger glücklich seien je älter sie würden. Das Gegenteil war jedoch der Fall: Ältere Erwachsene waren glücklicher als jüngere befragte Personen.

Bevölkerungsbezogene Umfragen zeigen, dass Depressionen am häufigsten in einem Alter von 25 bis 45 Jahren auftreten und dass die glücklichste Gruppe diejenige der 65-Jährigen und älteren Personen ist. Die Zufriedenheit steigt in den Altersgruppen der 60-Jährigen und vielleicht auch bei den Menschen in ihren 70ern. In einer Studie, in der 28 000 Amerikaner befragt wurden, berichteten ein Drittel der 88-Jährigen, sie seien „sehr glücklich". Die glücklichsten von allen waren die ältesten. Die Chance, glücklich zu sein, stieg in jedem Lebensjahrzehnt um 5 %. Der Grund dafür, dass ältere Menschen glücklicher sind, könnte darin liegen, dass sie mit zunehmender Lebenserfahrung ihre Erwartungen herunterschrauben („Ich werde niemals einen Nobelpreis gewinnen, aber ich kann ein sehr guter Großvater sein"), ihre Grenzen respektieren und sich eher an positive als an negative Ereignisse erinnern.

Auch wenn Depressionen keine unausweichliche Folge des Alterns sind, betreffen sie doch 15 % der alten Menschen. Viele Fälle von Depressionen in dieser Altersgruppe sind jedoch nicht auf das biologische Altern zurückzuführen, sondern hängen mit anderen Erkrankungen und Schmerzen zusammen, sind Nebenwirkungen von Medikamenten, sozialer Isolation oder dem Tod einer nahestehenden Person.

Im Gegensatz zu der Annahme, dass alte Menschen das Interesse an Sex verlieren, hat eine nationale Befragung von etwa 3000 Menschen gezeigt, dass mehr als dreiviertel der Männer zwischen 75 und 85 Jahren und die Hälfte ihrer Frauen darüber berichteten, dass sie nach wie vor Interesse an einem Sexualleben haben. Des Weiteren waren 73 % der Menschen zwischen 57 und 64 Jahren noch sexuell aktiv, was ebenfalls auf 53 % der Menschen im Alter von 64 bis 74 Jahren zutraf. Sogar in der ältesten untersuchten Gruppe der Menschen zwischen 75 und 85 Jahren berichteten 26 % der befragten Personen, sie seien noch sexuell aktiv. Interessanterweise waren Gesundheitsprobleme wie Übergewicht und Diabetes eher Indikatoren bezüglich der sexuellen Aktivität als das Altern selbst. Wenn die allgemeine Gesundheit abnahm, so tat dies auch die sexuelle Aktivität.

Auch wenn Depressionen und das Abebben von sexuellen Wünschen nicht mit dem Erhalt einer Mitgliedskarte von der Amerikanischen Vereinigung für Ruheständler gleichzusetzen sind, sind Menschen dennoch von Natur aus dem Alterungsprozess im Allgemeinen und dem Gedächtnisverlust im Besonderen gegenüber misstrauisch. Viele Internetseiten machen sich beispielsweise lustig über alte Menschen, indem sie das Senilitätsgebet zitieren: „Gott, gib mir die Senilität, um die Menschen zu vergessen, die ich ohnehin nie mochte, das Glück, auf die zu treffen, die ich mag, und das Augenlicht, den Unterschied zu erkennen." Es kann auch nicht überraschen, dass populäre Bücher die Angst vor dem Altern thematisieren, sie sogar ausnutzen. Beispielsweise verspricht Zaldy Tans Buch mit dem Titel *Age-Proof Your Mind: Detect, Delay and Prevent Memory Loss – Before It's Too Late* (2008) einen Schutz vor Gedächtnisverlust. Ein Nintendospiel mit dem Titel „Dr. Kawashimas GEHIRN-JOGGING™ – Wie fit ist Ihr Gehirn?" erlaubt den Benutzern angeblich, das Alter ihres Gehirns durch mentale Übungen zu reduzieren, die den präfrontalen Kortex des Gehirns aktivieren.

Es ist normal, dass wir einen gewissen Gedächtnisverlust erleiden, wenn wir älter werden. Das schließt auch geringe Vergesslichkeit und Schwierigkeiten bei der Wortfindung bei Unterhaltungen mit ein. Aber schwerer Gedächtnisverlust, der mit Alzheimer verbunden wird, und andere Formen der Demenz, die unsere Funktionsfähigkeiten beeinträchtigen, sind keine typischen Alterserscheinungen. Menschen, die an Alzheimer erkrankt sind, finden sich in ihrer gewohnten Umgebung nicht mehr zurecht, erleiden Veränderungen ihrer Persönlichkeit, verlieren die Fähigkeit zu sprechen und haben Schwierigkeiten, neue Dinge zu lernen. Sie haben große Probleme, alltägliche Dinge zu erledigen. Etwa 4 Millionen Amerikaner leiden an Alzheimer. Die Krankheit kann einen Verlauf von 3 bis 20 Jahren nehmen, die Durchschnittslänge der Erkrankung liegt bei 8 Jahren. Wenn Menschen älter werden, steigt die Wahrscheinlichkeit, dass sie an Alzheimer erkranken. Es gibt aber auch Menschen, die bereits in ihren 30ern oder 40ern an Alzheimer erkranken. Genauso können aber Menschen über 85 Jahre nicht von der Krankheit betroffen sein, was bei drei Vierteln der älteren Menschen auch zutrifft.

Selbst in einem Alter von 80 Jahren müssen sich Intelligenz und verbale Fähigkeiten nicht besonders von denen jüngerer Menschen unterscheiden, auch wenn das Wortgedächtnis und die Fähigkeit, Nummern, Objekte und Bilder zu verarbeiten, für eine altersbedingte Verschlechterung anfällig sind. Auch hat Forschung zum Thema „kreative Fähigkeiten" darauf hingedeutet, dass Menschen in ihren 50ern oder älteren Jahrgängen in Disziplinen wie Geschichte oder im Schreiben fiktiver Geschichten ihre qualitativ beste Arbeit leisten. Sportliche Betätigung, gesunde Ernährung, Problemlösung und intellektuell aktiv zu bleiben und das Kompensieren von geringen Verlusten kognitiver Fähigkeiten mögen Bereiche sein, die mit zunehmendem Alter abnehmen. Dennoch haben Forscher die Effektivität von *Brain Age* und ähnlichen Produkten nicht nachweisen können.

Schließlich ist es ein Missverständnis, dass ältere Menschen nicht dazu in der Lage sind, neue Fähigkeiten zu erlernen, oder von neuartigen Geräten nur verwirrt werden – wie schon das Sprichwort sagt: „Einem alten Hund kann man keine neuen Tricks beibringen." In der bereits erwähnten Stichprobe, die mit Studenten durchgeführt wurde, waren 21 % der Befragten der Meinung, dass „alte Menschen große Schwierigkeiten beim Erlernen neuer Fähigkeiten haben". Die Medien parodieren zuweilen diese Darstellung älterer Leute. Ein gutes Beispiel hierfür ist Arthur Spooner (gespielt von Jerry Stiller) in der Fernsehserie *King of Queens*, der nicht weiß, wie man eine DVD anwendet. Aber viele alte Menschen lassen sich nicht von Computern, iPhones oder anderen neumodischen Geräten einschüchtern und haben das Interesse und die Zeit zu lernen, sie zu beherrschen, und sind dankbar dafür, dass es diese Dinge gibt. Um also ein altes (als Wortwitz gedachtes) Wortspiel zu korrigieren, könnte man sagen: „Einem alten Hund *kann* man neue Tricks beibringen – und noch vieles mehr."

Irrtum 8 Wenn man stirbt, durchläuft man eine universelle Abfolge psychischer Abschnitte

DABDA.

Überall in den USA verwenden Unmengen von Psychologen, Psychiatern, Pflegepersonal und Sozialarbeitern, die mit alten Menschen arbeiten, dieses Akronym als Eselsbrücke. DABDA steht für die fünf Phasen des Sterbens, die von der schweizerischen Psychiaterin Elisabeth Kübler-Ross (1969) in den späten 1960ern bekannt gemacht wurden: Nichtwahrhabenwollen und Isolierung (Denial), Zorn (Anger), Verhandeln (Bargaining), Depression (Depression) und Akzeptanz (Acceptance). Diese Phasen, die oft die „Fünf Phasen des Sterbens" genannt werden, beschreiben eine angeblich unausweichliche Sequenz von Abschnitten, die alle Menschen durchlaufen, wenn sie sterben. Erfährt ein Mensch, dass er bald sterben wird, so Elisabeth Kübler-Ross, will er dies zunächst nicht wahrhaben (Nichtwahrhabenwollen und Isolierung), wenn er begreift, dass es so kommen wird, reagiert er zornig (Zorn) und sucht dann vergeblich nach einer Möglichkeit, den Tod hinauszuzögern (Verhandeln). Wenn die Person realisiert, dass sie den Tod nicht abwenden kann, wird sie traurig (Depression) und akzeptiert schließlich die Tatsache, dass sie sterben wird, und begegnet dem Tod mit Abgeklärtheit (Akzeptanz).

Die Phasen des Sterbens werden von Großteilen des medizinischen und psychologischen Fach- sowie Pflegepersonals anerkannt. Umfragen zeigen, dass diese Phasen den meisten Studierenden der Fachbereiche Medizin, Krankenpflege und Sozialarbeit in den USA, Kanada und Großbritannien beigebracht werden.

Die Phasen sind ebenfalls in gängigen Kulturbereichen fest etabliert. Der Film *Hinter dem Rampenlicht*, der 1979 vier Oscars gewann, stellte die fünf Phasen des Sterbens nach Kübler-Ross in einer Inszenierung des imaginierten Todes des Choreographen Bob Fosse dar. In der sechsten Staffel der Fernsehserie *Frasier* durchläuft Frasier alle fünf Phasen des Sterbens, nachdem er seinen Job als Radiotalkshow-Psychologe verloren hat. In einer lustigen Darstellung von Kübler-Ross' Gerüst in der Fernsehserie *The Simpsons* absolviert Homer Simpson alle fünf Phasen binnen Sekunden, nachdem ihm ein Arzt (irrtümlicherweise) mitteilt, dass er stirbt. Die Phasen sind selbst auf der politischen Bühne populär. Ein Blogger im Internet verglich die ablaufenden Tage von Bushs Präsidentschaft mit jeder der fünf Phasen von Kübler-Ross' Theorie. Eine Kolumnistin der New York Times, Maureen Dowd (2008), versuchte, Hillary Clintons Zögern, ihre Niederlage bei der demokratischen Nominierung gegen Barack Obama im Sommer 2008 zu akzeptieren, mit den ersten Phasen des Sterbens zu erklären.

Die von Kübler-Ross beschriebenen Phasen des Sterbens sind nicht nur durch ihre große Präsenz in den Medien so bekannt, sondern auch weil sie den Menschen eine Art Vorhersehbarkeit in einer bislang unvorhersehbaren Angelegenheit ermöglichen, nämlich dem Sterbeprozess. Der Gedanke, dass die häufig Furcht einflößende Erfahrung des Sterbens einem Standardablauf folgt, der in einem Gefühl ruhiger Akzeptanz bezüglich des eigenen Schicksals endet, wirkt auf viele von uns beruhigend. Außerdem ist die Vorstellung, dass der Tod sich für uns alle in derselben sauberen und ordentlichen Form entfaltet, irgendwie ansprechend, vielleicht, weil dies einen rätselhaften Vorgang stark vereinfacht. Aber handelt es sich dabei um die Wahrheit?

Angesichts der Allgegenwärtigkeit der Kübler-Ross-Phasen in der populären Psychologie könnte man davon ausgehen, sie seien ausführlich durch die psychologische Forschung geprüft worden. Wenn dem so wäre, sollten wir noch einmal nachdenken. Tatsächlich ist die Unterstützung dieser Phasentheorie – wie bei den meisten psychologischen „Phasentheorien" – im besten Fall zwiespältig. Rückblickend sollten diese negativen wissenschaftlichen Nachweise nicht gänzlich überraschen können, weil die Behauptungen bezüglich der fünf Phasen von Elisabeth Kübler-Ross (1969) nicht auf sorgfältig kontrollierter Forschungsarbeit basieren. Insbesondere beruhen ihre Forschungsergebnisse gänzlich auf potentiell voreingenommenen Proben (sie untersuchte keinen breiten Querschnitt der Bevölkerung), subjektiven Beobachtungen und nichtstandardisierten Messmethoden der Emotionen der Menschen über einen bestimmten Zeitraum. Zugegebenermaßen durchlaufen manche Menschen einige oder sogar alle beschriebenen Phasen des Sterbens, so dass das Modell wahrscheinlich ein Körnchen Wahrheit enthält, das ihm Glaubwürdigkeit verleiht.

Forschungsergebnisse zeigen jedoch, dass viele sterbende Menschen die Phasen nicht in der festgelegten Reihenfolge durchlaufen. Stattdessen scheinen die Menschen mit ihrem „Todesurteil" individuell umzugehen. Studien mit sterbenden Patienten zeigen, dass viele Sterbende Sterbephasen überspringen oder sie in umgekehrter Reihenfolge absolvieren. Manche Menschen akzeptieren ihren Tod zunächst, wollen ihn zu einem späteren Zeitpunkt jedoch nicht mehr wahrhaben. Des Weiteren sind die Grenzen zwischen den einzelnen Phasen oft verschwommen und es gibt wenig Nachweise für plötzliche Sprünge von einer Phase in die nächste.

Manche Schriftsteller haben auch versucht, die Kübler-Ross-Phasen auf die Trauer zu übertragen, die wir erfahren, wenn eine geliebte Person, zum Beispiel der Ehepartner oder ein Kind, verstorben ist. Aber auch hier bestätigt die Forschung die Thesen für diese Art von Trauer nicht, da trauernde Menschen nicht dieselbe festgelegte Reihenfolge der Phasen durchleben. Zum einen erleben nicht alle Betroffenen eine Depression oder ausgeprägtes Unwohlsein infolge des Verlustes einer geliebten Person, diejenigen mit eingeschlossen, an denen ihnen besonders viel liegt. Genauso wenig ist eine fehlende Depression infolge des Todes einer nahestehenden Person ein Anzeichen für eine schlechte psychische Anpassung. Vielmehr war das Ergebnis einer Studie an 233 Menschen in Connecticut, die kürzlich ihren Ehepartner verloren hatten, dass die vorherrschende Reaktion Akzeptanz und nicht Ablehnung war. Die Akzeptanz stieg bei der durchschnittlichen Witwe bzw. dem durchschnittlichen Witwer innerhalb der ersten zwei Jahre nach dem Verlust.

Dennoch mögen andere Menschen den Verlust einer nahestehenden Person nie verwinden. In einer Studie, in der Menschen untersucht wurden, die ihren Ehepartner oder ein Kind durch einen Autounfall verloren hatten, fanden Darrin Lehman und seine Kollegen heraus, dass eine hohe Prozentzahl der Betroffenen (irgendwo zwischen 30 und 85% abhängig von der gestellten Frage) nach zwischen vier und sieben Jahren immer noch mit dem Verlust haderten. Viele sagten, es sei ihnen noch immer nicht möglich, einen Sinn in dem Unglück zu erkennen.

Geht von dem Glauben an die Kübler-Ross-Phasen eine Gefahr aus? Wir wissen es nicht. Es ist möglich, dass sich trauernde oder sterbende Personen unter Druck gesetzt fühlen, bei der Auseinandersetzung mit dem

Tod die fünf Phasen der Kübler-Ross-Theorie zu durchlaufen. Lehman und seine Mitarbeiter stellten fest, dass manche Hinterbliebenen es nicht schaffen, den unrealistischen Erwartungen zu entsprechen, andere könnten vermitteln, dass sie schlecht mit der Situation fertig werden oder dass dies ein Anzeichen für eine ernsthafte psychische Störung ist. Zum Beispiel hat einer der Autoren dieses Buches mit einer sterbenden Frau gearbeitet, die sich schuldig und verärgert fühlte, weil ihre Freunde ihr sagten, sie müsse den Tod akzeptieren, obwohl sie selbst verzweifelt versuchte, weiterhin Freude am Leben zu haben. Ob noch mehr Patienten dieselben negativen Auswirkungen des Glaubens an die Kübler-Ross-Phasen erfahren, ist ein Thema, das für die zukünftige Forschung sicher sehr interessant ist.

Sterben, so scheint es, ist nicht für alle gleich. Es gibt kein einheitliches Rezept für das Sterben oder das Trauern, genauso wenig wie es dies für das Leben gibt – ein Punkt, den selbst Elisabeth Kübler-Ross in ihrem letzten Buch eingesehen hat: „Unsere Trauer ist ebenso individuell wie unser Leben". Hingegen ist es ziemlich sicher, dass der Tod etwas ist, über das wir lieber so lange nicht nachdenken, wie wir dies nicht müssen. Wie Woody Allen (1976) sagte: „Ich habe keine Angst vor dem Sterben. Ich will nur nicht dabei sein, wenn es passiert."

3 Auf der Suche nach der verlorenen Zeit

Irrtümer über das Gedächtnis

Irrtum 9 Das menschliche Gedächtnis funktioniert wie ein Kassettenrekorder oder eine Videokamera und hält erlebte Erfahrungen detailgetreu fest

Wenn Menschen zu Klassentreffen gehen oder sich mit Jugendfreunden über „alte Zeiten" unterhalten, beeindruckt sie immer wieder eine einfache Tatsache: Ihre Erinnerungen an viele Erlebnisse unterscheiden sich oft drastisch. Der eine erinnert sich an eine lebhafte Diskussion über Politik als eine versöhnliche Unterhaltung, ein anderer als ein hitziges Streitgespräch. Schon diese Beobachtung sollte ausreichen, um die weitverbreitete Ansicht zu widerlegen, unser Gedächtnis würde wie eine Videokamera oder eine DVD funktionieren. Wären unsere Erinnerungen perfekt, dann würden wir nie den Geburtstag eines Freundes vergessen, den Ort, an dem wir unseren iPod gelassen haben, oder das exakte Datum, die Zeit und den Ort unseren ersten Kusses.

Doch trotz der manchmal allzu offensichtlichen Mängel unseres Gedächtnisses glaubt die Mehrheit laut Umfragen noch immer, unser Gedächtnis funktioniere wie Kassettenrekorder, Videokameras oder DVDs und dass es unsere Erlebnisse genauso speichert und wiedergibt, wie wir sie erlebt haben. Tatsächlich glauben 36 % von uns, dass unsere Gehirne perfekte Aufzeichnungen aller Erlebnisse vorhalten, die wir je erlebt haben. In einer Umfrage mit mehr als 600 Bachelor-Studenten an der Midwestern University stimmten 27 % der Behauptung zu, unser Gedächtnis funktioniere wie ein Kassettenrekorder. Umfragen zeigen sogar, dass die meisten Psychotherapeuten der Meinung sind, dass Erinnerungen mehr oder weniger fest und permanent in unserem Bewusstsein verankert sind.

Diese weit verbreiteten Vorstellungen sind in Teilen die Überreste der Überzeugungen von Sigmund Freud und anderen Psychologen, dass vergessene, oft traumatische Erinnerungen ungestört in den trüben Tiefen des Unterbewussten schlummern, unberührt vom Fortschreiten der Zeit oder von anderen, konkurrierenden Erinnerungen. Doch ganz im Gegensatz zu diesen Vorstellungen sind unsere Erinnerungen weit mehr als nur die exakten Kopien vergangener Erlebnisse. Die Erkenntnis, dass unser Gedächtnis lückenhaft und oft sogar unzuverlässig ist, ist nicht neu. Um die Wende zum 20. Jahrhunderts bemerkte der große amerikanische Psychologe und Zeitgenosse Freuds William James (1890), dass „falsche Erinnerungen bei den meisten von uns keineswegs seltene Vorkommnisse sind … wahrscheinlich hegen die meisten Menschen Zweifel bezüglich verschiedener Angelegenheiten, die man ihrer Vergangenheit zuschreibt. Sie mögen sie gesehen haben, sie mögen sie gesagt oder getan haben oder sie haben all jenes vielleicht nur geträumt oder sich vorgestellt" (S. 373).

Es ist wahr, dass wir uns oft an ganz besonders emotionale oder hervorstechende Ereignisse erinnern können, auch „Blitzlichterinnerungen" genannt, da sie beinahe fotografische Eigenschaften aufzuweisen scheinen. Dennoch zeigt die Forschung, dass die Erinnerungen an solche Erlebnisse, sei es die Ermordung von Präsident John F. Kennedy im Jahr 1963, das Auseinanderbrechen der Raumfähre Challenger im Jahr 1986, der Tod von Prinzessin Diana im Jahr 1997 oder die Terroranschläge des 11. September 2001 über die Jahre vergehen und sich verzerren, genauso wie auch die Erinnerungen an weniger dramatische Ereignisse.

Schauen wir uns einmal ein Beispiel einer „Blitzlichterinnerung" aus Ulric Neisser und Nicole Harschs (1992) Studie an, in der die Erinnerungen an die Challenger-Katastrophe untersucht wurden. Die Versuchsperson, ein Student der Emory University in Atlanta, Georgia, beschrieb das Ereignis nur 24 Stunden nach der Katastrophe und 2 ½ Jahre später in einem zweiten Bericht:

Beschreibung 1. Ich saß in einer Theologie-Vorlesung und einige Leute kamen herein und begannen, darüber zu sprechen. Ich wusste nichts über die Einzelheiten, außer, dass die Raumfähre explodiert war und dass die Schüler der Lehrerin, die an Bord gewesen war, zugesehen hatten, was ich sehr traurig fand. Dann, nach der Vorlesung, ging ich in mein Zimmer und sah mir eine Fernsehsendung über die Katastrophe an und erfuhr all die Details über die Katastrophe.

Beschreibung 2. Als ich das erste Mal von der Katastrophe hörte, saß ich in meinem Zimmer im Erstsemester-Wohnheim mit meinem Mitbewohner und wir sahen Fernsehen. Die Nachricht kam als Sondermeldung und wir waren beide völlig schockiert. Ich war wirklich tief betroffen und ging in das Stockwerk über mir, um mit einem Freund zu sprechen, und rief dann meine Eltern an.

Wenn wir die ursprüngliche Erinnerung mit der späteren Variante vergleichen, wird klar, dass es erhebliche Unterschiede gibt. Neisser und Harsch fanden heraus, dass bei etwa einem Drittel der Studentenberichte ähnlich beträchtliche Unterschiede zwischen den beiden Zeitpunkten auftraten.

Heike Schmolck und ihre Kollegen verglichen die Fähigkeit der Teilnehmer, sich an den Freispruch des ehemaligen Footballstars O. J. Simpson im Jahr 1995 zu erinnern, den man des Mordes an seiner Frau und einem ihrer Freunde angeklagt hatte. Man prüfte die Erinnerung 3 Tage nach der Entscheidung sowie nach 15 und nach 32 Monaten. Nach 32 Monaten enthielten 40% der Gedächtnisprotokolle „erhebliche Verzerrungen". Dennoch waren sich die Probanden in jener wie auch in anderen Studien zu „Blitzlichterinnerungen" für gewöhnlich sehr sicher, dass ihre Erinnerungen akkurat seien, trotz der Tatsache, dass diese Erinnerungen nicht mehr mit ihrer ersten Erinnerung übereinstimmten, die sie den Wissenschaftlern unmittelbar nach dem Ereignis berichtet hatten.

Mitunter identifizieren Augenzeugen auch Unschuldige fälschlicherweise als Kriminelle, eine Fehleinschätzung, die sie dann im Gerichtssaal mit größter Überzeugung zu Protokoll geben. Entgegen der allgemeinen Auffassung verdächtigen sogar diejenigen Augenzeugen, die einen Täter während des Verbrechens genau beobachten konnten, vor Gericht oder bei einer Gegenüberstellung häufig die falsche Person.

Dabei besteht zwischen dem Ausmaß des Vertrauens auf das eigene Gedächtnis und der Präzision der Erinnerung in der Regel nur eine schwache oder sogar überhaupt keine Verbindung. Diese Erkenntnis ist beunruhigend, denn eine Jury bemisst dem Selbstvertrauen eines Augenzeugen erhebliches Gewicht zu, wenn sie die Glaubwürdigkeit seiner Erinnerung einschätzt. In einer jüngst veröffentlichten Studie gaben 34% von 160 amerikanischen Richtern an, sie glaubten an eine enge Verbindung zwischen dem Vertrauen eines Augenzeugen auf die eigene Aussage und ihrer Genauigkeit. Es ist bestürzend, dass von 239 Angeklagten, die später auf der Grundlage von DNA-Tests freigelassen wurden, bis zum Juni 2009 75 % auf der Grundlage falscher Augenzeugenaussagen verurteilt worden waren.

Es kann sogar schwierig sein, den Ursprung einer Erinnerung zu ermitteln. Etwa ein Viertel aller College-Studenten empfindet es als schwierig zu unterscheiden, ob etwas, an das sie sich ausdrücklich erinnern, tatsächlich geschehen ist oder ob es Teil eines Traums war. Solch eine Verwechslung der Erinnerungsquelle ist möglicherweise die Ursache für viele unserer alltäglichen Erinnerungsfehler, beispielsweise wenn wir einen Freund einer Beleidigung bezichtigen, obwohl wir diese von jemand anderen gehört haben.

Heute stimmt die Mehrheit der Psychologen darin überein, dass unser Gedächtnis nicht „reproduziert"– es kopiert nicht einfach unsere Wahrnehmung eines Ereignisses –, sondern „rekonstruiert". Das, an was wir uns erinnern, ist oft eine unscharfe Mischung aus korrekten Erinnerungen, vermischt mit unseren Überzeugungen, Bedürfnissen, Gefühlen und Vermutungen. Diese Vermutungen wiederum beruhen im Gegenzug auf unserem Wissen über uns selbst, den Ereignissen, an die wir uns erinnern möchten, und unseren Erlebnissen in ähnlichen Situationen.

Belege für das „rekonstruktive" Wesen unseres Gedächtnisses finden sich in verschiedenen Forschungsgebieten. Psychologen wissen heute, dass die Erinnerung „schematisch" ist. Ein Schema ist eine organisierte Wissensstruktur oder ein gedankliches Modell, welches im Gedächtnis abgespeichert ist. Wir erwerben Schemata durch Erlebtes und Erlerntes. Sie formen unsere Wahrnehmungen hinsichtlich alter und neuer Erfahrungen. Wir alle verfügen über Schemata üblicher Abläufe, beispielsweise eines Abendessens im Restaurant. Würde uns der Kellner den Nachtisch vor der Vorspeise anbieten, empfänden wir das sicherlich als sehr ungewöhnlich, da dies nicht in unser übliches Restaurant-Ablaufschema oder „Skript" passen würde.

Am Beispiel von Stereotypen kann man wunderbar sehen, wie Schemata unsere Erinnerung beeinflussen. Mark Snyder und Seymor Uranowitz (1978) gaben ihren Probanden eine umfassende Fallstudie über eine Frau namens Betty K. Nachdem sie die Informationen gelesen hatten, erzählten sie den Versuchsteilnehmern entweder, dass Betty K. derzeit einen heterosexuellen oder einen lesbischen Lebensstil leben würde. Snyder und Uranowitz führten dann mit ihren Versuchspersonen einen Wiedererkennungstest mit Material aus dem Dossier durch. Sie fanden heraus, dass sich die Erinnerungen der Versuchsteilnehmer verzerrt hatten, beispielsweise hinsichtlich ihrer partnerschaftlichen Vorlieben oder ihrer Beziehung zu ihrem Vater. Die Erinnerungen passten sich an ihr bestehendes Schema an, welches sich an ihrem Wissen zu ihrer derzeitigen sexuellen Orientierung orientierte. Wir rekonstruieren die Vergangenheit so, dass sie in das Schema unserer Erwartungen passt.

Henry Roediger und Kathleen McDermott (1995) demonstrierten auf höchst elegante Weise die Tendenz, wie wir unsere Erinnerungen an Schemata anpassen. Sie gaben Studenteilnehmern Wortlisten. Die dort enthaltenen Wörter waren alle mit einem „Lockwort" verbunden, welches in der Liste nicht enthalten war. Beispielsweise enthielt eine der Listen die Wörter Faden, Reißzwecke, Nadelöhr, Nähen, scharf, spitz, stachelig, Fingerhut, Heuhaufen, Schmerz, Leiden und Injektion, alles Wörter, die im Gedächtnis mit dem Wort *Nadel* verbunden sind. Roediger und McDermott fanden heraus, dass sich die Versuchspersonen in mehr als der Hälfte aller Fälle (55 %) an das „Lockwort" erinnerten – in diesem Fall *Nadel* –, als hätte es auf der Liste gestanden, auch wenn dies nicht der Fall war. In vielen Fällen waren sich die Versuchsteilnehmer sicher, dass die bewerteten – nicht enthaltenen – Wörter auf der Liste gewesen waren. Das bedeutet, dass falsche Erinnerungen, die durch diese Prozedur erzeugt wurden, Probanden genauso „echt" erscheinen können wie die Erinnerung an tatsächlich vorhandene Wörter. Aus diesem Grund nannten Roediger und McDermott diese falschen Erinnerungen „Erinnerungsillusionen".

Wissenschaftlern ist es sogar in noch größerem Umfang gelungen, falsche Erinnerungen an vermeintlich wirklich erlebte Ereignisse einzupflanzen. In der „Einkaufszentrum-Studie" implantierte Elizabeth Loftus ihrem Probanden Chris, einem vierzehnjährigen Jungen, eine falsche Erinnerung. Loftus wies Chris' älteren Bruder Jim dazu an, dass er Chris eine erfundene Geschichte erzählen sollte. Unter der Prämisse „Weißt du noch, früher" sollte er Chris erzählen, er sei im Alter von fünf Jahren einmal in einem Einkaufszentrum verloren gegangen. Um die Glaubwürdigkeit der Geschichte zu erhöhen, verband Loftus das erfundene Erlebnis mit drei weiteren Erlebnissen, die aber alle tatsächlich stattgefunden hatten. Als Nächstes wies sie Chris an, alles, woran er sich erinnerte, niederzuschreiben. Zunächst berichtete Chris sehr wenig über das falsche Erlebnis. Doch im Verlauf zweier Wochen konstruierte er die folgende Erinnerung:

„Einen Moment war ich noch bei meiner Familie und ich glaube, ich ging rüber, um mir den ‚Kay-Bee'-Spielzeugladen anzusehen, ... wir verliefen uns und ich sah mich um und dachte: ‚Oje, jetzt steck ich in Schwierigkeiten.' Und ich dachte, ich würde meine Familie nie wieder sehen. Ich hatte wirklich Angst, wissen Sie? Und dann kam dieser alte Mann ... auf mich zu ... er war schon recht kahl ... er hatte so eine Art Kranz grauer Haare auf dem Kopf ... und er trug eine Brille ... und dann erinnere ich mich, dass ich weinte, und meine Mutter kam und sagte: ‚Wo warst du? Mach das nie wieder!'" Als Loftus Chris' Mutter zu dem Ereignis befragte, bestätigte sie, dass es nie stattgefunden hatte.

Eine wahre Flut ähnlicher Studien folgte. Sie zeigten, dass es den Forschern in 18–37 % aller Fälle gelang, bei den Probanden völlig frei erfundene Erinnerungen zu implantieren. Diese reichten von: (a) gefährlichen Tierangriffen, Unfällen im Haushalt und außerhalb des Hauses sowie medizinischen Eingriffen über (b) dem Umwerfen der Punsch-Schale bei einer Hochzeit und (c) der Erinnerung, dass man als Kind seinen Finger in einer Mausefalle gehabt habe über (d), dass man als Kind schikaniert worden sei, bis zu der Erinnerung, man sei (e) Augenzeuge einer dämonischen Besessenheit geworden oder (f) mit seiner Familie einmal in einem Heißluftballon geflogen.

Diese Studien widerlegen die weit verbreitete Annahme, dass unsere Erinnerungen unauslöschlich in einer Art permanenten mentalen Aufzeichnung festgeschrieben sind. Statt der Analogie eines Kassettenrekorders oder einer DVD lässt sich unser Gehirn eher als ein sich ständig veränderndes Medium beschreiben. Das unterstreicht unsere bemerkenswerte Fähigkeit, einen lückenlosen Bericht aus vergangenen und gegenwärtigen Erlebnissen zu konstruieren.

Wie schon der große amerikanische Humorist Mark Twain bemerkte: „Die Zahl der Dinge, an die ich mich erinnern kann, ist nicht so bemerkenswert wie die Zahl der Dinge, bei denen ich mich erinnere, dass sie nicht so gewesen sind" (http://www.twainquotes.com/Memory.html).

Irrtum 10 Hypnose ist hilfreich bei der Erinnerung an vergessene Erlebnisse

1990 verurteilte man George Franklin wegen eines 1969 begangenen Mordes an Susan Nason. Verurteilt wurde er aufgrund der Erinnerung seiner Tochter Eileen, er habe Susan, ihre Jugendfreundin, vor 20 Jahren brutal ermordet. 1996 sprach man ihn frei und entließ Franklin aus dem Gefängnis. Dies war der erste öffentliche Fall von „recovered traumatic memory", was auf Deutsch in etwa „wiederhergestellte traumatische Erinnerung" bedeutet.

Im Jahr 1994 verklagte Steven Cook den angesehenen Chicagoer Kardinal Joseph Bernardin auf 10 Millionen Dollar. In der Klage wurde behauptet, dass Cook 17 Jahre zuvor von Bernardin sexuell belästigt worden war.

2001 wurde Larry Mayes zur 100. Person, die aufgrund eines genetischen Tests aus dem Gefängnis entlassen wurde. Unglücklicherweise hatte er bereits 21 Jahre wegen Vergewaltigung und Raubüberfall hinter Gittern gesessen, bevor man seine DNA untersuchte. Er wurde für unschuldig erklärt.

Lassen Sie uns einmal die folgenden Fakten genauer betrachten.

- George Franklins Tochter Janice sagte aus, ihre Schwester Eileen habe ihr gegenüber zugegeben, dass die Erinnerung um den angeblichen Mord aus einer Therapie unter dem Einfluss von Hypnose stammte.
- Die Klage gegen Kardinal Bernardin ließ sich nicht länger aufrechterhalten, als eine Untersuchung feststellte, dass Cooks Erinnerung das Ergebnis der Hypnose eines Therapeuten waren, der erst 3 Stunden eines 20 Stunden dauernden Hypnosekurses absolviert hatte. Der Therapeut besaß einen Master-Abschluss einer nicht anerkannten Universität, die von dem New-Age-Guru John-Rodger betrieben wurde, der von sich behauptet, er sei die Verkörperung eines göttlichen Geistwesens (*Time*, 14. März 1994).
- Mayes nahm an zwei Gegenüberstellungen teil und wurde von dem Opfer nicht identifiziert. Doch nachdem man das Opfer hypnotisierte, erkannte es Mayes in einer anderen Gegenüberstellung als den Täter und äußerte sich während der Gerichtsverhandlungen als überzeugt davon, dass Mayes es überfallen habe.

Diese Fälle lassen Zweifel an der weitverbreiteten Vorstellung aufkommen, dass Hypnose den enormen Gedächtnisspeicher anzapfen kann und einen zuverlässigen Zugang zu vergangenen Erlebnissen erlaubt. In jedem Fall gibt es einen triftigen Grund zu der Annahme, dass eine Hypnose falsche Erinnerungen geschaffen hat, an die sich die Betroffenen mit unerschütterlicher Überzeugung klammerten.

Doch der Glaube, dass die Hypnose eine besondere Gabe besäße, um verlorene Erinnerungen wiederherzustellen, hält sich bis heute. In einer Studie mit 92 Psychologie-Erstsemesterstudierenden stimmten 70 % damit überein, dass die „Hypnose extrem hilfreich sei, um Augenzeugen die Erinnerung an die Einzelheiten eines Verbrechen zu erleichtern.“ In anderen Studien berichteten 90 % oder mehr College-Studenten, dass Hypnose die Wiederherstellung von Erinnerungen erleichtere, und 64 % behaupteten, dass Hypnose eine „gute Methode für die Polizei zur Verbesserung der Erinnerungsleistung bei Augenzeugen“ sei.

Solche Vorstellungen herrschen auch unter Wissenschaftlern und Experten im Bereich der psychischen Gesundheit vor. Elizabeth und Geoffrey Loftus (1980) fanden heraus, dass 84 % der Psychologen und 69 % der Nicht-Psychologen mit der Behauptung übereinstimmten, dass „Erinnerungen dauerhaft im Gedächtnis gespeichert sind“ und dass „unter Hypnose oder unter dem Einfluss anderer spezialisierter Techniken diese unzugänglichen Details sich letztendlich wiederherstellen ließen“.

In einer Studie mit mehr als 850 Psychotherapeuten fand Michael Yapko (1994) heraus, dass ein Großteil die folgenden Aussagen überdurchschnittlich häufig befürwortete: (1) 75 %: „Hypnose erlaubt es den Menschen, sich präzise an Dinge zu erinnern, derer sie sich sonst nicht entsinnen würden.“ (2) 47 %: „Die Einzelheiten eines traumatischen Ereignisses, die unter Hypnose berichtet werden, sind für einen Therapeuten vertrauenswürdiger als andere Aussagen.“ (3) 31 %: „Wenn jemand sich unter Hypnose an ein Trauma erinnert, muss es auch – objektiv betrachtet – so geschehen sein.“ (4) 54 %: „Hypnose kann dazu verwendet werden, Erinnerungen tatsächlicher Ereignisse bis zur Geburt zurück wiederherzustellen.“ In anderen Umfragen berichtete zwischen einem Drittel (29 % und 34 %) und einem Fünftel (20 %) der Psychotherapeuten, dass sie Hypnose einsetzen würden, um ihren Patienten bei der Erinnerung an vermuteten sexuellen Missbrauch zu helfen.

Der Glaube an die das Gedächtnis verstärkenden Kräfte der Hypnose blickt auf eine lange und schillernde Geschichte zurück. Einige der frühen Koryphäen auf dem Gebiet der Psychologie und Psychiatrie priesen die

Hypnose an, darunter Pierre Janet, Joseph Breuer und Sigmund Freud. Janet war einer der ersten Therapeuten, die die Hypnose anwandten, um Patienten bei der Erinnerung an traumatische Ereignisse zu helfen, die, wie er glaubte, deren psychische Probleme verursachten. In einem berühmten Fall setzte Janet (1889) die Hypnose ein, um seine Patientin Marie in ihre Kindheit zurückzuversetzen, in der sie durch den Anblick eines Kindes mit einem entstellten Gesicht traumatisiert worden war. Indem sie bewusst die Erinnerung an das Gesicht des Kindes wiedererlebte, wurde Marie angeblich von der Blindheit geheilt.

Der Glaube, dass die Hypnose Patienten beim Exhumieren vergrabener Erinnerungen helfen könne, war auch der Kerngedanke in der sogenannten „Hypnoanalyse". Viele Ärzte wandten sie in den Jahren nach dem Ersten Weltkrieg an, um Soldaten und Veteranen bei der Erinnerung an Ereignisse zu helfen, die angeblich ihre psychischen Störungen ausgelöst hatten. Einige Therapeuten glaubten, dass die Chancen für eine völlige Genesung verbessert wurden, indem man die Emotionen, die man mit den erinnerten Ereignissen verband, völlig aus sich herausbrechen ließ. Die Schuldgefühle und die Angst, die beim sogenannten Abreagieren – einem gewaltigen Ablass von schmerzhaften Gefühlen – zu Tage traten, verarbeitete man in späteren Hypnosesitzungen.

Das Vertrauen in die Kräfte der Hypnose erstreckt sich bis in das öffentliche Bewusstsein. Hier wird man geradezu erschlagen von Vorstellungen, welche die Hypnose als eine Art Turbobeschleuniger für das Gedächtnis verstehen, ähnlich wie ein magisches Wahrheitsserum. In Filmen wie *Derek Flint – Hart wie Feuerstein, … denn zum Küssen sind sie da* oder *Dead on Sight* erinnern sich Zeugen an die exakten Details von Verbrechen oder längst vergessenen Kindheitserlebnissen unter Zuhilfenahme von Hypnose.

Einige heutige Wissenschaftler und Mediziner behaupten, dass Hypnose wertvolle Bruchstücke längst vergessenen Wissens wieder ans Tageslicht bringen kann. Dessen ungeachtet hat sich die allgemeine Expertenmeinung heute so weit gewandelt, dass forensische Psychologen zugeben, dass Hypnose entweder keinen Effekt auf die Erinnerung hat oder dass sie die Fähigkeit sich zu erinnern stört oder beeinträchtigt. In Fällen, in denen Hypnose die präzisen Erinnerungen hervorbringt – oft, da die Patienten raten und von Erinnerungen erzählen, bei denen sie sich nicht sicher sind –, wird dieser Anstieg korrekter Erinnerungen durch eine anwachsende Fehlerquote begleitet oder sogar noch übertroffen.

Was noch schwerer wiegt, ist die Tatsache, dass die Hypnose sogar noch mehr Fehler oder falsche Erinnerungen verursachen kann als im Falle eines normalen Erinnerns. Sie verstärkt auch das Selbstvertrauen der Augenzeugen in ihre eigenen Angaben, ganz gleich, ob ihre Erinnerungen richtig oder falsch sind (man nennt dies „memory hardening" oder „Erinnerungsfestigung"). Wenn man davon ausgeht, dass alles, an das man sich während einer Hypnosesitzung erinnert, bis ins letzte Detail korrekt ist, ist es unwahrscheinlich, dass man den Wahrheitsgehalt dessen, was man berichtet, genau überprüft. In der Tat stellen die meisten Forscher fest, dass die Hypnose zu einem gewissen Grad ein völlig unbegründetes Selbstvertrauen zugunsten der eigenen Erinnerung fördert. Obwohl leichtgläubige Menschen am leichtesten durch Hypnose beeinflussbar sind, lässt sich auch die Erinnerungsfähigkeit bei weniger Leichtgläubigen beeinträchtigen. Die Sorge, dass Augenzeugen, die man hypnotisiert hat, Probleme bei der Unterscheidung zwischen Fakt und Fiktion haben, hat dazu geführt, dass die meisten US-Staaten die Aussagen hypnotisierter Zeugen vor Gericht nicht mehr zulassen.

Doch schlägt sich die Hypnose besser, wenn es um die Erinnerung an früheste Kindheitserfahrungen geht? Eine Fernsehdokumentation zeigte eine Gruppentherapiesitzung, in der eine Frau unter Hypnose schrittweise durch ihre Kindheit in den Mutterleib zurückgeführt wurde. Am Ende war sie im Eileiter ihrer Mutter gefangen. Tatsächlich zeigte die Frau alle Anzeichen emotionalen und physischen Unbehagens, die man in einer solch unbequemen Lage möglicherweise erfährt. Doch auch wenn die Frau möglicherweise selbst an die Authentizität ihrer Erfahrung glaubte, können wir sicher sein, dass diese nicht auf einer Erinnerung beruht hat. Stattdessen verhalten sich Patienten, die man mittels Hypnose in ihre Kindheit zurückversetzt, ihrem Wissen, ihren Vorstellungen und ihren Annahmen über dieses Lebensalter entsprechend.

Wie Michael Nash (1987) zeigen konnte, weisen in ihre Kindheit zurückversetzte Hypnosepatienten nicht die zu erwartenden Kennzeichen früher Entwicklung auf, beispielsweise Vokabular, kognitive Fähigkeiten und Gehirnwellen (EEG). Egal wie überzeugend sie wirken mögen, „Rückversetzungsexperimente" erlauben keinen direkten Zugang zu den Erfahrungen, Verhaltensweisen oder Gefühlen der Kindheit.

Einige Therapeuten gehen sogar noch weiter und behaupten, dass die Ursachen gegenwärtiger Probleme in früheren Leben zu suchen seien und dass man sie entsprechend – unter Zuhilfenahme von Hypnose – durch die Zurückversetzung in frühere Leben behandeln müsse. So veröffentlichte Brian Weiss (1988), der 2008 auch in der *Oprah Winfrey Show* auftrat, eine weithin bekannte Serie von Fällen, in denen Patienten mittels Hypnose an den Ursprung ihrer Probleme zurückversetzt wurden. Dabei berichteten sie von Erfahrungen, die Weiss als die Erlebnisse früherer Existenzen interpretierte, die oft viele Jahrhunderte zurücklagen.

Obgleich Erfahrungen während dieser Art von Hypnosebehandlung sowohl für den Patienten als auch für den Therapeuten sehr überzeugend erscheinen können, sind diese Berichte vergangener Leben die Produkte von Fantasie und Vorstellungskraft, versetzt mit historischem Wissen über frühere Jahrhunderte. Überprüft man die Aussagen der Patienten über frühere Jahrhunderte und über ihre angeblichen früheren Leben, so sind ihre Angaben bezüglich der Frage, ob Krieg oder Frieden herrschte oder nach den jeweiligen Bildern auf den Münzen dieser Zeit selten korrekt. Ein Teilnehmer einer Studie, der in die Antike zurückversetzt wurde, behauptete, Julius Caesar zu sein, also der Kaiser von Rom im Jahr 50 v. Chr., obgleich man in jener Zeit die Begriffe „vor Christus" und „nach Christus" noch gar nicht kannte und ungeachtet der Tatsache, dass Augustus, der erste römische Kaiser, erst Jahrzehnte später an die Macht kam. Sind die Informationen bezüglich eines „vergangenen Lebens" einmal korrekt, so lassen sie sich leicht durch geschicktes Raten vor dem Hintergrund vorhandenen historischen Wissens erklären.

Trotz allem sind dennoch nicht alle Anwendungsformen von Hypnose aus wissenschaftlicher Sicht problematisch. Es gibt Hinweise aus kontrollierten Studien, dass Hypnose in der Schmerztherapie und in der Suchtbehandlung (z. B. rauchen) sowie in der Verhaltenstherapie bei Angststörungen, Adipositas und anderen Erkrankungen von Nutzen ist. Doch noch immer ist das Ausmaß, in welchem die Hypnose – über reine Entspannung hinaus – bei der Behandlung dieser Krankheitsbilder zuträglich ist, unklar.

Letztendlich besteht kein Zweifel, dass die Hypnose die Erschaffung falscher Erinnerung bei manchen Menschen begünstigt. So verlockend es sein mag, einen Hypnotiseur zu beauftragen, um den verlorenen Lieblingsring wiederzufinden: Wir empfehlen, dass Sie lieber einfach gründlich weitersuchen.

Irrtum 11   Die Erinnerung an traumatische Erlebnisse wird in der Regel unterdrückt

Vor einiger Zeit konsultierte eine 28-jährige Geschäftsfrau einen der Autoren dieses Buches (Steven Jay Lynn), um eine Klage wegen Vergewaltigung gegen drei Kollegen prüfen zu lassen. Sie berichtete von dem Ereignis wie folgt:

Vor zwei Jahren befand ich mich auf einer Geschäftsreise in China. Eines Abends, nachdem ich in einem Nachtclub in Shanghai tanzen gewesen war, schlief ich tief ein. Ich erwachte drei Stunden später und dachte, ich hätte einen sehr erotischen, sexualisierten Traum. Immer stärker fühlte ich eine Präsenz, ganz real, auf mir in meinem Bett.

Ich fragte mich, was während dieser Nacht geschehen war, denn ich konnte mich am nächsten Morgen an nichts mehr erinnern. Ich vermutete, ich würde die Erinnerung an etwas ganz Schreckliches verdrängen. Nach der zweiten Hypnosesitzung, in der ich versuchte, mir das Geschehene wieder ins Gedächtnis zu rufen, erinnerte ich mich, dass einer meiner Kollegen aus der Firma mich vergewaltigt hatte. Ich stand in unmittelbarer Konkurrenz mit ihm wegen einer Beförderung. Ich glaube, er beging die Tat, weil er dachte: „Was glaubt diese Frau, wer sie ist? Das wird ihr eine Lehre sein."

Wie wahrscheinlich ist es, dass sie die Erinnerung an eine traumatische Vergewaltigung verdrängt hat? Wir finden es gleich heraus. Doch zunächst möchten wir darauf hinweisen, dass ihre Vermutung unmittelbar mit der kontrovers diskutierten Frage zu tun hat, ob Menschen schreckliche Erinnerungen in die entferntesten Winkel ihres Bewusstseins verdrängen können, von wo aus sie möglicherweise später in einer Therapie wieder ans Tageslicht zurückgebracht werden können. Psychologen und Psychiater nennen diese Unfähigkeit, sich an traumatische Ereignisse zu erinnern, „dissoziative Amnesie".

Schon seit den goldenen Tagen der Freud'schen Psychoanalyse tobt der Streit um die Frage, ob die Menschen traumatische Erinnerungen aus ihrem Bewusstsein verbannen können. Es gibt kaum Debatten um die Erkenntnis, dass Erinnerungen, an die Menschen permanent denken, mit großer Wahrscheinlichkeit richtig sind, ebenso wenig dass man sich an Dinge plötzlich erinnern kann, auch wenn man jahrelang nicht an sie gedacht hat. Uneinigkeit herrscht vielmehr bei der Frage, ob es einen besonderen Mechanismus gibt, der für das Verdrängen traumatischer Erfahrungen verantwortlich ist. Unterdrückt man Erinnerungen, um eine Art Puffer gegen die Nachwirkungen eines traumatischen Ereignisses zu schaffen oder sind verdrängte Erinnerungen stattdessen – wie der Psychologe Richard McNally anmerkte – „ein Stück psychiatrisches Ammenmärchen ohne jeden statistischen Beweis"?

Anhand der Art und Weise, wie die Massenmedien damit umgehen, würde man nie darauf kommen, dass das Phänomen der unterdrückten Erinnerungen in der Wissenschaft so extrem umstritten ist. In Filmen wie *Butterfly Effect* (2004), *Unter die Haut* (2004), *Batmans Rückkehr* (1995), *Repressions* (2007) oder Fernsehserien wie *Blut aus der Vergangenheit* (1993) erscheint das Unterdrücken von Erinnerungen geradezu alltäglich, betreffen sie nun Kindesmissbrauch, einen Mordanschlag auf die eigenen Eltern oder einen Mord, den man selbst in einem früheren Leben begangen hat. Viele Selbsthilfebücher stellen das Verdrängen von Erinnerungen als natürliche, wenn nicht sogar typische Reaktion auf traumatische Erlebnisse dar. Beispielsweise schrieb Julia Blume (1990), „die Hälfte aller Inzestbetroffenen erinnern sich nicht an den Missbrauch" (S. 81), und Renee Frederickson (1992) behauptete, dass „Millionen Menschen schreckliche Ereignisse, ja ganze Lebensjahre oder ihre gesamte Kindheit verdrängen" (S. 15).

Es überrascht also nicht, wenn viele Laien solchen Behauptungen Glauben schenken. Einer Umfrage von Jonathan Golding und seinen Kollegen zufolge gab die Mehrheit von 613 Bachelorstudenten an, sie glaubten an unterdrückte Erinnerungen. Auf einer Skala zwischen 1 und 10 stuften Männer ihre Wahrscheinlichkeit mit 5,8 und Frauen mit 6,5 Punkten ein. 89 % behaupteten, sie seien mit unterdrückten Erinnerungen entweder unmittelbar in ihrem eigenen Leben oder durch Medienberichte in Berührung gekommen. Die meisten waren der Meinung, man solle verdrängte Erinnerungen als Beweismittel vor Gericht zulassen.

Man kann die allgemeine Idee von unterdrückten Erinnerungen auf Sigmund Freuds Vorstellung zurückführen, dass zwanghafte Neurosen und Hysterie auf verdrängte Erinnerungen an sexuelle Belästigung in der Kindheit zurückzuführen seien. Freud hielt unterdrückte Erinnerungen für Anzeichen eines absichtlichen, dennoch nicht bewussten Vergessens unangenehmer Erinnerungen oder Impulse. Heute besteht die Vorstellung, dass man unterdrückte Erinnerungen ans Tageslicht bringen müsse, im Zentrum einiger Formen der Psychoanalyse und der sogenannten Erinnerungswiederherstellungstherapie („memory recovery therapy"). Diese Therapien beruhen auf der Vorstellung, dass ein Patient nicht auf die Wurzel seiner psychischen Probleme stoßen könne, wenn er nicht die unterdrückten Erinnerungen seiner Kindheitstraumata hervorholt, darunter oft die Erinnerung an sexuellen Missbrauch. Vieles an diesem Denken erinnert an eine Repräsentativitätsheuristik (siehe Einleitung, S. 32): Genauso wie wir einen entzündeten Zahn behandeln oder sogar ziehen lassen müssen, damit er nicht fault, müssen wir verdrängte Erinnerungen an Traumata löschen, um unsere gegenwärtigen Probleme lösen zu können.

In der Tat befassten sich Mitte der 1990er Jahre noch viele Therapeuten damit, unterdrückte Erinnerungen aus den hintersten Winkeln des Gedächtnisses aufzustöbern. In einer Umfrage mit mehr als 860 teilnehmenden Psychotherapeuten fand Michael Yapko (1994) heraus, dass beinahe 60 % an die Vorstellung glaubten, Verdrängen sei einer der Hauptgründe für den Vorgang des Vergessens. Etwa 40 % glaubten, die Menschen könnten sich nur deshalb an wenige Details aus ihrer Kindheit erinnern, weil sie traumatische Ereignisse verdrängt hätten. Debra Poole und ihre Kollegen befragten 145 lizenzierte US-Psychotherapeuten mit Doktortiteln in zwei Studien und 57 britische Psychotherapeuten in einer anderen Studie. Die Forscher stellten fest, dass mehr als drei Viertel der Therapeuten mindestens eine Methode zur Wiederherstellung von Erinnerungen verwendeten, beispielsweise Hypnose, imaginative Psychotherapie oder wiederholte Suggestivfragen (wie beispielsweise „Sind sie sicher, dass sie nicht missbraucht wurden? Bitte denken Sie weiter darüber nach"), um „Patienten bei der Erinnerung an sexuellen Missbrauch" zu helfen. Zusätzlich glaubten 25 % der Teilnehmer, die mit erwachsenen Frauen eine Therapie durchführten, dass die Wiederherstellung von Erinnerungen ein Kernbestandteil der Behandlung sein sollte. Auch glaubten sie, dass sie Patienten mit unterdrückten oder aus anderen Gründen nicht verfügbaren Erinnerungen schon in der ersten Therapiesitzung erkennen könnten, und benutzten zwei oder mehr Techniken zur Verbesserung der Erinnerungsleistung bei vergangenen Erlebnissen. Ein Jahr später berichteten auch Melissa Polusny und Victoria Follette (1996) ähnliche Ergebnisse nach einer anderen Umfrage unter Therapeuten.

Dass Techniken zur Wiederherstellung von Erinnerung so beliebt sind, beruht mehr auf Anekdoten als auf kontrollierten Experimenten. Tatsächlich gibt es viele Berichte über Menschen, die in Therapien die Erinnerung an Jahrzehnte zurückliegenden sexuellen Missbrauch wiedererlangten. Dennoch riet David Holmes, der 60 Jahre Forschung kritisch untersucht hatte und keinerlei Hinweis auf die Existenz verdrängter Erinnerungen finden konnte, man solle vor jede Anwendung dieses Konzepts die folgende Warnung setzen: „Achtung. Das Phänomen ‚verdrängte Erinnerung' ist durch die experimentelle Forschung nicht nachgewiesen. Eine Verwendung dieses Konzepts kann für eine präzise Analyse klinischen Verhaltens ein großes Risiko darstellen" (S. 97). In jüngerer Zeit stellte Richard McNally fest – nachdem er die vorhandene Forschungsliteratur durchforstet hatte –, dass die wissenschaftliche Grundlage für verdrängte Erinnerungen sehr dünn ist. Er merkte an, dass man in vielen der beschriebenen Fälle nicht untersucht hatte, ob das traumatische Ereignis überhaupt stattgefunden hatte und dass der Gedächtnisverlust in jenen Fällen üblicherweise als normales Vergessen erklärt werden konnte.

Entgegen der Hypothese des Verdrängens zeigt die Forschung, dass die meisten Menschen sich an traumatische Ereignisse wie den Holocaust und Naturkatastrophen gut – in manchen Fällen allzu gut – in Form von aufwühlenden Flashbacks erinnern können. Außerdem wirft die Tatsache, dass einige der angeblich unterdrückten Erinnerungen, die in der Therapie ans Tageslicht kommen, höchst skurrile und unwahrscheinliche Ereignisse beschreiben – beispielsweise weitverbreitete satanische Kulte oder Entführungen durch Außerirdische –, einen Schatten auf die Korrektheit vieler anderer, viel plausiblerer Erinnerungen. Hier besteht das Problem darin, dass Therapeuten oft nicht die richtigen Erinnerungen aus dem Hintergrund der falschen Erinnerungen herausfiltern können.

McNally (2003) bot eine neue Erklärung für die verzögerte Erinnerung an sexuellen Missbrauch als Alternative zum Konzept der verdrängten Erinnerungen an. Wie er betonte, sind Kinder zunächst oft eher verwirrt als entsetzt über sexuelle Avancen durch einen Verwandten, doch Jahre später erinnern sie sich an das Ereignis mit Abscheu, wenn ihnen klar wird, dass es sich bei dem Ereignis um sexuellen Missbrauch gehandelt hat. Die Verzögerung bei der Erinnerung an Ereignisse ist nicht besonders ungewöhnlich, da Menschen manchmal sogar bedeutende Episoden ihres Lebens vergessen können, darunter Unfälle oder Krankenhausaufenthalte, und dies schon gerade einmal ein Jahr nachdem sie stattgefunden haben.

Noch ein weiteres Problem in Studien zu dissoziativer Amnesie ist die Tatsache, dass das Nichterwähnen eines Ereignisses durch einen Patienten nicht automatisch bedeuten muss, dass es vergessen oder verdrängt wurde. Die Arbeit von Gail Goodman und ihren Kollegen ist ein einschlägiger Fall. Sie interviewten wiederholt 175 Versuchspersonen, die erwiesenermaßen in ihrer Kindheit missbraucht worden waren, etwa 13 Jahre nach den Vorfällen. Von jenen, die während der drei Phasen der Studie interviewt wurden, erwähnten 19% den Missbrauch zunächst nicht. Dessen ungeachtet erwähnten in einem späteren Telefoninterview 16% den Vorfall noch immer nicht, und in der dritten Interviewphase (in einem persönlichen Gespräch) ließen nur noch 8% den Vorfall aus. Das Ereignis war eindeutig im Gedächtnis der Versuchspersonen noch vorhanden, trotz der Tatsache, dass es einige zunächst nicht erwähnten. Vielleicht war es die Scham, welche sie zunächst daran hinderte, über das Ereignis zu sprechen, oder sie benötigten mehrere Aufforderungen, um sich an den Vorfall zu erinnern.

Die Tendenz, gewöhnliches oder nicht näher erklärbares Vergessen als Verdrängen von Erinnerungen zu erklären, scheint tief in unserem kulturellen Erbe verwurzelt zu sein. Der Psychiater Harrison Pope und seine Kollegen riefen die Wissenschaftswelt daher zu einer ungewöhnlichen Herausforderung auf. Sie lobten im Internet einen Preis von 1000 US-Dollar für denjenigen aus, der ein echtes Beispiel dissoziativer Amnesie bei einem traumatischen Ereignis für die Zeit vor 1800 nachweisen könne, sei es in der Belletristik oder in Berichten, egal in welcher Sprache. Trotz der Anstrengungen von mehr als 100 Wissenschaftlern konnte keiner eine einzige eindeutige Beschreibung von disoziativer Amnesie finden. Die Autoren nahmen an, dass, wenn die dissoziative Amnesie ein natürlich vorkommendes psychologisches Phänomen sei wie Halluzinationen oder Sinnestäuschungen, dann sollten sich Anzeichen dafür auch bei fiktiven oder nicht fiktiven Personen zeigen. Pope und seine Kollegen schlossen daraus, dass die Vorstellungen von dem Phänomen verdrängter Erinnerungen daher ein relativ junges Produkt unserer Kultur seit dem 19. Jahrhundert seien.

In den letzten zehn Jahren hat der Streit um unterdrückte Erinnerungen in wissenschaftlichen Kreisen ein wenig nachgelassen. Eine Übereinkunft wurde dahingehend erzielt, dass suggestive Methoden wie Hypnose, imaginative Psychotherapie und Suggestivfragen falsche Erinnerungen an traumatische Ereignisse erzeugen können und dass eine verzögerte, jedoch präzise Erinnerung an Ereignisse oft eher aus dem gewöhnlichen Vergessen heraus resultiert als aus dem Prozess eines Verdrängens.

So wie in dem Fall der 28-jährigen Geschäftsfrau, den wir zu Beginn dieses Kapitels beschrieben haben, ist es entscheidend, alternative Erklärungen für versetzte Erinnerungen, beispielsweise durch einen satanischen

Kult missbraucht worden zu sein, zu finden, die ihre Glaubwürdigkeit belasten. Beispielsweise mag das Gefühl einer Präsenz im Bett der Frau auf das eigenartige, doch überraschend weit verbreitete Phänomen der Schlaflähmung zurückgehen, einer Störung im Schlafrhythmus. Bei etwa einem Viertel bis zu einer Hälfte aller College-Studenten ist zumindest einmal eine solche Schlaflähmung aufgetreten. Eine Schlaflähmung ist oft mit Angst verbunden, zusammen mit dem Gefühl einer bedrohlichen Präsenz nahe bei oder sogar auf einer Person. Der oder die Betroffene kann sich dabei nicht bewegen. Das beängstigende Erlebnis einer Schlaflähmung, verbunden mit ihrem Versuch, sich unter der Hypnose an das Vergangene zu erinnern, hat sie möglicherweise davon überzeugt, dass sie vergewaltigt wurde. Als man ihr von dieser möglichen Erklärung erzählte, entschied sie sich gegen einen Gerichtsprozess.

Wir beenden diesen Mythos mit einem Hinweis auf Vorsicht. Nicht alle Erinnerungen, die uns nach Jahren oder sogar Jahrzehnten wieder in den Sinn kommen, sind notwendigerweise falsch. Psychotherapeuten müssen daher sehr vorsichtig dabei sein, wenn sie erst jüngst zu Tage getretenen Erinnerungen an Missbrauch in der Kindheit begegnen. Trotzdem sollten sie nicht annehmen, dass alle neu gefundenen Erinnerungen an Vergangenes notwendigerweise zutreffen müssen, außer wenn sich die Vermutung durch zusätzliche Beweise stützen lässt.

4 Kann Hans lernen, was Hänschen nie gelernt hat?

Irrtümer über Intelligenz und Lernfähigkeit

Irrtum 12 Wenn man sich bei einer Frage in einem Test unsicher ist, hört man am besten auf sein Bauchgefühl

Nur wenige Wörter versetzen einen Studenten in größere Panik als die drei gefürchteten Wörter „Multiple-Choice-Test". Gerade weil vermutlich viele Studenten sich eher auf ein Nagelbett legen würden, als einen Multiple-Choice-Test zu absolvieren, sind sie immer auf der Suche nach neuen Tipps, wie sie ihr Abschneiden in der intellektuellen Lieblingsfolter vieler Professoren verbessern können. Glücklicherweise beruhen einige dieser Strategien auch auf einer wissenschaftlichen Grundlage. Beispielsweise sind bei Multiple-Choice-Tests die langen Antworten ein klein wenig wahrscheinlicher korrekt als andere. Das gilt auch für besonders präzise Antworten. Beispielsweise ist bei der Frage „Wann wurde die US-Verfassung verabschiedet?" die Antwort „1787" präziser als „zwischen 1770 und 1780" oder „alle oberen Antworten stimmen".

Doch der wohl am weitesten verbreitete Tipp ist gleichzeitig auch Legende: Man solle sich an die allererste Antwort halten, die einem in den Sinn kommt, besonders dann, wenn man sich nicht sicher ist, ob sie richtig oder falsch ist. In vielen Umfragen gibt die Mehrheit – zwischen 68 % und 100 % – der befragten Studenten an, eine spätere Korrektur ihrer ursprünglichen Antwort würde ihr Ergebnis nicht verbessern. Etwa drei Viertel geben sogar an, eine Korrektur ihrer Antwort würde ihr Ergebnis verschlechtern. Dieser Mythos – manchmal auch als der „Irrtum des ersten Eindrucks" bezeichnet – ist nicht nur unter Studenten verbreitet. In einer Studie waren die Versuchspersonen Dozenten, die ihren Studenten Ratschläge zum richtigen Vorgehen bei Multiple-Choice-Tests gaben. Hier rieten 63 % von einer Änderung der ersten instinktiven Antwort ab. Dies habe nur ein schlechteres Ergebnis zur Folge. Unter Dozenten aus dem Bereich der Natur- und Geisteswissenschaften gaben nur 5–6 % an, eine Änderung der Antwort resultiere in einem besseren Ergebnis. Bei Pädagogik-professoren waren es zumindest schon einmal 30 %.

Auch zahlreiche Internetseiten, darunter viele, die Studenten mit Tipps zum Lösen von Klausuren versorgen sollen, behaupten, dass eine Ände-rung der ursprünglichen Antwort eine schlechte Strategie sei und ermuti-gen den Leser, seinem Bauchgefühl zu vertrauen. Eine Seite empfiehlt Stu-denten: „Du solltest deine Antworten nicht mehr ändern – gewöhnlich ist deine erste Wahl die richtige, außer, wenn du die Frage falsch verstanden hast" (TestTakingTips.com), und eine andere rät: „Vertraue deinem Bauch-gefühl. Wenn du eine Frage beantwortest, hör auf deinen Bauch. Ändere deine Antworten nicht mehr, außer wenn du dir absolut sicher bist, das du die richtige Antwort kennst." (Tomahawk Elementary School). Eine an-dere geht sogar noch weiter und führt angebliche wissenschaftliche Be-weise ins Feld: „Vorsicht vor einem Sinneswandel: Es gibt Beweise aus Stu-dien, die andeuten, dass Studenten ihre Antworten öfter von richtig zu falsch korrigieren als andersherum" (Fetzner Student-Athlete Academic Center).

Doch was steht wirklich in den Studien? Mehr als 3 Millionen Schüler absolvieren in den USA jedes Jahr die Zulassungsprüfungen zu Colleges und Universitäten. Vor diesem Hintergrund erhält die Frage einiges an Ge-wicht. In Wirklichkeit sind die Ergebnisse wissenschaftlicher Studien sehr eindeutig, wenn es um diese Frage geht. Sie gehen in die genau entgegenge-setzte Richtung wie die Ratschläge der Websites. Mehr als 60 Studien erge-ben ein ähnliches Bild: Wenn Studenten ihre Antworten während eines Multiple-Choice-Tests veränderten (in der Regel erkennt man dies an Ra-diergummispuren oder an den durchgestrichenen Auswahlmöglichkei-ten), so war die Wahrscheinlichkeit, dass sie eine falsche Antwort in eine richtige korrigierten, größer als umgekehrt. Für jeden Punkt, den Studen-ten abgezogen bekommen, weil sie eine richtige Antwort mit einer falschen korrigieren, erhalten sie zwischen zwei und drei Punkten mehr, weil sie fal-sche Antworten mit richtigen Antworten ersetzen. Dazu kommt, dass Stu-denten, die ihre Antworten häufiger korrigieren, in der Regel auch besser abschneiden als andere Studenten. Dieses Ergebnis korreliert allerdings nur (siehe Einleitung, S. 27), und beruht möglicherweise darauf, dass dieje-nigen, die ihre Antworten häufiger korrigieren, auch vielleicht schon von vornherein die stärkeren Testteilnehmer sind. Dennoch gelten alle diese Er-gebnisse nicht nur für Multiple-Choice-Tests in der Schule oder in Universitätsseminaren, sondern auch für standardisierte Tests wie den SAT (Zulassungstest für Bachelor-Studiengänge an amerikanischen Colleges) und das GRE (Zulassungstest für amerikanische Promotions- und Master-Studiengänge).

Zugegebenermaßen ist die Strategie „Ändere im Zweifelsfall deine Antwort" nur dann von Erfolg gekrönt, wenn zwei Grundvoraussetzungen erfüllt sind. Zunächst zeigt die Forschung, dass Studenten ihre Antworten lieber nicht ändern sollten, wenn sie nur raten. Man sollte sich schon sehr sicher sein, dass die ursprünglich gewählte Antwort auch wirklich falsch ist, bevor man sie ändert. Zweitens gibt es Hinweise darauf, dass Studenten, die in der Regel schlecht in Multiple-Choice-Test abschneiden, auch von einem Ändern ihrer Ergebnisse weniger profitieren als andere. Diese sollten eine Antwort daher nur dann ändern, wenn sie sich äußerst sicher sind, dass ihre ursprüngliche Antwort falsch ist.

Die Frage, wieso Studenten glauben, dass ein Ändern ihrer Antwort von Nachteil sei, ist überraschend wenig erforscht. Drei Erklärungsmöglichkeiten bieten sich hier an: Zunächst gibt die Mehrheit der Dozenten ihren Studenten den Rat – dies wurde bereits erwähnt –, dass sie ihre Antworten nicht mehr ändern sollten. Diese Fehlannahme wird dann teilweise mündlich noch unter den Studenten verbreitet. Zum Zweiten ergibt sich aus Studien, dass Studenten sich anscheinend besser an Fragen erinnern können, in denen sie richtige Antworten falsch korrigiert haben, als umgekehrt. Denn der bittere Nachgeschmack einer Fehlentscheidung hält sich länger im Gedächtnis als die Erinnerung an eine richtige Entscheidung. „Wieso um alles in der Welt habe ich meine Antwort noch verändert? Ich hatte die Aufgabe ja eigentlich richtig gelöst!" – an solche Test- und Klausurerlebnisse können wir uns typischerweise erinnern. Aus diesem Grund kann ein psychologisches Phänomen namens Verfügbarkeitsheuristik dazu führen, dass Studenten das Risiko, einen Fehler durch eine korrigierte Antwort zu ersetzen, überschätzen. Wie wir bereits an früherer Stelle erfahren haben (siehe Einleitung, S. 32), ist eine Heuristik eine Art geistige Abkürzung, eine Faustregel. Wenn wir eine Verfügbarkeitsheuristik anwenden, schätzen wir die Wahrscheinlichkeit eines Ereignisses daran ab, wie einfach es uns einfällt. Tatsächlich zeigt sich auch in der wissenschaftlichen Forschung, dass Studenten, die richtige Antworten in falsche korrigieren, sich daran wesentlich besser erinnern können als im umgekehrten Fall. Dies liegt vermutlich daran, dass die falsche Korrektur eine tiefere emotionale Wirkung hat. Drittens zeigen Studien, dass die meisten Studenten sich hinsichtlich ihrer Erfolgsquote bei Multiple-Choice-Tests überschätzen.

Um es zusammenzufassen: Wenn man sich nicht sicher ist, sollte man sich gewöhnlich *nicht* auf sein Bauchgefühl verlassen. Denn wenn wir einen triftigen Grund zu der Annahme haben, dass wir mit unserer Antwort falsch liegen, dann sollten wir lieber den Radierer aus der Tasche holen und auf unseren Kopf hören – nicht auf unseren Bauch.

Irrtum 13 Schüler lernen am meisten, wenn die Lehrmethoden an ihre Lerntypen angepasst werden

Mit der Titelgeschichte „Eltern von nasal lernenden Schülern fordern geruchsbezogenen Unterricht" veralberten die Autoren der satirischen Zeitung *The Onion* die Idee, dass es für jeden schlechten Schüler die passende Lehrmethode gebe, mit der man sein verborgenes Potential freisetzen könne (http://www.runet.edu/thompson/obias.html). Das Phänomen, dass verschiedene Schüler in einer Klasse mit unterschiedlichen Methoden besser oder schlechter lernen, kennen wir alle. Und so werden Eltern im Artikel von *The Onion* folgendermaßen zitiert: „Mein Kind ist nicht dumm. Es kann aber in einer Schule keinen Erfolg haben, die sich nur am Durchschnittsschüler orientiert, der den Lernstoff durch Hören, Lesen, Sehen, Diskutieren, Zeichnen, Bauen oder Nachspielen aufnehmen kann." Ein Pädagogikforscher wird mit den Worten zitiert: „Nasal lernenden Schülern fällt es oft schwer, sich zu konzentrieren. Ihre Hausaufgaben erledigen sie nur ungern ... Wenn Ihr Kind zu dieser Beschreibung passt, dann möchte ich Ihnen dringend raten, es auf eine nasale Lernbegabung hin testen zu lassen." Dem Artikel zufolge fallen Motivation und intellektuelle Fähigkeiten nicht weiter ins Gewicht, denn alle Schüler sind gleich lernfähig. Nichts zu lernen bedeutet nur, dass die Lehrer nicht die für den Schüler passende Lehrmethode angewendet haben.

Die Geschichte von der „nasalen Lernbegabung" ist natürlich erfunden. Sie ist aber nicht weit von der Realität entfernt. Suchen Sie einmal im Internet nach dem Begriff „Lernstil". Sie stoßen sofort auf eine große Anzahl Internetseiten, die behaupten, Ihren ganz persönlichen Lernstil in wenigen Minuten ermitteln zu können. Eine Seite behauptet: „Lernstile sind ein

Weg, um Ihre Lernqualität zu erhöhen. Wenn Sie ihren eigenen, persönlichen Stil verstehen, dann können Sie Ihre Lernmethoden daran anpassen." Sie führt einen auch zu einem kostenlosen „Lernstiltest", welcher bereits von 400 000 Menschen absolviert wurde. Hier können Sie herausfinden, ob Sie eher visuell lernen, auditiv, im sozialen Kontext oder auf eine andere Art. Diese Internetseiten beruhen auf einer klaren und weithin geglaubten Behauptung: Ein Schüler lernt dann am besten, wenn die Lehrmethode (LM) zu seinem Lernstil (LS) passt.

Es ist verständlich, dass diese Vorstellung so beliebt ist: Anstatt anzudeuten, dass manche Schüler „besser" oder „schlechter" lernen, nimmt man lieber an, dass alle Schüler gut lernen können, vielleicht sogar gleich gut, wenn man sie nur mit der angemessenen Methode unterrichtet. Dazu kommt, dass diese Ansicht auf die Repräsentativheuristik abgestimmt ist (siehe Einleitung, S. 32). Befürworter dieser Hypothese behaupten, dass verbalorientierte Schüler am besten von Lehrern lernen, die ihren Unterricht sprachlich gestalten, visuell orientierte Schüler dagegen eher von Lehrern, die Bilder bevorzugen, und so weiter.

Ronald Hyman und Barbara Rosoff (1984) beschrieben die vier Schritte der Lernstil-Methode: (1) Untersuchung der unterschiedlichen LS, (2) Einordnung der Stile in Kategorien, (3) Zuordnung zu den passenden LM eines Lehrers oder die Bitte, dass die Lehrer ihre Methoden an die LS der Schüler anpassen, und (4) die Unterweisung der Lehrer in den Schritten 1–3, so dass sie die Methode in ihren Fortbildungsseminaren weiter verbreiten können. Die Autoren merkten an, dass für jeden Schritt gewisse Voraussetzungen unverzichtbar seien. Sie beinhalten (a) klare Vorstellungen von LS, (b) eine verlässliche und gültige Methode, um die LS der Schüler einschätzen oder einordnen zu können, (c) das Wissen, wie LS und LM im Zusammenspiel das Lernen der Schüler beeinflussen können, und (d) die Befähigung, andere Lehrer so zu unterrichten, dass auch sie ihre LM an die LS ihrer Schüler anpassen können. Als Hyman und Rosoff ihre Lernstil-Methode 1984 verfassten, glaubten sie nicht, dass die notwendigen Voraussetzungen bereits bestünden. Bald werden wir sehen, ob ihr negatives Urteil auch heute noch Bestand hat.

Die Vorstellung, dass die Einschätzung der LS von Schülern effizient sei, ist zu einer Binsenweisheit der Pädagogik geworden. Man preist sie in einer Vielzahl populärer Bücher an. In einem Artikel mit dem Titel „Entzauberung moderner Mythen über das Lernen von Schülern" („Dispelling outmoded beliefs about student learning") in einer Pädagogikzeitschrift enttarnten die Autoren 15 Mythen über das Lernverhalten von Schülern. Allerdings behaupteten sie dort selbst, dass „Schüler am besten lernen, wenn der Unterricht und der Lernkontext zu ihrem Lernstil passen", und dass dies durch die Forschung gut belegt sei. In vielen Schulamtsbezirken gehören Fragen über die Anpassung von LM und LS noch immer zu den Einstellungsgesprächen junger Lehramtsanwärter. Viele Lehrer teilen diese Ansichten: Die Ergebnisse einer Umfrage unter 109 Lehrern aus den naturwissenschaftlichen Disziplinen ergab, dass die Mehrzahl die Vorstellung von an LS angepassten LM befürwortete. Da überrascht es nicht weiter, dass Lehrer-Seminare, in denen die Anpassung der eigenen Methode an unterschiedliche Lernstile unterrichtet wird, sich ungebrochener Popularität erfreuen. Sie ziehen oft hunderte Lehrer und Schuldirektoren an. In einigen Schulen haben Lehrer ihre Schüler sogar gebeten, spezielle Sweatshirts zu tragen. Darauf gedruckt waren die Buchstaben V, A und K, welche, wie wir gleich herausfinden werden, für drei angeblich weit verbreitete Lernstile stehen: Visuell, Auditiv und Kinästhetisch.

Die weite Verbreitung der Vorstellung von unterschiedlichen Lernstilen wird noch zusätzlich durch die schiere Masse an Veröffentlichungen in der pädagogischen Literatur unterstrichen. Es existieren viele verschiedene Lernstilmodelle. Ihre Vermittlung und Anwendung ist ein überaus profitabler Markt. Im August 2008 fanden sich in der ERIC-Datenbank, die einen guten Überblick über die aktuelle pädagogische Forschung bietet, die kolossale Menge von 1984 wissenschaftlichen Zeitschriftenartikeln, 919 Präsentationen im Rahmen von Konferenzen und 701 Bücher bzw. Buchkapitel über LS. In einem der umfassendsten Literaturüberblicke zum Thema LS zählten Frank Coffield und seine Kollegen nicht weniger als 71 Lernstilmodelle. Das „VAK"-Modell beispielsweise zielt auf visuell, auditiv und kinästhetisch lernende Schüler ab, also diejenigen, die angeblich am besten durch Sehen und Lesen, Hören und Sprechen oder Anfassen und Ausprobieren lernen. Peter Honey und Alan Mumfords Modell (2000) teilt Schüler dagegen in vier Kategorien ein: „Activists" (also Aktive), die sich gerne gezielt neuen Erfahrungen hingeben, „Reflectors", die erst einmal über ihr Handeln reflektieren und nachdenken, „Theorists", die ein Problem logisch durchdringen, und „Pragmatists", die ihre Ideen an die reale Welt anpassen.

Die Lernstil-Bewegung hat sogar Modelle und Skalen für sich eingenommen, die ursprünglich für völlig andere Zwecke entwickelt wurden.

Howard Gardners (1983) einflussreiche Theorie der multiplen Intelligenzen wird oft als LS-Klassifikationssystem verstanden. Einige Lehrer verwenden zur Einstufung der LS ihrer Schüler den Myers-Briggs-Typindikator (Briggs & Myers, 1998), der eigentlich als psychoanalytisch orientierte Persönlichkeitstypologie entwickelt wurde. Honey und Mumfords Lernstil-Fragenkatalog (2000) ist genauso beliebt wie zwei andere Methoden, die beide Learning Styles Inventory, also „Lernstiltypologie" genannt wurden.

Von den 3604 ERIC-Einträgen zum Thema Lernstile sind weniger als ein Viertel von Experten begutachtete wissenschaftliche Fachartikel. Ein ähnliches Bild zeigt sich bei Coffield et al. (2004). Mit seinen Kollegen stellte er eine Datenbank aus tausenden Büchern, Fachartikeln, Abschlussarbeiten, Magazinbeiträgen, Internetseiten, Konferenzunterlagen und unveröffentlichter Literatur zusammen. Nur wenige davon hatte man in referierten Zeitschriften veröffentlicht. Noch geringer war der Anteil an kontrollierten Studien. Anders ausgedrückt: Der Großteil der LS-Literatur bewegt sich außerhalb des Blickfeldes der wissenschaftlichen Öffentlichkeit. Damit entgeht sie einer kritischen Begutachtung durch anerkannte Experten.

Glücklicherweise verfügen wir über die notwendigen Theorien und Studien, um jede der vier von Hyman und Rosoff (1984) formulierten Voraussetzungen (1984) genauer beleuchten zu können. Erstens: Gibt es ein klares Konzept in Sachen Lernstile? Dies lässt sich wohl getrost mit nein beantworten. Unter den beliebtesten Lernstilen, die Coffield et al. (2004) untersucht haben, waren die Unterschiede wesentlich auffälliger als die Gemeinsamkeiten. Das VAK-Modell basiert zum Beispiel auf den vom Lernenden bevorzugten sensorischen Modalitäten (visuell, auditiv oder kinästhetisch), wohingegen das Honey-Mumford-Modell zwischen den Schülern als Aktivisten, Reflektierenden, Theoretikern und Pragmatikern unterscheidet und die Möglichkeit sensorischer Modalitäten überhaupt nicht berücksichtigt. Es gibt keinerlei Übereinstimmung darüber, was ein Lernstil ist, obwohl das Thema schon seit Jahrzehnten erforscht wird.

Zweitens: Gibt es einen zuverlässigen und stichhaltigen Weg, um den Lernstil von Schülern zu ermitteln? Auch hier scheint die Antwort nein zu lauten. Gregory Kratzig und Katherine Arbuthnott (2006) konnten keinen Zusammenhang zwischen Lernstil-Klassifikation und Gedächtnisleistung bei visuellen, auditiven und kinästheischen Übungen feststellen. Vermeintlich visuell Lernende erzielten bei visuellen Versionen einer Aufgabe keine besseren Ergebnisse als bei den auditiven oder kinästhetischen Versionen derselben Aufgabe. Dasselbe galt auch für jede andere bevorzugte sensorische Modalität. Vielleicht liegt ein Grund für die unbefriedigende Zuverlässigkeit und Gültigkeit der Lernstilangebote darin, dass die Messmethoden die Präferenzen der Schüler meist vollkommen unabhängig vom Kontext erfassen. Um es anders zu formulieren: Die Modelle und Messmethoden der Lernstile kommen nicht mit der Möglichkeit zurecht, dass die besten Unterrichtsansätze und Lernversuche davon abhängen könnten, was die Schüler lernen sollen. Schauen Sie sich die erste Frage auf der Internetseite der Paragon Learning Style Inventory an (http://www.oswego. edu/plsi/plsi48a.htm): „Wenn Ihnen eine neue Situation begegnet, versuchen Sie für gewöhnlich (a) die Aufgabe sofort zu lösen und lernen dies während des Vorgangs oder (b) schauen Sie sich erst einmal an, wie alles funktioniert und versuchen es selbst erst später?" Es ist schwierig, diese Frage zu beantworten, wenn man nicht weiß, worum es sich bei der neuen Situation handelt. Würden Sie lesen auf dieselbe Art lernen, wie sie versuchen, eine mathematische Gleichung zu lösen oder Gymnastikübungen einzustudieren? Wenn dies der Fall ist, wären wir ernsthaft besorgt. Die meisten Lernstil-Modelle setzen das Lernen nicht in einen relevanten Zusammenhang, so dass es nicht überraschen kann, dass die Ergebnisse dieser Modelle nicht besonders verlässlich sind.

Drittens: Gibt es Beweise dafür, dass die Effektivität des Unterrichts sich erhöht, wenn Lehrer ihre Lehrmethode an den Lernstil der Schüler anpassen? Seit den 1970er Jahren haben genauso viele Studien diese Annahme widerlegt wie auch unterstützt. Das liegt daran, dass manche Lehrmethoden bessere Ergebnisse erzielen als andere, unabhängig vom Lernstil. Der Film *Freedom Writers* aus dem Jahr 2007 mit Hilary Swank als der Lehrerin Erin Gruwell verdeutlicht diesen Aspekt. Nach einem schwierigen Anfang als Lehrerin in einer Schulklasse, die von Rassismus zerrissen wird, lässt sich Gruwell vom Leben ihrer Schüler fesseln und taucht mit ihnen in die Beschäftigung mit dem Holocaust ein. Durch das Ausüben eines Lernstils, der gegen die normalen Konventionen von Lehrmethoden verstößt, gelingt es ihr, allen Schülern die Problematik verständlich näher zu bringen und Vorurteilen nicht mehr zum Opfer zu fallen. Gruwell hatte ihre Lehrmethoden jedoch nicht an die Lernstile der Schüler angepasst. Stattdessen erreichte sie, wie viele bedeutende Lehrer, diese herausstechenden Ergebnisse, indem sie einen innovativen Lernstil entwickelte, auf den die ganze Klasse enthusiastisch reagierte.

Viertens: Können Ausbilder Lehrern beibringen, ihre Lehrmethoden an die Lernstile ihrer Schüler anzupassen? Auch hier übertreffen die kommerziellen Behauptungen die wissenschaftlichen Beweise bei Weitem. Coffield et al. erwähnen einen geringfügigen wissenschaftlichen Nachweis für diese Möglichkeit. Positive Ergebnisse bei der Anwendung von Lernstilangeboten, um pädagogische Fortbildungen anzuleiten, sind im besten Fall als schwach zu beurteilen. Es gibt keine klaren Auswirkungen aus der pädagogischen Praxis, weil nur wenige gut ausgeführte Studien Beweise liefern und die Studien, die Nachweise liefern, folgewidrige Ratschläge bieten.

Der weit verbreitete Glaube, dass die Lernleistung von Schülern sich verbessert, wenn Lehrer ihre Lehrmethoden an ihre Lernstile anpassen, stellt sich so als moderne Legende der Pädagogischen Psychologie heraus. Gesetzt den Fall, dass dieser Ansatz Lehrer dazu ermutigt, sich nach den intellektuellen Stärken ihrer Schüler zu richten und ihre Schwächen dabei außer Acht zu lassen, könnte dieser Schuss sogar nach hinten losgehen. Schüler müssen ihre Schwächen korrigieren und ausgleichen. Sie sollten sie nicht vermeiden. Sonst könnten sich ihre intellektuell schwächeren Bereiche noch verschlechtern. Das Leben außerhalb des Klassenzimmers richtet sich nicht immer nach den von uns bevorzugten Lernstilen, daher muss uns guter Unterricht auf die Konfrontation mit den Herausforderungen der wirklichen Welt vorbereiten. Wir sind daher einer Meinung mit Frank Coffield, der sagte: „Wir erweisen Schülern einen Bärendienst, wenn wir voraussetzen, dass sie nur einen Lernstil beherrschen, anstatt ihnen ein flexibles Repertoire von Lernstilen zuzutrauen, aus dem sie je nach Zusammenhang wählen können."

5 Andere Bewusstseinsebenen

Irrtümer über das Bewusstsein

Irrtum 14 Die Hypnose ist ein besonderer Trancezustand, der sich vom Wachzustand unterscheidet

Während Sie tiefer und tiefer in Ihren Sessel sinken, leiert der Hypnotiseur: „Ihre Hand wird immer leichter und leichter. Sie steigt hoch, steigt von ganz alleine hoch, hoch vom festen Untergrund." Sie bemerken, dass Ihre Hand sich langsam nach oben bewegt, in unregelmäßigen, nicht beeinflussbaren Bewegungen, in Einklang mit den Eingebungen des Hypnotiseurs. Zwei weitere hypnotische Anweisungen folgen: Eine erzeugt eine Taubheit, durch die Ihre Hand unempfindlich gegenüber Schmerz wird. Eine andere lässt Sie von einem Katzenjungen auf Ihrem Schoß halluzinieren. Die Katze erscheint so real, dass Sie sie streicheln wollen. Was geht hier vor sich? Die Erfahrung, die Sie gemacht haben, erscheint so außergewöhnlich, dass es sich leicht glauben lässt, dass Sie in einem Trancezustand gewesen sein müssen. Aber war dies tatsächlich der Fall?

Die Auffassung, dass ein Trancezustand oder spezieller Zustand des Bewusstseins das herausragendste Merkmal einer Hypnose ist, findet ihren Ursprung in den frühesten Versuchen, hypnotische Zustände zu begreifen. Wenn man den Begriff „mesmerisiert" mit Hypnose verbindet, so liegt dies daran, dass der Wiener Mediziner Franz Anton Mesmer (1734–1815) bereits frühzeitig faszinierende Demonstrationen geliefert hat, die die Macht der Suggestion beim Behandeln von Patienten mit physischen Symptomen wie einer Lähmung, die eigentlich eine psychische Ursache hat, eindrucksvoll zeigten. Mesmer glaubte, dass ein durchsichtiges Fluidum das Universum ausfüllt, welches psychische nervöse Erkrankungen hervorrufen kann, wenn es aus dem Gleichgewicht gerät. Mesmer hätte das Vorbild des Zauberers in der Szene des Zauberlehrlings in dem Walt-Disney-Film *Fantasia* von 1940 abgeben können. In einen wehenden Umhang gekleidet, berührte Mesmer seine Patienten kaum mit seinem Zauberstab, da verfielen sie schon in wildes Lachen, Heulen, Kreischen oder schlugen um sich. Darauf folgte eine Benommenheit, die als „heilsame Krise" bekannt ist. Die heilsame Krise wurde das Markenzeichen des Mesmerismus, der auch als Heilmagnetismus bezeichnet wird, und Mesmers Anhänger glaubten, diese sei für die dramatischen Heilungen verantwortlich.

Mesmers Theorie wurde 1784 von einer Kommission widerlegt, die vom damaligen amerikanischen Botschafter in Frankreich, Benjamin Franklin, geleitet wurde (zu diesem Zeitpunkt hatte Mesmer Wien bereits verlassen und war nach Paris gezogen, nachdem sein Versuch, einen blinden Musiker zu heilen, gescheitert war). Die Ermittler schlussfolgerten, dass die Wirkungen des Mesmerismus auf Einbildung und Glaube basierten, oder wie wir es heute nennen, auf den Placeboeffekt zurückzuführen sind – also auf eine Heilung aufgrund bloßer Erwartung einer ebensolchen (siehe Einleitung, S. 30). Dennoch behaupteten eingefleischte Anhänger weiterhin, dass der Magnetismus Menschen übernatürliche Kräfte verleihen kann, unter anderem die Fähigkeit, ohne Augen zu sehen oder Krankheiten durch die Haut des Patienten zu diagnostizieren. Bevor Ärzte in den 1840er Jahren die Anästhesie entwickelten, schürten James Esdailes Berichte über erfolgreiche Eingriffe in Indien, die allein unter Heilmagnetismus durchgeführt worden waren, den Glauben, dass Ärzte den Mesmerismus dazu anwenden könnten, um schmerzfreie Operationen durchzuführen. Ab der Mitte des 19. Jahrhunderts begegnete man den vielen weit hergeholten Behauptungen über Hypnose mit wissenschaftlicher Skepsis. Trotzdem trugen auch diese Behauptungen zum geheimnisvollen Nimbus der Hypnose bei.

Der Marquis de Puysugaur entdeckte das, was später als hypnotischer Trancezustand bezeichnet wurde. Seine Patienten wussten nicht, dass sie auf seine Anweisungen hin in die heilsame Krise geraten sollten, daher widerfuhr ihnen auch nichts Derartiges. Stattdessen schien einer seiner Patienten, Victor Race, in einen schlafähnlichen Zustand zu fallen, wenn er hypnotisiert wurde. Sein Verhalten in diesem Zustand erschien bemerkenswert und die Hypnotiseure begannen, sich vermehrt für den „künstlichen Somnambulismus", wie sie es nannten, zu interessieren. Dabei verloren sie nach und nach das Interesse an der krampfhaften heilsamen Krise.

Gegen Ende des 18. Jahrhunderts gab es zahlreiche Mythen über Hypnose, darunter die Vorstellung, dass hypnotisierte Menschen sich in einem schlafähnlichen Zustand befinden, in dem sie ihren eigenen Willen aufgeben, ihre Umgebung nicht mehr wahrnehmen und danach vergessen, was während der Hypnose mit ihnen geschehen ist. Die Tatsache, dass das griechische Präfix „hypno-" Schlaf bedeutet, hat wahrscheinlich zu den Missverständnissen beigetragen. Diese falschen Vorstellungen wurden durch George Du Mauriers Roman *Trilby* (1894) weiter verbreitet. Das Buch handelt von Svengali, dessen Name heute mit einem skrupellosen Manipulator gleichgesetzt wird. Der Protagonist wendet Hypnose an, um ein bedauernswertes Mädchen namens Trilby zu beherrschen. Er versetzt Trilby gegen ihren Willen in einen hypnotischen Zustand und zwingt ihr darin eine zweite Persönlichkeit auf. In ihrer zweiten Persönlichkeit tritt Trilby als Opernsängerin auf und ermöglicht Svengali ein Leben im Luxus. Auch wenn man sich die Handlungen in Werken unserer Zeit vergegenwärtigt, so stellt man fest, dass Hypnose oftmals bekannten Filmen und Büchern ihre Dramatik verleiht. Der hypnotische Trancezustand wird dann als so machtvoll dargestellt, dass ansonsten normale Personen (a) ein Attentat begehen *(Der Manchurian Kandidat)*; (b) Suizid begehen *(The Garden Murders)*; (c) sich selbst mit brühend heißem Wasser entstellen *(The Hypnotic Eye)*; (d) bei einer Erpressung helfen *(James Bond 007 – Im Geheimdienst Ihrer Majestät)*; (e) nur die innere Schönheit einer Person wahrnehmen *(Schwer verliebt)*; (f) Diebstähle begehen *(Im Bann des Jade-Skorpions)* und, unser persönlicher Favorit, (g) Opfer der Gehirnwäsche außerirdischer Prediger werden, die ihre Nachrichten in ihren Predigten verstecken *(Invasion of the Space Preachers)*.

Jüngere Umfragedaten zeigen, dass die öffentliche Meinung mit der Darstellung von Hypnose in den Medien übereinstimmt. Im Besonderen pflichteten 77 % der Collegestudenten der Aussage: „Hypnose ist ein veränderter Bewusstseinszustand, der sich vom normalen Wachzustand sehr unterscheidet", bei, 44 % waren der Meinung, dass „eine tief hypnotisierte Person roboterartig agiert und automatisch das tut, was der Hypnotiseur ihr suggeriert".

Die Forschung widerlegt diese weit verbreiteten Annahmen jedoch. Hypnotisierte Menschen sind bei weitem keine gedankenlosen Automaten. Sie können sich hypnotischen Aufforderungen widersetzen und sie ablehnen und sie führen während oder nach der Hypnose auch keine Befehle aus, die ihrem Charakter widersprechen. Außerhalb von Hollywoodfilmen kann die Hypnose keinen sanftmütigen Menschen in einen kaltblütigen Mörder verwandeln. Außerdem besitzt der hypnotische Zustand nur eine oberflächliche Ähnlichkeit mit Schlaf. EEG-Untersuchungen zeigen, dass hypnotisierte Menschen hellwach sind. Darüber hinaus können Menschen genauso auf Suggestionen eingehen, während sie aufmerksam auf einem Hometrainer aktiv sind, wenn sie dabei Anweisungen für Schlaf und Entspannung folgen.

Bühnen-Hypnose-Shows, in denen zombieähnliche Freiwillige wie Enten quaken oder wie irre Luftgitarre zu Musik von U2 spielen, verstärken das Klischee, welches der Hypnose anhaftet. Aber die verrückten Aktionen der Menschen auf der Bühne sind nicht auf Trancezustände zurückzuführen. Bevor die Show überhaupt beginnt, wählt der Hypnotiseur potentielle Darsteller aus dem Publikum aus, indem er sie bei den Vorbereitungen auf die Show genau beobachtet. Diejenigen, die ihre ausgestreckten Hände fallen lassen auf die Aufforderung hin, sich vorzustellen, sie hielten ein besonders schweres Wörterbuch, werden sehr wahrscheinlich später eingeladen, auf die Bühne zu kommen. Die übrigen Zuschauer sehen die Show von ihren Sitzen aus. Die hypnotisierten Leute machen in erster Linie haarsträubende Dinge, weil sie einen starken Druck verspüren, auf den Hypnotiseur zu reagieren und die Menge zu unterhalten. Viele Bühnenhypnotiseure verwenden die Technik des „Bühnenflüsterns" („O. k., wenn ich mit meinen Fingern schnippe, belle wie ein Hund").

Unter Laborbedingungen kann man leicht alle Phänomene reproduzieren, die Menschen mit Hypnose verbinden (Dinge wie Halluzinationen und Schmerzunempfindlichkeit), indem man lediglich Suggestion anwendet. Hypnose muss hierzu weder erwähnt noch angedeutet werden. Die Forschungsberichte hierzu sind eindeutig: Kein Trance- oder anderer eigenständiger Zustand, der einzigartig für Hypnose ist, liegt hier vor. In der Tat sagen die meisten Menschen, nachdem sie sich einer Hypnose unterzogen haben, sie seien in keinem Trancezustand gewesen. Kevin McConkey (1986) fand heraus, dass 62 % der Teilnehmer einer Studie die Ansicht vertraten, „Hypnose sei ein veränderter Bewusstseinszustand", bevor sie sich hypnotisieren ließen. Nachdem sie hypnotisiert worden waren, blieben nur 39 % bei ihrer ursprünglichen Meinung.

Wenn man für eine Hypnose keinen Trancezustand braucht, so stellt sich die Frage, wodurch hypnotische Beeinflussbarkeit ausgelöst wird. Die hypnotische Beeinflussbarkeit eines Menschen hängt von seiner Motivation, seinem Wissen, seiner Vorstellungskraft, seinen Erwartungen sowie seiner Empfänglichkeit für Suggestion ohne Hypnose ab. Das Gefühl eines veränderten Bewusstseinszustands ist nur eine von vielen subjektiv empfundenen Auswirkungen der Suggestion und wird nicht einmal benötigt, um einen der anderen erwähnten Effekte zu erfahren.

Beweise für einen besonderen Trance- oder veränderten Bewusstseinszustand, der bei jeder Hypnose auftritt, müssten darauf basieren, dass Forscher zu jeder Zeit bestimmte physiologische Kennzeichen bei der Reaktion der hypnotisierten Person feststellen, wenn diese in einen Trancezustand geraten. Trotz vielfacher Bemühungen ist es Forschern nicht gelungen, solche Beweise zu liefern. Es gibt also keinen Anlass zu dem Glauben, dass sich Hypnose eher in ihrer Form als in einer Abstufung von einem normalen Wachzustand unterscheidet. Stattdessen scheint Hypnose nur eine Variante unter vielen zu sein, um die Beeinflussbarkeit des Menschen zu erhöhen.

Dennoch muss betont werden, dass hypnotische Suggestion die Funktionsweise des Gehirns beeinflussen kann. Neurobiologische Studien zur Hypnose deuten darauf hin, dass der anteriore cinguläre Kortex eine wichtige Rolle bei den Veränderungen der Bewusstseinszustände während einer Hypnose spielt. Auch wenn diese Ergebnisse interessant sind, heißt dies aber nicht, dass sie auf einen bestimmten Bewusstseinszustand während einer Hypnose hinweisen. Die Ergebnisse zeigen lediglich, dass Hypnose das Gehirn in irgendeiner Weise verändert. Das allerdings kann nicht überraschen, da die Gehirnfunktionen auch von Entspannung, Müdigkeit, erhöhter Aufmerksamkeit und vielen anderen Zuständen, die sich von normaler Aufmerksamkeit unterscheiden, beeinflusst werden.

Wieder andere Wissenschaftler haben behauptet, dass es durchaus ein besonderes Verhalten gibt, das den hypnotischen Zustand auszeichnet. Wissenschaftliche Beweise dafür werden aber immer noch gesucht. Der Psychiater Milton Erickson (1980) behauptete, dass Hypnose immer durch ganz bestimmte Charakteristika gekennzeichnet sei. Darin mit eingeschlossen sei die Tendenz, alle Fragen wörtlich zu nehmen und entsprechend zu beantworten. Eine typische Antwort auf die Frage: „Können Sie mir sagen, wie spät es ist?", wäre demnach: „Ja." Versuche zeigen jedoch, dass die wenigsten Hypnotisierten ein solches Verhalten an den Tag legen. Menschen, die gebeten werden, so zu tun als seien sie hypnotisiert worden, zeigen dieses Verhalten wesentlich häufiger als Personen, die tatsächlich hypnotisiert wurden.

Wenn Sie also das nächste Mal einen Hollywoodfilm sehen, in dem die CIA einen Durchschnittsmenschen in einen schlafwandelnden Zombie verwandelt, der den 3. Weltkrieg verhindert, indem er den bösen Diktator bei einem Attentat umbringt, seien Sie lieber skeptisch. Wie die meisten Dinge, die Sie auf der großen Leinwand sehen, ist Hypnose nicht unbedingt das, was sie zu sein scheint.

Irrtum 15   Forscher haben nachgewiesen, dass Träume symbolische Bedeutung haben

„Wenn Sie Ihre Träume verstehen … werden Sie beeindruckt sein, wie schnell Sie dadurch eine bleibende positive Veränderung in Ihrem Leben bewirken können! Sie haben richtig gelesen! Ihr Unterbewusstsein versucht sehr intensiv, Ihnen durch Ihre Träume etwas mitzuteilen. Sie müssen nur die Traumsymbole deuten können."

Lauri Quinn Loewenberg (2008) formulierte diesen Werbeslogan auf ihrer Internetseite, um für ihr Buch zum Thema Trauminterpretationen zu werben. Demnach enthält das Buch „7 Geheimnisse, die Ihnen helfen, Ihre Träume zu verstehen". Diese Internetseite ist eine von vielen, die mit großen Versprechungen das Entschlüsseln von Traumsymbolik anpreisen. Sogenannte Traumwörterbücher, entsprechende Webseiten sowie „Traum-Software"-Programme, die man sich auf den Computer herunterladen kann, enthalten in Datenbanken tausende von Traumsymbolen, die versprechen, den Lesern dabei zu helfen, die geheimen Botschaften in ihren zu Träumen zu dekodieren. Auch Film und Fernsehen schlagen Kapital aus unserer weit verbreiteten Annahme, dass Träume symbolische Bedeutungen beinhalten. In einer Folge der Fernsehserie *The Sopranos* erscheint ein Freund von Tony Soprano in einem von Tonys Träumen als sprechender Fisch. Dies führt dazu, dass Tony seinen Freund verdächtigt, ein Informant des FBI zu sein („Fish" steht im Englischen umgangssprachlich für Informant).

Daher überrascht es nicht, wenn die Ergebnisse einer Umfrage der Newsweek zeigen, dass 43 % der Amerikaner glauben, Träume brächten unbewusste Wünsche zum Ausdruck. Außerdem konnten Forscher, die Umfragen in Indien, Südkorea und den USA durchführten, feststellen, dass zwischen 56 % und 74 % der Befragungsteilnehmer in allen drei Kulturen glaubten, Träume könnten versteckte Wahrheiten aufdecken. In einer zweiten Studie gaben manche sogar an, sie würden Flugreisen vermeiden, wenn sie sich vorstellen würden, geträumt zu haben, dass dieses Flugzeug abstürze. Ein bewusster Gedanke an einen Flugzeugabsturz oder an eine offizielle Warnung vor Terroranschlägen würde sie in vergleichsweise geringerem Maße von einem Flug abhalten. Das zeigt, dass viele Menschen daran glauben, Träume enthielten wertvolle Botschaften, die vielleicht sogar nützlicher sind als bewusste Gedanken.

Weil viele von uns glauben, dass Traumsymbole die Zukunft vorhersagen und wichtige persönliche Einsichten ermöglichen können, bedienen uns Traumwörterbücher mit zahlreichen Ratschlägen. Glaubt man dem *Dream Central's* Traumwörterbuch, so „könnten Sie sehr wahrscheinlich eine äußerst angenehme Nachricht bezüglich Ihrer Finanzen erhalten, wenn Sie im Traum eine schlechte Angewohnheit aufgeben". Im Gegenzug dazu allerdings „könnte es auf einige kleinere Verluste hinweisen", wenn Sie im Traum Maccaroni essen. Das *Hyperdictionary of Dreams* warnt bei Träumen über Ameisenbären davor, dass „Sie neuen Elementen, Leuten oder Geschehnissen ausgesetzt sein werden, die Ihre Disziplin und Ihre Arbeitsmoral gefährden werden". Dementsprechend sollten Träumende es eindeutig vermeiden, von Maccaroni essenden Ameisenbären zu träumen, damit sie nicht in monetäre Probleme geraten.

Jetzt aber Spaß beiseite. Viele Therapeuten, die ihre Ausbildung nach freudscher Tradition genossen haben, haben lange die Ansicht vertreten, dass die sich stetig ändernde und manchmal sehr bizarr anmutende Traumlandschaft mit Symbolen vollgestopft ist, welche die innersten Geheimnisse der Psyche preisgeben können, wenn sie richtig interpretiert werden. Laut Freud sind Träume die *via regia* – der Königsweg, um den unterbewussten Teil der Psyche zu verstehen – und enthalten „die Psychologie des Neurotizismus in knappster Form" (Freud in einem Brief an Fließ, 1897, in Jones, 1953, S. 355). Freud argumentierte, dass die Verteidigungsmechanismen des Ich während des Träumens nicht aktiv seien und es dadurch dem Es erlaubt sei, an die Tür des Bewusstseins zu klopfen (für Freud war das „Ich" ein Teil der Persönlichkeit, der sich der Realität stellt, das „Es" war gleichbedeutend mit dem sexuellen und aggressiven Antrieb des Menschen). Trotzdem erreichen diese Impulse so gut wie nie die Türschwelle der Wahrnehmung. Stattdessen werden sie, so Freud, in der „Traumarbeit" in Symbole umgewandelt, die verbotene und versteckte Wünsche tarnen und den Träumenden dadurch einen erholsamen Schlaf ermöglichen. Wenn es diese Zensur nicht gäbe, so würden die Träumenden von den beunruhigenden Ausbrüchen der unterdrückten Trauminhalte – die oft sexueller und aggressiver Natur sind – aufgeweckt werden. Trauminterpretationen sind ein Dreh- und Angelpunkt der Psychoanalyse. Den Freudianern zufolge geben Träume ihre Geheimnisse jedoch nicht kampflos preis. Die Aufgabe des Analytikers ist es, hinter die Fassade des Traums, den sogenannten manifesten Trauminhalt, zu blicken und den latenten Trauminhalt, also die tiefere, verhüllte Bedeutung des Traums, zu interpretieren. Zum Beispiel könnte das Auftauchen eines Monsters im Traum (manifester Trauminhalt) eine Bedrohung durch den gefürchteten Chef (latenter Trauminhalt) bedeuten. Die Traumsymbole beziehen wir dabei aus dem Magazin unserer Lebenserfahrung. Mit eingeschlossen sind hier die Erlebnisse des Vortags (hier hatte Freud sehr wahrscheinlich recht) sowie unsere Kindheitserfahrungen.

Freud war der Meinung, man müsse sich bei der Trauminterpretation von den freien Assoziationen der Patienten bezüglich vieler Aspekte des Traums leiten lassen und dabei auch Raum für individuell gestaltete Interpretationen des Trauminhalts zugestehen. Obwohl Freud seine Leser davor warnte, dass Traumsymbole keine eindeutige Beziehung zu psychologisch bedeutsamen Objekten, Menschen oder Erlebnissen hätten, berücksichtigte er selbst diese Regel nicht immer und deutete die symbolische Bedeutung der Träume seiner Patienten, ohne ihre Vorgaben zu berücksichtigen. In seinem epochemachenden Werk *Die Traumdeutung* (1900) berichtet Freud, dass eine seiner Patientinnen von einem Strohhut geträumt habe, dessen mittlerer Teil nach oben gebogen gewesen sei und die Seitenteile nach unten gehangen hätten. Obwohl die Patientin selbst keinerlei Assoziationen zu diesem Traumsymbol hatte, schlug Freud vor, dass der Hut männliche Genitalien symbolisiere. Außerdem erwähnte er besonders, dass das Eindringen in enge Räume und das Öffnen abgeschlossener Türen häufig sexuelle Aktivität symbolisieren. Dahingegen würden das Abschneiden von Haaren, das Verlieren von Zähnen und Enthauptungen in vielen Fällen für eine Kastration stehen. Freud hat also entgegen seiner eigenen Warnungen viele Traumsymbole wie feststehende Begriffe behandelt.

Die Werke Freuds ebneten den Weg für eine wachsende Traumdeutungsindustrie, die bislang keinerlei Anzeichen zeigt, ihren Würgegriff von den Erwartungen der Öffentlichkeit zu lösen. Dennoch lehnen die meisten Wissenschaftler heute die These ab, dass bestimmte Traumbilder universelle symbolische Bedeutung in sich tragen. Tatsächlich lässt eine enge Betrachtung von Träumen den Schluss zu, dass viele Träume gar nicht durch Symbole verschleiert zu sein scheinen. In den frühen Phasen des Schlafes, noch bevor die erste REM-Phase eintritt, drehen sich die meisten unserer Träume um unsere alltäglichen Aktivitäten und Sorgen.

Während des REM-Schlafes produzieren unsere hochaktiven Gehirne Träume, die manchmal jeder Logik widersprechen und mit Emotionen aufgeladen sind. Geschieht dies, weil unterdrückte Gedanken des Es der Zensur entkommen? Der Psychiater J. Allan Hobson glaubt das nicht. Tatsächlich ist seine Traumtheorie, die inzwischen beachtliche wissenschaftliche Anerkennung gefunden hat, so radikal anders als die von Freud, dass manche ihn den „Anti-Freud" nennen. Beginnend in den 1960er und 1970er Jahren entwickelte Hobson zusammen mit seinem Kollegen Robert McCarley am Harvard's Laboratory of Neurophysiology das *Aktivieriungs-Synthese-Modell*, das Träume eher mit Gehirnaktivität in Verbindung bringt als mit symbolischen Ausdrücken unbewusster Wünsche.

Laut dieser Theorie orchestrieren verschiedene Neurotransmitter (chemische Botenstoffe) eine dramatische Symphonie von Veränderungen im Gehirn, welche in ihrer Folge Träume generieren, während wir etwa alle 90 Minuten durch eine unserer REM-Phasen gleiten. Genauer ausgedrückt stimulieren Fluten von Acetylcholin die emotionalen Zentren des Gehirns, während gesunkene Serotonin- und Noradrenalinspiegel die Aktivität jener Teile des Gehirns unterdrücken, die für Vernunft, Gedächtnis und Aufmerksamkeit zuständig sind. Hobson ist der Meinung, dass REM-Träume die besten, wenn auch nicht perfekten, Versuche sind, eine sinnvolle Geschichte aus dem Mischmasch aus beliebigen Informationen zusammenzuschustern, die ein „Brücke" genannter Teil des Gehirns übermittelt. Unter diesen Umständen haben die Bilder, die willkürlich hochsprudeln, keinerlei Bedeutung. Traumdeutung wäre daher im besten Fall nur zufällig möglich, ähnlich wie der Versuch, Weisheiten aus sinnlosem Gequassel abzuleiten.

Um Freud dennoch Ehre zuteil werden zu lassen, muss man sagen, dass er in zwei Punkten durchaus recht hatte: Unsere täglichen Gedanken und Gefühle können unsere Träume beeinflussen und Emotion spielt eine wichtige Rolle beim Träumen. Aber nur weil die Bereiche des Gehirns, die für die Emotionen zuständig sind, in der Nacht beim Träumen aufgeladen werden, weil das Vorderhirn, das für logisches Denken zuständig ist, in dieser Zeit quasi heruntergefahren wird, heißt das nicht, dass unsere Träume Versuche sind, die Wünsche des Es zu erfüllen. Genauso wenig bedeutet es, dass Träume Symbole verwenden, um ihre wahre Bedeutung zu verschleiern.

Es wäre daher wohl klüger, sich die Pros und Kontras vor einer Entscheidung klarzumachen und auf den Rat von Freunden zu hören, als sich auf ein Traumlexikon zu verlassen, um die Zukunft vorherzusehen. Dennoch raten wir dazu, was Ihre Träume betrifft, Maccaroni essende Ameisenbären zu meiden.

Irrtum 16 Menschen können während des Schlafens lernen

Stellen Sie sich vor, Sie könnten alle Informationen aus diesem Buch lernen, während Sie einfach nur ein paar Nächte gut durchschlafen. Sie könnten jemanden bezahlen, der Ihnen das komplette Buch auf einen Tonträger aufnimmt, dann das Aufgenommene ein paar Nächte lang abspielen und schon hätten Sie den Inhalt des Buches gelernt. Sie könnten Abschied nehmen von all den Abenden, an denen Sie bis spät in der Nacht lesen müssten.

Wie in vielen anderen Bereichen der Psychologie gilt auch hier: Die Hoffnung stirbt zuletzt. Viele Befürworter des schlafgestützten Lernens – also des Lernens während man schläft (der Fachausdruck hierfür lautet „Hypnopädie") – behaupten Großes, wenn sie das Potential dieser Lerntechnik unterstreichen möchten. Eine Internetseite informiert ihre Leser wie folgt:

Das schlafgestützte Lernen ist ein Weg, die Fähigkeiten Ihres Unterbewusstseins nutzbar zu machen, während Sie schlafen. Es ermöglicht Ihnen, im Schlaf Fremdsprachen zu erlernen, Prüfungen zu bestehen, ein Fachstudium zu absolvieren und sich persönlich weiterzuentwickeln. Verwenden Sie Techniken, die auf Forschung basieren, welche weltweit mit großem Erfolg betrieben wird ... Es handelt sich hierbei um die unglaublichste Lernhilfe seit Jahren.

Die Internetseite bietet eine große Auswahl an CDs, die uns angeblich dabei helfen, Sprachen zu lernen, das Rauchen aufzugeben, abzunehmen, Stress zu reduzieren oder ein besserer Liebhaber zu werden – und das alles, während Sie gemütlich Ihrem Schlafbedürfnis nachkommen. Die Betreiber der Internetseite versteigen sich sogar zu der Behauptung, dass die angebotenen CDs im Schlaf besser funktionieren, als wenn der Anwender wach ist. Auch Amazon.com bietet eine Menge Produkte an, die dafür entwickelt wurden, uns dabei zu helfen, im Schlaf zu lernen. Darunter gibt es

CDs, mit deren Hilfe der Anwender vermeintlich Spanisch, Rumänisch, Hebräisch, Japanisch und Chinesisch lernen kann, während er im Schlaf die unterschwelligen Botschaften hört (siehe Irrtum 3). Wahrscheinlich überrascht es Sie nicht, wenn eine Umfrage zum Ergebnis hatte, dass 68 % der Erstsemesterstudierenden glaubten, dass Menschen neue Inhalte während des Schlafens lernen können.

Schlafgestütztes Lernen ist auch ein häufiges Plotelement in vielen beliebten Büchern, Fernsehsendungen und Filmen. In dem brillanten und angsteinflößenden Buch *Uhrwerk Orange* (1962) von Anthony Burgess, welches später von Stanley Kubrick erfolgreich verfilmt wurde, versuchen Regierungsbeamte erfolglos, schlafgestütztes Lernen anzuwenden, um aus dem Protagonisten Alex, einem Psychopathen, ein anständiges Mitglied der Gesellschaft zu machen. In einer Folge der beliebten Fernsehserie *Friends* versucht Chandler Bing (dargestellt von Matthew Perry), das Rauchen aufzugeben, indem er nachts während des Schlafens eine Suggestionskassette anhört. Was er allerdings nicht weiß, ist, dass der Tonträger eine völlig andere Suggestion enthält: Was er nachts hört, ist die Suggestion: „Sie sind eine starke und selbstbewusste Frau." Dies führt dazu, dass Chandler sich im Alltag sehr weiblich verhält.

Aber können die eindrucksvollen Behauptungen zum Thema schlafgestütztes Lernen mit der Realität Schritt halten? Ein Grund für anfänglichen Optimismus beruht auf Forschungsergebnissen, die zeigten, dass Menschen manchmal äußere Stimuli in ihre Träume einbauen. Ein klassisches Experiment von William Dement und Edward Wolpert (1958) wies nach, dass Versuchspersonen häufig äußere Reize, die ihnen während des Schlafes präsentiert worden waren, in ihre Träume einbauten. So zum Beispiel wurden einige von ihnen mit Wasser aus einer Spritze nass gemacht. Eine der Versuchspersonen erzählte von einem Traum über ein undichtes Dach, als man sie kurz nach dem Reiz weckte. Spätere Forschungsarbeiten konnten nachweisen, dass 10–50 % der Versuchsteilnehmer äußere Stimuli wie Glocken, rote Lichter oder Stimmen in ihre Träume eingeflochten. Diese Studien weisen aber nicht nach, dass schlafgestütztes Lernen effektiv ist, weil sie nicht zeigen, dass Menschen komplexe neue Informationen wie mathematische Formeln oder neue Wörter einer Fremdsprache in ihre Träume einbauen. Genauso wenig beweisen sie, dass Menschen sich später im Alltag an diese externen Stimuli erinnern können, wenn sie nicht aus ihren Träumen aufgeweckt werden.

Um den Behauptungen über schlafgestütztes Lernen nachzugehen, müssen Forscher Teilnehmer einer Versuchsgruppe wahllos in zwei Gruppen einteilen. Eine der Gruppen bekommt während des Schlafens aufgezeichnete Stimuli wie Wörter einer fremden Sprache zu hören, während die Kontrollgruppe einen Tonträger mit nichtssagenden Stimuli vorgespielt bekommt. Später wird das Wissen der Versuchspersonen hinsichtlich der registrierten Stimuli in standardisierten Tests überprüft. Interessanterweise boten einige frühe Forschungsergebnisse zu diesem Thema ermutigende Ergebnisse. Eine Forschungsgruppe setzte Seeleute während des Schlafs Morsezeichen aus (eine Form der Stenographie, die Funker manchmal verwenden). Diese Seeleute erlernten Morsezeichen drei Wochen schneller als andere Seeleute. Andere Studien aus der früheren Sowjetunion schienen ebenfalls Beweise dafür zu liefern, dass Menschen im Schlaf neues Wissen wie Wörter oder Sätze erlernen können, wenn sie während des Schlafens Tonbandaufnahmen hören.

Allerdings versäumten diese frühen Studien, mögliche Alternativerklärungen auszuschließen: Die Tonbandaufnahmen könnten die Versuchspersonen aufgeweckt haben! Das Problem besteht darin, dass keine der Studien, die positive Ergebnisse lieferten, die Hirnstromwellen der Versuchspersonen gemessen hatte, um sicherzugehen, dass diese tatsächlich fest schliefen, während sie die Tonbänder anhörten. Besser kontrollierte Studien, in denen die Hirnstromwellen der Versuchspersonen während des Experiments überprüft wurden, haben nur wenige bis gar keine Beweise für die Tauglichkeit von schlafgestütztem Lernen liefern können. In dem Ausmaß also, in dem schlafgestütztes Lernen funktioniert haben soll, war dies wahrscheinlich darauf zurückzuführen, dass die Versuchspersonen immer wieder Fetzen der Stimuli aufgefangen haben, weil sie zwischen Schlaf- und Wachzustand hin- und herdrifteten.

Sich Tonträger anzuhören, während man wach ist, ist nicht nur effizienter, sondern wahrscheinlich auf wirksamer. Was eine wirksame und schnelle Lösung für das Erlernen neuen Wissens oder das Abbauen von Stress betrifft, so empfehlen wir, dass Sie Ihr Geld sparen und sich stattdessen eine ordentliche Mütze Schlaf gönnen.

6 Ich habe das Gefühl, dass ...

Irrtümer über Emotionen und Motivation

Irrtum 17 Der Polygraph-(„Lügendetektor"-)Test ist eine genaue Messmethode, um Unehrlichkeit aufzudecken

Haben Sie schon einmal gelogen? Wenn Sie mit nein antworten würden, wäre die Wahrscheinlichkeit hoch, dass Sie lügen. Collegestudenten gaben zu, dass sie in einer von drei sozialen Interaktionen lügen – das ist durchschnittlich zweimal am Tag –, und Menschen aus dem alltäglichen Leben gaben an, bei einer von fünf sozialen Interaktionen zu lügen – das ist durchschnittlich etwa einmal am Tag.

Versuche, andere im Alltag zu betrügen, sind genauso schwer zu erkennen wie sie häufig sind. Man könnte annehmen, dass wir gut darin sind, Lügen zu erkennen, gerade weil sie so häufig sind. Dem ist allerdings nicht so. Im Gegensatz zu dem, was in der Fernsehserie *Lie to me* mit dem Schauspieler Tim Roth als Betrugsexperten Dr. Cal Lightman dargestellt wird, zeigt umfangreiche Forschung jedoch, dass es überraschend wenig begründete Hinweise dafür gibt, wenn Betrug im Spiel ist. Im Gegenteil haben selbst ausgebildete Berufsgruppen wie Richter oder Polizisten beim Aufdecken von Lügen keine bessere Trefferquote als der Zufall. Die meisten von uns liegen vollkommen daneben mit der Annahme, sie könnten Lügner anhand ihrer Körpersprache überführen. Obwohl zum Beispiel etwa 70 % der Menschen glauben, dass nervös hin- und herwandernde Augen auffällige Merkmale eines Lügners sind, stellen Forschungsergebnisse dies anders dar. Es gibt im Gegenteil sogar Hinweise dafür, dass Psychopathen, also pathologische Lügner, ihrem Gegenüber sehr wahrscheinlich sogar genau in die Augen schauen, während sie ihm unverfroren Lügen auftischen.

Wenn wir nicht feststellen können, ob jemand lügt oder die Wahrheit sagt, indem wir ihn genau beobachten, wie können wir es dann herausfinden? Schaut man in die Vergangenheit, präsentiert sich dem Betrachter

eine wahre Parade an dubiosen Methoden, um verdächtigte Lügner zu überführen wie etwa der „Reistest" der alten Hindus. Die Idee ist die folgende:
Wenn Betrug Angst nach sich zieht und Angst die Speichelbildung hemmt,
sollte eine beschuldigte Person nicht dazu in der Lage sein, Reis auszuspu-
cken, nachdem sie ihn gekaut hat, weil dieser ihr dann am Gaumen kleben
bleibt. Im 16. und 17. Jahrhundert wurden Hexen als angeklagte Frauen der
Wasserprobe, auch „Hexenbad" genannt, ausgesetzt. Die Ankläger tauch-
ten die beschuldigte Hexe in kaltem Wasser unter. Wenn sie zurück an die
Wasseroberfläche kam, gab es eine gute und eine schlechte Nachricht: Sie
hatte überlebt, wurde aber schuldig gesprochen – wahrscheinlich weil Hexen übernatürlich leicht sind oder weil Wasser eine so reine Flüssigkeit ist,
dass sie die schlechte Natur der Hexe abweist – und daher zum Tode verurteilt. Wenn sie dagegen nicht zurück an die Oberfläche kam, gab es ebenfalls
eine gute und eine schlechte Nachricht: Sie war wahrscheinlich unschuldig.
Dies war aber kaum ein Trost für sie, weil sie bereits ertrunken war.

Zu Beginn des 20. Jahrhunderts begannen einige geschäftstüchtige Forscher mit physiologischen Messmethoden zur Unterscheidung von Lüge
und Wahrheit zu experimentieren. In den 1920er Jahren erfand der Psychologe William Moulton Marston ein Gerät, das den systolischen Blutdruck
messen konnte (dabei handelt es sich um die höhere Zahl beim Ablesen
des Blutdrucks) – dies war der erste Polygraph bzw. sogenannte Lügende-
tektor-Test. Unter dem Pseudonym Charles Moulton erfand er später die
erste weibliche Comic-Superheldin *Wonder Woman*, die Bösewichte durch
das Umgarnen mit ihrem magischen Lasso dazu zwingen konnte, die Wahrheit zu sagen. Für Morston war der Polygraph das Equivalent zu Wonder
Womans magischem Lasso: ein unfehlbarer Detektor der Wahrheit. Abgesehen von den gefüllten Seiten der Comic-Hefte regte Marstons Blutdruck-
messgerät die Entwicklung der modernen Polygraphen an.

Ein Polygraph, auch Biosignalgerät genannt, bietet eine kontinuierliche
Aufzeichnung der physiologischen Aktivität – zum Beispiel der elektri-
schen Leitfähigkeit der Haut, des Blutdrucks und der Atmung. In der Komödie *Meine Braut, ihr Vater und ich* aus dem Jahr 2000 wendet der frühere CIA-Agent Jack Bynes (dargestellt von Robert De Niro) bei Greg
Focker (gespielt von Ben Stiller) ein polygraphisches Testverfahren an, um
herauszufinden, ob Focker ein guter Schwiegersohn sein wird. In den
meisten Fällen, in denen Polygraphen in Filmen und Fernsehsendungen
vorkommen, werden die sogenannten Lügendetektoren als unfehlbar

dargestellt. Im Gegensatz zu dem Eindruck, den solche Filme oder manche Fernsehkrimis vermitteln, ist das Gerät keine schnelle Lösung, um herauszufinden, ob jemand lügt, auch wenn diese Hoffnung wahrscheinlich zu der andauernden Popularität des Polygraphen maßgebend beiträgt. Stattdessen interpretiert für gewöhnlich der Prüfer, der die Fragen stellt, die Aufzeichnungen des Polygraphen und legt dann sein Urteil fest, ob die untersuchte Person lügt oder nicht. Die physiologische Aktivität kann hilfreiche Hinweise dazu liefern, ob eine Person die Wahrheit sagt, weil lügen damit in Zusammenhang gebracht wird, wie ängstlich der Befragte während des Tests ist. Nervosität beispielsweise verursacht bei den meisten Menschen Schwitzen, was wiederum die elektrische Leitfähigkeit der Haut beeinflusst. Dennoch ist das Interpretieren der Aufzeichnungen des Biosignalgeräts bekanntermaßen aus verschiedenen Gründen schwierig.

Zuerst einmal gibt es große Unterschiede darin, wie stark die physiologischen Aktivitäten bei verschiedenen Personen auftreten. Ein ehrlicher Befragter, der dazu tendiert, viel zu schwitzen, kann deshalb irrtümlicherweise als verdächtig eingestuft werden, wohingegen eine Person, die weniger schnell schwitzt, fälschlicherweise als unschuldig eingeordnet werden kann. Dieses Problem unterstreicht die Notwendigkeit einer Voruntersuchung eines jeden Befragten, in der die Grunddaten seiner physiologischen Reaktionen festgehalten werden. Um bestimmte Verbrechen zu untersuchen, wird besonders häufig der Kontrollfragentest eingesetzt. Diese Version des sogenannten Lügendetektortests enthält relevante Fragen bezüglich der vermeintlichen Übeltat („Haben Sie Ihrem Arbeitgeber 200 € gestohlen?") und nicht tatbezogene Vergleichsfragen, die Personen dazu verleiten sollen zu lügen („Haben Sie jemals gelogen, um sich aus einer schwierigen Situation zu befreien?"). Beinahe jeder von uns hat schon einmal geschwindelt, um aus einer unangenehmen Lage herauszukommen, aber weil wir diese kleine peinliche Tatsache während des Tests nicht zugeben wollen, würden wir bei der Beantwortung dieser Frage wahrscheinlich lügen. Das Grundprinzip des Kontrollfragentests besteht darin, dass die Vergleichsfragen eine wichtige Grundlage liefern, um die Reaktionen des Befragten bei bekannten Lügen zu interpretieren.

Diese Argumentation ist jedoch anzuzweifeln, weil Vergleichsfragen eine ganze Reihe von bedeutsamen Faktoren nicht kontrollieren können. Überdies gibt es, wie David Lykken (1998) bemerkte, keine Beweise für eine sogenannte *Pinocchio-Antwort*: Gemeint ist damit eine emotionale oder physiologische Reaktion, die ausschließlich auf einen Schwindel hinweist. Wenn die Auswertungen des polygraphischen Testverfahrens während der Beantwortung relevanter Fragen höhere physiologische Aktivität anzeigen als bei der Beantwortung der Vergleichsfragen, so zeigt uns dies höchstens, dass der Untersuchte während des einen Teils des Tests nervöser war als während des anderen Bestandteils des Tests.

Hier liegt allerdings auch der Hund begraben. Die verschiedenen Abstufungen der Ängstlichkeit könnten ihre Ursache in der tatsächlichen Schuld des Befragten haben. Sie könnten aber auch mit Empörung oder Schock über die unberechtigte Anschuldigung genauso wie mit der Erkenntnis zu tun haben, dass die eigenen Antworten auf die relevanten Fragen – aber nicht auf die Vergleichsfragen – zu einer Gefängnisstrafe oder dem Verlust des Arbeitsplatzes führen könnten. Ebenso könnten unangenehme Gedanken, die mit der vermeintlichen Missetat in Verbindung gebracht werden, für die physiologischen Veränderungen verantwortlich sein. Es überrascht daher nicht, dass der Kontrollfragentest und ähnlich aufgebaute Untersuchungen unter einer hohen Rate falscher Testergebnisse – zumeist falscher Beschuldigungen – leiden. Als Konsequenz daraus könnte man sagen, dass der „Lügendetektortest" den falschen Namen trägt: Es handelt sich in wesentlich höherem Maße um einen Erregungsdetektor als um einen Lügendetektor. Der irreführende Name trägt wahrscheinlich zur allgemeinen Annahme bei, der Lügendetektortest sei stets akkurat. Umgekehrt erleben manche Menschen, die tatsächlich schuldig sind, gar keine Angstgefühle, wenn sie die Unwahrheit sagen, ganz unabhängig davon, wen sie anlügen. Psychopathen sind bekanntermaßen immun gegenüber Angstgefühlen und können dazu in der Lage sein, die Tester auch unter hohem Druck hinters Licht zu führen, auch wenn die Nachweislage für solche Fälle nicht eindeutig ist.

Erschwerend kommt hinzu, dass diejenigen, die die Ergebnisse des Polygraphen auswerten, häufig anfällig für die sogenannte *Bestätigungstendenz* sind, die Tendenz also, das zu sehen, was sie erwarten zu sehen. Die Prüfer haben Zugriff auf Informationen bezüglich des vermeintlichen Verbrechens und haben oft bereits von vornherein eine Meinung dazu, ob der Angeklagte schuldig ist oder nicht, bevor sie überhaupt mit dem Test beginnen. Gershon Ben-Shakhar (1991) stellte fest, dass die Meinung des Prüfers den Testvorgang an verschiedenen Stellen beeinflussen kann: beim Erstellen der Fragen, beim Vorgang des Fragens, beim Eintragen der

Ergebnisse in die Auswertungstabellen und beim Interpretieren der Testergebnisse. Um die Bedeutung der Bestätigungstendenz darzustellen, beschrieb er in einer Sendung, die 1986 von dem CBS-Nachrichtenmagazin *60 Minutes* ausgestrahlt wurde, einen Versuch. Die Produzenten der Sendung *60 Minutes* beauftragten drei Polygraphenunternehmen, um herausfinden zu lassen, wer einen Fotoapparat aus einem Büro für ein Fotomagazin gestohlen hatte. Obwohl dieser Diebstahl niemals stattgefunden hatte, legte sich jede der angeheuerten Firmen endgültig auf einen je anderen Täter fest, der jeweils unterschwellig als Hauptverdächtiger vor den Testvorgängen dargestellt worden war.

Ein anderer Grund dafür, dass die meisten Anwender des Tests davon überzeugt sind, dass dieser akkurat funktioniert, hängt wahrscheinlich mit der nicht zu leugnenden Tatsache zusammen, dass der Polygraph zumindest für eine Sache gut ist: das Entlocken von Geständnissen, insbesondere dann, wenn die Verdächtigen den Test nicht bestehen. Man kann also sagen, dass Anwender des Polygraphen selektiv solchen Situationen ausgesetzt sind, in denen jemand den Test nicht besteht und später zugibt, gelogen zu haben. Schlimmer noch nehmen diese Prüfer häufig an, dass Menschen, die durch den Test durchfallen und nicht zugeben, dass sie das Verbrechen begangen haben, Lügner sein müssen. Also scheint der Test praktisch unfehlbar zu sein: Wenn die Person durchfällt und danach zugibt, gelogen zu haben, hat der Test funktioniert. Und wenn die Person durchfällt und nicht zugibt, gelogen zu haben, hat der Test auch funktioniert. Wenn eine Person den Test besteht, wird sie natürlich in nahezu allen Fällen aussagen, sie hätte die Wahrheit gesagt, so dass der Test auch in diesem Fall funktioniert hat. Diese „Bei Kopf gewinne ich, bei Zahl verlierst du"-Argumentation macht es schwierig bis unmöglich, die Grundprinzipien, die dem Polygraphentest zugrunde liegen, zu widerlegen. Sir Karl Popper (1963), seines Zeichens Philosoph und Wissenschaftstheoretiker, schrieb, dass nicht widerlegbare Behauptungen unwissenschaftlich seien.

In einer ausführlichen Besprechung kritisierte das National Research Council die Grundprinzipien, welchen der Vergleichsfragentest unterliegt, sowie die Studien, die die Effektivität des polygraphischen Testverfahrens unterstützen. Bei den meisten Studien handele es sich nicht um Feldstudien – also Studien zu realen Verbrechen mit einer großen Anzahl an Verdächtigen –, sondern um Laboruntersuchungen, in denen eine geringe Anzahl von Collegestudenten Pseudoverbrechen ausübten, wie beispielsweise das Stehlen einer Geldbörse. In den wenigen Feldstudien waren die Untersucher durch externe Informationen voreingenommen (zum Beispiel durch Berichte aus Tageszeitungen, die sich bereits auf einen Täter festgelegt hatten). Das machte es unmöglich zu unterscheiden, ob das Urteil der Untersuchenden auf Sachverhalten oder auf Ergebnissen des polygraphischen Testverfahrens beruhte. Des Weiteren wurde Versuchsteilnehmern in der Regel nicht beigebracht, wie sie Gegenmaßnahmen während des Tests einsetzen können, also Strategien, mit denen sie den Test hätten boykottieren können. Als Gegenmaßnahme können die Probanden während der Vergleichsfragen absichtlich ihre physiologische Erregung steigern, indem sie sich beispielsweise auf die Zunge beißen oder schwierige Aufgaben im Kopf ausrechnen. Informationen zu Gegenmaßnahmen sind generell leicht zugänglich und im Internet zum Beispiel weit verbreitet. Sie verringern die Effektivität des Lügendetektortests bei seiner Anwendung in der realen Welt ganz gewiss.

Mythenkiller: Ein genauer Blick

Handelt es sich bei einem Wahrheitsserum um einen Lügendetektor?

Wie sich im Verlauf des Kapitels gezeigt hat, ist der Lügendetektor keinesfalls ein perfektes Werkzeug, um die Wahrheit von Lügen zu unterscheiden. Könnte ein Wahrheitsserum besser sein? Bereits 1923 wurde das Wahrheitsserum in einem Artikel eines medizinischen Journals als „Lügendetektor" bezeichnet. In vielen Filmen, beispielsweise *Jumpin' Jack Flash* (1986), *True Lies – Wahre Lügen* (1994), *Meine Braut, ihr Vater und ich* (2000) und *Johnny English – Der Spion, der es versiebte*, fangen Charaktere, die etwas verheimlicht hatten, plötzlich an, die Wahrheit zu sprechen, und zwar nichts als die Wahrheit, nachdem sie einen großen Schluck Wahrheitsserum zu sich genommen haben. Staatliche Geheimdienste wie die CIA und der ehemalige sowjetische KGB verwendeten wahrscheinlich jahrzehntelang Wahrheitsseren bei Verhören von Spionen. Sogar im Jahr 2008 verwendete die indische Polizei ein Wahrheitsserum bei der Befragung von Azam Kasir Kasab, dem einzigen überlebenden Terroristen des verheerenden Anschlags in Mumbai/Indien. Seit den 1920er Jahren haben Psychotherapeuten gelegentlich Wahrheitsseren angewandt, um verschüttete Erinnerungen an Traumata auszugraben. Die Anschuldigungen des sexuellen Missbrauchs gegen Michael Jackson entstanden erst, nachdem ein Anästhesist dem 13-jährigen Jordan Chandler ein Wahrheitsserum verabreicht hatte. Bevor der Jugendliche das Serum getrunken hatte, hatte er bestritten, von Jackson sexuell missbraucht worden zu sein.

Genauso wie der Lügendetektor trägt auch das Wahrheitsserum einen inhaltlich falschen Namen. Bei den meisten Wahrheitsseren handelt es sich um Barbiturate wie Amobarbital oder Thiopental. Weil die Auswirkungen von Barbituraten denen von Alkoholika weitgehend ähnlich sind, sind die Effekte eines Wahrheitsserums denen sehr ähnlich, die auftreten, wenn man sich einige hochalkoholische Getränke genehmigt hat. Wie Alkohol auch machen uns Barbiturate schläfrig und weniger besorgt über unser äußeres Erscheinungsbild. Und genauso wie Alkohol kann ein Wahrheitsserum nicht die Wahrheit ans Tageslicht bringen. Es verringert lediglich unsere Hemmungen, was die Wahrscheinlichkeit erhöht, dass wir wahre und falsche Informationen von uns geben. Folglich erhöht die Einnahme eines Wahrheitsserums das Risiko falscher Erinnerungen und falscher Geständnisse. Außerdem gibt es guten Grund zu der Annahme, dass man auch unter Einfluss eines Wahrheitsserums lügen kann (Piper, 1993). Lässt man also Hollywood mal außer Acht, so sind Wahrheitsseren genauso wenig dazu geeignet, Lügen aufzudecken, wie Lügendetektoren.

Unter diesen Umständen verhielt sich das National Research Council zurückhaltend bei der Einschätzung der Genauigkeit des Vergleichsfragentests. David Lykken (1998) beschrieb eine Genauigkeit von 85 % bei schuldigen untersuchten Personen und 60 % bei unschuldigen Teilnehmern als eine eher wohlgesinnte Auslegung. Dass 40 % der ehrlichen Untersuchten betrügerisch erscheinen, bietet besonders wenig Schutz für die unschuldigen Verdächtigen. Dieses Problem wirkt sich besonders dann aus, wenn Testleiter das polygraphische Testverfahren bei zu vielen Verdächtigen anwenden. Wenn man den Fall annimmt, dass sachdienliche Erkenntnisse durchgesickert sind und Indizien dafür sprechen, dass einer von 100 Arbeitnehmern für diesen Umstand verantwortlich ist, der Zugang zu diesen Informationen hatte, dann gäbe es bei der Anwendung eines Vergleichsfragentests die Chance von 85 %, dass man den Schuldigen ausfindig macht. Allerdings würden 40 weitere Arbeitnehmer fälschlicherweise ebenfalls des Verrats beschuldigt! Diese Zahlen sind sehr beunruhigend, wenn man bedenkt, dass das Pentagon kürzlich seine Bemühungen verstärkt hat, alle seine 5700 derzeitigen sowie seine zukünftigen Mitarbeiter überprüfen zu lassen. Mitunter soll dies geschehen, um das Risiko einer Infiltration durch Terroristen zu verhindern.

Dennoch bleiben polygraphische Testverfahren ein beliebtes Thema der Öffentlichkeit. Eine Umfrage hatte zum Ergebnis, dass 67 % der Amerikaner aus der allgemeinen Öffentlichkeit den Polygraphen als entweder „zuverlässig" oder „nützlich" beim Aufdecken von Lügen bewerteten, auch wenn die meisten ihn nicht als unfehlbar einschätzten. Eine Umfrage unter Erstsemesterstudierenden des Faches Psychologie ergab, dass 45 % der Befragten glaubten, dass der Polygraph „Versuche zu lügen akkurat identifizieren könne". Außerdem wurden polygraphische Testverfahren in mehr als 30 Filmen und Fernsehsendungen prominent in Szene gesetzt, normalerweise ohne jeglichen Hinweis auf seine Mängel. Bis zu den 1980er Jahren wurden polygraphische Testverfahren in den USA geschätzte 2 Millionen mal pro Jahr angewendet.

Weil ihre begrenzte Validität immer mehr Aufmerksamkeit bekommt, werden Polygraphen nur noch selten bei Gerichtsverhandlungen eingesetzt. Zudem verbietet es der staatliche *Employee Polygraph Protection Act*, der 1988 von der Regierung erlassen wurde, den meisten Arbeitgebern, Lügendetektoren anzuwenden. Bizarrer- und ironischerweise hat die Regierung sich jedoch selbst freigestellt, polygraphische Testverfahren bei der Strafverfolgung, beim Militär und im Sicherheitsbereich zur Anwendung zu bringen. Der Polygraph ist also nicht vertrauenerweckend genug, um bei der Einstellung von Supermarktangestellten eingesetzt zu werden, Beamte dürfen ihn jedoch nutzen, um Arbeitnehmer des FBI und der CIA zu überprüfen.

Würde er noch leben, so wäre William Moulton Marston sicherlich enttäuscht, wenn er feststellen müsste, dass Forscher es noch nicht geschafft haben, ein psychologisches Äquivalent zu *Wonder Woman's* magischem Lasso zu entwickeln. Zumindest für die nähere Zukunft ist das Versprechen, den perfekten Lügendetektor zu gestalten, noch Stoff für Science-Fiction- und Fantasy-Geschichten.

Irrtum 18 Zufriedenheit wird in der Regel durch äußere Einflüsse bedingt

Wie Jennifer Michael Hecht (2007) in ihrem Buch *The Happiness Myth* anmerkte, hatte bereits jede Generation ihren Anteil an todsicheren Methoden, ihre ultimative Zufriedenheit zu erlangen. Aus dem Blickwinkel des 21. Jahrhunderts mag uns die eine oder andere Modeerscheinung durchaus bizarr erscheinen. Durch die Jahrhunderte hindurch versuchten zum Beispiel unzählige Menschen mit einem scheinbar endlos erscheinendem Angebot an vermeintlichen Aphrodisiaka wie Rhinozeroshorn, Spanischer Fliege, Chilischoten, Schokolade, Austern oder zuletzt grünen M&Ms ihr Sexualleben zu verbessern. Die Forschung zeigt jedoch, dass keiner dieser angeblichen „Libido-Lifter" irgendetwas außer einem Placeboeffekt bewirkt. Im späten 19. Jahrhundert war das „Fletschern" in den USA der absolute Renner: Glaubt man Profis dieses diätetischen Wahns, sollte es uns Glückseligkeit und Gesundheit bringen, wenn wir jedes Nahrungsmittel genau 32-mal kauen – also eine Kaubewebung je Zahn. Die eine oder andere Modeerscheinung zur Erreichung von Zufriedenheit wird den Menschen des 22. Jahrhunderts wohl ähnlich seltsam vorkommen. Wie werden zukünftige Generationen es finden, dass manche von uns ihr hart verdientes Geld für Aromatherapie, Feng Shui (die chinesische Praxis, Objekte in Räumen so zu arrangieren, dass sie zu unserer Zufriedenheit beitragen), Motivationstrainer oder stimmungsaufhellende Heilsteine investieren?

Alle diese Modeerscheinungen spiegeln einen zugrundeliegenden wesentlichen Grundsatz wider, der in der populären Psychologie zentral ist: Unsere Zufriedenheit wird weitestgehend von externen Einflüssen bestimmt. Um Zufriedenheit zu erlangen, so heißt es, müssen wir die richtige „Formel" für unser Glück finden, das in erster Linie außerhalb von uns existiert. Sehr häufig enthält diese Formel großen Geldbesitz, ein fantastisches Haus, einen tollen Beruf und jede Menge schöner Erlebnisse. Bereits im 18. Jahrhundert hielten die britischen Philosophen John Locke und Jeremy Bentham fest, die Zufriedenheit der Menschen stehe in einem direkten Zusammenhang mit der Anzahl der positiven Erlebnisse, die diesen widerfahren seien. Heute muss man nur noch Amazon.de aufrufen, um über eine Fundgrube von Ratgebern zu stolpern, die uns erklären, wie man durch Reichtum zu Zufriedenheit kommt. Als Beispiele seien genannt Laura Rowleys (2005) Buch *Money and Happiness: A Guide to Living the Good Life*, Eric Tysons Titel (2006) *Mind over Money: Your Path to Wealth and Happiness* und M. P. Dunleavys Publikation *Money Can Buy Happiness: How to Spend to Get the Life You Want*. Wie der amerikanische Sozialkritiker Erich Hoffer ironisch kommentierte: „Sie können niemals genug von dem bekommen, was Sie gar nicht brauchen, um glücklich zu werden."

Bereits vor über 200 Jahren hat Amerikas erste First Lady, Martha Washington, eine vollkommen andere Sichtweise als die heutige moderne Ansicht vertreten: „Der größere Teil unserer Zufriedenheit oder unseres Elends hängt von unseren Dispositionen ab, nicht von unseren Umständen." In den letzten Jahrzehnten haben Psychologen tatsächlich begonnen, die Binsenwahrheit in Frage zu stellen, dass unsere Zufriedenheit am ehesten mit den Dingen in Zusammenhang steht, die uns widerfahren. Der

Psychologe Albert Ellis (1977) bestand darauf, dass eine der gängigsten – und schädlichsten – aller irrationalen Ideen die Vorstellung sei, dass unsere Zufriedenheit und unsere Unzufriedenheit eher von unseren externen Umständen abzuleiten seien als von unseren Interpretationen derselben. Ellis zitierte dazu gerne aus Shakespeares *Hamlet*: „Denn an sich ist nichts weder gut noch schlimm, das Denken macht es erst dazu." Der Psychologe Michael Eysenck (1990) beschrieb als am weitesten verbreiteten Irrtum bezüglich der Zufriedenheit die Annahme, dass „das Level der eigenen Glückseligkeit nur von der Anzahl und Art der angenehmen Erlebnisse abhängt, die Ihnen passieren" (S. 120).

Noch immer sind viele von uns resistent gegenüber der Idee, dass unsere Zufriedenheit eher von unseren Persönlichkeitsmerkmalen und Einstellungen als von unseren Lebenserfahrungen beeinflusst wird. Besonders immun sind wir außerdem gegenüber der Annahme, dass unsere Zufriedenheit entscheidend von unserem Erbgut abhängig ist. Bei einer Umfrage gaben 233 Gymnasiasten und Collegestudenten eine niedrige Bewertung (2,58 auf einer Skala von 1 bis 7) bei dem Element an, das die wahrgenommene Bedeutung der Gene in Bezug auf Zufriedenheit messen sollte.

Lag Martha Washington mit ihrer Einschätzung richtig, dass „der größere Teil unserer Zufriedenheit oder unseres Elends von unseren Dispositionen abhängt, nicht von unseren Umständen"? Bei der Einschätzung dieser Frage sollten wir zwei provokante Erkenntnisse betrachten. Erstens untersuchten Ed Diener und Martin Seligman mehr als 200 Studenten bezüglich ihrer Zufriedenheit und verglichen dann die oberen 10 % (die „extrem glücklichen") mit den mittleren und unteren 10 %. Die extrem glücklichen Studenten hatten keine größere Anzahl an objektiv positiv bewertbaren Gegebenheiten wie gute Leistungen bei Prüfungen oder besonders tolle Dates erlebt als die anderen beiden Gruppen. Zweitens verfolgten der Nobelpreisträger Daniel Kahneman und seine Kollegen die Stimmungen und Aktivitäten von 909 angestellten Frauen, die sie gebeten hatten, für die Untersuchung ihre Erlebnisse des Vortages detailgetreu niederzuschreiben. Sie fanden heraus, dass die wichtigsten Lebensumstände, darunter das Einkommen und verschiedene Eigenschaften der Berufe der Frauen (zum Beispiel, ob ihre Jobs gute Sachbezüge beinhalteten), nur wenig mit ihrer erlebten Zufriedenheit korrelierten. Im Gegensatz dazu dienten die Schlafqualität und die Neigung zu depressiven Störungen als wesentlich bessere Prädiktoren für ihre Zufriedenheit.

Andere Forschungsarbeiten haben Belege dafür gefunden, was Philip Brickman und Donald Campbell (1971) die *hedonic treadmill*, also das hedonistische Laufband, genannt haben. Genauso wie wir zügig unsere Geh- bzw. Laufgeschwindigkeit an die des Laufbands anpassen (wenn wir das nicht tun, landen wir mit dem Gesicht voran am Boden), so gleichen wir auch unsere Stimmung an aktuelle Lebensumstände an. Die Theorie des hedonistischen Laufbands stimmt mit der Forschung überein, die zeigt, dass Bewertungen von Zufriedenheit bei eineiigen Zwillingen weitaus mehr übereinstimmen als bei zweieiigen Zwillingen. Dieses Untersuchungsergebnis deutet auf einen genetischen Einfluss in Bezug auf Zufriedenheit hin und lässt es als möglich erscheinen, dass wir alle mit einer Basisausstattung bezüglich einer charakteristischen Zufriedenheit geboren wurden, also einem Grundniveau an Zufriedenheit, von welchem aus wir auf- und abgleiten in Reaktion auf kurzfristige Lebensumstände und zu dem wir jedes Mal zurückkehren, wenn wir uns an die neuen Lebensumstände angepasst haben.

Weitere Nachweise für das hedonistische Laufband stammen aus Studien an Probanden, die entweder (1) extrem positive oder (2) extrem negative, sogar tragische Lebenserfahrungen gesammelt haben. Man könnte erwarten, dass die erstgenannte Gruppe die glücklichere der beiden sein müsste. Das ist sie auch – aber meist nur für eine überraschend kurze Zeit. Zum Beispiel sind Lottogewinner ab dem Zeitpunkt des Erfolgs unglaublich glücklich, jedoch sinkt der Grad ihrer Glückseligkeit auf ihren Ursprungswert – und zugleich grundsätzlichen Durchschnittswert – ungefähr zwei Monate nach dem Ereignis wieder ab. Die meisten Paraplegiker – das sind Menschen, die hüftabwärts gelähmt sind – kehren weitestgehend, wenn auch nicht gänzlich, zu ihrem ursprünglichen Grundniveau an Zufriedenheit zurück, wenn der Unfall einige Monate zurückliegt. Und auch wenn junge Professoren, denen man eine feste Professur verwehrt (was effektiv bedeutet, dass ihre akademische Laufbahn einen erheblichen Knick bekommt), verständlicherweise niedergeschmettert sind, wenn sie diese Neuigkeit erfahren, sind sie ein paar Jahre später in der Regel genauso zufrieden wie die jungen Professoren, die eine Festanstellung erhalten haben. Die meisten Menschen passen sich ihren Lebensumständen relativ schnell an, an gute wie auch schlechte.

Die Forschung stellt auch die weit verbreitete Meinung in Frage, dass man sein Glück mit Geld kaufen kann. Eine Illustration der augenfälligen

Kluft zwischen Geld und Zufriedenheit zeigt die durchschnittliche Lebens-
zufriedenheit der 400 reichsten Amerikaner, die im *Forbes*-Magazin aufgelistet werden. Diese betrug 5,8 Punkte auf einer Skala von 1 bis 7. Die
Durchschnittszufriedenheit der Amish in Pennsylvania lag jedoch ebenfalls
bei 5,8 Punkten, trotz der Tatsache, dass ihr Durchschnittsjahreseinkom-
men mehrere 100 Millionen Dollar unter dem der 400 reichsten Amerikaner liegt. Es entspricht der Wahrheit, dass uns *genug* Geld zur Verfügung
stehen muss, um komfortabel leben zu können. Liegt das Haushaltseinkommen unter einer Summe von $ 50 000, ist es in Maßen mit der vorherr-
schenden Zufriedenheit in Verbindung zu setzen. Das liegt wahrscheinlich
daran, dass es schwierig ist, glücklich zu sein, wenn man sich ständig Sorgen darum machen muss, ob man jeden Monat genügend Geld für Essen
und Miete zur Verfügung hat. Liegt das Haushaltseinkommen jedoch über
$ 50 000, so verschwindet die Grenze zwischen Geld und Zufriedenheit na-
hezu. Dies hinderte Major-League-Baseball-Spieler, deren Durchschnitts-
jahresgehalt bei $ 1,2 Millionen liegt, jedoch nicht daran, 1994 für ein hö-
heres Einkommen in Streik zu treten.

Dennoch lag Martha Washington mit ihrer Einschätzung wahrscheinlich ein bisschen daneben. Bestimmte folgenschwere Lebenserfahrungen
können unsere Zufriedenheit langfristig positiv oder negativ beeinflussen,
wenn auch weniger stark als man annehmen würde. Lässt man sich beispielsweise scheiden, verliert seinen Lebenspartner oder seinen Arbeitsplatz, scheint das zu andauernder und manchmal bleibender geringerer
Zufriedenheit zu führen. Aber selbst nach einer Scheidung oder dem Verlust des Ehepartners passen sich viele Menschen auf Dauer der neuen Situation zufriedenstellend an.

Tatsache ist also, dass unsere Lebensumstände unsere Zufriedenheit
kurzfristig beeinflussen können, der größere Teil unseres Glücks langfristig jedoch ziemlich unabhängig von dem ist, was uns im Leben widerfährt.
Noch viel mehr, als wir es uns gerne eingestehen möchten, ist Glück im
gleichen Maß von unseren Lebensumständen abhängig wie von dem, was
wir aus unserem Leben machen. Wie der Psychologe und Zufriedenheits-
experte Ed Diener anmerkte: „Eine Person erlebt angenehme Gefühle, weil
sie glücklich ist, nicht andersherum" (zitiert aus Eysenck, 1990, S. 120).

Irrtum 19 Eine positive Einstellung kann Krebs besiegen

Ist Krebs eine Frage der Einstellung? Vielleicht entstehen gute Voraussetzungen für wildes Zellwachstum und Krebserkrankungen in unseren Körpern, wenn wir negativ denken, pessimistisch sind und viel Stress haben. Wenn dem so ist, dann könnten Selbsthilfebücher, persönliche Bestätigung, das Visualisieren eines krebsfreien Körpers und Selbsthilfegruppen die Kräfte des positiven Denkens wachrütteln und dem Immunsystem helfen, sich gegen den Krebs durchzusetzen.

Etliche gängige Darstellungen preisen die Bedeutung positiver Einstellung und Emotionen als Möglichkeit an, um das unbarmherzige Fortschreiten von Krebserkrankungen zu stoppen. Diese Botschaft beinhaltet aber auch eine subtile negativere Aussage: Wenn eine positive Einstellung so viel bewirken kann, dann könnte es ja sein, dass gestresste Menschen mit einer weniger guten Haltung sich selbst und der Welt gegenüber selbst an ihrer Krebserkrankung schuld sind. Die Tatsache oder die Unterstellung der Verbindung zwischen Krebs und der Einstellung sowie den Gefühlen des Patienten auf der einen Seite und Krebserkrankungen auf der anderen Seite trägt daher wichtige Konsequenzen für die jedes Jahr weltweit 12 Millionen mit Krebs diagnostizierten Menschen und denjenigen, die sich im Kampf gegen die Erkrankung engagieren, in sich.

Bevor wir nun die wissenschaftlichen Beweise zu Rate ziehen, möchten wir ein paar weit verbreitete Informationsquellen über psychische Faktoren untersuchen, die Krebs verursachen oder heilen sollen. Dr. Schivani Goodman, Autorin des 2004 erschienenen Buches *9 Steps for Reversing or Preventing Cancer and Other Deseases*, schrieb, dass sie eines Tages plötzlich Sinn in ihrer Brustkrebserkrankung sah. Als sie noch ein Kind war, hörte sie ihren Vater jeden Morgen das folgende jüdische Gebet aufsagen: „Danke, Gott, dass Du mich keine Frau hast werden lassen" (S. 31). Ihre Offenbarung bestand darin, dass ihre Brüste ihr Symbol der Weiblichkeit waren und dass sie es unbewusst ablehnte, eine Frau zu sein, zusammen mit der Auffassung, ein Recht auf Leben zu haben (S. 32). Nachdem sie ihre giftige Einstellung identifiziert hatte, behauptete sie, diese in eine heilende Haltung zu ändern, die ihr von nun an eine strahlende Gesundheit beschaffen würde (S. 32).

Ähnlich rühmt sich Louise Hay in ihrem Buch *Gesundheit für Körper und Seele* (1989) dessen, sie habe ihren Vaginalkrebs mit positiven Gedanken geheilt. Hay vertrat die Meinung, dass sie diesen Krebs nur entwickelt habe, weil sie als Kind sexuell missbraucht worden war. Ihre Empfehlungen, Selbstbestätigungen wie „Ich verdiene nur das Beste, ich akzeptiere es jetzt" vor sich hinzuleiern, stammten aus ihrem Glauben, dass Gedanken Realität erschaffen können. Rhonda Byrne, Autorin des 2007 erschienenen Bestsellers *The Secret – Das Geheimnis* (von dem über 7 Millionen Exemplare verkauft wurden), gab eine ähnliche Botschaft zum Besten. Sie bezog sich auf das Märchen einer Frau, die sich selbst geheilt hatte, indem sie sich vorstellte, sie sei bereits frei von Krebs, nachdem sie jede medizinische Behandlung abgelehnt hatte. Glaubt man Byrne, so ziehen wir negative Erlebnisse an, indem wir negativ denken. Wenn wir aber positive Gedanken denken, können wir uns selbst von seelischen und physischen Leiden befreien. Nachdem Oprah Winfrey *The Secret* im Jahr 2007 in ihrer beliebten Fernsehsendung angepriesen hatte, entschied sich eine Zuschauerin dazu, die ihr empfohlene medizinische Behandlung zu beenden und ihre Krankheit stattdessen mit positiven Gedanken zu heilen (in einer späteren Sendung warnte Oprah Winfrey ihre Zuschauer davor, dem Weg dieser Dame zu folgen). In seinem Buch *Die heilende Kraft* (1990) behauptete der Selbsthilfeguru Deepak Chopra, dass Patienten eine vollständige Remission erreichen können, wenn ihr Bewusstsein dazu übergehe, die Möglichkeit anzunehmen, dass sie geheilt werden können. Mit dieser Veränderung würden die Zellen in ihren Körpern ihre „Intelligenz" aktivieren und gegen den Krebs ankämpfen.

Das Internet schwappt förmlich vor lauter Vorschlägen über, wie man mit heilenden Visualisierungen eine positive Einstellung gewinnen kann, ganz zu schweigen von den Berichten über geheimnisvolle Spontanheilungen von Leuten, die den Sinn ihres Lebens erkannt und so ihre turbulenten Gefühle besänftigt oder Visualisierungsübungen ausgeführt hatten, um ihre Kraft für positive Gedanken und zur Reduktion von Stress nutzbar zu machen. Die Internetseite *Healing Cancer & Your Mind* schlägt zum Beispiel vor, dass Betroffene sich vorstellen, dass (a) Armeen weißer Blutkörperchen den Krebs angreifen und besiegen, (b) weiße Blutkörperchen als Ritter auf weißen Pferden durch ihren Körper reiten und dabei die Krebszellen zerstören und (c) der Krebs eine dunkle Farbe hat, die während dieses Prozesses immer heller wird, bis sie dieselbe Farbe hat wie das umliegende Gewebe.

Selbsternannte „Heiler" bieten im Internet Gebrauchsanleitungen und Ratschläge dazu an, wie man seinen Krebs besiegen kann. Brent Atwater, der von sich behauptet, ein „Medical Intuitive und Distant Energy Healer" zu sein, schrieb eine Anleitung mit dem Titel „Help Survive Your Cancer Experience", die folgende Tipps enthält:

(1) Trennen SIE Ihre Identität von der Identität des Krebses.

(2) Sie sind eine Person, die eine „Krebserfahrung" macht. Erkennen Sie, dass Erfahrungen kommen und gehen.

(3) Ihre „Krebserfahrung" ist der Resetknopf Ihres Lebens! Lernen Sie daraus.

Nur wenige Menschen würden den Gedanken ablehnen, dass es ein wertvolles Ziel ist, während einer derartig schweren Situation zwischen Leben und Tod eine positive Einstellung aufrechtzuerhalten. Viele weit verbreitete Medien legen jedoch nahe, dass eine positive Einstellung und die Reduktion von Stress dabei helfen können, den Krebs zu besiegen oder sein Wachstum zumindest zu verlangsamen. Gibt es aber auch Beweise für diese Behauptung? Viele Menschen, die einmal an Krebs erkrankt waren, glauben das sicherlich. Von einer untersuchten Gruppe von Frauen, die für mindestens zwei Jahre an Brustkrebs, einem Ovarialkarzinom, einem Endometriumkarzinom oder Gebärmutterhalskrebs erkrankt waren und überlebt haben, berichteten zwischen 42% und 63%, dass sie glaubten, ihre Krebserkrankungen seien durch Stress ausgelöst worden. Zwischen 60% und 94% glaubten, sie seien aufgrund ihrer positiven Einstellung wieder gesund geworden. Die Ergebnisse dieser Studien zeigen, dass mehr Frauen glaubten, ihr Krebs sei durch Überbelastung als durch eine Reihe anderer Einflüsse wie Erbanlage, Umwelteinflüsse oder Ernährung verursacht worden.

Metaanalysen von Studien zeigen jedoch ein anderes Bild. Sie widersprechen der weit verbreiteten Annahme, dass Stress auslösende Erlebnisse und Krebs zusammenhängen. Die meisten Studien machen deutlich, dass es keinerlei Zusammenhang zwischen Stress, Emotionen und Krebserkrankungen gibt. Interessanterweise zeigte eine Studie zum Thema Stress im Beruf mit 37 562 amerikanischen Krankenschwestern, die man acht Jahre lang untersucht hat (1992–2000), dass die Frauen, die im Beruf regelmäßig unter hohem Stress standen, ein um 17% niedrigeres Risiko hatten, an Brustkrebs zu erkranken verglichen mit Frauen, die beruflich relativ wenig Stress ausgesetzt waren. Forscher, die in Kopenhagen 6689 Frauen über mehr als 16 Jahre im Zuge einer Studie beobachteten, stellten fest, dass Frauen, die berichteten, sehr gestresst zu sein, ein um 40% niedrigeres Ri-

siko hatten, an Krebs zu erkranken als Frauen, die berichteten, nur geringfügig unter Stress zu stehen. Die Idee von einer „zu Krebs neigenden Persönlichkeit", die früher einmal weit verbreitet war und eine Mischung aus
Persönlichkeitsmerkmalen wie geringe Durchsetzungsfähigkeit, Schüch-
ternheit und Konfliktvermeidung beinhalten sollte, wurde von kontrollierten Studien ebenfalls widerlegt.

Forscher konnten auch keine Beweise dafür liefern, dass es einen Zusammenhang zwischen positiver Einstellung oder emotionalen Zuständen
und dem Überleben von Krebserkrankungen gibt. Über einen Zeitraum
von neun Jahren verfolgten James Coyne und seine Mitarbeiter 1093 Patienten mit Tumorerkrankungen im Kopf- und Halsbereich im fortge-
schrittenem Stadium, die unter nicht streuendem Krebs litten. Betroffene,
die Aussagen wie „Ich verliere meine Hoffnung im Kampf gegen meine Erkrankung" äußerten, lebten keinesfalls weniger lang als Patienten mit einer
positiven Einstellung. Kelly-Anne Phillips und ihre Kollegen (2008) beobachteten 708 Australierinnen mit neu diagnostiziertem Brustkrebs über
einen Zeitraum von acht Jahren. Sie stellten fest, dass negative Gefühle wie
Depressionen, Angst oder Wut wie auch negative Einstellungen absolut
keine Auswirkung auf die Lebenserwartung der Patientinnen hatten.

Diese und ähnliche Ergebnisse legen nahe, dass Psychotherapie und
Selbsthilfegruppen, die sich auf die Adaptierung der Einstellung und Gefühle fixieren, den Fortschritt einer Krebserkrankung wahrscheinlich nicht
aufhalten oder verlangsamen können. Die vom Psychiater David Spiegel
und seinen Kollegen veröffentlichte Studie, die sich mit geheilten Brust-
krebspatienten befasst, hat ein anderes Ergebnis. Die Forscher fanden heraus, dass Frauen mit metastasenbildendem Brustkrebs, die an Sitzungen
von Selbsthilfegruppen teilnahmen, nach der Diagnosestellung noch beinahe doppelt so lange lebten wie Frauen, die dies nicht taten, nämlich
36,6 Monate im Vergleich zu 18,9 Monaten. Gleichwohl konnten Forscher
in den folgenden zwei Dekaden diese Versuchergebnisse nicht replizieren.
Die akkumulierten Daten aus Psychotherapie und Selbsthilfegruppen zeigen, dass psychologische Intervention und die Teilnahme an Selbsthilfegruppen die Lebensqualität der Betroffenen verbessern, ihre Lebensdauer
jedoch nicht verlängern können.

Warum also ist die Annahme, dass eine positive Einstellung Krebs besiegen kann, so weit verbreitet? Zum Teil liegt es sicher daran, dass diese Mut-
maßung den Menschen Grund zur Hoffnung bietet, besonders denjenigen,

die sie am verzweifelsten suchen. Außerdem ist es gut möglich, dass Überlebende, die den positiven Ausgang ihrer Krebserkrankung ihrer positiven Einstellung zuschreiben, einem Post-hoc-Fehlschluss zum Opfer fallen (siehe Einleitung, S. 30). Die Tatsache, dass jemand seine positive Einstellung aufrechterhalten konnte, bevor sein Krebs geheilt wurde, bedeutet nicht, dass diese Einstellung die Heilung hervorgerufen hat. Die Verbindung kann auf Zufall beruhen.

Und schließlich hören wir wahrscheinlich häufiger von Fällen, bei denen Menschen ihre Krebserkrankung mit einer positiven Einstellung bekämpft haben, als von solchen, bei denen die Betroffenen trotz ihrer positiven Einstellung an Krebs gestorben sind. Die erstgenannten Fälle bieten einfach interessantere Geschichten für Magazine und Talkshows.

Auch wenn Visualisierungen, Affirmationen und nicht belegbare Ratschläge aus dem Internet wahrscheinlich keinen Krebs heilen oder abwehren können, heißt das nicht, dass eine positive Einstellung den Umgang mit dieser Erkrankung nicht erleichtern kann. Krebserkrankte können sich selbst in Bezug auf ihre körperlichen und seelischen Beschwerden Linderung verschaffen, indem sie medizinische und psychologische Hilfe annehmen, sich mit ihrer Familie und ihren Freunden eng verbinden und die schönen Momente des Lebens genießen. Und im Gegensatz zu der weit verbreiteten Annahme können Betroffene ein hohes Maß an Trost in den nachgewiesenen Untersuchungsergebnissen finden, die besagen, dass ihre Einstellung ganz sicher nichts mit ihrer Erkrankung zu tun hat.

7 Das soziale Tier

Irrtümer über zwischenmenschliches Verhalten

Irrtum 20 Gegensätze ziehen sich an: Wir fühlen uns am häufigsten zu Menschen hingezogen, die sich von uns unterscheiden

Es ist der Stoff, aus dem viele Hollywoodfilme gemacht sind, an die wir uns alle gewöhnt haben und die wir zu schätzen gelernt haben. Wir können sie quasi auswendig erzählen. Holen Sie Ihr Popcorn und Ihre Cola, denn gleich geht der Vorhang auf und der Film beginnt.

Szene 1: Die Kamera schwenkt auf ein kleines, schmuddeliges und unaufgeräumtes Schlafzimmer. Dort sehen wir einen moderat übergewichtigen, ziemlich ungepflegten Mann mit schütterem Haar namens Joe KriegtkeinDate. Joe ist 37 Jahre alt, schüchtern, ein Sonderling und ohne einen Deut von Selbstbewusstsein. Bis vor kurzem hat er als Bibliothekar gearbeitet, aber jetzt ist er arbeitslos. Joe hat seit drei Jahren kein Date gehabt und er fühlt sich hoffnungslos und einsam.

Szene 2: Eine Stunde später, als Joe seine Wohnung verlässt, prallt er (im wahrsten Sinne des Wortes) auf eine unglaublich gut aussehende 25 Jahre alte Frau mit dem Namen Candice BlondesGift. Bei dem Unglück wirft Joe alle Einkaufstüten von Candice auf den Boden und kniet sich hin, um ihr beim Einsammeln ihrer Habseligkeiten zu helfen. Wie soll es anders sein: Candice ist nicht nur wunderschön, sondern auch aufgeschlossen, zwischenmenschlich kompetent und total beliebt. Sie arbeitet in Teilzeit als Kellnerin in einem hochpreisigen Restaurant und verbringt einen großen Teil ihrer übrigen Zeit damit, für ein Modelabel zu modeln. Im Gegensatz zu Joe, dessen politische Einstellung eher konservativ ist, handelt es sich bei Candice um eine überzeugte Liberale. Kleinlaut fragt Joe Candice, ob sie sich mit ihm verabreden möchte, und blamiert sich dabei noch weiter, weil er sich am laufenden Band verhaspelt. Candice lacht und erzählt Joe, dass sie in einer Beziehung mit einem berühmten Star (Brad CroweCruise) ist und niemanden sonst treffen kann.

Szene 50: 48 Szenen, 2 ½ Stunden und drei Tüten Popcorn später, hat Joe (der 6 Monate später noch einmal mit Candice zusammenstößt, dieses Mal allerdings im Restaurant, wobei er das Geschirr, das sie gerade trägt, zu Boden wirft) es irgendwie geschafft. Er konnte Candice, die gerade ihre Beziehung zu Brad Crowe-Cruise beendet hat, für sich gewinnen. Candice, die zunächst von Joes Äußerem und von seinem seltsamen Verhalten abgeschreckt worden war, findet sein teddyartiges Aussehen nun liebenswert und vollkommen unwiderstehlich. Joe fällt auf seine Knie und macht Candice einen Antrag, den sie natürlich annimmt. Der Abspann läuft, der Vorhang schließt sich und Sie wischen sich die Tränen mit einem Taschentuch aus dem Gesicht.

Wenn Ihnen dieser Handlungsstrang ziemlich bekannt vorkommt, dann liegt das vor allem daran, dass die Idee, dass Gegensätze sich anziehen, ein Standardgrundsatz unserer Kultur geworden ist. Filme, Romane und Fernseh-Sitcoms schwappen förmlich über vor Geschichten von diametral gegensätzlichen Menschen, die sich leidenschaftlich ineinander verlieben. Es gibt sogar eine Internetseite, die sich nur mit „Gegensätze ziehen sich an"-Filmen wie beispielsweise *e-m@il für Dich* (1998) mit Tom Hanks und Meg Ryan oder *Manhattan Love Story* (2001) mit Jennifer Lopez und Ralph Fiennes befasst (http://marriage.about.com/od/movies/a/oppositesmov.htm). Der Kassenschlager *Beim ersten Mal* aus dem Jahr 2007 mit Seth Rogen und Katherine Heigl ist möglicherweise die aktuellste Hollywoodproduktion dieser Art in dieser nicht enden wollenden Parade von schlecht zusammenpassenden romantischen Verpaarungen (für die unverbesserlichen Filmfans da draußen: Laut der Internetseite ist der Topfilm unter den „Gegensätze ziehen sich an"-Filmen die Komödie *Es geschah in einer Nacht* aus dem Jahr 1934).

Viele Leute glauben, dass Menschen, die in ihrer Persönlichkeit, ihren Einstellungen und ihrem Aussehen so gegensätzlich sind wie Joe und Candice, einander mit ziemlich hoher Wahrscheinlichkeit anziehend finden. Die Psychologin Lynn McCutcheon (1991) fand heraus, dass 77 % der von ihr befragten Studenten der Meinung waren, dass Gegensätze sich in Beziehungen anziehen. In seinem bekannten Buch *So verschieden – doch glücklich verheiratet* informierte der Autor Tim Lahaye seine Leserschaft darüber, dass „zwei Menschen desselben Temperaments einander fast nie heiraten. Warum? Weil gleiche Temperamente sich abstoßen, sie ziehen einander nicht an." Diese Annahme ist auch bei beliebten Internet-Dating-

Gemeinschaften weit verbreitet. Auf einer Internetseite namens „Soulmatch" hielt Harville Hendrix, promovierter Geisteswissenschaftler, fest: „In meiner Erfahrung ziehen sich *nur* Gegensätze an, weil das die Natur der Realität ist" (die Kursivierung stammt von Hendrix, nicht von uns). Später ergänzte er: „der große Irrtum unserer Gesellschaft liegt in der Annahme, dass Verträglichkeit eine gute Basis für eine Beziehung ist – in Wahrheit jedoch ist Verträglichkeit eine gute Basis für Langeweile." Eine andere Internetseite namens „Dating Tipster" informiert ihre Besucher darüber, dass „Das Sprichwort ‚Gegensätze ziehen sich an' in manchen Fällen definitiv stimmt. Vielleicht ist es die Vielfältigkeit der Unterschiede die eine initiale gegenseitige Anziehung schafft ... manche Menschen finden diese Gegensätze aufregend."

Für die meisten Sprichworte aus der Küchenpsychologie gibt es allerdings auch ein gegensätzliches Sprichwort. Obwohl Sie also unter Garantie den Satz „Gegensätze ziehen sich an" kennen, ist Ihnen wahrscheinlich der Spruch „Gleich und gleich gesellt sich gern" genauso geläufig. Welches der beiden Sprichworte lässt sich nun wissenschaftlich besser belegen?

Für Dr. Hendrix sieht es leider schlecht aus. Es scheint, als sei er selbst einem Irrtum aufgesessen. Wenn es um zwischenmenschliche Beziehungen geht, ziehen sich Gegensätze *nicht* an. Stattdessen ist Homophilie (das ist eine schickere Bezeichnung für die Tendenz, dass Menschen, die sich ähneln, einander anziehen) viel eher die Regel als Partner, die einander mit Gegensätzen ergänzen. In dieser Hinsicht liegen Internetseiten wie *Match.com* und *eHarmony.com* richtig, die versuchen, potentielle Partner zueinanderzuführen, die sich in ihrer Persönlichkeit und ihren Einstellungen ähneln (auch wenn es kaum wissenschaftliche Belege darüber gibt, wie erfolgreich diese Internetseiten tatsächlich arbeiten).

In der Tat zeigen Dutzende von Studien, dass Menschen mit ähnlicher Persönlichkeit einander wahrscheinlich viel eher anziehend finden werden als solche mit gegensätzlicher Persönlichkeitsstruktur. Leute mit einer Typ-A-Personalität (also unablässige Antreiber, die konkurrenzbetont, zeitbewusst und feindselig sind) bevorzugen es, mit Personen auszugehen, die ebenfalls zum Typ A gehören. Dasselbe trifft für Menschen des Typs B zu (Menschen dieses Typs sind in der Regel geduldig, entspannt und nicht wettbewerbsorientiert). Dieselben Regeln treffen übrigens auch auf Freundschaften zu. Die Wahrscheinlichkeit, dass wir etwas mit Leuten mit einer ähnlichen Persönlichkeit unternehmen, ist also deutlich höher, als dass wir unsere Zeit mit Leuten mit einer gegensätzlichen Persönlichkeit verbringen.

Die Ähnlichkeit von Charakterzügen ist nicht nur ein guter Prädiktor für auf Anhieb vorhandene Anziehung zwischen zwei Menschen. Sie ist auch ein guter Vorhersager für die Stabilität einer Ehe und für die Zufriedenheit mit der Beziehung. Anscheinend ist eine Ähnlichkeit bezüglich der Gewissenhaftigkeit besonders bedeutsam für eheliche Zufriedenheit. Wenn Sie also hoffnungslos unordentlich und unorganisiert sind, dann sind Sie wahrscheinlich gut damit beraten, sich keinen totalen Ordnungsfanatiker als Partner zu suchen.

Die „Gleich und gleich gesellt sich gern"-Schlussfolgerung beschränkt sich nicht nur auf unsere Persönlichkeit, sie wirkt sich auch auf unsere Einstellungen und Wertvorstellungen aus. Die klassische Arbeit von Donn Byrne und seinen Kollegen zeigt, dass, je ähnlicher die Einstellungen von jemandem den unseren sind (zum Beispiel politische Einstellungen), desto höher die Wahrscheinlichkeit ist, dass wir diese Person mögen werden. Interessanterweise ähnelt diese Verbindung einer linearen Funktion, bei der die proportional höhere Anzahl an ähnlichen Eigenschaften dazu führt, dass zwei Menschen sich proportional mehr mögen. Wir fühlen uns also zweimal so stark von jemandem angezogen, mit dem wir bei 6 von 10 Fragestellungen einer Meinung sind, als von jemandem, mit dem wir nur bei 3 von 10 Fragestellungen einer Meinung sind. Darüber hinaus gibt es Nachweise dafür, dass die Uneinigkeit bei persönlichen Einstellungen sogar eine noch wichtigere Rolle bei der Vorhersage gegenseitiger Anziehungskraft spielt. Das heißt, wenn Leute mit ähnlichen Einstellungen einander eher anziehend finden, so gilt, dass Menschen mit vollkommen unterschiedlichen Einstellungen einander wahrscheinlich überhaupt nicht attraktiv finden. Legt man also die persönlichen Einstellungen als Indikator für den Grad der gegenseitigen Anziehung zugrunde, ist es nicht nur so, dass Gegensätze einander nicht anziehen: Sie stoßen einander sogar ab.

Eine ähnliche Studie führten Peter Buston und Stephen Emlen (2003) durch. Sie forderten 978 Probanden auf, die Rangfolge von 10 Charaktereigenschaften, die ihnen bei einem Partner für eine lange Beziehung wichtig sind, festzulegen. Darunter befanden sich Eigenschaften wie Wohlstand, Ambitioniertheit, Treue, Erziehungsstil und Attraktivität. Danach sollten die Versuchsteilnehmer sich selbst bezüglich dieser Dispositionen einschätzen. Die beiden Zusammenstellungen ähnelten sich signifikant, bei Frauen noch mehr als bei Männern. Wieso es hier Unterschiede zwischen den Geschlechtern gibt, ist allerdings nicht geklärt. Man sollte die Untersuchungsergebnisse von Buston und Emlen jedoch nicht zu hoch bewerten, da sie lediglich auf Selbsteinschätzungen der Probanden beruhen. Aussagen über Erwartungen an einen Partner sind nicht immer gleichbedeutend mit dem, was man sich von einem Gefährten tatsächlich wünscht, und oft sind Menschen befangen darin, sich selbst zu beschreiben. Außerdem stimmt das, was Leute angeben, an anderen Menschen zu schätzen, nicht immer mit dem überein, was sie schlussendlich an einer anderen Person anziehend finden (viele von Ihnen haben sicher schon die Erfahrung gemacht, dass wir uns für einen Partner entschieden haben, von dem wir wussten, dass er uns nicht guttut). Dennoch stimmen Buston und Emlens Untersuchungsergebnisse weitestgehend mit dem überein, was auch andere Studien bereits gezeigt haben: Wenn wir einen Seelenverwandten suchen, dann halten wir uns meistens an Personen, die ähnliche Ansichten und Wertvorstellungen haben wie wir selbst.

Wie ist dann also der Irrtum entstanden, dass Gegensätze sich anziehen? Niemand kann das genau sagen, aber wir möchten drei Möglichkeiten zur Diskussion stellen. Erstens macht sich dieser Mythos verdammt gut in Hollywoodfilmen. Geschichten wie die von Joe und Candice, die schließlich zueinanderfinden, sind doch wesentlich interessanter als die von zwei Personen, die auf den ersten Blick hin so gut harmonieren, dass sie zu einem Paar werden. In den meisten Fällen sind die erstgenannten Geschichten einfach herzzerreißender. Und weil uns Geschichten nach dem Motto „Gegensätze ziehen sich an" in Filmen, Büchern und Fernsehsendungen wesentlich häufiger begegnen als „Gleich und gleich gesellt sich gern"-Geschichten, prägen sie sich wesentlich besser bei uns ein. Zweitens sehnen wir uns alle nach jemandem, der uns vervollständigt und uns dabei hilft, unsere Schwächen auszugleichen. Bob Dylan schrieb in einem seiner Liebeslieder von seiner Sehnsucht, seinen „fehlenden Teil" zu finden, der ihn vervollständigen würde, ähnlich wie ein Puzzleteil (*The Wedding Song*, erschienen im Jahr 1973). Aber wenn es hart auf hart kommt, fühlen wir uns meist doch von den Menschen angezogen, die uns ähnlich sind. Drittens und zu guter Letzt ist es möglich, dass der Irrtum „Gegensätze ziehen sich an" vielleicht ein kleines Körnchen Wahrheit enthält. Ein Partner, der uns nicht in allem gleich ist, peppt eine Beziehung schließlich auf! Jemand, der zu allem dieselbe Meinung hat wie man selbst, kann viel Sicherheit geben, aber genauso langweilig sein. Forscher haben die „Ähnlich, aber in einigen Punkten doch anders = attraktiv"-Hypothese allerdings noch nicht untersucht. Bis jemand dies tut, ist es für den Joe von nebenan wahrscheinlich sicherer, sich eine übergewichtige Bibliothekarin als Partnerin zu suchen.

Irrtum 21 Männer und Frauen kommunizieren auf vollkommen unterschiedliche Art und Weise

Nur wenige Themen haben mehr verbrauchte Tinte von Poeten, Autoren und Songwritern gefordert wie die uralte Frage, warum Männer und Frauen einander nicht zu verstehen scheinen. Selbst wenn wir uns nur auf Rock 'n' Roll beschränken, ist die Zahl der Lieder, die sich mit der schlechten Kommunikation zwischen Mann und Frau beschäftigen, wahrscheinlich nicht erfassbar. Nehmen wir ein paar Zeilen aus dem Lied *Misunderstanding* von Genesis als Beispiel:

> There must be some misunderstanding
> There must be some kind of mistake
> I waited in the rain for hours
> You were late
> Now it's not like me to say the right thing
> But you could've called to let me know.

Natürlich befassen sich nicht nur Musiker mit diesem Thema. Auch berühmte Persönlichkeitspsychologen haben ihre Verzweiflung über misslungene Versuche, das andere Geschlecht zu verstehen, zum Ausdruck gebracht. Kein Geringerer als Sigmund Freud sagte zu Marie Bonaparte (einer Psychoanalytikerin und Großgroßnichte von Napoleon Bonaparte):

Die große Frage, die nie beantwortet wurde, und auf die auch ich noch keine Antwort gefunden habe, obwohl ich seit 30 Jahren die weibliche Seele erforsche, lautet: „Was will eine Frau?" (Freud, zitiert nach Jones, 1955)

Natürlich besteht der heimliche Verdacht, dass viele weibliche Persönlichkeitspsychologen sich dieselbe Frage über das männliche Geschlecht stellen.

Der Irrglaube daran, dass Frauen und Männer auf vollkommen verschiedene Arten kommunizieren und hierbei Opfer ewiger Missverständnisse werden, ist in der allgemeinen Überlieferung fest verwurzelt. Viele Fernsehsendungen und Zeichentrickserien wie *The Honeymooners, The Flinststones* oder etwas aktueller *The Simpsons* und *King of the Hill* greifen oft auf die häufig ungewollt komischen Kommunikationsunstimmigkeiten zwischen Ehemännern und Ehefrauen zurück. Die Männer in diesen Sendungen sprechen über Sport, Essen, Jagen und Wetten, die Frauen über Gefühle, Freundschaften, Beziehungen und das Leben zu Hause. Außerdem werden Männer gewöhnlicherweise als weniger emotional dargestellt und, um es freundlich auszudrücken, dümmer als Frauen.

Umfragen zeigen, dass Collegestudenten Männer und Frauen ebenfalls als unterschiedlich in ihren Kommunikationsstilen wahrnehmen. Besonders Studierende im Grundstudium glauben, Frauen würden bedeutend mehr sprechen als Männer und seien besonders gut darin, subtile nonverbale Hinweise während Unterhaltungen zu erkennen.

Wenn jemand viele aktuelle Veröffentlichungen im Bereich Psychologie liest, könnte er dem Glauben verfallen, Frauen und Männer seien nicht nur unterschiedliche menschliche Wesen, sondern sogar unterschiedliche Arten. Die britische Sprachwissenschaftlerin Deborah Tannen stützte in ihrem Buch *Du kannst mich einfach nicht verstehen* (1991) diese Ansichtsweise. Sie postulierte darüber hinaus, dass die Kommunikationsstile von Männern und Frauen sich in ihrer Art unterscheiden, nicht nur in Abstufungen. Ihre Aussagen basieren dabei allerdings lediglich auf formlosen und anekdotenhaften Beobachtungen. Laut Tannen „sprechen und hören Frauen in einer Sprache, die sich durch Verbundenheit und Intimität auszeichnet, während die Sprache und die Wahrnehmung der Männer von Status und Unabhängigkeit geprägt ist" (S. 42).

Der populäre amerikanische Psychologe John Gray ging einen Schritt weiter und verglich Männer und Frauen mit Wesen von verschiedenen Planeten. In seiner unglaublich erfolgreichen Reihe von Selbsthilfebüchern, angefangen bei *Männer sind anders, Frauen auch* (1992), über *Mars, Venus & Eros* (1995), *Mars sucht Venus, Venus sucht Mars* (1997), *Mars & Venus im Büro* (2002) und *Mars und Venus – die Liebe siegt* (2009), hat Gray seine radikale Meinung immer weiter entwickelt, Männer und Frauen hätten so unterschiedliche Kommunikationsstile bezüglich ihrer Bedürfnisse, dass sie einander überhaupt nicht verstehen könnten. Gray schrieb 1992, dass „Frauen und Männer nicht nur in vollkommen unterschiedlichen Arten kommunizieren, sondern auch verschieden denken, fühlen, wahrnehmen, reagieren, antworten, lieben, Bedürfnisse haben und wertschätzen" (S. 5). Unter anderem behauptet Gray, dass „die Sprache der Frauen sich auf Intimität und Verbundenheit fokussiert, die der Männer dagegen auf Unabhängigkeit und Wettkampf". Außerdem meint Gray, dass Frauen, wenn sie sich aufregen, ihre Gefühle zum Ausdruck bringen, Männer sich dagegen zurückziehen.

Grays *Mars und Venus*-Bücher wurden in 43 Sprachen übersetzt und haben sich über 40 Millionen Mal verkauft. USA Today nannte Grays Buch *Männer sind anders, Frauen auch* (1992) das einflussreichste Buch des 20. Jahrhunderts und Schätzungen zufolge sind Grays Titel nach der Bibel die meistverkauften Bücher in den 1990er Jahren. Gray hat in den USA über 25 *Mars und Venus*-Beratungszentren eröffnet, mit dem Ziel, die Kommunikation zwischen den befremdlichen Welten der Männer und Frauen zu verbessern. Auf seiner Internetseite befindet sich eine Anleitung für den Zugriff auf den *Mars and Venus Dating Service* sowie eine Telefonhotline. Im Jahr 1997 setzte Gray seine *Mars und Venus*-Buchtitel sogar in einem Musical um, das am Broadway aufgeführt wurde.

Wenngleich Gray und andere populäre Psychologen keinen einzigen Versuch durchgeführt haben, um ihre Behauptungen zu beweisen, so haben doch viele andere Forscher Beweise untersucht, die sich auf die unterschiedliche Kommunikation der beiden Geschlechter beziehen. Folgende vier Fragen lassen sich in Bezugnahme auf diese Forschungsergebnisse besonders gut beantworten: (1) Sprechen Frauen mehr als Männer? (2) Geben Frauen mehr über sich selbst preis als Männer? (3) Unterbrechen Männer Gespräche häufiger als Frauen? (4) Nehmen Frauen nonverbale Hinweise eher wahr als Männer?

Außerdem wollen wir uns einer weiteren Frage annähern: Sofern es überhaupt Unterschiede gibt, wie groß sind sie tatsächlich? Um diese Frage zu beantworten, verwenden Psychologen häufig eine Kennzahl namens Cohens d, benannt nach dem amerikanischen Psychologen Jacob Cohen. Ohne in die mörderischen Details der Statistik vorzudringen, kann man sagen, dass Cohens d besagt, wie groß der Unterschied zwischen zwei Gruppen relativ zur Variabilität innerhalb dieser Gruppen ist (gemeint sind also die Mittelwertunterschiede zwischen zwei Gruppen). Als groben Bezugspunkt kann man nennen, dass nach Cohens d .2 ein ziemlich kleiner, .5 ein mittlerer und .8 ein starker Effekt ist. Um einige Maßstäbe zur Orientierung zu geben, hier einige Beispiele: Der Cohens-d-Wert der durchschnittlichen Unterschiede zwischen Männern und Frauen bezogen auf die Persönlichkeitseigenschaft Gewissenhaftigkeit (mit dem Ergebnis, dass Frauen gewissenhafter sind als Männer) liegt bei .18, für physische Aggression (mit dem Ergebnis, dass Männer aggressiver sind als Frauen) bei .60 und für Körpergröße (mit dem Ergebnis, dass Männer größer sind als Frauen) bei 1.7.

(1) *Sprechen Frauen mehr als Männer?* Auch wenn die Annahme, dass Frauen mehr sprechen als Männer, schon seit Jahrzehnten vorherrscht, heizte die Psychiaterin Louann Brizendine die Diskussion mit ihrem Buch *Das weibliche Gehirn* (2007) neu an. Brizendine zitierte die Behauptung, Frauen würden täglich durchschnittlich 20 000 Wörter verwenden, während Männer nur 7000 Wörter sprechen würden. Jede Menge unterschiedlicher Medien berichteten über diesen Unterschied, als sei er wissenschaftlich erwiesen. Wenn man der Angelegenheit jedoch auf den Grund geht, so muss man feststellen, dass die „Untersuchungsergebnisse" auf einem Selbsthilfebuch und einer Reihe von Informationen aus zweiter Hand beruhen und nicht auf systematischer Forschung. Und tatsächlich nahm Brizendine diese Behauptung in der zweiten Auflage ihres Buches nicht mehr auf. Als die Psychologin Janet Hyde (2005) die Ergebnisse von 73 kontrollierten Studien in einer Metaanalyse zusammenführte, lag ihr Untersuchungsergebnis bei einem Cohens d von .11, was eine leicht erhöhte Gesprächigkeit bei Frauen gegenüber Männern zeigte. Dennoch ist dieser Unterschied geringer als gering und im Alltag kaum wahrnehmbar. Der Psychologe Matthias Mehl und seine Kollegen ergänzten dieses Bild der Gesprächigkeitsbehauptung mit einer Studie, in der sie die Unterhaltungen von 400 Collegestudenten untersuchten, die ein tragbares Aufnahmegerät mit sich führten. Sie fanden heraus, dass Frauen wie auch Männer pro Tag etwa 16 000 Wörter sprachen.

(2) *Geben Frauen mehr über sich selbst preis als Männer?* Bezüglich der Annahme, dass Frauen wesentlich mehr über persönliche Angelegenheiten sprechen als Männer, brachte eine Metaanalyse von Hyde (2005), die 205 Studien zum Inhalt hatte, ein Cohens d von .18 ans Tageslicht. Dieses Ergebnis zeigt nur einen geringen Unterschied und besagt, dass Frauen nur wenig mehr über sich selbst preisgeben als Männer.

(3) *Unterbrechen Männer Gespräche häufiger als Frauen?* Auch zu dieser Annahme zeigten Hydes Untersuchungsergebnisse (2005) nur geringe

Unterschiede zwischen Männern und Frauen, was sich in einem Cohens-d-Wert von .15 darstellte. Dieser Unterschied ist jedoch schwierig zu interpretieren, weil die Forschung darauf hindeutet, dass Unter-
brechungen und ein Sich-Abwechseln bei Gesprächen zum Teil dem
sozialen Status entsprechen. Bei den Studien, in denen Frauen das Gespräch dominierten, unterbrachen diese auch häufiger, hatten häufiger das Wort und sprachen insgesamt länger als Männer.

(4) *Nehmen Frauen nonverbale Hinweise eher wahr als Männer?* Hier ist die
Antwort vergleichsweise eindeutig und ein klares Ja. Metaanalysen an
Erwachsenen durchgeführt von Judith Hall (1978, 1984), in denen die
Fähigkeiten der Teilnehmenden untersucht wurden, Emotionen in
Gesichtern von Menschen zu erkennen und auseinanderzuhalten
(zum Beispiel Traurigkeit, Glücklichsein, Wut und Angst), wiesen
einen Cohens-d-Wert von .40 auf, auch wenn Untersuchungen derselben Art bei Kindern und Jugendlichen einen geringeren Unterschied
von lediglich .13 aufwiesen.

Männer und Frauen kommunizieren also tatsächlich auf geringfügig unterschiedliche Art und Weise und manche Unterschiede sind sogar groß
genug, um von Bedeutung zu sein. Praktisch gesehen sind Männer und
Frauen sich jedoch viel ähnlicher als sie sich in ihrer Kommunikation voneinander unterscheiden. Es ist nicht eindeutig nachgewiesen, inwiefern
sich die bestehenden Unterschiede auf tatsächliche Unterschiede zwischen
den Geschlechtern zurückführen lassen oder Geschlechterunterschiede in
Machtunterschieden auswirken. Durch sämtliche Studien hindurch über-
steigen die Geschlechterunterschiede bei der Kommunikation selten den
kleinen Bereich, den Cohens d umfasst. John Grays Büchern, Beratungs-
zentren und Broadway-Musicals zum Trotz sind Männer nicht vom Mars
und Frauen nicht von der Venus. Mit den Worten der Kommunikations-
wissenschaftlerin Kathryn Dindia (2006) ist es wahrscheinlich genauer zu
sagen, dass „Männer aus Norddakota und Frauen aus Süddakota stammen" (S. 4).

Irrtum 22   Es ist besser, seinem Ärger anderen gegenüber Luft zu machen als ihn in sich hineinzufressen

Patrick Henry Sherrill zeichnet der zweifelhafte Ruhm aus, derjenige zu sein, der den Begriff „going postal", zu deutsch Amok laufen, geprägt hat, weil er den schlimmsten Massenmord der amerikanischen Geschichte begangen hat. Am 20. August 1986 war es Sherrill, der bei dem Gedanken daran, dass er seinen Job als Angestellter bei der Post verloren hatte, mit zwei Waffen, die er in seiner Posttasche versteckt hatte, 14 Angestellte tötete und sechs weitere verwundete, bevor er sich selbst im Postamt von Edmond, Oklahoma, das Leben nahm.

Viele Menschen benutzen den Begriff „going postal" im Englischen nun, um zu umschreiben, dass jemand unkontrollierbar wütend und gewalttätig wird. „Road rage", also aggressives Autofahren, ist ein umgangssprachlicher Ausdruck, der sich auf Wutausbrüche im Straßenverkehr bezieht – durchaus auch mit Todesfolge. Am 16. April 2007 fuhr Jason Reynolds mit seinem Wagen direkt vor Kevin Normans Fahrzeug und bremste abrupt ab, nachdem er zuvor hinter ihm mit den Fernlichtern aufgeblendet hatte und ihm dicht aufgefahren war. Als Reynolds direkt vor Norman einscherte, lenkte dieser seinen Wagen zur Seite, um einen Auffahrunfall zu vermeiden. Sein Fahrzeug durchbrach dabei die Mittelleitplanke und landete auf dem Dach eines entgegenkommenden Fahrzeugs. Norman sowie der andere Fahrer wurden bei dem Unfall getötet (*The Washington Times*, 2007).

Hätten Sherrill und Reynolds ihre tödlichen Wutausbrüche verhindern können, wenn sie ihre aufgestaute Wut zu Hause abgelassen hätten, beispielsweise indem sie ein Kissen geboxt oder einen Plastikschläger verwendet hätten, um ihre Wut abzureagieren? Wenn Sie wie die Mehrheit der Menschen denken, so glauben Sie nun, dass es gesünder ist, seine Wut auszuleben als sie in sich aufzustauen. In einer Umfrage gaben 66 % der befragten Studenten zur Antwort, dass es die Gefahr aggressiven Verhaltens verringere, wenn man seiner aufgestauten Wut Luft macht (Brown, 1983). Der Ursprung dieses Glaubens ist bereits mehr als 2000 Jahre alt und geht auf den griechischen Philosophen Aristoteles zurück, der in seinem Klassiker *Poetik* anmerkte, dass das Anschauen tragischer Theaterstücke die Möglichkeit zur *Katharsis* enthält, also eines Sichentledigens von Wut und anderen negativen Gefühlen und somit ein befriedigendes Reinigungserlebnis mit sich bringt.

Auch Sigmund Freud (1930/1961) war ein einflussreicher Befürworter der Katharsis und glaubte, dass unterdrückte Wut sich aufbauen und gären könne, ähnlich wie Dampf in einem Dampfkessel, bis sie so stark würde, dass sie psychische Erkrankungen wie Hysterie auslösen könne. Der Schlüssel zur Therapie und zu rosiger Gesundheit, so Freud und seine Anhänger, läge darin, den Druck der negativen Gefühle zu dämpfen, indem man über diese spräche und sie kontrolliert abließe. Die Figur aus den *Marvel*-Comics *Hulk* ist eine Metapher für die Konsequenzen des Versagens bei der Kontrolle von Wut, die immer am Rande des Bewusstseins lauert. Immer wenn der wilde Bruce Banner zu viel Wut aufstaut oder provoziert wird, verwandelt er sich in sein tobendes Alter Ego: Hulk.

Wut ist, so erklärt es uns die populäre Psychologie, ein Monster, das wir zähmen müssen. Eine Menge Filme vermitteln die Idee, dass wir dies tun können, indem wir „Dampf ablassen", „in die Luft gehen" oder „uns etwas von der Seele reden". In dem Film *Reine Nervensache* (1999) rät ein Psychiater (gespielt von Billy Crystal) einem New Yorker Gangster (dargestellt von Robert De Niro), in ein Kissen zu schlagen, wenn er wütend ist. Im Film *Network* (1976) verlangt ein wütender Nachrichtensprecher von seinen Zuschauern angesichts der hohen Ölpreise, der stark rückgängigen Wirtschaft und des Kriegszustands des eigenen Landes, ihrer Frustration Luft zu machen, indem sie alle die Fenster öffnen und brüllen: „Ich bin stinksauer und ich werde das nicht mehr akzeptieren." Als Reaktion auf seine Aufforderung tun Millionen von US-Bürgern genau dies. In dem Film *Die Wutprobe* (2003) muss der kleinlaute Held Dave Buznik (gespielt von Adam Sandler) gerichtlich angeordnet an den Sitzungen einer Aggressionsbewältigungs-Selbsthilfegruppe, geleitet von Dr. Buddy Rydell (dargestellt von Jack Nicholson), teilnehmen, nachdem er fälschlicherweise sogenannter „Flugwut" beschuldigt wurde. Auf Dr. Rydells Rat hin bewirft Buznik Schulkinder mit Softbällen und schmeißt mit Golfschlägern um sich, um seine Wut abzureagieren.

Die Ratschläge, die Dr. Rydell erteilt, sind denen aus Selbsthilfebüchern zum Thema Aggressionsbewältigung sehr ähnlich. John Lee (1993) schlug vor, dass man lieber ein Kissen oder einen Boxsack schlagen sollte, als die giftige Wut in sich zu behalten. Und während man Kissen schlage, solle man schreien und fluchen und jammern und brüllen. Wenn man einer bestimmten Person böse sei, solle man sich deren Gesicht auf dem Kissen, auf das man einschlage, vorstellen und seine Wut so körperlich und verbal ablassen. Dr. George Bach und Dr. Herb Goldberg (1974) schlugen die Übung „Vesuv" – benannt nach dem Vulkan – vor, bei der „Individuen ihre aufgestaute Frustration, Abneigungen, Verletzungen, Feindseligkeiten und Wut aus vollem Hals während ihres Ausbruchs abreagieren können" (S. 180).

Im Internet gibt es eine ganz Reihe von Angeboten zur Prävention von Wutkernschmelzen. Eines unserer Lieblingsangebote nennt sich „Choker Chicken", zu Deutsch Würge-Huhn. Wenn Sie den „Choker" anmachen, bekommen Sie eine lebhafte Darbietung des Hühnertanzes. Wenn Sie das Huhn würgen, so reagiert es sofort mit rudernden Beinen, herausstehenden Augen und sich rötenden Wangen. Wenn Sie den Druck auf den Hals verringern, hören sie eine schnell abgespielte Version des Hühnertanzes, was vielleicht dazu führt, dass Sie sich weiterer „Aggressionsbewältigung" widmen. Wenn Sie der Gedanke daran nicht erfreut, ein Huhn zu würgen (nicht mal ein Plastikhuhn), ist vielleicht der „Choking Strangler Boss" etwas für Sie. Wenn Sie seine linke Hand drücken, verhöhnt er Sie mit bösartiger Kritik. Zum Beispiel sagt er Ihnen, dass Sie Überstunden machen müssen, obwohl Sie krank sind. Wenn Sie den Chef dann würgen, stehen seine Augen heraus, seine Arme und Beine rudern in der Luft und er sagt Ihnen, dass Sie eine Gehaltserhöhung verdient haben oder dass Sie einige Zeit Urlaub nehmen können. Mission erfüllt.

Techniken, um mit Wut umzugehen, haben ihren Weg sogar in einige Psychotherapieformen gefunden. Einige Therapien ermutigen Patienten zu schreien, Kissen zu schlagen oder Bälle gegen Wände zu werfen, wenn sie böse werden. Befürworter der Primärtherapie, umgangssprachlich auch Primär-Schrei-Therapie genannt, glauben, dass psychisch gebeutelte Erwachsene emotionale Schmerzen, die durch Kindheitstraumata entstanden sind, durch Schreien abbauen müssen. Einige Städte in Amerika, dazu zählt Atlanta in Georgia, haben immer noch Primärtherapiezentren. Eine Internetseite, die für „The Center for Grieving Children" wirbt, schlägt vor, dass man eine „mad box", also eine Wutbox, verwendet, um Kindern dabei zu helfen, mit ihren Gefühlen umzugehen (http://www.cgcmaine. org/childrensactivities.html). Die Box ist einfach zu bauen: „(1) Das Kind sollte Bilder aus einer Zeitschrift ausschneiden oder Dinge aufschreiben, die es wütend machen. Füllen Sie die Ergebnisse dieser Arbeit in die Box. (2) Kleben Sie die Box zu. (3) Lassen Sie das Kind mit einem Plastikschläger auf die Box einschlagen oder sie mit den Füßen zertreten, bis sie nur noch aus Fetzen besteht. (4) Verbrennen oder entsorgen Sie die Über-reste."

Einige vermeintlich kathartische therapeutische Ansätze, die dazu die-nen sollen, mit Wut besser zurechtzukommen, sind wohl noch bizarrer. Menschen in einigen spanischen Städten wie Soria, Murcia oder Bilbao üben die sogenannte „Destructotherapie" aus, um Arbeitsstress zu bewälti-gen: Männer und Frauen zerstören schrottreife Autos und Haushaltsgeräte mit Vorschlaghämmern im Takt von Rockmusik. Diese „Therapie" könnte durch den Film *Alles Routine* (1999) inspiriert worden sein, der eine Szene beinhaltet, in welcher wütende Angestellte, die ihren Job und ihren Chef hassen, einen Drucker aus dem Büro entwenden und diesen auf einer Wiese mit Baseballschlägern kurz und klein schlagen.

Wenn man diese Spinnereien jetzt mal beiseite lässt, enthüllt die For-schung eindeutig, dass die Katharsishypothese falsch ist. Seit mehr als 40 Jahren haben Studien gezeigt, dass es die Aggression wesentlich steigert, wenn man seine Wut direkt gegen eine Person oder indirekt (zum Beispiel an einem Objekt) zum Ausdruck bringt. In einer der ersten Studien zu die-sem Thema schlugen Probanden, die kurz zuvor beleidigt worden waren, Nägel in Holzstücke. Nach dieser Aktivität waren die Probanden in den meisten Fällen denjenigen gegenüber, die sie beleidigt hatten, noch reser-vierter als zuvor. Auch das Ausüben von aggressiven Sportarten, die eigent-lich eine reinigende Wirkung haben sollten, wie z.B. American Football, führt eher zu einer Steigerung der Aggression. Das Spielen gewalttätiger Videospiele wie *Manhunt*, in dem blutige Massenmorde auf einer Skala bewertet werden, wird auch mit einer Steigerung der Aggressivität in Ver-bindung gebracht – im Labor wie auch im echten Leben.

Wütend zu werden, ist also nicht gleichbedeutend mit „Dampf ablas-sen": Letzteres facht die Flammen unserer Wut nur noch mehr an. For-schungsergebnisse legen nahe, dass es nur hilft, Ärger zum Ausdruck zu bringen, wenn dieser Vorgang durch konstruktives Problemlösen begleitet wird, das sich an die Quelle unseres Ärgers wendet. Wenn wir also auf un-seren Partner sauer sind, weil er wiederholt zu spät kommt, fühlen wir uns wahrscheinlich nicht besser, wenn wir ihn angeschrien haben, geschweige denn haben wir damit die Situation verändert. Unseren Unmut hingegen ruhig und nachdrücklich vorzubringen („Ich denke, du machst das wahr-scheinlich nicht mit Absicht, aber es verletzt meine Gefühle, wenn du zu spät kommst"), kann häufig dazu beitragen, einen Konflikt zu lösen.

Die Medien unterstützen möglicherweise, dass Menschen ihre Wut ausleben: Leute leben ihre Aggressivität aus, weil sie glauben, dass sie sich danach besser fühlen werden. Brad Bushman und seine Kollegen gaben Versuchsteilnehmern gefälschte Zeitungsartikel, in denen behauptet wurde, dass es ein guter Weg sei, Ärger abzubauen, indem man sich aggressiv verhält. Danach erhielten die Probanden kritische Kommentare zu Essays zum Thema Abtreibung, die sie geschrieben hatten („Dieses hier ist der schlechteste Essay, den ich je gelesen habe!"). Die Versuchspersonen, die den Pro-Katharsis-Artikel gelesen und anschließend auf einen Boxsack eingeschlagen hatten, wurden jedoch – genau im Gegensatz zur Hypothese – ihren Kritikern gegenüber immer aggressiver. Sie waren um ein Mehrfaches aggressiver als die Versuchsteilnehmer, die den Artikel gelesen hatten, der der Katharsishypothese widersprach.

Warum ist der Katharsisirrtum trotz der Fülle an Beweisen, dass Wut Aggression schürt, immer noch so weit verbreitet? Vielleicht weil Menschen sich manchmal kurzzeitig besser fühlen, nachdem sie Dampf abgelassen haben. Menschen schreiben die Tatsache, dass sie sich besser fühlen, wenn sie ihrer Wut freien Lauf gelassen haben, eher einer Katharsis zu, als der Tatsache, dass Wut nach einiger Zeit von alleine nachlässt. Wie Jeffrey Lohr und seine Kollegen beobachteten, handelt es hierbei um einen Posthoc-Fehlschluss: den Fehler anzunehmen, dass eine Gegebenheit die Ursache für die zweite Gegebenheit sein muss, nur weil das eine dem anderen vorausging (siehe Einleitung, S. 30). Wir stimmen daher an dieser Stelle mit Carol Tavris (1988) überein, dass „es an der Zeit ist, ein und für allemal, der Katharsishypothese ein Ende zu bereiten" (S. 197). Aber werden wir uns besser – oder schlechter – fühlen, wenn wir dieser Angelegenheit ein Ende bereitet haben?

8 Kenne dich selbst

Irrtümer über Persönlichkeit

Irrtum 23 Geringes Selbstbewusstsein ist der Hauptgrund für psychische Probleme

Am Morgen des 20. April 1999 – vielleicht nicht zufällig an Adolf Hitlers 110. Geburtstag – schlenderten zwei Schüler in schwarze Trenchcoats gekleidet in die Columbine High School in Littleton, Colorado. Vor diesem Morgen waren Eric Harris und Dylan Klebold zwei unbekannte junge Amerikaner, am Abend desselben Tages waren ihre Namen in aller Munde. Mit einem Sortiment aus Waffen und Bomben bewaffnet, jagten und töteten sie zwölf Studenten und einen Lehrer, bevor sie sich selbst das Leben nahmen.

Die Tragödie hatte sich gerade erst ereignet, als bereits unzählige Sendungen mit Psychologen und Berichterstattern über den Äther gingen, die über die Ursachen der Tat spekulierten. Auch wenn die Experten sich auf viele verschiedene Einflüsse beriefen, mauserte sich einer dieser Einflüsse schnell zum Spitzenreiter: geringes Selbstbewusstsein. Die Meinungen, die auf einer Internetseite zum Ausdruck kamen, fielen erwartungsgemäß aus:

Die Schießereien an der Columbine High School und anderen Schulen überall im Land haben alle das beängstigende Muster, dass Kinder andere Kinder erschießen ... Es ist nicht nur entscheidend, dass Waffen nicht in Kinderhände geraten, sondern auch von besonders großer Wichtigkeit, dass wir unseren Kindern beibringen, sich selbst und andere wertzuschätzen. (www.axelroadlearning.com/teenvaluestudy.htm)

Andere Fachleute haben den vermeintlichen epidemischen Anstieg von Schießereien in Schulen in Amerika mit einer merklichen Abnahme des Selbstbewusstseins zu erklären versucht (wir schreiben „vermeintlich", weil die Behauptung, dass Angriffe in Schulen zugenommen hätten, selbst ein Mythos ist). Die wenigen Experten für psychische Gesundheit, die diese Annahme in Frage gestellt haben, wurden nicht immer gehört. In einer Talkshowsendung, die 1990 ausgestrahlt wurde, versuchte ein Psychologe geduldig zu erläutern, dass es für Gewalt im Jugendalter viele verschiedene Gründe geben kann. Ein Produktionsleiter, der glaubte, die Erklärungen des Psychologen seien unnötig kompliziert, winkte wütend mit einer großen Karte mit der Aufschrift „SELBSTBEWUSSTSEIN!"

Einige bekannte Psychologen haben lange Zeit behauptet, dass geringes Selbstbewusstsein der Hauptauslöser für viele ungesunde Verhaltensweisen ist, unter anderem für Gewalt, Depressionen, Angststörungen und Alkoholsucht. Seit Norman Vincent Peales Klassiker *Die Kraft positiven Denkens* (1954) gehören Selbsthilfebücher, die den Wert des Selbstbewusstseins kundtun, zur allgemeinen Grundausstattung in Buchhandlungen. In seinem Bestseller *Die sechs Säulen des Selbstbewusstseins* (1995) insistiert der Selbstwertgefühl-Guru Nathaniel Branden darauf, dass ihm

nicht ein einziges psychisches Problem einfällt – von Angststörungen über Depressionen, Angst vor Intimität oder vor Erfolg bis zu Gewalt in Beziehungen und Kindesbelästigung –, das nicht auf geringes Selbstbewusstsein zurückzuführen ist. (Branden, 1995)

Die National Association for Self-Esteem behauptet sehr ähnlich, dass

eine enge Beziehung zwischen geringem Selbstbewusstsein und Problemen wie Gewalt, Alkoholsucht, Drogenmissbrauch, Essstörungen, Abbrüchen der Schulausbildung, Schwangerschaft im Jugendalter, Suizid und schlechten akademischen Leistungen erwiesen sei. (Reasoner, 2000)

Die Annahme, dass geringes Selbstbewusstsein schädlich für die psychische Gesundheit ist, hat sich stark auf die öffentliche Politik ausgewirkt. Im Jahr 1986 gründete der Staat Kalifornien eine Arbeitsgruppe für Selbstbewusstsein und persönliche sowie soziale Verantwortung, die jährlich mit $ 245 000 unterstützt wird. Ihr Ziel war es, negative Auswirkungen geringen Selbstwertgefühls zu identifizieren und Möglichkeiten zu finden, diese zu heilen. Der Leiter dieser Arbeitsgruppe, der kalifornische Abgeordnete John Vasconcellos, behauptete, dass das Stärken des Selbstbewusstseins der Bürger Kaliforniens dabei helfen könne, das staatliche Budget auszugleichen.

Die Selbstbewusstseinsbewegung hat auch die etablierte Erziehungs- und Berufspraxis erobert. Viele amerikanische Lehrer fordern ihre Schüler auf, in Listen aufzuführen, warum sie gute Menschen sind, in der Hoffnung, damit das Selbstwertgefühl der Kinder zu stärken. Einige Sportvereine vergeben an alle Kinder Pokale, um zu vermeiden, dass sich die Verlierer minderwertig fühlen. Eine Grundschule in Santa Monica, Kalifornien, hat Kindern verboten, Fangen zu spielen, weil „die Kinder sich dabei nicht gut fühlten", und wieder andere Schulen nennen Schüler, die nicht gut schreiben können, „individuelle Buchstabierer", um ihre Gefühle nicht zu verletzen. Eine Reihe amerikanischer Firmen sind ebenfalls auf den Selbstwertgefühlzug aufgesprungen: Die Scooter Store Inc. in New Braunfels in Texas stellte einen „Gute-Laune-Angestellten" ein, dessen Aufgabe es ist, einmal in der Woche 12 kg Konfetti über die Mitarbeiter der Firma zu werfen, um ihr Selbstwertgefühl zu steigern. Die Firma Container Store hat „Lob-Mailboxen" eingerichtet, um fortwährendes Lob an ihre Mitarbeiter zu spenden.

Zudem ist das Internet mit pädagogischen Büchern und Produkten vollgestopft, die dazu dienen sollen, das Selbstbewusstsein von Kindern aufzublähen. Ein Buch, *Self-Esteem Games* (Sher, 1998), beinhaltet 300 Aktivitäten (zum Beispiel das ständige Wiederholen positiver Bekräftigungen, die betonen, dass das Kind einmalig ist), die dabei helfen sollen, dass Kinder sich rundum wohl fühlen. Ein anderes Buch von Robert D. Ramsey mit dem Titel *501 Ways to Boost Your Children's Self-Esteem* (2002) ermutigt Eltern, ihren Kindern mehr Mitspracherecht bei Familienentscheidungen zu geben, beispielsweise bei der Frage, wie sie selbst nach einer begangenen Frechheit bestraft werden sollen. Außerdem kann man im Internet ein „Selbstbewusstsein-Fragen-Set" bestellen, dessen Karten mit Fragen wie „Welches Ziel haben Sie zuletzt erreicht?" oder „Welche Auszeichnung wurde Ihnen zuletzt erteilt, auf die Sie stolz sind?" bedruckt sind. Sogar Selbstwertgefühl-Müslischalen geschmückt mit dem Aufdruck „Ich bin talentiert" oder „Ich sehe toll aus!" können im Internet erstanden werden.

Aber leider gibt es ein Haar in der Suppe. Die meisten Forschungsergebnisse zeigen, dass ein niedriges Selbstwertgefühl nicht mit schlechter psychischer Gesundheit in Verbindung gebracht werden kann. In einer äußerst sorgfältigen Erhebung prüften Roy Baumeister, Jennifer Campbel, Joachim Krueger und Kathleen Vohs (2003) alle verfügbaren Versuchsergebnisse – über 15 000 Studien –, die Selbstbewusstsein mit so ziemlich jeder denkbaren psychologischen Variablen in Verbindung gebracht hatten. Im Gegensatz zu den weit verbreiteten Behauptungen entdeckten sie, dass Selbstbewusstsein nur wenig mit zwischenmenschlichem Erfolg zu tun hat. Genauso wenig kann man Selbstwertgefühl mit Rauchen, Alkoholmissbrauch oder Drogenkonsum in Verbindung bringen. Des Weiteren fanden sie heraus, dass Selbstbewusstsein zwar als positive Korrelation mit Schulleistungen in Zusammenhang gebracht werden kann, es die Erfolge jedoch nicht verursacht. Stattdessen scheinen Erfolge in der Schule zu gutem Selbstbewusstsein beizutragen. Es ist möglich, dass bei früheren Forschungsergebnissen die Korrelationen zwischen Schulleistungen und Selbstbewusstsein falsch interpretiert wurden und so einen direkten kausalen Zusammenhang mit dem Selbstbewusstsein widergespiegelt haben (siehe Einleitung, S. 27). Selbstbewusstsein wird zwar mit Depressionen in Verbindung gebracht, doch auch hier ist die Korrelation nur geringfügig. Ein geringes Selbstwertgefühl ist weder notwendig noch hinreichend, um an einer Depression zu erkranken.

Trotzdem müssen die Leser, die mit gutem Selbstbewusstsein ausgestattet sind, nicht verzweifeln. Selbstbewusstsein scheint zwei Vorteile mit sich zu bringen. Wir schreiben „scheint", weil diese Ergebnisse zwar miteinander korrelieren, aber nicht notwendigerweise ein Kausalzusammenhang besteht (siehe Einleitung, S. 29). (1) wird Selbstbewusstsein mit größerer Initiative und Beharrlichkeit in Zusammenhang gebracht, das heißt mit der Bereitschaft, Aufgaben anzugehen und auch unter schwierigen Bedingungen zu erfüllen, und (2) scheinen Zufriedenheit und emotionale Belastbarkeit bei selbstbewussten Personen ausgeprägter zu sein.

Ein gutes Selbstwertgefühl bringt außerdem die Tendenz mit sich, sich selbst positiver wahrzunehmen als andere dies können. Personen mit hohem Selbstbewusstsein sehen sich selbst als klüger, attraktiver und liebenswerter als Menschen mit geringem Selbstwert. Diese Wahrnehmung ist allerdings trügerisch, weil Menschen mit hohem Selbstbewusstsein bei anderen Personen bei einer objektiven Bewertung der Intelligenz, Attraktivität und Beliebtheit nicht besser abschneiden als ihre Mitmenschen.

Was Gewalt betrifft, wird die Angelegenheit komplizierter. Es gibt einige Nachweise dafür, dass geringes Selbstbewusstsein mit einem erhöhten Risiko für körperliche Aggression und Kriminalität in Verbindung gebracht werden kann. Ein gutes Selbstwertgefühl schützt Menschen jedoch nicht davor, gewalttätig zu werden. Im Gegenteil ist sogar ein Teil der Personen mit hohem Selbstbewusstsein – besonders derjenigen mit instabiler Wertschätzung ihrer selbst – dem höchsten Risiko für körperliche Aggression ausgesetzt. Diese Personen sind meistens narzisstisch veranlagt und glauben, sie würden besondere Privilegien verdienen, auch narzisstische Berechtigung genannt. Wenn ihr selbst wahrgenommener Wert infrage gestellt wird, sie also einer narzisstischen Kränkung ausgesetzt werden, neigen sie dazu, ihre Wut an anderen auszulassen.

Interessanterweise schienen die beiden Schüler Harris und Klebold kein bisschen unsicher zu sein. Nazismus faszinierte sie beide und beide Jugendlichen beschäftigten sich mit Fantasien über die Weltherrschaft. Harris' Tagebücher offenbarten, dass er sich anderen gegenüber überlegen fühlte und Verachtung für die meisten Jugendlichen seines Alters empfand. Harris und Klebold waren regelmäßig von Mitschülern gehänselt worden. Die meisten Berichterstatter nahmen an, dass diese schlechte Behandlung ein geringes Selbstwertgefühl bei den Attentätern hervorgerufen und das Risiko der beiden, gewalttätig zu werden, damit erhöht hatte. Diese Berichterstatter wurden wohl Opfer des Post-hoc-Fehlschlusses (siehe Einleitung, S. 30), der auch eine Hauptquelle für den Selbstwertgefühls-Mythos sein könnte. So verlockend es sein mag, darf man nicht schlussfolgern, dass die Sticheleien die Gewalt hervorgerufen haben, weil die Sticheleien der Gewalt vorausgegangen sind. Stattdessen könnte ihr hohes Selbstwertgefühl Harris und Klebold dazu gebracht haben, die höhnischen Bemerkungen ihrer Mitschüler als Bedrohung ihres aufgeblasenen Egos wahrzunehmen, was sie dazu motivierte, Rache zu üben.

In einer Reihe schlauer Versuche bat Brad Bushman in Zusammenarbeit mit Baumeister Versuchsteilnehmer, ihre Meinung zum Thema Abtreibung in einem Essay zu Papier zu bringen (siehe Irrtum 22). Einige Mitglieder des Forschungsteams taten so als seien sie selbst Probanden und bewerteten den Essay. Was die richtigen Versuchsteilnehmer nicht wussten, war, dass die Bewertung nur ein Trick war. Bushman und Baumeister teilten die Essays in Wahrheit einfach in zwei Stapel: Eine Hälfte der Teilnehmer erhielt Kommentare wie „Keine Verbesserungsvorschläge, toller Essay!", die andere Hälfte wurde kritisiert: „Das ist einer der schlechtesten Essays, die ich je gelesen habe!" Danach nahmen die Versuchspersonen an einem gestellten Wettbewerb teil, der ihnen ermöglichte, sich an ihrem Kritiker mit sehr nervendem Lärm zu rächen. Narzisstische Versuchsteilnehmer reagierten auf negative Beurteilungen ihres Essays mit Bombardements ihrer Gegenspieler und wesentlich lauteren Geräuschen als die Probanden aus der anderen Versuchsgruppe, die positive Rückmeldungen erhalten hatten. Positive Essaybewertungen verursachten keinen messbaren Effekt.

Übereinstimmend mit diesen Ergebnissen neigen tyrannische Personen und manche aggressive Kinder dazu, ihre Beliebtheit bei anderen zu überschätzen. Christopher Barry und seine Mitarbeiter baten aggressive und nicht aggressive Kinder, ihre eigene Beliebtheit bei Gleichaltrigen einzuschätzen, und verglichen dann ihre Einschätzungen mit den tatsächlichen Ergebnissen einer entsprechenden Umfrage unter den gleichaltrigen Kindern. Aggressivere Kinder neigten eher dazu, ihre eigene Beliebtheit zu überschätzen, als nicht aggressive Kinder. Die Tendenz war bei narzisstischen Kindern besonders hoch.

Die Konsequenzen dieser Untersuchungsergebnisse sind besorgniserregend, insbesondere wenn man die weite Verbreitung von Aufbauprogrammen für das Selbstwertgefühl von Jugendlichen in Risikogruppen betrachtet. Die National Association for Self-Esteem empfiehlt 13 Programme – von denen viele unter dem Motto „emotionale Bildungsprogramme" laufen –, die dazu gedacht sind, das Selbstbewusstsein mit Problemen belasteter Jugendlicher aufzupolstern. Auch viele Gefängnisse haben Selbstbewusstseinsaufbauprogramme entwickelt, die dabei helfen sollen, wiederholte Angriffe zu reduzieren. Die Forschungsergebnisse, die wir hier genannt haben, geben jedoch Anlass zu der Annahme, dass diese Programme negative Auswirkungen haben könnten, insbesondere unter den Teilnehmern mit erhöhter Aggressionsneigung. Denn das, was Eric Harris und Dylan Klebold anscheinend nicht brauchten, war ein besseres Selbstwertgefühl.

Irrtum 24 Die meisten Menschen, die während ihrer Kindheit Opfer von Missbrauch wurden, entwickeln schwere Persönlichkeitsstörungen im Erwachsenenalter

„Für ihr Leben gezeichnet." Solche Sätze finden sich in scheinbar endloser Aufzählung in psychologischer Ratgeberliteratur für Opfer sexuellen Missbrauchs. Selbsthilfeliteratur ist übersättigt mit der Behauptung, dass sexueller Missbrauch im Kindesalter zu bleibenden Wesensveränderungen und psychischen Verletzungen führt. Andere bekannte Psychologiebücher wie *A Moral Emergency* (1993) von Jade Angelica beziehen sich auf „einen Teufelskreis von Kindesmissbrauch". Glaubt man diesen Büchern, so werden die Missbrauchsopfer meist selbst zu Gewalttätern. Einige Selbsthilfebücher gehen noch weiter und behaupten, dass sexueller Missbrauch ein ganz bestimmtes „Persönlichkeitsprofil" nach sich zieht. Niedriges Selbstwertgefühl, Probleme mit Intimität, Zögerlichkeit beim Aufbau von Beziehungen und Angst vor sexuellem Kontakt seien entsprechende Alarmsignale.

Durch sexuellen Missbrauch in der Kindheit ausgelöste schwerwiegende Wesensveränderungen sind selbstverständliche Wahrheiten in manchen psychologischen Schulen. In einem bekannten Artikel wird behauptet: „Wie vernarbtes Gewebe verschwinden die Auswirkungen sexuellen Missbrauchs nie. Sie beeinflussen die Opfer auf unterschiedliche Weisen immer weiter, zum Beispiel in Form von Drogen- oder Alkoholmissbrauch, niedrigem Selbstwertgefühl, Scheidungen und Misstrauen." Ein anderes Beispiel ist das Buch *Trotz allem: Wege zur Selbstheilung für sexuell missbrauchte Frauen* (1990) von Ellen Bass und Laura Davis, das über eine Million Mal verkauft wurde. Die Autorinnen teilten ihrer Leserschaft Folgendes mit:

Der Langzeiteffekt von Kindesmissbrauch kann so durchdringend sein, dass es schwierig sein kann, genau festzulegen, wie der Missbrauch Sie beeinflusst hat. Er durchdringt alles: Ihr Gefühl für sich selbst, Ihre intimen Beziehungen, Ihre Sexualität, Ihre Erziehung als Elternteil, Ihr Arbeitsleben, ja sogar Ihre Zurechnungsfähigkeit. Egal wo Sie hinschauen, Sie sehen die Auswirkungen des Missbrauchs. (Bass & Davis, 1988, S. 37)

Auch jede Menge Hollywoodfilme, wie *Asphalt-Cowboy* (1969), *Die Farbe Lila* (1985), *Forrest Gump* (1994), *Antwone Fisher* (2002) und *Mystic River* (2003) zeigen erwachsene Protagonisten, die nach sexuellem Missbrauch andauernde Wesensveränderungen erfahren, in eindrucksvoller Art und Weise.

Verständlicherweise glauben viele Laien, dass die enge Verbindung zwischen Kindesmissbrauch und Wesensveränderungen erwiesen ist. In einer Umfrage unter 246 Bürgern im ländlichen Oregon glaubten 68% der männlichen und 74% der weiblichen Befragten, dass Kindesmissbrauch *immer* zu offensichtlichen Wesensveränderungen führt.

Es ist nicht anzuzweifeln, dass Kindesmissbrauch schädigende Auswirkungen hat. Dennoch ist das aussagekräftigste Ergebnis bezüglich der Langzeitkonsequenzen von Kindesmissbrauch in der Forschungsliteratur die Abwesenheit entsprechender Ergebnisse. Viele Untersuchungen zeigen, dass die typische Reaktion von Missbrauchsopfern keine psychopathologische ist, sondern eine erhöhte Belastbarkeit (siehe auch Mythenkiller: Ein genauer Blick, S. 156f.).

Bruce Rind und seine Kollegen führten 1998 eine Metaanalyse durch, in welcher sie die Forschungsliteratur über Collegestudenten, die als Kind missbraucht worden waren, untersuchten. Bereits zuvor hatten sie eine ähnliche Überprüfung mit städtischen Probanden durchgeführt, die zu beinahe identischen Ergebnissen geführt hatte. Ihr Artikel erschien 1998 in einer der angesehensten Zeitschriften der Amerikanischen Psychologischen Vereinigung, dem *Psychological Bulletin*. Der Artikel war randvoll mit dichten Zahlentabellen und den technischen Details der statistischen Untersuchungen. Die Arbeit von Rind und seinen Kollegen schien kein wahrscheinlicher Kandidat zur Auslösung eines nationalen politischen Feuersturms zu sein. Daher hatten Rind und seine Kollegen keine Ahnung, was sie erwartete.

Rind und seine Coautoren berichteten, dass die Verbindung zwischen selbstberichtetem Kindesmissbrauch in der Vergangenheit und 18 Arten psychischer Störungen – darunter Depressionen, Angst- und Essstörungen – nur sehr gering war. Die durchschnittliche Korrelation zwischen den beiden Variablen lag bei 0.9, was nahezu gar keinen Zusammenhang bedeutet. Außerdem war ein problematisches Elternhaus ein wesentlich stärkerer Prädiktor für spätere psychologische Auffälligkeiten als sexueller Missbrauch im Kindesalter. Rind und seine Kollegen warnten davor, dass die Auswirkungen von Kindesmissbrauch von solchen eines problematischen Elternhauses nur schwer zu unterscheiden seien – besonders weil das Eine zum Anderen führen könne. Überraschenderweise fanden sie auch heraus, dass der Zusammenhang von schwerem oder andauerndem Kindesmissbrauch und psychischen Störungen nicht größer war als bei einmaligem und/oder weniger brutalem Missbrauch.

Der „Rind-Artikel", wie er später nur noch genannt wurde, führte zu wütenden Reaktionen in den Medien und bei Politikern. Die bekannte Radiotalkshowmoderatorin Dr. Laura Schlessinger („Dr. Laura") verdammte den Artikel als „Schund-Forschung im schlechtesten Sinne" und „schlecht verschleierten Versuch, Pädophilie als normal zu verkaufen". Einige Mitglieder des Parlaments, am auffälligsten die Repräsentanten Tom DeLay, Texas, und Matt Salmon, Arizona, kritisierten die American Psychological Association dafür, dass sie den Artikel, der Kindesmissbrauch verharmlose, veröffentlicht hatte. Im Repräsentantenhaus selbst nannte Salmon den Artikel die „Emanzipationsproklamation der Pädophilen". Schließlich wurde der Rind-Artikel am 12. Juli 1999 durch das Repräsentantenhaus mit 355 zu 0 Stimmen verurteilt, was ihm die zweifelhafte Auszeichnung verschaffte, der erste wissenschaftliche Artikel zu sein, der je vom U.S. Congress missbilligt wurde.

Verschiedene Kritiker haben umsichtige Infragestellungen der Untersuchungsergebnisse von Rind und seinen Kollegen erhoben, besonders die Frage betreffend, in welchem Ausmaß sie auf schwerwiegendere Stichproben anwendbar sind. Kritisiert wurde zum Beispiel, dass Probanden aus Colleges für diese Art Studie nicht geeignet seien, weil Menschen mit schweren Persönlichkeitsstörungen wahrscheinlich seltener studieren als gesunde Menschen. Trotzdem konnte die zentrale Stoßrichtung der Schlussfolgerungen von Rind und seinen Kollegen, nämlich dass viele Betroffene mit einer Missbrauchsvergangenheit langfristig mit wenigen oder sogar gänzlich ohne psychische Schäden davonkommen, nicht widerlegt werden.

Genauso wenig gibt es Nachweise dafür, dass Opfer von Kindesmissbrauch ein einzigartiges Profil von Persönlichkeitsmerkmalen aufweisen. In einer 1993 von Kathleen Kendall-Tackett und ihren Coautoren durchgeführten Nachprüfung fanden die Wissenschaftler keine Beweise für die sogenannte „Handschrift" von sexuellem Missbrauch. Obwohl einige Opfer sexuellen Missbrauchs als Erwachsene unter psychischen Problemen litten, ließ sich kein eindeutiges Muster von Symptomen feststellen. Stattdessen litten die Opfer für gewöhnlich unter sehr unterschiedlichen Symptomen.

Die Forschung stellte auch andere weithin angenommene Behauptungen bezüglich Kindesmissbrauchs infrage. Eine im Jahr 2003 veröffentlichte Arbeit von David Skuse und seinen Mitarbeitern fand nur schwache Beweise für den häufig zitierten „Teufelskreis der Kindesmisshandlung", also der weit verbreiteten Annahme, dass die Missbrauchsopfer selbst zu Gewalttätern werden. Etwas weniger als ein Achtel ihrer Stichprobe von 224 Männern, die als Kinder Opfer sexuellen Missbrauchs geworden waren, wurden selbst zu Gewalttätern als Erwachsene. Weil die Rate der Kinderschänder unter Erwachsenen, die selbst keine Vergangenheit sexuellen Missbrauchs haben, bei 1 zu 20 in ihrer Studie lag, bringen die Untersuchungsergebnisse von Skuse und seinen Mitarbeitern die Möglichkeit auf, dass Missbrauch in jungem Alter das Risiko erhöht, dass das Opfer als Erwachsener selbst zum Täter wird. Ihre Ergebnisse legen jedoch nahe, dass ein Missbrauchsteufelskreis alles andere als unausweichlich ist.

Vielleicht überrascht es nicht, dass viele Therapeuten an den Ergebnissen, insbesondere denen von Rind und seinen Kollegen, zweifelten. Die Behauptung, dass viele Opfer sexuellen Missbrauchs ein normales Erwachsenenleben führen sollten, passte nicht zu ihren Erfahrungen aus der Praxis. Schließlich begeben sich hauptsächlich Menschen mit ernsten psychischen Problemen in Behandlung.

Mythenkiller: Ein genauer Blick

Die Belastbarkeit von Kindern wird meist unterschätzt

Die Erkenntnisse aus der Forschung, die wir zum Thema Kindesmissbrauch zusammengeführt haben, beinhalten eine wertvolle, aber selten anerkannte Lehre: Die meisten Kinder sind gegenüber Stressfaktoren belastbar. In der populären Psychologie wird die Belastbarkeit von Kindern unterschätzt. Sie werden oft als zarte Wesen dargestellt, die anfällig dafür sind, zusammenzubrechen, wenn sie mit belastenden Ereignissen konfrontiert werden. Aber dieser Mythos über die Zerbrechlichkeit von Kindern widerspricht der wissenschaftlichen Beweislage.

Am 15. Juli 1976 wurden Schulkinder im Alter von 5 bis 14 Jahren Opfer einer brutalen Entführung in Chowchilla, Kalifornien. Zusammen mit ihrem Busfahrer wurden sie für 11 Stunden in ihrem Schulbus und für 16 Stunden in einem Lastwagen unter der Erde gefangen gehalten. Dort schafften die Kinder es, durch kleine Luftlöcher zu atmen. Bemerkenswerterweise schafften es die Kinder und der Busfahrer zu entkommen und überlebten alle ohne Verletzungen. Als sie gefunden wurden, befanden sich die meisten Kinder in einem Schockzustand. Zwei Jahre später hatten sich die meisten von dem Erlebnis erholt, auch wenn viele von ihnen noch von Erinnerungen an dieses Geschehen verfolgt wurden.

Ein weiteres Beispiel sind Scheidungen von Elternpaaren. In populärpsychologischer Literatur wird häufig versucht, der Leserschaft weiszumachen, dass eine Scheidung immer ernstzunehmende, langfristige emotionale Schäden bei den betroffenen Kindern hinterlässt. Auf einer Internetseite, die sich mit dem Thema Scheidung auseinandersetzt, heißt es, dass „Kinder nicht wirklich widerstandsfähig sind" und dass „eine Scheidung für Kinder bedeutet, für den Rest ihres Lebens mit den Auswirkungen der Entscheidung ihrer Eltern fertigzuwerden". Am 25. September 2000 wurde das Thema durch die Titelgeschichte des Magazins Time „Was eine Scheidung für Kinder bedeutet" erneut in die Diskussion gebracht, begleitet von der ominösen Warnung, dass „neue Forschung zeigt, dass die Langzeitfolgen schlimmer sind als angenommen". Der Hintergrund für den Artikel waren die Ergebnisse der 25-jährigen Forschung von Judith Wallerstein (1989). Sie hatte die Geschichte von 60 Scheidungsfamilien in Kalifornien verfolgt. Wallerstein berichtete, dass die Kinder sich zwar zunächst von der Scheidung ihrer Eltern zu erholen schienen, dass die Auswirkungen jedoch subtil und andauernd gewesen seien. Viele Jahre später hätten diese Kinder Schwierigkeiten damit gehabt, feste Partnerschaften aufzubauen und Karriereziele zu verfolgen. Allerdings beinhaltete Wallersteins Studie keine Kontrollgruppe mit Familien, bei denen einer der beiden oder beide Elternteile aus anderen Gründen, wie einem Unfalltod, von den Kindern getrennt worden waren. Somit können ihre Untersuchungsergebnisse die Auswirkungen jedweden Ereignisses sein, das dazu führen kann, dass eine Familie auseinander gerissen wird, und dies muss nicht nur auf Scheidungsfälle zutreffen.

Tatsächlich zeigen die meisten korrekter durchgeführten Studien, dass der Großteil der Kinder, auch wenn sie eine Scheidung als schwierig empfinden, die Trennung ihrer Eltern ohne große und langzeitige psychische Schäden überstehen. Im Großen und Ganzen zeigen diese Untersuchungen, dass 75 % bis 85 % der Kinder mit den Folgen der Scheidungen ihrer Eltern ziemlich gut zurechtkommen. Außerdem sind die offensichtlich nachteiligen Auswirkungen bei Scheidungen besonders minimal, wenn die Eltern vor der Trennung große Konflikte austragen. Das liegt wahrscheinlich daran, dass eine Scheidung die Kinder vor weiteren schmerzlichen Streitigkeiten der Eltern bewahrt.

Bei dem Versuch, die klaffende Lücke zwischen der klinischen Wahrnehmung und der wissenschaftlichen Realität zu erklären, scheint die Selektionsverzerrung eine der bedeutendsten Ursachen zu sein. Weil fast alle Patienten, die Psychologen und Psychiater im Alltag sehen, Probleme haben (dies betrifft auch die Opfer sexuellen Missbrauchs), kann dies dazu führen, dass die behandelnden Personen Opfer einer illusorischen Korrelation werden. Diese Schlussfolgerung ist sehr wahrscheinlich eine Konsequenz der Tatsache, dass die meisten Psychologen und Psychiater nur wenig Zugang zu den zwei ausschlaggebenden Zellen des „Großen Vier-Säulen-Modells des Lebens" haben, nämlich den Zellen mit Opfern sexuellen Missbrauchs und nicht missbrauchten Personen, die keine psychischen Probleme haben (siehe Einleitung, S. 26). In einer Therapie behandelndes Personal hat in der Regel keinen oder kaum Kontakt mit Menschen, die Erlebnisse wie Missbrauch in der Kindheit ohne bleibende psychische Beeinträchtigungen verarbeiten konnten.

Irrtum 25 Unsere Handschrift verrät unsere Persönlichkeit

„Mache Striche durch die T und I-Punkte auf die I." Nicht selten wird ein solcher Merksatz von Lehrern verwendet, die die Aufgabe haben, aus dem unordentlichen Geschreibsel ihrer Schüler eine lesbare Schreibkunst zu formen. Für viele Kinder ist es ein großer Fortschritt, wenn sie lernen, ihren Namen in Schreibschrift zu schreiben. Trotzdem wird die Handschrift eines jeden Schülers einmal genauso einmalig werden wie seine Fingerabdrücke oder seine Ohrläppchen. Daher scheint es einsichtig, dass Handschriftendeutung – bekannt als Graphologie – dabei helfen könnte, unsere psychologischen Eigenschaften offenzulegen.

Graphologie ist nicht mehr als der Zweig einer Pseudowissenschaft, die versucht, den Charakter eines Menschen zu deuten. Zu jeder Zeit gab es Zeichenleser, die behaupteten, dass sie Einblicke in unsere Persönlichkeit gewinnen könnten, indem sie unsere Gesichtszüge lesen (Physiognomie), Rillen in unseren Händen interpretieren (Chiromantie), die Form unseres Schädels deuten (Phrenologie), unseren Bauchnabel studieren (Omphalomantie), die Muster unserer Stirn entziffern (Metoposkopie), im Teesatz lesen (Tasseographie), die Richtungen beobachten, in die Lichtstrahlen von unseren Fingernägeln reflektiert werden (Onychomantie), oder, unser Favorit, die Struktur von Gerstenkuchen nach dem Backvorgang interpretieren (im Englischen als *critomancy* bezeichnet).

Graphologen haben Legionen Interessierter angezogen und einen Teil der Öffentlichkeit davon überzeugt, dass ihr Handwerk auf einem wissenschaftlichen Ansatz basiert. Die International Graphoanalysis Society mit Sitz in Chicago konnte sich etwa 10 000 Mitgliedern rühmen. Hunderte von Graphologen haben ertragreiche Anstellungen in Südkalifornien finden können und die Graphologie wurde sogar in Internaten angewendet: So behauptete zum Beispiel in Vancouver in Kanada ein Graphologe, er habe heimlich tatsächliche und potentielle Sexualtäter mitten in der Lehrerschaft identifiziert. Viele Unternehmen, vor allem in Israel und einigen europäischen Ländern konsultieren Graphologen in Personalfragen. Manche Kreditinstitute stellen Graphologen ein, um festzustellen, welche Kunden vertrauenswürdige Darlehensnehmer sein könnten.

Die neuzeitliche Geschichte der Graphologie beginnt im 17. Jahrhundert mit dem italienischen Arzt Camillo Baldi. Dieser inspirierte eine Gruppe katholischer Geistlicher. Unter ihnen befand sich Jean-Hippolyte Michon, der die Bezeichnung „Graphologie" im Jahre 1875 prägte. Michon ist der Vater des analytischen Ansatzes der Graphologie, der dem Schreibenden Persönlichkeitsmerkmale aufgrund bestimmter Attribute seiner Handschrift zuordnet, zum Beispiel bestimmter Formen oder Abschrägungen der Buchstaben. Michons Schüler, Jules lé Crepieux-Jamin, brach mit seinem Lehrer, um die holistische Schule zu gründen. Anhänger des ganzheitlichen Ansatzes bevorzugen eine impressionistische Herangehensweise, in welcher der Analytiker intuitiv ein Gesamtgefühl für die Persönlichkeit des Gegenübers aufgrund der Handschrift entwickelt, anstatt sich mit einzelnen Elementen der Schrift auseinanderzusetzen. Obwohl die meisten heutigen Graphologen den analytischen Ansatz verwenden, kann die Mehrheit der verschiedenen Schulen für Graphologie sich nicht einmal auf einheitliche Deutungen bestimmter Indikatoren einigen. Ein bekannter Handschriftenleser glaubt zum Beispiel, dass die Neigung, zwei „t" mit einem peitschengleichen Strich zu verbinden, eine sadistische Persönlichkeit verrate, wohingegen ein ebenso bekannter anderer Graphologe glaubt, dass dieser Stil lediglich ein Schlitzohr überführe (und es gibt keine wissenschaftlichen Nachweise dafür, ob einer der beiden Graphologen recht hat).

Befürworter des analytischen Ansatzes behaupten, hunderte von Indikatoren für bestimmte Charaktermerkmale identifiziert zu haben. Darunter sind kleine Haken am Buchstaben „s", die angeblich bedeuten, dass derjenige, der so schreibt, gerne bereit ist, andere um ihr Eigentum zu erleichtern. Weite Abstände zwischen Wörtern sprechen vermeintlich für eine Neigung zur Isolation des Schreibers, Verfasser von Texten mit nach oben driftenden Sätzen gelten als Optimisten, wohingegen die Urheber von nach unten zeigenden Sätzen als Pessimisten betrachtet werden. Diejenigen, deren Buchstaben unterschiedliche Abschrägungen abbilden, sind schwer einschätzbar, Schreiber, die „i" als Großbuchstaben verfassen, haben vermeintlich immer ein gutes Selbstbewusstsein. Ein Artikel, der 2008 in der Los Angeles Times erschien, besagte, dass die Neigung des damaligen Präsidentschaftskandidaten John McCain, seinen Vornamen mit in unterschiedliche Richtungen sich ausdehnenden Buchstaben zu schreiben, ein Beweis für seine Außenseiterpersönlichkeit sei. Dahingegen sei die Tendenz seines Gegners Barack Obama, die Buchstaben nahtlos aneinanderzuformen, ein Nachweis für seine Flexibilität. Unsere Lieblingsbehauptung ist wohl die, dass große, knollenartige Schleifen an den „g", „y" und anderen Buchstaben, die unter der Zeile herunterhängen, eine Voreingenommenheit gegenüber Sex verraten. Das tun sie vielleicht auch, allerdings könnte diese Voreingenommenheit eher beim Graphologen als beim Schreiber selbst liegen.

Manche Menschen nehmen sogar bizarre Behauptungen der Schreibbewegungstherapie begeistert an, die erklärt, unerwünschte Persönlichkeitsmerkmale durch das Entfernen problematischer graphologischer Zeichen aus der Schrift der Patienten eliminieren zu können. Wenn Sie also ein hoffnungsloser Pessimist sind, müssen Sie nichts weiter tun, als Ihre Sätze am Ende jeder Zeile von nun an nach oben wandern zu lassen und schon ändert sich Ihre Einstellung zum Leben.

Graphologen bieten eine Reihe von Argumenten für ihre Methode an: Wir werden den Spuren der fünf bekanntesten von ihnen einmal nachgehen.

Schreiben ist eine ausdrucksstarke Bewegung, daher sollte es unsere Persönlichkeit widerspiegeln. Auch wenn die Forschung einige allgemeine Aspekte unseres Temperaments mit unseren Bewegungsabläufen in Verbindung bringt, sind die Zusammenhänge zwischen Charaktereigenschaften und ausdrucksstarken Körperbewegungen, die Graphologen aus ihnen ableiten, eher gering. Eine generelle Neigung zu Reizbarkeit oder Dominanz mag leicht mit der Körpersprache korrelieren, aber die Beziehungen zwischen Körperbewegungen und Handschrift sind viel zu schwach, als dass sie uns erlauben würden, auf die Persönlichkeit von Menschen Rückschlüsse zu ziehen.

Handschrift ist Brainwriting. Nur zu wahr. Studien haben gezeigt, dass die „Fußschrift" der Handschrift ähnelt (wenn Sie skeptisch sind, versuchen Sie, mit Ihrem bevorzugten Fuß auf einem Blatt Papier zu unterschreiben, indem Sie den Stift zwischen den großen und den zweitgrößten Zeh nehmen). Dies legt die Vermutung nahe, dass unsere Schrift eher von unserem Gehirn als von unseren Extremitäten bestimmt wird. Aber die Tatsache, dass der Vorgang des Schreibens, genauso wie der des Niesens oder der des Erbrechens durch das Gehirn kontrolliert wird, ist kein Grund zu der Annahme, dass es mit irgendetwas anderem korreliert, was das Gehirn kontrolliert, wie zum Beispiel Persönlichkeitsmerkmalen.

Schreiben ist individualisiert und die Persönlichkeit ist einzigartig, also muss das eine das andere widerspiegeln. Die Tatsache, dass beide Attribute gleichbedeutend sind, gibt keine Grundlage für die Schlussfolgerung, dass es eine Beziehung zwischen Handschrift und Persönlichkeit gibt. Gesichter unterscheiden sich maßgeblich und dienen als Identifikationsmöglichkeit auf einem Führerschein, aber sie sagen nichts über die Fahrkünste des Inhabers aus.

Die Polizei und Gerichte verwenden Graphologie, also muss sie o. k. sein. Diese Behauptung illustriert, was Logiker eine Milchmädchenrechnung nennen: Wenn eine Annahme weit verbreitet ist, muss sie wahr sein. Natürlich wurden einige Überzeugungen, die von einer großen Mehrheit geglaubt wurden (wie zum Beispiel, dass die Erde eine flache Scheibe sei), schon widerlegt. Außerdem stammt der unverdiente positive Ruf der Graphologen oft aus der Verwechslung von diesen mit Schriftsachverständigen. Ein Schriftsachverständiger ist ein wissenschaftlich ausgebildeter Ermittler, der für Historiker, Sammler oder das Gericht die Herkunft und die Authentizität eines handschriftlichen Dokuments beurteilt. Schriftsachverständige beurteilen nur die Wahrscheinlichkeit, mit der eine bestimmte Person ein Dokument handschriftlich erstellt hat, nicht die Persönlichkeit dieser Person.

Personalleiter schwören auf den Nutzen von Graphologen bei der Auswahl von Angestellten. Auf einige mag das zutreffen, auf die meisten nicht. Außerdem gibt es verschiedene Gründe, warum Personalverantwortliche fälschlicherweise vom Nutzen der Graphologie überzeugt sein können. Erstens schenken Graphologen häufig – wenn auch nicht unbedingt mit Absicht – auch nicht-graphologischen Hinweisen Aufmerksamkeit, also Anhaltspunkten, die auf den besten Kandidaten hindeuten. Zum Beispiel sind die handgeschriebenen Bewerbungen voll mit biographischen Informationen, bei denen manche (wie aus vorherigen Einstellungen) die Arbeitsleistung vorhersagen können. Zweitens reichen die Personalverantwortlichen aufgrund der Kosten selten alle Bewerbungen bei einem Graphologen zur Überprüfung ein. Graphologen sehen daher nur die Schriften von Bewerbern, die bereits in der engeren Auswahl stehen. Die meisten Leute in dieser Gruppe sind für die ausgeschriebene Stelle ohnehin qualifiziert und es gibt kaum Gelegenheiten zu kontrollieren, ob ein zurückgewiesener Bewerber besser gewesen wäre.

Die Ergebnisse wissenschaftlicher Tests, die die Fähigkeit von Graphologen zur Erkennung von jobrelevanten Fähigkeiten überprüft haben, sind einheitlich. Bei gut kontrollierten Tests werden alle Probanden gebeten, denselben Satz zu schreiben. Basierend auf diesem Satz werden die Graphologen aufgefordert, Urteile über die Persönlichkeit und Vorhersagen über das Verhalten der Versuchsteilnehmer abzugeben. Dadurch, dass alle Probanden denselben Satz schreiben, eliminieren die Forscher Unterschiede im Inhalt des Geschriebenen, die indirekte Hinweise auf die Persönlichkeit des Autors geben könnten. Bei einer sorgfältigen Überprüfung fand Richard Klimoski (1992) heraus, dass die Graphologen mit ihren Urteilen nicht besser lagen als der Zufall. Geoffrey Dean (1992) führte die größte bisherige wissenschaftliche Testreihe zu dem Thema Graphologie durch. Nachdem er eine Metaanalyse von über 200 Studien vollbracht hatte, konnte Dean den Graphologen ein klares Versagen hinsichtlich des Anspruchs attestieren, Persönlichkeitsmerkmale zu entdecken oder Arbeitsleistungen vorherzusagen.

Warum sind so viele Menschen dennoch davon überzeugt, dass Graphologie von Wert ist?

Erstens erscheint Graphologie fesselnd, weil sie die Repräsentativitätsheuristik ausnutzt (siehe Einleitung, S. 31).

Zweitens können die Behauptungen von Graphologen bemerkenswert spezifisch erscheinen, auch wenn sie hoffnungslos vage sind. Die irrtümliche Wahrnehmung, dass etwas sehr Persönliches von einem Zeichenleser eröffnet wurde, hat seine Ursache in einem Phänomen, welches Paul Meehl (1956) den „P. T. Barnum-Effekt" nannte. Der Effekt ist nach einem Zirkusunternehmer benannt, der einmal gewitzelt hatte, dass er mit seinen Zirkusnummern „jedem etwas mit auf den Weg geben wolle". Der Effekt besteht darin, dass Menschen dazu neigen, in Aussagen, die im Prinzip auf jeden zutreffen, etwas für sich selbst Spezifisches zu entdecken. Forscher fanden heraus, dass die meisten von uns auf diesen Effekt hereinfallen. Der Barnum-Effekt funktioniert so gut, weil wir so geschickt darin sind, selbst in relativ bedeutungslosen Botschaften eine Bedeutung zu finden. In einer Studie bewerteten Probanden Beschreibungen, die ein Graphologe über jemanden anderen aufgestellt hatte, als auf sich selbst sehr zutreffend. Barnum-Aussagen sind dazu gemacht, auf jeden zuzutreffen.

Wird die Graphologie bei zukünftigen wissenschaftlichen Untersuchungen besser abschneiden? Natürlich ist es möglich, dass eines Tages positive Nachweise zur Entlastung der Graphologen auftauchen. Aber wenn die trostlose wissenschaftliche Erfolgsbilanz ein Indiz für ihre Unglaubwürdigkeit ist, so hoffen wir, Sie verzeihen, wenn wir an dieser Stelle behaupten, dass es sich wohl eher um ein Menetekel an der Wand handelt.

Postskriptum

Die Wahrheit ist seltsamer als eine erfundene Geschichte

In diesem Buch haben wir die weite Welt der Psychomythologie durchstreift und versucht, Sie davon zu überzeugen, Ihren Menschenverstand auch einmal infrage zu stellen, wenn Sie psychologische Behauptungen evaluieren. Hierfür haben wir Ihnen eine ganze Menge falscher Annahmen über menschliches Verhalten vorgestellt, Annahmen, die mit unserer Intuition übereinstimmen, aber falsch sind. Um Sie noch mehr dafür zu sensibilisieren, nicht immer Ihrer spontanen Intuition zu folgen, haben wir auf den letzten Seiten dieses Buches eine Reihe psychologischer Erkenntnisse in den Mittelpunkt gestellt, die gegen unsere Intuition verstoßen, aber wahr sind.

Wie Carl Sagan (1979) bemerkte, ist das beste Gegenmittel gegen Pseudowissenschaft aufrichtige Wissenschaft. Sagan hält uns vor Augen, dass die wissenschaftliche Wirklichkeit häufig sehr viel seltsamer – und faszinierender – ist als wissenschaftliche Fiktion. Wir haben tatsächlich den Verdacht, dass die meisten Leute für den verführerischen Einfluss psychologischer Mythen weniger empfänglich wären, wenn sie wirkliche psychologische Tatsachen ausreichend wahrnehmen würden. Einige Tatsachen, wie Sagan betonte, erfüllen unser tief sitzendes Bedürfnis nach Verwunderung, haben aber einen entscheidenden Vorteil gegenüber der Mythologie: Sie sind wahr.

Hier folgt nun also, in keiner bestimmten Reihenfolge, unsere Auflistung von 10 schwer zu glaubenden, aber wahren psychologischen Erkenntnissen. Viele dieser Erkenntnisse können uns wie Irrtümer vorkommen, weil sie gegen jede Intuition verstoßen, ja manchmal bizarr erscheinen. Dennoch sind sie wesentlich besser durch wissenschaftliche Forschung nachgewiesen als die 25 Irrtümer, die wir auf den vorhergehenden Seiten untersucht haben. Sie erinnern uns daran, unseren gesunden Menschenverstand infrage zu stellen.

10 schwer zu glaubende, aber wahre psychologische Erkenntnisse
(1) Unser Gehirn beinhaltet ungefähr 5,8 Millionen Kilometer Nervenbahnen. Wenn man diese Verbindungen zwischen den Nervenzellen
aufreihen würde, könnte man damit die Strecke zum Mond und zurück 12-mal abdecken.
(2) Patienten, die einen Schlaganfall im linken Stirnlappen erlitten haben,
der sich anschließend als Sprachverlust äußert, können Lügner besser
überführen als Menschen ohne Gehirnschädigung. Das könnte daran
liegen, dass Menschen, die ihre Sprache verloren haben, ausglei-
chende nonverbale Fähigkeiten entwickeln, die ihnen helfen, Betrü-
ger zu erkennen.
(3) Menschen mit anterograder Amnesie in extremer Ausprägung (einem
Gedächtnisverlust, der sich dadurch auszeichnet, dass die Betroffenen
nicht dazu in der Lage sind, neue Informationen abzuspeichern) können wiederholt sehr geschockt reagieren, wenn man ihnen vom Tod
eines Familienmitglieds berichtet. Dennoch zeigen sie häufig „impli-
zite" (unbewusste) Erinnerungen für bestimmte Ereignisse, ohne
dass sie sie bewusst erinnern können. Zum Beispiel ist es möglich,
dass sie einem Arzt gegenüber, der sie einmal schlecht behandelt hat,
eine ablehnende Haltung haben, obgleich sie sich nicht daran erinnern können, ihn je zuvor getroffen zu haben.
(4) Menschen mit dem seltenen Leiden Synästhesie erleben eine Verknüp-
fung unterschiedlicher Sinneswahrnehmungen, das heißt, die Betroffenen erleben gleichzeitig verschiedene Sinneseindrücke, obwohl nur
ein Sinnesorgan gereizt wurde. Manche hören Töne, wenn sie bestimmte Farben sehen, andere riechen einen bestimmten Geruch,
wenn sie bestimmte Geräusche hören. Wieder andere sehen in bestimmten Farben bestimmte Wörter, zum Beispiel das Wort Buch bei
der Farbe Blau. Forschung mit bildgebenden Verfahren zeigt, dass die
Gehirne von Synästhetikern sich durch simultane Aktivitäten in verschiedenen Hirnarealen auszeichnen. Die Gehirne von farb-hörenden
Synästhetikern zeigen beispielsweise gleichzeitig Aktivitäten in den
Regionen für das Hören und das Sehen, wenn sie Geräusche hören.
(5) Psychologen haben Tauben beigebracht, zwischen Werken von
Monet und Picasso und Bach und Strawinsky zu unterscheiden. Das
liefert Beweise dafür, dass der Ausdruck „Spatzenhirn" eher ein Kom-
pliment als eine Beleidigung ist. Im Verlauf des Trainings bekommen

die Vögel Belohnungen dafür, wenn sie korrekt „antworten" und lernen dabei Schritt für Schritt, Details der Kunst und der Musik zu erkennen, was es ihnen ermöglicht, die verschiedenen Stile der Künstler voneinander zu unterscheiden.

(6) Leute, die einen Stift mit ihren Zähnen festhalten, finden Comics witziger als Leute, die einen Stift mit ihren Lippen festhalten. Wenn wir uns das Ganze einen Moment lang überlegen, so werden wir feststellen, dass Menschen, die einen Stift mit ihren Zähnen halten, einen Gesichtsausdruck haben, der einem Lächeln ähnelt, wohingegen der Gesichtsausdruck von Leuten, die einen Stift mit den Lippen festhalten, eher mit dem Attribut „finsterer Blick" beschrieben werden kann. Eine Erklärung für diese seltsame Erkenntnis ist die *Facial-Feedback-Hypothese*: Das Feedback der Gesichtsmuskeln ruft bestimmte Gefühle in uns hervor. Interessanterweise haben Untersuchungsergebnisse gezeigt, dass Wörter, die einen k-Laut enthalten – wie kauzig, verrückt oder quaken –, eine besonders hohe Wahrscheinlichkeit haben, uns zum Lachen zu bringen.

(7) Forschungen, die sich auf Berichte zur Bevölkerungszählung beziehen, zeigen, dass ungewöhnlich viele Menschen an Orten mit solchen Namen leben, die ihren eigenen Vornamen ähneln. Zum Beispiel leben in Georgia weitaus mehr Georges als man es durch einen Zufall erwarten könnte. Dasselbe gilt für Louises, die in Louisiana leben, oder für Virginias, die sich in Virginia niedergelassen haben. Dieser Effekt scheint daher zu rühren, dass Menschen mit bestimmten Namen sich von Orten mit ähnlichen Namen angezogen fühlen. Und er könnte eine Form des impliziten Egoismus widerspiegeln, demnach Menschen sich unbewusst von anderen Menschen, Orten oder Dingen mit ähnlichen Namen angezogen fühlen.

(8) Eine niederländische Studie zeigte, dass verglichen mit Versuchsteilnehmern, die eine Liste von Eigenschaften von Hooligans erstellen sollten, Versuchspersonen, die Eigenschaften von Professoren auflisten sollten, später bedeutend mehr Fragen zum Allgemeinwissen aus dem Spiel Trivial Pursuit korrekt beantworteten. Diese Ergebnisse erwecken den Anschein, dass selbst subtile mentale Repräsentationen einen größeren Einfluss auf unser Verhalten ausüben können als Psychologen bislang angenommen haben.

(9) Der Handschlag von Personen kann ein deutliches Anzeichen für

ihre Persönlichkeitseigenschaften sein. Zum Beispiel sind Menschen mit festem Händedruck wahrscheinlich eher extravertiert und emotional ausdrucksstärker als solche mit einem sanften, die mit hoher Wahrscheinlichkeit eher schüchtern und neurotisch sind. Unter Frauen, aber nicht bei Männern, bedeutet ein fester Händedruck meist eine offene Persönlichkeit, die intellektuelle Neugier und die Bereitschaft, neue Erfahrungen zuzulassen, in sich vereint.

(10) In isolierten Regionen in z. B. China oder Indien werden manche Menschen – meistens Männer – regelmäßig von einer psychischen Krankheit namens Koro befallen. Männliche Opfer dieser Erkrankung glauben, dass ihre Penisse und Hoden verschwinden, Frauen sind der Meinung, ihre Brüste würden sich in Luft auflösen. Koro verbreitet sich gewöhnlich über Ansteckung. In einem Gebiet in Indien bewaffneten sich 1982 Beamte mit Lautsprechern und versicherten der hysterischen Bevölkerung, dass ihre Genitalien nicht verschwinden würden. Diese Beamten vermaßen sogar Penislängen der männlichen Bürger, um zu beweisen, dass ihre Angst unbegründet war.

Als besonderes Vergnügen für die Leser, deren Appetit für ungewöhnliche psychologische Erkenntnisse immer noch nicht gestillt wurde, beenden wir die Auflistung mit drei „Spitzenreitern":

(11) Auch wenn unser Gedächtnis in manchen Fällen ziemlich fehlerhaft ist (siehe Irrtümer 9–11), so kann es in anderen Situationen sehr genau sein. Ein Forscherteam zeigte Studenten 2560 Fotografien mit verschiedenen Szenen und Objekten je Bild für wenige Sekunden. Drei Tage später bekamen die Probanden die Bilder erneut gezeigt – diesmal war jedes bekannte Bild mit einem neuen Bild gepaart. Die Versuchspersonen sollten die Bilder aus dem ersten Durchgang identifizieren und schafften dies zu 93%.

(12) Es gibt psychologische Forschungsergebnisse, die aussagen, dass Hunde ihren Besitzern ähneln. In einer Studie fügten Forscher die Gesichter der Hundebesitzer den entsprechenden Hunden zueinander und ihre Erfolgsquote lag dabei signifikant höher als der Zufall. Dies traf allerdings nur bei rein gezüchteten Rassen und nicht bei Mischlingen zu.

(13) Wenn wir ein warmes Objekt in der Hand halten, sind wir anderen Personen gegenüber freundlicher. In einem kürzlich durchgeführten Versuch baten zwei Forscher ihre Probanden um den Gefallen, für

eine dritte Person, entweder eine Tasse mit heißem Kaffee oder mit Eiskaffee kurz zu halten. Später wurden die Probanden gebeten, die fiktive dritte Person anhand einer Reihe von Kennzeichen zu bewerten. Die Personen, die die Tasse mit heißem Kaffee gehalten hatten, beurteilten die dritte Person signifikant häufiger als freundliche Person mit positiven Eigenschaften wie großzügig und fürsorglich als diejenigen, die den Eiskaffee verwahrt hatten.

Abschließende Gedanken: Was Sie aus diesem Buch lernen können

Im gleichen Maße, wie wir unser Buch als eine Anleitung zur Evaluierung von Psychomythologie betrachten, hoffen wir doch auch, dass es Ihnen als lebenslanger Führer bei der Mythenbekämpfung in vielen wichtigen Bereichen Ihres alltäglichen Lebens weiterhilft, zum Beispiel im medizinischen und politischen Bereich sowie auch bei Fragen zu Umwelt, Wirtschaft oder Bildung. Der Bereich Medizin ist beispielsweise ebenfalls randvoll mit Missverständnissen wie das Gebiet der Psychologie. Weit verbreitet sind Annahmen wie die, dass wir acht Gläser Wasser pro Tag trinken müssen, um gesund zu bleiben; dass das Lesen bei schlechtem Licht unsere Sehstärke verschlechtert; dass unsere Finger- und Fußnägel weiterwachsen, nachdem wir gestorben sind; dass unsere Haare schneller nachwachsen, wenn wir sie abrasieren; dass wir Krämpfe bekommen können, wenn wir nach dem Essen nicht 45 Minuten warten, bevor wir schwimmen gehen; dass Vitamin C dabei helfen kann, Erkältungen abzuwenden; dass das Knacken mit den Fingern Arthrose verursachen kann; dass wir die meiste Wärme über den Kopf verlieren; dass das Essen von zu vielen Möhren zu einer orangenen Gesichtsfarbe führen kann, oder dass das Verschlingen von zu viel Schokolade Akne verursacht: Alle diese Annahmen konnten durch die medizinische Forschung widerlegt werden. Alle diese weit verbreiteten, aber falschen Vermutungen machen deutlich, dass wir unsere Fähigkeit, Mythen zu hinterfragen, im Alltag dringend benötigen. Das Üben und Verbessern dieser Fähigkeit wird sich auszahlen: in Form von besseren Entscheidungen im Alltag.

Zum Abschied möchten wir Ihnen, liebe Leser, noch einige hilfreiche zusammenfassende Aspekte für das Aufdecken von Irrtümern mit auf den Weg geben:

- Obwohl unsere Instinkte und Bauchgefühle hilfreich dabei sein können, Leute einzuschätzen oder unsere langfristigen emotionalen Präferenzen vorherzusagen, so sind sie doch nicht geeignet, wenn es darum geht, wissenschaftliche Behauptungen zu beurteilen.

- Viele Mutmaßungen, die durch Mund-zu-Mund-Propaganda verbreitet werden, sind nichts weiter als moderne Legenden. Daher sollten wir nicht davon ausgehen, dass weit verbreitete Annahmen korrekt sind. Besonders skeptisch sollten wir jedem Satz gegenüber sein, der mit den Worten „Jeder weiß doch, dass . . ." beginnt.

- Medienberichte sind häufig irreführend und können dazu beitragen, dass wir die Häufigkeit der Vorkommnisse sensationeller Ereignisse überschätzen und die Häufigkeit von weniger sensationellen Ereignissen unterschätzen. Außerdem werden komplexe Phänomene in Medienberichten oft vereinfacht dargestellt, damit aus der komplizierten eine gute Geschichte wird. Aber die guten Geschichten sind nicht immer die wahren Geschichten.

- Verzerrte Stichproben können zu genauso verzerrten Schlussfolgerungen führen. Wenn wir bei der Arbeit hauptsächlich einer bestimmten Gruppe von Menschen begegnen (zum Beispiel psychisch kranken Menschen), dann ist unsere Wahrnehmung der Vorkommnisse von bestimmten Charaktereigenschaften bei Menschen meistens verzerrt.

- Bestimmte Verzerrungen wie die illusorische Korrelation, der Bestätigungsfehler oder der übermäßige Gebrauch von Repräsentativitäts- und Verfügbarkeitsheuristiken können dazu führen, dass wir falsche Schlussfolgerungen ableiten. Heuristiken sind hilfreiche Abkürzungen und Faustregeln, aber wenn wir uns blind und kritiklos auf sie verlassen, werden wir häufig Fehler machen.

- Korrelation ist nicht gleich Kausalität. Wenn man also weiß, dass zwei Dinge statistisch miteinander verknüpft sind, ist noch längst nicht klar, welches die Ursache und welches die Folge ist. Nur weil also ein Geschehnis auf das andere folgt, heißt das nicht, dass das erste Geschehnis das folgende verursacht.

- Gewissenhaft durchgeführte wissenschaftliche Forschung ist selten narrensicher, aber dennoch ein Geschenk von unschätzbarem Wert, das wir niemals als selbstverständlich hinnehmen sollten, denn es ist unser bester Beschützer gegen menschliche Fehler. Wie Albert Einstein uns ermahnte, ist „all unsere Wissenschaft, wenn man sie mit der Realität vergleicht, primitiv und kindisch – und doch ist sie die wertvollste Sache, die wir haben" (zitiert nach Shermer, 2002, S. 43).